KB269378

진인진

남아시아의 스마트시티 – 구조와 방향

Smart Cities in South Asia – Structure and Directions

손정렬, 박수진, 박양호, 이명무, 김윤호, 강성용, 김용학, 사공호상, 이상건, 이재용, 맹현철 지음

진인진

남아시아의 스마트시티 - 구조와 방향

초판 1쇄 발행 | 2022년 5월 30일

저　자 | 손정렬, 박수진, 박양호, 이명무, 김윤호, 강성용, 김용학, 사공호상, 이상건, 이재용, 맹현철
편　집 | 배원일, 김민경
발행인 | 김태진
발행처 | 진인진
등　록 | 제25100-2005-000003호
주　소 | 경기도 과천시 별양상가 1로 18 614호(별양동 과천오피스텔)
전　화 | 02-507-3077-8
팩　스 | 02-507-3079
홈페이지 | http://www.zininzin.co.kr
이메일 | pub@zininzin.co.kr

ⓒ 서울대학교 아시아연구소 2022
ISBN 978-89-6347-507-3 93300

* 책값은 표지 뒤에 있습니다.
** 본 연구는 2020년도 서울대학교 아시아연구소의 아시아기초연구 저술지원 사업의 지원을 받아 수행되었습니다.

울대학교 아시아연구소
계 속의 아시아연구 시리즈   030

남아시아의 스마트시티
구조와 방향

Smart Cities in South Asia–Structure and Directions

손정렬, 박수진, 박양호, 이명무, 김윤호, 강성용

김용학, 사공호상, 이상건, 이재용, 맹현철 지음

진인진

머리말

아시아(Asia)의 어원은 "해가 뜬다"는 '아수(asu)'에서 나왔다. 오늘날 세계 속에서 아시아 지역의 지정학적, 지경학적, 그리고 지오컬쳐(Geoculture)의 영향력이 날로 커지고 있다. 아시아 각국은 상생의 공동체를 향한 '메가아시아(Mega Asia)'로 나아가고 있다. 문명의 흐름은 '해가 뜨는 땅'으로서의 아시아 시대로 이동하고 있다. 서울대학교 아시아연구소는 세계 속의 아시아에서 발생하는 여러 역동적 도전과 기회를 학제적으로 연구하며, 창출한 지식과 정책대안을 국내외에 시의 적절하게 공유하고, 더 나은 아시아와 세계 속의 대한민국 발전을 위한 다양한 활동을 수행하고 있다.

아시아 속에서 인도를 포함하는 남아시아는 중요한 위상을 차지한다. 인도, 방글라데시, 파키스탄, 스리랑카, 부탄, 아프가니스탄, 네팔, 몰디브 등 남아시아 8개국에는 18억 명의 인구가 살고 있어 세계인구의 약 23%를 차지한다. 특히 남아시아의 중추국가, 인도는 과거부터 꿈의 나라로 불려졌다. 포르투갈의 항해사 바스쿠 다 가마는 1498년에 인도를 향했다. 그 당시에 인도는 유럽인들이 최고로 갖고 싶어 했던 향신료와 황금의 나라였다. 바스쿠 다 가마는 포르투갈의 리스본항을 떠나 아프리카 최남단의 희망봉을 돌아 새롭게 펼쳐진 인도양을 따라 꿈의 나라, 인도에 도착했다. 그때부터 大항해의 시대가 열리고 희망봉(Cape of Good Hope)은 새로운 세계와 신시대를 개척하는 희망의 상징이 되었다.

오늘날 IT산업이 발달한 인도는 괄목할 성장궤도를 보이고 있다. 인도의 인구는 약 14억 명으로 2025년경이면 현재의 인구 1위 국가인 중국보다 인구가 더 많아지는 인구 대국이 될 것으로 전망된다. 그리고 영국의 경제비즈니스연구센터(CEBR)의 예측에 의하면 2022년 현재 경제 규모 면에서 세계 6위를 차지하는 인도의 경제규모가 2030년이 되면 중국과 미국에 이어 세계 3위로 올라서게 될 것으로 전망되고 있다. 인도처럼 방글라데시의 경제성장도 향후 빠르게 전개될 것으로 예상된다. 또한, 호주의 로위연구소(Lowy Institute)가 경제·문화·군사·외교·미래자원 등을 종합적으로 측정해 발표한 2021년 '아시아 파워 인덱스'에 의하면, 세계 속에서 아시아에 대한 영향력이 강한 나라 순서는 미국, 중국, 일본, 인도, 러시아, 호주, 한국 등으로 나타나고 있다. 인도는 그 중 4위로서, 아시아 내에서 강력한 영향력을 유지하고 있음을 알 수 있다. 인구 대국이면서 경제 대국인 인도가 위치한 남아시아는 인도·태평양지역에서 펼쳐지는 지정학적 중요성도 더해지고 있다.

인구와 경제대국인 인도를 포함한 남아시아에서 오늘날 도시화가 빠르게 전개되고 있다. 이 지역에서의 도시화는 열악한 주택문제, 환경오염, 교통 혼잡, 위생문제, 치안과 재해문제 등 각종의 심각한 도시문제를 야기하고 있다. 도시화로 인한 도시문제를 해결하기 위한 주요 개발방식으로 IT 등의 디지털 기술을 활용한 스마트시티 개발 방식이 주목받고 있다. 스마트시티란 IT, 환경기술(ET), 인공지능(AI) 등 스마트 기술이 인간의 기본 생활환경 수요에 접목된 도시를 의미한다. 스마트시티의 첨단 기술은 도시문제를 극복하고 경제 성장을 촉진시켜 더욱 편리하고 안전하며 친환경적인 도시로의 변모를 가져올 수 있으며, 산업발전과 일자리 창출에도 기여할 수 있다. 이에 따라 남아시아에서는 스마트시티 정책이 확산되고 있다. 인도는 스마트시티 100개 개발 사업을 역점적으로 추진하고 있으며, 방글라데시, 파키스탄, 스리랑카 등에서도 '스마트 네이션(Smart Nation)' 등의 스마트 국가도시정책을 펼치고 있다. 남아시아에서의 도시화 문제 해결과 지구촌 번영을 위해서는 유엔과 세계은행 등 국제기구를 비롯한 주요 국가에서의 남아시아 스마트시티에 대한 국제적 지원과 교류협력이 긴요한 실정이다.

이러한 맥락에서 서울대학교 아시아연구소는 이번에 「남아시아의 스마트시티 – 구조와 방향」이라는 제목의 서적을 출간했다. 이 책은 인도를 비롯한 남아시아에서의 도시화로 발생하는 여러 도시문제를 IT와 모바일, 데이터 및 에너지 기술 등 스마트 기술을 활용해 해결하는 남아시아 스마트시티 개발과 관련된 정책의 배경과 구조를 분석하고, 미래 방향 및 국제교류협력 방안을 모색하는 내용을 담고 있다. 특히 인도의 스마트시티 개발과 관련해서는 정책평가 및 주요 분야별로 심층 분석하고 있으며 인도의 지속가능한 스마트시티 패러다임을 제시하고 있다.

이 책이 우리나라의 스마트시티 개발 경험과 지식을 응용해 인도를 포함한 남아시아의 스마트시티 정책을 지원하고 한국과의 공동발전을 위한 파트너십 활성화에 도움이 될 것을 기대하고 있다. 그리고 중앙정부와 국회, 지자체, 공기업, KOICA, 국책연구기관, 대학과 연구소, 기업, 시민단체 등에서, 나아가 세계은행과 유엔 등 국제기구에서도 인도를 포함한 남아시아의 스마트시티에 관한 지식과 경험의 공유, 시장진출 및 교류협력 등을 위해 이 책이 활용되길 바란다.

이 책이 발간되기까지 연구 책임을 맡아 수고해 주신 서울대학교 지리학과 손정렬 교수를 비롯해, 이 책에 창의적 내용을 담기 위해 아시아연구소의 남아시아센터를 중심으로 다양한 분야의 전문가로 집필진을 구성했다. 아시아연구소와 MOU를 2020년에 체결한 국토연구원을 비롯해 여러 기관에서 스마트시티와 인도 등 관련 전문가들이 본 연구에 참여했다. 코로나19 팬데믹의 어려움 속에서도 '원팀'으로서 각고의 노력을 아끼지 않으신 집필진 한분 한분께 감사를 드린다. 또한, 행정적 지원을 제공해주신 분들과 편집 등의 도움을 준 조교와 출판사 담당자 분들께도 감사를 드린다.

2022년 5월
서울대학교 아시아연구소
소장 박수진

목차

프롤로그

남아시아의 스마트시티 – 구조와 방향

손정렬(서울대학교 지리학과 교수)

1

스마트시티란 IT, 환경기술(ET), 인공지능(AI), 빅데이터 기술 등 첨단스마트기술이 인간의 기본 생활 수요에 접목된 도시이며, 도시를 더욱 편리하고 친환경적으로 변모시킨다. 전 세계적으로 스마트시티 개발은 오늘날의 글로벌 도시트렌드로 부각되고 있다. 인도 등 남아시아지역에서도 스마트시티 개발이 도시화의 중요 트렌드로 부각되고 있다. 본 저서 「남아시아의 스마트시티 – 구조와 방향」은 크게 2개의 파트로 나누어진다. 첫 번째 파트에서는 스마트시티의 개념과 한국의 스마트시티 정책 패러다임 변화와 세계 주요국가의 스마트시티 개발 동향과 시사점 등을 살펴본다. 그리고 남아시아 주요 국가의 스마트시티 전략을 집중적으로 살펴본다, 두 번째 파트에서는 남아시아 중추국가인 인도를 중심으로 인도의 경제사회발전과 스마트시티에 대한 평가를 포함해, 중요 주제별로 심도 있는 구조와 발전 방향을 탐색하고, 스마트시티를 중심으로 한 한국과 인도와의 교류협력방안도 모색하고 있다.

오늘날 지구촌에서 전개되는 도시화는 과거의 산업적 도시화에 이어 그런

도시화를 넘어 IT과학기술과 접목되는 '스마트 도시화(Smart Urbanization)'로 나아가고 있다. 경제성장, 삶의 질 향상, 기후변화 대응, 그리고 디지털 기술이 융합되는 스마트 도시화 차원에서 스마트시티를 개발하는 노력이 세계 곳곳에서 이뤄지고 있다. 인구 규모에서 조만간 중국을 능가할 것으로 전망되는가 하면, 세계경제권의 중심국가의 일환으로 급격히 부상하고 있는 남아시아의 중추국가 인도를 비롯해 인구 18억 명의 남아시아 주요 국가에서 전개되는 스마트시티 정책을 세계는 주목하고 있다. 본 저서 「남아시아의 스마트시티 – 구조와 방향」은 경제 대국이며 인구 대국인 인도가 위치한 남아시아에서의 스마트시티 전략의 배경과 구조 및 방향을 탐색하고 있다. 특히 인도의 사례를 집중 분석하고 있다. 인도의 스마트시티 개발정책의 동향과 구조를 규명하고 그 성과 및 한계와 발전 방향 등을 살펴보고, 나아가 한국이 인도를 포함한 남아시아 주요 국가의 스마트시티의 발전에 기여할 수 있는 국제 교류협력방안도 제시하고자 했다. 이를 위해 서울대학교 아시아연구소 남아시아센터는 남아시아의 스마트시티 관련 일단의 전문가들로 집필진을 구성하여 본 저술을 기획하고 출간했다.

2

전 세계적으로 빠르게 진행된 도시화는 도시의 환경오염, 건강, 안전, 교통시설 등 인프라의 부족 등의 문제들을 불러일으켰다. 도시화의 부작용으로 발생하는 다양하고도 심각한 도시문제를 해결하면서 경제성장과 삶의 질 향상을 위해 주요 국가와 도시에서는 스마트시티를 개발하는 데 중점을 두어왔다. 스마트시티는 IT 등 디지털 기술을 활용해 시민들의 다양한 생활수요에 대응, 도시문제를 극복하고 보다 효율적이며 지속가능하며 포용적인 도시 서비스와 도시환경을 제공하는 도시이다. 세계 주요 국가는 일찍부터 스마트시티 전략을 추진, 중앙정부, 지방 자치 단체, 산업계, 학계, 주민 등의 이해관계자가 협력하면서 도시

문제 해결을 목표로 하고 있다. 이러한 추세는 유엔이 2015년 채택한 '지속가능한 개발 목표(SDGs: Sustainable Development Goals)'와도 연결되고 있다.

아시아에서도 우리나라를 비롯해 중국과 일본, 싱가포르, 베트남 등에서 스마트시티 개발정책을 추진하고 있으며 국가와 도시발전에 있어 점차 중요시되고 있다. 남아시아에서도 도시화에 따라 스마트시티 개발정책이 날로 중요시되고 있다. 남아시아는 인도, 파키스탄, 방글라데시, 스리랑카, 네팔, 부탄, 몰디브, 아프가니스탄 등을 포함한다. 남아시아의 인구는 약 18억 명으로 세계인구의 약 23%를 차지한다. 그러나 아직 가난한 지역으로서 전 세계에서 국제개발

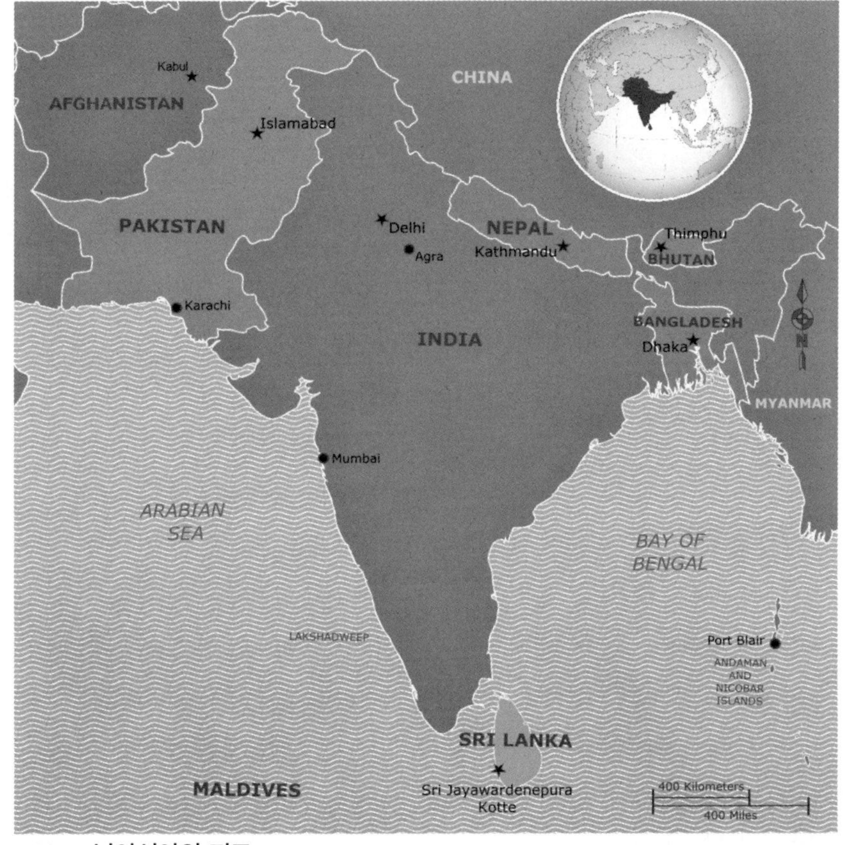

그림 1   남아시아의 지도
출처: Wikicommons, CC BY - SA 4.0(Original work by Cacahuate, Edited)

협력수요가 가장 큰 지역 중의 하나이다. 인도를 비롯한 남아시아에서도 대략 150개의 스마트시티 프로젝트가 검토·개발되고 있으며, 스마트시티와 관련한 건설 붐도 일부 일어나고 있다. 세계 주요 국가들은 스마트시티를 새로운 수출 성장 동력으로 보고, 국가 차원에서 지원하고 있다. 가령, 일본 정부는 스마트시티를 인프라 수출의 새로운 핵심 전략으로 규정하고, 특히 인도를 포함한 남아시아 시장에 적극 진출하고 교류협력에 박차를 가하고 있다. 우리나라도 남아시아의 스마트시티 관련 국제협력이 필요한 시점이다. 이를 위해서는 인도를 포함한 남아시아 주요 국가의 스마트시티 개발 동향을 살펴보고 관련 정책의 구조와 향후 정책 방향 및 한국과의 협력방안 등에 관한 연구가 긴요하다.

3

특히 남아시아의 중추국가인 인도는 인구와 경제성장 잠재력 측면에서, 그리고 글로벌 국가체계에서의 지정학적 중요성과 잠재적 글로벌 시장가치가 매우 큰 국가로 부각되고 있다. 특히 인도는 남아시아 국가 중에서도 중추적 위상을 차지하고 있다. 인도는 인구 13.9억 명(2020년 기준)으로 중국의 14.4억 명에 이어 세계 2위의 인구 대국이다. 인도는 1인당 GDP가 2020년에 1,900달러에 불과한 저소득 개도국이다. 그러나 인도의 국가전체 경세규모는 연평균 7% 내외의 높은 성장 추세가 계속 이어져, 2021년 12월에 발간된 영국의 경제비즈니스센터(CEBR)의 세계경제 전망보고서에 의하면, 세계 경제 규모 순위에서 인도는 2022년의 세계 6위에서 2030년경에는 중국과 미국에 이어 세계 3위로 올라설 것으로 전망된다. 2020년 1월 미국 거대 기업 아마존의 제프 베이조스 회장은 "21세기는 인도의 세기가 될 것이며 인도의 다이나미즘과 에너지는 세계 곳곳에 있을 것이다"라고 강조한 바 있다. 또한 인도는 지정학적으로나 외교적으로도 인도·태평양에서의 지전략적(地戰略的) 중추국가이다.

이에 따라 프랑스, 독일 등 유럽국가와 일본과 미국 등 세계 주요 국가들은 인도와의 다양한 교류증진을 통해 자국의 국익을 도모하고 인도와의 상생발전을 추구하고 있다. 자국의 국익을 도모하면서 인도와의 상생발전을 위한 교류증진을 위해서는 한편으로는 인도가 역점을 두고 있는 국가정책을 지원하고 동시에 다른 한편으로는 자국의 경쟁력을 지닌 교류의 매개체가 필요하다. 마침 인도에서는 모디총리가 인도의 경제성장과 삶의 질향상을 위해 2015년 6월 발표한 인도의 스마트시티 100개 개발프로젝트가 추진되고 있는 바, 교류의 대상이자 매개체로서 스마트시티가 중점 부각될 수 있다. 특히 유엔이 전 세계에 천명한 지속가능개발목표 중에는 개도국에 대한 개발협력과 지원이 필요함을 강조하고 있다. 따라서 인도의 스마트시티개발사업에 협력하고 인도를 지원함은 유엔에서 강조하는 개도국에 대한 지속가능개발목표 달성에 기여하는 것이라고 할 수 있다.

이러한 맥락에서 인도의 스마트시티를 살펴보는 데는 첫째, 남아시아의 중추국가인 인도의 역점국가정책인 스마트시티개발의 원활한 추진을 위해 한국이 축적한 스마트시티 기술과 시스템을 기반으로 인도경제사회 맞춤형 스마트시티 개발모델을 창안, 지원함에 있다. 둘째, 유엔의 지속가능한 개발 목표달성을 위한 글로벌 개발협력의 실천 필요성에 입각해 인도와의 다양한 교류, 협력, 지원을 스마트시티 개발을 중심으로 실천하고자 함에 있다. 셋째, 지경학적, 지정학적으로 중요시되는 인도에서의 스마트시티 개발 지원과 교류를 통해 한국의 국익창출역량을 강화하는 동시에 인도와 한국의 상생발전을 도모하고자 함에 있다고 할 수 있을 것이다.

4

스마트시티는 기존의 도시보다 적은 비용으로도 효율적으로 도시문제를 해결한다는 점에서 주목을 받고 있는 새로운 도시 모델이다. 이는 4차 산업혁명으로 대변되는 정보통신기술의 발달에 기반하며 '탄소제로'와 '기후변화 대응'과도 연결되어있다. 인도 등 남아시아 해당국가와의 스마트시티 정책 및 사업 교류 지원을 통한 한국과의 상생을 위해 한국형 스마트시티 개발 모델이 필요하고 용용될 가능성도 있기 때문에 한국의 스마트시티에 대한 구조적 논의가 필요하다. 한국의 경우 다른 나라보다 비교적 빠른 시기에 스마트시티 정책을 추진했다. 한국에서 발달한 IT기술을 활용해 주로 도시인프라 건설에 초점을 맞춘 '유비쿼터스도시의 건설 등에 관한 법률'(2008년)을 제정한 데 이어 '스마트도시 조성 및 산업진흥 등에 관한 법률'(2017년)을 제정해 중앙정부, 지자체, 민간기업 등이 협력해 추진하고 있다. 스마트도시 국가시범도시와 스마트도시형 도시재생사업 등 다양한 정책이 추진되고 있다. 한국의 스마트시티 구조를 이루는 핵심구성요소는 기반 인프라(건설 인프라 및 정보통신 인프라), 플랫폼(시스템 통합 플랫폼, 협력체계), 그리고 혁신체계(규제 샌드박스, 민관 수평적 협력체계, 시민참여 리빙랩 등)이다. 이러한 스마트시티 구성요소가 향후 효율적으로 잘 작동하기 위해서는 다양한 구성요소별로 그리고 이들을 효율적으로 융합해 더욱 개선해야 하며, 해외의 우수한 스마트시티 실증성과들을 벤치마킹해 도시의 구조적 변화와 수요추세에 맞춰 응용, 국내외에 확산시켜나가야 하는 과제를 안고 있다.

한국과 남아시아 국가들과의 1인당 국민소득 등 경제발달정도, 도시화 진척도, 도시계층구조, 도시민의 생활기본수요 구조, 그리고 IT 등 스마트시티 적용 스마트기술 발달정도 등에 있어 현격한 차이가 존재하므로 한국형 스마트시티 구조를 인도 등 남아시아 국가에 이식하기에는 한계가 있다. 해당국가 맞춤형 스마트시티(예: 지속가능한 스마트시티)의 개발을 위해 한국형 모델이 적정기술로 응용될 수는 있을 것이다.[1]

최근 기후 변화와 2020년의 코로나19 팬데믹으로 인해 다음 세대를 위

1　이 책의 제1장(이재용) 참조

해 건강한 도시생활 환경을 지향하는 스마트시티는 전 세계적으로 더욱 중요시되고 있다. 세계 스마트시티 시장규모는 2025년에 8,200억 달러에 이르며 연평균 14% 이상의 견실한 성장이 전망되고 있다. 각국은 스마트시티 글로벌 시장 선점을 위해 경쟁적으로 움직이고 있다. 미국을 비롯한 유럽 주요국, 특히 영국, 프랑스, 네덜란드, 스페인 등은 기후변화와 에너지 절약 등을 위해 스마트시티 개발에 주력하고 있다. 아시아 지역의 스마트시티 개발은 다양성이 그 특징이다. 아시아 지역은 사회, 문화, 종교 등이 다양하고, 경제 발전 정도에 큰 차이가 있다. 따라서 스마트시티 개발 방식도 다방면으로 진행되고 있다. 중국의 경우, 전국 500개 이상의 도시에서 신형 스마트시티를 구축 중이다. 일본에서는 인공지능(AI)과 빅데이터를 적용한 '슈퍼시티' 구상을 추진하고 있다. 싱가포르는 '스마트 네이션(Smart Nation)'을 추진하고 있으며 아세안의 경우 아세안 스마트시티 네트워크를 만들어 상호협력하고 있다. 중동국가에서도 마찬가지이다. 인도를 비롯한 남아시아국가에서도 스마트시티 전략이 국책사업으로 추진되고 있다. 그러나 2020년의 팬데믹은 인류의 도시생활 방식을 재평가하고 새로운 스마트시티 모델의 창조적 발굴과 응용이라는 큰 숙제를 안겨주었다.[2]

인도를 비롯한 남아시아 주요 국가의 스마트시티 전략이 이 지역의 18억의 인구 규모, 지속적 경제성장 및 도시화 진전 등과 관련해 주목을 받고 있다. 이미 2015년에 인도 정부는 100개의 스마트시티를 개발하고자 하는 야심찬 정책을 추진하고 있다. 스리랑카는 '스마트 네이션'을 목표로 콜롬보를 중심으로 스마트시티 건설을 추진하고 있다. 파키스탄의 경우 '비전 2025'를 통해 도시의 교통, 전력, 수도, IT 인프라 등을 정비하고 환경오염과 범죄 예방을 위해 도시를 스마트화하는 것을 목표로 하고 있다. 파키스탄의 '캐피탈 스마트시티'는 파키스탄 최초의 스마트시티이자 지속가능한 개발의 모델을 목표로 한다. 그리고 방글라데시는 ICT를 통해 농촌 및 도시 생활을 현대화하는 '디지털 방글라데시'

---

2 이 책의 제2장(김용학) 참조

프로젝트를 추진하고 있으며 주요 도시의 스마트시티화를 추진하고 있다. 향후 아세안처럼 남아시아 각국이 참여하는 스마트시티 네트워크를 조성, 국제간 스마트시티 관련 협력이 요구된다. 남아시아와 한국의 스마트시티 비전 공유와 협력은 긴요하다. 가령, 인도와 방글라데시에 진출한 한국기업의 산업단지를 스마트산업단지로 업그레이드 한다든지, 현지 생산현장 내외의 마을을 IT를 접목해 스마트 빌리지로 시범 조성함으로써 한국기업의 현지 주민 친화적 스마트 생산현장 만들기의 성공사례를 만들어 갈 수 있을 것이다.[3]

5

인도의 스마트시티에 관심을 두는 것은 단순히 한국형 스마트시티 수출을 도모하고자하는 차원을 넘어서는 것이다. 무엇보다도 지경학적, 지정학적으로 중요시되는 인도에서의 스마트시티개발 지원과 교류를 통해 한국의 국익창출역량을 강화하는 동시에 인도와 한국의 상생발전을 도모하고자 함에 있다고 할 수 있을 것이다. 이를 위해 인도의 스마트시티 정책의 구조와 방향을 구명할 필요가 있다. 그리고 유엔의 지속가능한 개발 목표달성을 위한 글로벌 개발협력의 실천 필요성에 입각해 인도와의 다양한 교류, 협력, 지원이 요구된다. 한국이 축적한 스마트시티 기술과 시스템을 기반으로 하는 한국형 스마트시티를 인도로의 수출의 실현가능성을 높일 수 있을 것이나 한계가 있다. 2020년 현재 1인당 GDP가 1,900달러에 불과한 저소득 개도국으로서의 현지 인도의 경제사회의 발달정도, 도시화 수준과 인도의 다양한 도시마다의 차등화된 개발 특성 및 IT 등 산업기술발전과도 연관되기 때문에 단순히 한국형 스마트시티의 수출의 현지 적용에는 어려움이 있을 수 있다. 따라서 인도경제사회의 제반 여건을 고려

---

3   이 책의 제3장(손정렬, 김윤호) 참조

해 인도 현지 맞춤형 스마트시티와 UN의 지속가능개발목표와 결합되는 인도형 지속가능한 스마트시티 개발모델을 창안해 한국과 인도와의 교류 협력을 지원해 국익을 창출하고 인도와의 상생하는 관점을 중시해야 한다.

먼저 인도의 스마트시티 발전 가능성은 인도에서 발달한 IT산업과 연관된다. 인도 경제는 IT 관련 소프트웨어에 강점을 지니고 있다. 벵갈루루, 하이데라바드, 첸나이는 IT 산업 거점도시이며 여기에 구글, 아마존, 페이스북, 애플 등 세계 최고의 IT 기업이 입지해 있다. 인도 IT 산업을 성공할 수 있게 한 요인으로는 먼저 미국이 인도에 대량으로 소프트웨어 개발을 발주한 것을 들 수 있으며 또한 카스트 제도의 영향으로 IT 기술자에 관한 관심이 제고되고 엔지니어가 증가한 것을 들 수 있다. 그리고 도약형 발전, 역혁신에 의한 새로운 기술 진보, 인도 공과대학의 높은 교육 수준, 스타트업의 증가, 인도의 글로벌 인적 네트워크 등이 중요 요인으로 내재해 있다. 향후 인공지능기술이 인도의 경제성장을 선도할 것으로 예측되기도 한다. 인도의 100개 스마트시티 개발프로젝트는 인도 도시민의 전반적 삶의 질 혁신을 도모하고 있는 바, 이는 다양한 스마트 솔루션을 접목해 시도하는 일종의 도시의 '리빙 테스트베드(Living Testbed)' 성격을 지니는 프로젝트이다. 인도에서의 IT강국 잇점은 '리빙 테스트베드'로서의 스마트시티 개발의 성공을 견인해 인도의 일자리와 주민의 삶의 질 환경에서의 변혁을 창출할 것으로 전망된다.[4]

6

인도의 스마트시티 개발전략은 무엇보다도 인도의 도시화와 직결된다. 인도의 2020년 도시화율은 34.9%이며 2050년에는 52.8%로 증가할 전망이다. 인도

---

4   이 책의 제4장(이명무) 참조

에서의 도시화는 교통, 주택, 환경 등 여러 측면에서 도시문제를 발생시키고 있다. 도시화 문제를 해결하고자 인도 정부는 2015년에 5개년에 걸친 100개의 스마트시티를 개발하는 정책인 '스마트시티 미션'을 선언했다. 스마트시티 미션의 구조를 살펴보면 대체로 안정적인 상수도, 전력, 위생, 교통, 주택, 정보통신, e-거버넌스, 환경, 안전, 건강 및 교육기반 등 기초생활인프라 확충에 중점을 두고 있다. 전략적으로는 도시개선, 도시재개발, 신도시개발 유형을 포함하는 '구역기반개발(ABD)' 전략이 추진되고 있다. 동시에 스마트 솔루션 개발에 중점을 두는 '범(汎)도시 이니셔티브(PCI)' 전략도 추진된다. 최종 스마트시티 선정과 집행을 위해 전국적 경쟁시스템과 중앙정부와 지자체의 공동재정지원 집행방식을 운용하고 있다. 인도의 스마트시티 정책은 일부 성과를 내기도 하지만 중간 평가해보면 전반적으로 자금 부족, 토지수용갈등, 주요 주체들의 지식과 기술, 정책 경험 부족 등으로 사업성과가 아직은 뚜렷하지 못하고 도시 간 추진 격차도 심하게 나타나는 문제점과 한계가 드러나고 있다. 이는 인도에서의 스마트시티 관련 새로운 정책모델, 가령, 인도 맞춤형 지속가능한 스마트시티 개발모델의 창안과 국제간 교류협력이 긴요함을 시사한다.[5]

인도의 스마트시티 개발 과정에서 시민참여형의 상향식 팹랩(Fab Lab)과 리빙랩(Living Lab)의 가치가 중요해지고 있다. 팹랩은 사람들에게 디지털 공작기기를 사용할 수 있는 기회를 제공함으로써 개인의 발명을 가능하게 한다. 팹랩은 메이커 스페이스의 한 종류이며 사용자 참여가 강조되고 있다. 그리고 리빙랩은 시민의 참여로 여러 실제 환경에서 복잡한 해결방책을 실험하고 바람직한 대안을 전문가와 시민이 공동으로 찾는 방식이다. 사회문제 해결을 위한 사용자 중심, 개방적 혁신 생태계는 팹랩과 리빙랩의 주요 특징이다. 팹랩은 "자신들이 사용하는 것을, 사용하는 사람이 만드는 문화"를 육성하는 것을 목표로 하고 있다. 인도의 스마트시티 개발에서 시민참여형 팹랩을 통해 스마트시티가

---

5 이 책의 제5장(박수진, 박양호) 참조

더욱 시민친화적인 동시에 시민이 직접 만들어 가는 팹시티(Fab City)로서의 가치를 지니게 된다. 또한, 리빙랩은 '일상생활 속의 우리 마을 실험실'로서 '사용자 참여형 혁신공간'이다. 인도에서는 스마트도시를 위한 솔루션으로 도시에서의 리빙랩을 추진하거나, 농촌에서 지속가능한 개발을 위한 도구로서 팹랩을 사용하는 다양한 사례가 확산되고 있다. 인도에서의 팹랩이나 리빙랩을 통해 주민참여형 문제해결 및 기술개발로 스마트시티가 시민 생활과 더욱 밀착되어 진화할 때 스마트시티의 성공 가능성도 높아지게 될 것으로 전망된다.[6]

7

인도의 스마트시티 작동은 스마트 교육의 사례에서 잘 나타나고 있다. 인도의 초중등 및 고등 교육은 양적으로 팽창하고 있다. 그러나 질적인 향상은 따르지 못하고 있다. 인도에서의 교육의 양과 질 두 측면에서 긍정적인 변화를 스마트 교육이 이룩할 수 있다. 다행히 인터넷과 스마트폰의 확산으로 인해서 인도에서도 스마트 교육이 가능한 환경이 조성되고 있다. 인도의 스마트시티인 첸나이의 스마트 교실 프로젝트는 스마트도시라는 새로운 환경에 잘 적응할 수 있는 스마트 시민 교육을 목표로 한다. 디지털 환경을 통한 양질의 교육을 학생들에게 제공하고 있어 최신 정보통신 기술 활용 학습, 학생의 참여 증진 등 스마트 교육의 질적 장점을 추구하고 있다. 또 다른 스마트시티인 자발푸르의 스마트 스쿨은 정보통신을 활용하여 시골 지역 교육시스템을 개선하고, 교육의 질을 향상시키고, 온라인 강의 등을 공립학교에 제공하고 있다. 그러나 아직 전반적으로 인도와 선진국 간의 교육의 질 격차는 크다. 특히 스마트시티 투자와 함께 스마트 교육을 위한 투자를 확대해 나가야 한다. 한국 정부와 기업은 인도의

---

6   이 책의 제6장(김윤호) 참조

스마트 교육 투자를 지원해 스마트시티와 스마트 교육과 관련해 인도와의 동반 성장을 추구할 수 있을 것이다.[7]

인도에서의 스마트시티 정책의 성공적 추진은 사회정치적 맥락과도 연관된다. 특히 중산층의 스마트시티에 대한 인식과 태도가 중요하게 작용하고 있다. 중산층 시민들은 스마트시티 구축을 통해 혜택을 받는 것을 요구하지만, 사용료나 세금을 내고 싶어 하지 않는 의식과 행동 양식을 보인다. 이러한 중산층의 인식과 행동 양식이 인도에서 스마트시티 정책의 진척이 느려지는 근본적인 이유 중 하나이다. 이러한 인도의 중산층의 태도는 스마트시티 미션의 추진에서만 나타난 최근의 경향성이 아니라 역사적으로 사회 근저에 자리 잡고 있다. 그리고 중앙정부의 도시계획과 현장을 담당하는 관료 그리고 선출직 공무원들이 괴리되는 구조도 스마트시티의 이행을 어렵게 하고 있다. 외국자본이 인도에 스마트시티와 관련해 투자하거나 구체적 계약을 맺는 일은 인도의 고질적인 관료적 비효율성과 현장 관료들의 반감 때문에 좌절되는 일이 드물지 않다. 또한 인도에서의 역사적으로 문제가 되어왔던 토지수용 관행도 토지수용 과정의 합리적인 이해관계 조정과 타협을 어렵게 만드는 사회적 원인이 되고 있다. 인도의 스마트시티 미션은 인도 신흥중산층의 태도와 이해관계에 부응하는 한 정책의 추진 동력은 상실되지 않을 것으로 보인다.[8]

8

인도의 열악한 도시 기초인프라의 개선과 확충은 인도 스마트시티 사업의 핵심 요소이다. 교통환경의 경우, 인도의 교통 상황을 심각하게 악화시키는 것은 평

---

[7] 이 책의 제7장(맹현철) 참조

[8] 이 책의 제8장(강성용) 참조

균 22%밖에 되지 않는 낮은 대중교통 이용률이다. 질 낮은 교통서비스 때문에 사람들은 공영버스 등의 대중교통을 이용하지 않는다. 또한, 홍수와 가뭄, 도로변에 방치된 쓰레기와 악취, 자동차와 동력 이륜차 배기가스로 인한 공기 오염과 미세먼지, 식수부족 등의 도시문제가 만연해있다. 더욱 심각한 것은 최근 인도의 코로나19 팬데믹 사태에서 볼 수 있듯이 열악한 도시 기초 인프라로 인해 전염병 창궐 시에 그 피해가 더욱 크다는 사실이다. 인도의 경우 기본적인 인프라 확충사업은 물론 현재 무질서하게 운영되고 있는 기존 인프라를 효율적으로 사용하기 위한 시스템관리 차원의 정책과 대책이 절실하다. 스마트시티 사업추진을 통한 정보통합 플랫폼을 구축함과 동시에 기존 인프라의 물리적 관리기법의 고도화도 함께 추구하는 하이브리드형의 스마트시티 사업추진 전략이 적극 고려되어야 한다. 이를 위해 지난 50여 년간 한국의 도시들이 교통 등 도시 기초인프라 문제를 해결하기 위해서 다양한 시행착오를 겪으며 발전시켜온 도시 인프라의 공급전략, 수요관리전략에 대한 인도에서의 벤치마킹과 이 분야의 양국 간 교류협력이 요구된다.[9]

스마트시티를 만들어 가는 데 있어서 공간정보기술은 핵심 기술이다. 스마트시티 운영의 기반이 되는 디지털 플랫폼은 공간정보를 기반으로 구축해야 한다. 스마트시티는 도시의 운영과 관리 현황을 체계적으로 파악할 수 있어야 하는 바, 이를 위해서는 데이터 그 자체나 분석을 통해서 얻은 정보를 공간적으로 표출하는 것이 매우 중요하다. 범지구위치결정시스템인 GIS는 이와 같은 기능을 제공함으로써 스마트시티를 성공적으로 구현할 수 있는 강력한 수단이자 도구다. 인도는 공간정보 관련 조직과 거버넌스를 비교적 잘 갖추고 있다. 특히 인도 정부는 2021년에 공간정보에 대한 새로운 정책을 발표했다. 지금까지 정부의 승인을 받던 공간정보의 취득과 활용을 자유롭게 개방하였다. 인도 공간정보 정책의 개선은 스마트시티개발을 비롯해 공간정보산업에 엄청난 기회를

---

9 이 책의 제9장(이상건) 참조

열어주는 계기가 되고 있다. 그러나 인도정부가 국가공간데이터의 생산과 공유를 위한 표준과 기술기준 등을 마련·제시함으로써 데이터의 중복구축을 방지하고 효과적인 공유를 지원해야 하는 과제를 안고 있다. 향후 한국과 인도간에 공간정보시스템을 공유하는 교류협력이 강화되면 양국의 스마트시티 개발에도 기여할 수 있을 것이다.[10]

9

인도의 스마트시티의 성공을 위해서는 인도의 국민 소득수준과 열악한 생활환경 등, 현지 실정에 더욱 부합되는 정책방향을 필요로 한다. UN에서 강조하는 지속가능한 개발을 촉진하면서 스마트시티 개발이 추구하는 경제성장과 삶의 질 향상을 이룩할 수 있는 선순환 발전시스템이 작동하는 새로운 정책이 요구된다. 이러한 맥락에서 인도의 스마트시티 개발과 유엔의 지속가능한 개발목표의 통합패러다임인 인도의 '지속가능한 스마트시티'(Sustainable Smart Cities in India: SSCI) 패러다임이 유효할 수 있다. 유엔의 SDGs 항목별 이행과 그 목표 달성을 위해 인도의 스마트시티 정책추진이 긍정적으로 작용할 수 있음을 알 수 있다. 이러한 지속가능한 스마트시티 패러다임을 바탕으로, 인도의 지속가능한 스마트시티 적정모델의 기본 틀을 도출할 수 있다. 그 기본 틀은 UN의 지속가능한 개발목표를 반영한 '지속가능성(Sustainability)'축과 IT와 같은 스마트 기술을 접목시키는 '스마트니스(Smartness)'축으로 구성된다. 양축을 결합해 인도의 국가차원의 지속가능한 스마트시티 모델을 도출할 수 있으며, 나아가 현장 중심의 시티 랩 등을 활용해 도시별 맞춤 모델을 만들 수 있다. 한국이 인도의 스마트시티 사업을 지원하기 위해서는 한국의 실정에 맞춘 모델이 아니라,

---

10　이 책의 제10장(사공호상) 참조

인도의 다양한 도시여건을 감안한 인도형 모델이 요구된다. 한국이 '인도형 지속가능한 스마트시티모델'을 연구 개발해 인도형 모델을 현지의 스마트시티 개발사업에 접목함으로써 한국과 인도와의 교류 협력 성과가 크게 증대될 수 있을 것이다.[11]

10

인도의 스마트시티 발전을 위해서는 국제파트너십을 활용해 자금, 지식, 기술 등의 지원을 포함한 국가 간 교류협력 활동이 동반되어야 한다. 인도의 스마트시티 개발을 지원하기 위한 파트너십은 인도의 스마트시티 정책의 성공적 안착을 위해서 중요할 뿐만 아니라 당사국 간의 상호 국익을 향한 교류협력의 증진을 위해서도 긴요하다. 이는 인도의 도시화에 따른 문제 해결과 유엔의 지속가능한 개발목표의 이행과 관련해, 개도국 지원을 위한 글로벌 행동과도 연계되어 있다. 인도의 스마트시티 개발 관련 국제파트너십 내용을 살펴보면 여러 가지 공통패턴과 국가별 특이성이 나타나는 경향이 있다. 인도의 스마트시티를 지원하고 있는 선진국의 일부 사례를 반영하여, 한국 - 인도 파트너십의 새로운 지평을 열어나가야 한다. 먼저 한국 - 인도 '지속가능한 스마트시티' 개념 하의 교류협력지원이 국가중점과제로서의 위상을 확보해야한다. 그리고 인도 맞춤형 '지속가능한 스마트시티' 적정모델의 선도적 구축 및 적용이라던지 한국형 시민참여 시티 랩 프로그램 개발과 인도 스마트시티사업에의 응용, 지원이 가능할 것이다. 또한, 남아시아 국가들 간에 지속가능한 스마트시티 개발 관련 지식과 정보를 공유하고 국가별 시범사업의 지원을 추진하기 위한 남아시아 지속가능한 스마트시티 네트워크(South Asia Sustainable Smart Cities Network:

---

11   이 책의 제11장(박양호) 참조

SASSCN)가 필요하며 그 국제네트워크 창설에 한국이 가교역할을 할 수 있을 것이다. 한국 – 인도 지속가능한 스마트시티 '파트너십 지식플랫폼'의 구축도 필요하다.[12]

　　나아가 한국과 인도 간의 교류협력을 넘어 남아시아의 스마트시티 관련 교류협력의 강화를 통해 한국과 남아시아 국가 간의 상호 국익을 증진해나가야 한다. 그러자면 남아시아 국가별 실정에 적합한 남아시아 지속가능한 스마트시티 모델의 정립과 남아시아와의 스마트시티 파트너십 지식 플랫폼의 구축 등 여러 기본적인 여건을 지금부터 만들어 가야 할 것이다. 이처럼 글로벌 중심지 체계에서 날로 그 중요성이 더해가는 인도를 비롯한 남아시아와 대한민국의 공동 번영의 새로운 지평을 스마트시티를 중심으로 새롭게 펼쳐나갈 수 있을 것이다.

12　이 책의 제11장(박양호) 참조

제1부
스마트시티와 세계 속의 남아시아

제1장

스마트시티의 등장과 한국의 스마트시티 구조

이재용(국토연구원 스마트공간연구센터장)

I. 도시의 발전과 스마트시티의 등장

1. 스마트시티의 등장

가. 도시인구의 증가와 새로운 도시 모델의 필요성

UN의 2014년 세계인구전망 보고서는 2050년이 되면 선진국 인구의 86%, 개발도상국 인구의 64%가 도시에 거주하게 될 것으로 내다보고 있다. 현재 약 39억 명에 불과한 도시인구가 2050년이 되면 약 63억 명으로 늘어나 있으리라는 것이다(Department of economic and social affairs, 2015). 따라서 급격하게 증가하는 도시인구에 대하여 효과적으로 대응할 수 있는 도시 관리 방안을 마련하는 것은 전 세계의 가장 시급한 과제 중 하나로 부상하였다.

선진국과 개발도상국은 모두 도시인구의 불균형 문제와 직면하고 있으나, 그 양상은 상반된다. 일반적으로 개발도상국의 도시에서는 급격하게 증가하는 인구 성장의 문제가 주요 이슈이지만, 선진국 도시들은 고령화 및 도시 쇠퇴 문제가 중요한 이슈이다. 개발도상국의 경우 빠르게 증가하는 도시 인구를 수용할 수 있는 도시기반시설을 갖추지 못한다면 다양한 도시문제에 직면할 수밖에 없다. 하지만 현실적으로 개발도상국에서는 국가재정의 한계 및 빠듯한 도시 건설 기간 등으로 인해, 빠르게 증가하는 도시인구를 감당할 방법이 없다. 일례로 인구가 빠르게 증가할 것으로 예측되는 아시아 내 도시 기반시설 시장 수요는 2020년 약 8조 2,000억 달러 규모였지만, 그 중 공공자금으로 해결 가능한 부분은 5,000억 달러에 불과하다. 이처럼 시장수요와 공공 자금 간 격차가 크다는 점은 문제를 해결하는 데 있어 큰 난점으로 작용한다(국가건축정책위원회, 2012). 반면 선진국들은 출생률은 낮은 수준에 머무르는 데 반해, 의료 기술의 지속적 발전으로 인하여 사망률이 급격히 감소함에 따라 고령층의 증가가 불가피할 것으로 예상된다. 또한 한국처럼 인구가 절대적으로 감소하는 경우, 새로운 도시기반시설들을 구축 및 확장하는 것에 대한 기반시설 편익을 기대하기 어렵기 때문에 재정의 확보가 곤란하다. 요컨대 개발도상국의 경우는 도시인구가 너무 빨리 증가하기에 이를 수용할 수 있는 도시기반시설들을 갖출 공적 자금 및 건설 기간 확보가 어렵고, 이로 인한 도시문제가 발생할 수 있다. 반대로 선진국의 경우에는 인구 감소로 인하여 편익성을 확보할 수 없어 도시기반시설 구축에 대한 재정 확보가 어렵다는 점이 문제가 된다.

빠른 인구 증가, 도시화와 경제 성장에 따른 자원의 수요 폭증, 도시문제에 대응할 수 있는 적절한 도시기반시설 마련의 실패 등은 도시의 생존 및 지속가능성을 위태롭게 만든다. 이러한 문제들에 대응할 수 있는 새로운 도시 모델로 제시된 것이 바로 스마트시티다. 2010년 이후 스마트시티가 주목받을 수 있었던 이유는 스마트시티를 구현하기 위한 정보통신기술의 실적용이 가능해짐에 따라 낮은 비용으로도 효과적으로 도시문제를 해결할 수 있는 효율적인 수단임을 인정받았기 때문이다(European Commission, 2013).

스마트시티는 국가 기술 수준과 상관없이 선진국 및 개발도상국 모두에게 많은 관심을 받고 있다. 선진국들은 도시문제 해결을 위하여 기존의 낙후된 도시기반시설을 최적으로 활용하고 효율적으로 관리하기 위한 방안으로 스마트시티 사업을 추진하고 있으며, 개발도상국들은 도시화를 진전시키고 그에 상응하는 수준의 도시기반시설을 마련하는 과정에서 스마트시티 시설물을 적용함으로써 기술 단계를 건너뛰는 효과를 노리기도 한다(Economic and Social Council, 2016). 전통적인 도시기반시설들의 구축 및 확보를 통하여 도시문제에 대응하겠다는 기존의 방식이 선진국 및 개발도상국 모두에게 적합하지 않은 방식이 되어가는 상황에서, 국가들은 적은 비용으로도 높은 효율을 기대할 수 있는 새로운 도시모델을 모색해 왔다. 스마트시티가 이러한 목적에 부합하는 모델로 주목받게 되면서, 스마트시티를 통해 도시문제를 대응하는 방식에 대한 논의가 시작되었다.

나. 스마트시티와 정보통신기술

스마트시티는 정보통신기술을 의미하는 '스마트'라는 단어에 '시티'라는 단어가 결합한 단어로서, 많은 경우 정보통신기술이 접목된 도시공간으로서 이해된다(Castells and Hall, 1994; Komninos, 2002; Hollands, 2008). 정보통신기술을 도시공간에 접목하여 도시문제를 해결하겠다는 시도는 1970년대 초부터 등장하기 시작하였다. 그 예로 Wired Cities(Dutton et al., 1987), Cyber Cities(Grahan & Marvin, 1999), Digital Cities(Ishida & Isbister, 2000), Intelligent Cities(Komninos, 2002), Networked Cities(Hanley, 2004) 등을 꼽을 수 있다.

정보통신기술을 기반으로 도시문제를 해결하고 도시를 운영하는 방식에 대한 관심이 높아지면서, IBM, CISCO, Simens 등과 같은 글로벌 IT 기업들은 2010년 이후 본격적으로 스마트시티 사업을 추진하기 시작했다. 이 기업들이 도시를 솔루션 비즈니스의 블루오션으로 인식하고 스마트시티 분야를 적극적으로 개척하면서 스마트시티에 대한 관심이 점차 제고되었으며 산업시장도 본격적으로 확대되기 시작하였다. 일례로 글로벌 산업시장 전망 회사인 MarketsandMarkets(2019)는 2018년부터 2023년까지 스마트시티 글로벌 시장이 3천 80억 달러 규모에서 7천 172억 달러 규모로 매년 18.4%만큼 성장할 것으로 예측하였으며, 또다른 전망 레포트는 시장 규모가 2025년에 이르면 2조 5,700억 달러까지 증가할 것으로 추산하였다(Gran View Research, 2018).

당시 글로벌 기업들 중 스마트시티 기술 비즈니스 분야에 가장 앞서 있었던 IBM은 2010년부터 리우데자네이루(브라질), 송도(한국), 마스다르(UAE), 플랜IT밸리(포르투갈) 등의 도시들에 자사의 ICT 기반 도시관리 솔루션을 이식하는 한편, 여러 국가들에서 스마트시티 솔루션을 적극적으로 홍보하였다. 이에 더하여 2010년부터는 사회공헌 차원에서 전 세계 100개 도시를 대상으로 스마트시티 달성을 위한 무상 컨설팅을 지원하는 '스마터 시티 챌린지(Smarter City Challenge: SCC)' 프로그램을 추진하였고, 이는 스마트시티 솔루션이 국제적으로 확산되는 기폭제로 작용하였다. IBM의 SCC 프로그램은 2018년까지 활발하게 이어졌다. IBM은 130개 이상의 도시에서 컨설팅을 수행하였으며, 이는 기존의 목표치인 100개를 크게 상회하는 것이었다. 특히 2012년 월드컵과 올림픽을 준비 중이었던 브라질이 IBM과 함께 구축한 리우데자네이루 통합운영센터는 한 기관에서 교통, 에너지, 통신, 공공 안전, 보건 등의 다양한 분야에 대응할 수 있도록 30개의 기존 기관들을 통폐합하여 발족한 기관으로 전 세계의 많은 관심을 받았다. IBM에서는 리우데자네이루의 통합운영센터가 교통, 전력은 물론 수자원 등을 통합 관리할 수 있고 홍수나 산사태 등의 자연재해에도 대응할 수 있는 분석 모델을 갖추고 있으며, 이는 도시 문제를 사전에 예측하고 예방할 수 있는 도시의 '두뇌' 역할을 할 수 있다고 홍보하였다. CISCO 역시 2006년 이미 'Connected Urban Development'라는 프로그램을 도시의 관리자들과 공동으로 추진하면서 스마트시티 논의를 시작하였으며, 2012년 무렵에는 'Smart+ Connected Communities(S+CC)'라는 서비스 플랫폼을 바르셀로나, 코펜하겐, 캔자스, 노스캐롤라이나 등에 설치 및 공급하였다.

2015년을 전후하여 개발도상국 및 유럽, 미국 등의 선진국들은 스마트시티의 가능성에 대한 기대로 국가적 차원의 스마트시티 정책들을 경쟁적으로 발표하기 시작하였다. 이들은 스마트시티에 단순히 첨단 기술을 도입하고 홍보하는 쇼케이스적 기능만을 기대하는 것이 아니라, 도시문제의 해결 또는 새로운 산업의 육성이라는 구체적인 목표를 부여하였다. 이후 스마트시티에 대한 논의

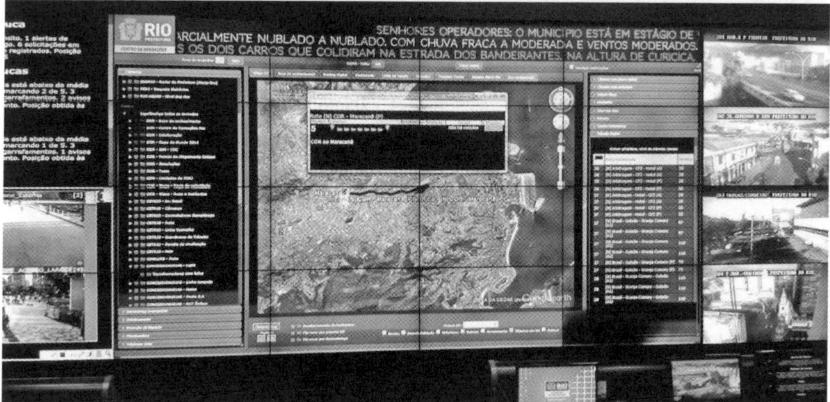

그림 1 리우데자네이루 도시통합운영센터

출처: http://cor.rio/institucional(검색일: 2021.9.15).

들은 도시문제를 어떤 방식으로 보다 효율적으로 해결할 것인지, 또는 디지털
전환시대에 성장하는 새로운 산업들을 성장시키기 위한 공간을 만들어 가는 방
식은 어떠한 것인지를 중심으로 전개되고 있다.

2.   스마트시티의 논의의 확장

스마트시티에 대한 논의는 주로 '스마트'로 대표되는 제4차 산업혁명, 디지털
전환 등과 같은 새로운 산업 전환들의 논의들과 '시티'로 대표되는 도시정책, 도
시계획 차원에서의 논의들을 중심으로 이루어져 왔다. 여기에 더하여 최근에
는 '스마트'라는 단어가 단순히 기술과 산업만을 지시하는 데 그치지 않고 지속
가능성, 포용성, 회복가능성 및 가치의 전환을 비롯한 '현명한' 생활 방식의 의
미까지 포괄하게 되면서, 스마트시티는 매우 복잡한 개념으로 발전하게 되었다.
이에 따라 여러 분야의 전문가들이 논의에 참여하기 시작하면서, 논의의 내용
도 한층 다채로운 모습을 띠게 되었다.

가.   스마트시티의 작동 원리

스마트시티는 기존의 도시보다 적은 비용으로도 효율적으로 도시 문제를 해결
한다는 점에서 주목을 받는 새로운 도시모델이다. 스마트시티의 저비용 고효
율 운영이 가능하도록 하는 핵심은 4차 산업혁명으로 대변되는 정보통신기술
융·복합이 실제 도시 공간상에 적용 가능할 정도로 기술 수준이 높아졌기 때문
이다. 2010년 이후 대부분의 국가들에서는 인터넷 환경이 마련되었고, 센서와
CCTV를 비롯한 정보통신기술 인프라를 통하여 도시의 기반시설들을 통합적으
로 관리할 수 있게 되었다. 정보통신기술을 도시 공간에 적용하는 방식은, 대규
모 재원을 투자하여 관리 인력을 확대하거나 물리적 기반시설을 확충하는 기존
의 방식 대신 실시간으로 수집된 데이터들을 필요한 기관 및 사용자에게 즉각
적으로 전달하여 도시 관리를 효율화한다.

　　표 1이 제시하는 것처럼, 스마트시티에서는 새로운 도시기반시설을 구축
하기보다는 이미 존재하는 도시기반시설들을 정보통신기술과 결합하여 도시기
반시설의 활용도를 극도로 높여나가는 방식으로 문제에 대응하고 있다. 도시문
제에 대처하기 위하여 동일한 수단을 사용하더라도, 지향하는 목표는 국가마다

표 1 스마트시티 문제 대응 방식

구 분	기존도시 대응	스마트시티 대응	효과 분석
교통 혼잡	교통이 혼잡한 도로를 확장 또는 신규 도로를 건설	· 혼잡한 도로에 대한 정보를 운전자에게 실시간으로 전달하여 혼잡하지 않은 도로로 우회할 수 있도록 유도 · 실시간 교통량에 따라 교통신호를 제어하여 원활한 교통흐름 유도	· 도로 확장 및 신규도로 건설 등 투자비용 절감 · 차량정체로 인해 발생하는 환경오염 및 차량 연료 절감 · 영국 M42 고속도로의 스마트교통시스템 적용 후 통행소요시간 25%, 교통사고 50%, 대기오염 10% 감소
주차 문제	새로운 신규 주차장의 건설	· 빈 주차공간을 운전자에게 실시간으로 전달하여 주차할 수 있도록 유도 · 도시의 특정 행사정보나 기상상태정보에 따른 사전 수요예측정보로 대중교통이용 유도 · 카 셰어링 등의 서비스를 활용하여 차량의 도심진입을 최소화	· 주차공간을 찾기 위하여 헤맬 필요가 없어 시간, 차량 연료 절감 및 환경오염 해결 · CISCO에 의하면 향후 전 세계 410억 달러 이상의 수익이 스마트주차에서 발생할 것으로 예측
방범 문제	경찰 인력의 전 지역적 투입	· 방범 CCTV와 교통용 CCTV의 복합화로 적정규모의 예산으로 범죄 발생 시 경찰인력의 즉각적 투입 · 스마트 범죄 관련 앱 활용을 통하여 범죄 발생 시 인근 경찰에게 연락	· 범죄 발생 시 경찰인력의 즉각적 투입으로 국내의 경우 지자체 대부분이 스마트 방범 시스템 도입 후 20% 정도 범죄 발생율 감소
상하수도	상하수도 누수지점에 대한 정보 취득 불가능	· 실제 상하수도 누수지점을 센서를 통하여 전달받아 즉각적 조치 가능 · 상하수도 설치시점과 지질정보 통합에 의한 장기적 노후도 추정에 따른 누수가능지역 추정	· 카타르 도하/브라질 상파울루/중국 베이징의 경우 40~50% 정도의 누수예방 효과
쓰레기	정기적으로 쓰레기 수거	· 쓰레기통에 센서를 적용하여 쓰레기 배출량을 모니터링하고 쓰레기통이 가득 찬 경우만 수거	· 미국 신시내티의 경우 쓰레기 배출량 17% 감소 및 재활용 쓰레기 49% 증가
가로등	저녁 일정시간 동안 가로등 점등	· 가로등에 센서를 부착하여 사람들이 가로등 근처에 접근할 경우만 점등	· 스페인 바로셀로나의 경우 연간 30% 정도의 에너지 절감효과

출처: 이재용 외(2016a)

조금씩 달라지기도 한다. 그 예로 교통 정체 문제의 경우를 들 수 있다. 몇몇 국가들은 단순히 교통 정체를 해소하는 목표만을 두고 있으나, 영국을 비롯한 몇몇 유럽의 도시들은 교통 정체를 해소하는 것을 넘어 도로 상의 탄소 배출량을 모니터링하여 기후변화에 대응하는 것까지 나아가고 있다.

나. 4차산업혁명과 스마트시티

4차 산업혁명은 2016년 초 다보스 포럼의 주제로 '4차 산업혁명의 이해'가 채택되면서 전 세계적 주목을 받는 아젠다가 되었다. 클라우스 슈밥(2016)은 4차 산업혁명이 디지털 기술을 기반으로 기기 및 시스템의 연결 및 스마트화에서 그치는 것이 아닌 인간 생활의 전반적 변화를 만들어 가는 혁명이라고 주장한 바 있다. 4차 산업혁명에서는 기본적으로 서로 다른 분야들 간의 융·복합 및 연결이 중요하다. 여기서 서로 다른 분야 간의 융·복합 및 연결이라 함은 정보통신과 건설과 같이 서로 다른 산업 분야뿐 아니라 내가 있는 공간과 나와 멀리 떨어져 있는 다른 공간과의 연결을 포함하는 의미다. 서로 멀리 떨어져 있는 물리적 공간들은 하나의 가상공간에서 통합적으로 살펴보는 것이 가능해졌다. 즉, 이제는 과거 사람들이 믿었던 신과 같은 능력으로 멀리 떨어져 있는 여러 공간들의 상황을 정확하게 파악하는 것이 가능해진 것이다. 나와 떨어져 있는 공간에서 벌어지는 일들을 실시간으로 확인할 수 있다는 것은 비용 대비 효율성의 측면에서 매우 중요하다. 이전에는 경찰이 수시로 주거지역을 순찰하여 범죄 발생을 확인하여야 했지만 이제는 도시통합운영센터의 한 명의 모니터링 요원이 수십 대의 방범 CCTV를 살펴보면서 이전 수십 명의 경찰이 수행하여야 했던 일보다 더 많은 일들을 해 내고 있다.

지금의 사회에서는 기존의 노동방식을 정보통신기술로 대체함으로써 효율화하는 것을 넘어, 도시 내 어디에 존재하는지 알 수 없는 수요와 공급을 실시간으로 연결해 주는 것 역시 가능해졌다. 우리는 이제 스마트폰을 통하여 수요자적 입장에서 내가 필요한 것들을 공급자에게 실시간으로 알려주는 것이 가능하며, 내 주변의 공급자들은 빠르게 나에게 필요한 서비스를 제공하여 준다. 일례로 '카카오 택시' 또는 '우버'와 같은 교통 제공 서비스들을 생각해 보자. 그러한 서비스들이 도입되기 전, 승객의 입장에서는 빈 택시가 어디인지 알 수 없었기 때문에 빈 택시를 하염없이 기다릴 수밖에 없었고, 택시의 입장에서는 택시 승객의 위치를 알 수 없었기 때문에 막연하게 승객을 찾아다닐 수밖에 없었다. 승객의 입장에서는 시간이라는 소중한 자원을 택시를 기다리면서 낭비하고, 택시의 경우는 손님을 태우지 않은 상태로 계속 돌아다니는 비효율이 발생하였다. 하지만 이제는 택시를 기다리는 승객을 주변의 빈 택시와 실시간으로 연결시켜주는 것이 가능해졌다. 승객과 택시라는 수요자와 공급자를 이전에 비하여 훨씬 빠르게 매칭시켜 수요와 공급 간의 연결 비효율성을 획기적으로 줄인 것이다.

　　도시 내 존재하는 기반시설의 경우는 자원 배분 효율성이 증대되면서 문제를 저비용으로 해결할 수 있게 되었다. 일례로 현재 우리가 사용하는 대부분의 내비게이션은 실시간으로 교통상황을 반영하여 가장 빠르게 원하는 지역에 도착할 수 있도록 안내한다. 만약 우리가 가고자 하는 경로 상에 있는 도로가 매우 혼잡한 상태라고 한다면, 내비게이션은 막히지 않는 우회도로로 안내하여 우리가 보다 빨리 도착할 수 있도록 도와준다. 내비게이션 사용자의 입장에서는 이동 시간을 줄임으로써 시간이라는 자원을 절약할 수 있다. 그리고 도시 전체의 입장에서 바라본다면, 도로 전체에 차량 배분의 최적화를 유도함으로써 특정 도로의 경우는 활용도가 너무 높아서 교통이 정체되고 어떤 도로의 경우는 활용도가 너무 낮아서 거의 이용되지 않아 비효율적으로 운영되는 상황을 방지할 수 있다. 즉, 신규 도로를 건설하지 않고도 도로를 확장한 것처럼 도시의 교통 체증 문제를 완화하는 효과를 가져올 수 있다. 스마트 주차장, 스마트 쓰레기통 등 최근 논의되는 많은 스마트시티 솔루션들은 이처럼 이미 존재하는 기반시설들에 대한 활용을 최적화하여 문제를 해결하는 방식에 바탕을 두고 있다.

　　이처럼 스마트시티의 기존 시설과 정보통신의 융·복합은 첫째, 다른 공간들에서 벌어지는 일들에 대한 정보를 통합적으로 관리하는 것이 가능케 하며,

둘째, 실시간으로 수요와 공급을 빠르게 매칭시켜 양자 간의 비매칭으로 생겨나는 비효율성을 최소화하는 동시에 셋째, 도시 내 자원을 최적화된 방식으로 분배할 수 있다는 특성을 지니며, 이에 따라 저비용 고효율의 도시 운영이 가능해졌다. 요컨대 스마트시티 사업은 4차 산업혁명의 일환으로 단순히 도시 운영에 기술을 적용하는 차원을 넘어 사람들의 삶을 보다 안전하고 편리하게 변화시키는 작업이라는 것이다.

다. 도시 발전과 스마트시티

스마트시티는 도시를 대상으로 하고 있기 때문에 도시계획사의 측면에서도 그 기원을 찾을 수 있다. 유럽 및 미국 중심의 도시계획 분야에서 발전한 스마트시티 개념은 뉴어바니즘과 그에 기인한 Smart Growth에 그 기원을 두고 있다는 견해가 있다(Falconer and Till, 2001; Hollands, 2008; Vanolo, 2014). 뉴어바니즘은 미국의 교외화에 대한 문제 제기로 시작되었으며, Smart Growth는 뉴어바니즘의 한 실천적 방안으로 등장하였다. 이는 직주근접을 통해 자원의 무절제한 소비를 억제하는 동시에 시민들 간의 교류를 확대하는 풀뿌리 민주주의 운동의 성격을 지니고 있다(Venolo, 2014; 최근희, 2012). 특히 여기서 주목해야 할 점은 자원의 무절제한 소비를 억제하는 것이 Smart Growth의 중요한 목표 중 하나라는 점이다. 이는 최근 세계적으로 중요도를 인정받는 아젠다인 '탄소제로'와 '기후변화 대응'과도 맞닿아 있다. 또한 '지속가능한 발전'과 같은 아젠다 역시 미래 세대에 물려줄 자원을 남겨둔 채 현 세대의 소비가 이루어지는 체제를 지향하므로, 자원 소비의 효율성을 증대시키는 방안에 대한 논의를 포괄한다.

앞에서 살펴본 바와 같이 스마트시티 사업은 정보통신기술을 활용하여 자원 배분을 최적화하는 방식으로 추진되고 있기에, 그러한 아젠다들을 발전적으로 소화할 핵심적인 실마리로 생각할 수 있다. 실제로 이러한 측면 때문에 유럽에서는 스마트시티가 기후변화에 대응하기 위한 가장 적절한 수단으로 지적되고 있다. 유럽의 스마트시티 추진은 2010년 기후변화 대응을 위하여 수립된 '유럽 에너지 2020' 전략의 하부 수단으로 시작되었다. '유럽 에너지 2020' 전략은 (1) 유럽의 에너지 효율 개선, (2) 통합에너지 시장 구축, (3) 안정적인 에너지 공급, (4) 에너지 기술 및 혁신에 있어 EU의 주도적 위치 확보, (5) EU 에너지 시장의 대외적 측면 강화 등의 5가지 세부 과제를 제시하였다. 그 중 4번째 세부 과제를 달성하기 위하여 제안된 것이 '스마트시티 혁신 파트너십(Smart Cities Innovation Partnership)'이었고, 그 결과 '12년 유럽혁신파트너십 – 스마트시티 및 스마트커뮤니티(European Innovation Partnership on Smart Cities and Communities: EIP – SCC)'이 결성되었다. 이어서 EIP – SCC는 '스마트시티 추진전략(EIP – SCC Strategic Implementation Plan)'을 발표하였고, 이 전략은 이후 유럽 스마트시티 사업의 기준으로 자리잡았다(이재용 외, 2018). 유럽의 스마트시티 사업은 초기부터 목표 달성의 한 기준을 도시 내 자원의 효율적 사용을 통한 기후변화 대응에 두고 있었던 만큼, Smart Growth의 노선과도 부합한다고 볼 수 있다. '파리의 15분 도시' 또는 '시드니의 15분 도시' 등과 같이 직주근접을 강조하는 최근의 스마트시티 슬로건들은 스마트시티와 Smart Growth의 교차지점을 잘 보여준다. 스마트시티의 '지속가능성'을 강조하는 유럽의 모델은 이후 비유럽 국가들이 스마트시티 사업을 추진하는 데 영향을 미쳤으며, 현재는 스마트시티를 이해하는 중요한 방식으로 자리매김하였다. 유럽의 스마트시티 사업은 기존의 도시문제 해결을 넘어 기후 변화 및 지속가능성의 영역까지 논의의 범위를 넓혔다는 점에서 의의가 있다.

마찬가지로 시민의 참여와 커뮤니티 활성화에 대한 논의 역시 Smart Growth의 기치가 스마트시티 사업에 반영되어 구체화된 것으로 이해할 수 있다. 스마트시티는 재화가 아닌 서비스의 형태로서 실시간으로 수요 공급을 매칭시키거나 자원 배분을 최적화하는 운영 및 관리적 측면을 지니고 있기에 시민들의 참여를 통해서만 제대로 작동할 수 있다. 스마트시티의 중요한 구성 요소로 인식되고 있는 시민 참여 리빙랩 등은 Smart Growth에서 제기되었던 시민들의 적극적인 참여에 대한 필요성을 반영한다. 새로운 도시계획 모델로서의 스마트시티에 대한 논의는 스마트시티의 '기술적 측면에 비해서는 상대적으로 덜 논의되었지만, 최근 기술 중심적 접근에 대한 비판이 제기되면서 스마트시티를 새로운 도시 모델의 하나로 접근하고 그 기원을 Smart Growth의 연장선상에서 파악하려는 연구들이 속속 등장하고 있다.

라. 신산업 발전적 측면에서의 스마트시티

'우버'나 '에어비앤비'를 비롯한 도시 내 차량 및 주거시설을 공유하는 형태의 새로운 산업군들은 큰 상업적 성공을 거두었을 뿐만 아니라, 도시에서 발생하는 교통, 주거, 경제 문제 등을 해결하는 역할도 수행하였다. 즉 도시 공간상에서 제대로 활용되지 못하는 잉여 상태의 자원들을 활용할 수 있게 해 주는 동시에 도시문제를 해결하는 효과도 기대할 수 있게 되었다. 이러한 새로운 산업군들은 '어반테크'로 불리우면서 짧은 시간에 빠르게 성장하였다. 어반테크 기업은 도시공간 속에서 도시문제를 해결하며 시민에게 편의를 제공하는 서비스 제공 성격을 지닌 스타트업으로 표현되며, 이 기업들은 2010년경 등장하기 시작해 2015년에 이르러 그 성장세가 가속화되었다. 어반테크 기업들에 대한 투자 규모는 2015년에는 200억 달러 수준이었지만 2018년에는 700억 달러 수준까지 성장하였는데, 이를 통해 도시 문제를 해결하기 위한 새로운 산업으로서 어반테크 산업이 각광받고 있음을 알 수 있다(그림 2 참조). 최근에는 많은 도시들이 도시 공간의 활용도를 높이면서 도시 문제도 해결할 수 있는 산업군을 육성하기 위한 스마트시티 전략을 채택하고 있다. 초기 도시문제를 보다 효율적으로 해결하려는 목적에서 스마트시티 정책들을 채택했던 국가들에서도 스마트시티 솔루션들의 산업적 가치에 주목하기 시작하면서, 이제 대부분의 도시들이 스마트시티를 산업 창출의 중요한 수단으로도 간주하고 있다.

스마트시티에 대한 논의는 초기 기술적 측면에서 출발하였지만, 이후 도시문제를 해결하기 위한 기획에서 효율성 높은 솔루션들이 제기되면서 자연스럽게 새로운 산업 육성에 대한 논의로 확대되었다. 스마트시티는 막연히 첨단

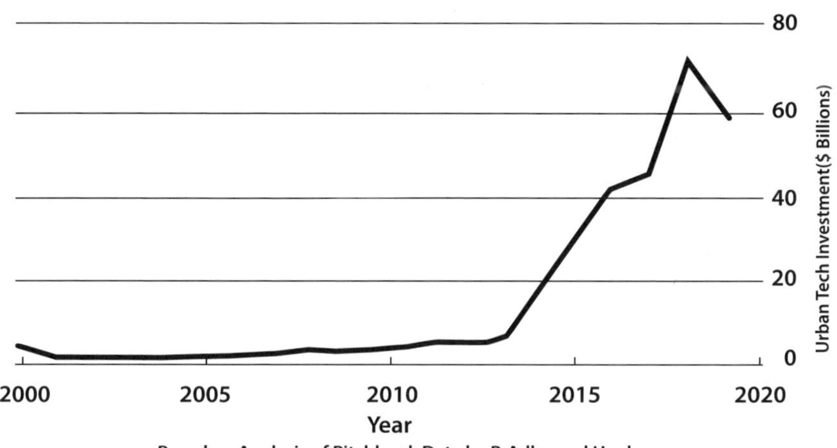

그림 2 어반테크 기업들에 대한 투자 현황(128개 국가 669개 글로벌 시티 대상 조사)
출처: https://www.fastcompany.com/90493421/urban‑tech‑is‑a‑65‑billion‑industry‑heres‑how‑COVID‑19‑could‑upend‑it(검색일: 2021.9.15).

정보기술을 활용하는 미래적 도시라는 이미지로 출발하였으나, 지속가능성, 포용성, 회복가능성 등 도시가 갖추어야 할 여러 가치들을 실현시킬 수 있는 새로운 도시 모델로 구체화되었다. 이를 위하여 첨단정보기술들을 잘 활용할 수 있는 여건들을 조성하는 작업들이 이루어지고 있다. 이처럼 스마트시티는 초기 민간기업들의 기술 솔루션이라는 관점에서 출발하였는데, 이후 도시적 관점 및 산업적 관점들과 결합되면서 스마트시티 개념과 구조는 크게 확대되었다. 또한 스마트시티를 추진하는 방식 역시 다양화되고 있다.

Ⅱ. 한국 스마트시티의 구조적 변화

1. 한국 스마트시티의 등장 배경

인도 등 남아시아 국가와의 스마트시티 정책 및 사업에 대한 한국의 진출과 지원을 위해 한국의 스마트시티에 대한 구조적 이해가 필요하다. 한국의 스마트시티는 각국에서 다양하게 논의되었던 내용들이 실제로 구현되고 있는 국가 중 하나이며, 스마트시티 성립을 위한 여건과 역사적 경험 역시 어느 나라와 비교하여도 뒤처지지 않는다. 한국은 어느 국가와 비교해도 우위에 있는 정보통신 기반시설을 갖추고 있으며 빠른 경제발전으로 인하여 신도시, 기존도시, 쇠퇴도시 등 다양한 도시 유형을 모두 가지고 있다. 한국은 이처럼 스마트시티를 유형별로 조성해볼 수 있는 여건을 갖추고 있기에 스마트시티가 빠르게 발전하고 있다.

한국의 스마트시티는 앞서 다룬 모든 과정들을 이론이 아닌 실제 경험을 통하여 학습한 형태이다. 지속적으로 축적된 경험들을 바탕으로 스마트시티를 뒷받침할 다양한 정책들과 사업들을 추진함으로써 한국은 스마트시티 선진국으로 거듭나고 있다. 한국의 경우, 대부분의 국가들이 스마트시티 사업을 본격적으로 추진하기 시작한 2010년보다 10년 정도 빠른 2000년대 초부터 이미 스마트시티에 대한 초기적 논의가 이루어지기 시작했다. 다만 이 당시의 논의는 광범위한 개념들을 포괄하는 오늘날의 스마트시티가 아니라, 도시에 새로운 정보통신기반시설들을 접목하려는 시도에 가까웠다.

한국에서 초기 스마트시티의 기반을 마련해 준 계기는 도시와 정보화를 처음 결합하기 시작한 1990년대 초의 국가지리정보체계 사업이었던 것으로 보인다. 국가지리정보체계 사업은 도시 내 지하시설물에 대한 불확실한 정보들이 문제시되었던 94년 서울 아현동 지하철 공사장 폭발사고 및 95년 대구 지하철 공사 폭발사고에 대한 반성에서 기획되었다. 정보의 불확실성 문제를 해결하기 위하여 도시 공간 내의 시설물들이 데이터베이스화되었으며, 이후 도시 시설물들의 데이터베이스를 관리하기 위한 시스템으로 국가지리정보체계 사업이 발족하였다.

2000년대 초 이후 전국적인 초고속정보통신망 구축이 완료되면서 데이터의 실시간 수집이 가능해졌다. 기존의 도시시설물 데이터베이스 구축 및 관리에서 한 단계 더 나아가 실시간으로 통합적인 데이터를 확보할 수 있는 기술적 발전은 '유비쿼터스 컴퓨팅'에 대한 논의를 이끌어오게 되었다. 실시간으로 데이터를 확보할 수 있다는 것은 도시 내 발생하는 사건·사고들을 실시간으로 모니터링할 수 있다는 것을 의미하며, 이는 도시를 더욱 효율적으로 관리할 수 있게 되었다는 것을 의미하였다. 이러한 '유비쿼터스 컴퓨팅' 개념이 도입된 도시 공간이 바로 '유비쿼터스 도시(이하 U-City)'다. 즉, U-City는 시간과 장소에 상관없이 네트워크에 접속할 수 있는 환경을 바탕으로 보다 효율적으로 운영되는 도시를 일컫는다고 할 수 있다. 한국에서는 2008년 8월에 '유비쿼터스도시의 건설 등에 관한 법률'을 제정해 U-City의 제도적 기반을 마련했다. 다른 국가에 비해 상대적으로 빨리 IT기술을 도시발전에 접목하는 법률을 제정하는 등 지금의 스마트도시 발전을 위한 국가의 정책적 시도가 그때부터 본격적으로 추진되었다. 2013년에는 국토교통부가 도시통합운영센터 운영 등 '유비쿼터스도시기술 가이드라인'을 만들어 U-시티정책을 효율적으로 추진하는 정책적 노력을 했다.

2. 스마트도시 정책의 전면 개편 및 확대

한국정부는 2008년부터 본격 시작된 U-시티정책을 신도시를 포함한 기존도시로 더욱 확대하고, 국가시범 스마트도시개발과 진흥구역 등의 지정, 특히 지방자치단체 및 민간의 참여와 창의성을 고취하면서, 동시에 스마트도시와 관련된 산업의 발전을 촉진하고자 했다. 이에 따라 기존의 U-시티법률을 개정해 2017년 3월, 새로운 법률인 '스마트도시 조성 및 산업진흥 등에 관한 법률'을 제정했다. 이 스마트도시법에 따르면 "스마트도시란 도시의 경쟁력과 삶의 질 향상을 위해 건설·정보통신기술 등을 융복합해 건설된 도시기반시설을 바탕으로 다양한 도시서비스를 제공하는 지속가능한 도시"로 정의하고 있다. 또한 "스마트도시산업이란 스마트도시기술과 스마트도시기반시설, 스마트도시서비스 등을 활용해 경제적 또는 사회적 부가가치를 창출하는 산업"으로 규정하고 있다. 그리고 "스마트도시서비스란 스마트도시기반시설 등을 통해 행정·교통·복지· 환경·방재 등 도시의 주요 기능별 정보를 수집한 후 그 정보 또는 이를 서로 연계해 제공하는 서비스"라고 규정하고 있다. 이 스마트도시법에 기반해 2018년 1월에는 대통령직속 4차 산업혁명위원회에서 「도시의 혁신 및 미래성장동력 창출을 위한 스마트시티 추진전략」을 발표, 스마트시티가 국가의 주요 아젠다로 설정했다. 대통령직속 4차 산업혁명위원회의 추진전략은 스마트시티의 개념, 대상 및 역할을 확대하였으며, 범부처 차원에서 합의된 전략이라는 측면에서 한국의 스마트시티 논의를 크게 전환시켰다는 의의를 찾을 수 있다.

4차 산업혁명위원회의 스마트시티 추진전략이 보다 실천적으로 구체화된 것은 국토교통부가 수립한 「제3차 스마트도시 종합계획(2019 - 2023)」에서였다. 「제3차 스마트도시 종합계획」은 산업혁신 생태계에 대한 내용을 포함하여 혁신 산업 창출의 기반을 마련할 것임을 분명히 하고, 글로벌 네트워크 강화를 통하여 해외 진출까지도 꾀하는 등 스마트시티 사업을 도시문제 해결의 수단을 넘어 신산업 육성의 수단으로써 활용할 것임을 명시하였다. 시범도시 및 스마트시티 챌린지 등과 같은 기존도시를 대상으로 하는 사업들에서는 기술적 성과 위주의 평가를 대체하기 위해 도시 문제 해결 효과를 비롯한 종합적 성과 항목을 도입하였다. 이를 달성하기 위한 수단으로 규제 샌드박스, 민관 협력, 시민 참여 리빙랩 등 기술 외적 요소들이 적극적으로 활용되었다.

3. 한국 스마트시티의 구조적 틀

한국의 스마트시티 사업은 스마트시티의 개념을 확실히 규정하거나 기본적인 구성 요소를 갖춘 뒤에 추진되었다기보다는 건설, 운영, 확산의 단계별 과정에서 필요한 구성 요소들을 추가하는 방식으로 전개되었다. 도시 내 스마트시티의 물리적 인프라 시설물들을 구축하는 과정에서 영역 간 기능적 통합을 위한

비전	혁신의 플랫폼, 모두가 행복한 스마트시티
목표	1. 공간·데이터 기반 서비스로 다양한 도시문제 해결 2. 참여와 협업으로 지속가능한 스마트 거버넌스 구축 3. 스마트시티 혁신생태계 조성을 통한 해외진출 활성화

추진 전략	추진 과제
성장 단계별 맞춤형 모델 조성	① (시범도시) 국가 시범도시 성과 창출 및 확산 ② (기존도시) 스마트시티 챌린지 등 확산사업 확대 개편 ③ (노후도시) 스마트시티형 도시재생 뉴딜사업 성과 확산
스마트시티 확산 기반 구축	① (통합플랫폼) 기초·광역 지자체 조기 확산 및 서비스 발굴 ② (연구개발) 혁신성장동력 R&D로 데이터·AI 기반 미래도시 실증 ③ (인재육성) 석·박사 지원, 특성화 교육으로 전문인력 양성 ④ (정보축적) 정보포털 구축·운영, 다큐멘터리 제작 등 추진
스마트시티 혁신 생태계 조성	① (규제혁신) 스마트시티형 규제 샌드박스 도입 및 실증 ② (거버넌스) 융합 얼라이언스, 지자체 협의회, 리빙랩 네트워크 등 ③ (인증·표준) 스마트시티 인증제 및 표준화 추진 ④ (산업기반) 창업 지원, 조달방식 개선, 솔루션 마켓 구축
글로벌 네트워크 강화	① (해외수출) 진출 단계별 체계적 수출지원 방안 마련·시행 ② (교류협력) 학술 심포지엄, 주요국 및 국제기구 교류·협력 강화 ③ (엑스포개최) 세계적 수준의 스마트시티 국제 행사 육성

출처: 국토교통부(2019)

플랫폼을 도입하였고, 이를 위해 규제의 개선과 조직체계 협력이 중요하다는 것을 인식하게 되었다. 이후 스마트시티를 종합적 관점에서 바라보고, 실질적

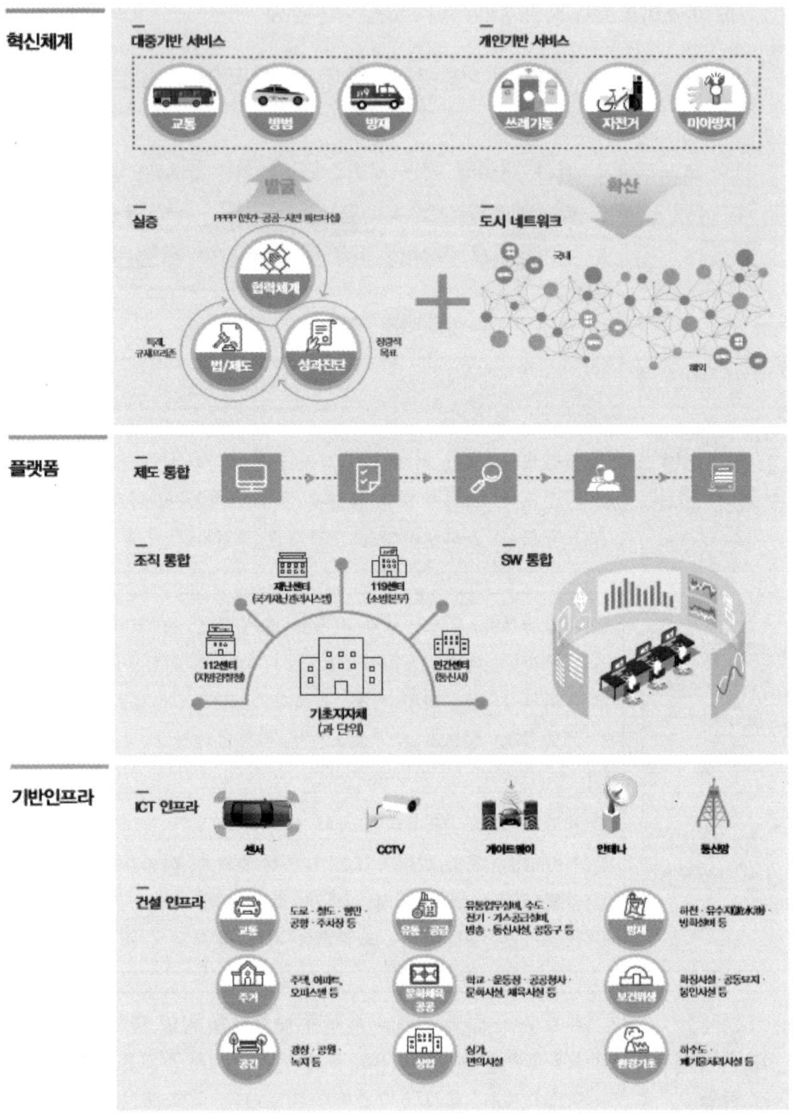

그림 3 한국 스마트시티의 구조적 틀

출처: 이재용 외(2018)

으로 도시 문제를 해결하고 신산업을 창출하기 위해서는 기술적 접근에는 한계
가 있음을 깨닫게 되면서, 규제 샌드박스 적용으로 규제 유예를 통한 신규 솔루

션 실증 확대, 민관 수평적 거버넌스 체계 확립으로 혁신적 아이디어 발굴 및 추진 확산, 시민참여 리빙랩 등을 통한 시민들의 수요를 반영하는 도시 문제 발굴 및 해결 방안 모색, 도시 정체율 30% 개선 등과 같은 명확한 정량 목표 설정 및 모니터링을 통한 문제 해결 등 다양한 구성요소들을 도입하였다.

현재 한국의 스마트시티 구조를 이루는 핵심요소를 압축하면 ①기반 인프라: 건설 인프라 및 정보통신 인프라, ②플랫폼: 시스템 통합 위한 통합 플랫폼, 운영협력 체계, 규제 개선, ③혁신체계: 규제 샌드박스, 민관 수평적 협력체계, 시민참여 리빙랩, 정량 목표 설정 및 성과진단이다. 즉 한국 스마트시티의 구조는 해외 스마트시티의 다양한 성공요소들을 전반적으로 반영하고 있다고 볼 수 있다. 해외에서도 현재의 한국 스마트시티 정책에 대해 대부분 긍정적인 평가를 하고 있다.

Ⅲ. 스마트시티의 구성요소와 한국적 적용

1. 스마트시티의 구성요소

가. 데이터적 관점의 협의적 구성 요소

국내외적으로 스마트시티를 통해 얻고자 하는 성과는 일반적으로 보다 효율적인 방식으로 도시문제를 해결하고 도시를 새로운 산업 창출 공간으로 육성하고자 하는 것이다. 하지만, 세계 각국의 상황이 다르고 스마트시티를 연구하는 전문가들의 분야들 역시 다양하기 때문에 그 구성요소에 대한 논의 역시 다양하게 존재한다. 스마트시티 구성요소는 데이터 및 플랫폼적 관점의 기술적 측면으로 바라보는 협의적 구성요소에서 시민 참여, 민관 참여 거버넌스 등의 스마트시티 추진을 위한 성공적 요인까지 고려하는 광의적 구성요소까지 다양하게 존재한다.

일반적으로 정보통신기술에 기반하여 스마트시티의 구성요소를 논하는 경우, 데이터의 수집, 데이터의 분석 및 데이터의 활용적 관점에서 접근하는 경우가 많다. 국내의 초기 U-City 모델 역시 지능화된 시설을 통해서 데이터를 수집하고, 수집된 데이터를 통합운영센터 및 통합플랫폼을 통해서 분석하고, 데이터를 활용해 서비스를 제공한다는 점에서 이에 부합하는 모델이라고 할 수 있다.

표 3 스마트시티의 계층

계층	특성	추진 체계
① 도시 인프라	스마트시티는 기본적으로 SW적이지만 도시 HW발전 필요	도시개발사업자/건설산업 등
② ICT 인프라	유·무선 통신인프라의 도시 전체 연결	ICT 산업
③ 공간정보 인프라	- 현실공간과 사이버공간 융합을 위해 공간정보의 핵심 플랫폼 등장 - 공간정보 이용자가 사람에서 사물로 변화 - 지도정보, 3D 지도, GPS 등 위치측정 인프라, 인공위성, Geotagging	공공의 GIS 주도에서 향후 민간주도 GIS 산업
④ IoT	- 도시 내 각종 인프라와 사물을 센서기반으로 네트워크에 연결 - 스마트시티 전체 시장 규모에서 가장 큰 시장을 형성하며 투자 역시 가장 필요	교통, 에너지, 안전 등 각종 도시운영 주체 주도
⑤ 데이터 공유	- 좁은 의미의 스마트시티 플랫폼 - 데이터의 자유로운 공유 및 활용 지원 - 도시 내 스마트시티 리더들의 주도적 역할 필요	초기 공공주도에서 데이터 시장 형성 후 민간 주도
⑥ 알고리즘 & 서비스	- 실제 활용 가능한 품질 및 신뢰도의 지능서비스 개발 계층 - 데이터의 처리 분석 등 활용능력 중요 - 유럽 Living Lab 등에서 다양한 시범사업 전개	공공 및 민간의 다양한 주체 등장 도시의 역할은 신뢰성 관리 한국이 취약한 부문
⑦ 도시 혁신	- 도시문제 해결을 위한 아이디어 및 서비스가 가능한 환경 조성 - 정치적 리더십 및 사회신뢰 등의 사회적 자본이 작용하는 영역 - 중앙정부의 법제도 혁신 기능 필요	시민이 주도하고 정치권 지원

출처: 황종성(2016)

황종성(2016)은 기술적으로 이를 구체화함으로써 스마트시티의 계층을 제시하였다(표 3 참조). 먼저 도시 인프라, ICT 인프라 및 IoT의 경우, 기존 U - City에서 제시하였던 지능화된 시설(도시기반시설 + 정보통신기술) 및 첨단정보인프라의 내용을 포함한다. 그는 통합운영센터 및 통합플랫폼의 기능 및 구성요소라 할 수 있는 공간정보 인프라, 데이터 공유 등을 제시하면서도 데이터 활용 단계에 해당하는 서비스 부문을 알고리즘 & 서비스로 구체화하였다. 여기에 더하여 도시 혁신을 하나의 세부 부문으로 제시하고 있다는 점은 기존의 U - City 모델과의 가장 큰 차이점이라고 할 수 있다. 하지만 7개 세부 분야 중 6개 세부 분야들을 기술적 관점에서 제시하고 있다는 점은 그가 스마트시티를 데이터 중심의 기술 중심 관점에서 보고 있음을 의미한다.

데이터 기반의 기술적 측면에서 접근하는 스마트시티 프레임워크는 여전

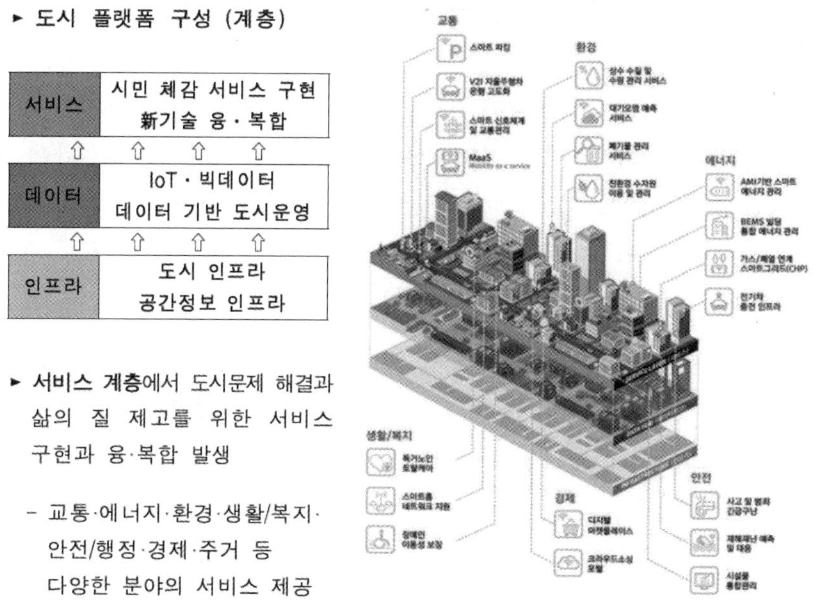

그림 4 도시 플랫폼의 구성
출처: 국토교통부(2019)

히 스마트시티에 있어서 중요하게 다루어지는 내용이다. 일반적으로 데이터 기반 스마트시티 프레임워크는 인프라 계층, 분석 계층, 그리고 서비스 계층의 3개 계층으로 나누어 생각해 볼 수 있다. 인프라의 경우는 주로 도시 기반시설과 정보통신 기반시설을 포괄하여 제시되고 있으며 분석 계층의 경우는 데이터 허브 또는 플랫폼 관점에서 접근이 이루어지는데, 최근에는 디지털 트윈을 포함하는 경우도 많다. 수집된 데이터들은 분석 과정을 거쳐 서비스 형태로 활용되고 있다. 특히, 정보통신과 연관된 많은 전문가들이 이러한 스마트시티 프레임워크를 사용하는 경우가 많다.

국내의 경우 스마트시티에서 "도시 플랫폼"을 3개의 레이어로 구성된다고 설명하고 있으며 이는 기존의 U – City모델을 계승한 것으로 볼 수 있다.

나. 종합적 관점의 광의적 구성 요소

앞서 살펴본 스마트시티의 구성요소는 기술 중심적 접근, 구축 중심적 접근에서 도출된 것이라고 할 수 있다. 하지만 스마트시티는 지구 상에서 가장 밀집도가 높고 다양한 활동들이 활발히 일어나고 있는 도시 공간을 대상으로 하기 때문에, 기술적 관점만을 가지고 사업을 추진하는 경우 성공적인 사업성과를 내는 것은 거의 불가능하다. 해외에서는 스마트시티를 단순한 인프라 구축 사업으로 접근하는 것에 문제가 있다는 반성에서 출발하여, 보다 복합적인 구성요소에 대한 논의를 시작하였다.

Nam and Pardo(2011)는 스마트시티 구성요소를 크게 1. 기술적 요소(technology factor), 2. 제도적 요소(institutional factor), 그리고 3. 인적 요소(human factor)로 구분하여 제시하였다. 앞서 언급한 기술 및 데이터 중심 관점의 스마트시티는 기술적 요소에 속하며, 그 외 제도적 부문의 중요성 및 인적 자원 부문에 대한 중요성이 부각되고 있다. 제도적 부문에서는 거버넌스 및 정책과 제도의 중요성을 제시하는 한편, 인적 자원 부문에 있어서는 창의적 교육과 개방적 마인드, 집단 지성 등과 같은 혁신성을 가져올 수 있는 내용들을 포함하였다.

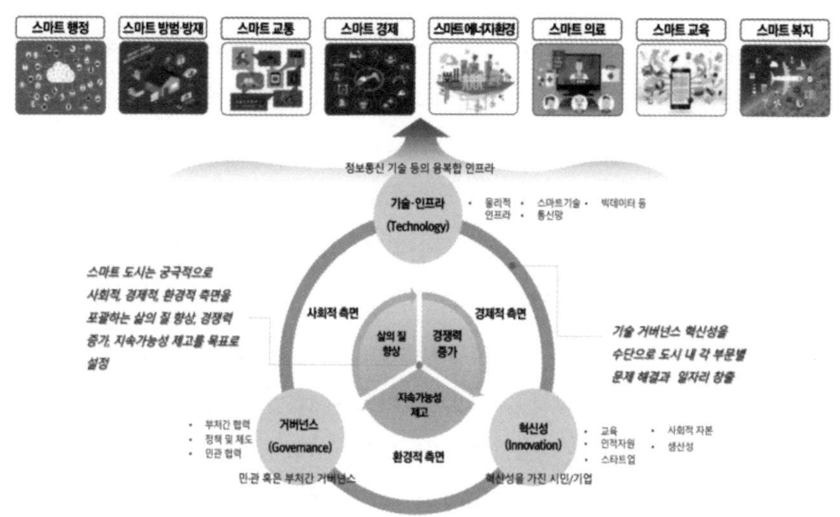

그림 5 스마트시티의 목표 및 구성 요소

출처: 이재용 외(2016a)

이재용 등(2016a)은 기술·인프라 부문, 거버넌스 부문, 혁신성 부문의 3가지로 스마트시티 구성요소를 제시하였다. 스마트시티 구성요소에서 기술·인프라 부문을 보강하고 거버넌스 부문에서는 협력 체계와 정책 및 제도, 혁신성 부문에서는 도시 공간 내 혁신을 가져올 수 있는 요소들을 포함시켰다. 이처럼 국내에서도 종합적 관점의 스마트시티 구성요소들이 제시되어 왔으며, 이를 기반으로 2019년 이후에는 본격적으로 국내 스마트시티 정책 및 사업이 확대되고 논의의 대상이 확장될 수 있었다.

스페인 바르셀로나에서는 스마트시티의 요소를 물리적 구조(structure), 물리적 공간을 차지하고 살아가는 사회(society), 그리고 사회와 물리적 구조 사이의 상호작용(interaction)으로 구분하였다(이재용 외, 2016b). 이는 기존의 정적인 스마트시티 컨셉을 상호작용과 운영까지 포괄하는 동적인 스마트시티 컨셉으로 전환시켰다는 점에서 중요하다. 물리적 구조는 다시 환경, 기반시설, 건설 도메인으로 세분화되고 사회는 시민과 정보, 상호작용은 정보, 기능, 경제, 문화로 구분된다. 또한 물리적 구조에서 점진적으로 공간의 크기가 확대되는 과정까지 고려하는 등, 스마트시티를 바라보는 복잡한 시각을 제시하고 있다. 즉 기존의 스마트시티 논의들이 각각의 개별 구성요소들을 나열하는 형태의 정적인 성격을 지니고 있다고 한다면 스페인 바르셀로나는 각 개별 구성요소들의 상호작용과 공간의 확장성 등을 고려한다는 측면에서 동적인 성격을 갖는다. 이는 스마트시티가 건설사업적 성격보다 운영사업적 성격을 지니고 있다는 측면에서 시사하는 바가 크다고 할 수 있다.

스마트시티의 국제표준 중 하나인 ISO(International Organization for Standardization) 37106(2018)에서도 스마트시티의 구성요소를 종합적 관점에서 바라보고 있다. 우선 스마트시티의 중요한 구성요소로 도시 비전의 설정을 중요하게 보고 있으며 거버넌스 및 협업에 대한 내용을 강조한다. 또한 시민이 스마트시티의 중심이 되어야 함을 명시하고 있다. 즉, 앞서 살펴본 국내 스마트시티의 구성요소인 명확한 목표 설정, 거버넌스, 시민 등을 이야기하고 있다. 또한

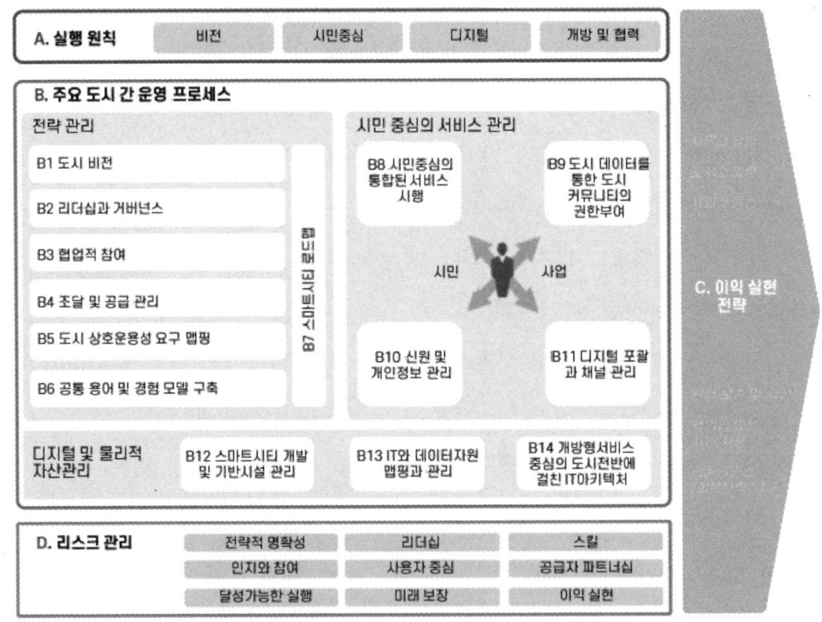

그림 6　스마트시티의 국제 표준
출처: ISO 37106(2018) 내용을 기반으로 저자 정리

기반시설적 관점에서는 앞서 살펴 본 다른 요소들과 유사하게 디지털과 물리적 기반시설을 함께 고려할 것을 지적한다. 스마트시티의 목표 측면에서는, 도시 문제의 해결 및 신산업 창출보다 더 큰 가치들을 고려하고 있다는 점이 주목할 만하다. ISO 37106에서는 지속가능성 및 회복가능성을 분명히 명시함으로써 스마트시티가 추구해야 할 가치를 확대하고 있다.

다. 스마트시티의 구성 요소

스마트시티는 여전히 논의되고 있는 개념이며 시간이 지날수록 그 개념 및 구성요소가 빠르게 확장되고 있음을 확인할 수 있다. 점점 스마트시티를 단순하게 정보통신적 관점에서 보는 것에서 벗어나 보다 종합적인 관점에서 스마트시티를 바라보는 것으로 변화하고 있다.

스마트시티의 구성요소는 크게 기술 중심적 관점의 구성요소와 기술 외적 구성요소로 구분하여 생각해 볼 수 있다. 기술 중심적 관점의 구성요소들은 정보의 수집, 분석, 활용이라는 측면에서 접근할 수 있으며, 이를 위한 기반시설은 건설 기반시설과 정보통신 기반시설로 구분할 수 있다. 건설 기반시설과 정보통신 기반시설의 융·복합으로 도시 내 각종 현상들을 모니터링 하는 것이 가능해졌으며, 최근에는 개인 및 자동차 등 개별 동적 요소들에 대한 정보 수집까지 가능해짐에 따라 이를 활용하려는 시도도 확대되고 있다. 그리고 도시 내에서 실시간으로 수집되는 다양한 정보들은 도시통합운영센터 또는 스마트시티 플랫폼 등에 통합되고 분석되는 과정을 거친다. 데이터의 저장 및 분석을 위하여 AI, 블록체인, 클라우드, 디지털 트윈 등의 새로운 기술들에 대한 논의도 같이 이루어지고 있다. 데이터의 분석 후 이들 데이터들은 필요한 기관 및 개인들이 활용할 수 있도록 서비스의 형태로 제공이 된다. 서비스 부문에서는 각 도시마다 형태는 조금씩 다르지만 일반적으로 교통, 에너지, 환경, 안전 등의 각 개별 분야들로 구분되는 것이 대부분이다.

기술 외적 접근에서는 혁신적 솔루션들이 등장할 수 있는 최적의 여건을 제공하는 것에 초점을 두는 경우가 많다. 기존의 법제도적 문제로 인하여 혁신적 솔루션 실증이 어렵기 때문에 규제샌드박스 제도라는 새로운 제도가 등장하였다. 또한 혁신적 아이디어가 다양하게 표출되고 이러한 아이디어가 실현될 수 있도록 다양한 공공 및 민간의 주체들이 수평적으로 참여할 수 있도록 하여, 실제 수요자라 할 수 있는 시민들의 참여를 확대하여 솔루션의 실효성을 높여가려는 방식들이 채택되고 있다. 기술중심적 관점으로 인하여 스마트시티가 추구하고자 하는 궁극적 목표에서 이탈하지 않도록, 분명한 정량적 성과 목표를 초기에 제시하고 이들 성과들을 점검하는 과정 역시 중요한 구성요소로 제시된다. 최근에는 스마트시티의 지속가능성을 제고하기 위하여 재원 조달 방안을 모색하는 것 역시 점점 중요한 구성요소로 인정받고 있다. 각국의 정부와 도시들 역시 이러한 구성요소들에 대한 중요성을 인식하고 있기에, 스마트시티 정책 및 사업을 추진하는 경우 이러한 요소들을 반영하려 노력하고 있다.

2. 스마트시티 구성 요소의 적용

2019년 이후 추진되었던 스마트시티 챌린지 사업은 국내에서 종합적 관점의 구성요소들을 고려하여 기획된 기존도시를 대상으로 하는 스마트시티 사업이다. 처음으로 진행된 스마트시티 챌린지 사업은 2019년 4월 초 공모 접수를 마감하였고 총 48개 지자체 및 민간기업들의 컨소시엄이 공모에 참여하였다. 참여 컨소시엄은 서울, 부산, 인천, 대전, 대구, 광주, 울산 등 7개 특·광역시와 제주특별자치도를 포함하여 경기도 15개, 강원도 6개, 충북 1개, 충남 4개, 경북 2개, 경남 3개, 전북 4개 전남 5개 등이었으며, 삼성, 현대, LG, SK 등 국내 대표적 대기업들과 서울대, 연세대 등 주요 대학 등을 비롯한 200여 개 이상의 지자체, 기업 및 학교들을 포함하였다. 사업에서는 교통, 환경, 에너지, 안전, 문화 및 관광, 복지, 지역산업, 의료, 생활 편의 등 다양한 부문의 의제가 제시되었다. 처음 사업을 제안할 때 컨소시엄을 이루어서 제시하게 한 것은 사업이 수평적 민관 거버넌스 체계를 중심으로 사업이 이루어지도록 의도되었기 때문이다.

서면 및 발표 평가를 거쳐 2019년 5월 48개 컨소시엄 중 6개 컨소시엄의 제안이 예비사업으로 선정되었으며 선정된 컨소시엄에는 15억 원의 국비가 지원되었다. 약 10개월 동안의 실증사업 추진과 사업계획 내용을 기반으로 본 사업 선정을 위한 평가가 진행되어 최종적으로 경기도 부천시, 대전광역시 및 인천광역시가 선정되었다. 이들 컨소시엄에는 각 100억 원 이상의 정부 예산을 지원되었고 컨소시엄 역시 100억 원 이상의 매칭 자원을 마련하여 각각의 컨소시엄은 200억 원 이상의 스마트시티 사업을 추진할 수 있게 되었다. 기존의 정부 지원 사업들에서 서류만을 두고 평가하였다면, 스마트시티 챌린지 사업에서는 예비사업에서 실제 솔루션을 구축하고 이를 서비스화 한 내용들로 본 사업을 평가할 수 있도록 함으로써 제시된 구체적 정량적 성과 목표 및 성과 달성 정도를 평가하는 것이 가능하였다. 비록 10개월 남짓한 짧은 예비사업 기간이었지만 6개 컨소시엄들은 각종 규제 및 이해관계자들의 갈등을 조정하고 시민 참여 리빙랩 등을 운영하여 시민들의 의견을 수렴하면서 서비스를 구현하였다. 구현한 서비스는 2~3개월 동안 실제와 동일하게 제공하여 서비스 운영에 대한 객관적 성과 데이터들을 확보할 수 있었으며, 이를 기반으로 본사업에 대하여 경합을 붙이기도 하였다.

본 사업에 선정된 컨소시엄의 대표적 성과들은 **표 4**와 같다. 각 개별 사업 성과의 내용에서 알 수 있는 것처럼 기존의 시설 구축 개수 또는 기술적 성능 우수성 등이 아닌 도시문제 해결 정도 등을 중심으로 정량적 목표들을 설정하고, 이를 달성하였음을 알 수 있다.

① 정량적 성과 목표의 제시와 성과 진단

예비 사업 계획서를 제출할 때 각 컨소시엄은 정량적 성과목표를 제시하도록 하였다. 평가 시 정량적 성과목표의 적정성을 평가하여 최종적으로 사업을 선정하였으며, 예비 사업 추진 시 제시된 정량적 성과목표가 제안한 솔루션을 통

표 4 한국에서의 스마트시티 챌린지 사업 성과 및 서비스 기간

컨소시엄	사업 성과	서비스 기간
부천시, 카카오모빌리티, 데이터얼라이언스 외 10개 기업 및 대학	- 주차장 수급율 37%에서 110%대로 증가 - 주차 공급면수 19.46면/일 확보 - 마을기업에 21명 주민 고용	2019.11~2020.2(3개월)
대전시, CNCITY 에너지, 정도유아이티 외 9개 기업 및 대학	- 주차장 이용 증가율 22% 상승 및 주차장 수익 26% 증가 - 전기화재 예방 서비스 도입 후 5건의 화재 미연방지 - 100만 원 미만 미세먼지 센서로 2,500만 원 상당의 미세먼지 측정소와 유사한 정확도 확보로 비용절감 달성	2019.11~2020.2(3개월)
인천시, 현대자동차 외 4개 기업 및 대학	- 수요응답형 버스 탑승인원 총 24,399명(일 399명) - 공영버스 78분, 대중교통 18분 대기 시간을 13분으로 단축하고 평균 이동시간 역시 대중교통 27분을 16분으로 단축	2019.12~2020.2(2개월)

하여 실제 달성되고 있는지 그 성과를 지속적으로 진단하도록 하였다. 각 컨소시엄에 소속된 대학 등이 성과 달성 정도를 지속적으로 진단할 수 있는 방법론을 마련하여, 시민들을 대상으로 서비스가 운영될 때 이를 모니터링하여 그 성과 정도를 제시하도록 하고 이를 사업의 평가 시에 활용하였다.

② 수평적 민관 거버넌스 체계 확립

사업 제안 시 민간기업, 대학, 지자체가 같이 컨소시엄을 반드시 구성하여 참여하도록 하였고 예비 사업 추진 시 컨소시엄 간 어떻게 협력이 이루어졌는지를 본 사업 평가의 기준으로 설정하였다. 그 결과 각 컨소시엄들은 민관 협력을 효과적으로 활용하여 성과를 달성할 수 있었다.

일례로 대전시는 구역 내 건물들의 주차장을 공동으로 활용하고 구역 내 어떤 건물의 매장을 이용하더라도 구역 안에 있는 주차장의 경우는 모두 활용이 가능하도록 하였다. 이는 특정 건물 매장을 이용할 때 그 건물의 주차장만 이용하는 것보다 시민들의 편의성을 대폭 높여주는 효과가 있었다. 기존 스마트 주차 서비스를 제공하는 업체의 입장에서는 개별 건물주들을 설득하는 데 한계가 있었지만, 대전시가 나서 각 건물주들을 설득하여 구역 내 모든 건물의 주차장을 공동 활용할 수 있도록 설득할 수 있었다. 즉, 공공의 설득력과 민간의 기술력이 합쳐져 사업 추진이 가능한 사례라고 할 수 있다. 인천시는 버스라는 대중교통을 새로운 형태의 교통수단으로 전환하는 사업 목표를 지니고 있었기 때문에, 조례 등을 개정하여 새로운 형태의 교통수단 운영이 가능하도록 하는 한편 버스운송업체 등을 설득하였다. 이에 발맞추어 민간기업은 수요 응답 버스 운영을 가능케 할 AI 기반의 실시간 버스 노선 경로 기술을 제공하였다. 인천시의 행정력과 현대차의 기술력이 합쳐져 탄생한 수요응답형 버스는 시민들이 기다리는 버스 정류장만 버스가 운행될 수 있도록 함으로써 시민들이 버스를 기다리는 시간과 이동하는 시간을 대폭 감소시켜 많은 지지를 받을 수 있었다.

이처럼 민간과 공공이 협력하는 경우 새로운 서비스 솔루션들이 발굴되고 운영될 수 있다는 점을 실제 사업을 통하여 확인할 수 있다.

③ 시민참여 리빙랩

스마트시티 챌린지 사업에서는 시민참여를 기반으로 하는 리빙랩을 반드시 운영하도록 하였다. 그 결과 대전시는 시민들의 의견을 반영하여 스마트 주차장의 비용을 지불할 수 있는 키오스크를 개선하였고 인천시는 수요응답형 버스 앱을 사용하는 데 익숙하지 못한 노인계층이 수요응답형 버스를 보다 쉽게 활용할 수 있도록 버스 앱을 개편하였다. 또한 시민참여 및 홍보를 통하여 많은 시민들이 서비스를 이용할 수 있도록 하고 피드백을 통하여 서비스를 개선해 나감으로 사업 성과를 초과달성할 수 있었다. 단순하게 시민 공청회 등을 통하여 시민들의 의견을 수렴하는 것에 그치는 것이 아니라, 스마트시티 서비스들을 개선하고 활용하는 주체로 시민의 역할을 강화한 것이다.

④ 규제의 개선

인천시에서 시도하였던 수요응답형 버스는 정해진 노선이 아닌 시민들의 수요가 있는 버스정류장만 찾아가는 방식이었으며 이러한 노선을 운영하는 것은 현행법상 불가능했다. 하지만 인천시는 규제샌드박스의 적용을 받아 새로운 형태의 대중교통을 지속적으로 시민에게 제공할 수 있었다. 기존에는 규제를 발견하고 이를 개선하는 방식으로 사업을 추진했으나, 법을 바꾸는 것에는 시간이 오래 걸린다는 단점으로 인해 사업 추진이 난항을 겪는 경우가 많았다. 스마트시티 챌린지 사업부터는 본격적으로 규제샌드박스를 적용하여 즉각적으로 혁신적 서비스 운영이 가능하도록 하였으며, 이는 민간기업 및 지자체가 보다 도전적으로 스마트시티 솔루션들을 발굴할 수 있는 계기가 되었다.

Ⅳ. 결론

최근 코로나19를 겪으면서 스마트시티는 또 한 번의 변화를 겪고 있다. 코로나19에 대응하는 데 있어 다양한 디지털 기술들이 큰 도움을 준 것도 사실이지만, 디지털 문화에서 소외된 계층은 오히려 더 큰 고통을 받고 있었음이 알려지면서 스마트시티의 필수 구성요소로 '포용성'에 대한 논의가 부상했던 것이다. 이처럼 스마트시티는 고정된 형태로 존재하는 것이 아니라 상황의 변화에 따라 유연하게 대응해 나가는 수단적 성격을 지니고 있다.

앞서 살펴본 것처럼 스마트시티는 초기 정보통신기술의 발전 과정에서 첨단 미래도시적 성격으로 주목을 받기 시작하였다. 하지만 기술 중심적 접근을 통해 스마트시티 사업을 추진하는 데 분명한 한계가 있기에, 실제 도시 공간상에 새로운 혁신 솔루션들을 도입하여 문제를 해결하는 데에는 다양한 기술 외적 사항들을 함께 고려해야 한다는 것이 현재의 지배적 관점이다. 물론 스마트시티를 추진하기 위하여 최소한의 기반시설 및 기술들이 필요한 것은 명확하다.

일례로 인터넷을 사용할 수 없는 환경에서 스마트시티를 추진한다는 것은 거의 불가능하며 상대적으로 더 나은 도시 기반시설 및 정보통신 기반시설을 갖추고 있다면 스마트시티 추진이 보다 용이한 것도 사실이다. 하지만 기술적 부문만으로는 도시 공간을 혁신시키는 것이 불가능하기 때문에, 정량적 성과목표의 설정 및 성과의 진단, 민·관의 수평적 협력 거버넌스, 시민이 참여하는 리빙랩, 규제 샌드박스 등의 구성요소에 대한 논의가 최근 중요하게 다루어지고 있다는 것이다.

한국은 초기 스마트시티 추진이 상대적으로 빠르게 진행되었으며 현재의 스마트시티 논의에 있어서도 가장 빠르게 발맞추고 있는 국가이다. 현재 스마트시티 사업들에서 적용되고 있는 다양한 구성요소들을 개선, 발전시켜야 하며, 동시에 다음 단계의 스마트시티에서는 발굴 및 실증이 완료된 해외의 우수 성과들을 국내외에 확산시킬 방안을 모색해야 한다. 또한 스마트시티의 철학 및 가치에 대한 논의들이 해외에서 본격화되고 있기 때문에, 이에 대한 대응할 방안들을 고려하면서 스마트시티 사업을 추진해야만 전 세계에서 최고 수준의 스마트시티를 운영하는 국가로 인정받을 수 있을 것이다.

인도 등 남아시아 해당국가와의 스마트시티 정책 및 사업 교류 지원을 통한 한국과의 상생을 위해 한국형 스마트시티 개발 모델이 필요하고 용용 될 가능성이 있지만 현실적으로 쉽지 않다. 왜냐하면 1인당 국민소득 등 경제발달정도, 도시화 진척도, 도시계층구조, 도시민의 생활기본수요 구조, 그리고 IT 등 스마트시티 적용 스마트기술 발달정도 등에 있어 한국과 인도 등 남아시아 국가들과의 현격한 차이가 존재하기 때문이다. 따라서 한국형 스마트시티 구조를 그대로 해당국가에 이식하기에는 한계가 있지만, 해당 국가 맞춤형 스마트시티(예: 인도의 지속가능한 스마트시티)의 개발 모델을 창안하기위해 한국형 모델이 국가별 적정한 기술로 응용될 수는 있을 것이다.

참고문헌

[한글출판본]

감사원. 2021. 『LH 택지개발지구 스마트도시사업 성과검증 연구』. 감사원

국토해양부. 2009. 『제1차 유비쿼터스도시 종합계획』. 과천: 국토해양부.

국토교통부. 2013. 『제2차 유비쿼터스도시 종합계획』. 세종: 국토교통부.

국토교통부. 2019. 『제3차 스마트도시 종합계획』. 세종: 국토교통부.

국토연구원·안양대학교·정도유아이티. 2016. 『스마트시티 해외진출 플랫폼 구축연구 기획 보고서』. 국토교통과학기술진흥원.

국가건축정책위원회. 2012. 『해외도시개발 활성화를 위한 협력방안 마련 및 제도개선 연구』. 서울: 국가건축정책위원회.

대통령직속 4차산업혁명위원회 관계부처 합동. 2018. 『도시혁신 및 미래성장동력 창출을 위한 스마트시티 추진전략』. 세종: 국토교통부.

이재용·김성수·김은란·박종순·이미영·이성원. 2016a. 『스마트도시 성숙도 및 잠재력 진단모형 개발과 적용방안 연구』. 안양: 국토연구원.

이재용·김성수·이범현·왕광익·박종순·이성원·유희연. 2016b. 『한국형 스마트시티 해외진출 전략수립 및 네트워크 구축』. 안양: 국토연구원.

이재용·이미영·이정찬·김익회. 2018. 『스마트시티 유형에 따른 전략적 대응방안 연구』. 세종: 국토연구원.

이재용·김익회·임시영·한선희·유인재·이시형. 2020. 『스마트시티 챌린지 사업관리 및 운영 위탁 용역』. 세종: 국토교통부.

최근희. 2012. "미국의 스마트 성장정책에 관한 연구." 『도시행정학회 도시행정학보』 제25집 3호.

클라우스 슈밥 저. 송경진 역. 2016. 『클라우스 슈밥의 제4차 산업혁명』. 서울: 새로운현재 메가스터디.

황종성. 2016. "스마트시티 발전전망과 한국의 경쟁력." *IT & Future Strategy* 6.

[영문출판본]

Castells, M. and Hall, P. 1994. "Technopoles of the World: The Making of 21st Century Industrial Complexes." Routledge London & New York.

Department of Economic and Social Affairs. 2015. "World Urbanization Prospects The 2014 Revision." New York. United Nations.

Dutton, W.H., Blumler, J.G. and Kraemer, K.L. 1987. "Wired Cities: Shaping Future Communication." Macmillan, New York.

Economic and Social Council. 2016. "Smart Cities and Infrastructure." United Nations.

European Commission. 2013. "European Innovation Partnership on Smart Cities and Communities: Strategic Implementation Plan." European Commission.

Falconer, A. H. and K.Till. 2001. "(Re)placing the New Urbanism Debated: Toward an Interdisciplinary Research Agenda." *Urban Geography* 22(3), 140 – 152.

Graham, S. and Marvin, S. 2001. "Splintering Urbanism: Networked Infrastructures." Routledge.

Gran View Reserach. 2018. "Smart Cities Market Size, Share & Trends Analysis Report by Application, By Component, and Segment Forecasts 2018 – 2025." Gran View Research Inc.

Hanley, R. 2004. "MovingPeople, Goods and Information in the 21st Century." London: Routledge.

Høgni Kalsø, H., J. Vang, and B. Asheim. 2005. "The Creative Class and Regional Growth: Towards a Knowledge Based Approach." Papers in *Innovation Studies*, 2005/15.

Hollands, R. 2008. "Will the Real Smart City Please Stand Up?: Intelligent, Progressive or Entrepreneurial?." *City* 12(3), 303 – 320.

Ishida, T. and Isbister, K. 2000. "Digital Cities: Technologies, Experiences, and Future." Springer – Verlag Berlin Heidelberg.

ISO. 2018. "ISO 37106 Sustainable cities and communities - guidance on establishing smart city operating models for sustinable communities." ISO.

Komninos, N. 2002. "Intelligent Cities: Innovation, Knowledge Systems and Digital Spaces." Routledge.

Marketsandmarkets. 2019. "Smart Cities Market by Smart Transportation, Smart Building, Smart Utilites, Smart Citizen Services, and Region - Global Forecast to 2023." Marketsandmarkets.

Mulas, V., M. Minges, and H. Applebaum. 2015. "Boosting Tech Innovation - Ecosystems in Cities: A Framework for Growth and Sustainability of Urban Tech Innovation Ecosystems." World Bank.

Nam, T. and T. A. Pardo. 2011. "Conceptualizing Smart City with Dimensions of Technology, People, and Institutions," in *The Proceedings of the 12th Annual International Conference on Digital Government Research*. ACM International Conference Proceeding Series, 282 - 291.

Vanolo, A. 2014. "Smartmentality: The Smart City as Disciplinary Strategy." *Urban Studies* 51(5), 883 - 898.

〔인터넷 자료〕

리우데자네이루 시. 2021(September 20). 리우데자네이루 도시통합운영센터. 〈http://cor.rio/institucional/〉

Florida. R., Adler. P. and Hoelzer. H. 2021(September 15). 〈https://www.fastcompany.com/90493421/urban - tech - is - a - 65 - billion - industry - heres - how - COVID - 19 - could - upend - it〉

제2장

스마트시티의 세계적 흐름과 남아시아 및 한국의 도전

김용학(부산도시공사 사장)

I. 세계의 스마트시티 추진 정책과 동향

UN은 2030년까지 세계의 도시 인구가 15억 명만큼 늘어날 것으로 추산하며, 거대 도시의 수가 증가할 것으로 예측하고 있다. 2050년에는 10명 중 7명이 도시에 살 것으로 예측된다. 도시는 전 세계 육지 면적의 약 2%에 불과하지만 GDP의 70%와 에너지 소비의 60%, 온실가스 배출의 70%, 전지구 폐기물 70%를 차지하고 있다(UN - Habitat, 2016).

기후 변화와 코로나19 팬데믹으로 인해, 도시는 다시 한번 잠재적인 '사각지대'로 여겨지고 있다. 탄소연료를 기반으로 한 모더니즘 도시 모델은 다시 한번 인류를 위협하고 있다. 이제 우리는 과거에 우리가 도시를 건설했던 방법이 미래의 도시에서는 통용될 수 없다는 것을 알고 있다. 그 대안은 스마트시티이다. 다음 세대를 위해 건강한 생활 환경을 제공할 도시, 이것이 스마트시티가 지향하는 목표이다(Kim, 2021a).

1. 코로나 디바이드

오늘날의 세계는 코로나19 팬데믹 이전과 이후로 나뉜다. 이른바 '코로나 디바이드(COVID - 19's global divide)' 현상이다. 도시와 시민들의 삶은 물론, 스마트시티 구축에 관해서도 '코로나 디바이드'가 영향을 미칠 것은 자명하다. 먼저 코로나19가 세계 경제 사회에 미치고 있는 영향을 살펴본다.

IMF(국제통화기금)가 2020년 1월 내놓은 2021년 세계 경제성장률 전망치는 선진국이 1.6%, 신흥 개도국이 4.6%였다. 그러나 IMF가 2021년 4월 발표한 2021년 경제성장률 전망치는 선진국이 5.1%, 신흥 개도국이 6.7%다(Gopinath, 2021b). 선진국과 신흥 개도국의 성장률 격차가 3%포인트에서 1.6%포인트로 급감했다. 팬데믹을 계기로 GDP 대비 저축률이 높고 재정ㆍ통화정책이 원활하여 백신 확보가 수월하였던 선진국 경제는 수직 상승하고, 그렇지 못한 신흥 개도국 성장은 상대적으로 정체한다는 것이다. 아워월드인데이터를 통해 드러난 실제 백신 접종률을 살펴보면, 2021년 4월 21일 기준 북미 지역이 26.84%로 1위이고 그 뒤를 유럽(19.94%)이 차지하고 있다. 남미(10.29%)와 한국이 속한 아시아(3.73%), 아프리카(0.8%) 지역보다 월등히 높다. 백신 접종률이 40%가 넘은 미국의 올해 경제성장률 전망치는 6.4%로서 37년 만에 가장 높은 수치를 기록하고 있다. 반면 인도네시아, 태국, 말레이시아, 베트남, 필리핀 등 아세안 5국(4.9%)과 브라질(3.7%), 사우디아라비아(2.9%), 남아프리카공화국(3.1%) 등 주요 신흥국 성장률은 미국에 크게 뒤처질 것으로 전망됐다(Gopinath, 2021a).

'코로나 디바이드' 현상은 백신 접종뿐 아니라 재정ㆍ통화정책에서도 두드러진다. IMF 집계에 따르면 선진국들은 2020년 GDP(국내총생산)의 24%를 재정정책에 사용했지만, 같은 해 신흥국들은 5%, 기타 저소득 국가들은 겨우 2% 미만을 재정정책에 사용하였다(IMF, 2021.4).

'코로나 디바이드'는 앞으로 경기 회복의 동력이 될 소비 여력의 격차로 이어지고 있다. 국제 신용평가사 무디스에 따르면 2020년 신종 코로나 팬데믹 이후 전 세계 가계가 아껴둔 현금(저축)은 5조 4,000억 달러(약 6,035조 원)로, 이는 전 세계 GDP의 6%에 달한다. 무디스가 집계한 평균치(6%)보다 GDP 대비 저축률이 높은 9국은 호주를 빼면 모두 북미와 유럽 국가다. 대부분의 선진국 가계는 전례없는 정부 부양책으로 소득을 보호받았지만, 남미와 동유럽에서는 팬데믹 타격과 정부 지원 감소로 가계 저축이 오히려 감소했다(안상현, 2021).

2. 코로나19 팬데믹과 스마트시티 평가

먼저 스마트시티 추진에 있어서 코로나 디바이드 현상 이전을 기준으로 평가한 2020년 발표한 ISES 도시지수에 따르면, 런던, 뉴욕, 파리가 세계 최고의 스마트시티로 선정되었으며 서울은 19위에 선정되었다. 이 중 상위 10개 도시는 ① 런던, ② 뉴욕, ③ 파리, ④ 도쿄, ⑤ 레이캬비크, ⑥ 코펜하겐, ⑦ 베를린, ⑧ 암스테르담, ⑨ 싱가포르, ⑩ 홍콩 순이었다. 서울은 10위('17), 15위('18), 19위('19)로 지속적인 하락세를 보였다(IESE Cities in Motion Index, 2020).

그러나 코로나 디바이드 이후의 평가에서는 상황이 달라진다. 안정성과 보건 등의 인프라를 중요시한 '2021 The Global Liveability Index,' 즉 살기 좋은 도시 순위에서 뉴질랜드의 오클랜드가 1위에 올랐던 것이다. 오클랜드는 안정성(25%), 보건(20%), 문화·환경(25%), 교육(10%)·인프라(20%) 등 평가 항목 총 5개에서 전부 고득점을 기록했다. 많은 나라가 코로나19 봉쇄 속에 있을 때, 오클랜드는 코로나19로부터 완벽히 회복한 모습을 보여줬다. 순위를 살펴보면, 2위 오사카(일본), 3위 애들레이드(호주), 4위(공동) 웰링턴(뉴질랜드), 도쿄(일본), 6위 퍼스(호주), 7위 취리히(스위스), 8위(공동) 제네바(스위스), 멜버른(호주), 10위 브리즈번(호주)으로서 상위 10곳 중 8곳은 잘 갖춰진 헬스케어 시스템을 지닌 아시아·태평양 국가 도시였다. 그러나 아시아·태평양 도시들 중에서도 방글라데시 다카(Dhaka), 파키스탄 카라치(Karachi)는 하위에 머물렀으며, 코로나19 방역 실패로 혼란을 겪었던 유럽 국가들도 순위가 크게 밀렸다(The Economist Intelligence Unit, 2021).

Ⅱ. 주요 국가별 스마트시티 추진 동향(코로나19 이전)

2010년 이후 대부분의 국가들은 스마트시티 관련 계획들을 수립하여 추진하고 있다. 특히 유럽, 미국, 싱가포르, 일본 등 주요 선진국들은 기후변화 대응 및 환경문제 해결을 위해 도시재생 차원에서 스마트시티를 추진하고 있으며, 파리기후변화협약(2015.12)처럼 자발적 온실가스 감축목표의 이행수단으로 활용하고 있다. 세계 스마트시티 시장은 2025년 8,200억 달러로 연평균 14% 이상의 성장이 예상되는 가운데 각국이 글로벌 시장 선점을 위해 경쟁적으로 자본을 투

표 1 세계 주요국의 스마트시티 추진 전략

단계	내용
미국	· 2015년 Smart Cities Initiative 발표: 교통혼잡 해소, 범죄예방, 경제성장 촉진, 공공서비스 등과 관련한 지역문제를 위해 1.6억 달러 투자 · 2016 12월 미국교통부(DOT) Smart City Challenge 실시: 콜롬버스 시 선정
EU	· Horizon2020 계획에 디지털아젠다로 Smart Cities 명시 · 2013년, 스마트시티 및 커뮤니티 혁신 파트너십 전략 실행계획 발표: 유럽집행위원회(EC)가 에너지와 교통문제 해결에 중점을 두고 정책 총괄
영국	· 2012년부터 'Open Data, Future Cities Demonstrator' 정책 추진: 스마트시티 세계 시장 점유율 10% 목표, 스마트시티 관련 ICT 기술표준화에 집중 투자
중국	· 2012년 12월 12차 5개년 계획에 따라 국가 스마트시티 시행지역 공고: 2015년까지 320개 智慧城市 구축 목표, 약 53조 원 투자 · 2015년 신형도시화계획 발표: 500개 스마트시티개발, 2020년까지 R&D 500억 위안(10조 원)과 인프라 구축 등에 1조 위안(182조 원) 투자
인도	· 2014년, 신임 총리가 2020년까지 100개 스마트시티 건설과 총 19조 원 투자 공약, 진행 중
싱가포르	· 2014년 스마트 네이션(Smart Nation) 프로젝트 출범, SNPO(Smart Nation Program Office) 설치 · 국내외 대학 및 민간단체, IBM 등 다국적 기업, 시민 등과의 협업체계를 구축하여 시범사업 추진
일본	· 2014 4월 제4차 에너지기본계획: 에너지 이용 효율화와 고령자 돌봄 등 생활지원 시스템을 포함한 스마트시티 구축 계획 발표 · 2018, 6월 미래투자전략201(Society 5.0) 발표: 교통·안전을 위한 스마트시티 실현계획 발표, 2020년까지 IoT기술을 활용한 안전·방재 시스템 구축, 시스템을 100개 지방자치단체에 도입, 진행 중

출처: 자료 취합하여 저자 작성

자하고 있으며, 미국은 Smart City Initiative(1.6억 달러), Horizon 2020(3.6억 유로), 중국은 500개 지혜성시(智慧城市)(500억 위안), 인도는 Mody' Smart City 100(33.8조 원) 등 국가적으로 스마트시티 사업 계획을 수립, 추진해 왔다(김용학, 2020).

1. 한국의 스마트시티 추진 정책과 동향

2000년대 초반 한국은 초고속인터넷 가입자가 2,100만 명을 돌파하면서 세계 최고 수준의 IT 강국으로 도약하였다. 우리나라의 전자정부 서비스는 세계 최고 수준으로 인정받으면서 UN 전자정부평가에서 3회 연속 1위를 달성하였고, 전자정부 수출 5억 달러를 달성하는 등 글로벌 행정한류를 선도하고 있다. 한국은 이러한 최첨단의 ICT를 기반으로 스마트시티의 전신인 U-City(Ubiquitous City) 사업을 추진해 왔다. 2003년 인천 IFEZ의 '송도정보화신도시 U-City 모델 연구'와 LH(Korea Land & Housing Corporation)의 '홍덕디지털도시 연구'가 U-City 구상의 시초가 되었으며(조영태 외, 2018), 인천도시공사에서 2003년에서 2004년에 걸쳐 설계하고 분양한, 인천의 송도 4공구 '웰카운티'는 주택단지에 U-City 기법을 최초로 도입한 사례로 평가된다(인천도시공사, 2004). 2008년에는 'U-City 법'이 제정되었으며, 2009년에는 장기적인 청사진과 발전 방향을 종합적으로 제시하는 '유비쿼터스 도시종합계획'이 수립되었다. 'U-City 법'은 2017년에 '스마트도시법'으로 전면개정되었고, 2018년부터 '스마트시티 국가전략 프로젝트' R&D가 계획되었다. LH는 화성동탄 신도시를 시작으로 신규 택지개발지구 및 신도시 사업에 광범위하게 스마트시티(U-City) 모델을 적용하였다. 2019년 말 기준 스마트시티 사업이 이루어지는 67개 지구 중 43개 지구가 LH 사업지구로, 수원, 파주, 나주, 대전 등 신도시 및 혁신도시, 택지개발 사업이 대부분이다.

정부는 범정부 차원에서 세계 선도형 스마트시티 구현을 위해 다양한 정책을 추진하고 있다. 2018년 1월 대통령직속의 '4차산업혁명위원회'에서는 사람중심의 스마트시티 추진전략을 발표하였다. '스마트시티 특별위원회'를 통해 2018년 1월 세종시 5 - 1 생활권(274만㎡)과 부산 에코델타시티 세물머리지역 일대(219만㎡)를 스마트시티 국가시범도시로 선정하였으며, 2017년 12월 도시재생뉴딜사업 공모에서는 포항, 남양주, 부평, 고양 등 6개 사업을 스마트시티 특화형으로 선정하였다. 기존 도시 중 2곳에도 지난 정부 때부터 추진되어 오던 데이터 허브 모델(국가전략 R&D 실증 도시)을 실시하였으며, 전국 28개 도시에서 125개의 서비스의 실증이 이루어지고 있다. 또한, 2020년 2월 스마트시티 규제 샌드박스가 시행되면서, 자율주행 경비로봇, 시각장애인 경로안내 플랫폼, 무인드론을 활용한 도시안전 서비스를 비롯한 25건의 사업이 승인되었으며 시민 편의를 높이는 다양한 도시서비스들이 신규과제로 접수되고 있다. 특히 인천 (I - MoD)과 세종(셔클)에서 활발하게 실증되고 있는 수요응답형 버스는 시민의 버스 평균 대기시간을 78분에서 13분으로 80% 감소시키고, 이동시간도 40% 단축하는 등 시민들이 체감할 수 있는 가시적 성과로 나타나고 있다(국토교통부, 2021). 2020년 12월 정부는 '대한민국 탄소중립 선언'을 통해 사회 전 분야에서 탄소중립을 강력히 추진해 나가겠다는 의지를 밝힌 데 이어, 첫 탄소중립 도시인 새만금 스마트 수변도시 건설 사업을 시작했다.

2. EU의 스마트시티 추진 정책

가. EU의 스마트시티 혁신 파트너십

유럽은 EU의 EC(European Council, 유럽집행위원회)를 중심으로 유럽 전역의 스마트시티 방향을 설정하여 추진하고 있다. EC의 스마트시티 출발은 기후변화 대응과 밀접한 관련이 있다. EC는 2010년 기후변화 대응을 위하여 '에너지 2020' 전략을 발표하고 ① 유럽의 에너지 효율적 개선, ② 통합에너지 시장 구축, ③ 안정적인 에너지 공급, ④ 에너지 기술 및 혁신에 있어 EU의 주도적 위치 확보, ⑤ EU 에너지 시장의 대외적 측면 강화 등의 5가지 세부 정책과제를 제시하였다. 세부 정책과제 중 에너지 기술 및 혁신에 있어 EU의 주도적 위치 확보를 위하여 '스마트시티 혁신 파트너십(Smart Cities Innovation Partnership)'을 제안하였고, 그 결과 2012년 7월 '스마트시티 및 커뮤니티 혁신 파트너십(European Innovation Partnership on Smart Cities and Communities: EIP - SCC)'이 출범되었다. 이처럼 유럽 스마트시티는 기후변화 대응을 위한 에너지 부문에서 그 계획이 출발했기 때문에 유럽 스마트시티의 서비스 솔루션들은 현재까지도 이러한 측면을 상당 부분 반영하고 있다(이재용 외, 2018).

나. EU의 스마트시티 추진 전략

EIP - SCC는 2013년 「스마트시티 추진전략(Strategic Implementation Plan)」을 발표하였으며, 스마트시티의 목표로 ① 지속가능한 도시이동성(Sustainable Urban Mobility), ② 지속가능한 지역개발 환경(Sustainable Districts & Built Environment), ③ 에너지·ICT·운송 인프라 및 프로세스 통합(Integrated Infra and Process across Energy, ICT and Transport)의 세 가지를 설정하였다. 이를 위한 실천방안으로는 ① 시민참여 강화, 혁신을 가속하기 위한 정책·규제 개선, 단절된 분야 및 행정부처 간의 통합에 의한 올바른 의사결정 프로세스 수립, ② 지식 및 경험 공유, 성과 진단 지표, 개방형 데이터 구축, 전이·확산을 위한 표준화 등을 통한 스마트시티 이해 증진, ③ 비즈니스 모델 확립, 공공조달 및 펀딩 등을 통한 재원 확보 등을 들고 있다. 참여 사업의 실증방법으로 PPPP(Public, Private, People, Partnership: 공공, 민간, 시민참여)를 촉진하는 리빙랩 방식을 활용하고 있으며, 각 리빙랩들은 지식공유와 리빙랩들의 연계·확산을 위하여 ENoLL(European Network of Living Labs)이라는 네트워크를 형성하였다. ENoLL에는 전세계 54개국 700여 개 이상의 리빙랩이 해당 지자체 및 글로벌 기업들과 함께 참여하고 있다.

EU는 현재까지 스마트시티 실증과 관련하여 12개 프로젝트('18.7월 시점)

에 총 4,000억 원 이상을 투자하고 있으며, 주요 내용은 COP21 파리조약에 따른 온실가스 감축과 기후변화 대응 및 지속가능한 발전을 위한 2030 아젠다의 11번째 목표인 "포용적이고, 안전하고, 회복가능하고, 지속가능한 도시만들기" 등을 실현하는 것이다(이재용 외, 2018).

다. '등대 도시' 프로젝트

EU는 스마트시티 산업시장을 최대한 확장시키기 위해 H2020 내 특정 스마트시티 프로젝트들을 '등대 도시(Smart Cities Lighthouse)'로 지정하고 있으며, 2013년부터 현재('18.7월 시점)까지 12개 등대 도시 프로젝트에 누적금액 총 6,500억 원(€500,000,000)을 투자하는 한편 매년 3~5개의 새로운 프로젝트들을 발굴하여 추진하고 있다. 현재 등대 도시 프로젝트에는 총 36개 도시가 등대 도시로 참여 중이며, 성과가 입증된 솔루션들은 등대 도시 내 또는 36개의 후속도시(Follower Cities)로 확산하는 방식을 채택함으로써 대상지역의 스케일 업을 통한 솔루션의 확산과 산업시장 확대를 동시에 도모하고 있다(이재용 외, 2018).

3. 유럽 주요국의 스마트시티 추진 개요

가. 영국

영국은 스마트시티 구축 사업의 일환으로, 기술전략위원회를 중심으로 도시의 시스템을 통합하고 도시에서의 삶을 개선하기 위한 '미래도시 프로젝트'를 진행하였다. 처음 계획으로는 20개 도시를 선정하여 자금을 조성할 수 있는 기회를 제공하고자 했지만, 50개가 넘는 도시가 공모전에 참가하고 인상적인 계획안이 많이 제안되어 타당성 조사와 시범도시 제안서 수립을 위한 5만 파운드(한화 약 8천만 원)를 30개 도시에 지원하는 것으로 규모가 확대되었다. 최종적으로 글래스고(Glasgow)가 시범사업 지역으로 선정되어 2,400만 파운드(한화 약 390억 원)를 지원받는 것으로 결정되었다. 그 외 브리스틀(Bristol), 런던(Lodon), 피터버러(Peterborough)는 우수지역으로 선정되어 300만 파운드(한화 약 49억 원)를 지원받았다(이재용 외, 2018).

나. 프랑스

프랑스는 2014년 말 기준으로 이동통신 보급률이 100%를 넘을 정도로 유럽에서 ICT 인프라가 가장 발전한 나라 중 하나이다(ITFIND, 2016). 2013년 프랑스 정부는 글로벌 경쟁력 제고를 위해 34개 핵심산업 로드맵을 발표하였으나, 2016년 보다 명확한 미래산업에 대한 재정립이 필요하다고 판단하여 기존 핵심산업 34가지[1]를 기반으로 9개의 미래산업 솔루션을 제시하고 집중 육성안을 발표하였다. 9대 미래산업은 신재생에너지, 친환경 도시, 친환경 이동수단, 미래형 교통수단, 미래형 의료, 데이터 경제, 스마트 디바이스, 디지털, 미래형 식품 등이다. 이처럼 '신산업 정책(La Nouvelle France Industrielle)'을 통해 프랑스의 글로벌 경쟁력을 제고시킬 핵심산업을 선정하고 이를 집중 육성하고 있으며, 스타트업 육성정책(La French Tech)를 통해 스타트업 인재를 육성하고 및 글로벌 인재 유입을 유도하는 데 박차를 가하고 있다. 또한 이렇게 배양된 ICT 기술력을 활용한 '파리 2050 스마트시티 프로젝트'를 통해 미래형 도시를 추진하고 있다. '파리 2050 스마트시티 프로젝트'는 파리에서 수집한 개방형 빅데이터를 기반으로 미래형 도시건설에 필요한 첨단기술을 개발할 스타트업들을 미리 선정하여 지원하는 사업으로, 파리는 이 프로젝트를 통해 2050년까지 온실가스

---

1 프랑스 경제산업디지털부는 2020년 프랑스의 미래 유망산업으로 디지털, 빅데이터, 사물인터넷, 스마트그리드, 재생에너지, 3D프린터, 자율로봇, 자율주행차, 전기 추진 운송장비, 인공지능 등 2차 지원 대상 34개, 그리고 반도체 집적도 향상을 위한 액침 노광 기술, 테러위험 예방 및 예측용 행동 분석기술, 전자상거래위조품 방지용 진품 감정 기술, 중요한 데이터 및 하부구조 보호 솔루션 등 13개 추가산업을 더하여 총 47가지를 꼽고 있다(곽미성, 2019).

방출량을 75%까지 감소시키는 것을 목표로 하고 있다(서울연구원, 2016).

다. 네덜란드

네덜란드의 스마트시티 건설의 핵심은 암스테르담 스마트시티(Amsterdam Smart City) 플랫폼이다. 암스테르담 경제위원회는 편리성과 실용성을 최우선으로 스마트시티를 조성한다는 목표로 2009년에 기업, 거주자, 지자체, 연구기관 등이 참여하는 암스테르담 스마트시티 플랫폼을 구축했다. 암스테르담 스마트시티 플랫폼은 디지털 시티, 에너지, 이동성, 순환도시, 거버넌스와 교육, 시민과 생활이라는 6가지 주제로 다양한 프로젝트를 추진하고 있다. 시민들은 자신의 계정만 만들면 누구나 아이디어를 제시하고 기업과 연구소 등과의 네트워크를 통해 프로젝트를 추진할 수 있다. 2018년 기준으로 6,000여 명의 시민 혁신가와 민간 기업들이 참여하고 있으며, 진행 중인 프로젝트도 200여 개에 이른다. 그래서 암스테르담은 행정적 관점이 아니라 시민의 눈높이에서 추진되는 스마트시티의 모범 사례로 손꼽힌다(고영태, 2019c).

라. 스페인

스페인, 특히 바르셀로나는 도시계획, 생태학, 정보기술을 통합해 기술의 혜택이 이웃 모두에게 도달하는 것을 보장하고 시민의 삶의 질을 개선하고자 하는 프로그램을 지속적으로 추진 중이다. 바르셀로나의 스마트시티 전략은 하이퍼 커넥티드, 초고속, 배출가스 제로인 메트로폴리스 내에서 생산적이고 인간 중심적인 이웃 사회를 구축하는 장기적 비전을 추진하는 것이다. 바르셀로나는 이를 위해 스마트조명, 스마트 에너지, 스마트 워터, 구역 난방과 냉방, 배출 제로 모빌리티, 오픈 정부 등 7가지 전략 이니셔티브를 추진해 왔다. 바르셀로나 스마트시티 프로젝트에는 시스코와 슈나이더 일렉트릭, 유료 도로와 지상, 위성 통신인프라 전문 기업인 애버티스(Abertis), 전기, 가스, 에너지 글로벌 기업인 GDF SUEZ 등을 비롯한 스페인 내외의 다양한 기업들이 참여하고 있다

(KISA, 2015).

4. 미국과 아시아 주요국의 스마트시티 추진 동향

가. 미국

미국은 2015년 오바마 행정부가 25개 신기술에 1.6억 달러 이상의 연방 연구개발 자금을 투입하는 'Smart Cities Initiative'를 발표하면서 스마트시티 국가전략이 시작되었다. Smart Cities Initiative의 목적은 교통 문제, 범죄 등 도시가 가지고 있는 문제를 해결하고 기후변화에 대응하는 동시에 도시 서비스의 질을 향상시키고 도시경제를 강화하는 것이다. 스마트시티 사업과 관련하여 상무부의 'GCTC(Global City Team Challenge)' 프로그램과 교통부의 'Smart City Challenge' 프로그램이 가장 잘 알려져 있다.

GCTC는 미국 상무부 산하 국립표준기술원이 주관하고 있는 스마트시티 프로그램으로 세계 150여 개 도시와 400여 개 기업 및 기관으로 구성된 160개 팀들이 참여했으며(2017년 말 기준), 미국 백악관, 상무부, 교통부 등 10여 개의 정부기관이 참여하며 연방정부 예산 등을 지원한다. GCTC는 도시문제를 해결하기 위해 도시의 출퇴근 시간 15% 감축, 도시 공기 오염도 20% 감축 등과 같이 계량 가능한 구체적인 목표를 제시하고 각 단계별로 목표 달성 여부를 확인하는 성과측정 방식을 채택하고 있다. GCTC의 최종적인 목표는 '복제 가능하고 확장 가능하며 지속가능한 모델을 확립'하고 '실증을 통해서 커뮤니티와 도시에 가시적인 혜택이 있음을 입증'하는 것이다(이재용 외, 2020: 41 - 49).

스마트시티 챌린지 사업은 교통 정체 해소, 안전통행, 환경보호, 기후변화 대응, 커뮤니티 연결 등을 목적으로 첨단데이터, ITS(지능형 교통시스템) 기술 및 서비스 적용 방안 마련을 위해 미국 연방교통부(DOT)가 2015년 12월에 시작한 실증 시범사업이다(김탁영·한상욱·강경표, 2017). 2016년 2월 챌린지 사업 공모 발표 후 총 78개 도시가 제안서를 제출하였는데 콜럼버스시가 최종 사업대상지로 선정되었다(김용학, 2020: 121 - 123).

　　뉴욕시의 스마트 정책은 영국의 런던, 싱가포르와 세계 최고를 다툴 정도
로 유명하다. 뉴욕시는 2010년부터 오픈 데이터 포 올(Open Data for All)이라
는 비전을 제시하면서, 공개된 모든 데이터는 시민들의 것이고 시민들의 더 나
은 삶을 위한 정책 수립 근거로 사용되어야 한다는 원칙을 천명했다. 이에 따라
지난 2014년부터 모든 시민에게 동등한 인터넷 접근권을 허용한다는 에퀴터블
시티(equitable city)를 목표로 링크 NYC(LinkNYC)라 불리는 거대한 무선 네트워
크 구축을 시작했다. 스마트시티로서 뉴욕의 또다른 명물은 세계 최대의 자동
원격검침(Automatic Meter Reading: AMR) 시스템이다. 뉴욕시는 83만 채의 건물
에 공급되는 수도와 전기 등을 자동원격검침 시스템을 통해 관리하고 있다. 또
한 2013년부터 시장 직속으로 데이터 공유를 관장하는 MODA(Mayor's Office
of Data Analytics)를 만들어 각종 연구 프로젝트나 시민들의 생활개선을 위한 자
료로 이용하고 있다(고영태, 2019b; 김용학, 2020).

나. 중국

중국은 「제12차 경제개발 5개년 계획(2011~2015)」에서 지방정부가 주축이 되는
스마트시티 사업을 발표하였다. 그 후 '제13차 경제개발 5개년 계획('15년)'에서
는 2020년까지 전국에 500개의 스마트시티를 건설하기 위하여 2025년까지 1
조 위안(약 182조 원)을 투자한다는 계획을 발표하였다. 그러나 정부의 전략적 기
획력 부재로 데이터 통합·연동 능력 부족, 낮은 스마트 서비스 효율, 정보·보
안 체계 미흡 등 여러 문제가 발생했다(韓涵, 2018). 이러한 문제를 해결하기 위
해 중국은 2015년부터 차세대 정보통신기술과 도시 전략·규획·건설·운영·
서비스의 심도있는 융합을 추진하는 '신형 스마트시티(新型智慧城市, New smart
city)'의 개념을 새롭게 제시하며 중국형 스마트시티를 정립·구현해 왔다. 중
국의 기존 스마트시티 건설 사업이 정부의 공공관리에 초점을 맞추었다면, 신
형 스마트시티는 공공서비스(社会服务) 제공과 주민의 서비스 만족도(获得性) 제

고를 강조하고 있다. 텐센트가 상하이에서 민관협력 하에서 인터넷 플러스 스마트시티를 추진한 것이나, 알리바바가 항저우시와 협력하여 시티브레인 프로젝트를 추진한 것 등은 이러한 전략의 일환으로 볼 수 있다. 정부 차원에서는 2018년 4월 중국공산당 허베이성위원회와 허베이성 정부가 슝안신구의 종합적인 건설계획과 비전을 제시한 「허베이 슝안신구규획강요(河北雄安新区规划纲要)」를 발표하였다. 슝안신구는 중앙정부가 추진하고 있는 지역개발 전략인 '징진지 협동발전(京津冀协同发展)'[2]의 일환으로 수도권 지역 균형발전의 새로운 축으로 기능할 예정이다(김용학, 2020: 139 - 148). 2018년 8월 기준, 직할시 및 부성급 도시 19개, 전체 지급 도시 중 76%, 전체 현급 도시 중 32%에 해당하는 도시들을 비롯, 전국 500개 이상의 도시[3]에서 신형 스마트시티를 구축 중이다(韩涵, 2018: 4; 梁秋霞, 2017).

다. 일본

일본의 스마트시티 정책은 사업 분야에 따라 국토교통성, 총무성, 경제산업성을 비롯한 각 정부 부처에서 관련 사업을 추진하고 있다. 내각부는 2018년 이래 국가전략특구의 활용성을 제고하기 위해 인공지능(AI)과 빅데이터를 적용한 미래도시(스마트시티)인 '슈퍼시티' 구상을 추진하고 있다. 이는 국제적으로 4차 산업혁명의 진전과 함께 AI와 빅데이터를 활용한 새로운 도시설계의 움직임이 급진전됨에 따라, 거주자의 생활이 편리하고 기업하기 쉬운 혁신적인 스마트시티 건설을 국가전략특구의 형태로 추진하려는 것이다. 지금까지 일본에서는 스마

---

2 베이징(北京)의 비(非)수도 기능을 분산시키고, 지역 간의 화합적 발전 촉진이 목적이다. 징진지 협동발전의 범위는 베이징시, 톈진(天津)시, 허베이(河北)성 바오딩(保定)을 비롯한 11개 지역급 도시를 포함한다.

3 중국의 도시는 직할시(直辖市), 부성급(副省级) 도시, 지급(地级) 도시, 현급(县级) 도시 및 진급(镇级) 도시로 분류된다.

트시티나 근미래(近未來) 기술실증 특구 등의 대응이 에너지 · 교통 등 개별적인 최첨단 기술의 실증 등에 머물러 있었다. 반면 슈퍼시티는 이동, 물류, 지불, 행정, 의료 · 간호, 교육, 에너지 · 물, 환경 · 쓰레기, 방재 등 생활 전반을 아우르는 것으로, 2030년경에 실현될 것으로 예상되는 미래사회를 가속화(특구 내 자율주행, 무현금 및 무서류화 도입)하고, 주민의 커뮤니티가 중심이 되는 주민참가 모델을 지향한다(김용학, 2020: 161 - 163).

현재 도쿄권(국제 비즈니스 거점), 간사이권(첨단의료), 후쿠오카(기업 경영), 오키나와(관광), 니가타(농업식품산업), 야부시(농업 구조개혁), 센보쿠시(농림 · 의료관광), 센다이시(여성노동력 · 사회적기업육성), 아이치현(산업일꾼 육성), 히로시마현 · 이마바리시(국제교류 · 빅데이터 활용 지구) 등 10곳이 국가 전략 특구로 지정되었다. 2018년 기준 국가전략특구에서는 총 86개 규제사항에 대한 완화조치가 이루어졌으며, 법률의 형태로 만들어져 전국적으로 발효된 사항은 24개에 달한다. 국가전략특구가 거둔 성과는 아직 정확한 추정이 어렵지만, 도쿄권 국가전략특구로 인한 경제적 파급효과는 약 10조 엔(약 107조 원)에 달할 것으로 기대된다(김용학, 2020: 164 - 165).

라. 아세안 국가

1) 싱가포르의 스마트 네이션(Smart Nation)

싱가포르는 정부의 강력한 주도로 일찌감치 스마트 국가건설에 나섰다. 2014년 11월, 싱가포르의 리센룽 총리는 '스마트 네이션 이니셔티브' 출범을 발표하였고, 2025년까지 세계 최초의 스마트 국가 건설과 국제 경쟁력 선점을 위해 네트워크화된 정보화 능력을 확충할 것임을 밝혔다. 이에 따라 총리실 산하에 '스마트 네이션'(Smart Nation) 및 '디지털정보국'(Digital Government Office: SNDGO)을 설치하였으며, 민간 시행기관으로는 '정부기술청'(Government Technology Agency: GovTech)을 두어, NDI(National Digital Identity), 전자지불(E - Payments), 스마트 네이션 센서 플랫폼(Smart Nation Sensor Platform: SNSP), 스마트 도시 이동성(Smart Urban Mobility, Moments of Life) 등의 핵심 솔루션과 플랫폼을 제공하게 하였다.

이 외에도 싱가포르 정부는 스마트 네이션의 주요 프로젝트로서 디지털 트윈이라고도 불리는 '버추얼 싱가포르'를 약 1,000억 원에 가까운 자금을 투입해 2018년 완성했다. 버추얼 싱가포르는 도시 전체를 그대로 복제해 3D 가상 플랫폼으로 구현한 것이다. 또 싱가포르는 교통 정체와 대기 오염을 줄이기 위해 공유 경제와 자율 주행을 접목하는 정책을 펼치고 있다. 대표적인 프로그램이 온 디맨드(On Demand) 무인 자율주행 택시인 누토노미(NuTonomy)이다. 누토노미는 이미 2017년에 세계 최초로 운전자가 개입하지 않고 공공 도로를 주행하는 자율주행 택시 실험을 마쳤다. 스마트 네이션 건설의 또 다른 축은 민간 기업들의 협력 네트워크인 런치패드(LaunchPad)이다. 싱가포르 국립대학과 싱텔 등이 중심이 돼 결성된 런치패드에는 현재 14개의 액셀러레이터, 23개의 인큐베이터, 440개의 스타트업 기업, 15곳의 벤처 캐피탈이 참여해 스마트 네이션 건설에 필요한 각종 혁신 기술을 개발하고 있다(김용학, 2020: 132 – 163).

2) 기타 아세안 국가

2018년 아세안 의장국이자 아세안 경제의 선두주자인 싱가포르가 주도하는 아세안 스마트시티 네트워크(ASEAN Smart City Network: ASCN)는 아세안식(式) 스마트시티를 정의하고, 아세안 공동의 스마트시티 협력 플랫폼을 구축하는 것을 목표로 지난 2018년 11월 공식 발족했다. 아세안 공동의 스마트시티 협력 플랫폼을 표방하는 ASCN은 스마트시티 개발에 있어 회원국 간 협력을 촉진하고, 민간기업과 함께 투자 가능성이 있는 프로젝트를 개발하며, 아세안 외부 파트너들의 지원을 확보하는 세 가지 구체적인 목표를 달성하기 위해 추진된다. 아세안 10개 회원국에서 총 26개 도시가 시범도시로 참여하고 있으며, 총 52개의 스마트시티 프로젝트를 시범사업으로 계획하고 있다(김용학, 2020).

시범사업을 분류해 보면, 가장 큰 비중을 차지하는 부문은 교통이나 전력,

수자원 같은 공공서비스 관련 인프라 건설로, 싱가포르를 제외한 9개국의 시범 도시 19개 프로젝트에서 인프라 건설을 골자로 하는 시범사업 추진 계획을 발표하였다. 그 중에서도 교통 관련 인프라가 15개로 압도적으로 많았다. 그 다음으로는 개인 정보, 도시 안전 및 도시 통합 관제 시스템 등을 포함한 보안 관련 스마트 플랫폼 구축을 위한 프로젝트가 10개, 폐기물 관리, 재난 대응 시스템 등을 포함하는 지속가능한 환경 관련 시범사업이 7개, 보건 및 주거, 기타 행정 서비스 관련 프로젝트가 6개로 뒤를 이었다. 마지막으로는 관광이나 유적 관리를 포함하는 사회문화 서비스 관련 범주, 그리고 전자상거래나 창업, 교육 관련 프로젝트를 포함하는 산업과 혁신 범주에 각각 5개의 프로젝트가 제안되었다. 아세안 스마트시티 네트워크가 갖는 또 하나의 특징은, 그것이 아세안의 스마트시티 시범도시들과 아세안 외부 파트너들 간의 트위닝(twinning) 프로그램에 중점을 둔다는 것이다. ASCN은 트위닝을 통해 주요 선진국과 해외 기업들을 포함한 아세안 외부 파트너들의 지원을 확보하는 데 중점을 두고 있다(김용학, 2020: 167 – 173).

그러나 스마트시티의 궁극적인 성패는 거버넌스에 달려 있다. 따라서 스마트시티를 구성하는 다양한 분야 간 융·복합 과정에서 4차 산업혁명에서 강조하는 개방, 참여, 협력과 같은 가치들이 잘 공유되고 구현될 수 있는지가 무엇보다도 중요하다고 할 수 있다. 특히 스마트시티의 운영에서 데이터 거버넌스는 해외 스마트시티 시범사업에서 정보 보호와 보안 이슈와 관련해 지속적으로 제기되었던 문제이기도 하다(김용학, 2020: 163 – 175).

마. 중동 국가

세계은행에 따르면 중동의 인구 수는 2050년에 이르면 지금의 2배가 되어 있을 것으로 추정되며, 인구 수 증가로 인한 각종 문제점이 대두될 것으로 전망된다. 중동은 이러한 문제를 스마트시티를 통해 해결하려고 한다. 예컨대 두바이 정부는 2014년부터 '스마트 두바이(Smart Dubai)'라는 스마트시티 사업을 추진하고 있으며, 카타르 또한 2022년 월드컵 주최를 앞두고 루사일 시티(Lusail City)라는 스마트시티를 완성하기 위해 박차를 가하고 있다. 특히 UAE 정부는 지역 스마트시티 구축을 위해 2021년까지 23억 달러를 지출할 예정이다. 더불어 UAE는 사우디아라비아와 함께 중동 및 아시아, 아프리카 지역 최대 기술 전시회인 두바이 정보통신 박람회(GITEX)에서 클라우드 센터를 통하여 스마트시티 활성화에 앞장서겠다고 공동 발표했다. 글로벌 컨설팅 업체 McKinsey Global Institute의 조사에 의하면 UAE는 중동에서 가장 스마트시티가 잘 조성된 국가이다. 두바이는 2030년까지 스마트 에너지 발전, 친환경 자율 주행 운송 수단의 보급 등의 목표를 내걸고 스마트시티 사업에 총력을 기울이고 있다. 아부다비 또한 에너지 효율을 극대화할 수 있는 스마트시티인 마스다르시티(Masdar City) 사업을 통해 신재생 에너지 수급에 앞장서고 있다(김용학, 2020: 189 - 190).

두바이 이외에도 사우디아라비아가 왕세자 주도하에 540조 원 규모의 대형 스마트시티 조성사업 '네옴(NEOM) 프로젝트'를 진행 중이다. 그러나 중동 지역의 국가들은 운송이나 공공 시설 발전에 주목하는 아프리카 국가들과는 달리, 공공 서비스의 효율화 및 보안 측면개선에 높은 관심을 보이는 등 점차 고차원적인 수요를 보이고 있다(NIPA 글로벌 ICT포털, 2018)

5. 국내 · 외 사례의 시사점

국내 · 외 사례들이 시사하는 점은, 스마트시티 사업들이 기후변화 대응을 포함한 도시문제 해결에서 최근 산업 생태계 조성에 이르기까지 다양한 목표를 설정하고 있다는 것이다.

각국의 스마트시티 추진 단계는 그 양상에 따라 선(先) 플랫폼 기반 대규모 인프라 투자, 후(後) 연계서비스 솔루션 개발 접근과 선 서비스 솔루션 개발, 후 서비스 솔루션 연계 · 통합 접근의 두 가지 경우로 구분 가능하다. 한국의 경우 대부분의 재원을 초기 대규모 인프라 구축을 위하여 투자하였으며, 현재는 구축된 인프라들을 기반으로 서비스 솔루션들을 확대하는 방안을 모색하고 있다.

중국, 인도 등의 아시아 국가들도 유사한 방식을 채택하고 있다. 유럽 및 미국의 경우는 개별 도시문제 해결을 위한 솔루션 실증을 강조하며, 축적된 개별 솔루션들을 상호 연계하는 데 역점을 둔다.

국내·외 스마트시티 현황을 고려할 때, 스마트시티의 유형은 신도시형 인프라 구축, 기존도시형 플랫폼 중심, 노후 및 재생도시형 혁신산업 창출 등의 3가지로 구분된다. 첫째, 인프라 구축형은 정보통신 인프라와 건설 인프라 등의 융·복합을 통해 기반 인프라를 지능하는 것에서 출발하는 유형이다. 이 유형은 뉴타운 사업이나 대규모 도시재생 사업 등에 유효하다. 둘째, 플랫폼 중심형은 도시에서 수집된 데이터를 연계하고, 개별 시스템을 서로 연동시키는 방식을 중심으로, 각계의 연결성을 높이고 이를 통해 실효성 높은 도시서비스를 구축·제공해 나아가는 유형이다. 따라서 기존에 존재하는 도시에 적합한 유형으로 볼 수 있다. 셋째, 혁신산업 창출형은 해결이 시급한 사회문제에 시민, 기업, 연구기관, 정부가 상호 협력 하에 ICT기술 등을 활용하여 실증 기반으로 접근하는 유형이다. 노후 도시나 기존 도시의 공동체를 활성함으로써 도시의 경쟁력을 제고하는 데 유효한 방식이라고 할 수 있다(이재용 외, 2018).

Ⅲ. 미래를 향한 새로운 도시(코로나19 이후)

1. 코로나19와 스마트시티의 진화

2020년은 정부의 행정적 역량과 외부의 도전에 대처할 수 있는 능력이 시험대에 올랐던 해다. 충격은 의료 분야에서 시작됐지만, 디지털 인프라와 통신도 바이러스와의 싸움에서 매우 중요한 요소였다. 특히 정부가 위기 상황에 대처하기 위해 어떤 방식으로 첨단 스마트 기술과 플랫폼을 활용할 것인가와 개인 사생활 보호와 공중 보건 사이에서 어떻게 균형을 유지할 것인가가 주요 관심사였다.

각국 정부의 코로나19 방역 지침에 따라 사회적 거리두기가 실시되고, 확진자가 발생한 장소를 폐쇄함에 따라 도심은 급격한 변화를 겪게 되었다. 시민들은 지역 커뮤니티 등에서 더 많은 시간을 보내면서 여행을 줄이는 한편, 자가용 대신 대중교통이나 자전거를 교통수단으로 활용하거나 가까운 거리는 도보로 이동하기도 했다. 한편 대기는 깨끗해졌으며 비대면 재택 근무로 가족과 함께 보낼 시간이 더 많아졌다. 코로나19 팬데믹의 확산이 심각한 국가에서는 도심의 쇼핑 지역과 도시 통근자들에게 의존하는 도시 중심 지역 사업체들이 큰 타격을 입기도 했다. 국가 의료 서비스의 상당 부분이 온라인으로 전환되면서 보건·의료 서비스의 디지털화가 5년 이상 앞당겨졌고, 디지털 온라인 구매와 배달 유통 등 지역화된 비즈니스와 비대면 디지털 관련 기업이 크게 성장하기도 했다(Julie Snell, 2021.2).

아직은 전세계계적으로 코로나19 팬데믹이 진정되지 않았기 때문에, 도시 중심부가 팬데믹으로부터 회복하면서 어떻게 탈바꿈할지 정확히 알기는 어렵다. 확실한 것은 코로나19 팬데믹 이전과 동일한 상태로 돌아가지는 않으리라는 것이다. 디지털의 발전은 "물리적 장소" 대신 "존재" 중심으로의 전환을 가능하게 하고 있는데, 최근 코로나19 팬데믹을 겪으며 세계의 디지털 트랜스포메이션이 급격히 진행되어 왔다(Julie Snell, 2021.2). 우리는 재택 근무가 노동계의 새로운 근로 관행의 일부가 될 수도 있음을 인식하고 있다. 이제 경영자는 새로운 환경에 부응하기 위해 기존 사무실이 갖던 용도의 변화를 고려하고 있다. 시민적 입장에서 볼 때, 코로나19 팬데믹은 우리의 생활 방식을 재평가할 수 있게 해 주었던 동시에 정부 당국과 스마트시티의 기획자들에게는 큰 숙제를 안겨주었다. 그 중, 최근 부각되고 있는 몇 가지 화두를 간략하게 살펴 본다.

가. 디지털 격차

코로나19 팬데믹의 영향으로 디지털 전환이 전 세계적 화두가 되었다. 하지만 디지털 트랜스포메이션이 완전한 해답은 아니다. 우리는 이미 비대면 문화가 정신 건강에 영향을 주고 있음을, 그리고 재택 근무가 혁신과 창의성의 감소로 이어지고 있음을 목격하고 있다. 사회가 온라인으로 전환되면서 디지털 기기를 쉽게 사용할 수 있는 계층과 그렇지 못한 계층 간에는 전보다 더 두드러진 격차가 생겨나고 있다. 통신은 아직 물과 전력처럼 국민에 대한 국가의 기본 의무로 인식되지 않고 있다. 그러나 시민들이 스마트시티 내에서 디지털 사회를 살아가기 시작하는 현 시점에서, 사회의 디지털 불평등 해소를 위한 노력을 시작하는 것이 바람직하다.

나. 인권과 자기 결정권

코로나19 팬데믹의 위기 속에서 각국 정부와 도시 지도자들은 감염병 대유행에 대응하는 방어체계를 구축과 경제, 사회 등에 미치는 충격을 최소화하기 위해 가능한 모든 조치들을 취하여 왔다. 그러나 환자, 빈곤층과 장애인 등을 포함한 시민들의 인권과 자기 결정권에 대해 심각한 피해를 야기해 온 측면이 있는 것도 사실이다. 따라서 시민들은 정부와 도시 지도자가 데이터 수집 및 의사결정 과정을 개선하여 시민의 인권을 보호함은 물론, 빈곤 완화, 환경의 지속가능성, 양질의 교육, 좋은 거버넌스와 참여 촉진, 정보 격차 감소와 같은 도시 정책의 효율성 제고를 위해 구체적인 방안을 모색할 것을 요구하고 있다(Pineda, 2021: 18 - 19).

궁극적으로는 세계의 다른 스마트시티에서 이미 성공적으로 구현된 조치들, 포괄적이고 통합된 범위의 솔루션과 신기술들을 도입하고, 미진한 부분에 대해서는 시민이 주체가 되어 원하는 계획을 수립하고 스스로가 만족할 수 있는 방식으로 스마트시티를 구축하는 일이야말로 해결책이 될 것이다(Pineda, 2021).

다. 재생적 반응형 정주지

코로나19 이후 미래의 도시가 살아남고 번영하기 위해서는 기존 도시는 물론 스마트시티를 비롯한 새로운 도시도 공동체, 경제, 기후 변화 대응 문제를 창의적으로 다룰 수 있어야 한다. 이를 위해서는 물, 에너지, 운송, 인적 통신, 인간 행동에 대한, 그리고 각 요소 사이의 상호의존성에 대한 근본적인 고찰이 요구된다. 시민과 전문가들이 의사를 결정하고 적용하기 전, 결정된 바가 적용되었을 때의 효과를 충분히 시뮬레이션함으로써, 정주지의 동태적 특성을 고려한 최선의 결과를 기대할 수 있으며, 이를 위해 디지털 트윈의 활용이 선호될 것이다(Schmitt, 2021: 94 - 95).

디지털 트윈에는 코드화된 지식으로 작동하고 원시 빅데이터를 처리하는 인공지능(AI) 프로그램과 머신러닝이 포함되어 있을 뿐만 아니라, 거의 완벽한 수준으로 도시의 전체적인 특성을 모델링하고 시뮬레이션하는 능력과 처리 속도를 갖추고 있다(Schmitt, 2021). 더불어 디지털 트윈은 기존의 도시를 재개발하거나 재생하는 방법으로 새로운 도시를 건설하는 데에도 큰 도움이 될 것이다.

라. 스마트 교통

코로나19 팬데믹은 인구의 이동성을 급감시켰다. 많은 도시는 몇 주 동안 완전히 폐쇄되었고 대부분의 도시 교통 시스템의 규모는 정상 수준의 50% 미만으로 축소되었다. 도시와 교외 지역의 이동성 수요가 감소함에 따라, 자전거와 스쿠터 사용량이 증가하였고, 스마트 교통과 초소형 이동성이 크게 증대되었다. 코로나19 이후의 괄목한 만한 변화상 중 하나는, 인터넷 기반 작업장과 시장에 유연성을 제공할 수 있는 연결 수준이 보장되는 경우 이동성에 대한 수요가 감소한다는 것이다(Shalla, 2021: 294 - 295). 즉 향후 몇 년 동안 나타날 가장 큰 변화는 교통 니즈의 축소이고, 이에 따라 마이크로 모빌리티 및 공공 - 민간 파트너십이 스마트 교통 정책의 핵심이 될 것이다.

마. 혁신 창업 플랫폼

코로나19 팬데믹은 소통과 연결의 어려움과 가능성을 동시에 노출시켰으며, 이에 따라 혁신 창업 플랫폼의 중요성이 커지고 있다. 지난 세기 대부분의 도시들은 공장을 도시 외부로 이전하였고, 이 때문에 도시 생태계는 건강한 지속가능성을 유지하기 어렵게 되었다. 주요 도시들은 도시 내 첨단 제조업을 기반으로 한 창업과 창조적 인재가 어우러진 산업 생태계 회복을 스마트시티의 핵심 정책으로 채택하고 있다. 이를 실현하기 위해 필수적인 기반시설이 혁신 창업 플랫폼인 'Smart Co - growth Platform'이다(Kim, 2021: 342 - 343).

창조적 환경의 조성에는 몇 가지 기능이 필요하다. 특히 애플리케이션을 위한 5G와 빅데이터를 포함하는 스마트 인프라 AI는 필수적이다. 스마트 인프라는 자체적으로 새로운 유형의 인프라로 작동할 뿐만 아니라 다른 기존 인프라(환경 인프라, 산업 인프라 및 문화 인프라)를 업그레이드함으로써 시민들의 새로운 요구를 충족하고 에너지 절약과 멀티 디딤 환경을 조성 하고 그 작동을 뒷받침하기 때문이다.

Ⅳ. 남아시아와 한국의 도전

1. 남아시아 경제 성장과 스마트시티 개요

남아시아 지역은 인도와 파키스탄, 방글라데시, 스리랑카, 부탄, 네팔, 몰디브, 아프가니스탄 8개국을 일컫는다. 이들 국가 중 인도, 스리랑카, 방글라데시, 파키스탄 등 주요 국가들은 인구 증가, 도시화 등으로 인한 주택, 교통, 상하수도, 환경, 재해 등의 도시문제를 극복하고 디지털 트랜스포메이션을 통해 관련 산업의 발전을 도모하기 위해 IT, 인공지능, 환경기술 등 첨단기술을 활용한 스마트시티를 개발함으로써 지속가능한 발전을 추구하고 있다. 인도는 100개 스마트시티 건설, 스리랑카는 '스마트 네이션,' 방글라데시는 '디지털 방글라데시,' 파키스탄은 '디지털 파키스탄 정책' 등을 추진하고 있다.

가. 코로나 팬데믹과 남아시아 경제

신종 코로나 디바이드로 남아시아 국가들은 막대한 경제적 피해를 입었다. 남아시아 국가 중 방글라데시와 부탄, 네팔만이 플러스 성장을 달성했으며, 이들 국가의 경제성장률 또한 기존 전망치보다 훨씬 낮은 수준에 그쳤다. 특히 관광산업에 크게 의존하고 있는 몰디브와 스리랑카는 큰 타격을 입었다. 2020년 9월 말 아시아개발은행(Asian Development Bank: ADB)은 코로나19 위기를 고려하여 2020년 인도(-10.29%), 방글라데시(5.2%), 스리랑카(-5.5%), 파키스탄(-0.4%), 네팔(2.3%), 몰디브(-20.5%), 아프가니스탄(-5.0%), 부탄(2.4%) 등 남아시아 지역의 경제성장률 전망치를 대거 하향 조정한 바 있다(**표 2 참조**).

　따라서 대부분의 남아시아 신흥국가는 대규모 자금이 소요되는 신도시형 스마트시티보다는 기존 도시의 도시재생과 디지털화를 통한 생산성 증대를 우

표 2　남아시아 국가 주요경제지표

	아프가니스탄	방글라데시	부탄	인도	몰디브	스리랑카	파키스탄	네팔
인구(백만 명) 확진자(만 명)	37.46 (10.7)	164.1 (86.7)	0.857 (0.19)	1339.33 (3,000)	0.39 (7.2)	23.04 (24)	238.18 (95)	30.42 (62)
명목 GDP (십억 달러)	18.73	317.47	2.8	2,935.57	5.79	86.57	284.21	29.81
경제성장률 (%)	2.9 (-5.0)	8.2 (5.2)	5.8 (2.4)	5.0 (-10.29)	5.2 (-20.5)	2.3 (-5.5)	1.0 (-0.4)	7.0 (2.3)
1인당 명목GDP (달러)	513	1,905	3,423.	2,171	15,562	3,946	1,388	1,047

출처: 세계은행(WB) https://data.worldbank.org(2019.12. 기준), 인구는 2021년 추정치이며 괄호 안은 코로나19 확진자 수(Johns Hopkins CSSE, "COVID-19 Daily Reports"(2021.6.24. 기준)), 경제성장률의 괄호 안은 ADB 발표 2020년 경제성장율(2020.9.16 기준)이나, 인도는 Statista의 통계(*Times of India*(2021.5.3. 열람))를 참조하여 저자 작성.

선시할 가능성이 크다. 더욱이 전통 산업의 구조조정 등으로 인해 디지털화가 예상보다 더디게 진행될 경우 남아시아의 경제성장률이 훨씬 낮아질 수도 있다. 예컨대 중국의 경우 경제의 디지털화가 신속히 진행될 경우 5년 뒤 5%대 성장경로를 유지할 수 있지만, 속도가 더딜 경우 2%대로 낮아지는 저성장 기조에 빠르게 진입할 것으로 예측된 바 있다(양준빈 외, 2021). 남아시아 국가들에서도 마찬가지의 현상이 나타날 수 있다.

나. 인도의 경제와 스마트시티 정책

인도는 꾸준한 경제성장으로 2019년 명목 GDP 2.93조 달러를 달성하면서 영국(2.8조 달러)을 제치고 세계 5대 경제 대국으로 진입했으며, 2030년에는 4위, 2050년에는 미국, 중국에 이어 세계 3위가 될 것으로 전망된 바 있다(Kotra, 2021: 8) 인도 정부는 1) 고도산업화 달성 2) 일자리 1억 개 창출 3) 글로벌 제조기지로 성장이라는 정책 목표를 설정하고 이를 달성하기 위해 주요국과 적극적으로 협력해 왔으며, 2018년 이후 3,000억 달러 이상의 수출을 유지하여 왔다.[4] 그러나 2020년 이후 코로나19의 영향으로 2020년 2분기 경제성장률이 사상 최저치인 -23.9%를 기록했다(Kotra, 2021: 3). 2021년 3월 이후, 인도 정부는 GDP의 10%에 해당하는 20조 루피(한화 약 320조 원) 규모의 경기부양책을 시행했지만, 코로나19 확산이 지속되면서 투자(-47.1%), 소비(-26.7%), 수출(-19.8%) 등 경제 전반이 위축되고, 농업(3.4%)을 제외한 산업 부문들, 특히 건설업(-50.3%), 도소매·요식·숙박업(-47.0%), 제조업(-39.3%)등은 경기가 급감했다(Kotra, 2021: 3). 이에 대응하여 인도 정부는 단기 경제 충격을 최소화하면서 디지털 전환을 통한 스마트시티 구축을 비롯한 인프라 투자 확대 정책을 중심으로 경제 회복에 총력을 기울이고 있다. 이처럼 정부 차원에서 적극적으로 투자를 확대하고 글로벌 공급망을 재편하려는 시도들이 이루어지고 있으며, 이러한 조

---

4 2018년 3,248억 달러, 2019년 3,243억 달러(Kotra, 2021: 70).

처들은 장기적 관점에서 인도가 경제를 회복하는 데 기여할 것으로 전망된다.[5]

인도 정부는 자주 인도(Self-Reliant India) 정책을 주창하며, 2022년까지 제조업의 GDP 기여율을 25%까지 끌어올린다는 목표로 제조업 중심의 경제 성장을 도모하고 있다. 또한 코로나19 위기를 기회로 활용하여 인도 내에서의 조립을 제안하는 'Assemble in India for the World' 아젠다를 확대하고, 중국과의 글로벌 생산기지 경쟁 및 세계 수출 경쟁에서 우위를 점하기 위한 특화 전략을 주장하고 있다. 인도 정부는 그러한 전략의 일환으로 인도로 이전하는 탈중국 기업을 대상으로 약 46만 1,589 헥타르의 산업용지를 조성할 계획을 발표하였다(Kotra, 2021: 13). 이와 함께 디지털 인디아(Digital India)를 추진하고 있다.

디지털 인디아의 3대 비전은 ① 디지털 인프라(Digital Infrastructure), ② 수요 기반의 행정 서비스(Governance & Services on Demand), ③ 국민의 디지털 역량 강화(Digital Empowerment of Citizens)이다. 디지털 인디아 비전 달성을 위해 인도정부는 브로드밴드 하이웨이, 공공인터넷, 국민 모두를 위한 정보, 조기성과 프로그램, 모바일에 대한 보편적 접근 등 9개의 핵심과제(pillars)를 선정한

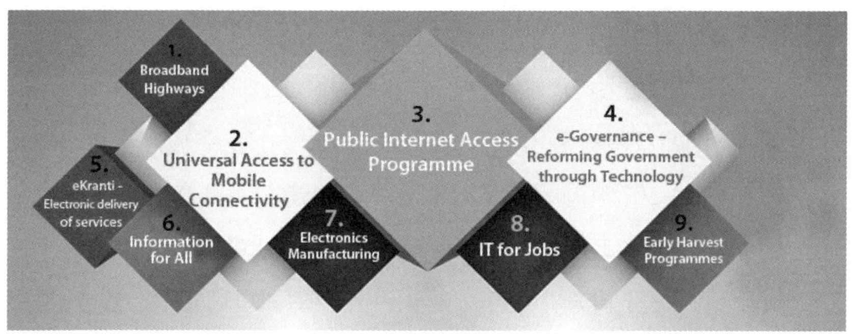

그림 1 Pillars of Digital India
출처: http://www.digitalindia.gov.in

---

5 인도중앙은행(RBI) 통화정책위원회 위원 Michael Patra는 코로나19 확산으로 2020년 인도의 GDP는 이전 수준보다 약 6% 하락할 것이며, 경기 회복에 오랜 기간이 소요될 것이라고 전망했다(Kotra, 2021: 9).

바 있다(KIEP, EMERiCs, 2020).

2020년 10월 각국의 디지털 혁신 현황을 조사한 '2020 디지털 트랜스포메이션 인덱스 2020(Digital Transformation Index)' 보고서에 따르면, 코로나19 대유행의 여파로 전 세계 79.7% 대비 인도 내 응답자(기업 및 공공기관)의 94.7%가 디지털 전환(Digital Transformation) 프로그램을 예상보다 빨리 완료했으며, 92.3%의 응답자가 비즈니스 모델을 디지털 기반으로 재구성하고 있다고 답변했다(김은지, 2021). 정부의 이러한 노력으로 세계은행 사업 용이성 평가(Ease of Doing Business)에서 인도의 순위는 2017년 130위에서 2018년 100위, 2019년 77위, 2020년 63위로 지속적으로 상승하고 있다(Kotra, 2021: 22).

인도는 2014년 모디 총리가 취임한 직후 국정 우선 과제로서 전국에 스마트시티 100개 구축을 목표로 '스마트시티 미션'을 발표, 2015년부터 사업을 추진함으로써 본격적으로 스마트시티 정책 및 사업에 착수하였다. 2015년부터 인도 도시개발부는 목표에 맞는 도시선정을 위하여 "City Challenge Competition"이라는 평가를 진행하고, 최종적으로 100개 대상도시를 선정하여 스마트시티 사업을 추진(이재용 외, 2018)하고 있다. 스마트시티 미션의 목적은 시민들에게 핵심 사회 기반시설을 통해 좋은 삶의 질을 제공하는 도시, 깨끗하고 지속 가능한 환경, 그리고 스마트 솔루션 응용의 촉진이다. 성과를 빠르게 확산시키기 위해, 도시개발부는 작은 지역에 다른 도시의 모델이 될 수 있는 복제 가능한 모델을 조성하는 포괄적인 개발 방식을 채택하고 있다. 다만 인도 정부가 추구하는 스마트시티는 ICT 기능이 보완된 단순한 도시개발이 아니라 전반적인 인프라 개발 및 인프라 확충이 목적이다. 따라서 인도 스마트시티의 핵심사업은 상하수도, 위생관리, 주택, 대중교통, 폐기물처리로 기존 도시개발 사업과 크게 다르지 않으며, 열악한 도시 인프라를 ICT기술을 이용하여 적극 개발 및 보완하는 데 중점을 둔 것으로 이해할 수 있다(김용학, 2020: 153 - 155).

인도의 스마트시티 정책은 각 도시의 일부 지역을 개발해 그 효과가 인근 지역까지 확대하도록 하는 계획이다. 인도 중앙정부는 서벵골주를 제외한 인도 전국의 지방정부가 참여해 각 주(州)당 최소 하나의 도시를 스마트시티로 지정하도록 했다. 중앙정부와 지방정부의 재정지원을 받은 각각의 도시는 2017~2022년 각종 개발 사업을 추진하고 2022년 이후 그 성과를 도출하기로 했다. 이러한 인도의 스마트시티 미션은 모디 정부가 대내외에 특히 강조하고 역점을 두는 경제사회환경정책 비전인 "Digital India", "Self-Reliant India(Make in India의 2.0버전)", "Clean India"와 그 궤도를 같이 하고 있다(박양호, 2021.5).

인도는 스마트시티 계획을 통해 지속가능한 생태와 환경을 바탕으로 하는 통합 플랫폼을 모든 공공분야에서 구축하기 위해 지속적으로 노력을 기울여 왔으며, 이는 실제로 상당한 진척을 보였다. 인도가 시행하는 스마트시티 각각의 개발 프로젝트 중 가장 큰 비중을 차지하는 것은 교통시설 정비 작업으로, 할당된 예산의 총 규모가 48억 5,000만 달러에 달하고 있다. 그 밖에 용수 공급, 하수 처리, 배수 시설의 마련 등에도 42억 8,000만 달러라는 큰 규모의 예산이 배정되었다. 인도의 스마트시티 프로젝트는 전체적으로 3,700건이며 총 예산은 194억 2,000만 달러인데, 이중 21억 8,000만 달러가 투입된 959개 프로젝트가 완료된 상태다(박영선, 2021). 그러나 IESE Business School에서 발표한 CITI 2020(City in Motion Index)'에서 선정된 80개국 174개 도시 중, 벵갈루루(146위), 뭄바이(161위), 뉴델리(162위), 콜카타(169위)는 최하위 등급에 머물렀다.

인도는 여전히 겹겹의 규제, 큰 소득 격차, 극심한 교통 체증, 공해 및 도시 전역의 폐기물 투기 문제가 행결되지 않고 있으며 혼잡하고 계획되지 않은 부분들이 많아, 그러한 요소들이 채점에 부정적 요인으로 작용했던 것으로 보인다(Cities in Motion, 2020).

한국토지주택공사(LH)가 2017년 4월, 유일하게 지역 쓰레기장을 매립하고 신도시를 건설하는 마하라슈트라주의 칼리안~돔비블리 스마트시티 프로젝트 참여를 위한 전략적 파트너십에 관한 양해각서(MOU)를 체결하고, 사전 타당성 조사 등 필요 절차를 이행하고 있다(김용학, 2020: 159).[6]

---

6 매일경제 기획기사 '한·인도 전략대화'(2019.11.12) 참조

다. 인도 이외 남아시아 주요국의 경제와 스마트시티

스리랑카 중앙은행(Central Bank of Sri Lanka)은 2020년 5월 스리랑카 당국에 의한 봉쇄 완화 이후 경제활동이 비교적 빠르게 회복되고 있으며, 2021년에는 스리랑카 경제가 반등하여 약 5%의 경제성장률을 기록할 것이라 전망하고 있다(Chandrasekara, 2020). 정치 환경이 안정세로 접어들고 경기 회복을 위한 정책들이 시행되면서 코로나로 얼어 붙었던 소비심리가 이완되고 서비스 부문의 수요가 증가할 것으로 예상되기 때문이다.

서부 스리랑카는 국토의 6%에 불과하지만 전체 인구의 29%가 거주하고 있는, 인구의 유동성이 높고 물동량이 많은 지역이다. 따라서 선진 도심 교통기술 및 솔루션의 도입이 고려되고 있으며, 궁극적으로는 디지털 인프라를 갖춘 스마트시티 구현이 교통 문제의 해결책으로 인식되어 왔다. 스리랑카 정부에서 서부 지역의 도시 개발을 담당하는 메가폴리스 부처는 도심의 편의시설 등 서비스 인프라를 구축하고 그 과정에서 발생할 혼잡성을 해소하면서도 '고소득 선진국가'로 견인할 수 있는 환경을 조성하는 목표를 세웠다.

스리랑카 당국은 이를 위해 2가지 근본적인 변화가 뒷받침돼야 하는 것으로 판단하고 있다. 첫째는 첨단기술 이전과 디지털 전환을 통해 각각 제조업 및 서비스 분야를 활성화하는 것, 둘째는 이를 포괄할 수 있도록 도심 공간을 진화시키는 것이다(여인규, 2020).

스리랑카의 스마트 네이션 프로젝트는 디지털 인프라를 갖춘 스마트시티 구현을 위해 상당한 양의 정보 및 물리적·사회적·경제적 인프라를 마련하는 데 초점을 맞춘다. 이에 따라 △시민을 위한 디지털 서비스(Smart Citizen Service) △정보기술 기반 스마트정부(Smart Government)가 도입될 예정이다. 시민을 위한 디지털서비스는 교통 영역을 중심으로 구축될 예정이며, 정보기술 기반 스마트정부 부문은 △세금징수 디지털화 △현금사용비중 축소 △교통수단 추적 디지털화 △품질·안전관리 향상 △교통제어 및 예측시설 확충 △디지털 주소 도입을 통한 배송 및 추적 효율화 △빅데이터 구축으로 공공서비스 디지털화 등을 목표로 한다.

방글라데시의 경제 규모는 2011년 이후 연평균 6% 이상의 성장세를 지속해오고 있으며 2020년에는 코로나19 위기에도 불구하고 5.2%의 성장세를 보였다(IMF, 2021).

방글라데시는 제8차 경제개발 5개년 계획(2020년 7월~2025년 6월)을 통해 연평균 7.69% 성장률 목표를 제시하며 GDP 성장, 안정적인 일자리 창출, 정부의 사회 안전망 프로그램 범위 확대, 빈곤층 감소 등을 중점 과제로 설정했다(김동현, 2021). 방글라데시 정부는 경제 성장을 가로막는 가장 큰 장애물로 인프라의 부족을 지목하였으며, 이를 해소하기 위한 작업으로서 건설 경기를 활성화하여 인프라를 개발하고 기존의 도시를 스마트시티화하는 디지털 트랜스포메이션 사업에 주력하고 있다.[7] 특히, "Digital Island - Moheshkhali" 프로젝트[8]를 시발점으로, 방글라데시 정부는 전 국토에 안정적인 디지털 네트워크를 구축하고, 100개의 경제특구와 28개의 IT단지를 설립하고, 이들의 디지털 트랜스포메이션을 진행함으로써 경제성장률을 유지하고자 한다(김종헌, 2020).

방글라데시 정부는 독립 50주년이 되는 2021년을 국가 발전의 전환점으로 삼고 국가 발전을 위한 총괄계획인 "Vision2021"을 발표했는데, 이 계획에서 중요하게 언급되는 정책이 바로 "디지털 방글라데시(Digital Bangladesh)"다. 방글라데시 정부는 디지털 방글라데시 정책을 통해 지속가능한 농촌과 도시 공간을 만들어내는 한편, 2021년까지 국가를 디지털 경제로 전환하고, 2030년까

---

[7] 2020년 6월 발표한 2020/2021 회계년도 예산안에 따르면 연차개발지출 규모는 전체 세출의 약 35.4%인 240억 달러로 전년 대비 6.9% 증가하였으며, 가장 큰 폭으로 증가한 부문은 전력, 철도, 도로, 수자원 개발 분야이다(KOTRA, 2021a: 4).

[8] '디지털 섬(Digital Island -Moheshkhali)' 프로젝트는 멀리 떨어진 섬을 스마트 에듀, 스마트 헬스, 스마트 쇼핑이 가능한 디지털 섬으로 변화시킨, 방글라데시 디지털 정책에서는 기념비적인 프로젝트다.

지 세계 24번째 규모의 고도화된 산업국으로 거듭나며, 2041년까지 지식기반 경제로 전환하는 비전을 수립하였다. 디지털 방글라데시 마스터플랜에 의하면, 사회복지부 사회안전망 시스템이 디지털화되고 국세청(National Board of Revenue: NBR)은 모바일 뱅킹 서비스를 지원하게 되었다(KIEP, EMERiCs, 2020b).

파키스탄은 전 국민의 80%가 휴대폰을 사용하고 있으며 40%가 인터넷 서비스에 가입해 있다. 뿐만 아니라 대학 등 교육기관에서는 매년 약 2만 명의 신규 IT 인력을 배출하고 있다. 이와 같은 이점을 기반으로 파키스탄 정부는 2018년 5월, IT 산업 육성과 주요 서비스 분야의 디지털화 촉진을 골자로 하는 디지털 파키스탄 정책(Digital Pakistan Policy)을 발표하였다(MoITT, 2020.1). 이를 통해 파키스탄 정부는 농업, 의료, 상거래, 법률, 에너지, 공공 서비스 등 6개 분야를 디지털화함으로써 국민의 삶의 질을 개선하고, UN이 제시한 지속가능 개발 목표(Sustainable Development Goals: SDGs)를 달성하여 산업 성장 기반을 마련할 것으로 기대하고 있다.

세계은행(World Bank)은 2020년 보고서에서 아프간 경제가 코로나19 확산의 영향으로 2020년 −5.5~ −7.4%의 마이너스 성장을 기록할 것으로 내다보았으며, 정부 세수 감소 및 재정적자 확대, 실업률 증가 및 가계소득 감소, 식품 등 생필품 물가 상승 등으로 아프간 국민 중 빈곤층이 크게 증가할 것이라고 예측하였다.

아프가니스탄 교통 환경을 살펴보자. 카불 국제 공항 터미널을 제외한 아프간의 교통 사정은 매우 열악하다. 그 중에서 철도 인프라는 특히 심각한 수준으로, 우즈베키스탄 국경도시인 하이라탄(Hairatan)부터 북부 도시인 마자리샤리프(Mazār‐e Sharīf)를 잇는 최초의 철도가 2012년에서야 아시아개발은행 차관으로 건설되었다. 아프가니스탄 철도청은 현재 75km에 불과한 철도를 2030년까지 5,555km로 확장하여 국가철도망을 마련한다는 계획을 가지고 있다(채일권, 2016).

2021년 2월 16일, 인도와 아프가니스탄은 아프가니스탄의 샤투트(Shahtoot)

댐 건설 프로젝트에 대한 합의문에 서명했다. 향후 3년간 진행될 댐 건설 프로젝트가 완료되면 아프가니스탄 수도 카불(Kabul)에 거주하는 200만 명의 인구와 약 1,619㎢의 토지에 깨끗한 물이 공급될 것으로 기대하고 있다. 지난 2016년에도 인도는 아프가니스탄 서부 헤라트(Herat) 주에 소재한 '아프가니스탄-인도 친선 댐(Afghan-India Friendship Dam)' 건설 프로젝트를 지원하는 등, 아프가니스탄과의 유대관계를 강화함으로써 남아시아 지역의 테러를 방지하고 파키스탄을 견제하는 등의 여러 안보적 이점을 확보하기 위해 노력하고 있다(KIEP, EMERiCs, 2021a, 2016; Qadiry, 2021).

한편, 중국은 2021년 6월 3일 아프간·파키스탄과의 3국 외교 장관 회의를 열어 미군 철수 결정과 관련한 재건 협력 방안을 논의하면서(CNN, 2021.4.29), 일대일로 협력을 강화해 아프간을 지원할 것이라고 강조하였다. 아프간은 중국에 새로 부상한 안보·경제 요충지이면서, 파키스탄과 함께 석유와 천연가스를 중동에서 중국으로 실어나르는 통로이기도 하다(심재훈, 2021). 이러한 국제 정치 상황을 고려할 때, 아프가니스탄에서 디지털 트랜스포메이션과 스마트시티를 거론하기는 당분간 시기상조일 것으로 보인다.

2. 한국의 스마트시티 선두 주자 도전

가. 혁신과 경쟁력의 아이콘

한국은 2010년에서 2020년까지 유엔이 발표한 전자 참여 지수에서 거의 항상 1위를 유지하였으며, 전자정부 발전 지수에서는 항상 3위 안에 들었다. 또한 10년 동안 그 어떤 다른 나라도 한국에 순위상으로 비견될 수준을 보여준 적이 없었다(표 3 참조).

한국은 세계에서 가장 먼저 초고속망 연결을 달성한 나라였음은 물론 세계에서 가장 많은 인구가 50MB 이상의 업로드 용량을 가진 나라로서 혁신과 경쟁력의 시너지 효과를 잘 보여 주는 롤 모델로 손꼽힌다. 또한, 2019년 4월에

표 3 UN Ranking of E-government and E-participation, Korea 2010~2020[9]

Year	EPI 지수	EGDI 지수
2010	1	1
2012	1	1
2014	1	1
2016	4	3
2018	1	3
2020	1	2

출처: UN(2010~2020); MOLIT · KAIA(2021)

세계 최초의 스마트폰 기반 5G 상용 서비스를 시작했으며 5G 글로벌 네트워크의 추진 및 6G 네트워크 출시 과정에서 중요한 역할을 했다. 과학기술정보통신부는 2020년에 국내 이동통신사 사용자의 45% 이상이 5G 네트워크에 접속할 것으로 전망했다. 이로써 한국은 5G는 물론 스마트시티 기술의 보급 및 이용과 관련한 5G 활용 가능성에서 독보적인 위치를 점하는 선두 주자로서 인정받고 있다. 아울러 한국 정부는 인도네시아, 페루, 케냐와 같은 개발도상국에 전자정부 협력센터를 설립하기 시작했다(Kim Normann, 2021).

나. 한국판 뉴딜 연계 스마트시티

발달된 ICT 기반과 U-Eco City의 경험 위에서, 한국은 세계 최초로 백지상태의 부지에 스마트시티 기술을 온전히 구현하는 국가시범도시 사업을 추진하고 있으며 전국 28개 도시에서 125개 서비스를 실증하고 있다. 또한, 2020년 12월 정부는 '대한민국 탄소중립 선언'을 통해 사회 전 분야에서 탄소중립을 강력히 추진해 나가겠다는 의지를 밝힌 데 이어, 첫 탄소중립 도시인 새만금 스마트 수변도시 건설을 시작했다.

한국 정부는 한국판 뉴딜 연계 스마트시티 추진 사업의 일환으로 2025년

---

9 E-Government Development Index, 구글 참조.

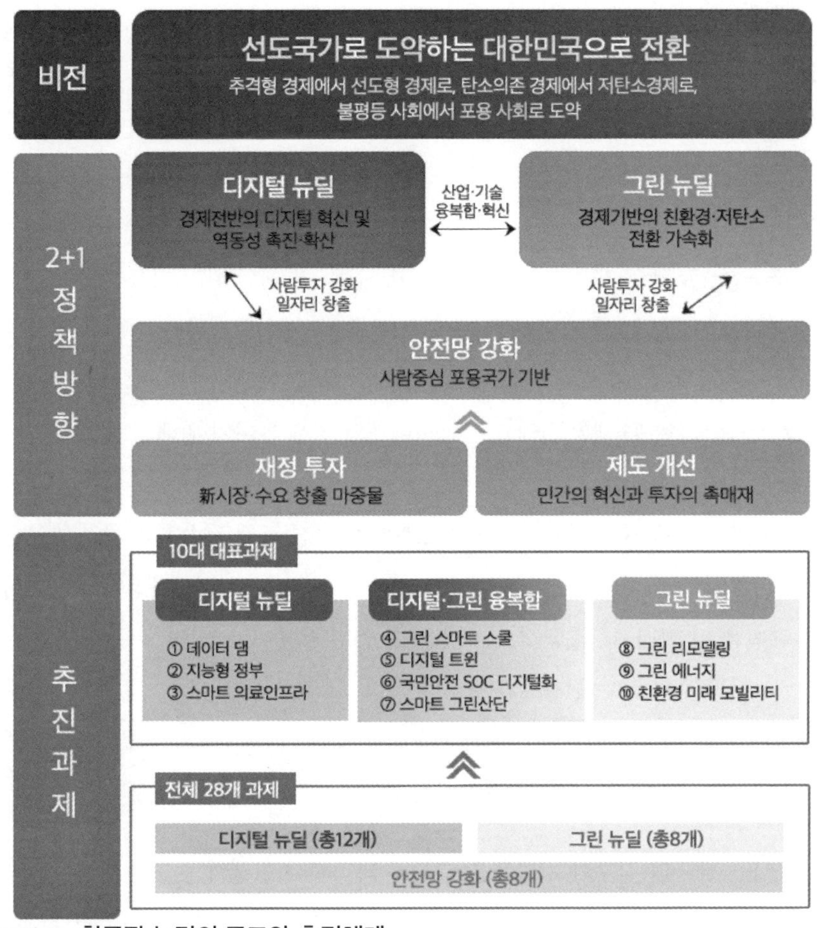

그림 2   한국판 뉴딜의 구조와 추진체계
출처: 대한민국 정책브리핑, 정책위키(한국판 뉴딜 종합계획)

까지 스마트시티 사업에 10조 원을 투자하고 15만 개 이상의 일자리를 만들 계획이다. 더불어 2020년 말까지 스마트시티 통합플랫폼 보급을 전국 108개 지자체로 확대하고 전 국민의 60%가 스마트시티를 체감할 수 있게 할 계획이다. 전국의 도로와 철도, 교량 등에는 사물인터넷 센서를 부착해 실시간으로 안전하게 관리하고, 유지보수 비용을 획기적으로 줄일 계획이다. 하천과 댐, 상하수도, 도로에 원격 제어시스템을 구축해 장마와 폭우, 산사태, 화재 등 자연재해에도 대비한다. 물류와 유통의 디지털화를 통해 2022년까지 로봇과 드론 배송을 활용한 '스마트 물류시범도시'를 조성하고 2025년까지 100개소의 스마트 물류센터를 마련할 계획이다.

또한 2025년까지 전국의 주요 도로에 기지국과 센서를 설치하고 전국 4차로 이상 도로를 대상으로 3D 정밀지도를 만들어 차량 – 도로 간 협력주행 체계를 구축함으로써 2027년까지 세계 최초로 레벨 4단계의 완전 자율주행을 상용화한다는 목표도 가지고 있다. 이렇듯 정부는 디지털과 그린을 결합한 한국판 뉴딜의 핵심사업으로서 스마트시티 건설에 박차를 가하고 있으며, 방역, 안전, 교통, 돌봄, 의료 등 생활 환경과 공공서비스의 질을 높이기 위해 노력하고 있다 (김동은·임성현, 2020).

우리가 추구하고 만들어갈 스마트시티는 혁신 플랫폼이다. 세계의 다양한 분야의 기술과 아이디어들이 활발하게 교류하고 융·복합되는 과정에서 혁신적인 해법을 더 빨리, 더 효율적으로 찾을 수 있기 때문이다. 이는 한국이 세계 스마트시티 구축의 선두 주자로 도약한다는 비전으로 이어진다.

3. 한국과 남아시아 스마트시티 비전 공유

남아시아 각국의 정부와 기관들은 도시화 과정에서 발생하는 교통, 범죄, 환경 등 각종 문제의 해결방안을 찾기 위해 노력해 왔다. 게다가 2020년 코로나19 팬데믹이 시작되면서 이후 보건, 의료 등의 인프라를 구비한 스마트시티의 필요성은 한층 증대되고 있다. 따라서 남아시아 지역 9개국이 참여하는 스마트시티 네트워크를 조성하고, 국제 협력 체계를 구축함으로써 스마트시티 관련 정보, 정책, 경험과 적정 기술을 효과적으로 공유할 여건을 마련하는 것이 가장 바람직해 보인다. 그러나 오랜 기간에 걸친 종교적 긴장과 국가간 영토분쟁으로 인하여 남아시아 지역 국가간 스마트시티를 위한 협력체 조성은 당분간 기대하기 어렵다는 것이 중론이다.

반면에 한국은 이미 5G는 물론 스마트시티 기술의 보급 및 이용과 관련한 5G 활용 가능성에서 독보적인 위치를 점하고 있으며, 세계 스마트시티 구축의 선두 주자로 도약하겠다는 비전을 발표한 바 있다. 따라서 남아시아와 한국의 스마트시티 비전 공유와 협력을 위해서는 공공 부문과 민간 부문의 긴밀한 정보 공유, 더 나아가 장소적 공유를 통한 산·학·관의 연계가 절실하다.

이에 부응하여 한국의 국토교통부는 KIND, KOTRA 등과 협력하여 스마트시티 사업에 관여하는 국내 기업들과 남아시아 국가들 간의 공조를 뒷받침할 '스마트시티 협력센터'를 설치함이 바람직하다. 아울러 한국 정부가 2021년 초 출범한 'K – City Network'를 남아시아 국가들과 긴밀하게 연계해도 좋을 것이다.

최근, 스마트 관련 업계에서는 이종 산업·기업 간 협력이 중요시되고 있다. 따라서 국가별, 도시별 주요 정책과 진출 유망 분야를 비롯한 구체적인 세부 사항들을 파악, 정리하여 자체 SW플랫폼 혹은 SW솔루션을 보유한 SW기업들에게 전달해 줄 수 있는 채널이 필요하다. 따라서 적극적으로 해외 개발 수요를 발굴하고 투자 모델을 개발하여 이를 대상국에 제안할 수 있는 스마트시티 전문가(기술·영업 가능자)를 한국 대사관 혹은 KOTRA 무역관에 파견하는 것도 바람직할 것이다.

참고문헌

〔한글출판본〕

곽미성. 2019.9.9. “프랑스 산업개관.”『Kotra 해외시장 뉴스』.

고영태. 2019c. “시민참여 중심의 개방적 스마트시티.”『공간정보』22.

김동은·임성현. 2019. “‘한국판 뉴딜 속도내는 文…’ 10조 투입 세계최고 스마트시티 국가로.”『매일경제』.

김용학. 2020.『스마트시티 세계: 기획과 조성』, 서울: 기문당.

대한무역투자진흥공사[KOTRA] 신남방중동팀. 2021.『서남아시아 디지털 트랜스포메이션 정책과 적용사례』, 서울: 대한무역투자진흥공사.

박영선. 2021. “인도 스마트시티 현황 및 사례.”『Smart City Korea』. 국토교통부.

심재훈. 2021. “中 ‘미군 철수’ 아프간·파키스탄에 ‘3국 협력’ 강조.”『연합뉴스』.

양준빈 외. 2021. “중국의 디지털 전환 현황과 경제에 미치는 영향.”『국제경제리뷰』 제2021 – 13호. 한국은행.

인천도시공사. 2004. “송도 4공구 M.A 설계개념 보고서.”『2단지 설계 원칙 및 분양 카다로그』.

이재용·김익회. 2020. “스마트시티의 해외 정책 동향.”『Journal of Smart City』Vol. 1. 사단법인 스마트도시·건축학회.

이재용·이미영·이정찬·김익회·이성원·제갈영. 2018.『스마트시티 유형에 따른 전략적 대응방안 연구』, 세종: 국토연구원.

조영태 외. 2018.『LH 스마트시티 미래비전 및 추진전략』. 대전: 한국토지주택공사 토지주택연구원.

조충제·이순철·이정미. 2017.『인도의 도시화와 한 인도협력방안』, 세종: 대외경제정책연구원.

채일권. 2016.『아프가니스탄 국가철도망 건설계획과 한국철도산업의 진출방향』. 글로벌 철도연구소.

〔인터넷 자료〕

고영태. 2019a. "[스마트시티②] 암스테르담, 시민참여 방식의 개방적 스마트시티." 『KBS NEWS』. 〈https://news.kbs.co.kr/news/view.do?ncd=4179432〉

고영태. 2019b. "[스마트시티③] 뉴욕, 무료 와이파이에 충전까지…빅 데이터의 도시." 『KBS NEWS』. 〈https://news.kbs.co.kr/news/view.do?ncd=4189416〉

국토교통부. 2021. "7일부터 새로운 지능형 도시법이 시행됩니다." 『대한민국 정책브리핑』. 〈www.korea.kr〉.

김동현. 2021. 『2021년 방글라데시 경제동향 및 전망』. KOTRA.

김은지. 2021. 『해외시장 뉴스: '코로나19로 빨라진 인도의 디지털 트랜스포메이션'』. KOTRA.

김종현. 2020. 『해외시장 뉴스, '방글라데시 디지털 산업'』. KOTRA.

김한나 외. 2021. "서남아시아 디지털 트랜스포메이션 정책과 적용사례." 『Kotra, Global Market Report 20 - 039』. KOTRA.

박양호. 2021, "남아시아의 스마트시티는 어디쯤 와 있을까?." 『DiverseAsia』 12, SNU-AC. 〈http://diverseasia.snu.ac.kr/?p=5223〉

서울연구원. 2016. "빅데이터 기반 스마트시티 만든다(프랑스 파리市)." 『세계도시동향 제381호』. 〈http://www.paris.fr/actualites/datacity - decouvrez - les - start - ups - qui - vont - revolutionner - la - smart - city - 3487〉

안상현. 2021. 『가진 나라와 못가진 나라… 백신, 경제상식을 뒤집다』. 조선일보. 〈https://www.chosun.com/economy/mint/2021/04/30/RODPGIG-FOBC3PJZZVU74N7CD7Y/〉

여인규. 2020. "스리랑카 스마트시티 韓기업진출 '기회'." 『Kharn』.

ABD. 2016. *ADB CAREC Railway Strategy report(2016 - 2030)*.

Andersen, Kim Normann. 2021. "Smart Cities and the Response to Safety, Sustainability and Resilience in the Leading Digital Countries of South Korea and Denmark." *Smart City Global Journal 2021*. MOLIT/KAIA.

Chandrasekara, Gayan. 2020. "Lanka Business Online, Economy Next." *Daily FT*. 〈https://bit.ly/2TOBDrn〉

Haidar, Suhasini. 2021(January 31). "India delivers 2 cranes for Chabahar port." *The Hindu.* 〈https://www.thehindu.com/news/national/india-delivers-2-cranes-for-chabahar-port/article33711280.ece〉

ITFIND. 2016. "국가별 정보통신방송 현황 2015 - 프랑스."『정보통신기획평가원 웹페이지 ICT 동향정보 게시판』. 〈https://www.iitp.kr/kr/1/knowledge/organScrapView.it?masterCode=publication&searClassCode=K_OGS_01&identifier=02-004-160719-000016〉

Jain, Smitri. 2016. "Salma Dam inaugurated by PM Modi: 10 special facts about the Afghan-India Friendship Dam in Afghanistan's Herat." *Financial Express.* 〈https://www.financialexpress.com/photos/business-gallery/273843/salma-dam-inaugurated-by-pm-modi-10-special-facts-about-the-afghan-india-friendship-dam-in-afghanistans-herat/2/〉

KIEP. 2020a. "디지털전환(Digital Transformation)과 인도 금융시장시장의 변화."『EMERiCs』.

KIEP. 2020b. "이슈&트렌드: 방글라데시 정부, '디지털 방글라데시'구현 위해 각종 온라인 서비스 도입."『EMERiCs』.

KIEP. 2021a. "이슈&트렌드: 인도, 아프가니스탄에 대한 각종 지원 지속."『EMERiCs』.

KIEP. 2021b. "스리랑카, 콜롬보 항구도시 프로젝트 지속 추진."『EMERiCs』.

KISA. 2015. "스마트 도시별 추진현황(2015.11)."『스마트시티 국제표준화 기반조성을 위한 기획연구』. 〈https://www.kaia.re.kr/cmm/fms/FileDownPDF〉

Kim, Do-nyun. 2021a. "Smart Cities & Revitalization of Urban Manufacturing." *Smart City Global Journal 2021.* MOLIT/KAIA.

Kim, Do-nyun. 2021b. "Urban Ecosystem After COVID-19: Augmented Place-making." *Smart City Global Journal 2021.* MOLIT/KAIA.

KOTRA. 2021a. 『Kotra 자료 21-074, '2021 국별 진출 전략-인도'』.

KOTRA. 2021b. 『Kotra 자료 21-076, '2021 방글라데시 진출전략'』.

KOTRA. 2021c. 『Kotra 자료 21-077, '2021 국별 진출전략-스리랑카'』.

MOLIT/KAIA. 2021. "SMART CITY Top Agenda." *Smart City Global Journal*

2021.

Pineda, Victor Santiago. 2021. "The Future is Accessible: Accelerating Inclusive Digital Transformation into Post‐Pandemic Citie." *Smart City Global Journal 2021*. MOLIT/KAIA.

Press Trust of India. 2016(June 12). "Afghan Senate Thanks India For Construction Of Friendship Dam." *NDTV*. 〈https://www.ndtv.com/india‐news/afghan‐senate‐thanks‐india‐for‐construction‐of‐friendship‐dam‐1418225〉

Schmitt, Gerhard. 2021. "Digital Twins for Regenerative Responsive Settlements." *Smart City Global Journal 2021*. MOLIT/KAIA.

Sediqi, Abdul Qadir. 2021(February 7), "First doses of COVID‐19 vaccine arrive in Afghanistan from India." *Reuters*. 〈https://www.reuters.com/article/health‐coronavirus‐afghanistan‐vaccine‐idUSKBN2A707M〉

Sibal, Sidhant. 2021(February 9). "Shahtoot dam Hallmark of India‐Afghanistan friendship: Tahir Qadiry." *WION*. 〈https://www.wionews.com/india‐news/shahtoot‐dam‐hallmark‐of‐india‐afghanistan‐friendship‐tahir‐qadiry‐362391〉

Shalla, Kristi. 2021. "Smart Transport in the Post COVID‐19 World." *Smart City Global Journal 2021*. MOLIT/KAIA.

Snell, Julie. 2021. "How has 2020 COVID 19 Impacted Smart City Development." *Smart City Global Journal 2021*. MOLIT/KAIA.

The Economist Intelligence Unit. 2021(June 9). "How the COVID‐19 pandemic affected liveability worldwide." *2021 The Global Liveability Index*.

UN‐Habitat. 2016. *World Cities Report 2016*. UN‐Habitat. 〈https://unhabitat.org/world‐cities‐report〉

Qadiry, Tahir. 2021(Fabruary 9). "Shahtoot dam hallmark of India‐Afghanistan friendship." *WION*.

제3장

아시아 도시와 남아시아의 스마트시티 전략

손정렬(서울대학교 지리학과 교수) · 김윤호(서울대학교 아시아연구소 선임연구원)

I. 스마트시티 개발과 아시아의 도시들

아시아에서는 도시 지역이 경제성장을 견인하고 있으며 이 추세는 앞으로 가속화될 것으로 보인다. 그러나 급격한 도시화는 다양한 사회적 과제를 수반한다. 최근 각국은 지속가능한 도시 개발을 목표로 스마트시티 계획을 수립하고 구현하기 시작했다. 각국의 스마트시티 개발 사업이 어떻게 진행되고 있는지 소개한다.

1. 스마트시티와 지속가능한 도시개발

전 세계적으로 추진 중인 스마트시티 개발 사업은 인공지능(AI), 빅데이터 등 첨단 기술을 활용하여 도시 인프라를 정비하는 것이다. 본격적인 스마트시티 개발은 2010년경 에너지 및 행정 서비스 분야에서 먼저 시작되었다. IT 기술을 활용하여 도시 전력 등의 에너지를 효율적으로 이용하는 "스마트 그리드(지능형 전력망)", 통합적인 플랫폼을 통해 이루어지는 전자 정부와 방재 시스템 그리고 지

표 1 전 세계 도시화 관련 주요 지표

항목	세부 내용
42억 명	2018년 전 세계 인구의 약 55%인 42억 명이 도시 지역에 거주. 2050년 도시 인구는 65억 명으로 증가 예측.
3%	대도시는 지구 면적의 약 3%이지만, 60~80%의 에너지 소비. 이산화탄소 70% 배출.
8.28억 명	저소득층 인구는 8.28억 명에 이르며, 매년 증가 추세
33개 도시	1,000만 명 이상의 도시는 1990년 10개 도시에서 2014년 28개, 2018년 33개 도시로 증가.
90%	도시 확대의 90% 이상은 신흥국에서 발생.
80%	세계 GDP의 80%는 도시에서 창출

출처: UNDP(2015), JETRO(2019)

자체의 시스템 사이에서 이루어지는 데이터 연계 등이 몇몇 대표적인 예들이다.

스마트시티 개발의 목적은 중앙정부, 지방자치단체, 산업계, 주민 등 이해관계자가 협력하면서 사회적 과제를 해결하는 것이다. 스마트시티는 이전처럼 개별 과제를 기술 주도로 해결하는 것이 아니라, 각 도시 및 주민 전체가 안고 있는 과제를 다면적으로 파악하고 이를 바탕으로 새로운 비즈니스 서비스와 가치를 창출하기 위해 노력하는 개발모델이다. 특히 유엔이 2015년 채택한 "지속가능한 개발 목표(SDGs)"의 전체 17개 항목 중에도 "지속가능한 도시와 커뮤니티(Sustainable Cities and Communities)"가 포함되어 있는데, 스마트시티모델은 지속가능한 도시개발방식을 통해 주민의 삶의 질을 향상시킬 것으로 기대되고 있다(표 1 참조).

2. 도시 간 활발한 경쟁이 펼쳐지고 있는 스마트시티 개발

세계의 스마트시티 개발 사업은 활발한 도시 간 경쟁 속에서 추진되고 있다. 대표적인 도시로는 암스테르담(네덜란드), 코펜하겐(덴마크), 토론토(캐나다), 샌디에이고(미국), 헬싱키(핀란드), 에스토니아, 슝안신구(중국), 항저우(중국) 등이 있다. 각 지역에 따라 사업 주체 및 운영 방법에 각자의 고유한 특징이 있으며 처한 상

황도 다르다. 북미에서는 구글, 애플, 페이스북, 아마존(GAFA)과 같은 플랫폼머
형 IT 대기업이나 스타트업이 스마트시티 개발을 주도하기도 하며, 중국과 싱
가포르는 국가 주도형 개발을 하고, 유럽은 오픈 시스템형 등의 방식을 채택하
고 있다.

영국 시장조사 기관인 주니퍼 리서치의 "세계 스마트시티 랭킹 2017"에 따
르면, 싱가포르가 세계의 스마트시티 랭킹에서 종합 선두를 달리고 있다. 특히
싱가포르는 "모빌리티", "의료", "공공 안전", "생산성"의 항목별 평가에서도 모든
부분에서 선두의 자리를 차지하고 있다(**표 2 참조**). 아시아 대양주 지역의 도시
중에서는 멜버른(호주)이 종합 10위일 뿐 다른 도시들 가운데 10위권에 오른 도
시는 없었다. 현재 아시아 대양주 지역의 스마트시티 개발은 유럽/북미 등 선진
국에 비해 그 진행도와 성숙도의 측면에서 낮은 수준에 머물고 있다. 그러나 아
시아 대양주의 도시는 디지털 사회로 도약할 잠재력을 내포하고 있으며, 스마
트시티 개발 가능성 또한 높다.

스마트시티를 개발할 때, 신흥국과 선진국은 각각 목적과 방법이 다르다.
선진국의 경우, 도시 인프라 정비는 이미 완료 단계에 있으며, 노후화된 기초 인

표 2　세계 스마트시티 랭킹(2017)

순위	종합	모빌리티	의료	공공 안전	생산성
1	싱가포르	싱가포르	싱가포르	싱가포르	싱가포르
2	런던	샌프란시스코	서울	뉴욕	런던
3	뉴욕	런던	런던	시카고	시카고
4	샌프란시스코	뉴욕	도쿄	서울	샌프란시스코
5	시카고	바르셀로나	베를린	두바이	베를린
6	서울	베를린	뉴욕	도쿄	뉴욕
7	베를린	시카고	샌프란시스코	런던	바르셀로나
8	도쿄	포틀랜드	멜버른	샌프란시스코	멜버른
9	바르셀로나	도쿄	바르셀로나	리우데자네이루	서울
10	멜버른	멜버른	시카고	니스	두바이

출처: 주니퍼 리서치, 인텔

프라의 유지·갱신, 저탄소 사회로의 전환, 고령화·저출산, 건강 등이 주요 과제이다. 한편, 경제 급성장 신흥국에서는 급속한 도시화가 진행 중이며, 인구 집중, 교통 혼잡, 환경, 빈곤, 소득 격차, 치안 악화 등의 문제가 발생하고 있다. 스마트시티 개발의 주안점은 이러한 도시 문제를 해결하면서 환경 부하가 적은 새로운 도시를 형성하는 것이다. 이를 위해, 각 스마트시티 개발은 지역적 특색을 반영해야 한다. 예를 들어, 인도네시아에서는 지진, 해일, 홍수 등 대규모 자연재해가 연이어 발생함에 따라 효율적인 방재 및 재해 예측 시스템이 필요하다. 파키스탄에서는 치안 문제를 해결하기 위해 감시 카메라 설치 및 시스템 도입 등의 분야에 중점을 두고 있다.

스마트시티 개발이 국제적 협력을 통해 이루어질 수 있다는 점에도 주목해 볼 만하다. 유럽, 북미, 싱가포르와 같은 선진국은 타국의 스마트시티 개발 프로젝트의 마스터플랜 단계에서부터 참여하거나 기술·제품·노하우 등을 적극적으로 홍보하고 있다.

3. 아시아 지역에서의 다양한 스마트시티 개발 상황

아시아 지역의 스마트시티 개발은 다양성이 그 특징이다. 해당 지역은 사회, 문화, 종교 등이 다양하고, 경제 발전 정도에 큰 차이가 있다. 따라서 스마트시티 개발 방식도 다방면으로 진행되는데, 아시아 각국 중앙정부의 마스터플랜 수립과 개념 정의, 경제 정책의 방향성 등에서 차이점을 발견할 수 있다.

인도, 싱가포르, 스리랑카, 태국 등의 국가에서는, 스마트시티 개발을 국가 경제개발의 일부로 설정하는 등 인프라 개발의 일환으로 바라보는 편이다. 인도의 모디 정권은 2014년 출범 이후 스마트시티 개발 계획을 수립해, 100개 도시를 그 대상으로 선정했고, 차후 대상 도시를 확대할 예정이다. 싱가포르는 스마트 국가 구상이 시작된 후 약 5년이 지났으며, "싱가포르 QR 코드" 도입에 의한 전자 결제 수단의 통일화 등 구체적인 성과가 나오고 있다. 태국은 스마트시티 개발 관련 제도가 급속하게 정비되면서, 시민들의 요구 사항을 반영하는 다양한 혜택을 제공할 수 있게 되었다. 인도네시아도 중앙정부가 선정한 100개 도시에 예산 지원을 지원하고 전문가를 파견하고 있다.

한편, 캄보디아, 라오스, 미얀마와 같은 저개발국에서는 특정 도시를 스마트시티로 개발하기 위해 계획을 수립하고 진행한 예가 드물다. 이들 나라에서는 스마트시티 개발보다는 기초적인 인프라 정비가 우선되는 편이다.

4. 스마트시티 개발을 위한 아시아 도시들의 과제

아시아 지역의 각 도시가 스마트시티 개발을 추진하기 위해서는 많은 과제가 남아있다. 먼저 스마트시티의 전체 구상, 즉 마스터플랜을 유기적으로 실행하기 위해서, 도시의 각 분야를 전체적으로 아우르는 행정기구가 필수적으로 존재해야 한다. 싱가포르는 정부가 내건 스마트 네이션(Smart Nation) 구상을 실현하기 위해 "스마트 국가·디지털 정부 그룹(SNDGG)"을 설치했다. SNDGG는 관계 부처, 기업, 연구 기관을 효율적으로 관리하는 상급 직할 기관으로서의 역할을 담당하고 있다.

이와 함께, 수많은 관할 관청에 걸쳐 있는 법률과 규정이 스마트시티 사업 진행에 지장을 주지 않도록 해야 한다. 예를 들어, 디지털 분야에서는 보안, 개인 정보 보호 및 보안의 관점에서 다양한 규제 도입 논의가 필요하다. 하지만 과도한 규제는 원활한 스마트시티 사업 운영에 부정적인 영향을 미칠 수 있다. 특히 데이터를 취급할 때, 개인 정보 보호와 데이터 유통의 자유 사이에서 균형을 잡을 필요가 있고, 관련 규제 도입 과정에서 산업계의 다양한 의견을 반영할 필요가 있다.

또한, 아시아 각국이 스마트시티 개발을 실현하기 위해서는 외국 민관과의 협력이 필수적이다. 금융뿐만 아니라 디지털 기술 이슈를 공유하고 활용하기 위해 국제 협력이 요구된다. 이러한 예로, 2018년 ASEAN에서는 역내 26개 도시가 참가하는 "ASEAN 스마트시티 네트워크(ASCN)"가 주창되어, 동년 11월 ASEAN 정상회의에서 의제로 채택되었다. 다른 예로는, 2019년 G20 오사카

정상회의에서 일본이 주도한 "스마트시티·슈퍼 시티 포럼 2019"(6월 오사카에서 개최)와 "아시아 스마트시티 회의"(2021년 10월 요코하마에서 개최) 등이 있다. 이러한 플랫폼은 글로벌 연계·협력을 추진하고, 도시 간 지식, 성공 사례 등을 공유하는 기회가 될 것으로 기대되고 있다.

Ⅱ. 남아시아의 스마트시티 전략

1. 인도에서 시작된 스마트시티 전략

남아시아인 10명 중 3명은 도시에 살고 있는 상황에서(유동 인구 제외), 유엔은 향후 수십 년 동안 남아시아의 인구 수가 크게 증가할 것으로 전망하고 있어 도시 인구 또한 빠르게 증가할 것으로 예상된다. 남아시아의 대표 국가 인도의 경우 2014년부터 2050년 사이에 도시 거주 인구가 4억 400만 명 늘어날 것으로 예상하고 있다. 이러한 전망을 염두에 두고, 인도 정부는 2014년 100개의 스마트시티를 조성하는 등 야심찬 정책을 내놓았다. 이 정책하에서 대상 도시는 인프라 혁신을 목적으로 한 공적 자금을 제공받을 수 있다. 그러나, 모디 총리와 그의 기술관료들은 스마트시티란 무엇을 의미하는지 설명하는 단계에서 이미 고전하고 있는 듯하다. 인도의 스마트시티는 "스마트한" 도시 시스템을 언급할 때 사용하는 용어이다. 사실, 스마트시티에 대한 범세계적으로 통일된 정의는 존재하지 않기 때문에 공공시설·주택·교통·디자인 등 경우에 따라 스마트시티의 대상은 다양하다. 특히, 스마트시티의 인프라는 정보통신기술(ICT)에 의해 뒷받침 되고 있다. 이 기술은 도시 서비스의 품질 및 성능의 향상과 비용 절감, 그리고 자원 절약의 바탕이 되며, 보다 효율적으로 시민 참여를 촉진하는 기반도 될 수 있다.

ICT는 복잡한 도시 시스템에 "피드백 고리"를 만들어 준다. 자동 센서에서 데이터 센터까지 다방면에 걸쳐 잘 운용될 수 있다면, ICT는 실시간으로 난무하는 데이터를 활용하여 도시의 하드웨어 · 소프트웨어 측면 모두를 획기적으로 개선할 수 있다. 그 결과 도시의 물리적 환경을 더 효율적으로 디자인할 수 있으며, 시민에게 더 나은 서비스를 제공할 수 있을 것이다.

현재 인도에서의 스마트시티 진화에 한해 두 가지 접근방식을 취하고 있다. 하나는 기술 집약적인 접근 방식을 채택하는 것이다. 예를 들어, 대중교통, 공원의 쓰레기통, 화장실 등의 공공시설에 센서를 설치할 수 있다. 센서로부터의 끊임없는 피드백을 지자체가 잘 활용한다면, 시민은 매우 효율적인 공공 서비스를 받을 수 있다.

또 다른 방법은 기술을 사용하여 시민과 정부가 지금보다 긴밀한 관계를 구축하는 것이다. 이 경우 정부는 직접 시민의 피드백을 받아 서비스 제공 환경을 개선한다. 이를 위해서 정부는 피드백이 효율적으로 이루어지는 보고 구조를 수립하며, 시민 또한 적극적으로 정책에의 참여를 독려하고 있다. 지자체와 시민이 협력 체제를 구축한다면, 도시 관리를 더욱 효율적으로 할 수 있고, 공공 서비스를 더 개선할 수 있다는 정책을 취하고 있다. 이때 시민과 서비스 공급자는 스마트 폰 앱을 통해 연결된다. 이 방식에서는 시민 자체가 센서의 역할을 하게 되는 것이다. 이 두 가지 방법은 서로 상충되는 것이 아니므로, 인도에서 선정된 스마트시티 각각의 상황에 적합한 방법을 취하고 있다.

2. 남아시아 최고의 스마트도시를 지향하는 스리랑카

가. 스마트 네이션을 지향하는 스리랑카

스리랑카는 '스마트 네이션'을 목표로 서부지역 중심의 스마트시티 건설을 추진하고 있다. 스리랑카의 서부지역 도시 개발을 담당하는 메가폴리스 부처는 '고소득 선진 국가'라는 목표 달성을 위해 서부지역 도심공간의 구조적 변화를 꾀하고 있다.

'메가폴리스'라는 말은 원래 대도시 또는 도시를 의미하는 단어이지만, 스리랑카에서는 2015년 8월 총선을 계기로 스마트시티와 관련된 특수한 의미를 가지게 되었다. 전 국민이 갑자기 '메가폴리스'를 알게 되었고, 마침내 메가폴리스 담당 장관까지 탄생했다.

통일국민전선당(UNFGG)은 선거 공약에서 스리랑카 서부 주를 "남아시아에서 가장 매력적인 메가폴리스"로 조성하겠다고 선언했다. 그 후 정권을 잡은 UNFGG 당은 공약 실현을 추진하게 된다.

나. 콜롬보 주변에만 집중하는 도시화의 물결

향후 스리랑카의 도시화율은 더욱 높아질 전망이다. 2012년 인구 조사에 따르면, 전체 인구 중 불과 18.2%만이 도시에 산다고 보고되었지만, 이 수치는 오해의 소지가 있다.

현재 스리랑카의 기준으로 도시 거주자는 시의회 또는 도시 심의회에 의한 지정 지역에 사는 사람만을 의미한다. 체감상으로 도시의 일부일지라도 지정 지역이 아니면 도시로 간주되지 않는 것이다. 정부 통계청은 2012년 인구 조사의 주요 결과를 분석하면서, 도시화 비율은 "도시의 정의에 대한 문제가 해결되면 더 높아질 것"이라고 언급하였다.

현재 스리랑카에서는 콜롬보를 포함한 상위 8개 대도시에 사는 사람들이 도시 인구의 거의 절반을 차지하고 있다. 이 8개 도시는 모두 스리랑카 서부 지방에 위치하고 있으며, 또한 네곰보 외의 7개 도시는 콜롬보 주변에 위치하고 있다.

다. 경제 발전으로 심각해지는 도시 문제

국토 면적의 5.6%를 차지하는 스리랑카 서부 주에 인구의 28%가 살고, 이 서부 주가 2012년도 GDP의 43%를 산출하였다. 서부 주는 거의 모든 사회 지표에서 국내 1위를 기록하고 있지만, 동시에 인구 밀집·대기 오염·교통 체증 등의 문제는 다른 지역보다 심각하다.

상업주의는 도시에 만연한 이러한 혼란을 더욱 악화시키고 삶의 질(QOL)의 저하를 가져올 수 있다. 안타깝게도 최근 스리랑카의 "도시 미화"는 말기 환자에 성형을 하고 있는 것 같다고 비꼬아질 정도로 성공적이지 못한 편이다. 따라서 앞으로 상업주의에 치우치지 않은 보다 근본적인 도시 계획이 필요한 상황이다.

라. 콜롬보 수도권에서는 교통 체증, 정전·단수가 주요 과제

콜롬보시의 인구는 56만 명으로, 한 나라의 최대 도시로는 소규모이다. 하지만 통근·통학의 유동 인구를 포함하면 주간 인구가 100만에서 200만 명 규모에 달한다. 유엔 보고서에 따르면 2020년대 이후 도시화 진행이 가속화될 것으로 보이며, 콜롬보 도시권에 새로운 인구 유입이 예상된다. 그러나 인구 증가에도 불구하고 도시 인프라 정비가 정체되어 있어 다양한 문제가 발생한다. 특히 교통 인프라의 미정비가 두드러진다. 콜롬보 중심부에서 심각한 정체가 일어나면 1km의 이동에 30분이 걸리는 경우도 있을 정도이다. 신호 시스템의 부족이나 일방통행이 많은 도로 네트워크 등 도시의 하드웨어 측면뿐만 아니라, 운전자의 나쁜 습관이나 일상생활에서 흔히 쓰이는 삼륜 택시(툭툭이)가 교통혼잡의 원인이다.

정전이나 단수가 자주 발생하는 점도 문제로 지적되고 있다. 2019년의 경우 3월 중순부터 약 3주 동안 정전이 간헐적으로 이어져, 콜롬보 시내 사무실과 가까운 수출공단(EPZ)의 사업 활동에 큰 지장이 있었으며, 콜롬보 교외 주택은 계획 정전과 단수를 강요당하기도 했다. 스리랑카는 전력 공급의 약 40%를 수력 발전으로 충당하고 있는데, 매년 건기에 강우량이 부족하면 수력 발전용 댐의 저수를 음용·관개용에 우선 배분한다. 이럴 경우, 건기의 전력 공급이 수요를 따라잡지 못하게 된다. 만약 강우량이 심각하게 부족하면 댐의 저수량이 수력 발전은커녕 생활용수조차 감당하지 못해 단수가 발생할 수 있다. 정부는 안정적인 전력 공급을 위해 화력 발전소를 신설할 계획을 세웠지만, 좀처럼 진행

그림 1 　출퇴근 시간, 혼잡한 콜롬보 시내
출처: https://www.jetro.go.jp/biz/areareports/special/2019/0801/a8180cac1a6ac9b6.html

되지 않고 있다.

마. 남아시아 지역 허브를 목표로 한 도시개발 마스터플랜의 수립

이러한 콜롬보 대도시의 과제를 해결하고 지속적인 성장을 실현하기 위해, 지난 2014년 스리랑카 정부는 2030년까지 진행될 도시 개발 마스터플랜을 수립했다. 마스터플랜에서는 12개의 개발 영역을 마련하고, 지역마다 상업·공업·교통·과학·관광 등의 구분에 따라 도시 기능을 최적화하는 것을 목표로 한다. 이 개발 계획은 남아시아 최대 규모를 자랑하는 콜롬보 수도권을 싱가포르와 두바

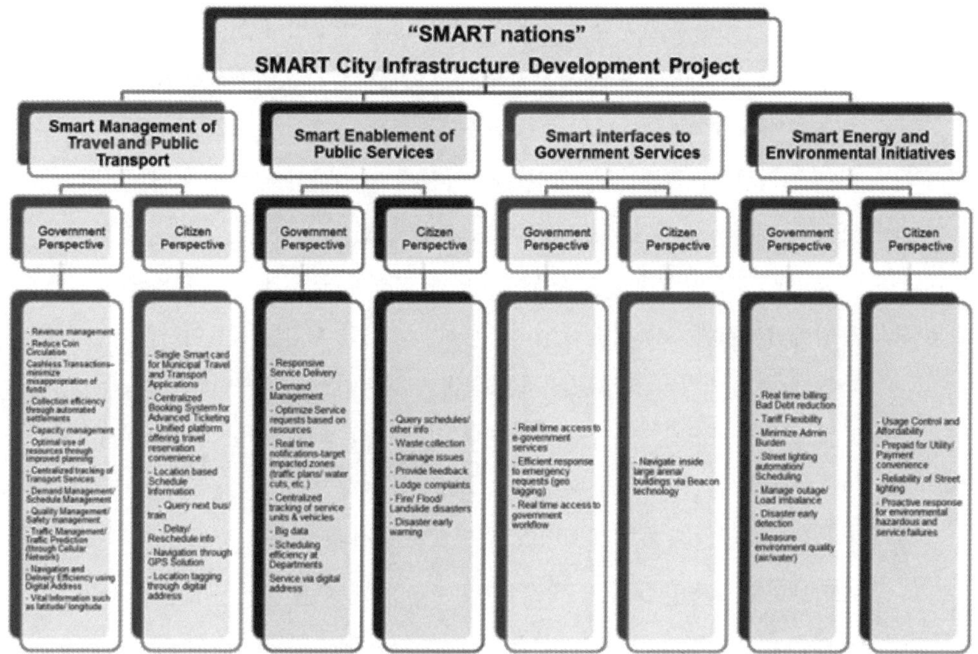

그림 2   스리랑카의 스마트시티 인프라 개발 프로젝트 로드맵

출처: 메가폴리스 서부개발공사(MMWD)

이처럼, 남아시아 지역의 허브로 끌어 올리는 것을 목표로 하고 있다.

스리랑카의 목표는 도시가 가지고 있는 경제적 유동성을 활용하면서, 도심의 인프라·서비스·편의시설을 구축하고, 그 과정에서 발생할 수 있는 '혼잡성'을 해소하면서도, 고소득 선진국가로 발전해 나아갈 수 있는 환경을 조성하는 것이다. 이를 위해서는 궁극적으로는 지식 기반의 글로벌 경제 환경이 지닌 이점을 활용하고 이를 굳건히 할 수 있도록 새로운 산업 기술을 적용한 스마트시티를 구축해야 할 필요성이 부각된다. 여기에는 2가지 근본적인 변화가 뒷받침되어야 한다. 첫째는 제조업 활성화와 함께 첨단 기술 이전을 통한 서비스 분야를 기반으로 경제가 흘러가야 한다는 점이고, 둘째는 이를 포괄할 수 있는 도심의 공간적 진화가 있어야 한다는 점이다.

또한 디지털 인프라를 갖춘 스마트시티 구현을 위해 상당한 양의 정보 및 물리적·사회적·경제적 인프라가 필요할 전망이다. 이에 따라 시민을 위한 디지털 서비스(Smart Citizen Service), 정보기술 기반 스마트정부(Smart Government)가 도입될 예정이다.

시민을 위한 디지털서비스를 실현하기 위해, 스리랑카 정부는 여러 스마트 시스템을 계획하고 있다. 그 예로 교통 서비스측면에서 정부는 전자티켓 발권 시스템, 교통카드 1장으로 여러 교통수단을 이용할 수 있게 하는 단일 플랫폼의 중앙예약시스템, 교통서비스 위치추적시스템 등을 도입할 계획이다.

이와 함께 스리랑카 정부는 지자체 당국 민원서비스의 디지털화 구현, 긴급서비스 및 재난관리시스템 구축, 위치추적이 가능한 정부 서비스 어플리케이션 개발, 정부부지·건물에 무선송신기술 구축, 계량기 및 요금지불에 대한 전산·디지털화, 도심 조명조정 디지털화, 환경오염 센서 등을 계획 중이다.

스마트정부 구축 면에서는, 세금징수의 디지털화, 현금 사용 비중 축소, 교통수단 추적의 디지털화, 품질·안전관리 향상, 교통제어 및 예측시설 확충, 디지털 주소 도입을 통한 배송 및 추적 효율화. 빅데이터 구축을 통한 공공서비스 디지털화 등을 추진한다.

우리나라는 테크시티(Tech City) 프로젝트로 2016년 국토교통부가 스리랑카와 MOU를 맺은 바 있다. 한국의 첨단기술은 스리랑카 도시 개발에 효용이 클 전망이다. 한국은 450에이커(182만 여m^2) 면적을 개발하는 호마가마(Homagama) 테크시티 프로젝트에 약 1억 3,000만 달러(1,500여억 원)를 투자했다. 호마가마 테크시티에는 인공지능, 전산화, 로보틱스, 생명공학, 사물인터넷, 나노테크, 3D프린팅 등 기술을 적용한 도시가 건설될 것이다. 또한, 카투나야카 에어로시티(Katunayaka Aero City) 프로젝트는 계획 및 디자인 단계에서 한국 기업들의 도움을 받았다. 아울러 위에 언급된 교통 서비스 부문의 경우에도 스리랑카 정부에서 추진하는 사업들이 국내에서 보편적으로 이용되는 시스템이어서 우리나라가 경쟁력을 확보하고 있다.

도시 개발 마스터플랜의 구성을 보면, "경제성장과 번영", "효율적인 인프

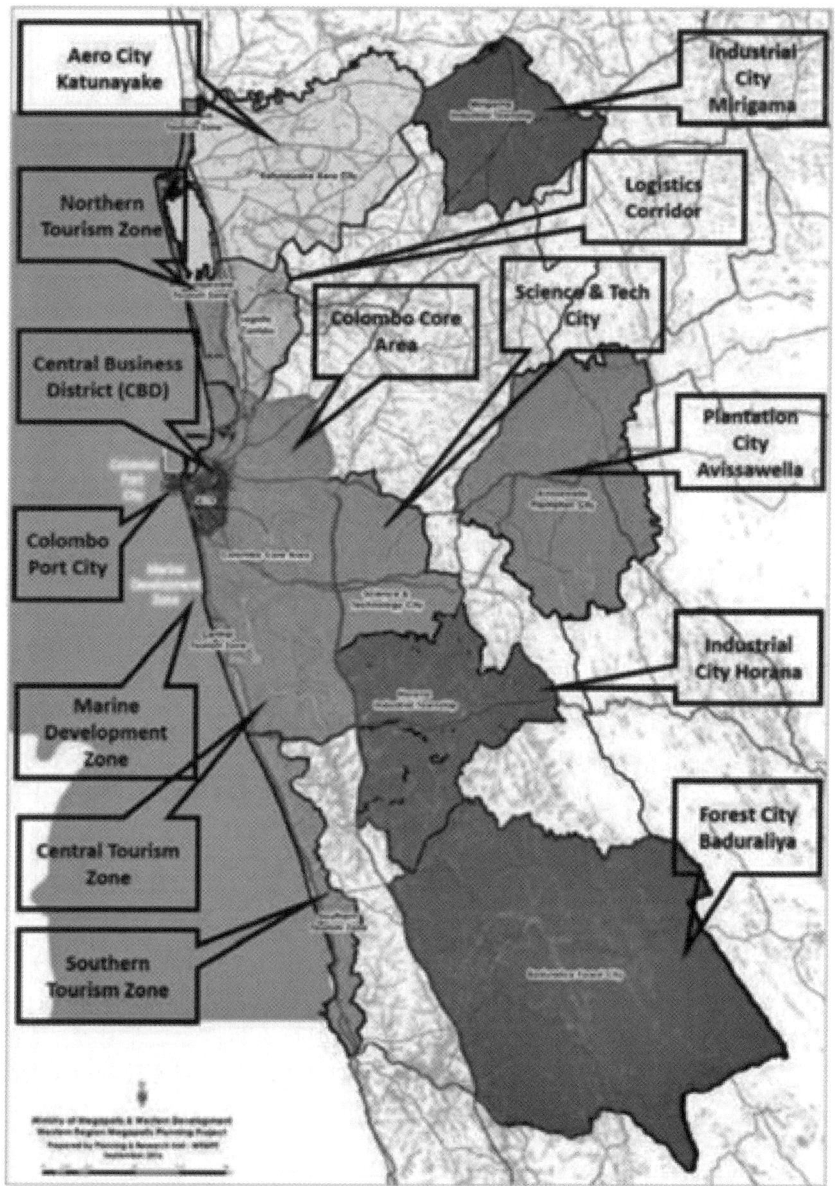

그림 3   도시 개발 마스터 플랜

출처: 메가폴리스 서부개발공사(MMWD)

항목	세부 내용
핵심사항	1. 경제성장과 번영 2. 효율적인 인프라 3. 사회적 평등과 조화 4. 자연환경의 지속가능성 5. 개인의 행복
목표	1. 서부 주 인구 879만 명 2. 1인당 연간 소득 2만 5천 달러 3. GDP 성장률 16.8% 4. 350만 명의 고용 5. 새로운 144만 가구의 주택 정비 6. 항만별 랭킹에서 Top 10 진입 7. LPI(물류 성과 지표) 랭킹 향상 8. 남아시아의 금융허브 지향 9. 숲의 증대와 모든 습지 보호 10. 전기와 정수의 공급 비율 100% 11. 고형 폐기물 감소 12. 경제에서 중소기업의 기여도를 80%까지 상승
중점 전략	1. 물류, 항공, 관광, 첨단 기술, 금융, 서비스업을 중점 산업으로 정의 2. 위 항의 중점 산업을 지원하는 저변 산업의 강화 3. 예측 가능한 사업 창출과 사업 환경 순위 상승으로 FDI를 증대시킴 4. 거주 적합성에 중점을 둔 녹색 시범 도시의 개발 5. 대중교통 및 환경친화적인 교통 인프라의 촉진 6. 적절한 폐기물/폐수 관리를 확립하고, 분산된 오염 산업의 집적 7. 경제 개혁에 따른 직원의 교육 및 능력 개발 개선 8. 새로운 모델 도시에 저렴한 주택을 건설하기 9. 인센티브 제도에 의해 재생 · 대체 에너지의 이용을 촉진하기 10. 법률에서 환경 보호 지정 구역을 보호
전략 프로젝트	1. 교통, 에너지, 물 2. 주택 행정 기능의 재배치 3. 환경 및 폐기물 관리 4. 항공 해상 교역의 허브 5. 중심업무지구(CBD) 6. 산업과 관광 도시 7. 과학기술 도시 8. 친환경적인 생태 농장 도시 9. 스마트시티 개발 10. 지능형 개발을 촉진하기 위한 계획

출처: 메가폴리스 서부자원부의 마스터플랜

라", "사회적 평등과 조화" 등을 포함하는 5개의 핵심사항에, "목표", "중점 전략", "전략적으로 작용하는 분야 및 프로젝트"가 설정되어 있다. 이 중 "전략적으로 작용하는 분야 및 프로젝트"에서 "스마트시티 개발"을 추진한다.

바. 콜롬보 포트시티의 스마트시티 개발

스리랑카 행정수도인 콜롬보는 서남 · 동남아시아와 오세아니아, 중동 및 유럽을 연결하는 전략적 요충지로 활용될 수 있다. 인도양 국가의 재부상에 따라, 콜롬보의 위치는 더욱 중요해지고 있으며, 따라서 콜롬보의 해상 및 항공을 통한 무역 및 물류 교역이 더욱 활성화될 수 있을 것이다.

2035년 콜롬보 항구로 들어오는 총 여객수는 2013년의 2배가 될 전망이다. 구체적인 수치를 보면, 2013년 196만여 명이었던 콜롬보 항구의 여객이 2035년에 422만여 명으로 증가할것으로 예상된다. 늘어나는 여객 수를 감당하기 위해 대중교통의 개선이 시급하며, 스리랑카 정부는 선진 도심 교통기술 및 솔루션의 도입을 고려하고 있다.

스리랑카의 상업 도시 콜롬보는 지정학적 이점을 살려, 남아시아의 물류 허브로서 존재감을 키워 나가고 있다. 콜롬보 대도시는 향후 크게 발전할 것이라 예상되지만, 인프라 미정비에 따른 혼잡과 정전, 단수 등의 문제는 신속한 해결이 필요한 상황이다. 이러한 문제를 해결하고 지속가능한 성장을 이루기 위해 스리랑카 정부는 콜롬보 포트시티 개발 계획을 중심으로 150억 달러를 투자해 스마트시티 프로젝트를 내걸었다.

콜롬보 포트시티는 마스터플랜에서 정한 12개의 개발 영역 중 가장 주목을 받고 있다. 포트시티는 교통, 에너지 및 보안의 관점에서 첨단 기술이 도입된 스마트시티로 개발되는 중이다. 구체적으로, 포트시티 개발은 콜롬보의 비즈니스 지역인 포트 앞바다를 매립하여 269헥타르의 인공 섬을 조성하고, 그 부지에 오피스 빌딩이나 상업 시설, 주택 등을 건설하는 프로젝트이다. 269헥타르 중 116헥타르는 중국국영기업인 중국교통건설(CCCC)이 소유(99년 임대)하고, 나머지는 스리랑카 정부가 소유한다. 2014년 9월에 착공하여 2019년 1월 매립 공사가 완료되었으며, 2041년 완성을 향해 순조롭게 공사가 진행되고 있다. 완성 후에 포트시티는 8만 3,000명의 일자리를 창출하고 25만 명에게 거주지를 제공할 전망이다. 총 공사비는 140억 달러로 전액 중국교통건설의 직접 투자에 의한 것이다.

포트시티 개발의 마스터플랜은 싱가포르 기업이 만들었다. 따라서 포트시

그림 4   매립이 완료된 포트시티의 현황과 2041년 완성 예상도

출처: CHEC Port City Colombo

표 4   스리랑카의 콜롬보 포트 시티(예시)

프로젝트명	콜롬보 포트 시티(Colombo Port City)
지역	스리랑카, 콜롬보
사업 기간	2016년~2030년
개념	지역의 환경, 사회 경제적, 인프라 및 제도적 측면을 해결
추진 배경	이동성을 개선하기 위한 경전철(LRT), IT 기반 스마트 트래픽 관리 시스템 등 142개의 이니셔티브를 보유
목적	국민 1인당 국민소득 증대를 위한 사업계획
주제/솔루션	모빌리티, 부동산(토지, 빌딩), ICT
예산	410억 달러(41b)
이해관계자	공공, 민간 파트너십

출처: CHEC Port City Colombo

티에는 싱가포르의 도시 계획 경험이 반영되어 있다. 일례로 싱가포르에서 마리나 베이 지역까지 상업 지역이 퍼져 있는 것과 유사한 구상이, 포트시티의 상업 지역에서도 엿보인다. 또한, 대중교통 지향형 개발(TOD)의 개념이 채택된 것도 특징이다. 포트시티 개발 계획에 따르면, 부지 내에 LRT 노선 연장 5개의 역이 설치되고, 각 역에서 500m 이내에서 섬 전역에 접근할 수 있다. 도시내 전철의 접근성을 높이는 것과 동시에, 승용차와 택시의 운행을 제한함으로써 섬 교통량을 관리할 예정이다. 그 외에도 스마트 미터를 이용한 전력·수도의 최적 관리 시스템, AI(인공지능)에 의한 화상 인식 기능을 갖춘 감시 카메라가 도입된다.

3. 치안과 교통 부문에 중점을 둔 파키스탄 스마트시티 개발전략

파키스탄은 최근 5년간 4~6%의 실질 GDP 성장률을 달성하며, 안정적인 수준에서 경제성장을 해 왔다. 이제 파키스탄에서는 성장에 따른 도시화와 그 영향이 논의되고 있으며, 스마트시티 구축 노력이 진행되고 있다.

가. 도시화 · 스마트화를 위한 파키스탄 "비전 2015"

파키스탄 도시 인구 비율은 완만하게 증가하고 있으며, 1998년 32%에서 2014년 40%에 이르렀다. 파키스탄 정부는 2014년에 장기적인 정책 "비전 2025"를 발표했다. 이 정책은 도시의 교통, 전력, 수도, IT 인프라 등을 정비하고 공해와 범죄 대책을 추진하여, 2025년까지 도시화율을 50% 이상으로 끌어 올리는 동시에 도시를 스마트화하는 것을 목표로 하고 있다. 스마트화의 실현을 위해서 도시에 무선 센서를 배치하고, 디지털화된 정보를 수집한다는 계획도 있다. "비전 2025"는 7개의 핵심(기둥)으로 구성되는데, 그 중 하나인 "거시 경제 프레임 워크"에서 도시 개발과 스마트시티 구축을 위한 노력은 다음과 같다.

그림 5 파키스탄의 스마트시티 구축

출처: http://www.technologyreview.pk/building‑smart‑cities‑pakistan

- 고층 빌딩 개발 등 도시 공간의 이용 극대화
- 환경친화적이고 지속가능한 효율적인 도시 계획, 효율적인 지역 이동성 및 인프라 개발
- 상업 시설과 주차 공간에 대한 수요 증가에 대응하기 위한 구획 정리법 정비
- 거주 지역과 주택 공급에 관한 정보 제공 시스템 구축
- 대중교통 정비, 보행자 보호
- 유적이나 건축물의 보전·유지·관리
- 시민 서비스의 내실화
- 지역 개발과 토지 등기 시스템의 디지털화

또한, 최근의 세계적인 디지털화의 조류를 받아, 파키스탄 정부는 IT·디지털을 주축으로 둔 스마트화를 내걸고 "비전 2025" 외에 "디지털 파키스탄 정책 2018"을 수립하고 있다. 이 정책은 스마트시티 개발을 통한 IT 혁신, IT를 활용한 문제 해결을 목적으로 농업 테크, 건강 테크, e커머스, 에듀 테크, 결제, 핀테크, AI(인공지능), 로보틱스, 클라우드 컴퓨팅, 빅데이터 등 사회·경제 분야의 디지털화를 위한 항목이 기재되어 있다.

나. 주요 4개 주의 스마트시티 개발 체제 구축

"비전 2025" 수립 이후 지방 정부는 스마트시티화의 일환으로 온라인에서 시민 서비스의 제공, 정체나 주차 상황의 실시간 업데이트, 경찰 기능의 강화 및 범죄 억제 등에 중점을 두어 왔다. 특히 파키스탄에서 가장 큰 인구·경제 규모를 가진 펀자브(파키스탄 동부)는 2015년 펀자브안전도시청(PSCA)라는 조직을 설립했다. 정부는 IT를 기반으로 하여 펀자브주의 주도인 라호르(Lahore)와 파이 살라바드 등 7개 도시에서 치안의 개선·유지에 노력하고 있다. 펀자브주 라호르의 경우, 2,000km가 넘는 길이의 광섬유 케이블에 약 8,000대의 감시 카메라

가 연결되어 있으며, 약 30개소에 비상 버튼과 비상 전화가 설치되어 있다. 또한, 정부는 라호르의 공업 지구와 시장, 도시 버스 정류장, 대학, 역, 공항 등 주요 지역에 와이파이(Wi-Fi) 스팟을 설치하는 계획을 진행하고 있다.

　파키스탄 남부 신드주는 국내 인구규모 1위인 주도 카라치를 스마트시티화하기 위해 2014년 미국, 중국, 아랍에미리트연합(UAE) 등의 투자자와 양해각서를 체결하였다. 신드 주정부는 태양 가로등, 감시 카메라, 무료 와이파이 등의 설치를 목표로 했지만, 현재 카라치의 스마트시티화는 아직은 요원해 보인다. 이후 신드주는 2018년 12월 펀자브의 선례를 참고하여, 카라치 안전 도시 프로젝트를 실행하기로 결정했다. 이 프로젝트에는 감시 카메라 도입과 경찰 및 교통경찰의 기능 강화, 그리고 의료·구명 구급 서비스 강화 등이 포함된다.

　파키스탄 북서부 카이버·바쿠톤쿠와는 주도 페샤와르 개발 사업의 일환으로 행정의 온라인화를 구상하고 있다. 시민 포털 사이트를 설치하여서, 범죄 피해 신고 및 공립대학 입학 원서 제출, 운전 면허증 신청 등 서류 제출이 필요한 공공 서비스를 온라인화할 계획이다. 또한 의료 분야의 개선을 위해 의료 시설의 성능을 정기적으로 평가하는 부서를 설치했다.

　파키스탄 남서부의 바로치스탄 주는 아직 스마트시티 구상을 수립하고 있는 단계에 있다. 주도 퀘타의 치안을 회복하고 유지하는 것을 목적으로, 퀘타에 1만 4,000대의 CCTV 카메라를 설치하는 구상이 제시되었다. 또한 구와다루 항구의 스마트화를 위한 마스터플랜 수립 등이 검토되고 있으며, 2019년까지 스마트시티 구상을 완성하는 것을 목표로 하고 있다.

다. 기업 참여를 통한 민관 협력(PPP)

구체적인 기업의 참여 사례로는 지방 대기업인 LMKT를 들 수 있다. 이 회사는 펀자브 정부와 파트너십을 맺고 스마트시티 개발 계획의 수립과 실행을 담당한다. 회사가 제공하는 서비스로는 (1) 실시간 교통 제어를 가능하게 하는 안전 감시 시스템의 도입(라호르), (2) 치안의 개선·유지를 목적으로 한, 생체 인증 기능이 부가된 카드의 발행 및 판독 장비의 설치가 있다. LMKT는 펀자브 이외에도 중앙정부나 다른 국가 정부에 다양한 IT 솔루션을 제공한다.

　　두 번째 사례로는 지방 건설업체인 하비브 트래픽 그룹이 있다. 이 회사는 수도 이슬라마바드에서 스마트시티 프로젝트 "Capital Smart City Islamabad" 를 시작했다. 하비브 트래픽 그룹은 (1) 정전이 없는 전력 공급, (2) 자동교통제 어, 버스 교통 등 14차선 도로, (3) 자동화된 유틸리티, (4) CCTV에 의한 안면 및 사물 인식, (5) 자동 점등하는 가로등, (6) 무료 와이파이, (7) 전기자동차, 전 기 자전거 충전 스탠드 등을 이슬라마바드 시에 제공하고 관리한다.

　　여기서 제시된 파키스탄의 민간 스마트시티 사업은, 현재 소규모 파일럿 사업에 그치고 있는 상황이다. 이 프로젝트의 마스터플랜 작성 및 IT 컨설팅 업 무는 싱가포르 기업 스루바나 주롱이 담당하고 있으며, 싱가포르 기업에 의해 서 전기·수도 등 유틸리티 센서 관리 센터 및 모니터링 시스템 등이 향후에 도 입될 예정이다. 또한 영국 기업 토라이베루즈 인터내셔널과 공동으로 약 2,000 세대의 스마트 하우스를 건설할 계획도 가지고 있다. 그러나 이 프로젝트는 아 직 초기 단계이며, 현재 정부는 외국 기업들을 대상으로 해당 부동산 개발에의 참여를 독려하고 있다

　　이러한 사례를 통해서, 우리는 파키스탄 정부가 치안 대책이나 유틸리티 의 효과적이고 효율적인 공급, 교통 제어 등의 부문들에 사업의 초점을 두고 있 다는 것을 알 수 있다. 파키스탄의 스마트시티 개발은 아직은 초기 단계이지만, 구상 자체는 존재하고 있으며, 그 중에는 외국 기업을 주체로 이미 착수된 사업 도 있는 상황이다.

라. 캐피탈 스마트시티

파키스탄의 캐피탈 스마트시티(Capital Smart City)는 파키스탄 최초의 스마트시 티이자 지속가능한 개발의 모델이 되는 것을 목표로 한다. 캐피탈 스마트시티 는 주택 수요 증가를 고려하여 뉴 이슬라마바드(New Islamabad) 국제공항 근처

의 M2 고속도로에 양질의 주택 건설 프로젝트를 추진하고 있다. 이슬라마바드는 세계에서 두 번째로 아름다운 수도로 선정된 바 있다. 이슬라마바드 거주민은 도시를 둘러싼 그림 같은 숲과 아름다운 폭포를 보면서 평온함과 평화를 느낀다. 그런 점에서 캐피탈 스마트시티는 주민들이 이슬라마바드 주변에서 현대적인 라이프스타일을 누리는 것과 동시에, 개울, 호수 및 산이 어우러진 자연의 풍경을 즐길 수 있게 할 것으로 기대된다.

그림 6   파키스탄의 캐피탈 스마트시티 마스터플랜
출처: https://www.smartcitypk.com

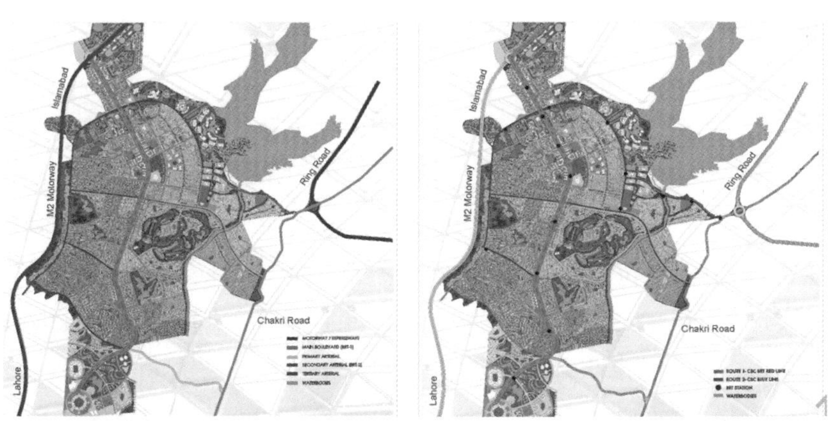

그림 7   캐피탈 스마트시티 마스터플랜 지도
출처: https://www.smartcitypk.com

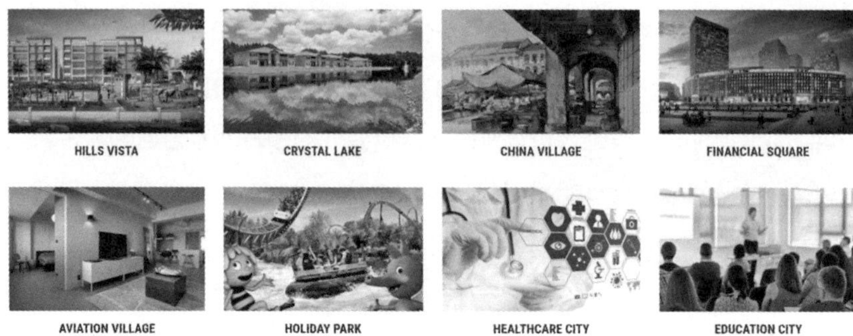

그림 8   파키스탄의 캐피탈 스마트시티 서비스 맵(1)

출처: https://www.smartcitypk.com

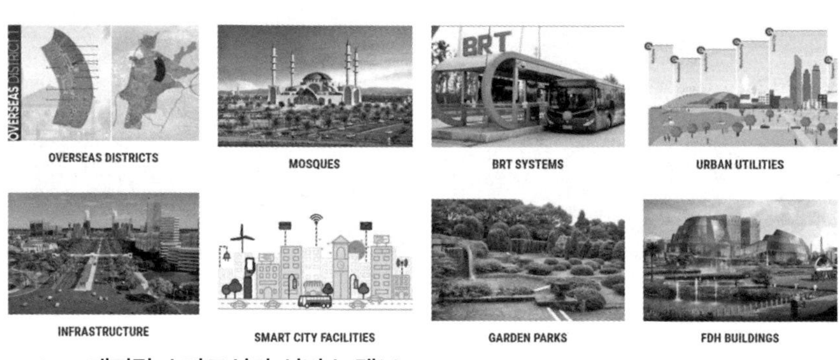

그림 9   캐피탈 스마트시티 서비스 맵(2)

출처: https://www.smartcitypk.com

캐피탈 스마트시티의 마스터플랜에 포함되어 있는 도시서비스 부문들을 열거해 보면 친환경적인 쾌적한 주거를 지향하는 Hills Vista와 Cristal Lake, 민족 문화적 특화 공간으로서의 China Village와 Mosques, 금융업무집중지구인 Financial Square, 여가활동 및 휴식을 위한 Holiday Park와 Garden Parks, 의료 및 건강관련 기능들을 지닌 Healthcare City, 교육기능특화지구인 Education City, 국제지구인 Overseas District, 교통 및 도시 인프라 관련 기능들의 BRT Systems, Urban Utilities, Infrastructure, Smart City Facilities 등의 다양한 개념들을 아우르고 있다.

마. 두 번째 스마트시티 라호르

파키스탄의 2번째 스마트시티는 대도시이자 금융 활동의 중심지인 라호르에 구축 중이다. 중국 화웨이는 라호르의 스마트시티 교통망을 담당하고 있다. 화웨이가 스마트 교통 시스템으로 부르는 '인텔리전트 매니지먼트 솔루션'은 세 가지 요소를 통합해 사우디 얀부, 라호르, 코트디부아르(서아프리카 남서부 공화국) 등 세계 여러 도시에 성공적으로 적용되고 있다고 한다.

화웨이의 정확한 감지 시스템은 모든 교차로를 검문소로 바꿈으로써 교통의 움직임과 위반을 동시에 감시한다. 20개 이상의 알고리즘을 지원하는 카메라는 비상 차선 점거부터 적신호 운행까지 교통 위반을 정밀하게 포착한다. 인식 정확도는 95% 이상이며 8초 만에 사고를 감지하며, 전천후 조명으로 최대 200m까지 감시할 수 있다. 강력한 컴퓨팅 파워는 필요한 경우 이미지 품질을 최적화할 수 있다. 이 기능을 통해 효율적인 트래픽 관리가 가능하며, 소프트웨어가 언제든지 모든 위치의 트래픽을 감지한다. 그 결과 스마트 교통 시스템은 도시의 혼잡을 신속하게 인지하고 신호등을 제어해 차량 병목 현상을 풀어줄 수 있다.

라호르는 화웨이 인텔리전트 매니지먼트 솔루션이 가장 널리 보급된 곳으로 파키스탄의 도로망에 큰 영향을 미쳤다. 이전에 도시의 교통망은 경제성장 붐으로 큰 압박을 받아 왔으며, 자동차, 오토바이, 버스, 마차가 뒤섞여 '통제 불가능'이었다.

그러나 지금 라호르 시내에는 카메라 800여 대, 휴대용 삼각대 탑재 카메라 130여 대, 자동 번호판 인식 사이트 80여 대, 번호판 인식 카메라 270여 대, 전자경찰 사이트 110여 대, 전자경찰 카메라 900여 대, 신호등 사이트 130여 대, 교통흐름 센서 300여 대 등이 구축되어 도시의 교통망을 관리하고 있다.

화웨이 시스템은 2017년 구축 이후 6,000만 건 이상의 교통 위반 사항을 찾아냈다. 이 시스템이 시내 교통 문제를 누구보다 빠르게 파악하고 기록한 덕분에, 처음 두 달 동안 13만 장 이상의 과태료가 부과됐다. 그 결과 적신호 위반과 교통사고를 3분의 2 감소시켰고, 도시 전체의 혼잡도가 개선됐다. 화웨이의 지능형 교통 관리 솔루션은 도로 관리를 쉽게 만들었으며, 이로 인해 도시는 다른 업무에 전념할 시간과 여유 자원을 갖게 되었고, 추가적인 스마트 혁신이 촉진되었다. 이런 사례들로 볼 때, 지능적인 도로망은 건강하고 생산적인 스마트시티에 매우 중요하다.

4.   방글라데시의 스마트시티

가.   도시와 스마트시티 사업 동향

방글라데시의 경우, 약 1억 1천만 명의 인구가 14만 km²의 작은 면적의 국토에 살고 있으며, 전 인구의 25%가 도시 지역에 주거하고 있다. 현재 방글라데시는 빠른 도시화 현상을 겪고 있으며, 주요 도시에 글로벌 자본이 축적되면서 급속히 성장하는 중이다. 특히 도시 인구 중 절반 이상이 다카, 치타공 등 8개 대도시에 몰리고 있다. 인구 통계학적으로 방글라데시의 인구는 35세 미만이 63%이르며, 젊은 층의 기술 수용도도 높다. 따라서 ICT를 통해 농촌 및 도시 생활을 현대화하는 '디지털 방글라데시' 프로젝트가 좋은 성과를 거둘 것으로 예상된다. 이러한 예측에 기반해 방글라데시 정부는 모든 도시의 스마트시티화를 추진하고 있다.

한편으로, 방글라데시는 UNDP의 지원을 받아 스마트시티 캠페인(Smart City Campaign)을 진행해 오고 있다. 이 캠페인은 도시에 변혁을 가져올 수 있는 인간 중심의 파트너십을 구축하는데 초점을 두고 있다. 이 캠페인에서는 그러한 파트너십의 구축이 방글라데시에서 스마트시티를 조성하는데 필요한 시민 참여, 기술, 인프라, 공공정책을 아우를 수 있는 해법을 탐색하는 과정에서 출발점이 된다고 보고 있다. 이들은 스마트시티가 방글라데시의 고유한 사회적 특성, 유산, 경제적 여건 등에 상응하는 효과적인 대응책일 뿐만 아니라 세계화를 지향하는 국가적 열망과도 잘 부합한다는 시각을 가지고 있다. 이를 위해 현재 세계의 여러 도시에서 활용되는 최신의 해결책들을 적극적으로 수용하고자 하는 의지를 가지고 있다.

　스마트시티 캠페인은 도시를 변화시킬 수 있는 동력에 영감을 불어넣어 주고 또 이를 동원함으로써 방글라데시에 스마트시티를 건설하고자 하는 야심찬, 그렇지만 동시에 달성 가능한 로드맵을 만드는 것을 목표로 하고 있다. 지역 커뮤니티, 도시 지도자 집단, 계획가, 공공부문 등 스마트시티에 관련되는 어떤 이해관계자에게도 개방적인 방식으로 캠페인은 운영되며 여기에는 크게 네 가지의 세부 핵심 목표가 포함되어 있다.

- ·시민들의 요구에 초점을 두는 스마트시티 아이디어를 둘러싼 대중적 관심 조성
- ·함께 공유할 수 있는 자생적인 비전의 채택
- ·스마트시티를 개발하고자 하는 열망에 넘치는 사회적 기업가와 기관의 동원
- ·단기적 전략과 중장기 프로그램을 아우르는 캠페인의 전개

　방글라데시 컨설팅 기업 LightCastle의 Kidwa Arif(2021)가 쓴 기고문에 의하면 현재 방글라데시 정부의 지원하에 급속하게 진행되는 디지털화는 스마트시티의 조성을 앞당길 수 있는 긍정적인 부분이라고 평가하고 있따. 또한 시민의 삶을 향상시키고 새로운 문제를 야기하지 않기 위해서는 적절한 규제가 필요하다는 입장이다. 방글라데시의 상황하에서 고려해야 할 사항들을 보다 구체적으로 들여다보면, 먼저 첫째로 환경의 지속가능성이 있다. 현재 세계 최악의 오염 수준을 가지고 있는 수도 다카를 비롯하여 방글라데시 여러 도시들에서 환경오염이 심각한 상황임을 고려할 때 다가올 스마트시티는 기술의 생활화뿐만 아니라 이를 환경적 지속가능성을 담보할 수 있도록 이용할 필요가 있다. 둘째, 탈집중화이다. 현재 모든 주요 경제활동이 다카를 인구밀도 기준으로 세

계 3위에 오르게 할 만큼 집중하고 있는데 스마트 교통수단과 기술을 이용해 인구와 기능을 수도로부터 분산시켜야 하며 이것이 방글라데시 도시들에서의 삶의 질을 향상시킬 수 있는 방법이다. 셋째, 시민권의 보장이다. 이 부분은 방글라데시뿐만 아니라 글로벌 측면에서도 스마트시티에서 공통적인 이슈가 될 수 있는 부분인데 기술이용 강도가 높아지면서 개인정보가 보다 취약해질 수 있다는 점에서 이를 보호할 수 있는 적절한 정책과 제도가 필요하다. 마지막으로 넷째는 포용이다. 특히 스마트 기술에 대한 접근성 측면에서의 계층간 차이와 관련하여 고소득계층뿐만 아니라 저소득계층도 스마트기술에의 접근에서 소외되지 않도록 정책적 제도적 배려가 필요하며 방글라데시와 같이 도시 거주자 간의 빈부차가 심하고 새로운 기술들이 단기간에 지속적으로 공급되는 상황에서는 특히 배려가 필요한 부분이라고 판단된다.

다카는 방글라데시의 수도이며 세계에서 다섯 번째로 인구가 밀집된 도시이다. 높은 인구 밀집도는 다카가 디지털 기술, 파격적인 혁신 및 첨단 도시 환경을 갖춘 스마트시티로 진화하기 위한 강력한 원동력이 될 수 있다. Dhaka South City Corporation은 다카 스마트시티 프로젝트의 운영 주체다. 이들의 주요 활동은 폐기물 관리, 도로 관리, 가로등, 시장, 교통 신호, 공원, 놀이터, 커뮤니티 센터, 체육관, 도서관, 모기 통제, 음식과 같은 다양한 서비스를 개선하는 것이다. 이를 위해 위생, EPI 및 소독 활동, 도시 미화 활동 등이 도입될 예정이다.

나. 방글라데시의 스마트시티 핵심 인프라 사업 사례: 메그나 대교 건설

우리나라 국토교통부는 2020년 11월 '메그나 대교' 건설 사업에 참여하기로 방글라데시 정부와 협약했다. 수도 다카의 메그나 강을 연결하는 '메그나 대교' 건설은 투자금이 10억 달러(약 1조 1,150억 원)에 이르는 대규모 개발 사업이다. 앞으로 우리나라 기업이 우선 사업권을 가지고 사업 개발을 추진하게 될 예정이다.

메그나 대교는 스마트시티의 핵심 인프라에 해당된다. 총 24km 연장의 이

대규모 교량 사업을 위해, 한국 해외인프라도시개발지원공사(KIND)와 대우건설, 현대건설, 한국도로공사 컨소시엄이 우선사업권을 바탕으로 타당성 조사와 사업 개발을 추진할 계획이다. 양국 간 협약에 기반해 한국 기업이 메그나 대교 개발을 독자적으로 진행하며, 향후 방글라데시 측과 사업 계약을 맺고서, 설계, 시공, 금융, 운영 등을 담당하게 될 것이다.

건설에 강점을 가지고 있는 우리 민간 건설사와 운영 노하우를 갖춘 우리 공기업이 공동 참여하고 있다는 점에서, 메그나 대교 사업의 향후 전망은 밝다. 추후 KIND의 지분참여와 글로벌 플랜트·건설·스마트시티(PIS) 펀드, 글로벌 인프라펀드(GIF) 등 정책펀드의 투자 가능성도 기대해 볼 수 있다.

5. 한국에의 시사점

전 세계 IT 아웃소싱 시장의 과반수를 차지하면서 잠재력과 성장동력을 지니고 있는 남아시아 국가들은 기존의 열악한 인프라를 개선하고자[1] 정부 주도의 스마트시티 조성과 IT 역량강화 정책을 도입하고 있다. 특히 코로나19로 언택트 시대가 예상보다 빠르게 도래하는 등 모든 분야의 디지털화는 필수 불가결한 요소가 되었음을 알 수 있다. 남아시아 국가들은 자국이 보유하고 있는 IT기술을 적극 활용하는 디지털 트랜스포메이션을 통해 포스트 코로나 시대의 글로벌 가치 사슬(Global Value Chain) 구조 재편에 대응하는 노력을 심화하고 있다. 그러나, 아직까지 낮은 인터넷 속도, 잦은 정전, 컴퓨터 보급률 등 인프라 측면이 부족한 실정이다. 따라서 남아시아의 기본 인프라 부족은 풍부한 스마트시티 조성 경험과 5G 등 ICT 인프라 기술력을 갖춘 한국의 기업에게 남아시아 주요국가 진출의 좋은 기회가 될 수 있을 것이다.

---

1   Koyra, '서남아시아 디지털 트랜스포메이션 정책과 적용사례.' Global Market Report 20 - 039, 44; 김한나 외. 인용 및 참조

특히 남아시아 중추국가인 인도의 경우 2030년이 되면 경제규모가 전 세계에서 중국과 미국다음으로 제3위의 글로벌 경제대국으로 올라서는 동시에 인구규모 면에서도 중국을 앞질러 세계 최대 인구대국이 될 전망이다. 인도의 도시화율도 2020년의 35%에서 2030년에는 약 41%로 증가해 도시인구가 2020~30년 기간에 약 1.3억 명 증가될 전망이다. 경제성장과 삶의 질 개선을 도모하고, 포스트코로나 시대의 전개 등의 측면에서 인도는 지금의 스마트시티에 대한 투자를 더욱 증가시켜나갈 것이다. 방글라데시의 경우도 경제규모면에서 전 세계에서 2020년의 41위에서 2030년에는 28위로 도약할 것으로 전망되며(CEBR, 2020), 스마트시티에 대한 중요성과 투자도 더욱 확장되어 갈 것이다. 향후 인도와 방글라데시의 스마트시티로의 한국기업의 진출과 정부간 교류협력이 더욱 활발해져야 할 것이다. 또한 인도와 방글라데시에 진출한 한국기업의 산업단지를 스마트산업단지로 업그레이드 한다든지, 현지 생산현장 내외의 마을을 IT를 접목해 스마트빌리지로 시범 조성함으로써 한국기업의 현지주민 친화적 스마트생산현장 만들기의 성공사례를 만들어 갈 수 있을 것이다. 이는 현지주민의 한국기업친화적 인식망 구축에도 기여할 수 있을 것이다.

참고문헌

〔한글출판본〕

김기홍. 2020. "아시아국가 스마트시티 구축사업에 대한 '저개발의 개발'론적 고찰."『문화콘텐츠연구』19, 153 – 182.

김이재 외. 2016. "전략지역심층연구 논문집 Ⅰ: 동남아시아, 인도·남아시아."『KIEP 연구보고서』16(12).

대한무역투자진흥공사. 2018.『국가정보 방글라데시』. 대한무역투자진흥공사 다카무역관.

대한무역투자진흥공사. 2018.『국가정보 스리랑카』. 대한무역투자진흥공사 콜롬보무역관.

대한무역투자진흥공사. 2018.『국가정보 파키스탄』. 대한무역투자진흥공사 카라치무역관.

안기성. 2018.『방글라데시, 내 손을 잡아요』. 꽃길.

이슈퀘스트 편. 2017.『제4차 산업혁명의 신산업 플랫폼, 스마트시티 기술개발 동향과 사업전망』. 이슈퀘스트

〔영문출판본〕

Ali, N., Abbas, S., & Shahid, M. 2017. "Proposed Framework of Smart City for Gawadar, Balochistan Pakistan." *Int J Econ Manag Sci* 6(436), 2.

CEBR. 2021, "World Economic League Table 2022." cebr.com

Jayasena, N. S., Waidyasekara, K. G. A. S., Mallawaarachchi, H., & Peiris, S. 2021. "Ensuring Engagement of Stakeholders in Smart City Projects: Case Study in Sri Lanka." *Journal of Urban Planning and Development* 147(4), 05021045.

Jayasena, N. S. 2019. *Stakeholder engagement in smart city projects in Sri Lanka* (Doctoral dissertation).

Kim, I., et al. 2016. "동남아시아, 인도·남아시아(South East Asia, India – South Asia)." *Studies in Comprehensive Regional Strategies* 16(12).

Kularathna, E. A. I., & Geethamali, H. K. 2020. "ICT Applications in Disaster Resilience in a Smart City in Colombo Area of Sri Lanka." *International*

Journal of Governance and Public Policy Analysis 2(1).

Lopes, N. V. M., & Farooq, S. 2020. *Smart City Governance Model for Pakistan. In Smart Governance for Cities: Perspectives and Experiences*, 17 – 28. Springer, Cham.

Mansoor, N. 2020. *Conceptualizing and realizing a smart city model for Bangladesh*. arXiv preprint arXiv: 2012.03055.

Nomura Research Institute. 2019. *A Study on the Needs of Smart City Development in Emerging Countries and the Possibility of Japanese Enterprises to Participate in the Smart City.*

Nomura Research Institute. 2020. *Smart City 2.0.*

Rana, I. A., & Bhatti, S. S. 2018. "Lahore, Pakistan – Urbanization challenges and opportunities." *Cities* 72, 348 – 355.

Sourav, A. I., Lynn, N. D., & Santoso, A. J. 2020(November). *Designing a conceptual framework of a smart city for sustainable development in Bangladesh*. In *Journal of Physics: Conference Series* 1641(1), 012112). IOP Publishing.

Sultan, M. N., Ali, E., Ali, M. A., Nadim, M., & Habib, M. A. 2017. "Smart campus using IoT with Bangladesh Perspective: A possibility and limitation." *International Journal for Research in Applied Science & Engineering Technology*(IJRASET) 5(8), 1681 – 1690.

Zegras, P. C., Eros, E., Butts, K., Resor, E., Kennedy, S., Ching, A., & Mamun, M. 2015. "Tracing a path to knowledge? Indicative user impacts of introducing a public transport map in Dhaka, Bangladesh." *Cambridge Journal of Regions. Economy and Society* 8(1), 113 – 129.

〔인터넷 자료〕

Juniper Research. 2018(March 13). *Global Smart City Performance Index(2017)* 〈https://seoulsolution.kr/en/content/7664〉

Smart City Campaign. 2021(October 14). *Smart City Smart People* 〈https://
smartcitybangladesh.net/〉

Kidwa Arif(LightCastle Partners). 2021(October 15). Smart Urbanization: Is
Bangladesh On The Right Track? 〈https://www.lightcastlebd.com/
insights/2020/02/smart‐urbanization‐is‐bangladesh‐on‐the‐
right‐track〉

제4장

인도의 IT산업·AI·4차 산업 혁명

이명무(서울대학교 아시아연구소 HK연구교수)

I. 인도의 경제 환경 및 산업 구조

1. 경제 환경

인도는 13억 명이 넘는 중국 다음의 세계 2위의 인구 대국으로 다양한 민족적, 종교적, 언어적 배경을 가진 사회적 다양성을 가진 국가이다. 카스트 제도는 헌법으로 명시하고 있지는 않지만, 사회의 실질적인 생활의 규범으로 작동하고 있다. 인도는 인구 구성에서 젊은 층이 많고, 최근 IT산업이 급속히 발전하고 있어서 2021년 이후에도 지속적인 성장을 유지할 것으로 전망된다. 동시에 금융 시스템의 낙후성, 경상수지의 상시 적자와 같은 거시 경제의 취약과 같은 성장률을 하락시킬 수 있는 요인들이 존재하고 있다.

2. 산업 구조

인도의 경제 규모는 세계에서 상위 수준이지만 1인당 GDP는 여전히 낮은 수준에 머물고 있다. 산업구조별 인구 구성을 살펴보면, 농림수산업에 종사하는 1차

산업의 비율이 16%이다. 인도의 전체 인구의 70% 정도가 참여하고 있으며, 대부분 농촌에 거주하고 있다. 참여하는 인구가 많기 때문에 1차 산업이 경제나 소비에 미치는 영향이 매우 높다(Mizuho, 2019).

제조업의 비중은 17%로 중국이나 아세안 국가들에 비해 낮은 편이다. 이를 극복하기 위해 모디 정권에서 제조업이 GDP에서 차지하는 비중을 25%까지 높이기 위해 'Make in India' 운동을 전개하고 있다.

인도는 3차 산업의 비중이 50%를 넘는데, 이는 같은 정도의 발전 단계에 있는 나라에 비해 매우 높은 수준이다. 3차 산업에 참여하는 인구는 교육 수준이 높으며 영어를 구사하며, 대부분이 IT서비스업에 참여하고 있다. 인도 경제를 이끌고 있는 분야는 3차 산업이라고 할 수 있으며, 특히 IT 관련 소프트웨어에 강점을 지니고 있다.

표 1　인도의 개요

<table>
<tr><td colspan="1">📋 일반사항</td></tr>
<tr><td>
· 국명: 인도(Republic of India)
· 수도: 뉴델리(New Delhi)
· 인구: 약 13억 5천만 명(세계 2위)
· 면적: 약 330만km^2(세계 7위, 한반도 15배)
· 민족구성: 인도아리안 72%, 드라비디안 25%, 기타 3%
· 종교: 힌두교 80.5%, 이슬람교 13.4%, 기독교, 시크교, 불교, 자이나교
· 언어: 힌두어, 영어
</td></tr>
<tr><td>👆 경제현황</td></tr>
<tr><td>
· 총 GDP: 2.59조 달러('20년, IMF)
· 1인당 GDP: 1,876달러('20년, IMF)
· 교역: 8,034억 달러('19, 상공부)
　- 수출: 3,234억 달러
　- 수입: 4,800억 달러
· 경제성장률(GDP): △8.0%('20년, IMF)
· 산업구조: 서비스업 66.8%, 제조업 19.2% 농업 14%
　* 주요산업: IT 산업, 통신, 섬유, 인프라, 건설업 등
</td></tr>
</table>

출처: 외교부(https://www.mofa.go.kr/www/nation/m_3458/view.do?seq=27)

Ⅱ. 인도 IT 산업의 태동

1. 인도가 IT 강국이 된 이유

인도인들이 세계에 그들의 역량을 각인시킨 것은 IT 분야에서의 성공이다. 빌 클린턴 정부의 부통령이었던 앨 고어가 제창한 정보 슈퍼 고속도로 정책을 기술적으로 뒷받침한 것이 인도인 기술자들이었다. 또한, 운영체제의 결함으로 인해 2000년을 인식하지 못할지도 모른다는 'Y2K' 사태에 대응하는데 다수의 인도 기술자가 활약한 바 있으며, 이후 금융기관 결제시스템, 인터넷 뱅킹시스템, 전자상거래 시스템 등 비즈니스 현장에서 실용적인 소프트웨어를 개발하는데 인도인 기술자들은 필수적인 존재가 되었다.

IT 산업은 인프라 개발이 더딘 인도의 약점을 상쇄할 수 있는 새로운 유형의 산업이었다. IT 산업은 초기에 많은 선행 투자를 필요로 하지 않는다. 공산품을 만드는 것과 달리 거대한 생산라인이나 원자재가 필요하지 않으며, 전문적인 지식을 갖춘 인력에게 키보드와 마우스만 갖추어 주면 가치를 창출해낼 수 있다. 또한, 소프트웨어는 복사가 가능하기 때문에, 별다른 추가 비용 없이 완성된 것을 복사함으로써 제품을 증식시킬 수 있다. 오류가 있어도 불량품으로 파기하는 것이 아니라, 버그를 수정하면 기존의 내용 계속 발전시킬 수 있다.

인도 IT 산업을 성공할 수 있게 한 요인으로 다음의 7가지를 꼽을 수 있다. 1) 2000년 문제를 계기로 미국이 인도에 대량으로 소프트웨어 개발을 발주한 것, 2) 카스트 제도의 영향으로 IT 기술자에 관한 관심이 제고되고 엔지니어가 증가한 것, 3) 도약형 발전, 4) 역혁신에 의한 새로운 파괴적인 기술 진보가 발생한 점, 5) 인도 공과대학의 높은 교육 수준, 6) 스타트업의 증가, 7) 인도의 글로벌 인적 네트워크 등이 있다.

가. 인도의 IT산업의 태동은 2000년 문제가 계기

인도의 IT산업 발전의 시발점이 된 것은 2000년 Y2K 문제였다. 당시 컴퓨터 산업의 중심이었던 미국은 2000년 밀레니엄 버그에 대처하기 위해 소프트웨어를 수정할 필요가 있었다. 그러나 방대한 소프트웨어를 수정하기 위한 엔지니어의 인적 자원이 부족했던 미국은 엔지니어를 공급하기 위해 인도에 아웃소싱을 해야 했다. 미국이 인도에 소프트웨어의 수정을 의뢰한 이유에는 1) 인도인이 수학에 강하다는 것, 2) 미국과 인도의 시차가 정확히 주야 역전 관계인 것, 3) 인도인이 영어를 구사한다는 것, 4) 활용할 수 있는 부가가치(저렴한 비용, 거대 시장, 접근성)가 있었다는 것, 이렇게 네 가지를 꼽을 수 있다.

1) 인도인은 수학에 강하다

한국에서도 이른바 '인도식 수학'에 관심을 끌었던 시기가 있었다. 인도는 독특한 연산 체계를 바탕으로 하는 특유의 베다수학이 있다.

　　인도 초등학생들은 한국에서처럼 구구단을 암기하는 것을 넘어, 2자리 수

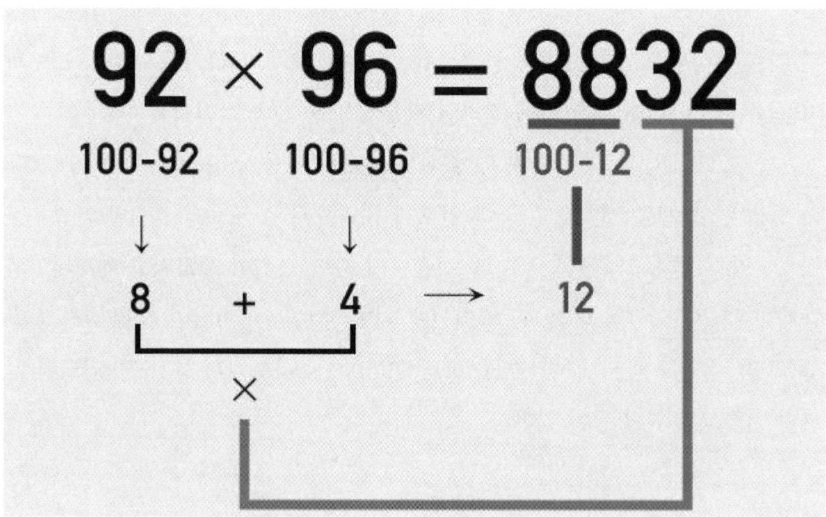

그림 1　인도의 베다수학 곱셈

끼리의 곱셈을 암산한다. 또한, 초등학교 시기 이미 3자리 수끼리의 곱셈을 학습하는 것으로 알려져 있다. 이렇게 수학에 강하다는 특징은 인도의 IT 산업을 발전시킨 요인으로 작용하였다.

2) 미국과 인도의 시차

미국이 인도에 소프트웨어의 수정을 의뢰한 요인 중 하나로 양국의 시차 관계를 들 수 있다. 2000년 문제에 조속히 대응하기 위해서, 미국은 시간을 효율적으로 활용할 수 있는 방식을 탐색해야 했다. 미국 IT산업의 중심인 캘리포니아주와 인도 IT의 중심인 벵갈

그림 2　미국과 인도의 시차에서 발생하는 비즈니스 기회

출처: depositphotos.com(ⓒdaboost)

루루의 시차는 12시간으로, 정확히 밤낮이 역전되어 있다. 예를 들어 미국이 오후 18:00에 인도에 일감을 발주하면 인도는 오전 6:00이므로, 인도의 기술자들은 아침에 출근하면서 미국에서 도착한 작업 요청을 즉시 접수하여 작업에 착수할 수 있었다. 즉, 인도와 미국이 협력하면 24시간 쉬지 않고 작업을 진행할 수 있다.

3) 인도인은 영어를 구사한다

미국이 인도에 소프트웨어의 수정을 의뢰한 또 다른 요인으로, 인도인들이 영어를 구사할 수 있다는 점을 들 수 있다. 원활한 소프트웨어 수정을 위해서는 미국의 모어인 영어로 커뮤니케이션을 할 수 있어야만 했다. 미국과의 시차가 12시간 정도이면서 많은 영어 구사자를 보유한 국가는 인도가 유일하다. 국가 인구조사에 따르면, 인도는 인구의 10.6%에 해당하는 1억 2,900만 명이 영어를 구사할 수 있다.[1] 이는 인도가 미국에 이어 세계에서 두 번째로 영어 구사자

1　Harvard Political Review, https://harvardpolitics.com/redefining‑colonial‑legacies‑india‑and‑the‑english‑language/

그림 3 영어 구사 인구가 1억 명이 넘는 인도

출처: depositphotos.com(ⒸPantherMediaSeller)

가 많은 나라임을 의미한다. 인도에 영어 구사자가 많은 것은 인도가 과거 영국의 식민지였으며, 다언어 국가라는 점 때문에 국민들의 언어 습득 능력이 대체적으로 높다는 점에 기인한다. 식민 치하에서 식민 본국인 영국의 모어인 영어 교육이 사회에 깊이 뿌리내렸으며, 그 영향으로 인도에서는 3세부터 유치원에서 영어를 배우며, 부유층이나 중산층은 영어를 유창하게 구사하는 경우가 많다. 또한, 인도는 다국어 국가로, 공용어인 힌디어 이외에 주 공용어가 약 30개 언어에 육박하며 헌법에서도 22개 언어를 인정하고 있을 정도로 다양한 언어가 사용되고 있다. 이처럼 인도인들끼리도 의사소통이 어려운 경우가 자주 발생하기 때문에, 많은 인도인들이 국내에서 원활하게 소통하기 위한 목적으로 영어를 습득한 것이다.

　인도의 실리콘 밸리인 벵갈루루에 가면 영어가 자연스럽게 통용되고 있다. 이러한 영어 구사 능력 때문에 인도는 전 세계로 IT 산업을 확장할 수 있었고, 세계 IT 기업들의 본사를 벵갈루루로 끌어들일 수 있었다.

4) 부가가치

미국이 인도에 소프트웨어 수정을 의뢰한 요인 중 4번째로, 저렴한 비용, 거대 시장, 주변국에 대한 접근성 등의 부가가치를 들 수 있다. 인도와 미국은 큰 임금 격차가 있으며, 이에 따라 미국 기업들은 인건비를 절감한다는 부가가치를 얻을 수 있는 것이다. 또한, 인구가 매우 많기 때문에 시장으로서도 매우 매력적인 나라이다. 마지막으로 인도를 허브로 하여 주변의 아시아 국가나 중동으로의 접근이 용이하다. 이상의 요인들 때문에 미국이 인도에 아웃소싱을 결정했다.

나. 인도의 카스트 제도와 IT 기술자에 대한 관심

인도의 IT산업이 발전한 또 하나의 이유로 인도의 카스트 제도의 구속으로부터 벗어나기 위한 방편으로서 IT기술자의 길을 택하는 사람이 늘어났다는 점을 들 수 있다. 인도의 카스트 제도는 기원전 유래하여 1900년대까지 존속하였던 사회적 신분제이다. 1950년에 카스트 제도가 헌법으로 폐지되었지만, 카스트에 따라 직업 선택의 자유를 부정당하거나 낮은 카스트에 대해 공공연한 차별이 이루어지는 등 아직도 그 흔적은 인도 사회에 깊이 남아있다. 카스트 제도의 중요한 특징으로 직업의 세습을 꼽을 수 있다. 예를 들면 카레집 집안에서 태어나면 평생 카레집을 꾸리며 살고, 부모가 택시 운전사로 생계를 꾸리면 그 직업을 자식이 그대로 물려받는 것이 일반적이다. 즉, 낮은 카스트의 집안에서 태어나면, 어떻게 노력해도 출세할 수 없는 것이 현실이다.

위와 같은 카스트 제도의 굴레에 빛을 비춘 것이 IT산업이다. 카스트 제도는 새로 등장한 직업에 관해서는 선택의 제약을 두지 않는다. 즉, 낮은 카스트의 가문이라 해도, IT기술을 배워서 IT엔지니어가 되면 막대한 부를 축적할 수 있어서 카스트 제도의 굴레에서 벗어날 수 있다.

다. 도약(Leap-flog)형 발전

인도의 IT산업이 발전한 또 하나의 이유로 도약형 발전을 들 수 있다. 인도에서의 도약형 발전의 예로서 스마트폰의 보급을 들 수 있다. 기존 미국을 비롯한 선진국들에서는 유선 전화가 먼저 보급된 후 휴대 전화가 보급되는 과정을 밟았으나, 인도에서는 유선 전화 보급의 단계를 건너뛰어 스마트폰이 바로 보급되었다.

도약형 발전을 하면 기존 인프라에 얽매일 필요가 없으므로 새로운 기술을 대담하게 도입할 수 있다. 즉, 선진국이 수십 년에 걸쳐 발전시켜 온 기술을 불과 몇 년 만에 도입해 버리는 것이다. 이처럼 새로운 기술을 보다 빠르게 도입할 수 있는 여건은 IT산업의 발전에 순풍으로 작용하고 있다.

라. 역혁신(Reverse Innovation)

인도의 IT산업이 발전한 또 다른 이유로서 인도가 역혁신이 일어나기 쉬운 환경을 갖추고 있다는 점을 들 수 있다. 예전에는 미국을 비롯한 선진국들에서 발생한 혁신이 신흥국으로 전파되는 것이 일반적이었다. 그러나 지금은 인도 등의 신흥국에서 발생한 혁신이 선진국에 전파되는 리버스 이노베이션, 즉 역혁신이 주목받고 있다. 신흥국에서 혁신이 일어나는 이유로는 1) 신흥국의 제약이 많다는 점, 2) 선진국의 혁신이 개발도상국에 요구되지 않고 있다는 점, 3) IT기술이 발달했다는 점을 생각할 수 있다.

첫째로 신흥국의 제약이 많다는 점이 역혁신을 낳고 있다. 인도와 같은 신흥국은 인프라를 갖추고 있지 않은 경우가 많으며, 위생 관리가 부실한 등 선진국과는 비교할 수 없을 정도로 제약이 많다. 이와 같이 제약이 많으면 선진국에서 들여온 혁신을 그대로 적용하기 곤란하며, 이 때문에 선진국에서도 생각나지 않는 급격한 혁신이 일어나기 쉽다. 인도에서 일어난 역혁신의 예로는 GE에 의한 휴대형 심전계의 발명을 들 수 있다. 원래 심전계는 병원에 두는 형태의 제품만이 존재하였다. 하지만, 인도의 농촌 지역에서는 전기가 통하지 않는 지역도 있었으므로, 휴대형의 심전도계가 요구되었다. 이 때문에 GE는 처음부터 상품설계를 다시 시작하였고, 휴대형 심전계를 고안해낼 수 있었다. 즉, 인도의 농촌 지역에 전기가 통하지 않는다는 제약이 휴대형의 심전도계라는 역혁신을 일으킨 것이다.

둘째로 선진국의 혁신이 개발도상국에서는 요구되지 않는다는 점을 들 수 있다. 선진국에서 일어난 혁신은 자연스럽게 개발도상국에도 침투할 것 같지만 그렇지 않은 경우도 많다. 왜냐하면, 개발도상국과 선진국은 인프라 수준에 큰 차이가 있으며, 인구 구성이나 소득 수준도 전혀 다르기 때문이다. 즉, 선진국에서는 수요가 있는 것이었다고 해도 개발도상국에서는 필요가 없을 수도 있다. 그래서 선진국의 다국적 기업은 제품 개발을 개발도상국에서 실시하여 처음부터 현지 수요에 맞는 제품을 제공하는 방식을 취하고 있다.

셋째, IT기술의 발달 역시 중요한 요인으로 작용하였다. 인도와 같은 신흥국이 인프라는 갖추지 못하였으나 IT기술은 선진국 수준으로 발달하였다. 인도는 도약형 발전 모델을 가지고 있어서 혁신이 일어나기 쉬운 환경에 있다.

위의 3가지 요소는 인도 최대의 디지털 결제 기업 Paytm의 일본으로의 역혁신 사례에서 쉽게 확인할 수 있다. Paytm 서비서는 스마트폰으로 QR코드를 읽으면 결제가 가능하며, 앱으로 돈을 관리할 수 있다. 이 서비스는 은행 거래에 제약이 있는 사람들이 많은 인도에서 폭발적으로 보급될 수 있었다. 일본의 PayPay는 인도의 Paytm과 제휴를 맺고 이 기술을 일본으로 가지고 왔다. 현재 이 기술은 일본에서 아주 성공적으로 운영되고 있다. 이처럼 리버스 이노베이션이 일어나기 쉬운 환경이야말로 인도의 기술 진보를 뒷받침하는 중요한 버팀목이 되고 있다.

마. 인도 공과대학의 높은 교육수준

인도의 IT산업이 발전한 이유 중 하나로 인도 공과대학의 높은 교육 수준을 들 수 있다. 인도공과대학(이하 IIT)이란 공학과 과학기술을 전문으로 하는 인도 23개 국립대학을 말한다. IIT는 국가적 중요성을 지닌 연구기관으로 자리매김하였으며, 그 높은 연구수준은 국제적으로도 인정받고 있다. IIT의 교육수준이 높은 이유는 크게 1) 합격 난이도가 높다는 점, 2) 입학 후 스파르타식 교육을 제공한다는 점, 3) 경쟁적 환경이 조성되어 있다는 점 4) 글로벌 IT기업들이 학생들을 대규모로 채용한다는 점, 5) 「IIT브랜드」라고 하는 학술적인 기준을 유지한다는 점, 이렇게 다섯 가지로 정리해 볼 수 있다.

우선 첫째로 IIT 합격 난이도가 매우 높다는 점이다. IIT의 정원은 약 1만 명인데, 입시에는 매년 100만 명 이상의 학생이 몰린다. 다시 말해 합격 경쟁률이 100 대 1을 상회한다는 것이다. 보통 IIT에 입학하려면 학생을 IIT에 합격시킨 실적이 있는 학원에 다녀야 한다. 다수의 IIT 합격자를 배출한 대형 입시학원인 '바이브란트 아카데미'의 연간 수업료는 약 2,000달러로, 여기에 별도의 기숙사비까지 들어간다. 이는 인도의 1인당 연간 소득과 맞먹을 정도의 고액인데, 가족들의 생활비를 줄여서라도 자녀를 IIT에 진학시키려는 가족이 적지 않다. 가족들이 수험생에게 가하는 압박도 상당하기에, 수험생은 최선을 다해 공부할 수밖에 없다. 그만큼 인도 공과대학에 합격하는 것은 어려운 일이다.

둘째, 대학이 스파르타식 교육을 제공한다는 점을 들 수 있다. 치열한 시험에 합격해도 한숨 돌릴 여유도 없이 고통스러운 스파르타식 교육이 학생을 기다리고 있다. IIT 수업에서는 숱한 숙제와 다양한 시험이 이어지기에 마음 놓을 틈이 없다. 학생은 수업이나 시험 결과에 따라 등수가 매겨지며, 그것이 졸업 후의 진로 선택에 큰 영향을 미친다. 따라서 IIT 학생들은 대학 입학 후에도 열심히 공부할 수밖에 없는 상황에 놓이는 것이다.

셋째로 학내의 경쟁적인 환경을 들 수 있다. 앞서 설명한 것처럼 학생들은 테스트 결과 등에 따라 상대적으로 순위를 매겨진다. 순위가 높아야 좋은 기업의 헤드헌팅을 기대할 수 있기 때문에 학생들은 열심히 공부하게 된다.

넷째, 글로벌 IT 기업의 채용력을 들 수 있다. IIT을 졸업한 1년차 엔지니어 신입사원은, 글로벌 IT기업들이 연 40만에서 70만 달러를 제시할 정도로 선호되는 인재로 인정받고 있다. 이처럼 글로벌 IT기업이 IIT의 우수 학생에게 고액의 연수입을 제시하며 입사를 제안한다는 점은, 학생의 공부 의욕을 높이는 결정적인 요인으로 작용한다.

다섯 번째로는 IIT가 'IIT 브랜드'라고 하는 학술적인 기준을 유지하고 있는 것을 들 수 있다. 한국에서는 '서울대' 브랜드, 미국에서는 '하버드', '스탠퍼드' 등의 브랜드가 있는 것과 마찬가지로, 인도에서도 IIT 브랜드가 있다. IIT 출신 졸업생에게 글로벌 기업들이 중요한 역할을 맡기고 있다는 점은 이 IIT 브랜드를 강화하는 중요한 요인이 된다. Google의 CEO인 순다르 피차이는 IIT 출신이며, 소프트뱅크의 전 부사장 니케시 아로라, 썬마이크로시스템즈 공동창업자 비노드 코슬라 역시 마찬가지다. 이처럼 세계 대표기업 간부들에게 중에 IIT 출신이 많다는 점은 그만큼 IIT 브랜드의 위상을 높이고 있다.

바. 스타트업의 증가

인도의 IT산업이 발전한 마지막 이유로 스타트업의 증가를 들 수 있다. 앞에서 설명한 바와 같이 인도는 2000년 문제를 계기로 미국의 오프쇼어(offshore) 개발 거점으로서 IT산업을 지탱해 왔으며, 현재는 글로벌하게 1,710억 달러 규모의 비즈니스를 전개하는 나라가 되었다(NASSCOM, 2020). 즉, 인도에서는 오프쇼어 거점지에서 스타트업의 허브로 변화하고 있다.

인도에서는 현재 스타트업 붐이 일어나고 있다. 스타트업 수는 2019년을 기준으로 약 6,700~7,900여 개에 육박하며, 이는 미국, 영국에 이어 세계에서 세 번째로 많은 수치다. 2010년의 시점에서는 480여 개 정도였던 것을 고려하면 10배 이상의 성장을 기록한 것이다. 2021에 스타트업 기업의 수가 1만 개를 돌파해 미국에 이은 세계 2위의 스타트업 강국이 될 것으로 예측된다.

저렴한 생활비도 스타트업 산업의 성장을 뒷받침하고 있다. 인도는 물가 수준이 낮기 때문에 한 달에 수십만 원의 돈으로도 충분히 생활할 수 있다. 따라서 인도의 IT기업에 엔지니어로서 수년간 근무하여 목돈을 마련해 두면 스타트업을 시작하여 당분간 고정된 수입이 없다고 해도 생활에는 지장을 주지 않는다. 또 사업이 잘 풀리지 않더라도 우수한 IT 엔지니어 인재라면 얼마든지 일자리를 얻을 수 있기 때문에, 인도는 스타트업에 도전하기 좋은 환경이 조성되고 있다. IIT에서도 적극적으로 스타트업을 권장하고 있으며, 특히, 뭄바이 IIT에서는 학생들이 운영하는 Entrepreneurship Cell이라는 단체가 창업가를 위한 워크숍, 네트워킹 등의 행사를 적극적으로 개최하고 있다. 뭄바이 IIT 졸업생이 설립한 올라(OLA)라는 공유 앱은 인도 내에서는 우버(Uber)와 치열한 점유율 경쟁을 벌이고 있으며, 소프트뱅크에서 5,000만 달러를 조달한 것으로도 알려져 있다. 이처럼 인도의 IT 스타트업은 계속 성장해 오프쇼어 개발의 매출과 더불어 인도 IT산업을 지탱하는 큰 기둥이 되고 있다.

사. 글로벌 인적 네트워크

인도의 해외이민자들인 인교(印僑, NRI)는 인적 네트워크를 구축하고서 서로 협력하고 있다. 미국 IT산업에서 이들 NRI가 중요한 역할을 담당하고 있는데, 실리콘밸리 기술 인력의 40%를 차지하며, 인도계 경영자가 750여 개 기업을 경영하고 있다. 마이크로소프트의 CEO 사티아 나델라(Narayana Nadella), 무료 이메일 프로그램인 핫메일(Hotmail)을 개발한 사비르 바티아(Sabeer Bhatia), 펜티엄 개발의 주역 비노드 담(Vinod Dham), 세계적인 스피커를 개발한 아마르 보스(Amar Bose) 등이 인도계 NRI 출신이며, 미국 경영학계의 3대 인맥은 유태계, 모르몬계, 인도계가 형성할 만큼 학계에서도 이들은 막강한 세력을 형성하고 있다.

이러한 인도의 해외 네트워크(특히 미국)는 인도의 IT산업과 강한 연결고리를 가지고 있다. 현재 인도는 소프트웨어를 연간 700억 달러 이상 수출하고 있으며, 특히 「Fortune 500」에 랭킹되어 있는 미국 기업 중 255사와 거래를 하고

인교(印僑), **NRI**(Non-Resident Indians)

중국의 화교(華僑)와 같은 의미의 해외에 거주하는 인도인의 커뮤니티를 지칭하는 용어로, 1833년 영국의 노예제 폐지 이후 계약 노동자로서 세계 각지의 영국 식민지들로 이주한 것이 시초이다. 1,800만 명 규모로 추산되는 이들의 자산은 4천 500억 달러를 상회하여 이는 인도의 국가 예산과 맞먹는 규모이다(The Economic Times, 2018). 동남아시아에 집중된 중국의 화교에 비해 전세계에 넓게 분포되어 있으면서 특히 지식 자본을 장악하고 있는 것이 특징이다.

있다. 이러한 인도의 IT수출에는 인도의 해외 네트워크인 인교가 기여한 바가 매우 크다고 할 수 있다.

Ⅲ. 발전하는 인도 IT산업

1. 인도 경제와 IT산업

인도의 GDP는 2.9조 달러로, 세계 6위에 해당한다. GDP 성장률은 7.4%이며, 이는 중국의 6.3%보다 높은 수치로 인도는 세계에서 가장 빠르게 경제가 발전하고 있는 나라라고 할 수 있다.

*Oxford Economics*에 따르면, 2019~2035년의 기간 동안 세계에서 가장 급속히 발전할 것으로 예측되는 열 개의 도시에 인도 대부분 주요 도시가 포함되어 있다.

또한, GDP가 높은 벵갈루루(Bengaluru), 하이데라바드(Hyderabad), 첸나

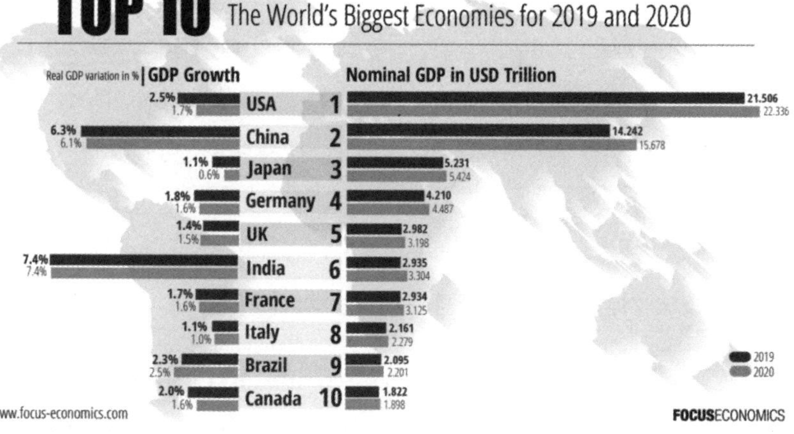

그림 4 국가별 경제 규모(2019~2020년)

출처: https://www.focus-economics.com/blog/the-largest-economies-in-the-world

Rank	Growth (%y/y, 2019~35)	City	GDP 2018 ($ billion, constant 2018 prices)	GDP 2035 ($ billion, constant 2018 prices)
1	9.17	Surat	28.5	126.8
2	8.58	Agra	3.9	15.6
3	8.50	Bengaluru	70.8	283.3
4	8.47	Hyderabad	50.6	201.4
5	8.41	Nagpur	12.3	48.6
6	8.36	Tiruppur	4.3	17.0
7	8.33	Rajkot	6.8	26.7
8	8.29	Tiruchirappalli	4.9	19.0
9	8.17	Chennai	36.0	136.8
10	8.16	Vijayawada	5.6	21.3

출처: https://www.weforum.org/agenda/2018/12/all‑of‑the‑world‑s‑top‑10‑cities‑with‑the‑fastest‑growing‑economies‑will‑be‑in‑india/

이(Chennai)는 모두 IT 산업이 발전하고 있는 도시이다. 세계 최고의 IT 기업으로 손꼽히는 GAFA(Google, Amazon, Facebook, Apple)의 주요 개발 거점도 벵갈루루 및 하이데라바드에 있다. 즉, 인도의 경제 발전을 뒷받침하는데 IT 산업이 중요한 역할을 하고 있음을 알 수 있다.

IT 서비스 매출의 대부분을 차지하는 것은 해외 매출이다. 벵갈루루 IT 파크에는 마이크로소프트, 위워크(Wework), IBM 등 미국 기업의 사무실이 즐비한데, 이는 IT 서비스 계약의 절반 이상을 미국이 차지하는 상황을 반영하고 있는 것이다.

2. 오프쇼어 거점부터 상류 공정에 이르는 거대 거점으로

예전에는 오프쇼어 개발 거점으로서 소프트웨어의 코딩과 구현, 테스트, 유지보수를 비롯한 하류 공정만을 담당하던 인도의 IT 서비스 기업들은, 이제 클라이언트의 요구에 맞춰 시스템의 기능 등을 결정하는 상류 공정을 함께 하청받게 되었다. 인도의 IT 서비스 기업들이 상류 공정까지 담당하게 된 것은, 벵갈루루에 집적된 IT 서비스 기업군의 역량이 비약적으로 향상되었기 때문이다. 특히 같은 분야의 기업들로부터 유사한 형태의 사업을 연이어 수주하게 되면서 해당 분야의 지식과 요령을 빠르게 축적하며 성장할 수 있었을 것이다. 더 나아가, 하청받은 일을 통해서 어떤 기술적 트렌드가 전망되는지, 그 배경에는 어떤 비전이나 전략이 있는지 재빨리 파악할 수 있으므로, 전망이 좋은 기술을 기민하게 판별하고 즉시 연구 개발에 뛰어들 수 있다. 실제로 인도의 IT 서비스 기업들은 소셜 미디어, 모빌리티스, 애널리틱스, 클라우드의 머리글자를 딴 SMAC, 그중에서 AI, IoT등 첨단 분야에 도전장을 내밀고 있다.

또한, 인도의 대형 IT서비스 기업은 전략적으로 예비 자원(Buffer Resource)을 보유하고 있다. 매출을 올리기 위해서는 미래의 수주를 예측하고 미리 인재를 확보해 둘 필요가 있기 때문이다. 예를 들어 10만 명의 종업원을 거느리고 있는 대기업 IT 서비스 기업에서는 종업원의 20~30%, 즉, 2~3만 명 정도를 예비 자원으로 확보하고 있다. 이 수치에는 신규 졸업자로서 인턴 중이거나, 새로운 고객을 획득했을 때 곧바로 프로젝트에 투입될 수 있도록 대기하는 인원이 포함되어 있다. 이와 같이 인적 잉여를 보유하고 있기 때문에, 새로운 테크놀로지의 연구 개발이 필요하게 되었을 때 새롭게 R&D팀을 발족시켜 즉각적으로 인원을 투입할 수도 있다. 이를 인도에서는 COE(Center of Excellence)라 부르며, COE를 제대로 활용하기 위해 인도의 IT 서비스 기업들은 테크놀로지의 변화를 파악하고, 선진국 기업에 뒤지지 않도록 실력을 기르고 있다. 이렇게 역량을 쌓은 인도의 IT 서비스 기업들이 상류 공정도 도맡을 수 있음을 어필하기 시작하면, 업무의 상하류 공정을 통째로 발주하는 선진국 기업도 등장하게 된다. 이런 과정을 통해 인도의 IT 서비스 기업들은 더 많은 노하우를 쌓고, 상류 공정에 더 적극적으로 참여할 수 있게 되는 선순환이 이루어지는 것이다.

이를 가장 잘 보여주는 예로 인포시스나 위프로를 들 수 있다. 이들은 오랫동안 전 세계의 다국적 기업들로부터 수주를 받으면서 최첨단의 기술 수준을 따라잡을 수 있었고, 시스템 구축 분야에서 세계적인 실력을 갖추게 되었다. 이들의 역량은 IT, 금융, 보험, 소매, 의료, 제조업, 통신 등 모든 업종을 커버할 정도다. 게다가 동종의 경합하는 기업들을 동시에 고객으로 유치하고 있다는 점은 특기할 만하다. 예를 들어 인포시스는 국제적인 거대 통신 기업 상위 10개사 중 6사를 고객으로 유치하고 있다. 복수의 동종 기업이 시스템 구축이나 제품 서비스 개발을 하나의 기업에 하청하게 되면 정보 유출의 우려가 있다. 하지만 인도의 IT 서비스 기업은 각 클라이언트마다 ODC(Offshore Development Center)라는 공간을 만들어 그 영역 내에서만 작업하게 함으로써, 직원을 통해 정보가 누출되지 않도록 하여 그러한 문제를 해결하고 있다. 인도의 IT 서비스 기업들은 여러 기업의 과제를 맡음으로써 노하우를 축적해 왔으며, 이를 통해 해당 분야의 스페셜리스트로 성장하고 있다.

3. IT 인재 대국 인도

인도는 날마다 컴퓨터를 바라보고 성공을 목표로 하는 기술자 지망생으로 넘치고 있다. 거리 곳곳에 컴퓨터 전문학교 광고가 나붙고, 젊은 기술 예비군이 기숙사에서 실력을 연마하고 있다. 그리고 기술자들의 정점에 있는 IIT의 졸업 시즌이 되면, 정보산업에 종사하는 전 세계의 기업이 그들을 채용하기 위해 인도까지 찾아온다.

IT 기술자의 수입은 다른 업종의 10배 이상이나 되고, 기업의 대우 역시 매력적이다. 무더위를 참아가면서 낮은 임금으로 일하는 사람이 많은 나라에서 냉방이 잘 되는 빌딩에서 사무직으로 높은 수입을 올리는 지적 노동자들은 인도의 젊은이들에게 선망의 대상이 된다. 지금도 많은 젊은이가 IT 기업에서 일하는 것을 꿈꾸며 노력을 이어가고 있다.

2018년에 구글의 CEO에 취임한 순다르 피차이가 태어난 인도 남부 타밀의 부모 집에는 자동차도 전화도 없었다고 한다. 피차이는 그 곳에서 자라나 IIT를 거쳐, 장학금을 받고 스탠포드 대학에서 유학을 마쳤다. 구글에 입사한 뒤에는 인터넷 검색 소프트웨어 및 스마트폰 안드로이드 OS의 사업에 참여하였으며, 입사 11년 만에 CEO가 되었다. 마이크로소프트의 CEO를 맡고 있는 사티아 나델라도 1967년에 인도 남부 안드라프라데시주 하이데라바드에서 태어났다. 그 역시 클라우드 기술 확대로 두각을 나타내며, 빌 게이츠, 스티브 발머에 이어 3대 마이크로소프트 CEO가 됐다. 소프트뱅크의 부사장과 야후의 회장을 지낸 니케시 아로라는 1986년 인도 북부의 우타르프라데시주에서 태어났다. 바라나시에 있는 대학에서 전기공학을 공부하고 미국에 가서 구글에 취직한 아로라는 손정의 회장으로부터 소프트뱅크의 후계자로 지명되어 100억 엔이 넘는 초년 보수를 약속받으며 화제가 되었다. 인도에서는 기술자 출신의 정치가나 관료를 어렵지 않게 볼 수 있는데, 이는 IT를 공부하고 IIT에서 졸업하는 것이 출세와 성공의 등용문임을 의미한다.

4. 고급 IT인재를 이렇게 많이 고용할 수 있는 나라는 인도뿐

경쟁력 있는 고급 IT 인재를 다수 보유하고 있다는 점도 인도가 상류 공정을 도맡을 수 있던 이유로 작용하였다. IT 업계는 세계적으로 일손이 매우 부족하다. 예를 들어 빅데이터를 분석하는 전문가인 데이터 사이언티스트는 실리콘 밸리에서조차 대량으로 고용하기 어렵다.

그러나 인도에서는 잠재적인 고급 IT 인재인 이공계 대학의 신규 졸업자가 매년 100만 명 이상 배출된다. 한국의 이공계 대학 졸업자가 연 평균 12만 명 정도인 것과 비교하면 압도적으로 많은 숫자다(NASSCOM, 2017). 엄청난 숫자의 졸업생들을 공략하면, 기업이 IT 인력을 한 번에 수백 명씩 고용하는 것도 충분히 가능하다. 이 정도로 IT 인력이 대규모로 공급할 수 있는 것은 인도가 거의 유일하다. 특히 IIT나 NIT 등 인도의 최고 수준의 대학에서 컴퓨터 사이언스 등을 공부한 학생들은 전 세계 최상위권 대학교의 학생들과 겨루어도 손색이 없는 경쟁력을 갖고 있다. 이해력이 높은 데다 영어에 능통하기 때문에 영어로 된 최신 논문을 어렵지 않게 읽고, 실리콘밸리 등에서 탄생한 최신 기술을 곧바로 적용할 수 있기 때문이다.

최근, IT 업계에서는 기술 사양이나 프로그램의 소스코드 등을 공개하는 '오픈소스'가 트렌드다. 그 덕에 인도의 우수한 엔지니어들은 프로그램을 쉽게 이해하고 활용할 수 있다. 인도의 숙련된 IT 인재를 대량으로 고용해 훈련시키면, 데이터 사이언티스트 등 전문 인력을 대량으로 육성할 수 있다. 이들은 IoT, AI, 블록체인 등의 최신 기술이 등장해도 곧바로 따라잡아 산업에 활용할 능력을 갖추게 된다.

점차 기술의 진화 속도에 가속도가 붙으면서 IT 트렌드가 변화하는 지금은 선진국들조차 그 트렌드를 곧바로 따라가기 어려워하고 있다. 이러한 와중에 신흥국으로 여겨지던 인도가 첨단 IT기술을 자신들의 것으로 빠르게 흡수하고 있다. 최근에는 연구 개발과 같은 상류 공정 업무를 인도 국내에서도 처리할 수 있게 되면서, 지금까지 실리콘 밸리 등으로 유출되었던 우수한 기술자가 인도에서 일하게 되었다. 이렇게 인도의 IT 역량은 빠르게 성장하고 있다.

5. 인건비 상승해도 비용우위성 지속

또 하나의 이유는 인도 IT서비스 기업들이 고도의 기술력은 갖추면서도, 가격 경쟁력은 기존과 같이 유지하고 있다는 점에서 찾을 수 있다. 최근 15년간 인도 IT 업계의 평균 봉급 인상률을 살펴보면, 리먼 쇼크의 영향으로 인상률이 둔화되었던 2009년을 제외하면 봉급 인상률이 10% 전후로 유지되고 있다. 이러한 현상의 이유로 크게는 세 가지를 들 수 있다(Yukio Takeyari, 2018).

첫째, 인도의 IT 서비스 기업들은 규모 확대를 계속함으로써 피라미드형 조직 구조를 유지하고 있다는 점이다. 즉, 수적으로 많고 인건비가 저렴한 젊은 인재를 적극 활용함으로써 조직 전체의 평균 단가를 낮게 유지하는 것이다.

둘째, 기업의 규모가 거대하다는 장점을 살려 조직 차원에서 생산성을 개선하기 위해 노력하고 있다는 점이다. 인도의 IT 서비스 기업들은 대규모 트레이닝 센터를 만들어 교육을 강화하는 한편, 최첨단 개발 기법을 적극 도입하고 업무의 자동화에 힘쓰고 있다. 이를 통해 비용의 우위성을 유지하고 있다.

셋째, 달러에 대한 인도 루피화의 가치가 계속 떨어지고 있다는 점이다. 2008년부터 2019년까지의 환율 추이를 확인해 보면, 달러 강세가 이어짐에 따라 인도 루피화는 약세를 유지하고 있다. 인도 IT 업계가 빠르게 성장하고 있는 것은 사실이나, 인도는 다양한 문제를 가진 개발도상국이다. 인도가 지닌 여러 문제들은 루피의 가치가 오르는 것을 막아 왔다. 이 때문에 미국의 기업들은 여전히 저렴한 비용으로 인도에 발주할 수 있었다.

6. 인도와 미국의 상생 관계

인도의 대표적인 IT 기업은 6개사로 'SWITCH(스위치)'라고 불리는데, 이는 사티얌(S) 위프로(W), 인포시스(I) , TCS(T) 코그니전트(C), HCL(H) 각 사의 머리글자를 딴 것이다. 'SWITCH'의 6개사 중에서도 기업 규모가 가장 큰 기업은 TCS와 인포시스이다. TCS는 인도 최대의 재벌 타타의 IT 부문 회사로 세계 50개국의 40만 명이 근무하는 글로벌 IT 기업이다. 한편 인포시스는 인도 기업 최초로 미국의 대표적인 주식시장인 나스닥(NASDAQ)에 상장되었다.

인도 기업이 성장할 수 있었던 핵심적인 동력은 미국과의 비즈니스였다. 인도와 미국은 시차 관계로 밤낮이 역전되기 때문에, 미국의 기업이 외주한 과제를 밤사이에 인도에서 해결해, 미국이 아침을 맞이할 무렵에 활용할 수 있게 된다. 밤은 낮이라는 이 효율적인 작업의 흐름 덕에, 지구 반대편으로부터 임금이 싸고 뛰어난 기량을 갖춘 기술자의 서비스를 제공받을 수 있었다.

7. 1만 명 이상을 동시에 훈련할 수 있는 초대형 트레이닝 센터

10만 명이 넘는 종업원을 고용하고 있는 인도의 IT 서비스 기업들은 그 사무실의 규모도 어마어마하다. 그중에서 인포시스 캠퍼스(사무실이 있는 광대한 부지)의 아름다움과 기발한 건물 디자인들은 놀랄 정도다. 벵갈루루 시내에서 차로 한

시간 정도 달려 일렉트로닉 시티라고 불리는 IT 기업이 집적된 지역에 가까워지면 피라미드 같은 건물을 볼 수 있는데, 여기가 바로 인포시스의 본사이다. 캠퍼스에는 약 2만 명의 종업원이 일하고 있으며, 이들을 위해 수백 대의 버스를 운행하고 있다고 한다.

또한, 벵갈루루에서 차로 3시간 반 거리에 있는 마이소르(Mysore)에는 인포시스의 사내 연수 시설인 '글로벌 에듀케이션 센터'가 있다. 이 센터는 세계 최대의 훈련센터로, 그 부지 면적은 약 121만 km²에 이르며 강사 인력만 600명 이상이 있어, 1만 명 이상의 인원을 동시에 훈련하는 것이 가능하다. 최첨단 시설이 갖춰져 있어 강의 출결도 순식간에 파악할 수 있다. 기숙사나 게스트하우스를 포함하면 1만 명 이상이 숙박할 수 있어서, 몇 주, 몇 개월 단위의 연수도 어렵지 않게 할 수 있다. 실제로 신규 졸업자로 인포시스에 입사한 사람은 모두 이 캠퍼스에서 4개월에서 6개월의 기간에 연수를 받는다. 컴퓨터 사이언스에 지식이 없는 사람을 단기간에 미국 대학의 컴퓨터 사이언스 학부 졸업 수준에 도달할 수 있을 정도로 고도의 능력을 배양하는 과정이라 할 수 있다. 혹독한 연수를 거치면서도 휴식시간을 가질 수 있도록 캠퍼스 내에는 수영장, 헬스장, 볼링장, 에어로빅 스튜디오가 마련되어 있다. 다른 IT 서비스 기업들도 인포시스에 가까운 수준으로 인재 육성에 힘을 쏟고 있다.

8. 전략 거점으로 변모하는 글로벌 인하우스 센터(GIC)

인도 IT 서비스 기업이 거대해지는 한편, 인도에 자사의 개발 거점을 두는 글로벌 기업도 해마다 증가하고 있다. 이미 인도에 거점을 마련했던 글로벌 기업들 역시 거점의 규모를 점차 확대하고 있다. 이와 같은 개발 거점들을 GIC(Global In‐House Center)라고 부른다. 기업에 따라서 역할은 다르지만, GIC는 연구 개발, 제품 개발·설계, IT 시스템 개발, 지원, 유지 보수, 운용 등 다양한 기능을 수행하고 있다. GIC는 사내 거점으로서 기업의 연구 개발이나 제품 개발과 관련된 경우가 많아 R&D 센터라고 불리기도 한다. 한국에서는 R&D라고 하면 기초적인 연구개발 등을 떠올리는 경우가 많지만, 인도에서는 소프트웨어 개발, 설계 등을 포함한 넓은 의미를 갖는 개념이다.

NASSCOM(2017)의 자료에 따르면, 인도에는 2016년 기준 약 1,000개 사의 GIC가 설치되어 있고, 이 GIC에 80만 명의 근로자가 고용되어 있다. 그 규모는 215억 달러에 육박하는데, 이는 인도 IT 업계 수출 규모의 약 20%에 해당하는 수치다. GIC의 지역 분포를 살펴보면, 가장 많은 거점이 소재한 것은 벵갈루루(35%)이며, 푸네(24%), 델리(14%), 하이데라바드(11%) 첸나이(10%)가 그 뒤를 잇는다. 또, GIC를 설치한 기업의 국적을 기준으로 분류해 보면, 미국 기업이 68%로 가장 많은 GIC를 설치하였으며, 유럽 기업의 GIC가 전체의 24%를 차지한다.

원래 GIC는 사내용 오프쇼어 거점으로 설치되어, 비용 절감과 인원 확보가 그 주된 목적이었다. 자사의 글로벌 제품의 소프트웨어 개발을 일부 분담하거나 테스트, 유지 보수 업무를 맡는 등, GIC가 수행하는 일들은 본사를 지원하는 업무의 성격이 강했다. 그러나 그 후 기술 수준이 향상되고 조직으로서의 성숙도도 높아지면서, 오늘날에는 전체 소프트웨어 개발, 나아가 하드웨어를 비롯한 글로벌 제품의 엔드 투 엔드 개발, 설계, 상품화를 수행하는 GIC도 늘고 있다.

최근에는 특허를 취득하거나, 빅데이터나 애널리틱스처럼 선진국에서도 충분한 인재 획득이 어려운 기술 분야의 조직을 구성하거나, IoT, AI, 블록체인 등의 신규 기술의 POC(Proof of Concept)을 실시하거나, 혁신 창출에 공헌하는 GIC도 점차 증가하고 있다. 개방형 혁신(Open Innovation)의 일환으로 인도의 스타트업을 활용한 액셀러레이터 프로그램을 시작하는 곳도 늘어나고 있다.

GIC 책임자의 대부분은 인도 대학을 졸업한 후 미국 대학에서 MBA나 석·박사학위를 취득하고 미국 기업에서 경험을 쌓은 후 인도로 귀국해 취임한 이들이거나, 혹은 미국 IT 기업으로부터 정해진 기간 동안의 부임자로서 파견된 이들이다. 따라서 이들은 미국 본사와의 두터운 연결고리를 가지고 있다고 할 수 있다. 많은 GIC는 경력자뿐 아니라 신규 졸업자들도 채용하고 있으며, 이를 위해 적극적으로 상위권 대학들에 접근하고 있다. GIC는 인도 IT 서비스 기업보다 높은 봉급을 주고 글로벌 제품 연구개발에 종사할 수 있다는 점에서, 학생들에게는 매력적인 직장이다. 인도의 GIC와 R&D 센터는 연구 개발, 제품 개발, 신규 기술 개발, 혁신 전략 수립, 신흥국 비즈니스, 나아가 글로벌 인재 획득을 위한 전략 거점으로 변모하고 있다.

Ⅳ. 인도와 인공지능

1. 인공지능의 배경은 4차 산업혁명

인공지능(Artificial Intelligence: AI)의 등장 배경에는 4차 산업혁명이 있다. 세계 선진국들은 젊은 노동력과 소비력이 성장을 주도하던 성장기를 지나 성숙기에 접어들고 있다. 경제 성장기를 거쳐 경제적 위축의 시기가 다가올 것으로 예상되지만, 고령자 활용이나 새로운 전환을 끌어낼 결정적인 성장전략은 아직 부재한 상황이다. 개도국과의 경제적 격차를 이용한 경제 견인 모델도 인도네시아, 베트남 등을 비롯한 동남아 신흥국들의 추격으로 한계에 봉착하고 있다.

이러한 상황에서 많은 국가가 주목하는 것이 4차 산업혁명이다. 제1차 산업혁명이 증기기관의 발명으로 이루어졌으며, 제2차 산업혁명은 전기, 석유, 철강 등의 중공업으로, 제3차 산업혁명은 컴퓨터 인터넷의 발달에 의한 것이었다. 4차 산업혁명은 AI와 사물 인터넷인 IoT(Internet of Things) 등의 기술을 활용한 혁신을 의미한다. 모든 사물이 인터넷에 연결되며, 축적되는 여러 가지 데이터를 인공지능이 해석해 새로운 제품이나 서비스의 개발에 활용한다. 4차 산업혁명은 문명의 모습을 바꿀 수 있는 꿈틀거리는 장대한 미래인 동시에 거대한 비즈니스의 무대이다. 하지만, 한편으로 기계가 인간을 대신하거나 개인의 사생활이 침해되는 등 중대한 위험성을 내재한 변화이기도 하다.

2. AI 덕에 농가 수입이 2배로

인도는 다양한 분야에서 AI의 도입을 추진하고 있으며, 특히 농업의 사례를 주목할 만하다. 이는 기본적으로 최첨단 AI와 시대에 뒤떨어진 산업을 접목하는 작업이다. 인도의 농업은 늦은 근대화로 생산성이 낮다. 생산 품종을 늘리거나 고부가가치의 작물을 만들기 어려워 최근에는 경작을 포기하는 농지들도 생겨나고 있다. 농지에 물을 끌어들이는 기본 인프라를 정비하는 것도 의외로 큰 투자를 요구하며, 가시적인 성과가 나올 때까지 긴 시간이 걸린다. 인도 정부는 이러한 문제점을 자신 있는 영역인 IT를 활용해 해결해 보려고 시도하고 있다.

이를 위해 AI를 이용한 관개 시스템의 개선, 효율적인 농약 살포를 위한 무인기의 도입, 시비를 최적화하기 위한 토양 매핑 구현 등 다양한 사업들이 기획되었다. 특히, 수확량과 가격을 예측하는 새로운 시스템은 전통적인 농업의 모습을 바꾸기 시작했다. 또한, 블록체인 기술을 도입함으로써 인도의 농업 경제를 좀먹는 큰 문제 중의 하나였던 거래 과정상의 부정을 막을 수 있었다. 블록체인은 거래 기록을 여러 컴퓨터로 체인(사슬)과 같이 연결하여 보관하는 것으로, 대규모 컴퓨터를 통해 중앙에서 관리하는 것보다 비용이 저렴하고 데이터의 조작이나 부정 거래의 여지가 적다. 오랜 기간 중간 상인들의 투명성 없는 거래에 불신과 불만을 품고 있던 인도 농민들에게 이는 반가운 변화로 다가왔다.

이처럼 인도가 AI를 활용한 농업 개혁을 진행하면서 인도 농업의 경제적 잠재력을 높게 평가하여 인도 진출을 서두르는 기업이 늘어나고 있다. 선진국의 농업은 이미 다양한 기술이 활용되고 있어서, AI를 활용해 엄청난 경제적 편익을 기대하기 어렵다. 하지만 인도에서 AI를 활용하여 농업의 수확량을 올리는 것은 비교적 쉬울 것이다. 수확량을 늘리는 차원에서는 AI가 유감없이 힘을 발휘할 수 있을 것으로 기대된다.

3. 디지털 인디아

선진국들에는 제조업, 의료, 물류 등의 시스템이 이미 정착되어 있으며 지속해서 고도화되고 있어서, 시스템을 손보기가 쉽지 않다. 수정에 대한 리스크가 큰 만큼 과감한 변화를 꾀하기 어렵기 때문이다. 반면 정립된 인프라가 적은 인도에서는 문제를 복잡하게 만들지 않고도 자유롭게 새로운 시도들에 도전할 수 있다. 원격 의료, 드론 농업, 원격 결제 앱 등 인도의 창업자들이 시작한 서비스들이 산업의 형태를 바꾸려 하고 있다.

정부의 지원은 그러한 변화를 뒷받침하고 있다. 모디 수상은 정권이 발족한 뒤 얼마 되지 않은 시기에 거국적으로 정보 통신 기술을 확산시키는 '디지털 인디아(Digital India)' 계획을 발표했다. 디지털 인디아는 전 국민을 대상으로 디지털 인프라의 제공을 목표로 하며, 전자정부(E-Gov)를 추진하여 행정 절차의 효율성 제고를 꾀하는 것이다.

더불어 모디 정권은 4차 산업혁명에 대응하기 위한 AI 태스크 포스팀을 정부 부내에 설치하는 한편, 정책 위원회를 중심으로 새로운 기술을 모든 부처가 공유할 수 있도록 하는 AI 국가전략을 발표했다. 그 배경에는 IT산업 분야에서 인도가 중국에 뒤처지면 안 된다는 강한 위기의식이 자리하고 있다. 인도는 중국과 경제적 협력 관계에 있지만, 인도가 자랑하는 IT산업 분야에서만큼은 자국의 위신을 지켜내고 싶은 것이다.

발달한 정보 통신 기술을 활용한 새로운 인도 국가의 건설은 서비스업뿐 아니라 안보 측면에서도 중요성이 있으며, 낙후된 농업과 제조업을 되살릴 씨앗이 될 것으로 보인다. 뛰어난 기술자들의 힘이 소프트웨어 수출을 넘어, 나라 전체를 움직이는 원동력이 되고 있는 것이다.

4. 인도의 AI 산업

인도에 위치한 시장조사 기관 마켓츠 앤드 마켓츠(Markets and Markets)는 인공지능 시장이 앞으로 6년 동안 1,700억 달러(한화 203조 원)의 이익을 낼 것이라는 보고서를 2019년에 발표했다. 마켓츠 앤드 마켓츠는 AI 기술 도입으로 2025년까지 세계 경제가 연평균 36% 성장을 기록할 것으로 내다보았으며, AI에 가장 크게 영향을 받게 될 주요 산업으로는 의료, 제조, 자동차, 농업, 소매, 보안, 인적 자원과 마케팅 분야, 법률을 뽑았다.

현재 AI 기술을 보유한 주요 기업으로는 인텔, 마이크로소프트, 아마존, NVIDIA, 블루 프로그 로보틱스, 소프트뱅크 등이 있다. 기업들은 효율적인 법률 자문이 필요할 때나, 사례 예측, 계약 분석이 필요할 때 등 다양한 일반 업무에서 생산성을 높이기 위해 AI 기술을 도입해 사용하고 있다. AI 인프라 시장 규모도 2019년 146억 달러에서 2025년 506억 달러로 연평균 23.1% 성장할 것으로 전망되고 있다.[2] 현재 시장에서 AI는 비즈니스 및 고객 행동 분석, 가상 어시스턴트, 시장 조사와 자본 최적화 등의 핀테크 애플리케이션에 주로 활용된다. 또한, 고객과 상호 작용하기 위해 채팅봇을 이용하는 금융 기관이 늘고 있다.

엑센츄어의 보고서는 인공지능이 인도 경제에 약 1천 22조 원에 해당하는 혜택을 가져올 것이라고 예상하고 있다. 보고서에 따르면, AI 산업은 인도 총부가가치(GVA)의 연간 증가율을 1.3%p 증가시킬 잠재력을 지니며, 2035년까지 인도의 수입을 약 15% 증가시킬 수 있을 것으로 예측했다.[3] 인도의 대기업 중 88% 이상이 AI의 경제적 잠재력을 현실화하는데 주도적인 역할을 수행할 것임을 밝힌 바 있으며, 인도의 대기업과 중소기업들은 AI 산업에 대규모 투자를 계획하고 있다.

인도의 AI 산업의 규모는 2018년 2억 3,000만 달러에서 2019년 4억 1,500만 달러로 일 년 사이에 두 배 가까이 성장하였다. 이 같은 급성장은 AI 분야로 옮겨 온 숙련된 전문가들이 주도한 것으로 분석된다. 지난 2년 간 다른 분야에

---

2 http://www.aitimes.com/news/articleView.html?idxno=122971

3 http://www.aitimes.kr/news/articleView.html?idxno=11197

서 AI 분야로 이직해 온 인원이 현재 인도의 AI 전문가 전체의 65%에 육박하는 것으로 파악된다.

2020년에는 4,000개가 넘는 기업들이 AI 프로젝트를 진행하고 있다고 밝혔는데, 이는 2018년보다 300% 가량 증가한 수치다. AI 산업에 합류한 신입 직원들의 수도 2019년 초 3,700명 수준에서 2020년에는 8,000명으로 증가하였다. 이러한 변화의 원인으로는 정부의 AI 예산이 커지고 있으며 챗봇과 NLP(자연어 처리) 음성 비서의 사용이 늘고 있다는 점을 들 수 있다. 2018년 인포시스가 공개한 국가별 AI 성숙도 순위에서도 인도가 1위(75%)로 미국(71%), 중국(61%)보다 높은 것으로 나타났다.

5. 인도 정부의 AI 전략

가. 인도에서도 주목을 끄는 AI

인도의 첨단 기술은 사회에 빠르게 적응하면서 진보를 거듭하고 있다. AI는 소매, 패션, 교육, 은행 등과 관련된 거의 모든 조직에서 사용자 친화적인 서비스를 가능하게 함으로써 인도 비즈니스의 새로운 주역이 되고 있다. 고객과 직원이 직접 접촉하는 커뮤니케이션 방식이 채팅에 의한 지원 방식으로 대체되는 중이다. 많은 산업 분야들에서 점점 더 AI가 필요하게 되었다. 인도에서는 세쿼이아나 타타와 같은 대기업으로부터 유니레저(Unilazer)나 플립카트(Flipkart)와 같은 중소기업들에 이르기까지 AI 사업에 공격적으로 투자하는 기업들이 늘어나고 있다. 인도에는 50개가 넘는 AI 스타트업이 존재한다. AI 산업의 잠재력이 점점 인정받음에 따라 헬스케어·상거래·제조·방위·우주 개발 등 광범위한 분야에서 AI를 이용한 앱이 도입되고 있다. 비인도계 기업이 인도의 AI 스타트업을 인수하는 일이 많아졌으며, 미국에서 성공한 인도계 엔젤 투자자가 인도의 AI 스타트업 기업을 지원하는 사례도 늘어나고 있다.

나. 인공지능(AI)이 인도의 진찰 프로세스를 바꾼다

AI 기술의 진전이 우리의 일상생활을 변화시키는 속도는 놀라울 정도이며, 그 중에서도 의료의 변화는 유독 빠르다. 인도에서 1명의 의사가 진찰하는 환자의 수는 평균 1,681명에 이르며, 이는 세계 최저수준이다. 미국이나 일본에서 1명의 의사가 진찰하는 환자 수가 400명 전후인 것을 고려하면, 인도의 의료 환경은 매우 열악하다고 볼 수 있다. 의사를 늘리는 것은 이러한 문제를 개선할 한 가지 방법이 될 수 있다. 그러나 이것은 오랜 시간을 요하는 방법으로, 현재 인도가 당면한 의사 부족 상황을 단기간에 해결하기에는 역부족이다.

인도 국민들은 증상이 악화되어야만 의사를 찾는 경향이 있다. 예방 의학의 개념은 인도에서는 아직 새로운 것으로, 많은 인도인들은 프라이머리 헬스케어(Primary Healthcare)[4]에 비용을 들일 필요성을 느끼지 못하고 있다. 이러한

그림 5 **의사의 부족이 심각한 인도, AI의 도입으로 문제를 해결할 수 있을까?**
출처: depositphotos.com(ⓒeverythingposs)

---

4 모두의 건강을 기본적인 인권으로 인정하고, 그 달성 과정에서 주민의 주체적인 참여나 자기결정권을 보장하는 세계보건기구(WHO) 등이 제창하는 이념.

배경에서, 모든 인도 국민이 최소의 비용만 지불하면 고품질의 의료를 받을 수 있는 체계를 AI를 통해 구축을 시도하고 있다.

최근 인도에서는 AI를 통해 진찰 프로세스의 최적화가 진전되고 있다. 이전에는 몸에 이상이 생긴 환자가 의사를 방문하고, 의사는 증상을 확인하고 문진하여 약을 주는 과정으로 진료가 이루어졌다. 현재는 AI가 진찰이나 외래 환자 대응 과정의 상당 부분을 대응할 수 있어, 의사는 보다 심각한 의료 상황에 대응하는데 더 많은 시간을 할애할 수 있다. 인도에서는 의료가 IT를 활용하는 유망 분야이며, AI가 인도의 의료계에 변화를 가져오는 주된 요인 중 하나임은 분명해 보인다.

다. 6,920만 명의 당뇨병 환자를 AI로 구할 수 있나?

인도는 1명의 의사가 평균 1,681명의 국민을 담당해야 한다. 의사들이 과도하게 많은 환자를 진찰하고 진단해야 한다. 하지만 AI를 적용한 시스템을 도입한다면, 환자의 과거 데이터와 진료 기록을 분석함으로써 의료행위의 질을 개선할 수 있다. 즉 시스템상에서 일련의 진료 기록들을 정리하고 환자의 병력에 관한 데이터, 혹은 동일한 증상을 가진 환자의 의료 기록을 열람할 수 있도록 함으로써, 의사에게 더 효과적으로 의료행위를 할 수 있도록 보조할 수 있다는 것이다. 덕분에 의사의 의료행위가 효율화되며, 의료 사고가 감소하므로 환자들의 입장에서도 더욱 효과적인 의료 서비스를 제공받을 수 있게 된다.

인도 인구의 68.84%가 지방에 거주하는 상황에서, 의료 설비를 국토의 구석구석, 특히 도로가 잘 갖추어지지 않은 지역에까지 설치하기는 쉽지 않은 일이다. 적절한 의료 기관 및 기타 의료 시설이 부족한 지방에서는 질병으로 인한 사망률이 훨씬 높다. AI와 같은 첨단 기술을 이용하면 증상 진단을 위한 시설, 건강에 관한 지식, 질병 예방·예견을 위한 의료 기술을 지방 거주자에게도 공급할 수 있다. 진단 데이터와 환자의 건강 기록을 이용한 예방 모델은 질병의 발생을 조기에 발견하고 예방하는 데 도움이 된다.

　　WHO 자료에 따르면 인도에는 6,920만 명의 당뇨병 환자가 있으며, 그 중 망막증 환자는 34.6%로 추정된다.[5] 인도의 의료 시스템은 당뇨병에 대한 대책을 갖출 필요가 있으며, 당뇨의 실태 파악, 진단, 발견 및 예방의 모든 면에서 시스템적 개선이 요구된다. 당뇨병 망막증의 조기 발견을 위해 AI의 도입이 필요하다. 의사는 AI 기술을 통해 당뇨병 환자들의 망막 이미지를 모으고 기계로 재빠르게 스캔해 데이터로서 수집할 수 있다. AI 전문가들은 이 데이터들로부터 패턴을 도출해낸 뒤 알고리즘을 작성해 질병이 잠복해 있는 사인을 파악하고, 이를 통해 당뇨병을 조기 진단하고 및 예방하는 데 도움을 줄 것으로 예측하고 있다.

V.　인도의 4차 산업혁명 전략

1.　세계의 공장이 되지 못한 이유

인도가 중국과 같은 세계의 공장이 되지 못한 가장 큰 원인은 노동자를 지키는 강력한 법률 때문이다. 기업들은 고용자를 쉽게 해고할 수 없어서 정규직을 채용하기보다는, 해고가 쉬운 파견 계약사원 등 통계에 반영되기 어려운 비공식 노동력을 활용하는 경우가 많다. 따라서 인도의 제조업계는 새로운 일자리를 창출하지 못하고 있으며, 제조업이 자라나기 어려운 상황이다. 또한 노동자들의 파업도 잦다. 회사들은 실업자의 발생을 유발하는 파산신청도 쉽게 하지 못한다. 이러한 이유로 많은 해외 기업이 인도 진출을 꺼렸다.

　　더불어 국내 산업 보호를 위해 추진한 국산품 장려책도 역효과를 낳고 있다. 스와데시(자국주), 스와라지(자치) 기치에 입각한 자국 제품 애호 정책은 반식민지주의로 이어졌다. 인도 스스로 자국의 자본을 바탕으로 한 산업 발전을 도모하기 위해 시작했던 국산품 장려 운동은 서양 제품의 사용을 반대하는 운동

---

[5]　http://www.sbbit.jp/article/cont1/33654

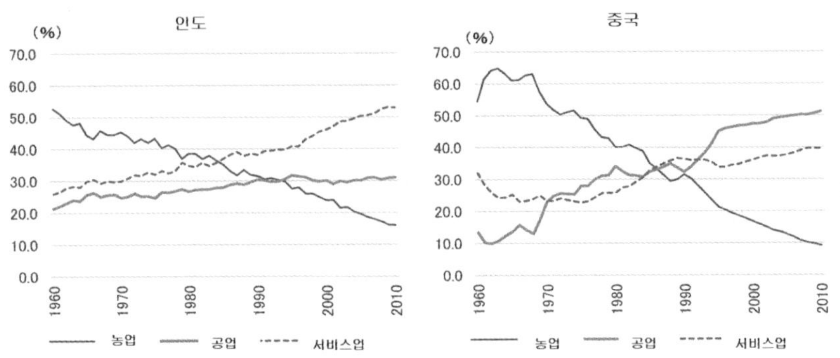

그림 6   인도와 중국의 산업별 실질 부가가치 점유율 추이

출처: Business+IT, https://www.sbbit.jp/article/cont1/37595

이 되었다. 그 결과 인도의 제조업은 국제적인 경쟁력을 갖추는 데 실패하였으며, 자국민을 위한 내수용 제품밖에 만들 수 없게 되어 버렸다.

2.   인도 경제성장의 견인차는 서비스업에서 제조업의 디지털화로

인도는 2030년에는 세계 상위권의 경제 대국이 될 것으로 전망되며, G20 국가 중에서도 높은 성장률을 보이고 있다. 인도는 많은 IT 인재를 확보하고 있으며, 마이크로소프트나 구글 등 IT 기업에도 인도 출신이 CEO로 취임하는 등 국제적으로도 그 역량을 인정받고 있다.

제조업을 중심으로 발전한 동아시아 국가들과 달리 인도에서는 IT 산업을 포함한 서비스업이 경제성장을 이끌어 왔다. 산업 구조의 변화 추이를 보면, 중국이 1990년대 들어 제조업계 점유율을 급속히 끌어올려 '세계의 공장'이라고 불릴 정도로 발전하지만, 인도는 1990년대 중반부터 서비스업의 점유율을 빠르게 높였다.

인도는 중국에 이어 세계 2위 규모의 인구를 자랑하며, 현재 추세를 유지한다면 2025년에는 세계 1위에 이를 것으로 예측되고 있다.[6] 또한, 25세 이하

---

6   https://www.sbbit.jp/article/cont1/37595

의 젊은 층이 인구의 절반을 차지하고 있다. 이를 고려할 때, 인도는 생산·소비 양면에서 새로운 성장이 기대되는 거대 시장을 가지고 있다고 할 수 있다. 서비스업이 발전한 인도는 앞으로 해외에서 제조업 회사들을 유치함으로써, 수입에 의존하는 기존의 구조를 타파하고 국내 생산을 위주로 체질을 전환함으로써 제조업 발전의 기틀을 닦으려 하고 있다.

3. 세계의 제조업 변혁을 견인하는 인도

현재 세계의 제조업은 4차 산업혁명이라고 불리는 구조적인 변혁기를 맞이하고 있으며, 신흥국들은 이러한 추세를 따라가기 위해 노력하고 있다. 이러한 추세는 선진국들 내에서 독일의 Industry 4.0 국제 표준화 움직임이 가속화됨에 따라, 디지털 트랜스포메이션(Digital Transformation: DX)을 제조 거점인 신흥국들로 원활하게 이식하려는 노력과 맞물리는 것이다. 인도는 독일과의 연계를 구축하려 일찍부터 노력해 왔으며, 그 결과 독일에서 개최된 세계 최대 규모의 산업 박람회인 하노버 멧세의 파트너국이 되는 등의 가시적인 성과를 나타내고 있다.

Make in India는 인도를 디지털을 통해 사회를 강화하고 지식 경제를 구축한다는 비전을 갖고 있다. 이를 통해 인도는 제조업 일자리를 창출하는 동시에 4차 산업혁명에 필요한 첨단 기술을 도입해 제조업의 디지털화를 추진하고자 하고 있다. 그 일환으로, 인도 정부는 산업계의 고속 통신을 확보하기 위해 '디지털 인도 프로그램'을 추진하고 디지털 기술의 도입이 가져올 혜택을 국민이 누릴 수 있도록 노력하고 있다. 스마트 팩토리를 구현하기 위한 독일의 산업화 4.0과 같은 움직임도 여기에 포함된다.

또한, 인도는 외국 기업들의 제조 거점을 유치함으로써 인도를 세계의 중요한 제조 허브로 탈바꿈시키려는 시도를 이어가고 있다. 중국의 인건비가 상승함에 따라 세계의 공장으로서의 위상을 잃어가는 가운데, 기업들이 중국을 대체할 새로운 제조 거점을 찾고 있다. 서비스 산업이 발달한 인도는, 풍부한 IT

인재를 활용하여 제조업의 디지털화를 이끄는 기수가 될 것으로의 기대된다.

4.   제조업 디지털화의 주역이 될 인도의 IT 스타트업

인도의 IT 기업들은 세계를 상대로 하는 글로벌 비즈니스를 진행하고 있다. 인도는 다국적 기업의 CEO나 유니콘 기업의 창업자를 많이 배출하고 있을 뿐만 아니라, 마이크로소프트, IBM, 인텔, 구글 등의 수많은 다국적 IT 기업의 주요 거점이기도 하다.

인도의 경제는 가파른 성장세를 보이고 있으며, 특히 스타트업이 두각을 나타내고 있다. 현재 인도의 스타트업 수는 7천여 개에 이르며, 이는 미국, 영국에 이어 세계 3위에 해당한다. 인도의 IT 스타트업은 정부의 Make in India 기조 하에서 해외 투자를 활발히 유치하고 있으며, 인도가 제조업의 디지털화, 즉 디지털 전환을 통해 세계의 제조 허브로 자리매김한다는 정부의 목표에 접근하는 데 크게 기여하고 있다. 애플이나 구글은 인도의 AI 스타트업 인수함으로써, 인도에서 태동하는 새로운 기술력을 흡수하고 있다. 아마존도 인도에 데이터 센터, 온라인 마켓 플레이스 분야에 총 50억 달러에 육박하는 자본을 투자하고 있다.

인도는 신흥국이면서 인재, 기술, 시장의 세 가지 강점을 두루 갖추고 있다. 이미 많은 인도의 IT 인재들이 글로벌 IT 기업이나 스타트업의 담당자로 활약하고 있어서, 인도는 국내외의 시장을 겨냥하는 세계의 새로운 제조 거점으로 발전할 가능성이 크다고 할 수 있다.

Ⅵ.   인도의 스마트시티: '리빙 테스트베드(Living Testbed)'

나렌드라 모디 인도 총리는 국가 정책으로 'Make in India'를 발표했다. Make

in India는 경제성장과 일자리 창출을 위해 기존 서비스업 위주의 산업구조를 제조업 위주로 전환하는 데 목적을 두며, 특히 해외 투자를 촉진함으로써 국내 제조업 발전의 기반을 마련하고자 한다. 인도 정부는 4차 산업혁명에 대응하는 데 직접 주도적으로 나서기보다는, 민간 주체들이 적극적으로 활동할 수 있도록 후방에서 지원하는 역할에 집중하고 있다. 정부는 민간 IT 기업 협의체인 나스콤(NASSCOM)과 협력하여 사물 인터넷 혁신 센터인 CoE-IoT를 구축하였으며, 이를 통해 스타트업 육성, 기술 및 인적자원 개발, 국제 협력 등을 지원하고 스타트업 혁신 생태계를 조성하는 데 역점을 두고 있다.

인도 정부는 이러한 맥락에서 특히 4차 산업혁명과 연계된 스마트시티전략을 2015년 전세계가 주목하는 가운데 출범시켰다. 특히 민간 스타트업이 사물인터넷 기술을 활용할 수 있는 도시건설을 중시한 100개의 스마트시티 개발 프로젝트를 추진하고 있다. 이를 통해 인도의 열악한 도시 주민의 삶의 환경을 개선하고 나아가 경제성장을 통해 다양한 일자리를 만들어 도시민의 전반적 삶의 질 혁신을 도모하고 있다. 이를 위해 다양한 스마트솔루션을 접목해 시도하는 일종의 도시의 '리빙 테스트베드' 성격을 지니는 스마트시티 개발 프로젝트를 추진하고 있다. 인도 정부는 스마트시티를 통해 도시의 주택과 위생환경, 교통, 교육, 의료보건복지 등 의 생활환경을 개선하고 특히 일자리의 창출이 주민생활의 안정고 향상에 필수라는 인식을 정책으로 시현하고 있다. 제조업의 GDP 점유율을 15%에서 60% 수준까지 끌어올리는 것을 목표로 하고 있다. 자동차, 바이오 기술, 오일·가스, 철도, 우주 등 진흥 대상 25개 업종을 중심으로 청년 일자리를 확보하고, 2022년까지 제조업에서 1억 명의 일자리를 창출하려고 계획하고 있다.

스마트시티라는 인도 주요 도시의 '리빙 테스트베드' 프로젝트에는 대상 업종에서의 투자 및 혁신 촉진, 지적 재산 보호, 제조 인프라 구축을 위한 신규 우대조치 등이 포함되어 있다. 델리 뭄바이 간 산업대동맥 구상(Delhi Mumbai Industrial Corridor: DMIC), 산업 클러스터 등 다양한 제조 인프라 구축과도 연계된 스마트시티를 개발해 경제성장과 삶의 질을 동반하는 효율적 전략을 구사하고 있다. 특히 앞서 살펴본 바와 같이 인도는 AI를 포함해 강력한 IT산업경쟁력을 바탕으로 다양한 디지털 스마트기술을 활용해 인도형 스마트시티 개발의 성공 가능성을 내포하고 있다. 이는 인도에서의 IT강국 이점이 '리빙 테스트베드'로서의 스마트시티 개발의 성공으로 이어져 인도의 일자리와 주민의 삶의 질 환경에서의 변혁으로 나아갈 수 있을 높은 가능성을 시사한다. 이러한 인도의 스마트시티 프로젝트의 과정과 성과를 세계가 주목하고 있다.

참고문헌

〔한글출판본〕

안나 그린스판 저. 우광방 역. 2007. 『인도와 IT 혁명』. 연세대학교 대학출판문화원.

이명무·김윤호. 2020. "적정한 신기술 프로토콜 2.0." *Journal of Appropriate Technology* 6(1), 1-5.

이명무. 2020. "스마트폰 앱의 고객가치: 한국과 인도를 중심으로." 『아시아리뷰』 18, 3-40.

이명무. 2018. "인도 IT서비스 기업의 글로벌 전략: LLL이론을 중심으로." *International Business Journal* 29(1), 65-93.

이명무·김주영. 2018. "인도 BoP 계층의 시장세분화를 위한 라이프스타일 연구." *Journal of Channel and Retailing* 23(1), 99-124.

한국산업기술진흥원. 2017. "인도의 국가혁신전략: 기술비전 2035, 미래 산업정책 및 제조업 육성정책." 『KIAT산업기술정책 브리프』.

〔영문출판본〕

Azhagaiah, R. and C. Gavoury. 2011. "The Impact of Capital Structure on Profitability with Special Reference to IT Industry in India." *Managing Global Transitions: International Research Journal* 9(4), 371-392.

Chatterjee, S. 2020. "AI strategy of India: policy framework, adoption challenges and actions for government." *Transforming Government: People, Process and Policy*.

Kundu, S. C. and A. Mor. 2017. "Workforce Diversity and Organizational Performance: A Study of IT Industry in India." *Employee Relations* 39(2), 160-183.

Iyer, A. 2018. "Moving from Industry 2.0 to Industry 4.0: A Case Study from India on Leapfrogging in Smart Manufacturing." *Procedia Manufacturing* 21, 663-670.

Mizuho Institute. 2019. *Investment Environments in India.*

Mukherjee, A. 2013. "The Service Sector in India." *Asian Development Bank Economics Working Paper Series* 352.

NASSCOM. 2017, The IT – BPM Industry In India 2017: Strategic Review.

NASSCOM. 2020. Unlocking Value From Data And AI – The India Opportunity.

NASSCOM. 2021. AI GAMECHANGERS: ACCELERATING INDIA WITH INNOVA-TION.

NASSCOM. 2021. QUARTERLY INDUSTRY REVIEW.

Vempati, S. S. 2016. India and the artificial intelligence revolution. Carnegie Endowment for International Peace.

Yukio Takeyari. 2018. "India Shift." PHP Institute.

〔인터넷 자료〕

주인도 대한민국대사관, https://overseas.mofa.go.kr/in – ko/brd/m_20451/list.do

제5장

인도의 도시화와 스마트시티미션의 구조 및 평가

박수진(서울대학교 아시아연구소 소장, 서울대학교 지리학과 교수)
박양호(전 국토연구원장, 서울대학교 아시아연구소 객원연구원)

I. 서론: 인도의 도시화와 스마트시티 개발

스마트시티란 IT, 환경기술(ET), 인공지능(AI) 등 첨단기술이 인간의 기본 생활 환경 수요에 접목된 도시를 의미한다. 스마트시티의 첨단 기술은 도시문제를 해결하고 도시를 더욱 편리하고 친환경적으로 변모시킨다(박양호, 2015).[1] 스마트시티 개발은 도시화 현상과 밀접한 관계를 보인다. 도시로 인구가 모여드는 도시화는 주택, 교통, 위생, 상하수도, 환경, 재해 등 각종 도시문제를 일으키고 있다. 도시의 인구 수용력이 취약하고 기술적 한계가 두드러지는 나라일수록 도시문제가 심각한 경향이 있다. 인도 등 남아시아 주요 국가들은 지속적으로 늘어나는 도시인구로 인한 각종 도시문제를 효율적으로 해결하기 위해 최근 국가정책으로서 스마트시티 정책을 발표하고 강력한 실천 의지를 보이고 있지만

---

1 스마트시티에 대한 정의는 현재 매우 다양해 국가 간에 통일된 정의는 아직 없는 실정이며, 개인 연구자별로 개별적 정의를 내리고 있다.

전반적으로 아직은 초기 단계이다.

남아시아지역의 중추국가인 인도는 인구 약 14억 명에 달하는 인구 대국이며 국가 경제규모 면에서도 2022년 현재 세계 6위의 경제 대국이다. 향후 글로벌 위상이 더욱 높아질 인도와 한국과의 공동번영을 향한 교류확대의 모색이 필요하다. 인도에서는 도시화가 초래하는 경제·사회·환경문제 등이 도시마다 산적해 있고 삶의 질도 취약하며 불균형이 심한 편이다. 더구나 2020년에서 2050년까지 인도의 도시인구가 추가로 3.2억 명이 더 늘어나 도시의 인구수용에 큰 부담이 될 전망이다. 인도 정부는 도시화가 유발하는 도시문제를 극복하면서, 도시화로 늘어나는 신규 투자와 신산업발전 등 새로운 기회를 포착해 도약할 수 있는 국가도시정책을 출범시켰다. 특히 경제성장과 삶의 질 향상을 촉진하고자 100개의 스마트시티 개발에 중점을 두는 스마트시티 미션을 2015년 6월 25일부터 추진하고 있다. 오늘날 인도의 스마트시티 미션의 방향성과 전략적 구조, 그리고 시장성 등에는 전 세계가 주목하고 있다.

본 장에서는 인도의 도시화 실태와 전망에 대해 살펴보고, 인도에서의 도시화가 유발하는 도전과 기회를 알아본다. 그리고 인도의 도시화에 대응하는 도시화정책 추이를 살펴보고, 이어 인도의 모디 정부가 역점을 두고 추진하고 있는 스마트시티 미션의 의미와 구조 및 개발 사례와 평가를 다룬다.

Ⅱ. 인도의 도시화: 도전과 기회

1. 인도의 도시화 추이 · 특성 · 전망

가. 인도의 글로벌 중심지 위상과 도시화추이

인도에는 2021년 현재 중국(14.4억 명) 다음으로 많은 약 13.9억 명의 인구가 살고 있으며 경제 규모는 현재 전 세계 6위이다. 인구 규모는 2025년을 전후해 중국을 앞질러 세계 최대가 되고 경제 규모도 2030년이면 중국, 미국에 이어 세계 3위로 올라서게 될 것으로 예상된다(CEBR, 2021). 남아시아지역의 중추국가인 인도는 지정학적으로나 지경학적으로 글로벌 중심지 체계에서 향후 그 위상이 더욱 높아지고 더욱 중요해질 전망이다. 인도의 도시화는 경제·사회·문화적 변혁을 일으키고 도전과 기회를 유발하고 있다. 도시인구 증가에 따라 인도는 도시기반시설 공급과 개선이 도시인구 증가에 미처 따라가지 못해 생겨나는 교통, 위생, 주거, 환경 등 다양한 도시문제를 해결해야 하는 도전적 과제를 안고 있다. 동시에 인도의 도시화는 도시로의 투자를 유도하고 도시에서의 많은 일자리를 창출할 수 있어 경제성장과 삶의 질 향상을 위한 기회가 되기도 한다. 이렇게 도시화에 따른 도전을 극복하고 기회를 살리기 위한 국가도시정책이 인도에서 전개되어 왔다.

인도의 전체인구 중에서 도시에 사는 인구의 비중을 나타내는 도시화율은 **그림 1**에서 보는 바와 같이, 1961년 17.9%에서 1971년 19.9%, 2001년에 27.8%, 2011년에는 31.2%, 그리고 2020년에는 34.9%로 계속 증가하고 있다. 세계평균 도시화율은 2020년에 56.2%로서 인도의 도시화율은 세계 평균치보다 2020년에 약 21%포인트 정도 낮게 나타나고 있다. 인도의 도시화를 한국의

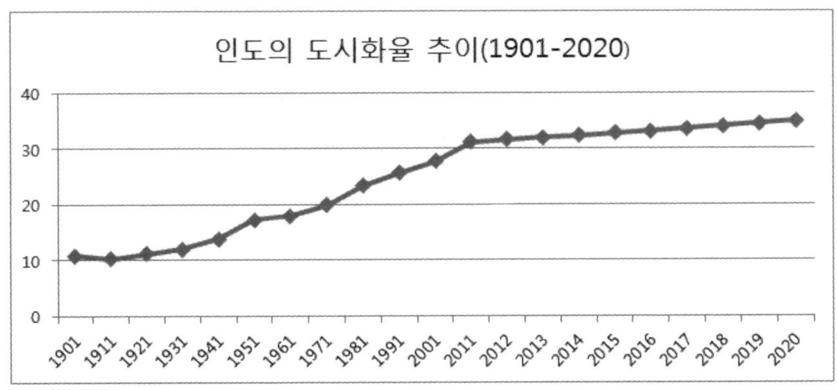

그림 1 인도의 도시화 추이

출처: Shaban, Abdul(2020), O'Neill, Aaron(2021)

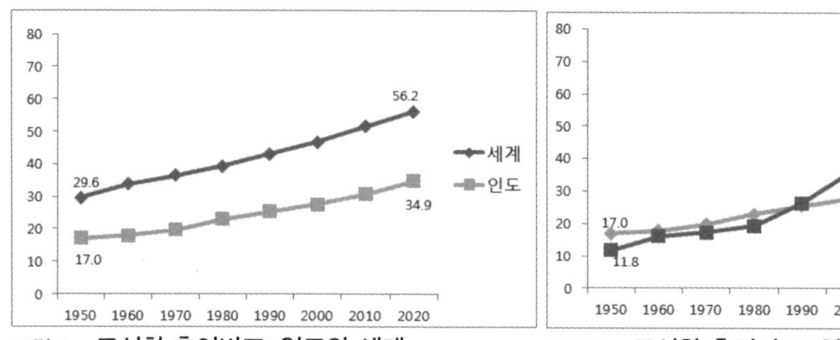

그림 2 도시화 추이비교: 인도와 세계   그림 3 도시화 추이비교: 인도와 중국

출처: UN(2018). World Urbanization Prospects: The 2018 Revision

경우와 비교하면, 한국의 1960년 도시화율이 33.8%였으니 인도의 현재 도시화 수준은 60년 전, 한국의 1960년과 비슷함을 알 수 있다.

인도의 도시화 추이를 비교가 가능한 연도를 기준으로 아시아의 개도국인 베트남과 중국과 비교해보면, 2019년 현재 인도의 도시화율은 34.5%, 베트남은 36.6%, 중국은 60.3%를 나타내 인도와 베트남은 다소 비슷하고 중국은 인도와 베트남에 비해 1.6배 이상 높다. 도시화 속도를 보면 2010~19년 중 베트남은 6.2%포인트, 중국은 10.4%포인트 증가했지만, 인도는 3.5%포인트 증가하는 데 그쳤다. 인도의 도시화 속도는 동 기간 중 베트남의 약 60% 정도에 불과하고 중국의 약 30%정도에 머물고 있다. 인도의 도시화율이 상대적으로 낮은 편이며, 도시화 속도 또한 상대적으로 완만함을 알 수 있다. 중국의 도시화 속도는 그림 3에서 보듯이 인도의 경우보다 1980년대 부터 월등히 빠르게 이뤄지는데, 이는 중국의 경제사회 개방과 제조업을 중심으로 한 빠른 산업화 속도 등과 관련되어 있다.

나. 인도의 도시화 특성

인도의 도시화율이 비교적 낮고 완만한 속도를 보이는 것은 인도의 산업화와 관련이 있다. 산업구조적 측면에서, 인도의 경우 일자리 창출의 주된 동력인 제조업의 발전이 상대적으로 더디게 일어난다. 인도에서의 제조업 분야에서의 낮은 투자율과 저발전은 인도 경제의 중요 문제 중의 하나이다. 2015/16년의 경우 인도의 전체 부가가치생산에서 농업이 차지하는 비율이 17.7%, 제조업은 17.1%를 차지한다. 최근 인도의 모디 정부는 'Make in India' 국가전략에 역점을 두고 GDP에서의 제조업 비중을 지금의 17%에서 25%로 늘리기 위해 제조업 육성에 초점을 맞추고 있다. 향후 인도의 제조업 육성정책으로 발생하는 다양한 업종에서의 새로운 일자리는 인도의 도시화 흐름의 중요 요인이 될 것으로 전망된다.

인도의 도시체계는 대체로 편향된 도시화를 보여준다. 2011년 공식적인 인도의 인구센서스에 의하면 인구 100만 명 이상 도시는 54개소로써 2001년의 35개소에 비해 크게 늘어났으며, 이들 인구 100만 명이상 대도시에 도시인구의 43%가 살고 있다. 특히 델리, 뭄바이, 콜카타 등 10개의 메가시티가 도시인구의 20%를 차지하고, 인구 10만 명 이상의 466개 도시에 도시인구의 70% 이상이 살고 있다. 나머지 7,469개소의 소도시는 도시전체 인구의 30% 미만을 차지한다. 3대 광역메가도시인 델리(1,898만 명), 뭄바이(1,841만 명), 콜카타(1,411만 명)는 광역인구가 1천만 명을 훨씬 초과하는 초거대 도시이다. 이들 초거대 도시가 인도의 북부권, 북동부권, 서부권 지역중심지를 이루며, 전국적으로 보면 도시들이 다소 분산되어 성장하는 패턴을 보이고 있다. 대체로 인도 중부와 남부지역이 북부지역보다 도시화가 더욱 진전되어있다.

종합하면 인도의 도시화는 산업구조 측면에서 제조업의 발달과 관련되며, 도시체계 측면에서는 인구 100만 명 이상의 대도시와 인구가 10만 명 이상의 도시로의 인구 집중이 주로 발생한다. 동시에 남부지역과 북부지역간에도 도시화 격차가 두드러지는, 전반적으로 편향된 도시화(Lopsided Urbanization) 특성을 나타내고 있다. 이처럼 일부 도시에 집중적으로 도시화가 일어나면서, 주요 대도시에는 기반시설의 공급이 인구증가를 따라가지 못해 인구과밀+인프라 부족현상이 지속적으로 나타나게 되었다. 이들 대도시에는 교통, 주택, 환경, 상하수도, 치안 등 여러 도시문제가 도시계획의 미비와 함께 상존하고 있다.

다. 인도의 도시화 전망

인도의 도시화율은 2020년에 34.9%로 도시인구는 4.8억 명이다. UN의 세계
도시전망에 의하면, 인도의 도시화율은 2030년에 40.8%로, 도시인구는 6.1억
명으로 늘어나고 2050년에는 52.8%로서 약 8억 명의 도시인구가 생길 것으로
전망된다. 2020~30년 중에 인도의 도시인구는 1.3억 명이 증가하고, 2030~50
년 기간 중에 다시 약 2억 명이 증가할 것으로 예상된다. 2020~50년 중 인도의
도시화율은 17.9% 포인트 증가하고 도시인구는 동기간 중 모두 3.2억 명이 추
가로 증가할 전망이다. 반면에 세계의 도시화율은 2020년에 56.2%(36.3억 명),
2030년에 60.4%(51.7억 명), 2050년에는 68.4%(66.8억 명)로 증가할 것으로 예
측되어 2020~50년 기간 중 인도와 세계의 도시화율 격차는 점차 줄어들 것으
로 전망된다(UN, 2018). 이러한 추세를 보면, 향후 인도의 도시화율은 세계평균
에 못 미칠 것이지만, 인도의 도시화 속도는 세계평균보다 더욱 빠른 속도로 진
전될 것이며, 대규모 도시인구 증가가 예상된다.

도시인구 수를 기준으로 할 때, 인도는 2050년에 세계에서 중국 다음으
로 가장 많은 인구가 도시에 거주하는 국가가 될 전망이다. 2019~35년 중 세
계에서 가장 인구가 급속도로 증가할 10대 도시 모두가 인도에 위치한 도시들
이다(Maisonneuve, C. · Marnix Dek, 2020). 도시체계상으로 보면, 2001년 35곳이
던 인구 100만 명 이상의 대도시는 2011년 53곳으로 증가하였고, 2031년에는

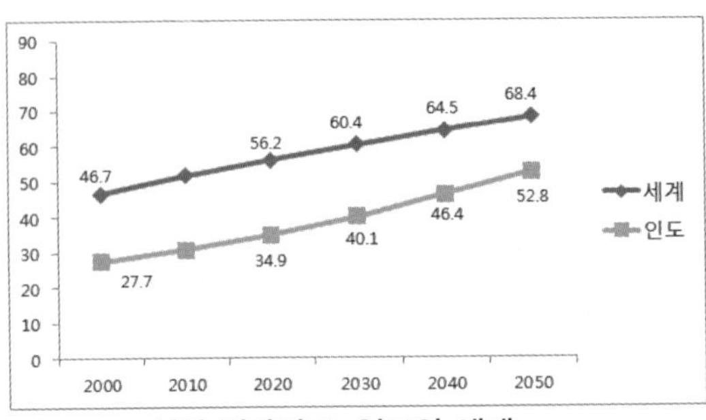

그림 4 도시화 전망비교: 인도와 세계   그림 5 도시화 전망비교: 인도와 중국

출처: UN(2018). World Urbanization Prospects: The 2018 Revision.

87곳에 달할 것으로 전망된다. 도시 인구분포의 측면에서 보면 거대도시의 확장이 계속되어 점차 메가시티(Mega‑Cities)쪽으로의 인구 편향현상이 지속되어 갈 것으로 예상된다. 이러한 도시화 속도와 도시체계상의 특성은 전반적으로 인도 도시에서의 주택, 일자리, 도시 인프라 등에 대한 수요를 크게 증가시킬 것이며, 특히 대도시에서 수요가 두드러질 것이다. 인도의 경우 도시화 특성과 전망을 반영한 새로운 도시화 정책, 그리고 도시간 차별화된 국가도시정책이 필요함을 알 수 있다(Abhinav Alakshendra, 2019).

2. 인도 도시화의 도전과 기회

도시화는 도전과 기회를 동시에 발생시키는 경제사회현상이다. 농촌을 떠나 도시로 인구가 몰리는 도시화는 교통, 주택, 환경 등 여러 측면에서 도시문제를 발생시켜 정책적으로 해결해야하는 도전적 현상을 일으킨다. 다른 한편으로 도시화는, 도시에 투자를 증가시켜 일자리를 만들고 산업화로 경제구조를 변화시켜 경제성장을 일으키는 원동력이 되기도 한다. 또한 도시화에 따라 사람들 간의 상호접촉기회가 많아지면 학습효과가 창출되며, 이는 도시에서의 여러 가지 혁신을 창조하고 다양한 신성장 동력도 제공한다. 인도의 경우, 일자리를 찾아 농촌을 떠나 도시로 모여드는 과정에서, 도시들은 전반적으로 비계획적이고 무질서하고 대도시로의 편향된 도시화에 시달리게 되었으며, 그리고 도시 내의 생활권간에도 극심한 생활환경의 격차가 존재하게 되었다. 또한 높은 실업률, 극심한 교통혼잡, 슬럼지역 등 열악한 비공식적인 주거지역과 여러 갈등문제, 환경오염, 물공급 문제, 쓰레기처리와 위생문제, 재해와 치안문제 등의 다양한 도시문제가 만연해 있다(그림 6 참조). 이 같은 인도의 취약한 도시생활상은 경제성장·사회발전·환경공생을 추구하는 지속가능한 개발과는 상당히 괴리된 실태를 보여준다. 이러한 결과는 그동안의 도시화과정에서 주민의 기본생활수요와 거버넌스 및 인도 정부의 정책 간에 큰 괴리가 있었음을 알려주고 있으며, 이는 무계획적인 도시성장, 재정적 한계와 정책적 방치와도 무관하지 않다(Rumi

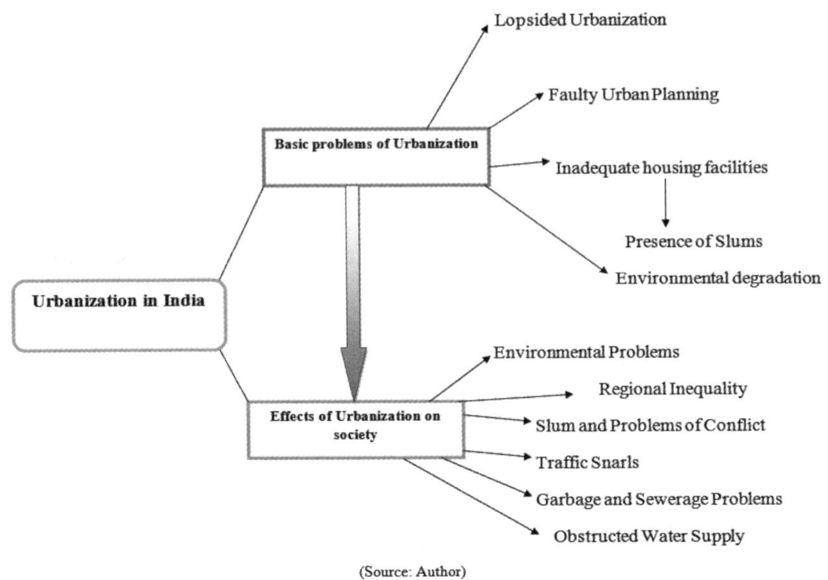

(Source: Author)

그림 6 인도의 도시화로 발생하는 문제

출처: Jaysawal. N. et al.(2014)

Aijaz, 2016).

한편, 인도의 도시화는 경제개발과 연계되어 다양한 성장기회를 창출한다 (McKinsey, 2010). 인도의 도시화가 진전될수록 경제는 더욱 성장할 가능성이 높아질 것으로 전망된다. 도시화가 경제구조의 수급변화를 유발하고, 이는 도시와 농촌지역에서의 토지와 노동, 자본을 제조업과 서비스로 재구조화하는 산업구조의 변화를 야기시켜, 도시화가 인도 경제성장의 추동력을 제공할 수 있기 때문이다. 인도는 2020년에 인구의 약 35%가 도시에 거주하고 있으나 도시가 국가 GDP의 60%이상을 기여하고 있다. 2030년에는 도시인구가 인도 인구의 약 41%를 수용하고, GDP의 75%를 차지할 것으로 예상된다(**그림 7 참조**).

인도에서는 2050년까지 인프라에 막대한 투자가 되어야 할 것이지만, 그때까지 필요한 인프라의 70~80%는 아직 건설되지 않았고 필요한 투자규모는 8.3천억 달러에 이를 것으로 보인다(Urbanet, 2018). 인도의 제조업 육성책인 'Make in India' 정책과 함께 스마트시티개발과 국토개발 주요사업인 5대

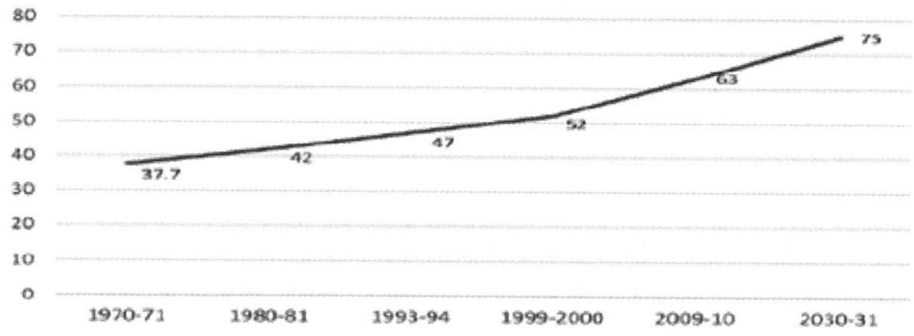

그림 7　인도의 도시가 GDP에서 차지하는 비중 추이(1970–2030)

출처: Dhamija, Surjeet Kumar(2016). "Developing India as Smart Tourism Destination – A Sap – Lap Analysis"

https://www.researchgate.net/publication/311771160_Developing_India_as_Smart_Tourism_Destination_-_A_Sap-Lap_Analysis

산업회랑건설 프로젝트, 그리고 다른 주요 국가도시정책과 맞물려 향후 필요한 도시인프라에 대한 대규모 투자가 기대된다. 이는 인도의 도시화가 주는 기회가 될 수 있다. 인도의 100개 스마트시티개발 정책은 인도 정부가 추진하는 'Make in India' 국가정책과 맞물려, 인도의 도시화가 주는 기회를 활용해 경제성장과 삶의 질 개선을 도모하고, 다른 한편으로는 인도의 도시화가 발생시키는 여러 도시문제를 극복하기 위한 국가도시정책으로서 제시되었다.

Ⅲ.　인도의 도시화 정책[2]

1.　2000년 이전의 국가도시정책

인도는 1947년 8월 15일, 영국으로부터 독립한 이후 네루 초대 총리의 취임, 헌

─────

2　인도의 도시화 정책은 인도의 도시화 과정에서 나타난 도시문제를 해결하고 도시화에 따른 경제개발 기회 등을 활용하기 위해 추진된 인도의 국가도시정책을 의미하며 여기에는 국토개발정책을 포함함. 조충제(2017) 등을 주로 참조함.

법제정, 그리고 근대화를 위해 1951년부터 5년마다 경제발전 5개년 계획을 수립, 추진하는 일련의 체계적인 노력을 해 왔다. 특히 도시인구의 급격한 증가와 함께 도시 빈민이 급증하면서 빈민가 확대 방지 및 빈민가 축소에 정책의 초점을 두었다. 빈민가 확대 방지를 위해 빈민가 개선 및 해소를 위한 법을 제정하고 대도시 빈민가의 여건개선을 위해 노력했다. 도시에 새로운 산업을 배치하였고 도시 - 농촌연계 발전을 강화하는 지역발전을 추구했다. 그리고 델리, 뭄바이, 캘커타 등 대도시통합도시개발 프로그램을 도입, 대도시로의 인구집중과 난개발을 막고 대도시의 인구 분산을 통해 도시균형성장을 도모하고자 노력했다. 특히 도시화에 따른 기초 생활인프라 부족 등의 도시문제를 해소하기 위한 '국가도시정책'(National Urban Policy)의 추진을 위해, 분권화와 상향식(bottom - up) 방식을 강조하고 각 계층의 참여를 강화하는 도시개발제도를 도입했다. 그러나 대도시에 치중한 국가도시정책은 그 실효성이 낮게 나타난 것으로 평가되고 있다. 인도는 지역 간 도시화율의 격차가 크게 나타나므로 지역 및 도시별로 다양한 특성을 반영한 정책적 처방과 투자 등이 필요했기 때문이다(조충제, 2017)

2. 최근의 국토 · 도시정책과 평가

가. 다양한 도시정책의 추진

2000년 들어 인도의 도시화 문제에 대응하기 위해 인도정부는 다양한 국가도시정책을 추진했다. 2005년에는 도시재개발 계획인 JNNURM(Jawaharlal Nehru National Urban Renewal Mission)을 추진해, 중앙정부의 대규모 지원을 바탕으로 현대적 도시개발계획에 대한 기반을 확립했다. 이를 통해 도시서비스의 투자가 가속화되었으며 체계적인 도시계획, 도시 재개발, 도심지 개발, 지역회랑 연결, 도시 빈곤층에 대한 보편적 서비스 제공 등의 노력이 있었다. JNNURM은 약 10년간 인도의 도시개발 계획을 총괄하였다. 2014~15년부터는 모디 정부 수립과

표 1 인도의 주요 도시화 정책

국가도시정책		주요 내용
도시재개발 (AMRUT: Atal Missiotion for Rejuvenation and Urban Transformation)	출범 및 목표	- 2015년 6월 25일 정책 발효 - 2020년까지 500개 중소도시의 기본 인프라 개발(78억 달러 투자)
	주요사업	- 상하수도, 관개시설, 도시편의시설(주차장, 어린이시설), 친환경교통시설, 녹지공원조성 등
유산도시개발 및 확대 (HRIDAY: Heritage City Development and Augmentation Yojana)	출범 및 목표	- 2015년 1월 21일 정책발효 - 경제성장, 유산보존, 도시개발 및 포괄적 지속가능한 12개 문화유산도시개발(8,000만 달러 투자)
	주요사업	- 도시유산을 고려한 인프라개발, 관광객을 위한 유산보존 및 접근성 개선, 공공편의시설 확충, 유산기반 산업강화 등
주택공급 (Housing for All by 2022, PMAY, Pradhan Mantri Awas Yojana(Urban))	출범 및 목표	- 2015년 6월 25일 정책발효 - 2022년까지 도시복지정책으로서 슬럼지역 가구를 위한 주택공급
	주요사업	- 민간의 슬럼재개발시에 정부지원, 주택대출확대, 신축 보급주택의 경제취약계층지원, 취약계층의 기존 주택정비를 위한 재정지원
클린인디아 (Clean India, Swachh Bharat Mission)	출범 및 목표	- 2014년 10월 2일 정책발효 - 위생적이고 건강한 인도 달성(2019년 목표)
	주요사업	- 가정 화장실 보급, 화장실 현대화, 빈민가 화장실 개선, 현대식 쓰레기처리 시스템 도입, 위생교육 및 인식개선
스마트시티개발 (Smart Cities Mission)	출범 및 목표	- 2015년 6월 25일 정책발효 - 스마트시티 100개 건설
	주요사업	- 도시 인프라 전반에 걸친 시설확충 및 스마트기술 접목한 도시개선, 도시재개발, 신도시 개발

출처: 조충제(2017), Singh, B and M. Parmar(2020) 등

함께 새로운 도시정책인 AMRUT(Atal Mission for Rejuvenation and Urban Transformation), 클린인디아, HRIDAY(Heritage City Development and Augmentation Yojana), 'Housing for All' 정책 등이 추진되었다(표 1 참조). 특히 모디 정부는 '산업화를 통한 도시중산층 육성'을 기치로 내걸고 지속가능한 도시화, 생산적 도시화를 향한 도시정책을 중시하고 있다. 이에 따라 2015년의 AMRUT 국가도시정책은 2020년까지 500개 중소도시의 기본 인프라 정비를 목표로 한다. AMRUT

사업은 모든 가구에 상하수도의 연결, 도시공원 확보, 공공 교통수단 확대, 자전거운행 확산, 주차공간 조성 등의 도시 생활인프라를 강화하는 데 중점을 두었다. AMRUT은 '지방정부 주도, 중앙정부 지원'의 방식으로 추진되고 있다.

또한 인도 정부의 'Housing for All' 정책은 2022년까지 도시 빈민가의 슬럼문제 극복과 주거 취약성의 해소를 위해 적정한 2,000만 가구의 주택공급을 목표로 하고 있다. 또한 2015년 1월부터는 도시 유산의 보존과 도시개발을 융합한 도시정책인 'HRIDAY'를 추진하고 있다. 이는 도시발전을 위해 문화유산보존과 관광인프라 확충 등을 통한 경제성장과 지속가능한 발전을 도모한다. 그리고 2014년 10월 모디 정부는 건강하고 위생적인 인도의 구현을 위한 '클린 인디아' 이니셔티브를 발표하고, 주로 가정 화장실 보급, 공동화장실 현대화, 쓰레기의 현대식 위생 처리 등의 클린 인프라 사업에 역점을 두고 있다. 그리고 후술하듯이 5개년 동안에 전국적으로 100개의 스마트시티를 개발하는 정책인 스마트시티 미션을 추진하고 있다.

나. 5대 산업회랑 건설을 통한 국토개발전략

농촌을 떠난 사람들이 대거 대도시로 몰리는 현상에 대응해 인도는 5대 '산업회랑'(Industrial Corridors) 건설 프로젝트를 추진하고 있다. 이는 지역균형발전과 지역거점개발을 위한 대표적 국토개발전략이다. 인도에서 건설중인 11개 국가산업회랑 중 특히 인도정부가 역점을 두는 5대 산업회랑 프로젝트는 전국의 주요 도시거점을 다이아몬드 모양으로 연결해 철도, 도로 등 교통물류인프라와 산업단지, 도시개발을 추진하며, 인도의 산업화와 경제성장, 일자리 창출에 초점을 맞추고 일본 등 외국자본을 도입해 시행되고 있다. 인도의 5대 산업회랑은 **그림 8**에서 보듯이 ① 델리 – 뭄바이 산업회랑(Delhi – Mumbai Industrial Corridor: DMIC, 이하 DMIC) ② 벵갈루루 – 뭄바이 산업회랑(Bengaluru – Mumbai Industrial Corridor: BMIC) ③ 암리차르 – 콜카타 산업회랑(Amritsar – Kolkata Industrial Corridor: AKIC), ④ 첸나이 – 벵갈루루 산업회랑(Chennai – Bengaluru Industrial

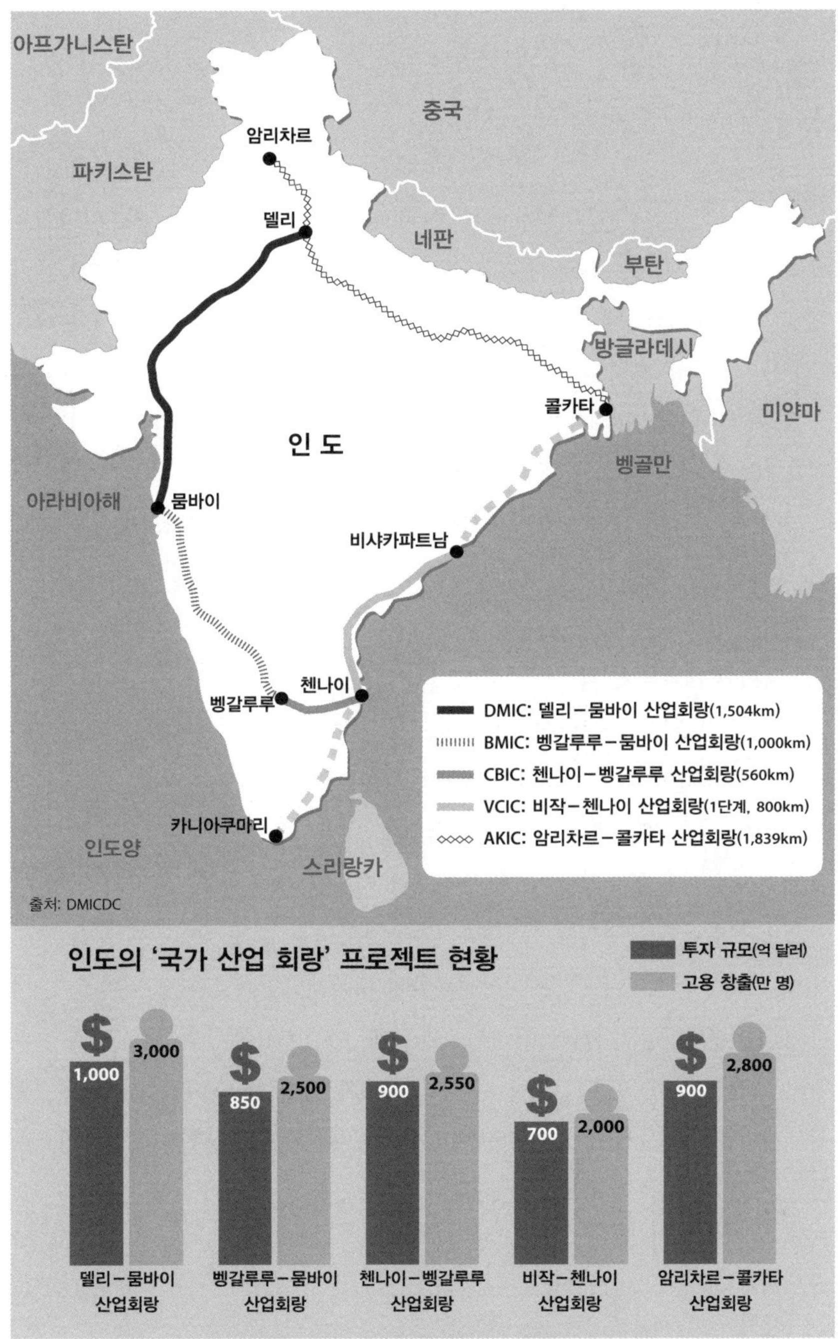

그림 8 　인도의 국토개발프로젝트: 5대 산업회랑(Industrial Corridors)
출처: 김진욱(2019.2.7), Government of india(2020.12.14) 참고하여 재작성

Corridor: CBIC) ⑤비작 - 첸나이 산업회랑(East Coast Industrial Corridor/Vizag - Chennai Industrial Corridor: VCIC)이다.

특히 모디 정부는 5대 산업회랑과 연결해 주요 스마트시티를 개발하는 동시에 제조업 육성정책인 'Make in India'를 결합함으로써 투자의 시너지효과를 기대하고 있다. 인도 정부와 참여 기업들은 이 사업에 총 4,350억 달러(약 487조 원)를 투입할 예정이다(김진욱, 2019). 5대 산업회랑 중에서 가장 중요한 DMIC 프로젝트의 경우, 일본 ODA 자금과 민간기업 컨소시엄으로 추진되고 있다. DMIC는 델리 - 뭄바이 간 1,483km, 좌우 300km(각각 150km)의 거대한 회랑을 따라 도로, 철도, 통신, 항만 등의 인프라, 산업단지, 주거, 상업, 교육 시설 등이 갖추어지는 복합도시를 개발하고 있다. 5대 산업회랑건설 프로젝트는 인도의 대표적 경제성장 프로젝트인 동시에 국토균형개발 사업이다.

다. 도시화 정책의 평가

인도에서는 다양한 도시화 정책이 추진되고 있으나 집행과정에서 여러 문제도 나타나고 있다. 특히 지자체의 열악한 재정이 문제다. 재정적 자립기반이 약하고 특히 도시공공인프라 서비스를 공급함에 있어 비용환수 기반이 취약해 지자체가 운영적자문제를 안고 있다. 주정부를 비롯한 지자체로 분권화가 많이 이뤄졌으나 취약한 재정상황으로 도시공공서비스공급 등에 있어 적극성을 띠지 못하고 있는 실정이다. 또한 지방정부들의 도시개발관리 능력도 취약하여, 지자체가 인허가 등 도시개발 행정시스템의 복잡성, 투명성 부족, 행정지연 등의 여러 문제를 안고 있다. 그리고 많은 지자체(지자체의 70~80%)에서는 도시개발 기본계획을 수립하지 않거나, 계획이 있더라도 집행과 분리되어 있어 사업효과가 높지 못하다. 특히 토지보상 문제로 인해 토지수용이 주민들의 반대에 부딪히는 경우가 많다. 모디 정부는 토지수용법을 개혁하고자 하였으나 농민과 이해단체의 반대가 심한 편이다. 따라서 토지개발과 관련한 주민갈등 해소가 도시개발의 중요한 과제가 되고 있다(조춘제, 2017)

Ⅳ. 인도 스마트시티 미션의 구조

1. 인도의 스마트시티 미션과 4개의 기둥

인도 모디 총리는 인도의 도시문제 해결과 경제성장, 그리고 국민 삶의 질 향상을 총체적으로 이룩하기 위해, 100개의 스마트시티 개발을 목표로 하는 국가도시정책인 스마트시티 미션(Smart Cities Mission)을 발표하고 구체적인 실천지침이 될 스마트시티 강령과 가이드라인(Smart Cities Mission Statement & Guideline)을 2015년 6월 25일 제시했다. 이 국가도시프로젝트는 도시간 경쟁과 주민참여에 바탕을 두면서 지자체의 분권과 협력을 토대로 한 재정분담시스템 등을 도입해 거국적으로 추진하고 있다. 인도의 스마트시티 정책은 ① 물리적 ② 사회적 ③ 환경적 기반시설 ④ 정부관리 등에 IoT등 스마트 기술이 접목되는 4개의 기둥(Pillars)을 핵심으로 하고 있다. 도시별 문제와 행정 및 재정력, 시민의 요구 등을 고려해 ICT를 적절히 활용한 도시맞춤형 생활 인프라 개발을 추진하고 있다. 스마트시티 미션은 모디 정부가 국가전략으로 추진하고 있는 "Make in India", "Digital India", "Clean India" 등과도 맥락을 같이 한다.[3]

2. 스마트시티미션의 구조

가. 인도에서의 스마트시티개발의 의미와 특성

1) 인도의 도시화와 IT 확산

도시화의 문제를 극복하고 동시에 도시화로 인해 생기는 기회를 활용하기 위하여, 그동안 다양한 국가도시정책과 지방분권화가 추진되었다. 경제성장과 도시

---

3 인도의 'Make in India', 'Digital India' 국가정책은 제조업과 IT산업 육성하기위한 국내외 투자촉진 정책이며, Clean India는 인도의 취약한 기초생활환경, 위생과 환경부문의 투자를 확대해 더욱 깨끗하고 위생적인 사회를 지향하는 국가전략이다.

성장은 전반적인 인도의 IT산업발전 및 국민들의 인터넷 사용정도와도 밀접한 관계를 갖는다. 인도의 IT산업은 여러 요인이 결합되어 급성장하고 있다(이명무, 2021). 인터넷 사용자 수 증가와 정부의 '디지털 인디아' 전략을 통한 인도의 IT 산업성장이 괄목할 만하다. 인도의 인터넷 사용자 수는 2017년에 4억 5천만 명을 초과, 중국에 이어 세계 2위이며 인터넷 사용률도 급증하는 추세로 향후 3년 이내에 인터넷 사용자는 추가로 2억 명이 늘어날 전망이다. 그리고 인도 IoT 시장 매출액은 2016년 56억 달러에서 연평균 28%씩 성장해, 2020년에는 150억 달러에 달할 것으로 예상된다(조영태, 2019). 이러한 IT산업 등 디지털 분야의 발전을 도시화에 따른 도전과 기회에 활용하기 위하여 스마트시티 개발 정책인 스마트시티 미션이 국가적으로 추진되고 있다.

2) 인도의 스마트시티미션에서의 스마트시티의 개념

인도 정부가 제시한 스마트시티 개발 가이드라인에는 스마트시티에 관한 정의와 개념이 명확히 제시되어 있지 않다. 대신, 인도 정부는 스마트도시로 지정된 지방자치단체 스스로 스마트시티의 개념을 정립하도록 하고 있다. 이는 도시 간 개발 수준, 가용자원, 시민들의 수용능력과 희망사항, 도시혁신에 대한 산학관민 등의 총체적 능력 등에 있어 차이가 많이 나기 때문이다. 인도 정부는 다음과 같이 스마트시티 개발의미를 제시하고 있다. "도시간 다양성을 염두에 두면서 물리적, 사회적, 경제적, 제도적 인프라를 중심으로 도시의 종합적 에코시스템(Eco - System)을 만들기 위해, 점진적으로(Incrementally) 그리고 도시수준에 맞는 적정한(Appropriate) 스마트기술을 적용해 스마트시티를 개발"하는 것이다.

3) 인도의 스마트시티 개발 목적과 특성

스마트시티 개발의 주된 목적은 도시에 필요한 기초 생활인프라를 공급하고 거기에 적절한 스마트솔루션을 응용하는 도시를 육성해, 보다 나은 삶의 질을 제공하고 친환경적이며 현대적 시설을 갖춘 도시로 개발하는 것이라 볼 수 있다.

인도 정부는 특히 스마트시티 개발의 초점을 지속가능하고 포용적인 개발에 두고 있으며, 그 방법으로는 도시내 일부지역에 대한 컴팩트지구(Compact Areas) 개발모델을 적용하고 있다. 이 모델은 다른 도시에서 성공사례를 따라 할 수 있고 지역여건에 맞춰 응용할 수 있는 등대(Light House)같은 역할을 하는 도시개발모델로 규정된다. 스마트시티 미션은 결국 스마트시티에서 적용되는 방식과 혁신사례가 스마트시티의 내외부지역으로 확산·전파되길 기대한다. 전국 여러 지역에서도 이 스마트시티 개발 모델을 적용해 장기적으로 여러 다른 지역들도 스마트시티로의 발전을 유도한다는 구상을 담고 있다. 그리하여 '따라하기'(Replicability)와 '확산·전파'(Diffusion)원칙이 내재하는 장기적이며 순차적인 포용적 발전을 중시한다. 따라서 스마트시티 100개 프로젝트는 일종의 시범적 '스마트시티 모델도시'의 개발이라는 특성을 지닌다.

또한 인도의 스마트시티 개발 사업은 도시여건에 따라 도시의 기초 생활인프라 구비+현대화된 시설로의 변화+ICT 등 스마트 기술의 적용이 적절히 융합된 프로젝트라는 특성을 갖는다. 즉 주택, 쓰레기처리 시설 등 기초 생활인프라가 불비된 곳에는 기초 생활설비를 우선 구축하는 '기초화' 방식, 기초 생활인프라가 구축되어 있더라도 시설이 노후화되고 현대식 정비가 필요한 곳에는 시설의 '현대화' 방식, 또한 기초생활시설에 IT, ET 등 스마트 기술을 접목하는 '스마트화' 방식 등이 있을 수 있다. 스마트시티 사업구역에 따라 어떤 방식을 우선 선택하고 적절히 배합할 것인지는 도시마다의 기초생활시설여건과 지자체의 재정상태, 주민희망사항, 그리고 스마트 기술의 발달 등에 따라 도시마다 달리 나타날 수 있을 것이다.

나. 스마트시티의 핵심(Core) 인프라와 스마트솔루션

인도의 스마트시티 개발은 다음과 같은 10가지의 핵심인프라 기반구축에 중점을 두고 있다. 대체로 안정적인 상수도, 전력, 위생, 교통, 주택, 정보통신, e - 거버넌스, 환경, 안전, 건강 및 교육기반 등이 포함되어 전반적인 삶의 질 향상과 직결되는 기초 생활인프라이다.

① 충분한 물공급(adequate water supply)

② 안정적 전력공급(assured electricity supply)

③ 폐기물 처리를 포함한 위생시설(sanitation, including solid waste management)

④ 효율적 도시교통과 공공교통시설(efficient urban mobility and public transport)

⑤ 특히 빈곤층을 위한 적절한 주거시설(affordable housing, especially for the poor)

⑥ 튼튼한 정보통신망과 디지털기반(robust IT connectivity and digitalization)

그림 9 인도의 스마트시티미션에서의 스마트솔루션(사례)
출처: Government of India(2015)

⑦ 전자정부와 시민참여를 통한 E - 거버넌스(good governance, especially
e - Governance and citizen participation)

⑧ 지속가능한 환경기반(sustainable environment)

⑨ 시민, 특히 여성 아동 노인 층의 방범, 안전기반(safety and security of
citizens, particularly women, children and the elderly)

⑩ 건강과 교육기반(health and education)

이러한 기초 생활인프라에 ICT 기술 등을 활용한 스마트솔루션의 창의적
응용을 유도하고 있다. 기초 생활인프라에 접목될 스마트솔루션의 일부 사례는
그림 9에 나타나 있다. 도시별 특성과 여건에 따라 이러한 스마트솔루션은 다양
하게 생활인프라시설에 적절히 응용·접목될 수 있도록 하고 있다.

다. 인도의 스마트시티가 추구하는 방향성

인도 정부는 스마트시티 개발정책을 추진함에 있어 여러 가지 방향성을 보이
고 있다. 정부는 이를 통해 각 후보도시들이 작성하는 스마트시티 제안서(Smart
City Proposals: SCP)가 개별 도시여건을 적절히 반영해 이 방향성들을 도입하도
록 유도하고 있다. 따라서 이 방향성들은 개별도시가 추구하는 스마트시티의
방향을 설정하는 데 중요한 요소가 된다.

첫째는 계획된 개발유도와 유연한 제도운영이다. 스마트시티로 지정된 도
시의 일정 구역내에서의 개발은 복합적 토지이용을 촉진시켜, 난개발된 지역을
보다 계획된 지역으로 변화되도록 하고 여러 상호연결된 행위(예: 주거, 상업, 공
원, 업무 등)들을 인근에 입지시켜 효율적인 복합도시기능이 이뤄질 수 있도록 하
고 있다. 이러한 도시변화가 촉진되도록 정부는 토지이용과 빌딩건축 등과 관
련한 조례와 지침 등이 유연하게 운영되도록 유도하고 있다.

둘째는 포용적 개발이다. 정부는 일부 지역이 아닌 도시 전체와 도시민 전
체의 삶의 질 개선을 지향하는 포용성을 강조하고 있다. 특히 빈민들을 위한 적

절한 주택을 공급해 보다 많은 사람들이 소외되지 않고 보다 나은 주거생활을 영위할 수 있도록 하고 있다. 그리고 선정된 스마트시티 일부 구역의 성공사례가 도시 내의 다른 구역으로 확산되고 나아가 도시전체의 변화를 유도하는 공간적 포용을 강조하고 있다.

셋째는 친환경적이고 시민친화적인 개발의 추구이다. 이를 위해 걷기 좋은 지역사회로의 개선을 중시하고 있다. 이는 도시에서의 교통혼잡, 매연, 자원낭비를 방지하고 지역경제를 살리며 상호 교류를 촉진하고 시민안전과 기후대응책을 강화하기 위해서이다. 도로망은 승용차뿐만 아니라 버스 등 대중교통과 함께 보행자, 자전거 교통이 가능하도록 재구성하고, 보행거리와 자전거 교통거리를 고려해 시민들에게 편리한 공공행정서비스가 이루어질 수 있도록 유도하고 있다. 그리고 도시공원, 운동장, 놀이공원 등 오픈스페이스의 보전과 개발을 중시하고 있다. 이는 시민의 삶의 질을 높이고 도시 내의 열섬방지효과와 도시의 생태적 균형(Eco - Balance)를 유도하기 위해서이다.

넷째는 시민참여의 비용절감형 거버넌스의 운영이다. 이를 위해 행정의 책임성과 투명성을 높이기 위한 온라인 공공행정 서비스를 강화하고 있다. 특히 모바일 행정을 도입해 주민들이 행정관청에 가지 않고, 비용절감과 행정참여가 가능한 디지털 행정서비스를 제공하려 한다..

다섯째는 도시간 다양성과 도시별 특화를 추구한다. 인도의 스마트시티 미션에서는 스마트시티에 대한 명확한 정의를 내리지 않고 추구하는 방향만 개략적으로 제시하고 있다. 이는 인도의 아주 다양한 도시별 여건과 시민의 희망사항과 수요를 반영해 스마트시티를 개발하도록 유도함으로써 도시간 다양성과 현장성을 반영하도록 하고 있다. 동시에 도시별로 브랜드를 통한 특화된 도시정체성의 창조를 중요시 하고 있다. 가령, 도시별 주요 경제활동과 연계해, 로컬 음식, 건강, 교육, 예술문화, 스포츠, 가구, 의복, 낙농 등의 도시특화산업의 개발을 유도하고 있다.

여섯째는 스마트시티마다의 적절한 스마트솔루션의 응용이다. 도시내 일부 구역을 대상으로하는 구역기반개발(Area - Based Development: ABD)유형을 포함해 보다 나은 인프라와 서비스를 제공하기 위해 적절한 스마트솔루션을 응용, 확산하도록 하고 있다.

라. 인도 스마트시티개발의 중점 전략

1) 개발 유형: '3ABD+PCI'

스마트시티 미션에서 제시하는 스마트시티 개발전략은 투트랙 전략이다. 한 가지는 도시내부 일부 구역을 대상으로 하는 '구역기반개발'전략이고, 다른 한 가지는 도시 내 전 지역에 적용 가능한 스마트솔류션 개발에 중점을 두는 '범(汎)도시 이니셔티브'(Pan - City Initiative: PCI)전략이다. 이중 구역기반개발 전략은 다시 3가지 세부 유형(모델)으로 구분되어져, 인도의 스마트시티개발 주요 전략은 그림 10에서 보는 바와 같이 '3ABD + PCI'시스템으로 압축될 수 있다. 즉

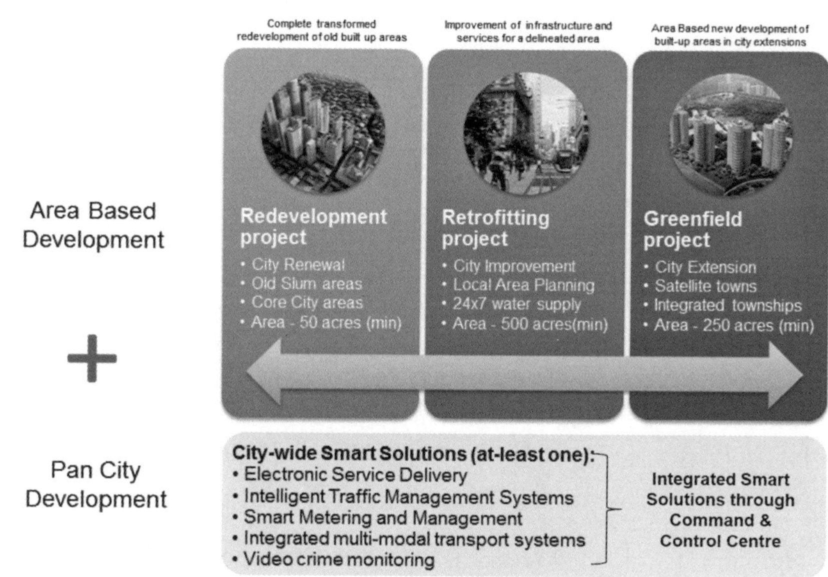

그림 10 **인도의 스마트시티개발 유형: 3ABD + PCI 시스템**

출처: India's Smart Cities Mission(2017), https://mmrda.maharashtra.gov.in/documents/10180/10653740/4/e7f771e2 - a94a - 441b - b01e - 6bf32cba98a2

3ABD는 일종의 공간전략으로서 3가지 유형인 도시개선(Retrofitting), 도시재개발(Redelopment), 도시외곽지역의 신도시개발(Green field)유형이 포함된다. 스마트시티별로 구역기반개발 전략의 3개 유형 중에서 1개 이상을 선정해 사업을 추진하며, 추가적으로 도시전체지역을 대상으로 가능한 스마트솔루션을 개발, 적용하는 PCI유형은 필수적으로 포함되어야 한다.

가) 구역기반개발(Area – Based Development) 전략: 3ABD유형

① 도시개선 유형(Retrofitting)

도시개선 유형은 도시계획을 통해 도시내 일부 구역을 대상으로 기존 구역을 더욱 효율적으로 정비해 더욱 살기 좋은 곳으로 변화시키는 유형이다. 대체로 500에이커 이상의 면적을 대상으로 하며 시민들과의 협의를 통해 구체적 대상구역을 정한다. 대상구역의 인프라 서비스 상태와 시민들의 숙원사항 등을 고려해 대상구역을 개선하기 위한 전략을 세워 추진한다. 이 유형에서는 대체로 기존의 공간구조를 그대로 유지하면서 구역 내부의 기존 인프라 서비스의 이용수준을 높이고 다양한 스마트솔루션의 응용이 이루어지도록 한다. 이 유형은 비교적 단기간에 완료되어 도시 내 다른 구역에도 그 성과가 확산될 수 있도록 하고 있다.

② 도시재개발 유형(Redelopment)

도시재개발 유형은 도시내 일부 구역의 재개발을 통해 기존의 저밀도 도시구조를 고밀도의 복합기능구조로 새롭게 대체·변모시키는 전략이다. 50에이커 이상의 구역을 대상으로 하며 시민과의 협의를 거쳐 지자체가 구역을 지정한다. 이러한 재개발 유형의 주요 사례는 뭄바이시에서 추진되는 Saifee Burhani Upliftmen 프로젝트(일명 Bhendi Bazaart 프로젝트)와 뉴델리에서 국가건축건설공사(National Buildings Construction Corporation)에서 추진하는 East Kidwai Nagar재개발사업을 들 수 있다(그림 11 참조).

그림 11   인도 스마트시티의 도시재개발 유형 사례

출처: (왼쪽) East Kidwai Nagar 재개발사업, https://www.sawdust.online/news/ministry‑of‑urban‑development‑to‑vet‑east‑kidwai‑nagar‑project/
(오른쪽) Saifee Burhani Upliftmen 재개발사업, https://www.sawdust.online/news/ministry‑of‑urban‑development‑to‑vet‑east‑kidwai‑nagar‑project/

그림 12   인도 스마트시티 신도시 유형 사례: 구자라트주의 Gift City

출처: (왼쪽)ICE(2018.3), (오른쪽)Nair, Avinash(2019.7).

③ 신도시개발 유형(Greenfield)

신도시개발 유형은 도시외곽지역 내외의 빈 땅을 대상으로 신도시를 개발하는 유형이다, 250에이커 이상의 부지를 대상으로 토지구획정리사업 등 혁신적인 계획 및 집행전략을 세워 추진하며, 스마트 솔루션을 적용한다. 특히 빈민들을 위한 저렴한 주택공급사업이 수반된다. 신도시유형은 증가하는 도시인구의 수용을 위해 주로 도시외곽지역에 개발되며 사례지역으로서는 구자라트 국제파이낸스 테크 시티(GIFT CITY)를 들 수 있다(그림 12 참조).

나) 범(汎)도시 이니셔티브 유형: PCI(Pan‑City Initiative)

범도시 유형은 기존의 인프라시설 등에 적절한 스마트솔루션을 적용하는 유형이다. 인프라시설과 서비스에 ICT 등의 기술과 정보 및 데이터를 응용하는 것이다. 가령, 교통부문에서의 통근시간과 비용을 감소시키는 지능형 교통관리시스템 같은 스마트솔루션은 교통불편을 방지하고, 스마트 계량기 같은 스마트솔루션은 도시에서의 물관리 개선에 상당한 효과를 창출할 것이다. PCI유형은 개별 스마트시티가 선택한 구역기반개발유형 외에 필수적으로 추가 도입해야 하는 유형이다. 스마트솔루션의 혜택이 스마트시티로 지정된 도시 전체(Pan - City)에 확산되도록 하고 있다.

2) 인도의 스마트시티 챌린저 시스템

가) 1단계 챌린저와 평가

인도에서는 지역균형발전과 집행성과를 높이기 위해 100개의 스마트시티가 최종 선정되기까지 일련의 지역간 경쟁이 이뤄지는 챌린저 시스템을 도입하고 있다. 먼저 정부는 100개 스마트시티 선정을 위해 각 주지역에 적정 스마트시티 개수를 할당한다. 이 경우 주지역의 인구 규모(50%)와 지역 내의 도시수(50%)를 각각 고려해 주지역마다 스마트시티 후보 도시의 숫자를 할당한다.

스마트시티지정을 위한 1단계 경쟁은 주지역 내에 할당된 개수의 스마트시티 후보 도시로 지정되기 위한 도시 간 경쟁이다. 정부에 의해 주지역마다 할당된 스마트시티 배정 개수를 기준으로, 각 주지역 내의 도시 중에서 어느 도시를 스마트시티 후보지로 정할 것인지를 도시 간 경쟁을 통해 결정하는 단계이다. 도시별로 일정한 기준에 의한 평가를 거쳐 스마트시티 후보지 리스트를 작성해 정부에 제출하게 된다. 1단계 평가에서는 주로 기존의 도시서비스 수준, 제도적 시스템과 지자체의 능력, 자체 재정력, 도시정책 관련 추진실적 등의 지표를 통해 점수를 산정하는 방식을 채택한다. 1단계 평가는 주정부에서 운영하는 공식적 평가기구가 하여 후보 도시를 결정한다.

나) 2단계 챌린저와 SCP 및 평가

2단계에서는 개별 주정부에서 제출한 스마트시티 후보도시를 대상으로 전국적 경쟁 라운드가 이뤄진다. 2단계 경쟁 라운드에서는 각 후보도시별 스마트시티 제안서 또는 계획서(Smart City Proposal)인 SCP를 작성하게 된다. 도시별 특성을 감안해, 도시별로 어떤 형태의 스마트시티를 추구할 지에 대한 구체적 계획을 SCP에 담게 된다. 주로 인프라시설의 개선과 스마트솔루션의 응용을 중심으로, 해당 스마트시티의 비전, 방향성, 전략자원 동원 계획 및 기대효과 등이 포함된다.

인도 정부는 SCP작성을 위한 구체적 내용을 가이드라인에 제시하고 있다. SCP에는 구역기반개발 전략 중 도시개선, 도시재개발, 신도시 유형 중에서 1개 이상의 유형에 대한 선정내용이 담겨야 한다. 그리고 추가적으로 일부 구역이 아닌 도시 전체에 어떤 스마트솔루션을 적용할 것인지에 대한 PCI 내용을 필수적으로 담아야 한다. 그리고 스마트시티 유형 중에서 도시재개발과 신도시 개발의 경우는 적어도 신축되는 빌딩의 80% 이상은 에너지 효율적인 그린빌딩으로 건설해야 한다. 특히 신도시개발유형의 경우 총 공급되는 주택 수의 15% 이상은 저렴한 주택으로 공급되어야 함을 강조하고 있다.

SCP에는 가급적 구체적인 계획을 담아 실천성을 강조하여야 한다. 주정부에서는 SCP를 주관부처인 도시개발성에 제출하고, 제출된 후보 스마트시티는 서로 경쟁을 하게 된다. 개별 주정부에서 SCP를 작성할 시에는 다양한 국내외 컨설팅네트워크 등을 활용해 기술적 자문 등 적절한 컨설팅을 받아 정교한 SCP 작성을 하여야 한다. 필요한 경우 중앙정부가 국내외 컨설팅 네트워크를 주정부에 연결해주기도 한다. 스마트시티별 SCP를 기준으로한 2단계 평가는 **표 2**에서와 같이 일련의 평가기준을 기반으로 해 국내외 전문가와 국제기관관계자 등으로 구성된 평가위원회에서 이뤄진다. 이러한 평가에 의한 평가점수를 바탕으로 단계적으로 최종 스마트시티를 결정하는 바, 일부 도시를 스마트시티로 우선 선정해 도시개발성에서 공표하고, 우선 선정에서 탈락한 도시들은 전문가

표 2 스마트시티 2단계 챌린저 평가기준: 전국적 경쟁

평가기준(가중치)	평가항목	주요 평가 지표
Ⅰ. 도시별 평가기준 (30% 반영)	정책집행 신뢰도	지난 3년간 공공관리실적, 교통여건 개선 실적 등
	도시비전과 전략	비전 정의 시민 수요반영, 인프라에 ICT 적용 실적 등
Ⅱ. 제안서(SCP) 평가기준 (70% 반영)	제안내용의 영향력	비전 집행에서의 시민의견수렴 실적, 도시경영에서의 스마트솔루션 실적 등
	비용과 편익	집행계획내용, 재정수입의 구체화 및 실천가능성, 시민참여 스마트 솔루션적용계획 등
	혁신성과 확장성	시민의견수렴 거점프로젝트의 효과, 도입프로젝트의 해당도시전체와 외부지역으로의 확장적용성 등
	향후 조치계획	단계별 구체적 실행계획, 사회적 약자포함 시민참여를 위한 SNS, 모바일 거버넌스 운용계획 등

출처: Government of India(2015) 참고 재정리

자문을 얻어 SCP내용을 보강해 차후의 경쟁라운드에서 다시 경쟁해 선정될 수 있는 기회를 갖게 된다.

3) 최종 선정 스마트시티

인도정부는 이러한 챌린저 시스템을 토대로 2016년 5월에 20개의 우선 추진 스마트시티를 최종 선정, 발표하고 이어서 2018년 6월까지 Shillong를 마지막으로 모두 5차례에 걸쳐 100개(1차 20개, 2차 13개, 3차 27개, 4차 30개, 5차 10개 도시)의 스마트시티를 선정, 완료했다(그림 13 참조).[4] 선정된 100개의 스마트시티는

---

4 토지주택연구원(2019). 웨스트 벵갈주는 2016.8 중앙정부의 스마트시티미션 불참의사표명(재원부담관련 중앙정부와 이견때문), 주정부차원에서 환경 친화적 그린시티 프로젝트추진계획 발표(주인도대한민국대사관자료).

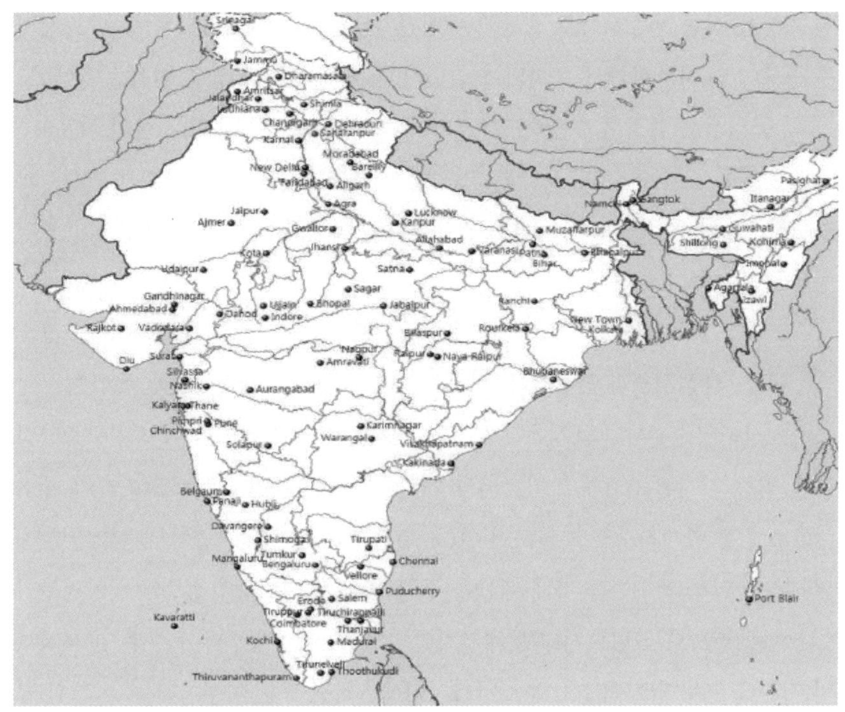

그림 13　인도의 스마트시티 최종 선정 도시 분포
출처: 조영태 외(2019)

선정된 날을 기준으로 5년간 공공예산을 투입해 사업을 본격 추진하고, 집행 관련 일련의 모니터링을 거치게 되어 있다.

4)　집행 시스템

가)　특수목적회사(SPV)를 통한 집행

선정 이후 스마트시티 사업 집행을 위한 첫 단계는 도시별 특수목적회사(Special Purpose Vehicle: SPV)의 설립, 운영이다. 이 SPV는 스마트시티 개발사업에 대한 계획수립부터 사업평가와 승인, 재정집행, 경영, 사후평가 등 사업추진 전 과정에 대한 직접적인 관리를 담당하게 된다. SPV의 상임대표는 주정부에 의해 지명되며 중앙정부의 승인을 요한다. SPV는 주정부와 도시정부가 50 : 50의 동일 지분을 갖는 시스템으로 운영되며 민간지분을 허용하더라도 주정부: 도시정부는 50 : 50지분원칙이 유지되어야 한다. 민간지분이 50%를 넘을 수는 없도록 해 공익성을 엄격히 견지하도록 하고 있으며, 프로젝트관리 컨설턴트(Project Management Consultants: PMC) 등 컨설팅 네트워크를 활용해 전문적 컨설팅과 기술적 지원을 받도록 하고 있다. 조달행위 등의 경영에서 특히 투명성과 공정성을 중요시하고 있다.

나) 재정·행정지원과 민간투자

스마트시티미션에서의 재정은 주로 중앙정부 지원시스템으로 이뤄지며 중앙정부는 최종 지정된 100개 스마트시티 개발에 5개년 동안 모두 4,800억 루피(약 73억 달러)를 단계적으로 지원하게 된다. 주정부와 시정부가 합쳐서 중앙정부 지원액과 동일한 액수만큼 자체 예산을 투입해야 하므로, 중앙정부와 지방정부가 5 : 5 매칭펀드로 스마트시티에 재정지원을 한다. 중앙정부와 주정부 및 시정부의 지원을 모두 합치면 100개 스마트시티에 5개년 동안 이루어지는 총 지원 금액은 1조 루피(150억 달러)이다. 스마트시티 1개소 당 5개년 동안 총 100억 루피(1.5억 달러)의 국가 및 지자체의 예산지원을 받게 되는 셈이다. 정부와 지방정부 지원 금액을 다 합쳐도 추진하는 프로젝트 비용의 일부만이 충당되기 때문에, 주정부와 SPV는 이용료, 사용자 부담금, 은행융자, 공채발행, 조세담보금융, 민간자금의 유치 등 다양한 자금을 조달해야 한다. 그리고 스마트시티 개발에 대한 국내외 투자를 활성화하기 위해 'Make in India' 등 제조업 육성을 위한 각종 투자환경 개선 및 외국인투자 활성화 제도 등을 통한 토지개발, 최소투자금액 등에서의 규제완화 인센티브를 활용하게 된다(조충제, 2017).

5) 스마트시티 정책의 모니터링 시스템

인도의 스마트시티 정책에 대한 모니터링은 국가차원, 주정부, 시정부 차원의 삼원화된 모니터링 시스템으로 이뤄진다. 먼저 국가적 차원에서는 정부의 도시개발성을 중심으로 관련 부처와 기관을 활용해 스마트시티 모니터링관련 국가위원회(Apex Committee: AC)를 구성하고 여기서 스마트시티 개발제안 사업을 챌린저과정부터 개입해 평가와 집행관련 조정 역할을 담당한다. AC는 관련 정부측 관계자와 국가도시개발 연구기관인 NIUA(National Institute of Urban Affairs)대표, 주정부측 관계자 및 SPV를 대표하는 일부인사 등 관련인사로 구성된다. 또한 국가위원회 위원장의 승인으로 관련 국제기구인 세계은행, UN Habitat 등의 전문가 등을 초청해 의견을 수렴할 수 있도록 하고 있다. 정부차원에서는 도시개발성의 National Mission Director가 국가 차원의 스마트시티 미션을 총괄적으로 관장한다.

그리고 주정부 차원에서는 스마트시티 개발정책을 총괄적으로 대표 관장하는 High Powered Steering Committee(HPSC)를 운영한다. HPSC는 스마트시티 정책을 주정부차원에서 가이드하고 관련 개발정책 아이디어를 교환하고 공유하는 플랫폼 역할을 담당한다. 그리고 1단계에서 주지역내에서 도시 간 경쟁과정을 관장하고, 2단계에서 전국적 차원의 경쟁을 위한 스마트시티 후보도시의 사업제안서인 SCP를 리뷰하고 정부의 도시개발성에 제출하는 역할을 한다. 주정부 차원에서 스마트시티정책의 총괄은 State Mission Director에서 담당한다.

또한 시정부 차원에서는 도시별 스마트시티 자문포럼(Smart City Advisory Forum)이 운영된다. 이 포럼은 관련 정책자문을 비롯해 다양한 이해당사자들 간의 협력을 이끌어내는 역할을 담당한다. 포럼구성원은 대체로 지역복지기관 대표, 납세자연합회 회원, 슬럼연맹대표자와 사무총장, NGO회원 등으로 구성되며 스마트시티의 SPV대표가 포럼의 의장직을 수행하게 된다.

6) 스마트 리더십과 스마트 피플

인도의 스마트시티 미션 추진을 위한 재정분담, 챌린저 등의 방식은 인도 국가 행재정의 기조인 '경쟁적이고 협력적'인 연방주의에 근거하고 있다. 그런 의미에서 주정부와 시정부차원의 스마트시티 경영을 위한 스마트 리더십과 비전 및 원활한 집행은 스마트시티 미션의 성공을 결정짓는 관건이 된다. 스마트시티 개발 정책에서 도입되는 구역기반개발 전략인 도시개선, 도시재개발, 신도시유형 등의 개념과 내용 등에 대해, 정책입안자와 결정자, 집행기관, 이해당사자들이 각기 다른 위치에서도 잘 이해하고 공유함이 중요하다. 적정한 시간 내에 적절한 투자와 자원을 투입하는 역할도 스마트 리더십이 할 일이다. 그리고 스마트시티 미션의 추진을 위해서는 적절한 거버넌스와 개혁에 적극 동참하는 스마트 피플도 중요하다. 특히 시민참여형 거버넌스의 운용은 정책 성공을 위한 필수조건이다. 스마트 피플은 스마트시티의 개념정립을 비롯해 스마트솔루션의 선택, 집행, 모니터링, 그리고 후속 프로젝트의 추진과정에서도 적극 참여한다. 스마트 피플이 스마트시티 정책과정에 적극 참여하기 위해서는 ICT, 특히 모바일 수단을 활용한 e - 거버넌스의 운용이 중요하다.

마. 인도 스마트시티개발 정책의 정치 · 경제 · 사회적 맥락

인도의 스마트시티개발의 주된 목적은 기초 생활인프라를 도시에 공급하고 적절한 스마트솔루션을 적용하는 도시를 육성, 삶의 질을 향상시키고 친환경적이며 현대적 인프라를 갖춘 도시로 개발함에 있다. 이를 위해 스마트시티 내의 일부구역을 대상으로 도시재생, 도시재개발, 신도시개발과 범도시적 스마트솔루션의 응용 등의 전략을 실천하고 있다. 이같은 인도정부의 스마트시티 개발전략은 정치 · 경제 · 사회적 맥락이 결합되어 있다고 볼 수 있다. 먼저 정치적 맥락으로서는, 인도 모디 총리가 총리가 되기 전에 구자라트 주지사 시절의 성공적인 지역경제성장을 이룬 경험을 살려 국가 행정수반으로서의 모디 총리가 추구할 새로운 국가도시정책 브랜드로서의 스마트시티 개발정책의 등장을 들 수 있다. 또한 인도사회의 극심한 양극화 완화를 통한 국민통합을 향한 국가정책 수단의 일환으로 스마트시티 개발을 추구하고 있다. 그리고 스마트시티에 필수적으로 적용되는 전자정부와 시민참여의 E - 거버넌스를 통한 참여민주주의의 강화라는 요소가 정치적 맥락으로서 함께 내재되어있다고 볼 수 있다. 다음으로 경제적 맥락으로서는, 인도의 지속적 경제성장을 통해 도시화과정에서의 다양한 도시일자리를 제공하는 동시에 인도정부가 추구하는 디지털 인디아(Digital India)를 실천해 기술지향적 산업구조로의 변화를 선도하기위한 전략으로서 스마트시티 개발을 추구하고 있다. 나아가 사회적 맥락으로서는, 인도 도시마다의 슬럼화 문제, 양질의 주택부족, 교통 인프라의 취약, 위생시설의 미비, 환경오염문제, 재해와 치안문제 등 국민적 삶의 질을 개선하기 위해 국가적으로 추진하는 클린 인디아(Clean India)정책과 연동해 전국적으로 100개의 스마트시티를 개발하는 국가정책을 펼치고 있다고 볼 수 있다.

V. 인도 스마트시티의 개발 사례와 평가 및 과제

1. 인도 스마트시티 개발 동향과 사례

가. 사업추진 동향

인도에서 각각의 스마트시티는 중앙정부와 지방정부의 재정지원을 받아 각종 개발 사업을 추진하고 있다. 그 추진동향과 관련한 조사결과를 살펴보면, 먼저 최종 선정된 스마트시티들의 사업을 6개 부문(생활, 교통, 휴먼, 환경, 경제, 거버넌스)으로 **표 3**과 같이 나눌 수 있다. 조사 대상 스마트시티(55개 도시)에서 가장 많이 추진하는 사업부문은 **그림 14**에서 보듯이 생활부문으로 전체의 37%를 차지한다. 이에는 주택, 폐기물 처리, 폭우배수, 상수도, 전력, 재난방지, 공중화장실, 그리고 슬럼지역개선 사업 등이 포함된다. 다음으로는 교통부문이 27%를 차지하며, 도로, 주차장, 교통관리사업 등이 포함된다. 또한 휴먼사업부문은 13%를 차지하고, 주로 보건, 교육, 방범, 장애인 및 약자보호시설 사업 등이다. 그리고 환경부문 사업은 8%를 차지하며, 오염통제시설, 신재생에너지, 공원 등의 사업

출처: Gupta, K. et al.(2016)

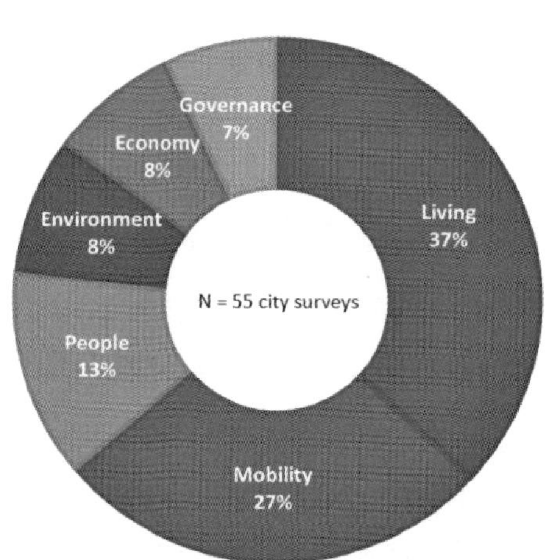

그림 14   인도 스마트시티개발 부문별 실태

출처: Gupta, K. et al.(2016)

이다. 경제부문은 8%를 차지하며 주로 일자리, 기술개발, 신비즈니스 사업등이 포함되고, 마지막으로 거버넌스 부문은 7%를 차지하며 e - 거버넌스와 고충처리시스템 등이 포함된다. 스마트시티 사업은 전반적으로 스마트시티미션이 강조하는 4기둥(Four Pillars)인 경제, 사회, 환경, 제도인프라에 모두 걸쳐있으며 대부분은 주로 기초 생활인프라 개발에 중점을 두고 있음을 알 수 있다.

또한 스마트시티의 구역기반개발 사업 동향을 보면, 조사대상 스마트시티 (51개 도시) 중 도시개선(Retrofitting)유형을 선택한 도시는 47.1%, 도시재개발 (Redelopment)유형은 17.6%, 신도시(Green field)유형은 19.6%, 그리고 2개 이상의 사업유형을 선택한 도시는 15.7%에 이른다(**표 4 참조**). 스마트시티의 절반 정도는 도시개선사업을 선택함으로써 기존 시가지의 큰 구조변경 없이 생활환경개선사업을 주로 추진함을 알 수 있다. 그 중 신도시 유형으로 세계적 관심을 받고 있는 사업으로는 구자라트주에서 추진하는 GIFT(Guzarat International Fiance and Technology) 시티가 있다. 인도의 스마트시티 개발 지침에서 신도시 유형의 본보기 사업으로 제시된 GIFT 시티는 인도 최초의 금융 및 IT 특구 도시로 현재 중국 푸동 금융지구의 약 2배 규모의 스마트시티 기반공사를 마치고 상업시설 등을 본격 개발하고 있다. 전력선, 상하수도, 냉방라인, 광케이블, 쓰레기 배관이 모두 지중화되고 있으며, 디지털전력 및 상수도 관리 시스템을 갖추고 있다. 2022년까지는 개발사업이 완료될 계획인 GIFT시티의 첨단 스마트 설비 및 시스템의 운영은 미국의 시스코를 비롯해 스웨덴 등 외국기업에 의해 이뤄지고 있다.

인도 스마트시티 시장을 겨냥한 국내외 참여가 활발한 실정이다. 특히 글로벌 기업들이 여러 인도의 스마트시티에서 주로 종합통제시스템(ICCS)기능을 담당하는 스마트시티센터(SCC)의 건립과 운영을 위한 기술투자에 참여하고 있다. HP와 Siemens 같은 외국 민간대기업도 보팔(Bhopal)에서의 스마트시티컨트롤 센터 운영 등에 참여하고 있으며 바라나시(Varanasi)에서는 보쉐, 시스코, Efkon 같은 대기업이 참여하고 있다. 그리고 부바네슈와르(Bhubaneshwar)에서는 허니웰기업이, 나야 라이푸르(Naya Raipur)에서는 시스코와 HP가 참여하고 있다. 또한 인도의 대기업도 외국기업과 함께 스마트시티센터 건립과 운영에 참여하고 있는데, 주요 인도의 참여기업으로는 Larsen, Toubro, Shapoorji

표 4　인도 스마트시티의 구역기반개발사업의 유형별 분포

No. of smart cities	Retrofitting	Redevelopment	Greenfield	Pan-city	Mixed methods
51[a]	24	9	10	All the cities have pan-city approaches besides area-based development	8

Note. [a]Project total and total number of smart cities reviewed are not equal due to overlapping of project.

출처: Smith, Russel. et al.(2019)

Pallonji Group, Barat Electronocs Ltd. 그리고 Tech Mahindra 기업 등이 포함된다.

나. 관련 추가정책 동향

인도 정부는 스마트시티 프로젝트의 정책효과를 높이고 보다 많은 중소도시에서 디지털 기술을 활용한 도시개발과 관리를 촉진하기 위해 또 다른 국가도시정책을 최근 발표했다. 2021년 2월 인도 연방정부는 2022년까지 도시 거버넌스 및 도시 서비스 제공에 대한 시민 중심의 생태계 접근방식을 공식화했다. 이를 위해 디지털 인프라를 구축하기 위한 '국가도시디지털미션'(National Urban Digital Mission: NUDM) 프로그램을 출범시켰다. NUDM은 ICT를 활용해 공유 디지털 인프라를 건설하는 프로그램으로, 도시문제를 기동성 있게 대규모로 해결하기 위한 도시에코시스템 플랫폼 등을 만든다. 전국의 4,400개소의 타운에서 교통접근성이 개선되며, 시민중심의 거버넌스를 도입해 국가도시디지털 에코시스템을 구축함에 역점을 둔다. 이와 동시에 인도정부는 India Urban Data Exchange(IUDX)인 '인도 도시 데이터 교환' 프로그램도 출범한 바, 이는 도시 거버넌스 및 서비스 제공을 위해 데이터 공급자와 사용자에게 원활한 인터페이스를 제공하기 위함이다. 최근 인도 정부가 추가로 추진하고 있는 국가정책들은 이렇게 스마트시티미션과 연계되어 시너지 효과를 창출할 것으로 기대된다.

다. 도시별 사례

인도의 스마트시티 가이드라인에 따라 스마트시티로 지정된 도시들은 관련 사업을 추진하고 있다. 인도의 9번째 대도시이면서 산업도시인 푸네(Pune)시 스마트시티 개발계획의 경우를 표 5에서 보면 대체로 정부에서 제시한 가이드라인에 충실한 사업계획을 제시하고 있음을 알 수 있다. 푸네시의 구역기반개발 사업의 경우는 도시개선유형과 도시재개발유형을 혼합하는 방식을 채택하고 있으며 ABB 산업회랑 지역을 중점 사업구역으로 선정해 교통, 생활인프라 등

구분	주요 내용
푸네시 개관	• 인도의 대도시 중 9번째 큰 도시. 마하라슈트라주에서 뭄바이에 이은 제2의 대도시. 인구 312만 명, 대도시권 인구 5백만 명. 뭄바이 남동쪽 150km 위치. IBM 등 IT기업과 벤츠 등 자동차 기업입지. 65개 미국기업과 300개 독일기업 입지. 주민의 22% 슬럼거주
특수목적회사 (SPV)운영	• 2016년 3월, SPV설립(Pune Smart City Development Corporation Ltd: PSCD-CL)
푸네시 구역기반개발 (ABD)의 중점사업 사례	• 스마트시티 ABD 사업유형 중에서 도시개선유형(Retrofitting)과 도시재개발유형 (Redevelopment)을 혼합선택. • 중점개발구역 선정: Aundh - Baner - Balawadi(ABB) 산업회랑 선정, 국제기준의 지속가능개발 추진 • ABB 인구 목표: 현재 인구 4만 명 → 2030년까지 16만 명 • 중점사업부문: 대중교통, 거주환경, 일자리 창출, e - governance, 생활인프라 　· 대중교통: 대중교통 분담율 목표, 18% → 50%/e - 버스. e - 인력거/ 26km 급행버스(BRT)루트 확충/NMT분담율 증가 목표, 1% → 8%/자전거도로 27km, 보행로 60km 개발/공항까지의 고속버스운행계획/교통환승시설/ 스마트 파킹(750대)조성 등 　· 거주환경: 13개 공원조성(공원용지비율 목표 4% → 10%)/ 세계적인 강변로 3.4km조성 등 　· 일자리 창출: 창업 허브조성(일자리 4.5만 개 창출) 　· e - governance: 온라인 포털행정서비스/ 전 지역에 와아피이설치/ 응급서비스 온라인시스템/ GIS활용 토지대장 및 세정관리 　· 생활인프라: 물공급, 쓰레기관리, 방범시설 등 사업/스마트 미터링/빗물배수조/폐수10% 재활용/전자태그(RFID)/폐기물관리 중앙통제센터/구역내 가로등 85%의 LED교체, 에너지 30%절약/전선지하매설/대기오염모니터링센스/스마트그리드/에너지15%의 태양광에너지(정부 스마트시티지침 수용)/76개소의 화장실/슬럼지역400가구의 재개발(슬럼지역의 위생, 교육, 헬스케어, 기술취득여건 개선), 구역 내의 슬럼 프리(Slum Free)
Pan - City Initiative(PCI), 스마트솔루션 사업 사례	• Digital Experience Center(Pune 스마티시티계획의 현재와 미래정보 시민 공유)/Network of Smart Elements(디지털 센스 이용, 안전과 생활환경 등 실시간 정보제공)/e - Buses(대기오염 방지를 위한 친환경버스)/Road Asset Management System(RAMS) for Pune(소프트웨어활용 데이터베이스 도로관리 시스템)/ Smart Street Lighting(에너지절약, 7.8만 개소 LED가로등 교체)/Place - makimg

구분	주요 내용
Pan-City Initiative(PCI), 스마트솔루션 사업 사례	Theme-based Activities on Amenity Spaces(테마형 레크레이션 시설)/Transit Hub(종합교통환승센터) Bus Rapid Transit System(광역간선급행버스)/Pilot Smart Street Project(Safety, Shade, Society의 3S원칙, 보행로, 자전거교통로, 쇼핑 등 도시기능과 결합), • Water Supply and Wastewater Reuse(누수방지, 폐수재활용시스템 운영, 온라인 요금납부제)/Solid Waste Management(클린 도시, 과학적 폐기물처리시스템 운영)/Safety and Security Conditions(방범 CCTV 및 차량 자동인식장치 설치)/Energy Conservation(에너지손실방지 및 태양광 에너지 사용)/Housing, Building Plan Approval and Tax Collection(슬럼가 주택공급, 건축허가소요시간 단축, 온라인 세정시스템)

출처: Anilkumar, P.P(2020)에서 발췌, 재정리함.

지속가능한 사업계획을 제시하고 있다. 그리고 스마트솔루션을 응용하는 PCI 경우, 폐기물처리시스템의 운용 등 다양한 스마트 시스템을 계획하고 있다. 전반적으로 푸네시의 스마트시티 개발사업은 주택과 위생 및 교통시설 등 기초인프라사업과 e거버넌스 및 지역여건에 맞는 스마트솔루션을 접목하는 사업 등이 계획, 추진되고 있다. 이는 푸네시의 스마트시티 사업이 IT 등 스마트 기술 일변도의 스마트시티 개발사업이 아님을 알려준다. 즉 기초생활인프라 설치를 위한 '기초화'와 기존 인프라 등의 '현대화', 그리고 IT 등 스마트 기술을 활용하는 '스마트화' 사업이 Pune의 도시여건을 반영해 적절히 혼합되어 추진되고 있음을 알 수 있다.

　　인도의 스마트시티 미션 추진으로 도시별 특성에 따라 운영되는 다양한 기초 생활인프라가 시민들의 실생활편익에서 긍정적 효과를 보이고 있다. 몇 가지 사례를 보면, 구자라트주에 위치한 라즈코트(Rajkot)에서는 CCTV시스템 설치로 범죄발생율이 18% 줄었다. 구자라트주의 아메다바드시의 경우, 지능형 주차시스템을 도입해 극심한 주차난을 완화하고 있다. 카켄드라(Kakendra)에서는 자동기상정보, 대기오염정보 등 환경인프라가 주민의 호응을 높이고 있다. 푸네에서는 중요지점에 설치된 홍수방지 센서에서 수집된 데이터를 스마트시티 센터(SCC)로 전송해 홍수경보예보와 대응조치가 가능토록하고 있으며, 시내 100여 곳에 비상벨 시스템을 운용해 비상시에 최근거리 경찰서와 자동 연결되도록 하고 있다. 비샤카파트남(Vishakhapatnam)에서는 CCTV와 범지구위치결정시스템(GPS)이 장착된 버스운영으로 시민들이 온라인으로 버스운행을 추적할 수 있도록 했으며, 인도 북부의 무역중심도시이자 아시아 최대 자전거산업도시인 루디아나(Ludhiana)에서는 자동차중심의 도시구조를 자전거친화적으로 변혁시키기 위해 일반시민, 학생, 교사, 전문가 등을 대상으로 도시 도로구조, 공원, 보행로, 안전성, 지중전력구 위치 등과 관련한 도시디자인 경연대회를 시도했다. 시민들이 스스로 도시개선에 참여하는 시민중심의 도시계획수립 기회를 제공하고, 그 계획이 정책에 반영되는 거버넌스를 추진하여서 시민들의 호응을 얻고 있다(Singh, Bintiand Manoi Parmar, 2020). 스마트시티에 드론도 활용되고 있다. 인도 북부의 바라나시에서는 2020년 코로나19 팬데믹 기간 중 범지구위치결정시스템을 활용한 드론을 이용해 소독제를 도시내 팬데믹이 심한 지역에 살포하였다. 이는 스마트시티사업이 코로나19에 대응하는 사례이다.[5]

한편 인도의 도시개발성은 스마트시티에 대한 평가를 경연대회와 연결해 추진하고 있다. 경연대회를 통해 스마트시티정책을 모니터링하고, 성공사례 정보를 다른 도시와 효율적으로 공유·확산하기 위해서이다. 2017년부터는 매년 스마트시티 경연대회를 개최해 여러 부문별로 추진실적에 따라 우수한 도시를 발표하고 시상하고 있다. 예를 들면 스마트시티미션 출범 6주년을 기념해 2021년 6월 25일 개최된 'India Smart Cities Award Contest'에서는 10개 부문별(사회부문, 거버넌스, 문화, 도시환경, 위생, 경제, 도시개발, 물관리, 도시교통, 코로나19 혁신 등)로 경쟁하여, 각 부문별로 스마트시티를 선정해 시상하였다. 수라트(Surat) 시와 인도르(Indor) 시가 공동 1위를 차지하고 주지역중에서는 우타르프라데시

---

[5] 박영선(2021), 유동길(2021.6.17) 등 KOTRA의 인도 콜카타 무역관과 인도 뭄바이 무역관 자료 등을 참조

(Uttar Pradesh)주가 1위를 차지했다. 기후변화대응에 초점을 맞춘 '기후스마트 시티(Climate Smart Cities)'평가에서도 수라트 시가 1위를 차지했다. 수라트 시의 경우는, 4개 부문인 도시개발, 도시교통, 물관리, 위생부문에서 1위를 차지했다.[6] 수라트 시의 스마트시티 우수프로젝트로서는 지능형교통관리시스템, 자동 요금징수시스템, 수라트 머니카드, 스마트 고형폐기물 처리시스템, 도로개선과 시범도로구축, 운하교통, 대기질 관리시스템, 태양광·풍력발전, 저렴한 주택건설 등이 포함된다(그림 15 참조).

AWARD-WINNING PROJECTS

Category	Projects
Built Environment	Development of canal corridor from Anuvrat Dwar to Jamnaba park
Urban Mobility	Maximum mobility with minimum resources through dynamic scheduling of buses
Water	Integrated and sustainable water supply system
Sanitation	Conservation through treated wastewater

그림 15 인도 스마트시티 경연대회 1위, 수라트 시의 주요 프로젝트
출처: The Times of India(2021.6.26).

---

6   The Times of India(2021.6.26) "Surat again adjudged 'Best Smart City' in the country." TNN/ https://timesofindia.indiatimes.com/city/surat/surat-again-adjudged-best-smart-city-in-the-country/articleshow/83855963.cms/ https://timesofindia.indiatimes.com/city/surat/surat-again-adjudged-best-smart-city-in-the-country/articleshow/83855963.cms

2. 주요 평가와 과제

가. 주요 평가와 한계

인도에서 스마트시티미션은 지자체와 협력해 여러 사업을 추진하고 있으며, 민간 기업들도지역 요구에 부응하기 위해 도시정부와 협력하고 있는 편이다. 스마트시티 개발의 중간 평가를 보면, 여러 가지의 한계를 엿볼 수 있다.

첫째, 스마트시티 개발진척에 있어 도시간 심한 격차이다. 인도의 스마트시티미션이 발표된 지 4년이 지난 2019년 7월 기준으로 스마트시티 개발추진 관련해 진행 중인 5,151개 사업 중 18.1%인 933개 사업만이 완료된 것으로 나타나고 있다. 완료된 사업 중 48%는 뉴델리 등 10개 주요도시에 집중되어있어 스마트시티 사업진도의 지역 간 심한 격차를 보이고 있다(Deka, 2019).

둘째, 지자체마다의 사업추진을 위한 재정 문제이다. 재원조달의 문제를 포함해, 지자체의 재정 어려움 등이 상존하고 있다. 5개년 사업추진을 위해 중앙정부와 지자체가 각 스마트시티에 지원하는 예산은, 사업을 위해 필요한 자금의 20%에도 미치지 못한다고 추정되는 실정이다. 따라서 주정부와 도시정부의 자체적인 자금조달 능력과 성과가 원활한 사업 추진의 관건이 되고 있다. 바라나시, 뭄바이, 자이푸르 등 도시재정력이 비교

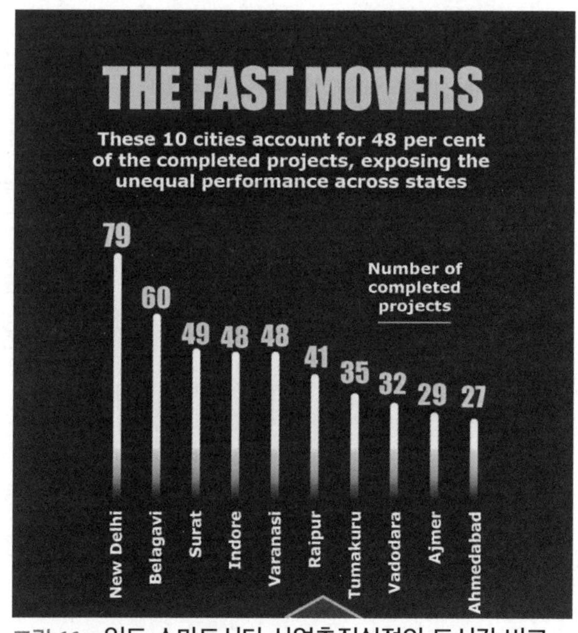

그림 16 인도 스마트시티 사업추진실적의 도시간 비교

출처: Deka(2019)

적 양호한 지자체조차도 자금조달여력이 부족하다는 평가가 제기되는 등 전반적으로 주정부와 시정부의 민자유치의 한계와 자금조달능력에 대한 불확실성이 존재한다(조충제, 2017).

셋째, 토지매입 지연과 주민과의 토지수용에 따른 갈등이 해결해야 할 주요과제로 부각되고 있다. 이는 민간사업의 경우 사업의 불안정성과 인허가 문제, 프로젝트 추진기관의 관심부족 문제의 상존과 연결되어 있다(조영태, 2019). 이러한 문제는 사업을 지연시키는 중요 요인으로 등장하고 있다.

넷째, 스마트시티개발 관련 당사자 능력의 한계문제가 내재한다. 인도 지자체의 스마트시티 관계자들이 대부분 4차 산업(Industry 4.0)의 디지털 테크놀로지, IOT 등 스마트 기술에 생소하고 경험이 부족해 스마트시티개발 사업의 집행과정에서 어려움을 겪고 있다. 이를 해결하기 위한 정책적 노력으로, 인도 도시개발성에서는 스마트시티정책이 시행된 지 4년차인 2019년에 스마트기술에 관한 기본전략과 접근방법을 제시한 '국가도시혁신지침서(National Urban Innovation Stack: NUIS)을 발표했다(NIUA, 2019). 이는 스마트시티 개발과 관련해 특히 지자체 및 집행기관인 특수목적회사의 관련자들을 대상으로 도시인프라와 서비스 공급에서 필요한 디지털 통합기술과 데이터수집·관리·공유, 스마트 거버넌스, 도시지식플랫폼, 디지털 소프트웨어 등에 대한 전문적인 지식과 기술의 습득과 훈련기회를 제공하기 위해 제시되었다. 관련자들의 전문 지식과 기술의 이해도에 따라 스마트시티 집행효과가 도시 간에 달리 나타날 수 있다.

다섯째, 인도에서 스마트시티 미션의 구조에서도 문제가 내재되어 있다. 인도의 스마트시티 미션이 도시내부의 너무 협소한 구역의 개선과 개발에 과도하게 집중되는 문제가 지적되고 있다. 스마트시티로 지정된 도시면적 중에서 구역기반 개발사업으로 지정된 사업대상구역은 5%에 불과하고 이 사업대상구역을 포함하는 100개 스마트시티의 총인구는 인도전체 인구의 10%내외에 불과하다. 따라서 스마트시티 사업은 그 수혜대상이 협소해 일종의 '스마트고립지역'(Smart Enclaves)를 만드는 것이라는 비판이 제기되고 있다. 또한 프로젝트의 집행에만 과도하게 치중하고 있어, 도시민 전체를 위한 비전과 전략이 포함된 총체적 도시정책 성격은 결여되기도 한다. 그리고 스마트시티 정책 집행이 전반적으로 지연되는 원인이 지자체의 분권화된 역할에 지나치게 의존하는 데 있기도 하다. 나아가 정부의 의도와는 달리 저소득층과 약자계층은 상대적으로 소외됨으로써, 포용정책이 제대로 이루어지지 않기도 하다. 특히 삶의 질 개선 혜택이 보다 많은 사람들에게 전달될 수 있도록 스마트시티 개발 정책을 재구성할 필요성도 제기되고 있다(Streevatsan, A., 2018).

나. 주요 정책과제

앞으로 인도의 스마트시티 개발정책의 원활한 추진을 위해서는 정책의 중간 평가에서 발견되는 중요 문제를 해결해 나가야 한다. 첫째, 지자체 등의 자금부족 문제, 토지수용문제, 협소한 정책수혜대상, 저소득층 소외문제 등을 해결하면서, 보다 포용적이고 총체적인 삶의 질을 중시하는 정책으로의 개선이 요구된다. 둘째, 인도실정 맞춤형 스마트시티 개발의 국가모델과 함께 도시마다의 다양한 여건을 반영한 도시모델에 기반하여 보다 현장 중심의 현실적 접근이 요망된다. 셋째, 스마트시티 정책이 대도시에 치우치지 않고 중소규모의 도시와 농어촌으로도 확산되어야 하는 과제도 안고 있다. 넷째, 특히 상대적으로 낮은 1인당 국민소득과 취약한 삶의 질 등의 측면에서 저소득 개도국에 머물고 있는 인도의 국가 및 도시별 발전여건을 반영해, 인도 사회의 기초생활환경 문제를 해결하면서 스마트 기술을 적용하여 더욱 실용적 발전에 기여하는 스마트시티 발전방식의 추진이 요구된다. 이와 관련해 인도에 적절한 '지속가능한 스마트시티'방식을 모색해볼 필요가 있는 바, 인도 스마트시티미션 출범 연도인 2015년에 유엔에서 제시한 지속가능한 개발목표(SDGs)의 틀에서 그 실마리를 찾을 수 있을 것이다.

Ⅵ. 결론

남아시아지역의 중추 국가인 인도는 인구 14억 명으로 중국 다음의 인구 대국이면서 경제규모면에서 세계 6위를 차지하는 경제 대국이다. 글로벌 중심지체계에서 지정학적으로나 지경학적으로 인도의 위상은 향후 더욱 중요해질 전망이다. 인도와 한국의 공동번영을 향한 교류확대의 모색이 필요하다. 인도에서는 대규모 인구의 도시이동으로 나타나는 도시화로 발생하는 주택, 교통, 환경, 위생 등 관련 도시문제가 극심해 이를 극복하는 것이 국가적 과제이다. 특히 인구 1천만 명이 넘는 거대 도시권과 인구 100만 명이상의 대도시로의 인구 집중이 편향되는 도시화를 야기해 도시 실업과 인프라 부족 문제가 심각하다. 한편, 인도의 도시화는 도시로의 신규 투자를 증가시키고 신산업 성장, 기술혁신 등을 일으켜 새로운 발전기회를 부여한다. 인도 정부는 도시화가 유발하는 도전을 극복하고 기회를 살리는 국가도시정책으로서 100개의 스마트시티를 개발하는 스마트시티 미션을 2015년 6월부터 본격 추진하고 있어 세계가 주목하고 있다.

인도의 스마트시티 미션에서는 스마트시티에 대한 구체적 정의를 제시하기보다는 도시마다 자체적으로 개념을 설정하고 시민참여방식으로 추진함을 원칙으로 하고 있다. 도시 간의 다양한 현장여건을 중시하기 때문이다. '지역 주도, 중앙 지원' 방식으로 추진되는 스마트시티 미션에 따라 도시마다의 여건을 반영해 필요한 기초생활환경 인프라를 확충하고, IT, 환경기술 등을 활용한 스마트솔루션도 응용하고 있다. 그러나 정책추진 과정에서 자금부족, 토지수용갈등, 스마트시티 개발 관련 주요 주체들의 지식과 기술, 정책 경험 부족 등으로 사업성과가 아직은 뚜렷하지 못하고 추진 진도에 있어서도 도시 간 격차가 심한 편이다. 인도에서의 스마트시티 미션의 순조로운 성공을 위해 새로운 모델이 필요해 지고 있으며 국제간 협력도 긴요해지고 있다. 인도의 도시화 구조 속에서 스마트시티 미션의 구조를 분석하고 추진동향과 사례 및 평가를 시도하여 인도의 스마트시티 사업이 어디로 가고 있는지를 탐색한 시도는 인도의 지속가능한 스마트시티 모델의 발굴 등 새로운 방향설정에 기여할 수 있을 것이다.

참고문헌

[한글출판본]

강선구. 2016.3.9. "고성장과 경제지형변화의 진원지: 인도의 유망도시지역." 『LG Business Insight』.

김나연. 2018. "인도의 스마트시티개발 동향." 『동향』 30(7). 정보통신정책연구원.

김용학. 2020. 『스마트시티 세계: 기획과 조성』. 기문당.

김윤호. 2018. 『팹랩과 팹시티』. 한국학술정보

김인·박수진 편. 2006. 『도시해석-Urban Geography and Urbanology』. 푸른길.

김지영. 2016.5.11. "삼성전자, '넥스트 차이나' 인도를 잡아라." 이투데이.

김진욱. 2019.2.7. "13억 대국 인도, 국토균형발전에 팔 걷어 붙였다." 한국일보

박양호. 2015. "스마트도시와 스마트도시환경." 권용우·박양호 외, 『도시와 환경』. 파주: 박영사.

박양호. 2021. "남아시아의 스마트시티는 어디쯤 와있을까?." 『웹진, 서울대학교 아시아 연구소』. SNUAC.

박영선. 2021. "인도 정부 스마트시티 100개 지정 – 상향식으로 각 지역 실정에 맞춰 프로 젝트 개발." 『해외시장뉴스』. 인도 콜카타무역관. KOTRA.

박재길 외. 2010. 『한국의 도시화 과정과 정부정책에 관한 연구』. 국토연구원.

신시열. 2019. 『코끼리에 올라타라』. 이큰.

신시열. 2021. "인도 경제와 비즈니스의 이해." 서울대학교 아시아연구소 남아시아센터 콜로키움.

유동길. 2021.6.17. "코로나로 인해 필요성이 더 부각된 인도 스마트시티 미션." 『해외시 장뉴스』. 인도 『인도 뭄바이무역관』. KOTRA.

이명무 외. 2021.6. "남아시아 시장 진출을 위한 전략적 선택에 관한 연구." 『국제경영리 뷰』 25(2).

이명무. 2021.10.11. "인도의 IT산업 태동과 4차 산업전략." 『아시아브리프』. 서울대학 교 아시아연구소

이어령. 2021.4.21. ""문명의 전환과 아시아"-생명화·상생·창조력의 新문명시대에 대

한 메모-〈창간 기념 특별기고〉."『아시아브리프』1(6). 서울대학교 아시아
연구소

이재용. 2018.『스마트시티 유형에 따른 전략적 대응방안 연구』. 국토연구원.

정무섭 외. 2018. "인도의 산업회랑개발 분석과 우리기업의 진출방안."『Trade Focus,
IIT』.

정윤아. 2021.7. "세계 속 AI⑤ 인도, OECD국가 AI기술보급률 5년 연속 1위." Ai타임스

조영태 외. 2019.『인도 스마트시티 도시개발여건 및 협력방안』. 토지주택연구원.

조충제 외. 2017.『인도의 도시화와 한 인도협력방안』. 서울: 대외경제정책연구원.

조충제. 2015.『인도모디정부의 경제개발정책』.

주인도대한민국대사관. 2018. "인도의 스마트시티 정책."

최희선 외. 2020.『스마트도시계획 진단을 통한 '스마트 지속가능도시'로의 전환 방향』.
한국환경정책평가연구원.

코트라. 2018. 11. 30. "인도 첸나이 스마트시티 어디가지 왔나." 인도 첸나이 무역관.

토지주택연구원. 2018. "인도 India."『해외개발 Review』1. LH 토지주택연구원.

황종성. 2016. "저개발국가도 스마트 도시 구축이 가능할까?."『세계와 도시』16. 서울연
구원.

〔영문출판본〕

Ahmed, Helal Uddin. 2020. "Drive for Digital Bangladesh." The Financial Ex-
press.

Aijaz, Rumi. 2016. "Challenge of Making Smart Cities in India, Asia." *Visions* 87.
Ifri.

Anilkumar, P. P. 2020. *Introduction to Smart Cities*. Pearson.

CEBR. 2021.12. "World Economic League Table 2022." cebr.com.

Deka, Kaushik. 2019. "Why the Smart Cities Mission will miss its deadline." India
Today.

Dhamija, Surjeet Kumar. 2016. "Developing India as Smart Tourism Destination
－A Sap－Lap Analysis."(https://www.researchgate.net/publica-
tion/311771160_Developing_India_as_Smart_Tourism_Destination_－_

A_Sap‑Lap_Analysis)

Dwivedi, Manish et al. 2015.6. "New Horizons in Planning Smart Cities using Li-DAR Technology." *IJARSGIS* 2.

Euklidiadas, M. Martinez. 2021.6.14. "How India Wants to Become the Future of Smart Cities." Tomorrow City.

Forney. 2018.10. "Opportunities for French Investment in India." India.

Government of India. 2020.12.14. Industrial Corridors. Ministry of Commerce and Industry.

Government of India. 2015. Smart Cities: Missioin Statement & Guidelines, Ministry of Urban Development.

Gupta, K. et al. 2016. "Measuring Smart Cities in India." *Urban Planning*.

Hall, Ralph P. 2020. "Indian Smart City Rankings of Smart Cities.".

ICE .2018.3. "Gujarat International Finance Tech‑city." *CNN MONEY on gift city*.

Jacobson, P. 2018. "Leveraging PPPs for Smart City Infrastructure." McKinsey.

Jaysawal, Neelmani et al. 2014. "Urbanization in India: An Impact Assessment." *Int'l Journal of Applied Sociology* 4(2).

Kumar, Sujeet. 2018.12.25. "Indians Promised benefits of 100 smart cities, but the poor are sidelined again." THE CONVERSATION.

Laurinda Godjo and Emmanuelle, S. 2019. "Smart Cities and Slum Resilience." *Urnanet*.

Light Castle Analytics Wing. 2020. "Smart Urbanization: Is Bangladesh on the Right Track?"

Lokpriy. 2009. "Urbanization in India: Dynamics & Consequences." Int'l Pop. Conference.

Maisonneuve, Christine de la and Marnix Dek. 2020. "Housing For All In India." *Econ. Dept. Working Paper* 1612. OECD.

McKinsey. 2010. *India's Urban Awakening: Building Inclusive Cities, Sustaining Economc Growth*. McKinsey Global Institue.

Ministry of Urban Development. 2015. *Smart Cities Mission Statement & Guide-*

lines. Government of India.

MOI. 2011. Census of India.

Moneycontrol. 2019. "11 innovations that are driving smart cities in India."

Nair, Avinash. 2019.7. "GIFT – a city waits to unwrap." The Indian Express.

NIUA. 2020. *National Institute of Urban Affairs*, NIUA. India (www.niua.org).

NIUA. 2019. *National Urban Innovation Stack*: *Strategy and Approach*.

O'Neill, Aaron. 2021. *Urbanization in India 2020*. Statista.

Pathak, Chitta Ranjan. 2016. "Challenges of Smart Cities in India.".

Sankhe, S. et al. 2010. "India's Urban Awakening: Building Inclusive Citires." *Sustaining Economic Growth*. McKinsey Global Institue.

Shaban, Abdul. et al. 2020. *India's Urban System*: *Sustainability and Imbalanced Growth of Cities*. MDPI.

Singh, Binti, and Manoi Parmar. 2020. *Smart City in India*: *Urban Laboratory, Paradidm or Trajectory?*, Routledge.

Smith, Russel M. et al. 2019. "India's "Smarter" Cities Mission: A Preliminary Examination into India's Newest Urban Development Policy." *Journal of Urban Affairs* 41 (4).

Streevatsan, A. 2018. "Smart Cities Mission is too project – based and lacks integrated vision: report."

Princeton. 2009. "Urbanization in India: Dynamics & Consequences."

The Times of India. 2021.6.26. "Surat again adjudged 'Best Smart City' in the country." TNN.

United Nations. 2018. *World Urbanization Prospects*.

Urbanet. 2018. "Inforgraphics: Urbanization and Urban Development in India."

Vaishampayan, S. et al. 2020. "Enhansing Citizen Engagement in Smart Cities Mission in India." *NAGARROG. Oct/Dec.2020*.

WRUI INDIA. 2018. "Clamate Smart Cities." ROSS CENTER.

〔인터넷 자료〕

https://timesofindia.indiatimes.com/city/surat/surat-again-adjudged-best-smart-city-in-the-country/articleshow/83855963.cms/https://timesofindia.indiatimes.com/city/surat/surat-again-adjudged-best-smart-city-in-the-country/articleshow/83855963.cms

https://iussp2009.princeton.edu/papers/91026

https://www.hankookilbo.com/News/Read/201902062043099215

https://ralphphall.files.wordpress.com

http://www.businessworld.in/article/This-Is-How-India-s-Future-Cities-Going-To-Be/24-08-2017-124668/

https://blog.naver.com/globaledunews/222307477788

https://www.moneycontrol.com/news/business/11-innovations-that-are-driving-smart-cities-in-india-4514101.html

https://tomorrow.city/a/how-india-wants-to-become-the-future-of-smart-cities

https://indianexpress.com/article/cities/ahmedabad/gujarat-international-finance-tec-city-gift-city-5829436/

https://mmrda.maharashtra.gov.in/documents/10180/10653740/4/e7f771e2-a94a-441b-b01e-6bf32cba98a2

https://www.statista.com/statistics/271312/urbanization-in-india

https://www.researchgate.net/publication/311771160_Developing_India_as_Smart_Tourism_Destination_-_A_Sap-Lap_Analysis(검색일: 2021.10.28)

제6장

인도의 스마트시티 미션(SCM), 팹랩(Fab Lab), 리빙랩(Living Lab)

김윤호(서울대학교 아시아연구소 선임연구원)

I. 스마트시티

1. 스마트시티의 개요

스마트시티는 1990년대 후반부터 도시의 지능적인 도시개발과 지속가능한 사회경제적 성장의 원리를 개념화·추진하기 위한 목적으로 시작되었다. 도시의 진화는 기반시설 구축과 상업적 기회 극대화에 더욱 중점을 둔 산업혁명의 시작과 그 궤를 같이한다. 현저하게 빠른 도시화는 도시 내 공해, 건강상 문제, 안전과 제한된 자원의 분배와 같은 문제들을 불러일으켰다. 이로 인해 많은 연구자와 전문가들은 장기간의 바람직하지 않은 영향을 남길 수 있는 계획되지 않은 도시화보다는 '스마트 성장'을 옹호하게 되었다.

UN에 따르면 도시 인구의 비율은 2050년에 전체 인구의 70% 가까이에 이를 것으로 전망되며, 이에 따라 스마트시티화가 적극 추진되고, 인프라 수요도 확대될 것으로 예상되고 있다. IBM과 Cisco와 같은 IT분야의 글로벌 기업들은 스마트시티의 개념을 고려하여 모든 시스템과 프로세스가 자동화되어야 하는 도시의 미래 기능성을 전파하고 있다. 이들 IT 대기업은 전 세계의 다양한 지역에서 스마트시티 프로젝트에 참여함으로써, 자사의 역량과 자원을 총동원하고 있다.

각국은 스마트시티의 촉진을 내걸고 도시화에 대한 대응을 진행하고 있지만, 스마트시티의 개념은 국가·지역에 의해서 다양하다. 기존 도시가 안고 있는 다양한 과제(주택 수요의 압박, 교통체증, 정수·오수 배수 처리 등)해결 차원에서 도시 인프라의 정비를 추진하는 경우가 많지만, 최근에는 디지털 기술을 활용한 새로운 서비스(Mobility as a Service: MaaS) 창출과 삶의 질 고도화를 추진하는 사례가 글로벌한 트렌드가 되고 있다.

인구 통계(United Nations World Urbanization Prospects: UNWUP)에 따르면 2015년에는 아시아·태평양 지역의 216개 도시에 6.87억 명이 거주하나, 2035년에는 47% 증가한 10.08억 명이 거주할 것으로 예상된다. 이는 3.2억 명이 증가하는 것으로 100만 도시가 320개 늘어나는 셈이다. 국가별로 보자면, 중국 110개, 인도 59개, 인도네시아 13개, 일본 8개, 한국 8개 도시가 새로 생겨날 것이다,

한편, 경제가 급성장하고 있는 신흥국은 급속한 도시화가 진행 중이며, 인구 집중, 교통 혼잡, 환경, 빈곤, 소득 격차, 치안의 악화 등의 문제가 동시에 발생하고 있다. 이러한 문제를 해결하기 위해 스마트시티 개발이 주목받고 있다. 예를 들어, 파키스탄에서는 치안의 개선·유지를 위해 지능형 감시 카메라 설치를 통한 스마트치안 시스템이 적극적으로 도입되고 있으며, 인도네시아에서는 지진, 해일, 홍수 등 대규모 자연재해가 연이어 발생함에 따라 방재 및 재해 예측을 위한 스마트센서 기술이 강조되고 있다.

신흥국은 사회, 문화, 종교 등의 다양성이 풍부하고, 경제 발전 정도에도 큰 차이가 있다. 따라서 스마트시티 개발도 계획수립단계부터 마스터플랜, 경제성평가, 정책과제와의 연계성까지 다양한 형태를 보인다. 특히 인도, 스리랑

카 등은 스마트시티 개발을 국가 경제개발의 일부로 간주하고, 국가 인프라 개발의 하나로 파악하는 경우가 많다. 최근에는 인도의 스마트시티 정책이 대폭 강화되고 있어서 세계의 주목을 받고 있다. 인도 모디 정권은 2014년 출범 이후 스마트시티 개발 계획(Smart City Mission)을 수립하고, 100개의 스마트도시를 선정하여 본격적으로 개발을 추진하고 있다. 스리랑카는 국가 차원의 스마트시티 전략을 발표하고 콜롬보를 시작으로 여러 프로젝트가 진행 중이다. 파키스탄도 2개 스마트시티 프로젝트를 가동 중이며, 방글라데시는 한국과의 협력을 통해 스마트시티 추진을 위한 인프라를 건설하고 있다.

2. 스마트시티의 발전 과정

스마트시티의 현대적 기원은 1990년대 후반의 '스마트 성장' 운동으로 거슬러 올라갈 수 있다(Harrison and Donnelly, 2011; Susanti et al., 2016). 스마트시티는 특히 IBM Smart Planet, i-Japan 2015 Strategy, 유럽 2020 전략과 같은 스마트시티 이니셔티브에서 촉발되었으며, 주민의 삶의 질과 지속가능한 미래를 고려하는 신흥 도시의 도전에 대응하여 세계적인 현상이 되었다(Deloite, 2018). 북미는 IBM, Cisco 등 ICT 기업이 추진하는 기술주도 비전을, 유럽은 저탄소 경제구상을 반영하고 있다(Mora et al., 2018).

개별 국가에서 시작된 "스마트시티" 이니셔티브는 서로 다른 우려를 나타내며 다양한 맥락이 적용되고 있으며, 스마트시티라는 용어는 이를 구성하는 문맥에 따라 다르게 사용되어 왔다. 그림 1과 같이 스마트시티의 개념은 1997년 Virtual CIty, 2010년 Smart City, 2015년 Eco Ciity 또는 Green City 등으로 진화하고 있다. 이처럼 다양한 스마트시티의 공통적인 개념은 정보통신기술을 도시의 본질적 기반을 형성하는 데 이용하는 것이다.

스마트시티의 발전 단계는 다음과 같이 분류할 수 있다(PWC Cleantech Report, 2012). 1단계에서는 상업적 기회를 극대화하기 위한 인프라를 구축한다. 2

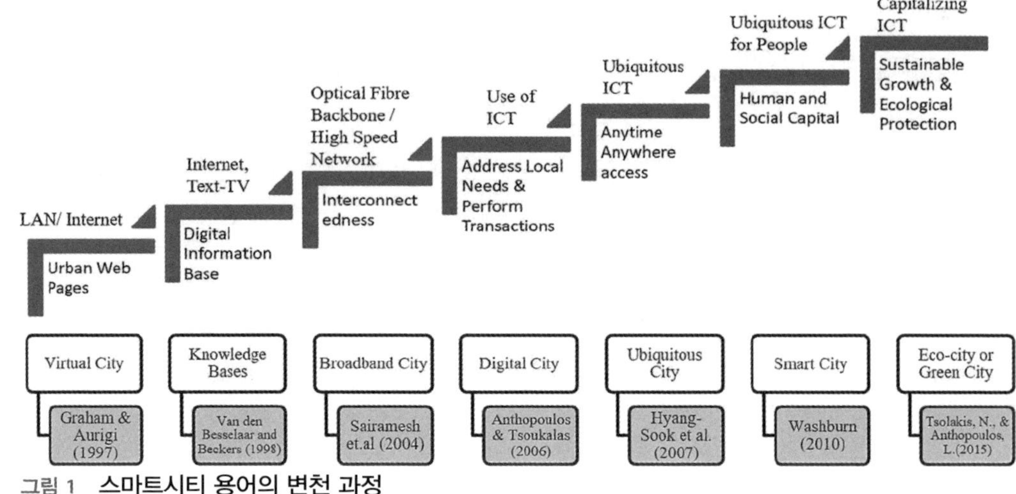

그림 1   스마트시티 용어의 변천 과정

출처: Singh & Singla(2020)

단계에서는 도시민의 건강, 안전 및 운영상 효율성의 증가를 추구한다. 3단계에서는 도시를 보다 지속가능하고 매력적으로 만들고, 시민들이 적응하기 쉽도록 ICT를 이용하고 있다.

3.   인도의 스마트시티 사업 추진배경

2011년 인도 통계청 자료에 의하면, 인도 총인구의 약 31%가 도시에 밀집해 있으며 인도 국내 총생산(GDP)의 약 63%가 도시로부터 생산되고 있다. 인도통계청은 2030년에 인도 총인구의 약 40%가 도시에 거주할 것으로 예상하고 있으며, 인도 국내 총생산의 75%가 도시에서 생산될 것으로 전망한다. 그러나 현재 인도는 열악한 인프라 환경과 극심한 도시 밀집현상으로 인해 심각한 교통체증과 대기오염 등 많은 도시문제를 겪고 있어, 특정 도시에 밀집된 인구와 자본을 분산할 필요성이 제기되고 있다.

2014년 나렌드라 모디 정부 출범과 함께 인도 전역에 스마트시티 100곳을 구축하는 정책 '100 Smart Cities' 사업계획이 발표되었다. 스마트시티 미션

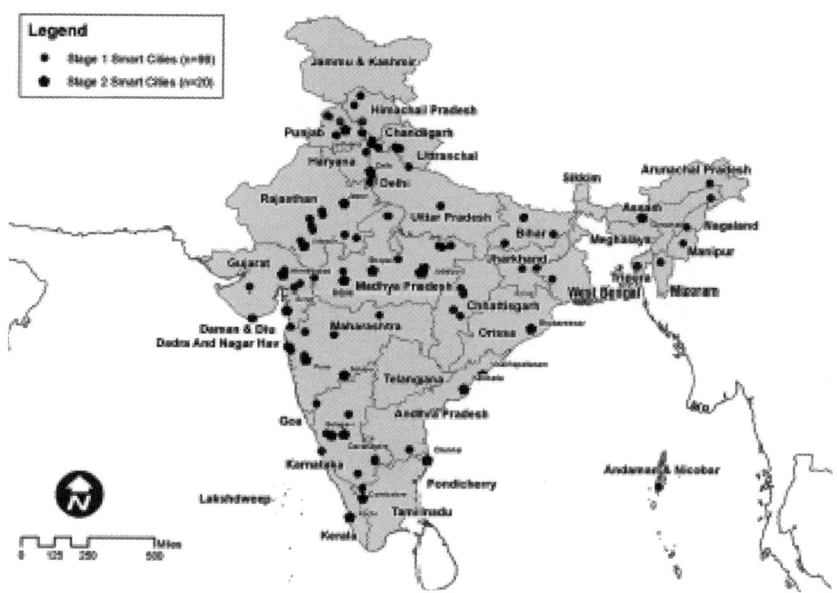

그림 2 　인도의 스마트시티 100개의 도시 지역별 분포

출처: Russell et al. (2019)

(SCM)은 주택도시성(Ministry of Housing and Urban Affairs)을 중심으로 추진되고 있다.

인도 정부는 교통체증, 대기오염 등 극심한 도시문제를 해결함으로써 도시 거주자들의 삶의 질을 향상시킴과 동시에 특정 지역에 집중된 자본을 분산해 균형 잡힌 국토개발을 이룩하기 위해 이 사업을 추진하는 중이다. 또한 열악한 인프라 환경을 개선하고, 인프라 건설을 통한 고용 창출, 외국인투자 확대 등 경제 활성화를 스마트시티 개발의 목표로 두고 있다. 구체적으로 살펴보면, 안전한 수자원·전력 공급, 폐기물 관리 시스템, 효율적인 교통시스템, 전자정부 시스템(e-Governance), 보안시스템, 의료 및 교육 시스템 등을 완비한 스마트시티 건설을 추구한다. 또한 일부의 대도시에서는 IT나 최신 기술을 활용해 기존의 과제나 인프라를 해결하는 것을 목표로 한다,

인도 정부는 2015년 6월 '스마트시티 가이드라인'을 공표하고 구체적 추

진목표, 구조, 재원확보, 추진절차, 외자유치 방안 등 중앙정부 차원의 지침을 수립했다. 또한 스마트시티 챌린지 프로그램을 통해 지자체 중 우선착수지원 사업 대상을 선정하고, 중앙 대 지방 1:1 매칭 베이스 재원 지원을 추진 중이다. 스마트시티 챌린지 프로그램 결과 선정된 우선 착수대상 20개 도시(추가 도시 선정 중)는 ① 권역별 개발, ② 기존도시 스마트 인프라 개선, ③ 재개발, ④ 신도시 개발의 4개 축에 따라 사업을 추진하는 중이다.

스마트시티 전체 사업규모는 약 2조 루피(미화 280억 달러) 규모이며, 이 중 44%는 인도 연방정부 및 주 정부 조달예산으로 구성되고, 그 외에는 민간투자, PPP, 차관 등의 형태로 조달된다. 인도 정부는 스마트시티 개발이 완료될 경우 인도 인구의 30% 이상인 약 1억 명의 인구가 도시화 혜택을 받을 것으로 전망한다.

인도 스마트시티 개발은 한국과 달리 도시 인프라 개선, 재개발, 그린벨트 개발로 정의된다. 또한 연방정부가 가이드라인만을 제공하고 계획 - 평가 - 승인 - 운영 등의 프로세스는 지역 주 정부와 특수목적회사(SPV)가 관리하는 형태를 보이고 있다. 인도의 스마트시티는 에너지 절약에 중점을 둔 아시아 선진국과는 달리 행정 서비스와 교육·의료 등 다양한 서비스를 망라하고, 상하수도 정비 등 기초 인프라 정비까지 포함해, 매우 다양한 유형으로 이루어진 것이 특징이다.

표 1 인도 스마트시티 프로젝트 사업규모 현황(단위: 천만 루피)

프로젝트 도시 수	총 사업비용(A+B)	지역개발(A)	범 도시개발(B)
100개	205,018	164,204	38,914

출처: Ministry of Housing and Urban Affairs

4. 신흥국에서 인도 스마트시티의 위상

Nomura Research Institute(2020: 10)가 아시아 태평양 지역의 인구 백만 이상

도시 216개를 대상으로 스마트시티 현황을 조사한 결과를 살펴보면, **그림 3**과 같이 중국, 인도, 호주, 싱가포르, 일본 등이 주류를 이루고 있다. **그림 3**은 인구 100만 도시를 기준으로, 2015~2035년의 인구성장률을 X, Y축 변수로 정의하였다. 도시의 인구와 성장률 기준으로 평점이 높은 인도의 도시는 델리, 벵갈루루, 첸나이, 푸네, 아메다바드, 자이푸르, 럭나우 등이다.

Smart City Index 2020(IMD World Competitiveness Center, 2020)은 2020년 스마트시티 순위를 발표하였다. 전 세계 주요 스마트시티 109개 중 인도의 도시는 네 곳(벵갈루루 2019년 79위 → 2020년 95위, 하이데라바드 67위 → 85위, 뭄바이 78위 → 93위, 뉴델리 68위 → 86위)이며, 모두 2019년에 비해 순위가 하락하였다. 인도 스마트시티가 초기 단계인 점을 감안하더라도 실제 진척 상황이 다

	100만명~	150만명~	300만명~	500만명~	1,000만명~
3%~	6개 도시／1.8 • 티루푸르(인도) • 바탐(인도네시아) • 칸토(베트남)	5개 도시／0.8 • 티루바남타푸람(인도)	1개 도시／2.0 • 하노이(베트남)	2개 도시／1.0 •-	–
2%~	34개 도시／1.9 • 센슈(중국) • 코타 (인도) • 페칸바르(인도네시아) • 하이퐁(베트남) • 만달레이(미얀마) 등 21도시	30개 도시／1.8 • 유보(중국) • 혜주(중국) • 탕겔란(인도네시아) • 아그라(인도) • 다바오(필리핀) 등18도시	9개 도시／2.0 • 허페이(중국) • 죠슈 (중국) • 자이푸르(인도) • 락나우(인도) • 난닝(중국)	8개 도시／2.0 • 첸나이 (인도) • 푸네 (인도) • 아흐마다바드(인도) • 호치민(베트남) • 쿠알라룸푸르(말레이시아)	3개 도시／2.7 • 충칭(중국) • 델리(인도) • 방갈루루(인도)
1%~	38개 도시／1.4 • 사이닝(중국) • 자발푸르(인도) • 보고르(인도네시아) • 치양마이(태국) • 오클랜드(뉴질랜드) 등16도시	30개 도시／1.9 • 우시 (중국) • 바라나시 (인도) • 스라바야(인도네시아) • 브리즈번(호주) • 퍼스(호주) 등15도시	15개 도시／1.7 • 다렌(중국) • 칸푸르(인도) • 양곤(미얀마) • 시드니(호주) • 멜버른(호주) 등8도시	8개 도시／1.3 • 항저우(중국) • 칭타오(중국)	9개 도시／1.7 • 선전 (중국) • 상하이(중국) • 자카르타(인도네시아) • 마닐라(필리핀)
0%~	5개 도시／1.0 • 애들레이드(호주)	6개 도시／1.2 • 인천(한국) • 타이페이(대만) • [센다이]	2개 도시／1.0 • 부산(한국)	4개 도시／2.0 • 홍콩(중국) • 서울(한국) •싱가포르(상가포르)	–
~0%	–	1개 도시／3.0 • 대구(한국) • [삿포로] • [시즈오카·하마마즈] • [히로시마]	–	– • [나고야·주쿄] • [후쿠오카·키타큐슈]	– • [도쿄] • [오사카·간사이]

그림 3   아시아 · 태평양주요국 · 지역의 백만 도시의 스마트시티 개발 · 계획

주) 각 셀 안의 굵은색으로 표시된 도시 수는 해당 세그먼트(인구, 성장률)에 속한 도시수를 말함. 굵은 색 수치는 해당 도시의 스마티시티 개발 · 계획상황을 점수화(SC개발중 · 완료: 3점, SC계획있음: 2점, SC관련보도있음: 1점, 기타: 0점으로 평균치를 산출)

출처: Nomura Research Institute(2020)

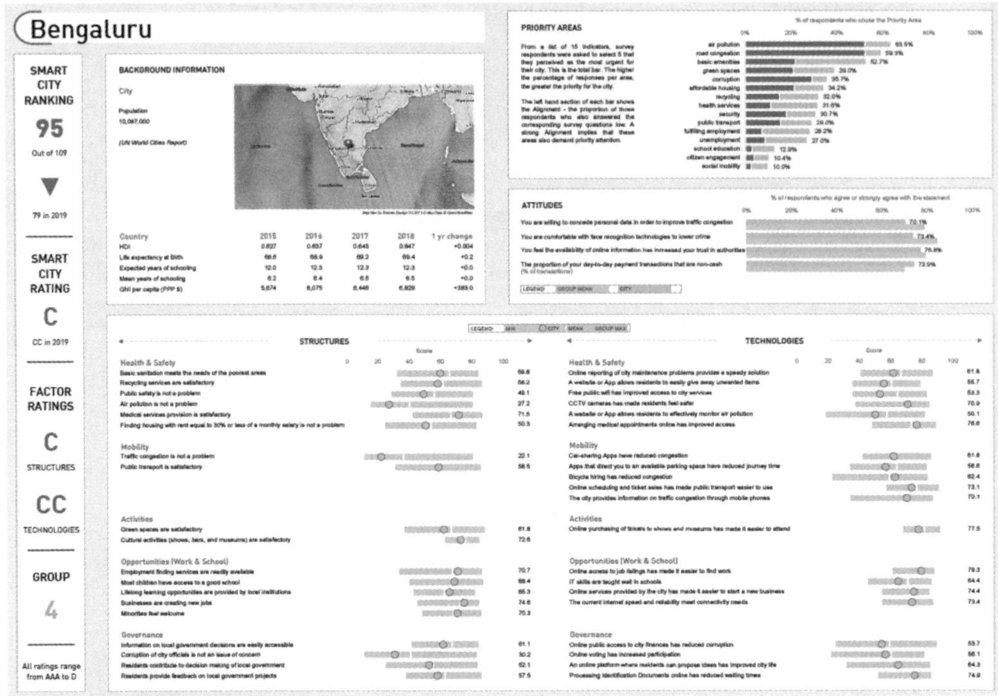

그림 4 뱅갈루루 스마트시티 현황

출처: IMD(2020), Smart City Index 2020

소 부진하다는 것을 알 수 있다. 하이데라바드의 경우 2019년 67위에서 2020
년 85위로 순위가 하락하였으며, 스마트시티 평점도 2019년 CCC에서 2020년
CC로 하락했다. 하이데라바드의 평점을 세부적으로 살펴보면 Structure는 CC,
Technologies CC, Group 4(AAA등급에서 D등급으로 나눔)이다.

5. 유망한 인도의 스마트시티

가. 선정 과정

Nomura Research Institute(2019)는 신흥국의 스마트시티 시장에 관한 보고
서를 내놓았다. 이 보고서는 일본 기업 입장에서 진출이 유망한 인도의 스마트

시티를 다음과 같은 조건에서 선정하였다. 먼저 스마트시티의 필요 및 충분조건을 정의하고, 이 경우 각 도시가 안고 있는 과제와 도시 인구 수와 성장률을 고려했다. 스마트시티 선정을 위한 필요, 충분조건은 다음과 같다.

① FDI 규제하에, 한국기업의 참여가 인정되는가?
② 국가 등 상위계획이나 지자체의 행정계획 등의 마스터 플랜에 위치하고 있는가?
③ 현지 개발 주체는 명확한가?
④ 도시의 개발가능성은 큰가?(인구 백만 명 이상, 2015~2035년 인구증가의 CAGR이 1% 이상)
⑤ 안고 있는 도시과제는 여러 분야에 걸쳐있는가?(해결해야 할 과제 2개 이상)
⑥ 일본 정부 및 기업이 어느 정도 관여하고 있는가?

그리고 이들 도시가 안고 있는 과제는 "Mobility, Living, Economy, Energy(Environment), ICT, Real Estate, People, Others"등으로 정의하였다. 이상의 내용을 바탕으로 선정된 인도의 스마트시티는 표 2와 같이 총 8개이다.

표 2 진출 유망한 인도의 스마트시티

No	도시명	프로젝트명	개발규모	개발시기	개발주체	마스터플랜	개발단계	도시현안	인구(천 명)(2015년)	인구성장성(CAGR: 2015 → 2035)
1	Agra	Agra Smart City Mission	87,000,000 sq.m	-2021	Agra Smart City Ltd	Smart City Mission/ Agra Smart City Plan	계속 개발중	Economy, Living, Mobility	1,960	2.30%
2	Ahemdabad	Ahemdabad Smart City Mission	464,000,000 sq.m	-2021	Ahmedabad Smart City	Ahmedabad Smart City Plan	계속 개발중	Mobility, ICT, energy	7,109	2.34%

No	도시명	프로젝트명	개발규모	개발 시기	개발주체	마스터플랜	개발 단계	도시 현안	인구 (천 명) (2015년)	인구 성장성 (CAGR: 2015 → 2035)
3	Indore	Indore Smart City Mission	276,000,000 sq.m	-2021	Indore Smart City Development Ltd.(ISCDL)	Smart city Indore	계속 개발중	Mobility, ICT, Living	2,535	2.75%
4	Bhopal	Bhopal Smart City Mission	285,900,000 sq.m	-2020	Bhopal Smart City Development Corporation Limited	Smart City Bhopal	착공 개발 단계	Mobility, ICT, Living	2,108	2.34%
5	Pune	Pune Smart City	331,300,000 sqs.m	-2020	Pune Smart City Development Corporation Limited,	Pune Smart City	착공 개발 단계	Mobility, economy, ICT, living	5,746	2.49%
6	Surat	Surat Smart City Mission	327,000,000 sq.m (PAN City)	-2020	Surat Smart City Development Limited (SSCDL), IBM他	Surat Smart City plan	착공 개발중	Mobility, economy, ICT, living	5,671	3.28%
7	Thane	Thane Smart City	128,230,000 sq.m	-2020	Thane Smart City Limited	Thane Smart City Plan	계속 확장중	Mobility, ICT, living	19,316	1.75%
8	Vadodara	Vadodara Smart City Mission	160,000,000 sq.m	-2020	Vadodara Smart City Development Limited	Vadodara Smart City Plan	착공 개발 단계	Mobility, economy, ICT, living	1,987	2.11%

출처: NRI(2019)

표 3 인도 스마트시티가 안고 있는 문제(도시별 사례)

No	프로젝트명	Mobility	Living	Economy	Energy(Environment)	ICT
1	Agra Smart City Mission	✔	✔	✔		
2	Ahemdabad Smart City Mission	✔			✔	✔
3	Indore Smart City Mission	✔	✔			✔
4	Bhopal Smart City Mission	✔	✔			✔
5	Pune Smart City	✔	✔	✔		✔
6	Surat Smart City Mission	✔	✔	✔		✔
7	Thane Smart City	✔	✔			✔
8	Vadodara Smart City Mission	✔	✔	✔		✔

출처: NRI(2019)

나. 아그라 스마트시티 사례

아그라 스마트시티(Agra Smart City)는 인도의 문화유산·관광지로서의 측면을 강화하는 것을 목표로 한다. 본 프로젝트는 관광지 재개발, 기술을 통한 도시 모빌리티 개선, 삶의 질 향상에 주력하고 있다. 아그라 스마트시티는 정부와 공공기관이 계획을 추진하고 일부 민간 기업이 투자, 개발, 운용, 관리 등을 수행하고 있다.

그림 5　인도 아그라 스마트시티 마스터플랜

주) Area 1: Taj Mahal, Taj Ganj and area near inner ring road, Area 2: Agra Fort and areas near Itmad-ud-Daula, Area 3: Agra Fort, Jama Masjid and old city Bazar area, Area 4: Trans-Yamuna Area

출처: Nomura Research Institute(2019)

명칭	아그라 스마트시티(Agra Smart City)
지역	인도, 우타르 프라데시, 아그라, Pan city와 타지마할 주변
일정	2015~계속
개념	지역민의 사회경제적 발전과 연계된 관광중심지로서 아그라 개발
추진배경	아그라 스마트시티(Agra Smart City)는 스마트시티 미션(Smart City Mission)의 일부로서, 도시들이 제공하는 인프라와 삶의 질을 향상시키는 임무를 띠고 인도 정부의 도시재생·개축·확장 프로그램이다.
목적	· 관광객 유치 및 지역주민 삶의 질 향상 · 인프라, 경험, 생계 기회 및 녹색 이니셔티브를 개발하여 시민 및 관광객 경험 향상 · 인프라 개선 및 시민에 대한 서비스 제공을 위해 스마트 솔루션을 활용하는 범도시 계획
개발 목표	관광, 경제적 모빌리티, 부동산 및 도시 인프라
예산	3억 1천만 달러
주무관청과 운영 기관	· Ministry of Housing and Urban Affairs · Government of Uttar Pradesh, Agra Nagar Nigam

출처: Nomura Research Institute(2019)

Ⅱ. 스마트시티와 팹랩(Fab lab)·리빙랩(Livinglab)

팹랩은 지역 랩의 글로벌 네트워크이며, 사람들에게 디지털 공작기기를 사용할 수 있는 기회를 제공함으로써 개인의 발명을 가능하게 한다(출처: 팹랩 헌장〈Fab Charter〉). 리빙랩은 여러 실제 환경에서 복잡한 솔루션을 감지하고, 시제품화하여, 검증 및 정제하기 위한 사용자 중심 연구 방법론이다. 사회문제 해결을 위한 사용자 중심, 개방적 혁신 생태계(Mitchell et al., 2006)라는 것이 팹랩과 리빙랩의 특징이다. 팹랩이 도시민의 메이킹(Making) 공간이라면, 리빙랩은 일상 생활의 실험실이며, 도시의 문제를 해결하기 위한 솔루션(Social Problem Solving Solution)이라고 볼 수 있다. 이러한 측면에서 인도의 스마트시티 개발 과정에서 시민참여형의 팹랩과 리빙랩의 가치가 중요하다.

1. 팹랩

우리 사회에서는 초연결과 인공지능으로 일컬어지는 4차 산업혁명이 급격히 진행되고 있다. 4차 산업혁명은 인공지능, 로봇, 사물인터넷 등으로 대표되며, 기업, 기술을 중심으로 혁신이 이루어지고 있다. 이에 비해 팹랩은 개인이나 커뮤니티가 중심이 되어, 개인이 원하는 것을 스스로 만들어 소비하는 자산자소(子産自消)의 개념이며, 3D 프린터, 공작기계 등 개인화된 디지털 패브리케이션 기술을 이용하여, 소비자 중심의 4차 산업혁명을 이루는 것이라 볼 수 있다.

최근 3D 프린터와 레이저 커터 등 디지털 패브리케이션(Digital Fabrication) 기기를 이용해 필요한 제품을 필요한 만큼 만든다는 시민에 의한 제조가 세계 각국에서 활발해지고 있다. 이러한 새로운 형태의 제조방식은 메이커 운동(Maker Movement)을 통해 사용자 참여를 독려하고 있으며, 제조 공동체 형태의 지속가능한 개방형 혁신모델을 제시하고 있다. 특히 팹랩은 개인의 자유로운 제조 가능성을 확대하기 위한 실험적 공방이며, 더 나아가 교육·훈련, 연구개발, 제조를 연결하는 차세대 인프라로 주목받고 있다. 이러한 팹랩은 전 세계적으로 네트워크화되어 있다. 팹랩은 2054년까지 도시의 자급자족률을 50% 이상으로 끌어올리려 하는 중이며, 이 같은 목표는 자원 순환형 사회를 구체화시킨다.

세계 각국 정부 차원에서도 이러한 새로운 흐름을 적극적으로 도입하고 활용하려 한다. 미국에서는 1,000개의 공립학교에 디지털 패브리케이션 장비를 갖추는 목표가 설정되었고, 유럽과 일본에서도 교육, 커뮤니티, 비즈니스 중심의 형태의 팹랩이 등장하고 있다. 이 같은 움직임은 신흥국과 개발도상국에서도 예외는 아니어서, 1990년대에 IT 혁명으로 급격한 성장을 달성한 인도 또한 이러한 물결을 타고 지속가능한 성장을 이루고자 노력하고 있다. 팹랩은 선진국에서는 스타트업이나 전문가를 위한 제조공간뿐만 아니라, 학습과 창조를 위한 개방형 혁신 공간으로 자리잡고 있으며, 신흥국·개발도상국에서는 개인 혹은 현지 커뮤니티의 요구를 반영한 적정한 신기술을 이용하여 물건을 제작하고, 공유하는 역할을 수행하고 있다.

가. 팹랩의 개요

우리에게 잘 알려진 메이커 이니셔티브는 크게 세 가지(Makerspace, Hackerspace, Fab Lab)로 구분할 수 있다. 메이커 스페이스는 도구가 있는 커뮤니티 센터이다. 메이커 스페이스는 제조 장비, 커뮤니티 및 교육을 결합한 공간으로, 커뮤니티 회원이 개인으로서는 이용하기 부담스러운 고가의 재료와 장비를 활용하여 작품을 디자인하고, 프로토타입을 제작할 수 있도록 한다. 해커 스페이스는 사람들이 기술에 대한 관심을 공유하고 프로젝트를 수행하는 장소이다. 이곳에서는 사람들이 커뮤니티를 통해 함께 작업하며 서로에게서 배울 수 있다. 팹랩은 "Fab"은 "Fabrication: 만들기"와 "Fabulous: 유쾌한, 훌륭하다"라는 두 가지 의미를 담고 있으며, 혁신과 발명을 위한 기술 프로토타입 플랫폼이다. 팹랩은 학습과 혁신을 위한 플랫폼이며, 현지인의 기업가 정신을 자극한다. 위의 정의를 교육적 관점에서 본다면, 세 가지 공통 주제가 드러난다. 바로, 공간을 사용하는 사람들, 공간에서 사용되는 것, 공간에서 수행되는 활동이 중시된다는 것이다.

인터넷의 보급으로 누구나 자유롭게 정보를 발신할 수 있게 된 것처럼, 팹랩이 각지에 보급된다면 누구나 자유롭게 제조할 수 있게 될 것이다. 또, 디지털 공작기계의 가격이 급속히 낮아지는 추세이므로, 머지않아 3D프린터나 커팅기가 개인용 컴퓨터처럼 한 집에 1대씩 보급되는 시대가 오리라고 예상된다.

팹랩의 목적은 대기업에 의한 대량생산과 시장의 논리에 제약되고 있던 제조를 시민(소비자)에게 개방하고, 개인에 의한 자유로운 제조 가능성을 확대해 '자신들이 사용하는 것을 사용하는 사람이 만드는 문화'를 배양하고, 시민 한 사람 한 사람이 시행착오를 겪으면서 스스로 원하는 것을 만들어 낼 수 있게 되는 사회를 이루는 것이다. 사람들에게 다양한 공작기계의 이용 기회를 제공함으로써, 제작자와 사용자의 분단을 해소하려는 것이다.

즉, 팹랩은 3D 프린터나 커팅기 등 다양한 공작기계를 누구나 사용할 수 있도록 제공하는 실험적 시민제작공방이며, 디지털 패브리케이션 활동을 시민에게 개방하는 세계적 네트워크이다. 요약하자면, 각 지역의 개방적 공방 시설과 그 집합체인 국제적 네트워크 전체를 팹랩이라 한다.

이 같은 팹랩 개념을 제창한 사람은 매사추세츠공대 비트앤아톰센터(MIT's Center for Bits and Atoms) 소장인 닐 거센펠드(Neil Gershenfeld) 교수로, 팹랩의 아버지로 불린다. 거센펠드 교수는 2002년 보스턴의 슬럼가에 세계 최초로 팹랩을 설치했다. 그 후, 선진국·개발도상국을 불문하고, 거센펠드 교수의 생각에 공명한 사람들에 의한 풀뿌리적인 활동이 활발해져, 그 거점 수는 2020년 10월 현재 세계 150여 개국 1,966개소로 급속히 확대되고 있다.

국가별로 설치된 팹랩 수를 살펴보면, 현재 팹랩의 발상지인 미국이 238개소로 가장 많으며, 세계 전체의 12%를 차지하고 있다. 그 외 주요국의 팹랩 수

그림 6 팹랩의 개념도
출처: 서울대학교 아시아연구소 Diverse+Asia

를 살펴보면 프랑스 228개, 스페인 69개, 인도 69개, 영국 47개, 중국 46개, 한국 40개, 일본 20개이다.

팹랩은 세계의 폭넓은 지역에 입지하고 있지만, 현재는 유럽과 북미를 중심으로 한 선진국에 더 중점을 두고 설치되어 있다. 국내에서는 주로 정부·지자체 지원하에 메이커 스페이스, 팹랩, 무한상상실, 시제품 제작터라는 명칭으로 전국에 126여 개(2017년 9월 기준, 공공부문에서 92개 운영) 디지털 제작터가 설치·운영 중이다(정보통신산업진흥원, 2017). 그 외 약 3,200여 개의 민간 온·오프라인 메이커 커뮤니티가 활동 중이다.

한편, 팹랩 운영 형태는 정부·지자체나 대학·연구기관이 지원하고 있는 경우, 대학·전문학교 내의 시설인 경우, 지역 커뮤니티 센터인 경우, 문화시설·과학박물관 및 도서관과 일체화한 것, NPO/NGO나 개인에 의한 것, 사단법인이나 재단법인에 의한 것, 영리기업에 의한 것 등 다양하다. 저마다 독자적인 운영 스타일이 모색되고 있다.

팹랩의 재정 구조를 살펴보면, 공작기계의 유지관리비용과 임대료, 공간임대료, 광열비 등이 주요 비목으로 추정되며, 그 재원도 운영형태와 마찬가지로 다양하다. 회원제에 의한 회비를 징수하는 경우도 있는가 하면, 이용자가 랩의 기재 이용을 위한 강습회를 수강하거나 기재를 실제로 이용할 때마다 강습회 참가비나 기재의 사용요금(정액이나 시간제 대여 등 랩에 의해서 다양)을 징수하는 사례도 있다.

한편, 기재 구입 등을 위한 설비 투자 비용은, 회비 수입 외에도 개인이나 기업으로부터의 출자금, 기업으로부터의 현물 기부(기증)나 무상 대여등에 의해 유지되고 있다고 보인다. 예를 들어 팹랩 기타카가야에서는 장소와 설비의 유지를 참가회원의 연회비로 조달함으로써, 자신들이 만드는 (배움) 장소를 스스로 확보하여, 제작에 참가하는 전원이 대등한 관계성을 구축하는 것을 목표로 하고 있다.

나. 팹랩의 특징

① 현실과 가상을 융합한 네트워크

개별 팹랩은 어린이, 학생, 퇴직한 시니어, 엔지니어, 디자이너, 장인, 연구자 등 다종다양한 배경을 가진 시민이 모여 자유로운 발상·아이디어를 실현할 수 있는 오픈 워크숍 공간으로, 이곳에서 시민들은 사용자 간 얼굴을 대면하는 네트워크를 형성한다.

팹랩은 'Learn(도구의 사용법을 배우고)' → 'Make(도구를 사용해 실제로 물건을 만들고)' → 'Share(그 성공 체험이나 실패 체험을 다른 사람과 공유)'를 글로벌 공통의 기본 사이클로 하고 있으며, '팹랩은 기자재 대여의 장소가 아니고, 모인 사람들이 자신에게 필요한 물건을 만드는 장소'라는 발상으로 운영되고 있다. 팹랩의 특징은 사람들이 실제 프로젝트의 수행을 통해 가르치고 배우며, 서로 다른 출신 배경을 넘어 느슨한 연결을 이루는 것이다.

디지털 데이터를 바탕으로 3D프린터 등 디지털 공작기계를 이용해 제작하는 '디지털 패브케이션'은 개인에 의한 제작을 가리키는 '퍼스널 패브리케이션(Personal Fabrication)'이라 불리는 경우가 많다. 하지만 팹랩에서 디지털 패브리케이션은 공동창조에 의한 제작을 가리키는 '소셜 패브리케이션'에 가깝다. 바꾸어 말하면, 팹랩은 'Do It Yourself: DIY(스스로 만든다)'로부터 'Do It With Others: DIWO(함께 만든다)'로의 진화를 지향하고 있는 것이다.

② 전 세계의 팹랩을 연결하는 글로벌 네트워크

팹랩의 또 다른 중요한 특징은 개별 팹랩 내에서 시민의 느슨한 연결과 함께 전 세계의 팹랩을 중개하는 글로벌 네트워크다. 글로벌 네트워크는 네트워크로 연결되어 설계 데이터 등의 자료를 공유하는 '가상의 공간'이다. 연결과 공유가 용이한 디지털 패브리케이션의 특성을 잘 활용한 공간이라고 할 수 있다. 즉, 팹랩은 웹 환경을 활용하고, 제조에 관한 지식·노하우나 디자인 등을 세계적 규모로 공유함으로써, 바꿔 말하면 오픈 소스화함으로써, 대규모의 산업적 제조 방식에 대응하고 있다. 이를 가능하게 하기 위해서 공통의 권장 기자재를 갖추고, 지식의 공유 활동에 협력·참가하는 것이 팹랩의 명칭을 이용하기 위한 조건이기도 하다.

오픈 소스화의 한 예로는, 팹랩 가마쿠라에서 오픈한 슬리퍼 키트 데이터를 활용하여 케냐의 팹랩이 현지 소재인 물고기 가죽(세계 최대의 식용어인 나일퍼치의 가죽을 테구스로 누빈 것)를 이용하는 등의 개선을 추가하여 상품으로 판매한 경우가 있다.

또한 전 세계 팹랩 관계자가 한자리에 모이는 세계 팹랩 회의가 연 1회 개최되어, 면대면의 '실재 공간'을 통한 국제적 네트워크를 형성한다. 여기서는 워크숍, 실습, 심포지엄 등 다양한 활동을 통해 정보공유를 더 깊이 활성화한다. 2020년 Fab15(글로벌 컨퍼런스)는 8월 3~4일까지 이집트 카이로에서 개최되었다.

③ 현장과 가상 공간을 최적 융합한 네트워크 구조

팹랩은 디지털 패브리케이션의 특성을 살린 웹 환경하에서 오픈 소스 네트워크로 연결되어 있으며, 각 랩의 DIWO를 위한 대응이나 세계 팹랩 회의의 개최 등을 통해 얼굴이 보이는 현장의 구축에도 충분한 관심을 기울이고 있다. 가상의 공간과 현장을 최적 융합시킴으로써 지역 및 글로벌 수준에서 지식과 창의적 연구를 결집하고 있는 점이 특징이다.

사회적 자본이론을 적용하여 팹랩 네트워크를 살펴보면, 지역 차원에서는 개개의 팹랩 내에서 인적 네트워크의 긴밀성을 완만하게 높이면서, 글로벌 차원에서는 전 세계의 다양한 팹랩 사이를 잇는 사회적 자본을 국경을 초월하여 연결하는 데 성공하였다. 그리고 전 세계의 팹랩에 모이는 사람들에게, 랩의 4개 요건[1]이나 팹랩 헌장이 공통의 근거가 되고 있으며, 이것이 완만한 만들기

---

1 팹랩의 4대 요건은 일반 시민이 이용할 수 있어야 한다. 다른 랩과 공통되는 공정과 도구, 기술세트를 갖추고 있어야 한다. 팹랩 헌장에 서명하고, 준수해야 한다. 팹랩의 글

커뮤니티의 결속을 추진하는 역할을 담당하고 있다.

다. 인도 팹랩의 현황

2002년과 2003년 사이에 두 개의 팹랩이 인도에 설치되었다. 인도의 팹랩은 지역 사회의 풀뿌리 공동체 발전에 커다란 기여를 했다. 인도의 팹랩은 초기 도입단계에서 다양한 토착 기술을 탄생시켰다. 팹랩은 인도 마을 공동체가 필요로

그림 7 인도 팹랩 지도

출처: www.fablabs.io/labs/map

로벌 네트워크에 참여해야 한다.

하는 기술들을 개발할 수 있는 기술적 인프라를 마련해 주었다. 직면한 기술적 문제들은 타 지역 팹랩 또는 글로벌 팹랩과 협업을 통해 해결할 수 있었다. 팹랩에서 만들어진 성과물들은 태양열 조리기, 저수를 위한 비닐 시트, 신문지를 사용해 만든 벽돌, 자전거를 개조한 관수기나 발전기, 농업용 도구, 인터넷 무선 안테나(Wi-Fi) 등 다양하다.

인도에는 신흥국 최대 규모인 70여 개의 팹랩이 운영되고 있다. 인도의 팹랩은 네트워크화되어 주기적인 회합을 통해 협력 프로젝트를 진행하고 있으며, 그 결과 여러 스타트업이 생겨나는 계기를 만들어 주고 있다. 인도의 스타트업은 팹랩을 통하여 혁신적인 기술을 개발했다. 이들이 개발한 기술은 시각장애인용 체스, 구글 지도를 통한 공해 매핑 기술, 실크를 이용한 바이오 디거밍 기술, 뮤지컬용 계단 제작, 하이브리드 자전거 제작, 백라이트 개발 프로젝트, 홀로그래픽 개발 프로젝터, 뇌파로 제어가 가능한 휠체어 의자 등이 있다.

라. 팹랩 빅얀 아쉬람(Vigyan Ashram)의 탄생 배경

1980년대에는 인도 인구의 90%가 학교 교과 과정을 제대로 이수하지 못했으며, 75%는 여전히 학교가 부족하고 교육시스템이 잘 갖추어지지 못한 시골 지역에 살았다. 이러한 문제를 극복하기 위해 칼백(Kalbag) 박사는 푸네에서 차로 2시간 정도 떨어진 파발(Pabal) 마을에 빅얀 아쉬람이라는 대안학교를 설립하였다. 이 대안학교의 학생은 주로 농업에 종사하는 부모의 자녀들로 교육 기간은 2년이었다. 빅얀 아쉬람은 1983년 2월에 설립되었으며, 교육, 기업 개발 및 농촌 기술 개발에 중점을 둔 마을 기반의 자발적 조직이 주체가 되어 운영하였다. 빅얀 아쉬람의 목적은 스스로 기술을 창출할 수 있는 기업가를 육성하는 것이며, '교육을 통한 개발 및 개발을 통한 교육', 즉 RDES(Rural Development through Educational System)를 제공한다. 이 학교에는 2개의 핵심 프로그램이 있다. 즉, 교육을 받지 못한 초보자를 위한 DBRT(Diploma in Basic Rural Technology)와, 초보자를 위한 IBT(Introduction to Basic of Technology)가 있다.

2000년 팹랩의 창시자인 매사추세츠공대 비트앤아톰센터(MIT's Center for Bits and Atoms) 소장 거센펠드가 이곳을 방문한 후, 팹 재단(Fab Foundation)은 빅얀 아쉬람의 교육을 강화하기 위해 디지털 제작 기계와 도구를 제공하였다. 이를 기반으로 하여 팹랩 빅얀 아쉬람이 시작되었다. 미국 MIT에서 팹랩이라는 개념이 도입된 이후, 첫 번째 팹랩이 탄생한 것이다.

마. 팹랩 빅얀 아쉬람의 성과물

팹랩 빅얀 아쉬람은 현지인이 자신의 손으로 물건을 제작하기 위한 공동 공작 시설로서 운영되고 있다. 팹랩 빅얀 아쉬람은 레이저 커터, 비닐 절단기, 밀링머신, 플라즈마 금속 절단, 3D프린팅, 전통적 제작 도구를 모두 갖추었으며, 초보자를 위한 워크숍과 소규모 캠프를 정기적으로 운영하고 있다. 또한 어린이와 초보자를 위해서는 아두이노(Arduino) 기반 프로젝트를 운영하고, 엔지니어를 위해서는 디지털 제작 도구 사용 프로그램 등을 운영하고 있다. 그 외에 팹 아카데미(Fab Academy) 프로그램이 있는데, 이는 6개월 동안 미국 MIT와 연계된 원격학습을 통해 풀 타임으로 디지털 제작에 대한 교육을 이수하고, 자격증을 취득할 수 있는 과정이다.

팹랩 빅얀 아쉬람에서 만들어진 것은 저수를 위한 비닐 시트, 폴리 하우스, 날씨 데이터 축적기, 태양열 조리기, 자전거를 개조한 발전기, 관수기, 인터넷용 무선 안테나 등 다양한 생활용품이다. 예를 들어, 마을에 저수를 위한 비닐 시트를 설치한 결과, 개나 고양이가 접근하다 추락하여 물속에 빠져버리는 문제가 다수 발생하였다. 그래서 발명한 것이 동물이 싫어하는 초음파를 발생하는 장치(전자 회로)로, 개나 고양이가 물에 접근하지 못하도록 하였다.

자전거를 개조한 발전기는 페달 발전기는 전기가 닿지 않는 오지에 전력을 공급하기 위해 만들어졌다. 인도의 오지 사람들은 몬순 기간이나 우기가 오면 전등으로 사용하는 LED 단자를 충전하는 데 어려움을 겪고 있었다. 이러한 문제점을 해결하기 위해 팹랩의 디지털 제작장비를 이용하여, 자전거와 충전

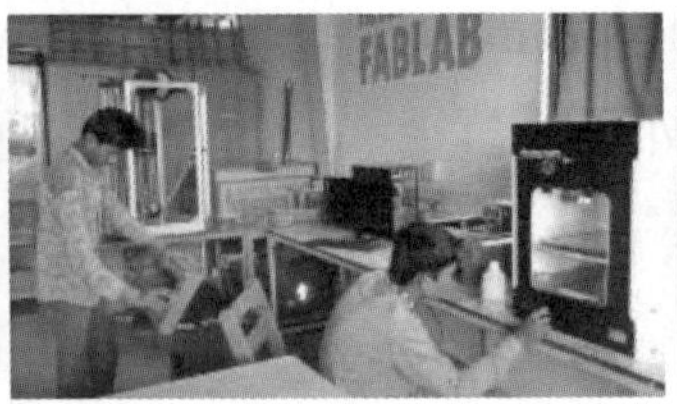

그림 8 팹랩 빅얀 아쉬람의 전경

출처: vigyanashram.com/InnerPages/FabLab.aspx

회로를 연결한 자전거 페달 발전기를 만들었다. 이 제품은 2007년 세계은행 시장개발공모전에서 수상하였으며, 오지 마을의 40여 개가 넘는 기숙학교에 공급되었다.

바. 인도 팹랩의 지속가능성

인도는 13.5억 명의 전체 인구 중, 중산층이 8억 명 정도이며, 이 계층이 전체 소득의 30%를 차지하고 있다. 현재 중산층의 소득이 증가하는 추세이므로, 앞으로 이들이 인도 전체의 소득에서 차지하는 비중이 높아질 것으로 전망되고 있다.

인도의 휴대폰 보급률은 중국에 이어 세계 2위이며, 이 중 스마트폰도 상당수를 차지하고 있다. 또한 인도는 ICT 분야에서 많은 인력을 배출하고 있다. 이들은 대부분 인건비가 낮으며, 영어가 가능한 고급 기술인력이다. 게다가 정부가 ICT 산업 육성에 적극적인 정책을 펼친 덕분에 인도는 ICT 아웃소싱 입지로서의 요건을 두루 갖출 수 있게 되었다. 그리하여 현재 인도는 글로벌 ICT 서비스의 강국으로 부상하고 있으며, IBM을 비롯한 다수의 글로벌 기업이 인도에 R&D 센터를 설립하여 운영 중이다.

팹랩은 기존의 산업혁명이 만들어낸 생산자(만드는 사람)와 소비자(사용하는 사람)의 분리 행위를 수정하려는 활동이다. 이러한 활동을 실천하는 순환과정은 '배우고(Learn)', '만들고(Make)' 그 과정과 결과를 '나누는(Share)' 것이다. 팹랩 로고는 그 철학을 구현한 3색, 3개의 부분으로 구성되어 있다(Osunyomi, 2015).

인도에서 팹랩의 이념은 '대량생산(Mass Production)에서 대중에 의한 생산 (Production by Mass)'으로 마하트마 간디(Mahatma Gandhi)의 견해를 현재화한 것이다. 인도의 팹랩은 인도 문명의 하부구조와 같은 위상을 가지고 있다. 마하 트마 간디가 늘 몸에 지니고 다녔던 물레는 영국 면직물 제품을 대체할만한 의 류를 자급자족하겠다는 의지의 표현이었다. 팹랩 빅얀 아쉬람은 간디의 자급자 족의 정신을 계승하여, 자신이나 커뮤니티가 필요로 하는 것은 스스로 만들어 조달한다는 공동제작의 정신으로 만들어졌다. 이러한 공동제작의 정신이 거센 펠드의 디지털 제조와 접목하면서, 세계 최초로 팹랩이 만들어진 것이다. 즉, 지 역의 문화가 글로벌 디지털 제조와 결합하여 디지털 제조 커뮤니티의 모델 사 례로 발전하게 되었다.

디지털 제작이 가능한 팹랩 네트워크는 제품 대부분을 현지서 제조할 수 있고, 또 새로운 제조법을 얻어서 외부로 전파할 수 있다. 이것은 지역사회의 풍 요를 증가시키고, 제품의 지역별 분산 생산을 가져올 것이며, 더 나아가 도시에 서 마을로 고용 기회의 역이동을 촉진하는 잠재력을 지니고 있다.

지속가능한 개발과의 관련성에서 살펴보면, 유엔이 매년 6월에 발표하는 세계 연차보고서는 팹랩이 경제 성장과 고용의 촉진에 기여할 가능성에 대해서 이미 언급하고 있다. **표 5**와 같이 팹랩은 UN의 지속가능발전목표(SDGs)의 달성 에 직간접적으로 기여할 수 있을 것으로 추정된다.

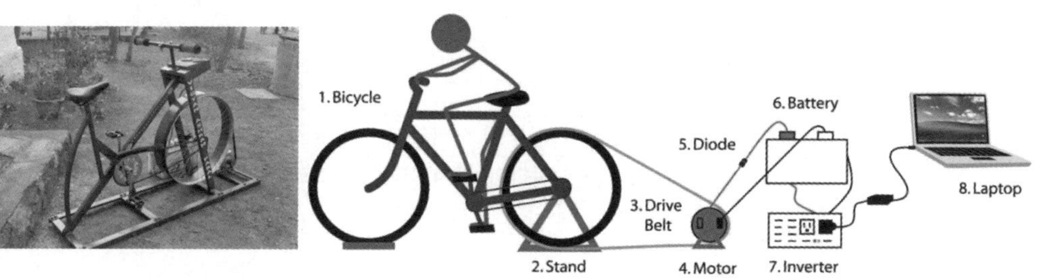

그림 9 자전거 페달 발전기

출처: http://vigyanashram.com

SDGs의 세부 목표와 타킷	팹랩의 직접적 기여	팹랩의 간접적 기여
Goal 4. 모든 사람을 위한 포용적이고 형평성 있는 양질의 교육 보장 및 평생교육 기회 증진		
4.4 적절한 기술을 가진 청소년 및 성인의 수를 x% 증대	○	
4.5 2030년까지 교육에서의 성차별을 해소하고, 취약 계층이 모든 수준의 교육과 직업 훈련에 대한 동등한 접근성을 가지도록 보장.	○	
Goal 5. 성 평등 달성 및 여성 · 여아의 역량 강화		
5b 여성 역량강화를 위해 ICT를 포함한 기술사용의 확대, 모든 수준에서 여성과 여아의 역량강화 등	○	
Goal 8. 지속적 · 포괄적 · 지속가능한 경제성장 및 생산적 완전고용과 양질의 일자리 증진		
8.1 최빈국은 연간 GDP성장률이 적어도 7%이상 되도록 1인당 경제성장 지속		○
8.2 높은 수준의 경제 생산성 달성 지표 취업자 당 국내총생산(GDP) 성장률		○
8.3 생산 활동, 양질의 고용 창출, 창업, 창조와 혁신 등을 지원하고, 마이크로 엔터프라이즈 및 중소기업의 법인화와 성장을 독려하는 개발중심 정책 추진	○	
8.6 2020년까지, 교육 및 훈련에 참여하고 있지 않거나 실업상태인 청년의 비중을 실질적으로 경감		○
8.9 2030년까지 일자리를 창출하고, 지속가능한 관광을 장려하는 정책을 강구하고 이행	○	
Goal 9. 건실한 인프라 구축, 포용적이고 지속가능한 산업화 진흥 및 혁신		
9.4 2030년까지 모든 국가들이 개별적 역량에 맞춰 자원 활용 효율성 증대, 인프라 업그레이드와 산업 변화 정책이행		○
Goal 10. 국가 내 · 국가 간 불평등 완화		
10.1 하위 인구 40%의 소득 증가를 진보적으로 성취하고 유지		○
10.2 모든 사람의 사회적, 경제적, 정치적 포함에 대한 권한을 주며 그것을 촉진		○
Goal 11. 포용적인 · 안전한 · 회복력 있는 · 지속가능한 도시와 거주지 조성		
11.3 모든 국가의 포용적이고 지속가능한 도시화와 참여역량을 강화하고, 통합적이고 지속가능한 인간 정주 계획과 관리를 증진		○
11.6 대기질과 폐기물 관리에 대한 중점관리를 통해 인구 1명 당 도시에 미치는 환경의 부정적인 효과를 감소		○
11.7 여성, 아동, 노인과 장애인을 고려한 포괄적이고 접근가능한 공공공간과 녹지 환경불 조성	○	

SDGs의 세부 목표와 타킷	팹랩의 직접적 기여	팹랩의 간접적 기여
Goal 12. 지속가능한 소비 및 생산 패턴 확립		
12.5 예방, 감축, 재활용, 재사용을 통한 폐기물 발생의 실질적인 경감	○	
12.8 모든 사람들이 지속가능한 개발과 자연과 조화를 이루는 삶의 방식에 대한 관련 정보와 인식을 갖도록 보장		○
Goal 17. 이행수단 강화 및 지속가능발전을 위한 글로벌 파트너십 재활성화		
17.7 개발도상국에 유리한 조건으로 환경적으로 건전한 기술의 개발, 이전, 보급과 확산	○	
17.16 개발도상국에서 지속가능발전목표의 달성을 지원할 지식, 전문성, 기술, 재원 등을 공유하고, 지속가능발전을 위한 글로벌 파트너십 향상	○	○
17.17 경험을 바탕으로 파트너십 전략을 활용하는 효과적인 공공, 공공 – 민간, 시민사회 파트너십의 독려 및 증진	○	○

출처: JICA Institute(2016)의 "Open Innovation and Development" 참고하여 필자 작성.

인도는 ICT·SW 서비스 분야의 세계적 강국이며, 간디의 생각처럼 필요한 것은 스스로 제작하는 문화가 있어서 팹랩을 활성화하기에 좋은 조건을 가지고 있다. 수익 창출, 교육, 공공사업 등의 다양한 면모를 동시에 지니는 팹랩은 4차 산업혁명 시대의 도래와 더불어, 방대한 지역 혹은 전 세계적으로 공유되는 슈퍼 팹랩으로 도약할 충분한 잠재력을 지니고 있다.

최근 국제연합(UN)에 따르면 세계 도시 인구는 점점 늘어나 2050년 전 세계 인구의 75%가 도시에 거주할 것이라고 전망하고 있다. 많은 사람들이 도시로 몰리고, 도시화가 급속하게 진행되면서 주택, 교통, 공해, 에너지 등 도시문제도 함께 떠오르고 있다. 이에 대한 해결책으로 자원을 소비하는 도시에서 시민 주도로 자체 생산력을 갖춘 도시로의 전환을 목표로 하는 '팹시티(Fab City) 프로젝트'가 시작됐다. 팹 재단이 추진하는 팹시티 프로젝트는 지구촌의 지속가능한 자원 순환형 사회를 목표로 하고 있으며, 그 구체적인 방안으로 2054년까지 도시의 자급자족률을 50% 이상으로 늘리려 한다.

향후 인도가 자국 내 IT SW·서비스에 팹랩의 제작기반을 결합할 경우, 인도의 팹랩은 신흥국의 지속가능한 디지털 제작 사회의 유력한 모델이 될 것으로 기대된다. 다만 그 과정에서 생길 수 있는 다양한 변수들, 예컨대 정부의 태도, 교육 수준, 생활 수준, 그리고 기술 수준 등을 고려하여 그 잠재력을 냉정하고 현실적인 관점에서 진단할 필요가 있다.

사. 인도 팹랩의 발전 전략

1) 4차산업의 시대에 디지털 제조 인프라로서 팹랩 빅얀 아쉬람의 진화

ICT의 융합으로 만들어지고 있는 제4차 산업혁명에 의해, 기계가 다수의 인간 일자리를 위협하고 있으며, 디지털화에 따른 노동의 무인화 현상 또한 발생한다. 이에 대한 대안으로 기본소득에 대한 논의가 활발히 이루어지고 있다. 기본소득은 국가가 국민에게 최소한의 인간다운 삶을 누리도록 조건 없이 지급하는 소득을 말한다. 기본소득은 최소한의 의식주를 해결하기 위한 수단이 될 수 있지만, 일자리가 부족하고, 재정 여건이 열악한 상황에서는 사회적으로 고려하기 어려운 것이 현실이다. 이와 같은 노동의 무인화 현상에 대한 대안으로 4차 산업의 주요 기술인 3D프린터로 네트워크를 구축한 팹랩이 각광받고 있다. 4차 산업의 핵심 기술인 AI, 빅데이터, 드론, 로봇, 블록체인 등은 기업이 중심이 되어 만들어 가는 기술인데 비해, 3D프린터는 개인이나 커뮤니티가 중심이 되어 4차산업을 만들어 가는 가능성을 내포하고 있다. 팹랩은 기존 대량 생산 시스템에서 벗어나 필요한 것은 스스로 만들어 자신이 소비하는 자산자소(自産自消)의 개념을 가지고 있다. 팹랩의 자산자소의 일터이며, 사회적 관계를 형성하는 중요한 네트워크이다.

인도는 4차 산업혁명 시대를 맞이하여, 기본소득에 대한 대처를 위해 팹랩을 그 대안으로 제시하고 있다. 팹랩 빅얀 아쉬람은 인도의 농촌에 제4차 산업혁명의 혜택을 줄 것으로 기대된다. 4차 산업혁명 시대에는 재생 에너지, 스마트 그리드, 분산 제조, 3D 프린팅 등이 주요 역할을 할 것으로 기대된다. 팹랩은 개인커뮤니티가 중심이 되어 개인화된 디지털 제조기술을 활용하여 지역 사회의 문제에 대처하는 4차산업이라고 할 수 있다.

빅얀 아쉬람은 옛 구루쿨라(Gurukula) 제도의 현대판인 농업공동체의 대안학교에서 출발하였고, 팹랩이라는 디지털 제조와 성공적으로 결합하여, 제4차 산업혁명의 새로운 커뮤니티로 진화하고 있다. 산스크리트어로 '빅얀'은 진실의 추구, '아쉬람'은 소박하게 살되 깊은 사고를 하라는 의미를 품고 있는데, 이는 옛 구루쿨라 제도의 현대판이다.

교육·훈련, 창업, 커뮤니티 활성화 등 다양한 면모를 동시에 지니는 인도의 팹랩은 4차 산업혁명의 도래와 더불어, 광대한 지역 혹은 전 세계적으로까지 공유되는 대규모의 최첨단 디지털 설비를 갖춘 슈퍼 팹랩으로 발전할 충분한 잠재력을 보인다.

2)   제 4차 산업혁명 시대에 주 정부가 중심이 된 슈퍼 팹랩의 역할

팹랩 빅얀 아쉬람의 성공의 영향을 받아 인도에서는 2020년 초 슈퍼 팹랩(Super Fab Lab)이 탄생하였다. 미국 이외의 지역에서 최초로 설치된 인도의 수퍼 팹랩은 미국 MIT 닐 거센펠드의 도움으로 케랄라주 코치(Kochi)의 KSUM 통합스타트업 콤플렉스에서 개장하였다. 1만 평방 피트의 면적에 7개 Core 핵심시설을 보유하고 있으며, 10억 이상의 가치가 있는 최첨단 기계를 보유하고 있다. 케랄라주에는 현재 2개의 팹랩이 운영되고 있으며, 주 전역의 기존 시설 20개에 추가하여 미니 팹랩도 설치하였다.

인도는 SW아웃소싱에는 강국이나, 글로벌한 경쟁력을 갖춘 제조업체 부족으로 하드웨어에는 약점을 지니고 있다. 인도는 전체 산업에서 농업이 차지하는 비중이 높으며, 사회 인프라(철도, 전기, 도로 등)의 부족으로 제조업이 발전할 여건이 부족했다. 그러나 최첨단 디지털 기술과 기계를 갖춘 슈퍼 팹랩의 등장은 인도의 'Make in India'의 꿈에 가까워지게 계기를 만들어 줄 것이다. 즉, 국가(혹은 주 정부)가 외국 제조 기업을 유치하지 않고 자국 기업과 협업하여 현지에서 제품을 생산할 수 있게 되어, 인도의 하드웨어 산업 발전에 크게 기여할

것이다. 인도는 과거 인터넷 통신망을 거치지 않고, 휴대폰 중계기를 통해 자국 내 통신 네트워크 구축하는 지름길(Shortcut) 전략을 구사해왔다. 슈퍼 팹랩은 인도 산업의 지름길 전략(자국 제조업 육성을 슈퍼 팹랩이 일부 대처)을 도와주는 촉진제 역할을 할 것으로 기대된다. 슈퍼 팹랩이 성공적으로 운영되기 위해서는 주 정부뿐만 아니라, 지역 커뮤니티, 대학, NGO, 스타트업, 지역 시민등 다양한 이해관계자와 협업이 필요하다.

한편, 인도와 팹랩을 만든 거센펠드의 인연을 살펴보면 다음과 같다. 2000년 팹랩의 아버지라고 불리는 MIT 거센펠드 교수가 빅얀 아쉬람을 방문하여, 운영자인 칼백 박사의 철학과 운영 상황에 감명을 받아, 2020년 팹 재단의 장비 지원을 통해 세계 최초의 팹랩을 빅얀 아쉬람에 설치하고, 'Fab Lab 1.0'으로 명명하였다. 그 후 2020년 초 미국 이외의 지역에서 최초로 설치된 대규모의 슈퍼 팹랩은 거센펠드 교수의 자문을 받아 케랄라주에 설치하게 되었다. 팹랩을 만든 거센펠드는 자생적 제작 공동체인 빅얀 아쉬람이 팹랩을 통해 디지털 제작 공동체로 발전할 수 있는 신흥국의 발전 모델이라고 판단하고 적극 지원한 것이다. 그러한 노력이 시간을 지나 2020년에는 인도의 슈퍼팹랩을 통해 지자체나 국가 차원의 제조업 경쟁력을 높일 수 있는 디지털 제조기지로 발전할 수 있는 가능성을 제시하고 있다. 이와 같이 인도는 거센펠드로 대표되는 팹 재단과 상생 발전적 협업을 통해 신흥국에서 팹랩이 성공적으로 안착할 수 가능성을 제시하고 있다.

3) 팹랩을 통한 스마트시티의 수익모델: 팹 마켓(Fab Market)

한편 표 6은 정부나 기업이 스마트시티를 구축할 때 적용할 수 있는 수익화 모델을 제시하고 있다. 이 중에서 팹 마켓은 팹랩을 통해 스마트시티에서 수익을 얻는 방법을 소개하고 있다. 팹랩은 디지털부터 아날로그까지 다양한 공작기계를 갖춘 실험적인 시민공방 네트워크이다. 이러한 네트워크 속에서, 팹 마켓은 입주기업, 거주자, 방문객을 대상으로 다양한 이해관계자가 만든 디지털 작품(혹

표 6 스마트시티의 수익화 모델

분야	사례	세부 내용
물류서비스	Honeywell	하니웰은 설비 데이터를 통합·분석하여, 유지보수 효율화·에너지 절약, 수리·개보수 의사결정 지원, 생산성·건강증진을 목표로 함
행정서비스	Amsterdam Smart City	Luminext의 조명 솔루션은 필요한 시간만 조명을 최대화하여, 불필요할때는 최소화. 최대 70%의 에너지 절감이 가능
입주기업·거주자·방문자 서비스	Bundles	Bundles는 세탁기, 건조기, 식기 세척기, 커피메이커 등 가입 계약이고, 구입은 아닌 월 기본요금, 이용회수용 종량 요금을 지불
입주기업·거주자·방문자 서비스	Fab Market	팹랩 네트워크는 디자이너 및 제작자 참여형 디지털 제작(Digital Fabrication)를 추진하기 위해 팹마켓 운영
부동산·설비·플랫폼 이용료	애플리케이션의 포트폴리오	부동산·하드웨어·플랫폼·서비스 제공의 사업 포트폴리오를 어떻게 구축하느냐가 수익사업화에 중요

출처: NRI(2020)

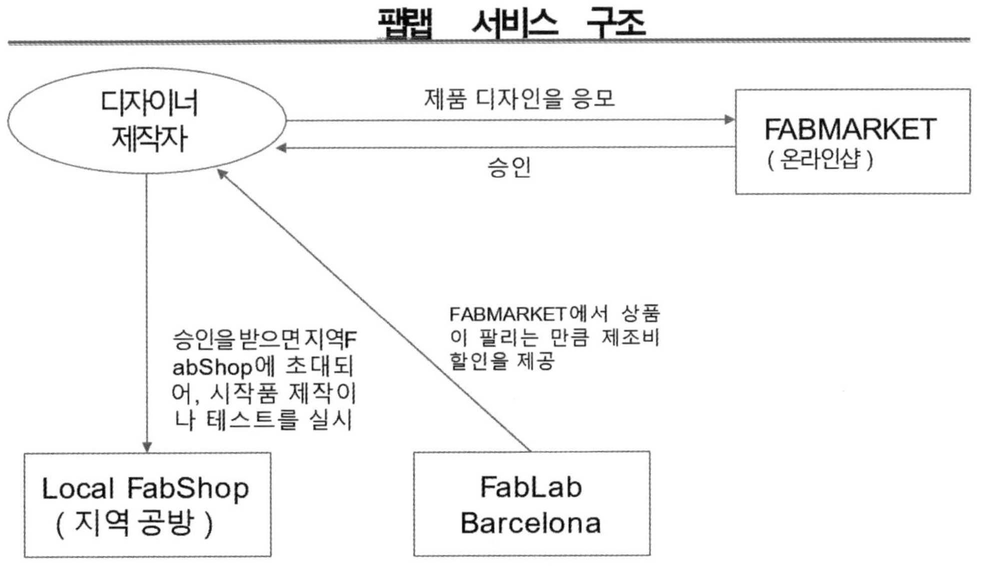

그림 10 스마트시티의 수익모델: 팹마켓(Fab Market)

출처: Nomura Research Institute(2020)

은 제품)에 대한 유통 시장 기능을 지닌다(그림 10). 이처럼 팹 마켓은 개인에 의한 자유로운 물건 만들기의 가능성을 확대해 "자신들이 사용하는 것을, 사용하는 사람이 만드는 문화"를 육성하는 것을 목표로 하고 있다. 이렇게 스마트시티 개발에서 시민참여형 팹 마켓을 통해 스마트시티가 더욱 시민친화적인 동시에 시민이 직접 제작하는 도시로서의 가치를 지니게 된다.

2. 리빙랩

가. 리빙랩의 개념

리빙랩은 (온라인 또는 오프라인) 커뮤니티 환경에서 사용자가 비즈니스 이해 관계자와 함께 혁신의 공동 생성 및 활용에 참여하는 것을 의미한다. 수년에 걸쳐 리빙랩에 대한 여러 정의가 제안되었다. 초기 정의에는 '다양하고 진화하는 실제 상황에서 복잡한 솔루션을 감지, 프로토타이핑, 검증 및 정교화하기 위한 연구 방법론'(Eriksson et al., 2005) 및 '실생활 상황에서 기술이 구체화되는 실험 환경'(Ballon et al., 2005)이 제시되었다. 그 후, 여러 측면이 결합되어 리빙랩은 혁신 프로세스에 대한 사용자 참여를 조직하는 방법론과 환경으로 개념화되었다 (Bergvall - Kåreborn et al., 2009). 리빙랩의 개념은 실제 환경에서 최종 사용자와 함께 혁신의 공동 생성 및 검증을 위한 일련의(정량적 및 질적) 방법론 및 도구를 의미한다. 리빙랩의 목적은 인간이 혁신 주체가 되어 사회에서 ICT 애플리케이션의 혁신, 유용성 및 유용성을 향상시키는 것이다.

리빙랩의 개념은 1990년대 학술 토론에서 나타났지만, 실제로는 2006년 유럽위원회가 리빙 랩을 기반으로 한 공통 유럽 혁신시스템을 발전, 조정 및 촉진하기 위한 프로젝트를 수행하면서 시작되었다. 유럽 최대의 리빙랩 네트워크인 ENoLL(European Network of Living Labs)에는 150개 이상(2021년 1월 기준)의 리빙랩이 가입되어 있다. 아시아의 경우에는 한국에서 2개(부산리빙랩네트워크, 크리에이티브 대구 리빙랩), 대만 1개, 중국 1개가 가입되어 있으며, 인도에서 가입한

단체나 기관은 없다. 최근에는 아프리카, 아시아에도 리빙랩이 구축된 사례가 증가하고 있다.

리빙랩은 사용자 주도형 혁신 모델의 하나로 유럽을 비롯한 아프리카 및 아시아 등에서 다양하게 운영되고 있다. 선진국은 사회문제를 해결하기 위한 솔루션으로 리빙랩을 이용하고 있지만, 신흥국에서는 사회적 인프라 부족 및 제도적 미비 등으로 인해 정부나 지자체 등의 지원이 부족한 상태에서, 지역 커뮤니티가 자체의 역량으로 문제를 해결하기 위한 수단으로 활용하고 있다.

리빙랩은 '일상생활 실험실', '살아있는 실험실', '우리 마을 실험실'등으로 다양하게 해석되고 있으며, 사용자들이 연구혁신의 대상이 아니라 연구혁신 활동의 주체로 기능하는 '사용자 참여형 혁신공간'이다. 실제 생활 현장에서의 시험 및 실증을 강조하고 있으며, 리빙랩이 갖고 있는 다의적인 개념에 기반을 두어 다양한 형태로 사업이 진화되고 있다. 최근에는 거버넌스, 지속가능성 제고를 위한 수단으로 그 의미가 확장되고 있다.

나. 각국의 리빙랩 정책

각 국의 리빙랩에 관한 정책 동향을 살펴보면 다음과 같다. 미국은 실질적 사회문제 해결을 위한 연대·협력 강조 관점의 사회혁신기금(SIF), 삶의 질 관련 기술 개발 관점의 삶의 질 기술센터(QoLT), 시민 아이디어 공모 온라인 플랫폼(Challenge.gov)을 운영하고 있다. 유럽연합(EU)은 범유럽 사회문제해결 R&D 프로젝트인 Horizon 2020의 'Societal challenges'를 추진하고, 유럽 리빙랩 네트워크(ENoLL)를 결성하여 시민의 참여·역할을 강화 지원하고 있다. 대만은 아시아 최초로 ICT를 적용하여 사회서비스 및 의료서비스 분야에서 혁신을 위한 사용자 중심의 모델로 리빙랩을 활용하고 있다. 인도는 사회문제 해결을 위한 도구로서 리빙랩을 적극적으로 활용하고 있지는 않지만, 스마트도시를 위한 솔루션으로 어반 리빙랩을 추진하거나, 농촌에서 지속가능한 개발을 위한 도구로서 리빙랩을 사용하는 사례가 인도에서 속속 등장하고 있다. 한국은 그간 과

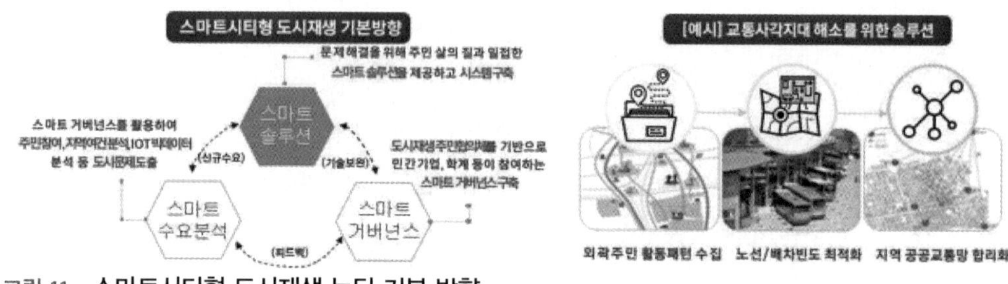

그림 11 스마트시티형 도시재생 뉴딜 기본 방향

출처: 국토교통부, 도시재생 뉴딜 로드맵(2018)

학기술의 정책 방향이 신산업 창출과 경제성장에 집중되어 왔지만, 이제는 국민 삶의 질 관점에서 사회문제 해결에 대한 과학기술 역할 확대를 위해 리빙랩을 활용하고 있다. 한국의 국토교통부에서 발표한 도시재생 뉴딜 로드맵에 따르면, 주민참여를 통해 도출된 도시 문제를 스마트 기술을 통해 해결하려는 "스마트시티형 도시재생"을 뉴딜 사업 전반으로 확산시키려 한다(그림 11 참조).

한국 국내에서 리빙랩은 다음 네 가지 이슈를 중심으로 발전하고 있다. 첫째, 사용자, 수요 중심의 새로운 혁신패러다임 모색이다. 혁신과정에서 배제되어 있던 사용자와 시민사회가 혁신의 주체로서 참여하여 수요를 구체화하는 것이다. 둘째, 문제해결형 혁신 모델의 제시이다. 문제해결을 위해 기업, 공공기관, 대학, 이해관계자가 협력하는 정부 – 민간 – 시민 간의 파트너십(Public – Private – People Partnerships, 4Ps) 강조하고 있다. 셋째, 과학기반 혁신과 실천기반 혁신을 통합한 새로운 혁신모델을 구축하는 것이다. 구체적으로는 과학기술계 중심의 과학기반 혁신(science – based innovation)과 현장/사용자 중심의 실천기반 혁신(practice – based innovation)의 통합을 강조하고 있다. 마지막으로 지역에 착근하는 혁신 모델이다. 외부 조직이 주도하는 혁신활동이 아니라 지역조직의 내생적 혁신역량에 기반하는 것이 목적이다.

다. 인도의 리빙랩 사례

인도 농촌에서 리빙랩은 플랫폼과 서비스의 공동디자인 활동에 시민을 참여시키고 개발을 위한 지역협력을 강화하기 위하여 농촌 사회의 활동가 그룹에서 활용되고 있다. 인도 도시에서 리빙랩은 '지역 내 혁신(territorial innovation)'을 증진하여 기업과 경제 활동에 전체적인 이익을 제공하기 위한 수단으로서 적용되고 있다(조영태·오명택, 2019: 14). 인도 농촌과 도시의 리빙랩 사례를 살펴보면 다음과 같다.

1) 농촌 1: 지속가능한 리빙랩(Sustainable Living Lab)

Sustainable Living Lab(SL2)은 싱가포르에 거점을 두고, 지속가능성 성장을 원하는 조직과 커뮤니티를 위한 혁신적인 솔루션을 개발하고 있다. 인도네시아, 인도로 사업을 확장하고 있으며, 인도 지사는 2019년 10월 첸나이에 설립하였다. 리빙랩은 개방형 혁신을 위한 연구 방법론으로 언제, 어떻게, 왜, 얼마나 많이 등 개방형 혁신 이니셔티브에 대한 답을 도출하는 것을 목표로 한다. 농부를 위한 태양열 건조기(Solar Dryer Project)를 개발한 사례의 구체적인 내용은 다음과 같다. 첫 번째는 도전(Challenge)이다. SL2은 UN의 몬디아로고 챌린지에 도전하여, 인도 농부들의 자살 문제를 분석하였다. 두 번째는 인사이트(Insight)다. 인도 농산물의 공급 과잉은 가격 하락과 지역 농민들의 소득 감소로 이어지고 있다. 농민들은 초과 수확물을 팔 수 없고, 폐기 처분해야 하는 상황이었다. 세 번째는 솔루션(Solution)이다. SL2은 농촌 기후에 적합한 태양광 건조기를 개발하고, 지역 농민과 건조 농산물의 잠재 구매자 간 네트워크를 구축해 지역경제를 지원하고 있다. 넷째는 결과(Result)다. 농가를 위한 초기 시장을 구축한 후, 지역기업과 협력하여 태양열 건조기의 지속가능한 사업 모델을 만들고 있다.

한편, 사회적 비즈니스 모델 캔버스는 문제해결을 통해 사회적·정책적 미션을 달성함과 동시에 시장 메커니즘 내에서 수익 창출을 통해 지속적인 운영·유지가 가능하도록 하는 정교한 비즈니스 모델이다. 이는 사회문제 해결형 다부처 R&D 사업에 적합한 기획방법론으로 소셜 린 캔버스를 수정·보완한 것이다. 위에 소개하는 본 연구의 사례(지속가능한 리빙랩(SLL))로 이 모델을 설명한 것

그림 12　태양열 건조기 프로젝트와 UN 몬디아로고 챌린지 장면

출처: SL2(Sustainable Living Lab), https://www.sl2square.org

표 7　사회적 비즈니스모델 캔버스(사례1: 지속가능한 리빙랩(SLL)에 적용)

목적		현지 기후 특화형 태양열 건조기(Solar Dryer) 개발		
문제 (Problem)	솔루션 (Solution)	고유의 가치 제안 (Unique Value Proposition)	공급자 (Supplier)	고객군 (Customer Segments)
농산물 초과 공급으로 가격하락 혹은 폐기	현지 특화형 건조기 개발 핵심지표 (Key Metrics) · 농촌 기후 · 건조량 및 시간	농촌 기후에 적합한 태양열 건조기 개발 전달체계(Channel) 농민 대상으로 효과성 입증	건조기 개발업체	농민
비용체계(Cost System)			수익체계(Revenue System)	
건조기 개발 및 유지보수 비용			건조기 임대 및 농산물 가격 상승	
사회적 효과(Social Impacts)				
농민의 소득 증대로 자살 방지 및 지역기업과 협력하여 지속가능한 사업 모델 개발				

이 표 7이다.

2)　농촌 2: 부바네스와르 농촌 리빙랩

부바네스와르 농촌 리빙랩(Bhubaneswar Living Laboratory for Rural Sustainability) 은 부바네스와르 CV 라만 공과대학에 의해 설립되었다. 부바네스와르는 인도의 남동쪽 주 오디샤의 수도이다. 리빙랩은 마을 단위로 이루어지며, 학계, 농촌 지역사회 및 지방 마을 행정 간의 연계로 농촌의 지속가능성에 관한 문제를 해결하는 것을 추구한다.

본 리빙랩의 목표는 다음과 같다. ① 지역 농촌 지역사회의 STI(Science, Technology and Innovation) 역량 구축이다. 이를 위해 첫째로 농촌 학생들을 위해 물리적 + 가상 학습 인프라를 개선하여, 교실 환경 밖에서 중요한 사고 능력을 개발할 수 있도록 실전 시연과 실험을 위한 여건을 만든다. 둘째로 팹랩을 설립한다. 팹랩은 사용자가 거의 모든 것을 현지에서 개념화, 설계, 개발, 제작 및 테스트할 수 있게 하는 장소이다. 팹랩은 기술력 강화, 지역 문제 해결, 비공식적인 프로젝트 기반 기술 교육, 소규모 첨단기술 사업 개발, 풀뿌리 연구 등 광범위한 목적으로 사용되고 있다. 해당 팹랩의 프로젝트에는 네트워크 접속을 위한 무선 안테나, 의료용 분석 기기, 에너지용 태양광 발전 터빈 및 지역 대응형 저가 하우징 작업이 포함될 수 있다.

② 농촌 마을 공동체 구축이다. 마을 공동체에서는 적정기술(Appropriate Technology) 솔루션을 공동 개발하여 일상생활의 어려움을 해결할 수 있다. 예를 들어, 리빙랩 활동을 통해 기술 지원을 받는다면, 물, 에너지, 피난처 및 환경 프로파일을 구축하여 더 나은 생활 환경을 조성할 수 있을 것이다. 이처럼 마을 공동체가 적정기술을 활용한다면, 서로 활발히 연구하고 국경 간 네트워크를 통해 교류하여 모든 이해관계자의 가치를 창출할 수 있다.

리빙랩 단계는 5단계로 이루어진다. 첫째는 탐사이다. 먼저 샘플 마을 또는 마을 클러스터의 프로파일을 작성한다. 이를 바탕으로 사용 가능한 기술을 추정하고 가장 적절한 기술을 선택한다. 둘째는 실험이다. 기술자, 교육자 및 기업가의 네트워크를 구축하여 구현 로드맵을 준비하고, 콘텐츠 및 전달 방식을 참가자가 작성한다. 그 후 시장 기반 접근방식을 통해 지속가능성을 평가한다. 셋째는 구축 및 모니터링이다. 사용자와 공동으로 기술을 구현하고 역량을 구축한다. 이는 효과적이고 효율적인 모니터링 시스템과, 프로토타입 개발로 이어진다. 넷째는 영향 평가 및 복제단계이다. 이 단계에서는 활동의 영향을 평가하고 이니셔티브를 복제한다. 다섯째는 지식 축적 및 공유이다. 혁신, 학술 및

그림 13 부바네스와르 농촌 리빙랩 활동 사진

출처: https://rurallivinglab.weebly.com/uploads/2/6/9/3/26934848/india_living_laboratory_for_rural_sustainability.pdf

비즈니스 네트워크를 통한 보급과 함께 문제(데이터 마이닝, 프로세스 모델링, 예측 및 데이터 집계)를 파악하고 강력한 글로벌 네트워크를 구축한다.

3) 도시 1: 바라마티(Baramati)의 도시 농업 리빙랩

인도 농업과 식품 가공 산업은 아직 많이 체계화되어 있지 않다. 다양한 작물 패턴에 맞는 적절한 지식과 기술이 부족하기 때문이다. 따라서 사용자 지정 기술을 보유하기 어렵고 농업 시스템에 전체적인 통합 접근방식을 채택하기가 어렵다. 이러한 문제가 지속되는 가운데, 농업 투입물 가격이 계속 상승하면서 재배 비용이 증가하고 있다. 농업이 보다 매력적인 비즈니스가 되려면 농업 문화와 공급망에 산재한 여러 비효율적 관행이 선진적으로 통합되어야 한다. 인도의 다른 곳과 마찬가지로 푸네 지방에서도 상속제도 등 여러 요인으로 인해 농업의 규모가 작아지고 있다(Eweg and Hal, 2014).

네덜란드의 VHL 응용과학대학교는 네덜란드의 de Gelderse Vallei을 비롯해 인도 푸네의 대도시 지역과 마케도니아 및 세르비아에 리빙랩을 운영하고 있다. 이 중에서 바라마티 리빙랩의 과제는 농업 생산량을 늘려서, 빠른 속도로 증가하는 도시민에게 안전하고 건강한 식품(유제품, 채소 및 과일)을 충분히 제공하는 혁신적인 비즈니스 모델과 유통시스템을 찾는 것이다. 리빙랩의 핵심 파트너로는 농업과 교육 개발에 중점을 둔 재단인 농업개발신탁 바라마티가 있으며, 바라마티 농업대학과 Krisi Vigyan Kendra이 협력하고 있다. 인도의 주요 파트너들과 함께, VHL은 인도와 네덜란드 농업 분야의 문제와 도전에 기초한 실행 연구를 수행한다. 인도 및 네덜란드 학생을 위한 인턴십을 운영하며, 이 과제를 수립하고 시행할 기관, 정부 및 농민을 위한 수요 주도형 교육 활동이 조직된다. 지금까지 프로젝트는 학교 급식이나 도시 공동체를 위한 새로운 수요와 공급의 사슬을 개발하는 데 초점을 맞추고 있다. 목표 중 하나는 '농업인 현장학교'에 대한 경험을 바탕으로 하여, 식품 관련 유통시스템의 다양한 이해관계

그림 14 바라마티 농업대학

출처: 바라마티 농업대학 홈페이지, https://www.agricollegebaramati.in/centerofExcelence.aspx

자들을 위한 '유통시스템 현장 학교'를 개발하는 것이다.

4) 도시 2: 파나지(Panaji) 어반 리빙랩(Urban Living Lab)

파나지는 인도의 SCM(Smart City Mission)에 선정된 100개 도시 중 하나이다. 파나지의 도시 문제를 해결하는데는 기술이 강력한 도구가 될 수 있지만, 다른 비기술적 형태의 사회혁신도 중요하다. 파나지 스마트 시티의 목표 중 하나는 리빙랩을 통해 도시거주민들의 요구, 행동, 기술 변화에 따른 사회적 차원을 이해하는 것이다.

파나지의 Urban Living Lab(ULL)은 인도 최초의 어반 리빙랩이다. ULL의 핵심 주제는 도시 홍수, 수역 관리, 모빌리티, 데이터 및 도시 시스템이다. ULL은 파나지의 과제에 대한 해결책을 찾기 위해 다양한 이해관계자들을 참여시키고 있다. 주민, 정책 입안자, 공공기관, 기업 및 학계 간의 협업 및 정보 흐름을 촉진함으로써, ULL은 연구가 부족한 도시 문제에 대한 새로운 지식을 알아내고 있다. 리빙랩을 통한 개입은 성공과 실패 모두에 적용되며, 이해관계자와 협력하여 테스트된 후 공유된다. 도시 문제 해결에는 종종 긴 시간이 필요하다는 점을 인식하고 있기 때문에, ULL은 활동의 추진력이 지속적인 노력으로 전환되도록 추진하고 있다. 이를 위해 시민의 역량을 강화하고 공무원 간의 특정 기술 격차를 보완하려 노력하는 중이다. 또한 ULL은 파나지와 그 주변 지역의 기존 거버넌스 방식 및 기관과의 상호 작용을 분석한다. 이를 통해 ULL이 파나지에서의 활동에서 얻은 성과는 인도의 다른 스마트도시에도 채택될 것이다.

5) 리빙랩의 발전과 스마트시티

리빙랩은 유럽에서 먼저 시작되고 꽃피었다. 유럽의 리빙랩은 EU 산하기관을 통해 리빙랩의 개념과 저작도구, 성공사례를 타 지역과 공유하고 있다. 이 지식 공유에 참여한 커뮤니티는 효율적으로 노하우를 축적하고, 이를 바탕으로 자신만의 명확한 아젠다를 설정하고, 다양한 이해관계자와 협업을 통해 문제를 해

그림 15 파나지의 안전한 거리 캠페인

출처: Project Uran Living Lab(https://twitter.com/ProjectULL_/status/1367448198772486147
/photo/1)

결하고 있다.

리빙랩의 성공적인 운영을 위해서는 공익성을 지닌 똑똑한 최종 사용자를 어떻게 조직할 것인가가 중요하다. 조직화된 사용자 그룹이 참여해야 연구자·기업들과 지속적인 상호학습이 가능하기 때문이다. 민원해결이 아니라 공공적 관점에서 기술개발과정에 참여할 수 있는 사용자, 과학기술 관련 이슈를 이해하고 의견을 제시할 수 있는 사용자들의 조직화가 이뤄질 필요가 있다.

또한 다양한 리빙랩 실험을 통해서, 시행착오를 겪으며 학습 메커니즘을 구축할 필요가 있다. 실패를 하더라도 경험과 학습으로 축적될 수 있도록 해야 한다. 이를 위해서는 각 사업의 활동을 체계적으로 분석·정리해서 지속적으로 학습시켜 나가는 메커니즘이 필요하다. 우선 각 사업에서 진행되는 구체적인 리빙랩 활동과 성과는 무엇이고, 향후 개선되거나 보완되어야 할 사항은 무엇인가에 대한 지속적인 모니터링과 점검을 해나가야 한다.

우리나라의 리빙랩은 주로 과학기술을 통한 사회문제 해결을 이루어 왔다. 현재는 리빙랩 네트워크가 전국적으로 구축되어 있으며, 구축 사례도 풍부하다. 그러나 대부분의 사례가 문제해결형 기술중심이라서, 커뮤니티의 참여 및 주도가 활발하지 못하다. 따라서 커뮤니티의 문제를 커뮤니티 구성원이 인식하고, 이를 바탕으로 휴먼네트워크를 구성하여, 주민 - 전문가 - 기업 - 정부가 협업하는 시스템을 만들어 갈 필요가 있다.

인도의 경우 저소득층을 중심으로 한 풀뿌리 조직이 활성화되어 있으며, 지역 내 제한된 기술과 도구를 활용하여 현장에서 직면한 문제들을 해결해오고 있다. 다만, 최신 기술을 통해 지역내 문제를 해결하는 것은 경제적, 사회적, 제도적으로 어렵다. 인도의 풀뿌리 기반 리빙랩 커뮤니티 경험과 한국의 사례를 바탕으로 축적된 리빙랩 관련 적용 기술을 접목한다면, 신흥국을 대상으로 한 리빙랩 모델이 만들어질 것으로 기대된다.

리빙랩의 역사는 스마트시티와 함께 시작한다. 2000년대 들어 스마트시티 붐이 불었고 화려하기만 할 뿐 시민들에게 직접 도움이 되지 않는 기술들도 쏟아져 나왔다. 그러자 점차 시민들에게 필요한 기술 개발이 절실하다는 지적이 제기됐다. 이에 따라 미국이나 유럽 등의 국가에서는 점차 도시문제를 해결하거나 도시 관련 기술을 개발할 때 시민들의 의견을 수렴하는 사례가 나타났다.

스마트시티 관련 학계에 따르면 리빙랩은 2004년 MIT 윌리엄스 미첼 교수의 연구를 계기로 세상에 나왔다. 당시 그는 '스마트 홈' 관련 기술을 갖춘 미래의 집을 만들기 위해 한 아파트를 개조하면서 '플레이스랩(PlaceLab)'이라고 이름지었다. 거기에서 직접 생활하며 여러 기술들을 직접 테스트한 것이다.

이런 연구 도중 미첼 교수는 유럽의 스마트시티 프로젝트인 '인텔리전트 시티즈(intelligent cities)'에 자문 역할로 참여하게 됐는데 거기에서 자신의 플레이스랩을 소개했다. 그리고 이 프로젝트에서 미첼 교수가 건넨 플레이스랩의 개념을 확대 발전시켜 리빙랩이라는 단어를 만들어 냈다.

ENoLL은 2006년 출범 이후 스마트시티, 에너지, 교통, 헬스케어 등 다양한 주제로 운영되고 있다. 유럽 27개국에서 운영 중인 리빙랩의 연구 분야는 스마트학습, 관광, 문화 등 창의적인 아이디어에 기반한 지식서비스가 43.8%로 가장 많고 헬스케어와 생활지원, 웰빙, 스포츠 분야가 32.3%로 큰 비중을 차지했다.

최근 스마트시티의 성공적인 구축을 위해 시민참여의 중요성이 점차 강조되고 있어, 그 실현수단으로서 사용자가 주도하는 개방형 혁신 플랫폼인 리빙랩이 주목받고 있다. 우리나라 정부는 리빙랩의 중요성을 인지하고 스마트시티 계획 및 재정지원사업에 리빙랩의 활용을 적극적으로 권장하고 있다.

우리나라 대통령직속 4차산업혁명위원회는 2018년 1월 「스마트시티 추진전략 보고회」를 통해 도시혁신 및 미래 성장동력 창출을 위한 비전 및 추진전략을 발표하였다. 여기에서 민간 – 시민 – 정부의 주체별 역할 정립을 통해 개방형 혁신시스템 도입과 공유 플랫폼을 활용한 리빙랩 구현 등, 시민참여를 촉진하는 추진전략을 제시 및 강조하였다. 이를 통해 정부는 국가 시범도시, 테마형 특화단지, 스마트도시재생 사업에 사회혁신 방법론으로서 리빙랩 도입을 촉진하고 있으며 지자체 또한 스마트시티 관련 다양한 사업에 적극적으로 리빙랩을 도입하여 수행 중에 있다.

반면 유럽의 경우 시민들의 참여를 통해 기존 도시를 점층적으로 '스마트 하게' 거듭나도록 하는 방식을 중시한다. 영국의 밀턴 킨즈, 스웨덴의 스톡홀름, 네덜란드의 암스테르담 등이 그 예이다. 또한, 홍수와 같은 재난 대비라든가 사물인터넷을 이용하여 독거노인 등 취약계층이 적절한 보호와 건강관리를 받을 수 있도록 하는 것, 어린이와 청소년들을 스마트 시민(smart citizens)으로 육성하기 위하여 데이터 이해 및 응용력(data literacy)을 정규 교육 커리큘럼에 포함시키는 것 등으로 의제를 확장시켜 나가고 있기도 하다.

3. 스마트시티와 팹랩, 리빙랩의 결합

시민을 소비자(consumer)가 아닌 도시의 공동창작자(co-creator)로 보는 유럽의 트렌드는 리빙랩(living lab), 팹랩(fablab), 해커스페이스(hackerspace) 등 다양한 이름과 모습으로 등장한 '디지털 공공 공작소'의 확산 및 인기와도 궤를 같이 한다. 이러한 측면에서 스마트 시티란 소수의 전문가에 의존할 수 있는 프로젝트가 아니라 정부(그 안에서도 전문 분야가 제각각인 부처들), 인프라 운영자, 서비스 제공자, 학계, 시민 간의 수평적이고 통합적인 연계를 통해서만 구현될 수 있다고 볼 수 있다.

하나로 합의된 스마트시티의 정의가 있는 것은 아니지만, 보통 스마트시티는 교통, 상하수도, 에너지, 쓰레기 등을 관리함에 있어 빅데이터 분석에 입각한 궁극의 효율을 추구하는 도시이다. 초기 스마트 시티는 정부 주도 개발의 결과물인 경우가 많았고 한국의 송도가 그 대표적인 예로 자주 거론된다. 지난 2014년 6월 인도의 총리 모디는 전국에 100개의 스마트 시티를 짓는 것을 골자로 한 개발계획을 발표하며 2016년 한 해 동안 12억 달러의 투자를 약속했는데, 이 역시 송도와 같은 하향식(top-down) 접근이라 할 수 있다.

　팹랩, 리빙랩은 스마트도시 경제 개발의 한 모델로서, 풀뿌리 시민 참여형 도시 개발 전략을 제시하고 있다. 정부 주도의 하향식 스마트도시 개발 모델은 도시에 첨단 기술을 효율적으로 적용하고, 주민들이 기술을 효율적으로 활용하는 데 중점을 두고 있다. 이에 비해, 팹랩과 메이커 스페이스를 통해 메이커들이 모여서 만드는 팹시티(Fab City)는 주민 참여로 상향식 지속가능한 자원순환형 도시를 만드는데 기여할 것으로 기대된다. 정부와 시 주도의 하향식으로 이루어진 기존 스마트시티에서, 팹랩과 리빙랩은 도시에 직면한 사회문제를 해결하기 위한 도구(혹은 솔루션)로서 각광받고 있다. 즉, 기존 정부 주도의 기술개발에서 팹랩이나 리빙랩을 통해 주민참여형 문제해결 및 기술 개발로 진화하고 있는 것이다.

참고문헌

- 스마트시티 -

〔한글출판본〕

박건철·이치형. 2019. "토픽 모델링을 활용한 스마트시티 연구동향 분석."『한국인터넷정보학회』20(3), 119 - 128.

장환영·이재용. 2015. "해외 스마트시티 구축동향과 시장 유형화."『한국도시지리학회지』18(2), 55 - 66.

주윤창·이은욱·서우종. 2020. "스마트시티 연구 동향 분석."『한국지역정보화학회지』23(2), 147 - 170.

황종성. 2017. "스마트시티 발전동향과 쟁점을 통해 본 국가전략 연구과제."『한국통신학회지(정보와 통신)』34(8), 14 - 18.

〔영문출판본〕

Nomura Research Institue. 2019. *A Study on the Needs of Smart City Development in Emerging Countries and the Possibility of Japanese Enterprises to Participate in the Smart City.*

Nomura Research Institue. 2020. *Smart City 2.0.*

Ruhlandt, R.W.S. 2018. "The governance of smart cities: a systematic literature review." *Cities* 81, 1 - 23.

Russell M. Smith, Prasad Avinash Pathak, and Girish Agrawal. 2019. "India's "smart" cities mission: A preliminary examination into India's newest urban development policy." *Journal of Urban Affairs* 41(4), 518 - 534.

Singh, A. and Singla, A. R. 2020. *Constructing definition of smart cities from systems thinking view.* Kybernetes.

- 팹랩 -

〔한글출판본〕

김윤호. 2018. 『팹랩과 팹시티』. 한국학술정보

다나카 히로야 저, 김윤호 역. 2018. 『팹라이프(Fab Life)』. 이담북스

율리아 발터 - 헤르만·코린네 뷔힝. 2015. 『팹랩 - 기계, 메이커, 발명가의 제작공동체 이야기』. 아카데미프레스

이명무·김윤호. 2017. "업사이클 플라스틱 개발: 필리핀 보홀의 사례."『적정기술학회지』 3(1), 44 - 52.

〔영문출판본〕

Gershenfeld, N. 2008. *Fab*: *the coming revolution on your desktop - from personal computers to personal fabrication*. Basic Books.

Gershenfeld, N. 2012. "How to make almost anything: The digital fabrication revolution." *Foreign Affair* 91(6), 42 - 57.

Hielscher, S., and Smith, A. 2014. "Community - based digital fabrication workshops: A review of the research literature." *SPRU working paper series*.

Tanaka, H. 2012. *FabLife*. Oreilly Japan[Japanese Literature].

Troxler, P. and Schweikert, S. 2010. "Developing a business model for concurrent enterprising at the Fab Lab." In 2010 IEEE International Technology Management Conference(ICE), 1 - 8.

Troxler, P. and Wolf, P. 2010. "Bending the Rules. The Fab Lab Innovation Ecology." In 11th International CINet Conference, Zurich, Switzerland, 5 - 7.

- 리빙랩 -

〔한글출판본〕

변태근. 2019. "스마트시티 리빙랩."『도시정보』445, 20 - 23.

성지은. 2018.10.25. "연구개발 – 사회 – 대학의 혁신모델로서 리빙랩 활동의 현황과 과제." 동명대 리빙랩 포럼.

성지은·송위진·박인용. 2014. "사용자 주도형 혁신모델로서 리빙랩 사례 분석과 적용 가능성 탐색." 『기술혁신학회지』 17(2), 309 – 333.

송위진. 2018. "사회문제 해결형 과학기술혁신을 보는 세 가지 관점." 『과학기술학연구』 18(2), 233 – 267.

조영태·오명택. 2019. 『스마트시티 리빙랩 추진 전략』. 한국토지주택공사 토시주택연구원.

최민주·이상호·조성수·정예진·조성운. 2020. "시민참여 기반의 스마트시티 리빙랩 모델 설정." 『한국콘텐츠학회논문지』 20(4), 284 – 294.

［영문출판본］

Hossain, M., Leminen, S., and Westerlund, M. 2019. "A systematic review of living lab literature." *Journal of cleaner production* 213, 976 – 988.

Keith, Michael and Nicola Headlam. 2017. *Comparative international Urban and Living Labs, Urban Transformations, Oxford*, Oxford: Oxford universty press.

제7장

인도의 스마트시티와 교육: 스마트 교육을 중심으로

맹현철(인도 IIMB 교수)

I. 배경

스마트 교육은 스마트 도시 개발을 위한 필수 요소이다. 기초 교육 및 전문적인 직업 교육의 강화, 우수한 고등교육기관의 도입, 스마트학습을 위한 기반시설, 평생교육과 교육의 혁신은 스마트 도시를 구성하는 중요한 요소라 할 수 있다. 성공적인 스마트 도시 개발을 위해서는 기반시설뿐만 아니라 그 도시에서 살아가는 사람들도 매우 중요하다. 함께 어우려져 살아가는 시민들이 어떤 사람들이냐가 스마트 도시에서의 삶의 질에 큰 영향을 미치기 때문이다. 따라서 스마트 도시의 삶에 어울리도록 사람들을 교육하는 일이 스마트 도시 건설만큼 중요한 일이라 볼 수 있다.

스마트 교육은 2010년경부터 유행하기 시작했고, 스마트 도시는 1990년경부터 논의되고 진행되었다. 두 개념의 발전 사이에 시간차가 있는 만큼 스마트 교육과 도시는 별개로 다루어지기도 한다. 하지만, 스마트 교육과 스마트 도시라는 두 개념의 교집합 또한 여러 나라에서 매우 중요하게 다뤄지고 있다. 유럽의회(European Parliament)는 매년 New Education Forum을 주최하여 미

그림 1   인도의 스마트시티 안내서

출처: MUD, Government of India

래를 위한 교육의 방향성을 논의한다. 2017년 벨기에의 브뤼셀에서 열린 New Education Forum 2017의 주제는 스마트 도시와 스마트 지역 안에서 스마트 교육(Smart Education in Smart Cities and Smart Regions)이었다. 이 포럼에서는 스마트 도시를 위한 교육이 지향해야 할 성과 지표에 대해서 집중적으로 토론하였다.

인도에서의 상황은 어떠한지 살펴보자. 2015년 6월 인도 중앙정부의 도시개발부(Ministry of Urban Development)에서 발간한 스마트시티 안내서는 스마트시티가 갖추어야 할 핵심 기반 시설을 소개하는데, 이 중에서 교육은 물, 전기, 교통, 치안, IT 기반시설 등과 함께 스마트시티의 핵심 기반시설의 중요한 예로 언급이 되고 있다. 또한 인도 정부는 스마트시티의 추진 전략 중 한 가지로 도시의 정체성을 살리는 발전 전략을 제시하고 있으며, 도시 정체성의 예시로 역사, 문화, 교육 등을 들고 있다. 이처럼 인도 스마트시티 발전 계획에 있어서 교육은 핵심적인 기반시설인 동시에 도시의 전략적 발전 방향이다. 본 저서의 제8장은 스마트시티의 핵심 요소 중 하나인 교육, 그 중에서도 스마트교육을 중심으로 인도 스마트교육 현황과 발전 방향에 대해서 살펴볼 것이다. 우선 스마트교육의 개념과 우수 사례를 정리하며, 이어서 인도교육을 전반적으로 간략하게 소개하고 인도 스마트교육 현황을 제시하였다. 그리고 인도 스마트 교육 한계점과 전망으로 글을 마무리하려 한다.

Ⅱ. 스마트 교육

인터넷, 컴퓨터, 모바일 기술/기기 등으로 대표되는 정보통신기술의 발달은 인간 삶의 여러 분야에 변화를 가지고 왔다. 사람들은 과거보다 더욱 가깝게 연결이 되고, 어디서나 컴퓨터를 사용하여 정보를 얻을 수 있게 되었으며, 막대한 양의 데이터를 모으고 이를 활용할 수 있게 되었다. 이러한 변화는 교육에도 적용되기 시작되어 정보통신기술을 교육에 적용하여 넓게는 교육 시스템 전반, 좁게는 전통적 교육 시스템 내에서 강의 및 학습 방법에 대한 변화가 논의되고 실행되었다. 1997년 말레이시아 스마트스쿨 이행 계획(Malaysia Smart School Implementation Plan)을 시작으로 전 세계적으로 스마트스쿨 프로젝트에 대한 관심이 늘어나면서 여러 나라에서 도시 단위 넓게는 국가 단위의 스마트교육 프로젝트가 추진되었다. 이후 20년이 지난 지금 스마트교육은 학생들 개인을 대상으로 목표, 내용, 방법 등 여러 측면에서 맞춤 교육을 제공하여 학습의 질을 높일 수 있게 발전하였으며, 지리적, 사회경제적 교육 불균형 문제를 해결할 수 있는 수단으로 자리매김할 가능성을 지니고 있다.

1. 스마트 교육의 개념

가. 기술의 변화와 스마트 학습의 발전

스마트 학습의 전제조건은 기술의 발달이다. 기술이 발달함에 따라서 교육의 내용과 방법이 양과 질 두 측면에서 발전한 것이 스마트학습이다. 즉, 스마트학습은 기술강화학습(technology - enhanced learning)으로서 기술의 발달이 있어야 가능하다. 기술 중에서도 스마트 기기(smart devices)와 지능형 기술(intelligent technologies)이 스마트학습의 중요한 토대가 된다. 첨단 기술이 교육에 도입된 결과 학생들은 더 많고 다양한 교육 자료를 활용할 수 있게 되었고, 학습 내용에 관한 질의응답을 더 수월하게 할 수 있게 되었으며, 교육의 주체들 사이에서 의사소통과 협력의 효율성이 높아졌고, 학생을 평가하고 피드백을 제공하기 쉬워졌다. 또한 연결성(connectivity)과 개인화(personalization)를 특징으로 하는 모바일 기술의 등장으로 인해서 모바일학습(mobile learning)이 기술강화학습 패러다임의 중요한 요소로 자리매김하게 되었다. 모바일학습 덕분에 학습자는 위치, 시간, 환경 등의 제약에서 자유로워지면서 언제, 어디서나 학습할 수 있게 되었다. 이와 같이 초기의 스마트학습은 기술의 변화에 따라서 학습의 방식이 변하여 학습자가 시간, 공간 등 여러 제약에서 벗어나서 배울 내용을 더 쉽게 접할 수 있는 방향으로 발전하게 되었다.

기술의 변화는 스마트학습내용의 발전에 영향을 미쳤다. 사회가 변화함에 따라서 학습자들이 배운 내용을 적용시킬 현실 문제들도 변화하게 되었기 때문이다. 새로운 현실적 문제들을 해결하기 위한 실용적인 학습이 스마트 기술의 도입으로 가능해지기도 하였다. 이런 배경에서 진정한 학습(authentic learning) 개념이 도입되었다. 진정한학습의 목표는 학교에서 배우는 내용과 실제 삶에서 접하게 되는 문제를 연결시키는 것에 있다. 따라서 배움과 적용의 연결이 필수적이며, 이를 위해서 현실세계(real world)와 가상세계(virtual world)를 연결시키는 학습설계가 중요하다. 정보통신기술의 발달은 이 두 세계의 연결을 가능하게 만들었다. 이와 같이 스마트학습은 교육의 방식뿐 아니라 교육의 내용에도 변화를 야기했다.

기술의 발달로 인해서 학습의 내용과 방법뿐 아니라 교육과정도 큰 발달을 이룰 수 있는 여건이 이뤄졌다. 스마트교육은 교육의 목표를 설정하고, 학습 내용을 학습자 개인의 능력과 흥미에 따라서 맞춤화하고 학습의 결과를 개인별로 평가하여 이를 다시 학습의 목표로 설정하는 일련의 과정 전체에 발전을 가져올 수 있다. 특히 클라우드 컴퓨팅(cloud computing), 학습 애널리틱스(learning analytics), 빅 데이터의 활용 등이 이러한 과정의 변화에 큰 영향을 미쳤다. 이러한 소프트웨어 기술의 발달로 인해서 개별 학습자의 데이터를 분석하게 되고,

그림 2 **스마트 교육을 위한 VR**
출처: depositphotos.com(ⓒ3Dimension)

이를 바탕으로 개인의 수준에 맞는 발전 단계별 학습 목표를 수립할 수 있으며, 학습자의 흥미와 적성에 따른 맞춤형 학습 과정을 설계할 수 있게 되었다. 또한 각 개인에게 학습 자원을 효율적으로 분배할 수 있게 되었다. 그 결과 학습자들은 스마트 교육을 통해 양질의 맞춤형 교육을 받을 수 있게 되었다.

최근에는 사물인터넷(Internet of Things: IoT)과 착용가능기술(wearable technology)이 교육에 적용이 되어서 교육의 발전에 기여하고 있다. 예를 들어서 가상현실(virtual reality)의 경우, 교육의 대상을 시각화한다는 장점 덕에 교육 내용을 더 생생하게 전달할 수 있으며, 교실에 있으면서도 교실 외부의 환경에서 수업하는 효과를 낼 수 있다. 따라서 가상현실 교육은 학생들의 그룹활동이나 가상 현지답사 등에 요긴하게 사용될 수 있다. 이러한 기술을 통해서 학습자가 놓인 상황중심학습이나 매듭이 없는 학습(seamless learning) 등이 가능하게 되었다.

1) 스마트 학습(Smart Learning)

스마트학습은 교육, 정보통신, 공학, 사회과학 등 여러 분야에서 다루고 있는 주제이며 분야에 따라서 사용하는 정의가 다르다. 또한 같은 분야 내에서도 연구자에 따라서 조금씩 다른 개념으로 사용하고 있다. 하지만 다양한 정의들 속에서도 스마트학습을 구성하는 공통된 개념을 도출할 수 있다. 스마트학습은 위에서 언급한 바와 같이 여러 기술의 발달로 인해서 시작되었으며, 특히 정보통신분야의 여러 기술 없이는 존재할 수 없는 학습의 형태이다. 하지만 스마트학습이 기술 및 장비에만 초점을 맞추는 것은 아니다. 스마트학습은 학습의 내용 및 방식을 기술 자체보다 더 중요하게 여긴다.

Hwang(2014)과 Scott and Benlamri(2010)는 학습자의 상황을 고려한 유비쿼터스 학습을 스마트학습의 핵심요소로 정의했다. Gwak(2010)은 '학습기기보다는 학습자와 학습내용에 초점을 맞춘 학습'과 '선진 IT 기반시설을 바탕으로 하는 효과적이고 지능적인 맞춤 학습'을 스마트학습의 주요 요소로 정리하였다. 천세영 등(2012)은 스마트교육의 특징을 SMART의 앞 글자를 따서 자기 주도적(Self-directed) 학습, 동기가 부여된(Motivated) 흥미로운 학습, 학생이 보다 학습을 잘 수용할 수 있도록 학생의 수준과 적성에 맞춘 수용 가능한(Adaptive) 학습, 자료에 구애받지 않도록(Resource free) 풍부한 자료를 갖춘 상태에서 이뤄지는 학습, 정보통신 기술을 도입한(Technology embedded) 학습으로 스마트학습을 정의하였다. Kim et al.(2013)은 스마트학습을 사회적 학습과 유비쿼터스 학습을 결합한 형태의 학습으로, 스마트 기기의 활용 수준을 넘어서 학습자 중심의 교육 서비스를 중점으로 둔 교육 패러다임으로 보았다. Lee et al.(2014)은 사회적 학습, 협동적 학습, 개인 및 상황에 따른 맞춤화, 교육 내용의 적용 중심성 등을 스마트학습의 특징으로 제시하면서 스마트교육의 개념을 규정하였다. 이를 요약하면, 스마트학습은 기본적으로 첨단 기술을 기반으로 하는 학습이지만, 그 핵심은 기술 및 기기의 단순한 활용을 넘어서 양질의 학습을 추구함에 있다. 이 양질의 학습은 학습자의 특성과 상황에 맞는 맞춤형 학습, 풍성한 교육 콘텐츠를 활용한 학습, 그리고 현실적용을 중심으로 하는 학습을 의미한다.

2) 스마트교육(Smart Education)의 발전

교육은 자료 설계(creation), 강의(teaching), 학습(learning), 평가(assessment) 등의 과정으로 이루어져 있다. 스마트교육은 각 단계에 스마트 기술을 활용하여 각 단계뿐 아니라 과정 전체의 효율과 효과를 극대화하는 것을 의미한다. 때로는 작은 기술의 도입이 위의 단계에 큰 변화를 가지고 오기도 한다. 2016년경 홍콩과기대는 학부생들에게 클리커(clicker)를 나눠주었다(그림 3 참조). 이 클리커를 통해서 학생들은 숫자를 입력할 수 있다. 학생들이 입력한 숫자는 강의실에 비치된 컴퓨터에 저장이 되어서 간단한 통계자료로 변환이 된다. 예를 들어서 강의 중에 양자택일 질문을 학생들에게 한 경우를 생각해 보자. 소수의 학생들에게 답을 물어 볼 수 있지만 수강생 전체의 답을 알기 어려울 것이다. 클리커를 사용한다면 각 선택지를 선택한 학생의 숫자를 실시간으로 파악할 수 있다. 그림 3의 왼쪽 상단의 슬라이드는 필자가 실제 강의 현장에서 사용한 질문이다. 강사는 강의 도입부에 해당 강의의 중심 내용을 다음과 같은 방식으로 질문하고, 학생들은 클리커를 통해서 자신이 생각하는 답을 선택할 수 있다. 학생들의 선택은 실시간으로 집계되어서 그림 3같이 그래프로 그 결과를 보여준다. 이 결과를 통해서 각 선택지를 선택한 학생에게 이유를 물어 볼 수 있고 짧은 토론을 이어갈 수 있다. 그 결과 학생들은 강의 시간에 다룰 내용에 대해서 더 큰 관심을 가질 수 있었다. 강의를 마무리하는 과정에서 동일한 질문을 한 번 더 던졌다. 그리하여 학생들이 강의 전과 강의 후에 생각이 바뀌었는지, 바뀌었다면 왜 그런지 물어 보면서 강의를 마칠 수 있었다. 이 과정을 통해서 학생들이 강의 내용을 조금 더 오래 기억할 수 있다. 요즘은 줌(Zoom)등 온라인 강의 플랫폼에서 설문조사 기능을 제공한다. 이를 통해서 필자가 클리커를 사용한 것과 같은 효

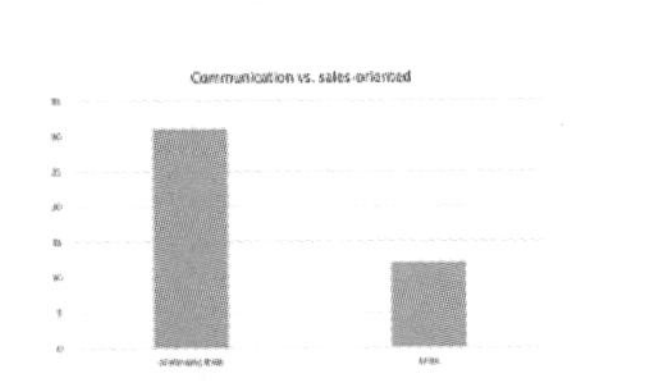

그림 3 클리커와 줌의 설문조사 기능을 이용한 학습효과 증진 예시
출처: 필자, 홍콩과기대홈페이지, 줌 안내 홈페이지

과를 낼 수 있다. 이처럼 클리커라는 작은 기술을 통해서 강의 방법에 약간의 변화를 준다면, 학생들의 참여를 높일 수 있고, 궁극적으로는 교육의 성과를 높이는 것이 가능하다.

나. 스마트 교육 사례: Malaysia Smart School Initiatives(MSSI)

대규모 스마트교육 프로젝트의 효시는 말레이시아의 스마트스쿨 프로젝트(Malaysia Smart School Initiatives, 이하 MSSI)로 볼 수 있다. 1991년 말레이시아는 2020년까지 자국을 선진국으로 발전시키겠다는 Wawasan 2020(Vision 2020)을 발표했다. 이 일환으로 말레이시아 정부는 1996년부터 MSC(Multimedia Super Corridor) 말레이시아 정책을 추진하였다. MSC 말레이시아는 정보통신기술과 멀티미디어기술의 효과를 극대화하여 고부가가치를 만드는 직업을 창출하고 이를 통해서 국가의 생산성과 경쟁력을 높이기 위한 공공사업이다. 말레이시아 스마트스쿨 프로젝트는 MSC의 주요 7대 사업의 하나로 추진되었다.

MSSI는 1997년 88개 시범학교를 시작으로 출범하였으며, 그 목적은 정보통신기술을 도구로 하여 학습의 질을 향상시키고 학교 운영의 효율과 효과를 높이는데 있다. 말레이시아 교육부는 정보통신기술을 통한 교육의 주요 정책 목표는 다음과 같이 내세웠다.

· 모두를 위한 정보통신기술
· 강의와 학습의 도구이자, 학습 주제로서의 정보통신기술
· 정보통신기술을 활용하여 교육 관리 시스템의 생산성, 효과, 효율을 높임

MSSI는 공공영역과 민간영역의 합작으로 이뤄진 프로젝트로서 정부의 여러 조직, 다양한 시민단체, 복수의 민간기업 등이 참여하여 이를 기획하고 실행에 옮겼다. 정부 조직으로는 말레이시아 총리가 위원장으로 있는 MSC 실행 위원회를 중심으로 교육부, 교육부 산하의 여러 위원회가 관리 및 감독 기관으로

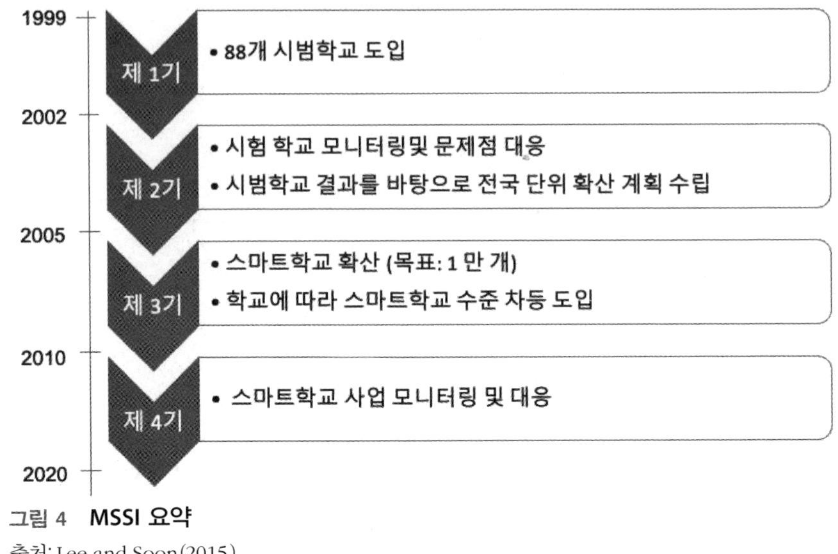

그림 4　**MSSI 요약**

출처: Lee and Soon(2015)

참여하였다. 학부모 – 교사 협회, 교사 노조 등의 시민단체도 해당 프로젝트에 중요한 역할을 감당하였으며, 마이크로소프트, 인텔 등과 같은 다국적 기업의 말레이시아 법인이 참여하였다.

MSSI는 제 1기(Wave 1, pilot phase), 제 2기(Wave 2, post pilot phase), 제 3기, 제 4기 등 네 단계로 이루어져있으며, 각 단계의 목표는 그림4와 같다. 제 1기에는 스마트스쿨 시범학교 88개를 선정하였으며, 이를 다시 세 등급으로 나눠서 스마트기기를 차등지급했다. 등급과 무관하게 88개 학교에는 주요 4개 교과목(말레이어, 영어, 수학, 과학) 학습을 위한 스마트교재(smart courseware), 스마트스쿨 관리 프로그램(Smart School Management Program), LAN, 헬프 데스크, 교직원 교육 등 다섯 가지가 제공 되었다. A등급 학교에는 컴퓨터 520대, 노트북 5대, 서버 6대, 화상 회의 설비, 512/256kbps 회선이 제공되었다. B+등급 학교와 B등급학교에는 이보다 조금씩 덜 지원이 되었다. 제 2기의 주요 과제는 88개 시범학교의 성과를 감독하고 필요한 후속 조치를 수행하는 데 있다. 제 2기 기간 동안에 MSSI 프로젝트의 몇 가지 한계점을 포착하였다. 첫번째로는 B등급 학교에 지원한 수준의 정보통신 인프라로는 스마트스쿨을 운영하기에 부족했다는 점을 들 수 있다. 두번째 문제점은 스마트 기기의 고장이 예상보다 더 많았고, 문제가 발생할 때 헬프 데스크의 대응이 미흡한 점이었다. 스마트스쿨 관리프로그램과 스마트교재의 사용빈도 역시 목표치를 미달한 것으로 나타났다. 가장 큰 문제는 교사들의 참여가 예상을 밑돌았던 점이다. 신규 프로그램을 사용하기 위해서는 학습과 훈련이 필요하며, 이는 교사들 입장에서는 큰 비용요소이다. 게다가 교사들이 스마트 교재를 사용하게 하는 보상 및 감독 시스템이 부족한 까닭에 교사들은 익숙한 이전 프로그램을 여전히 사용하게 되었다. 또한 제 1기에 교사 교육 및 훈련 시스템이 부족했다는 문제점이 드러났다. 처음에는 14주에 달하던 교사 교육 및 훈련 프로그램이 점차 축소되어 마지막에는 4주 과정으로까지 줄어들었기 때문이다. 요약하자면, 88개 시범학교 운영을 통해서 1) 기반시설 준비 미흡, 2) 인터넷 연결 문제, 3) 교사 교육 및 훈련 부족, 4) 정책의 미흡함이 문제점으로 드러났다.

MSSI은 2단계에서 드러난 문제점에 적절하게 잘 대응했다. 우선 제 2기 동안 드러난 여러 문제점을 반영하여 스마트스쿨 관리와 평가를 위한 측정 지표(Smart School Qualification Standards)를 개발했다. 이 지표는 해당 학교가 정보통신기술을 학교 운영, 관리, 강의 및 학습활동에 얼마나 잘 적용했는지(Utilization 40%), 학생 및 교직원의 정보통신기술 활용능력 수준은 어떤지(Human Capital 40%) 등을 측정한다. 말레이시아 정부는 이 지표를 통해 각 학교의 수준을 계량하였고, 이 결과에 따라 각 학교를 다섯 개의 카테고리로 묶어서 전국 단위로 관리할 수 있는 체계를 만들었다. 고무적이게도 말레이시아의 학교들은 해당 지표상으로 대부분 발전하는 모습을 보였다. 2009년의 경우 전체 8,454개 학교 중에서 89.6%가 3등급 이상의 평가를 받은 반면, 2010년에는 8,955개 학교 중 90.98%, 2011년에는 9,662개 학교 중 94.76%가 3등급 이상의 평가를 받았다. 특히 최고 등급을 받은 학교의 비율이 더 큰 폭으로 증가하였다.

MSSI는 여러 측면에서 성공적이었다. 2006년에 실시한 조사에 따르면

MSSI는 아래와 같은 성과를 얻었다.

- · 90%의 학생이 학습을 위한 정보통신기술 문해력(ICT Literacy)을 지님
- · 50% 이하의 학생이 독립적인 자기주도 학습이 가능한 여건에 놓임
- · 82.5%의 교사가 스마트스쿨 통합 솔루션을 통해서 정보통신기술 활용 능력이 증가
- · 90%의 교사가 강의 및 강의준비를 위해서 컴퓨터 실습실을 사용
- · 73%의 교사가 정보통신기술로 인해서 생산성이 향상이 됨
- · 스마트스쿨 관리 시스템이 교직원들의 업무 능력 향상에 도움이 됨
- · 세계 최초의 스마트교육 프로젝트인 MSSI 사례를 통해서 얻을 수 있는 시사점은 다음과 같다.
- · 성공적인 스마트교육 프로젝트 도입을 위해서는 총체적인 접근이 필요하다. 정보통신기술이 학습, 학교 관리 등 여러 분야에 도입이 되어야 하며, 이 기술을 활용할 교사 교육과 더불어 교내 ICT 전문가의 육성도 동반 되어야 한다.
- · 공공영역과 민간영역의 다양한 이해관계자들의 성공적인 협업이 대규모 스마트교육 프로젝트에 중요한 성공요인이다.
- · 국가 단위에서 볼 때 스마트교육 프로젝트의 예산 규모가 매우 크고, 해당 프로젝트가 전 세계 최초로 이뤄진 점을 감안할 때 소규모로 스마트교육 도입 프로젝트를 진행하여, 그 결과를 바탕으로 대규모 프로젝트를 수행하는 것이 중요하다.
- · 스마트교육 도입은 일회성 이벤트가 아니라 지속적으로 진행하는 프로젝트이다. 이를 위해서는 연구 개발뿐 아니라 감시, 평가, 피드백 등의 요소들이 프로세스에 도입 되는 것이 중요하다. 또한 평가 결과가 프로젝트에 신속하게 반영되어야 한다.
- · 교사들을 지속적으로 교육하고 교사들을 대상으로 하는 적절한 보상체

계 수립이 중요하다.

스마트학습과 스마트교육의 개념에 대해서 살펴보았고, 스마트교육 도입 사례로 말레이시아의 MSSI를 살펴보았다. 스마트교육의 인도 도입, 특히 인도 스마트시티에서 스마트교육 도입을 논의하기 이전에 먼저 인도 교육 제도에 대해서 간략히 살펴보는 것이 필요하다.

2. 인도의 교육 시스템

가. 인도 교육의 방향성

1) 국가교육정책2020(National Education Policy 2020)

2020년 7월 29일 인도 정부는 국가교육정책2020(National Education Policy 2020, 이하 NEP2020)을 승인하며 새로운 교육 정책 비전을 제시하였다. 이는 1986년 이후로 약 35년 만에 국가 차원의 교육정책 변화를 선언한 것이다. 이 정책의 비전은 인도의 모든 사람에게 양질의 교육을 제공함으로써 인도를 공평하고 활기찬 지식 사회로 변화시키기 위한 인도만의 교육 시스템을 만드는 것이다. NEP2020에서 인도정부는 교육의 방향성을 정립하는 22개의 핵심원리를 발표하였다. 이를 몇 가지 항목으로 묶어서 정리하면 다음과 같다.

· 맞춤형 교육: 각 개인 고유의 능력을 파악하고 이를 키우는 맞춤형 교육을 목표로 하여 각 개인이 자신의 적성 및 흥미에 따라서 교육과정을 설계하고 추구할 수 있도록 함.
· 다학문적 접근(multidisciplinarity)과 총체적 교육(holistic education): 다양한 학문을 총체적으로 배우며, 학문간 통합을 추구
· 학습의 목표: 암기식 교육과 시험을 위한 교육에서 탈피한 개념적 학습과 논리적인 의사결정과 혁신을 위한 창의성과 비판적 사고를 양성

- 전인교육: 윤리적이며 인간 중심의 헌법적 가치인 공감능력, 상호존중, 청결, 용기, 민주주의 정신, 공공재산 보호, 과학적 태도, 자유, 책임감 등을 기르는 교육. 다양성과 각 지역의 특색을 존중함. 포용적인 태도를 기름
- 교육의 여러 과정에 기술을 적극적으로 활용
- 교사의 중요성을 인지하며 교사의 채용, 재교육, 업무환경 등의 개선을 통해서 교사 및 강의의 수준을 높임
- 높은 수준의 연구 성과 달성
- 풍부하고 다양한 인도의 고전 및 현대 문화와 전통을 중심으로 인도의 자긍심 고취
- 공교육 중심의 교육 시스템을 구축하며 이를 위한 지속적 투자

인도 정부는 이러한 교육의 핵심을 추구하기 위해서 여러 가지 교육 개혁안을 제시하였다. 개혁안 중에서 중요한 내용은 표 1에 정리하였다. 상세한 내용은 다음 절에 설명하였다.

나. 인도의 초중등교육(Primary and Secondary Education)

1) 초중등교육 학제

현재 인도 교육제도는 10+2 시스템으로 운영 중이다. 10년 공부를 마치면 졸업을 하게 되며, 대학 진학을 하거나 직업교육을 받기 위해서 2년 간 higher secondary 과정을 이수하게 된다. 1학년부터 8학년까지의 초등교육(prima-ry education) 과정은 의무교육이다. 인도의 교육 커리큘럼은 크게 전국단위와 각 주별로 나눠지며, 전국단위 커리큘럼은 Central Board of Secondary Education(CBSE)과 Council for the Indian School Certification Examina-tion(CISCE) 두 종류가 있다. CBSE는 수학과 과학의 비중이 더 큰 과정인 반면 CISCE는 전교과목을 골고루 다루는 교육 과정이다. 이 외에도 각 주 정부에서

표 1　인도 교육 시스템 변경 전후 비교

	현행 교육 제도	NEP2020
계열	과학계열(Science), 상업계열(Commerce), 인문계열(Arts) 중 한 가지 선택	계열 분리 없음. 고학년이 되어서 적성과 능력에 따라서 선택과목 선정
학년제도	10+2	5+3+3+4
전국단위 시험	암기 중심의 시험 1년 중 1회 응시 가능 10학년, 12학년 말에 시험	핵심역량 평가 위주의 시험 1년 중 2회 응시 가능 10학년, 12학년에 시험
학사학위	전공에 따라서 3년 혹은 4년 교육 과정 이수 후 학사학위 수여	매 학년 말에 졸업 여부를 선택할 수 있음. 졸업하는 학년에 따라서 상이한 학위 수여
직업교육	없음	6학년 이후 직업교육 선택 가능
대학입시	다양한 대학입시가 존재	한 가지 대학입시
평가방법	시험 위주	360도 다면평가
초중등교육 목표지표	취학률 100%	취학률 100%
고등교육 목표지표	취학률 30%	취학률 50%

출처: NEP (2020)

는 주 교육과정을 운영하며, 이는 주로 각 주의 공립학교에서 사용한다. 학생들은 매년 내신시험을 치르며, 10학년과 12학년에 해당 커리큘럼을 따르는 모든 학생이 일제히 시험을 보게 된다. 전국단위 커리큘럼의 경우 응시자의 전국 등수가 백분위로, 주 별 커리큘럼의 경우 응시자의 주 등수가 백분위로 나오게 된다. 이 등수는 대학입학뿐 아니라 석사과정 및 박사과정 입시에도 반영이 된다.

　기존의 10+2 교육과정은 5+3+3+4 교육과정으로 변경될 예정이다. 이전 교육 과정에서는 만 6세부터 교육 대상이었으나 새로운 교육 과정에서는 만 3세부터 교육의 대상이 된다. 교육을 마치는 나이는 두 과정 모두 만 18 세로 동일하다. 첫 5년의 Foundational Stage는 다시 3년의 유치원 과정과 2년의 초등학교 저학년 과정으로 나눌 수 있다. 이 단계에서는 놀이와 활동을 통한 학습이 이뤄진다. 3학년부터 5학년까지의 Preparatory Stage 과정에서는 만 8세부터 11세까지의 어린이들에게 읽기, 쓰기, 체육, 언어, 예술, 과학, 수학 등 교과

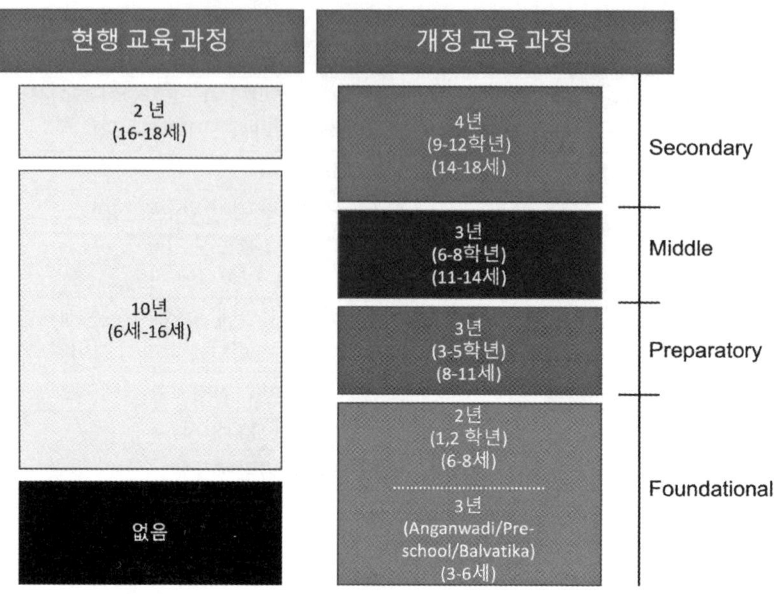

그림 5　NEP2020 전과 후의 인도 교육과정

출처: NEP(2020)

목을 단계적으로 가르친다. 6학년부터 8학년까지는 Middle Stage로서 이전 단계 보다 추상적인 내용이 교육 과정에 포함되며 수학, 과학, 사회과학, 예술, 인문학을 가르친다. 이 단계부터 원하는 학생들을 대상으로 직업교육이 이뤄진다. 마지막 단계는 Secondary Stage로서 이 기간 중에 학생들은 다학제 교과목을 중심으로 심화학습을 하게 되며 비판적 사고를 기르는 것을 교육의 주된 목표로 삼는다. 이 단계에서는 학생들이 자신의 적성과 능력에 따라서 다양한 과목을 선택하여 학습할 수 있다. 기존 교육 과정에서는 학생들이 매년 내신시험을 쳤지만, 새로운 교육 과정에서는 Preparatory Stage와 Middle Stage가 끝나는 5학년과 8학년 말에 내신 시험이 있다. 10학년과 12학년에 치르던 기존의 전국 단위(교육 과정에 따라서 혹은 주 단위) 시험은 그대로 유지하되, 응시 기회를 한 번에서 두 번으로 늘렸다. 또한 기존과 달리 시험의 내용, 구성, 평가는 총체적 다면평가 방식으로 이루어진다.

2) 초중등교육 현황

2018 – 19 학년도를 기준으로 초중등교 등록 학생 숫자는 약 2억 4,830만 명이며 이 중에서 시골지역 학교에 전체의 70.8%인 1억 7,570만 명이 등록해 있다. 인도의 초중등학교 개수는 약 155만 개이며 이 중 84%에 해당하는 약 130만 개의 학교가 시골에 위치하고 있다. 인도의 초중등학교는 운영 주체와 정부 지원 여부에 따라서 공립학교(government school), 공공재정지원학교(government aided school)와 사립학교(private school) 세 부류가 존재한다. 일반적으로 사립학교가 공립학교 보다 교육의 질 측면에서 훨씬 더 낫다는 인식이 있다. 공공재정지원학교의 경우 주로 자선단체에서 운영하는 사립학교이며, 이들 자선단체가 사회기여 차원에서 학교를 운영하며 정부의 지원을 받는다. 인도 초중등학교 현황의 특이점은 이 세 종류의 학교 구성비가 도시와 시골에 따라서 차이가 크다는 것이다. 시골지역의 경우 공립학교가 전체의 76.72%를 차지하며, 사립학교의 비율은 18.9%이다. 반면 도시지역에서는 사립학교의 비율이 55.5%이며 공립학교의 비율은 33.8%이다.

취학률(Gross Enrolment Ration)은 취학적령 인구 중 각급 학교에 재학 중인 학생의 비율이다. 표 2에 2018 – 19학년도와 2019 – 20학년도 취학률을 정리하였다. 고학년이 될수록 취학률은 점점 낮아지는 추세를 보이며 성별에 따른 취학률의 차이는 거의 없는 것으로 나타났다. 1 – 5학년(primary)의 취학률이 100%가 넘는 이유는, 통계에 해당 학년의 취학적령 나이인 6~10세뿐 아니라 4세, 5세 그리고 11세 이상 연령대 학생도 포함되어 있기 때문이다. 6 – 8학년(upper primary)의 취학률은 90%에 약간 못 미치고 있다. 8학년까지가 의무교육 기간인데도 취학률이 90%에 미달하고 있으며, 이는 인도 교육이 가진 문제점 중 하나이다.

교사 1인당 학생 수는 6 – 8학년 과정이 가장 낮으며 그 다음이 9 – 10학년, 1 – 5학년, 11 – 12학년 순으로 점점 높아진다. 인도에서 11 – 12학년은 대학 진학을 준비하거나 직업교육을 받는 과정이며, 의무교육이 아니라 선택교육이다.

표 2   인도 초중등교육 취학률

학년도	구분	1−5학년	6−8학년	9, 10학년	11, 12학년
2018−19	여	101.78	88.54	76.93	50.84
	남	100.76	87.00	76.87	49.49
	전체	101.25	87.74	76.90	50.14
2019−20	여	103.69	90.46	77.83	52.40
	남	101.87	88.93	77.97	50.52
	전체	102.74	89.67	77.90	51.42

출처: UDISE+

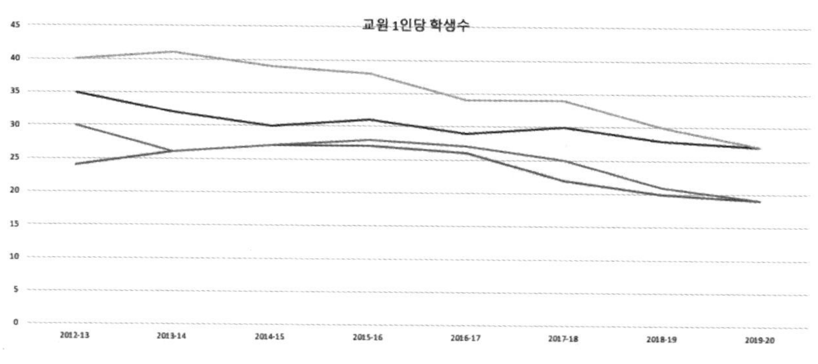

그림 6   교원 1인당 학생 수(2012−13~2019−20)
출처: UDISE+

이러한 특성 때문에 교수 1인당 학생 숫자가 많은 것으로 사료된다. 2012−13
학년도부터 2019−20학년도까지 교사 1인당 학생 수는 점차 감소하는 경향을
보이며, 따라서 교육의 질이 나아지는 중이라고 볼 수 있다. 그럼에도 불구하고
다른 나라들과 비교할 때 인도의 교사 1인당 학생 숫자는 매우 많은 편이다. 리
투아니아, 그리스, 오스트리아 등의 경우 교사 1인당 학생 숫자는 10명 내외이
며, 대한민국, 아일랜드, 독일, 프랑스 등의 국가에서는 해당 숫자가 15명 내외
이다. 이에 비해서 인도는 30명에 가까운 숫자를 기록 중이며, 향후 개선의 여
지가 매우 많다.

3) 초중등교육의 한계점 및 발전 방향

교육의 양적 성장과 교원 1인당 학생 수 감소 등 간접적인 질적 지표의 개선에
도 불구하고, 인도 초중등교육에는 몇 가지 문제점이 지속적으로 나타난다. 인
구총조사에 따르면 문해율(literacy rate)은 1961년 28.3%였으나 매년 꾸준히 증
가하였으며 2011년에는 73%에 도달하였다. 한 조사에 따르면 2020년 인도의
문해율은 77.7%인 것으로 추정이 된다. ASER의 2018년 보고서에 따르면 인도
시골지역을 대상으로 한 조사에서 초등학교 2학년 수준의 읽기가 가능한 초등
학교 3학년 학생의 비율은 27.2%, 뺄셈을 할 줄 아는 초등학교 3학년 학생의 비
율은 28.1%이었다. 2018년 기준으로 시골 지역에서는 의무교육이 끝나는 8학
년 학생 중에 72.8%만이 초등학교 2학년 수준의 독해가 가능하였다. 학습능력
은 주 별로 큰 차이를 보이고 있다. 우타르프라데시 주의 시골 공립학교의 경우
초등학교 3학년 학생의 24.5%가 문자를 식별하지 못 하며, 36.7%가 문자는 식
별할 수 있으나 글은 읽지 못 하는 것으로 조사되었다. 반면 히마찰프라데시 주
의 경우 47.4%의 학생이 해당학년 수준의 독해가 가능하였다. 해당 조사는 시
골지역을 대상으로 한 조사이며, 도시지역의 교육 성과는 시골지역보다 더 나
을 것으로 추정된다. 그럼에도 불구하고 전반적으로 인도 초중등교육의 질이
낮고 그 결과 교육의 성과도 나쁠 것으로 짐작된다.

인도에서 교육이 낙후된 주요 원인 중 한 가지로 공교육의 질적 저하를 들
수 있다. 1968년 인도 국가교육정책에서 인도 정부는 국가총소득의 6%를 교
육에 지출하는 것을 목표로 삼았다. 2014 – 15학년도에 3조 5,400억 루피를 지
출한 이후, 인도정부는 꾸준히 교육 지출을 늘렸으며 2019 – 20학년도에는 6조
4,300억 루피를 교육에 사용하였다. 이러한 꾸준한 증가에도 불구하고 인도 정
부의 교육비 지출은 정부 예산 대비 10.5%, GDP 대비 2.9% 수준에서 정체되
어 있다. 공립학교에 배분된 예산 자체가 적은 것이 한 가지 문제점이다. 이 예
산 중 대부분은 교직원의 인건비로 사용되고 있어서, 공립학교의 시설이 매우
낙후되어 있는 것 역시 큰 문제다. 이런 상황에서 인도의 중산층은 사립학교를

선호하게 되었으며, 그 결과 상대적으로 소득이 높은 도시 지역에서 사립학교의 비율이 공립학교의 비율보다 높은 상황을 초래하게 되었다. 공교육의 예산 부족은 교육의 지역차를 초래하였다. 위에서 언급한대로 사교육에 더 많이 의존하는 도시지역이 시골지역보다 교육의 질과 성과 측면에서 더 나은 상황이다. 교육의 도농격차뿐 아니라, 주 단위로 교육의 질과 성과도 크게 차이 나며 학습 인프라에도 큰 격차가 있다.

코로나19가 교육에도 큰 영향을 미쳤으며, 주로 기존의 문제를 악화하는 방향으로 이 영향이 드러나고 있다. 2020년 3월 인도는 전국 단위의 봉쇄조치(lockdown)를 실시하였다. 그 이후로 2021년 7월 현재까지 대부분의 초중등학교는 비대면 강의로 수업을 진행하고 있다. ASER는 2020년 9월 휴대전화를 이용하여 전국단위 시골지역의 교육실태를 조사하여 보고서를 출판하였다. 몇 가지 중요한 결과를 다음과 같이 정리하였다.

· 2018년 공립학교 등록자 숫자가 늘어났다. 경제적인 요인으로 인해 학비 부담이 없는 공립학교로 전학을 하거나, 사립학교가 자금난으로 인해서 폐교한 사례가 많아서 이런 결과를 야기한 것으로 추정된다.
· 학교에 등록되지 않은 학생의 비율은 나이 대에 따라서 다르게 나타났다. 만 6~10세의 경우 학교에 다니지 않는 어린이의 비율이 높게 증가하였고, 만 11~14세의 경우 약간 증가하였다. 하지만 15~16세는 오히려 학교 등록비율이 증가하였다. 만 6~10세의 경우 학교 운영이 갑자기 멈추게 되면서 입학을 제대로 하지 못 하는 학생이 늘어난 영향이 큰 것으로 보인다.
· 부모의 학력을 저 – 중 – 고 세 가지로 분류하였을 때, 고학력 집단의 스마트폰 보급률이 다른 두 집단 보다 더 높다. 저학력 집단은 45.1%, 중학력 집단은 60.2%, 고학력 집단은 78.7%가 스마트폰을 가지고 있다. 또한 고학력 부모의 자녀들이 공립학교에 등록하는 비율이 더 낮다(저 :

중 : 고 = 84.0% : 71.6% : 53.9%).

· 공립학교 재학생 중 가정에 스마트폰이 한 대 이상 있는 재학생의 비율
은 56.4%이며 사립학교 재학생 중에는 이 비율이 74.2%이다. 조사대상
전체 학생 중 가정에 스마트폰이 있는 학생의 비율은 61.8%이다. 이 비
율은 2018년 조사 대비 25.3%p 증가하였다. 조사 대상 학생의 가구 중
약 11%가 봉쇄조치 이후에 새로운 휴대전화를 구입하였으며, 이 중 약
82%가 스마트폰을 구입하였다.

· 가정에서 학습에 부모의 도움을 받는 학생의 비율은 74.9%이다. 공립
학교 재학생 중에 부모가 학습에 도움을 주는 학생의 비율은 72.6%이
고, 사립학교 재학생 중 이 비율은 80.0%이다. 부모의 학력에 따라서도
이 비율이 크게 달라진다. 저학력 집단의 경우 해당 비율이 54.8%, 중학
력 집단에서는 76.5%, 고학력 집단에서는 89.4%로 조사되었다.

· 전체 학생 중 35.6%가 조사기간 중에 학교에서 강의관련 교재를 받았다.
공립학교의 경우 33.5%, 사립학교의 경우 40.6%로 이 비율도 학교 형태
에 따라서 차이를 보인다. 교재를 받은 방법은 메신저인 WhatsApp이
가장 많았다(공립 67.3%, 사립 87.2%). 공립학교의 경우 교사가 방문하여
전달한 비율이 31.8%로 사립학교에서의 비율보다 20.3%p 더 높았다.

· 교과서 등 학습 교재를 받지 못한 학생들의 경우 학교가 교재를 보내지
않아서 못 받은 비율이 68.1%, 인터넷이 없는 비율이 11.0%, 스마트폰
이 없는 비율이 24.3%, 인터넷은 있으나 연결 상태가 나쁜 비율이 5.1%
로 조사되었다. 이 비율에 있어서는 공립학교와 사립학교의 큰 차이가
존재하지 않았다.

· 학교 중 50%가 교사들에게 비대면 강의 관련한 교사 교육을 실시하지
않았다. 교사 교육을 실시한 경우 68.8%는 간단한 지시사항만 전달 받
았고, 32.2%는 온라인 교육을 부분적으로 받았으며, 7.5%만 온라인 교
육 과정을 완료하였다.

그림 7　코로나19 팬데믹 시기 인도 시골지역 교육 장면
출처: ASER 2020 보고서

인도 초중등교육은 양적으로 발전하고 있으나 교육의 질적 개선은 이뤄지고 있는지 불분명하다. 사립교육을 중심으로 교육이 질적으로도 개선되고 있을 것이라 생각이 되지만, 공립교육 특히 시골지역의 공립교육은 질적으로 미흡한 수준에 머물러 있는 것으로 보인다. 게다가 코로나19의 영향으로 인해서 대면교육을 오랜 기간 실시하지 못하였으며, 이는 초중등 교육 학습자들에게 부정적인 영향을 미쳤다. 코로나19가 초중등교육에 미친 영향은 부모의 학력과 가계 소득에 따라서 차이가 나는 것으로 보인다. 부모의 학력이 낮을수록, 가계 소득이 적을수록 이 영향은 더 큰 것으로 추정이 된다. 코로나19 이전에도 인도 교육의 불균형은 큰 사회적 문제였으나, 이제는 그 문제가 더 악화된 것으로 보인다.

다.　인도의 고등교육(Higher Education)

1)　고등교육 시스템 개괄

인도의 고등교육 기관은 대학교(university), 칼리지(college), 국가주요교육기관 (Institute of National Importance, 이하 INI), 독립교육기관(Stand Alone Institute)

로 구성된다. 대학교는 학사학위, 석사학위, 박사학위 등의 학위(degree)를 수여할 수 있다. 칼리지는 고등교육기관으로 대학교가 설립하거나 대학교에 연계되어 있다. 칼리지를 졸업하면, 칼리지를 설립한 대학 혹은 칼리지와 연계된 대학의 이름으로 학위를 받을 수 있다.[1] INI은 인도정부가 법률에 의거하여 대학교의 지위를 부여한 고등교육 및 연구 기관(Institute)로서 기술교육(technical education)을 담당하는 기관이다. 이들은 대부분 소규모의 전문 교육/연구기관이며 인도에서 가장 유명한 고등교육기관인 IIT(Indian Institute of Technology), IIM(Indian Institute of Management) 등이 INI에 해당한다. 이 외에도 의학계열인 AIIMS, 약학계열인 NIPER, 공학계열인 NIT, IIIT 등이 대표적인 INI이다. 법적으로 대학의 지위를 누리기 때문에 학위를 수여할 권한을 가지고 있다. 독립교육기관은 소규모의 교육 기관으로서 대학에 연계가 되지 않은 칼리지라 볼 수 있다. 독립교육기관은 학위를 수여할 자격이 없으며 대신 수료증(diploma)을 수여하게 된다. 수료증에도 석사과정에 해당하는 post-graduate diploma가 있고 경영대학원에서 수여하는 Fellow Programme in Management(FPM) 등과 같이 박사과정에 해당하는 수료증도 있다. 학위, 수료증뿐 아니라 인도의 고등교육기관들은 단기간 비학위 교육프로그램을 운영하고 증명서(certificate)를 수여하기도 한다. 수료증 과정은 짧게는 일주일에서 길게는 반 년 이상의 프로그램으로 운영이 된다.

인도의 학사학위는 전공에 따라서 3년 혹은 4년 과정으로 운영이 된다. 예를 들어서 문학사(Bachelor of Arts), 상학사(Bachelor of Commerce), 경영학사

1　인도대학평가 2020에서 칼리지 분야 1위는 델리에 위치한 Miranda House이다. 이는 델리대학교가 설립한 칼리지(constituent college)이며, Miranda House를 졸업하면 델리대학 이름으로 된 학위를 받게 된다. 5위는 Presidency College이며, 이는 마드라스대학교의 연계 칼리지(affiliated college)이다. 이 학교를 졸업하면 마드라스대학교의 이름으로 된 학위를 받게 된다.

(Bachelor of Business Administration) 등이 대표적인 3년 과정 학사학위이다. 반면 대부분의 이공계열 학사학위 과정은 4년 과정으로 이뤄져 있다. 칼리지의 경우에도 문학사, 상학사, 경영학사 등은 3년 과정, 이공계열은 4년 과정으로 이뤄져있다.[2] NEP2020의 중요한 특징 중 한 가지는 고등교육 과정의 변화에 있다. 학생들에게 고등교육을 마칠 시점을 결정할 권한이 주어질 예정이며, 고등교육 수학 기간에 따라서 상이한 증명을 받게 된다. 1학년을 마치고 학교를 수료하는 경우에는 증명서, 2학년을 마친 경우에는 수료증을 받게 된다. 3학년을 마친 이후부터 학사학위(Bachelor's degree)를 받게 되며 4학년까지 마친 경우 복수학사학위(Multidisciplinary Bachelor's degree)를 받을 수 있다.

2) 고등교육 현황

인도교육부에서 발표한 All India Survey on Higher Education 2019 – 20(이하 AISHE 2020)에 따르면, 2019 – 20학년에 인도에는 1,043개의 대학교 혹은 이에 준하는 고등교육기관(이하 대학수준기관)이 있으며, 42,342개의 칼리지와 11,779개의 독립고등교육기관이 있다. 대학수준기관 중에는 국립대학(Central University)이 48개, 딤드대학(Deemed University)이 126개, INI이 135개, 주립대학(State Public University)이 386개, 사립대학(State Private University)이 327개가 있다.[3] 대학수준기관의 숫자는 전년도 대비 5.04% 증가하였으며, 2015 – 16

---

2 한국의 경우 전문대학을 영어로 칼리지로 표기하는 경우가 많기 때문에, 한국인들이 인도의 칼리지를 전문대학으로 인식할 수도 있다. 한국의 전문대학을 졸업하는 경우 전문학사를 받게 되는 반면 인도의 칼리지를 졸업하면 학사학위 혹은 석사학위를 받게 된다.

3 국립대학(Central University)은 중앙정부에서 수립한 대학교이며 중앙정부의 예산을 받는다. 딤드대학(Deemed University)은 인도교육부의 평가에 따라서 승인을 받은 대학교이며 국립대학의 지위에 약간 못 미치는 수준의 대우를 받는 대학이다. 국립

표 3　유형별 고등교육 기관 숫자

	국립대학	딤드대학	INI	주립대학	사립대학	합계
2015 – 16	43	122	75	329	197	766
2016 – 17	44	122	100	345	233	844
2017 – 18	45	123	101	351	262	882
2018 – 19	46	124	127	371	304	972
2019 – 20	48	126	135	386	327	1022
연평균 증가율	2.8%	0.8%	15.8%	4.1%	13.5%	7.5%

출처: ASER(2020)

학년도부터 연평균 7.5% 증가하였다. 칼리지 숫자는 전년도 대비 6.04%, 2015 – 16학년도 대비 8.37% 증가하였다. 지난 5년간 연평균 증가율을 살펴보면 국립대학이 2.8%, 딤드대학이 0.8%, INI이 15.8%, 주립대학이 4.1%, 사립대학이 13.5%이다. INI가 증가하는 경우는, 기존 고등교육기관이 법률 개정으로 인해서 INI이 되거나, 신규로 INI이 설립되는 상황 두 가지가 있다. 2015 – 16학년도 대비 2016 – 17학년도에서 25개가 증가한 것은 신규설립의 영향이 크며, 2017 – 18학년도 이후 26개 증가한 것은 IIM이 법률 개정으로 인해서 INI이 된 영향이 크다. IIM 등의 INI 편입을 감안하더라도 INI는 지난 5년 간 연평균 약 10% 가량 증가하였다. 또한 사립대학의 증가율이 두드러짐을 알 수 있다.

　　2019 – 20학년도 인도 고등교육 등록자 숫자는 약 3,750만 명이며 이 중 여성이 전체의 49%를 차지하고 있다. 2015 – 16학년도부터 5년간 연평균 증가

대학과의 가장 큰 차이는 칼리지와 제휴를 맺을 수 없으며, 칼리지를 설립하더라도 본교 캠퍼스 내에만 설립이 가능하다. 인도 대학평가에서 수년간 3위 이내의 평가를 받은 Indian Institute of Science가 국립딤드대학이다. 주립대학은 각 주에서 설립하여 운영하는 대학이다. 인도의 사립대학은 각 주의 교육부의 승인에 의해서 대학으로 인정을 받는다. 따라서 state private university라 표기하기도 한다. 인도의 사립대학은 법적으로 칼리지를 제휴할 수 없다. 따라서 칼리지 제휴는 국립대학, 주립대학만 가능하다.

율을 보면 여성은 4.36%로 남성 1.38%보다 약 3%p 더 많이 증가하였다. 과정별로 살펴보면 학부과정이 전체의 약 80%, 석사과정이 약 11%, 박사과정이 약 0.7%로 나타났다. 석사과정 등록자 숫자는 지난 5년 간 연평균 2.43% 증가하였는데, 이 중 여성의 증가율은 연평균 3.97%인 반면 남성의 증가율은 이에 못 미치는 0.57%에 그쳤다. 박사과정의 증가율은 지난 5년간 연평균 12.5%로 가장 빠른 속도로 늘어나고 있다. 이 역시 여성의 증가율(15.10%)이 남성의 증가율(10.57%)보다 커서 박사과정 재학생의 성비불균형이 개선되고 있음을 알 수 있다. 학사 과정에서는 남성 : 여성의 비율이 100 : 96.2로 남성이 약간 더 많은 반면, 석사과정은 100 : 131.8로 여성의 숫자가 더 많다. 박사과정 남성 100인당 여성은 81.7명 수준까지 증가하였다.

전공별로 등록자 숫자를 살펴보면, 학사학위과정에서는 문학사(Bachelor of Arts)가 전체 32.68%, 자연과학이 16.10%, 상학(commerce) 및 경영학(management)계열이 15.87%, 공학계열이 전체의 15.21% 순으로 비중이 높게 나타났다. 각 전공별 성비의 차이는 크게 다르게 나타났다. 대표적으로 남성이 여성보다 더 많은 전공으로는 공학, IT/컴퓨터, 경영학 등을 들 수가 있다. 그 반대의 경우는 인도어, 교육학, 의학 등이 있다. 재미있는 현상으로 경영학과 상학의 성비차이를 들 수 있다. 두 전공이 교과목 및 학습 내용 측면에서 큰 차이가 없음에도 불구하고, 경영학 전공자의 경우 남성 100명 당 여성의 숫자가 60명인 반면 상학전공자의 경우 남성 100명 당 여성의 숫자는 95명이다. 상학은 경영실무 교육으로 여겨지는 반면 경영학은 경영관리 교육으로 여겨지는 인도의 현실을 감안하면, 졸업 후 취업, 사회적 인식 등 성차별이 반영되어 이러한 성비의 차이가 나는 것으로 추측할 수 있다. 석사과정에서는 과학계열이 전체의 18.59%로 가장 큰 비중을 차지하고 있고, 경영학 15.44%, 상학 11.23%, 사회과학 15.44% 등이 그 다음 순으로 비중이 큰 전공이다. 의외인 점은 인도에서 가장 선호하는 전공인 공학이 석사 과정 전체의 4.18% 밖에 되지 않는 점이다. 박사과정의 경우 공학계열 25.91%, 과학계열 25.15% 두 계열이 전체의 절반

표 4 최근 5년간 성별에 따른 인도 고등교육 취학률

학년도	여성	남성	합계
2015 – 16	23.5%	25.4%	24.5%
2016 – 17	24.5%	26.0%	25.2%
2017 – 18	25.4%	26.3%	25.8%
2018 – 19	26.4%	26.3%	26.3%
2019 – 20	27.3%	26.9%	27.1%

출처: AISHE(2020)

이상을 차지하고 있다. 이 다음으로 사회과학이 9.86%를 차지한다.

인도정부의 고등교육 목표 취학률(Gross Enrolment Ration)은 30%이었으나 NEP 2020에서는 이를 50%로 상향 조정하였다. 2019 – 20학년도 고등교육 취학률은 27.1%이며 이 중 남성의 취학률은 26.9% 여성의 취학률은 27.3%이다. 2001년에 취학률 10% 수준에서 20년 만에 취학율이 17%p 상승하였다. 최근 5년 간 남성 취학률은 연평균 1.44% 씩 증가하고 있으며 여성 취학률은 연평균 3.82% 씩 증가하고 있다. 이 추세로 증가하면 2025년 이전 30% 취학률을 달성할 수 있을 것으로 추정되며, 20년 안에 50% 취학률을 달성할 가능성도 있다.

교원 1인당 학생 수는 2019 – 20학년도 기준 약 28명이다. 이 중에서 제휴 칼리지(affiliated college)를 제외하고 대학교수준기관과 대학이 직접 설립한 칼리지만 계산하면 교원 1인당 학생 수는 약 18명으로 크게 줄어 든다. 2020년 대한민국의 교원 1인당 학생 수는 대학교의 경우 23.4명이다. 우리나라와 비교해도 인도의 교원 1인당 학생 수는 적은 편임을 알 수 있다. 다만 제휴 칼리지의 교원 1인당 학생 수는 25명가량 될 것으로 추정이 되어, 대학교 및 대학교 설립 칼리지와 질적인 차이가 있다고 생각된다. 또 인도 고등교육에서 지속적으로 제기되는 문제는 낮은 교원의 질이다. 인도 교육부 대학평가에 따르면, 교육부의 평가를 자원한 공학계열 대학에서 교원 중 박사학위 소지자는 약 30% 수준으로 나타났다. 평가를 자원하지 않은 대학의 질적 수준은 이 보다 더 떨어질 것으로 생각이 된다. 또한 인도 전체 박사학위자 중에서 공학계열 박사 학위자가

25%를 차지하고 있음을 감안하면, 다른 전공 계열의 문제는 공학계열보다 더 나쁠 수가 있다. 따라서 인도 대학 전체를 놓고 볼 때, 고등교육 교원 중 박사학위를 가진 교원의 비율은 30%에 못 미칠 것으로 사료가 된다.

3) 고등교육의 한계점 및 발전 방향

인도는 독립 이후 1990년대까지 부족한 교육 자원을 가지고 교육의 질을 높이기 위해서 소수의 고등교육기관에 집중 투자하여 왔다. 이 결과 몇 개의 우수한 공학전문 고등교육기관을 보유한 나라로 발전하였다. 2000년대에 들어서 보다 많은 국민들에게 고등교육을 제공하려는 방향으로 교육정책이 변경되었으며, 그 결과 고등교육은 양적으로 급속하게 성장했다. 고등교육기관의 숫자와 재학생의 숫자가 지속적으로 늘고 있으며, 취학률도 꾸준히 증가하고 있다. 이 추세가 지속된다면 수 년 내에 인도 정부가 목표했던 고등교육 취학률 30%를 달성할 것으로 보이며, 새로운 목표인 고등교육 취학률 50%도 달성이 가능할 것이다. 하지만 GDP 대비 고등교육 지출은 정체 상태에 있다. 인도 중앙 정부와 각 주 정부는 민간 자본을 고등교육에 유치하기 위해서 정책적인 변화를 시도하고 있으나, 아직은 그 성과가 부족하다. 인도 고등교육은 지난 20년간 교육 투자의 큰 증가 없이 양적으로 급속하게 팽창해 왔고, 이는 교육의 질 하락을 야기할 수밖에 없다.

대학수준기관 숫자의 증가에는 30개 미만의 신설 INI를 제외하면 사립대학의 증가가 가 큰 영향을 미치고 있다. 인도 사립대학은 중앙정부의 까다로운 기준이 아니라, 비교적 기준이 느슨한 각 주 정부의 승인에 의해서 설립하게 된다. 신설 사립대학은 기존의 국립대학과 비교하여 질적인 면에서 뒤처진 경우가 많을 것으로 생각이 된다. 또한 제휴 칼리지를 관리할 법적 권한이 있는 국립대학과 주립대학의 증가보다 칼리지 개수의 증가가 훨씬 더 빠르다. 이는 제휴 칼리지를 관리하는 대학의 행정 업무를 크게 증가시키고 있다. 따라서 교원이 본연의 역할인 강의 및 연구보다는 제휴 칼리지 관리에 시간을 많이 쓸 수밖에 없다. 현대 인도 대학들은 제한된 예산으로 교원 수를 늘고 있다. 따라서 정규직보다는 비정규직, 또는 임시직으로 신규 교원을 충원하고 있다. 인도 고등교육교원의 평균 연령은 점점 낮아지고 있으며, 경험이 많은 교원들의 비중도 낮아지고 있다. 이는 강의의 질을 저하하는 요인으로 작용한다.

　인도 정부는 NEP2020 달성을 위해서 고등교육의 양적 팽창을 추구할 것으로 사료된다. 이와 더불어서 질적 향상을 달성하기 위해서는 교육 투자를 늘려야 하는 상황이다. 인도 정부는 GDP 대비 6%를 교육 지출로 사용하겠다는계획을 발표하였지만, 이 계획은 이미 십 수 년 째 달성하지 못한 채로 남아 있는 것이 현실이다. 따라서 민간 영역에서의 자금 유입이 절실히 요구된다. 현재인도 교육부는 등록금을 인상하여 교육비 재원을 마련하는 것에 대해 부정적이다. 따라서 민간 기업, 국제 원조 등의 방법으로 교육 투자를 늘려야 하는데, 인도 정부가 이를 어떻게 해결할지 귀추가 주목이 된다.

3.　인도의 스마트 교육 사례

가.　인도 스마트 교육 필요성과 지향점

전체적으로 볼 때 인도의 초중등 및 고등 교육은 양적으로 팽창하고 있다. 그러나 양적인 팽창과 더불어 일어나야 할 질적인 향상은 따르지 못하고 있으며, 오히려 양적인 팽창의 반대급부로 질적 하락이 벌어지고 있는 것으로 추정된다.교육의 양과 질 두 측면에 긍정적인 변화를 가져올 수 있는 스마트교육은 인도의 이러한 문제를 해결할 여지가 있다. 특히 인터넷과 스마트폰의 확산으로 인해서 인도에서도 스마트교육이 가능한 환경이 조성되고 있다.

나.　인도 스마트 교육 현황

인도 공립학교는 전반적으로 스마트교육을 위한 기반시설을 갖추지 못한 경우가 많다. 게다가 학교 기반시설 투자가 매우 부족한 인도 공교육 현실을 감안하면, 공립학교에 스마트교육을 위한 스마트 기기를 도입하기 위해서는 대규모의 투자가 필요하다. 코로나19로 인해서 대면 강의가 비대면 강의로 전환이 되고 있다. 스마트폰 보급률, 인터넷 보급률 등이 늘어나고 있으나, 아직 온라인 강의를 수강하기에는 어려움이 많다.

공교육이 어려움을 겪는 동안 경제적 여건이 되는 가정들은 사교육을 더 많이 선호하게 되었다. 현재 인도의 스마트교육, 특히 초중등교육의 스마트교육은 주로 사교육 시장을 중심으로 빠른 속도로 확장되고 있다. 교육의 혜택을 누릴 수 있는 학습자들 사이에서 교육 경쟁은 매우 치열하다. 이를 반영하는 것이 입시 위주 사교육 시장의 활성화이다.

다. 인도 스마트 교육 우수 사례

1) Indian Institute of Management Bangalore: 코로나19 팬데믹 비대면 강의 전환 사례

Indian Institute of Management Bangalore(이하 IIMB)는 인도 최고의 경영대학원 중 하나이다. 2018년과 2019년 인도교육부 대학 평가에서 경영학 분야 1위를 차지하였고, 2020년에는 2위를 차지하였다. 연간 500명가량의 MBA 학생들과 100명가량의 EMBA학생 그리고 20명가량의 박사과정 학생이 입학을 한다. MBA 과정의 학비는 2년 총액 230만 루피(한화 약 3,500 만 원)이며, 인도 기준 높은 학비로 인해서 학교 재정은 탄탄하다.

2020년 3월 인도에는 전국단위의 봉쇄(Lock down)조치가 내려졌다. 이후 전국 단위 봉쇄뿐 아니라 주 단위 봉쇄도 이뤄지며 IIMB가 위치한 카르나타카 주에서도 봉쇄조치가 장기화되기에 이르렀다. 이 당시만 해도 코로나19 팬데믹이 수개월 이내에 종식될 수도 있다는 가능성을 염두에 둔 사람이 많은 상황이었다. 따라서 IIMB에서는 대면 강의와 전면 비대면 강의 두 가지 가능성을 염두에 두고 개강을 준비하였다. 이를 위해서 불가피하게 개강을 두 달 미뤄서 2020 -21학기는 8월에 시작하게 되었다.

비대면 강의로 전환 가능성을 염두에 두고 IIMB가 가장 먼저 한 조치는 비대면강의 준비 위원회를 구성한 것이다. 교수학습법센터(Centre for Teaching and Learning) 소속 교수 1명과 IIMB내에서 온라인 강의 MOOCs를 담당한 교수 1명을 중심으로 비대면강의준비위원회가 꾸려졌다. 위원회의 첫 단계 업무는 사례연구였다. 해외 여러 나라의 선진 비대면강의 사례, 특히 코로나19로 인해서 먼저 비대면 강의로 전환한 미국 대학의 사례를 중심으로 연구하였으며, 하버드경영대학원의 사례를 많이 참조했다. 이를 통해서 전면 비대면 강의를 준비할 계획을 수립했다. 비대면 강의 전환 준비는 단계별로 1) 위원회 소속 교원들 교육 2)비대면 강의 시범교육, 3) IT 담당 직원 신규 채용 및 기존 직원 교육을 통한 비대면 교육 운영 전문가 육성, 4) 전체 교원 교육, 5) 비대면 강의를 위한 시설 투자 등으로 이뤄졌다.

가장 먼저 위원회 소속 교원들이 해외 유명 대학들이 운영하는 비대면 강의를 위한 교원 교육 프로그램을 수강하며 교육을 받았다. 이를 바탕으로 전체 교원들을 대상으로 하는 자체 교육 프로그램을 개발하고 교원용 매뉴얼을 작성하였다. 8월 개강 전에 여름계절학기를 비대면 강의 시범 강좌로 정하여서 소수의 교원들이 시범 강좌에 투입이 되었다. 이후에 시범 강의를 한 교원들을 중심으로 비대면 강의를 위한 2차 매뉴얼을 작성을 하였다. 이렇게 작성된 매뉴얼과 자체개발한 교원 교육 프로그램을 통해서 전 교원을 교육시켰다.

다른 한편으로는 하버드경영대학의 사례와 시범강의를 통해서 온라인 수업마다 최소 1인의 기술전문가가 투입되어야 한다는 결론을 내리게 되었다. OLF(Online Lecture Facilitator)라는 이름의 온라인 강의 전문 기술직원을 양성하기 위해서 기존 직원 중에 IT기술에 대한 이해가 깊은 직원을 선발하고, 추가로 IT 전담 신규인력을 채용하여 강의에 투입할 OLF 인력을 갖추게 되었다. 이들의 도움을 통해서 비대면 교육에 익숙하지 않은 교원들도 큰 어려움 없이 첫 학기부터 무난하게 강의를 진행할 수 있게 되었다.

비대면 강의는 줌(Zoom)으로 진행하기로 하였으며, 예산 절감을 위해서 동시에 진행되는 비대면 강좌 개수의 최대치만큼의 줌 라이선스를 구입하였다. 해당 라이선스는 OLF가 관리하였다. 교원들도 줌 강의에 익숙해져야 하므로, 시범 강의를 한 교원들과 함께 줌 활용 팁을 자체적으로 작성해서 교원들에게 배포하였으며, 교원들을 대상으로 줌 활용법 강의도 제공되었다. 교원 대다수가 교내에 거주하고 있는 환경에서 학교 측에서는 기존 강의실을 개조하여 온라인 강의실을 준비하였다. 각 강의실에는 초대형 스크린, 전자칠판, 비상용 랩톱 등의 설비와 함께 OLF가 1명씩 배정이 되었다. 학교 측에서는 정전 및 인터넷 연결 장애등에 대비하기 위해서 강의실에 인터넷 서버를 확충하고 정전을 막기 위한 전기 설비도 설치해 두었다. 비대면 강의는 녹화 후 시청 방식이 아닌 실시간 강의로 제공이 되었다. 각 강의는 자동으로 녹화되어 학교 서버에 일주일간 저장이 되었으며, 실시간 강의를 놓친 학생들은 추후에 녹화된 강의를 시청할 수 있었다.

이로써 8월 중순 비대면 개강을 앞두고 대부분의 준비를 마쳤다. 학기가 시작된 이후 발생한 중요한 이슈는 바로 시험이었다. IIMB는 이미 DigiExam 이라는 온라인 시험 플랫폼 사용권을 구매하여 사용해 왔다. 이 온라인 플랫폼은 시험감독 기능을 제공하지 않는다. 시험감독이 매우 중요한 인도에서는 시험감독 기능을 제공하는 온라인 플랫폼을 구매해야 하는데, 이러한 기능을 가진 안정적인 플랫폼 개발은 개강 이후에나 이뤄졌다. 따라서 2020년 1학기에는 학생들은 줌을 켜두고 DigiExam을 통해서 시험을 치렀다. 매 시험마다 최소 3인의 직원들이 시험 감독관으로 투입되어서 줌을 통해서 시험감독을 하였다. 2020 – 21학년도 3학기부터는 Mettl과 DigiProctor라는 두 개의 온라인 시험 플랫폼 사용권을 구입하여 시험에 활용하였다. DigiProctor의 경우 AI가 불필요한 동작을 감지하여 이를 바탕으로 신뢰성 점수를 매긴다. 또한 불필요한 동작이 일어난 경우 이 순간을 사진으로 찍어서 서버에 저장을 한다. 이를 통해 교원들은 시험을 채점할 때 신뢰성 점수를 확인할 수 있고, 사진으로 저장된 불필요한 장면을 보면서 부정행위가 일어났는지 사후적으로 검토할 수 있었다.

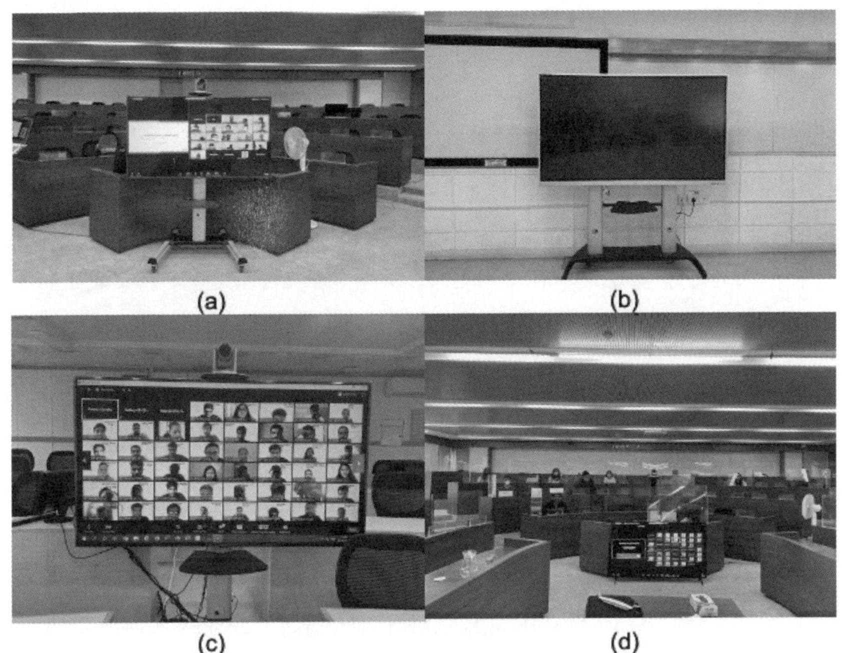

그림 8   IIMB 비대면 강의 사진

출처: 필자

　이러한 철저한 준비에도 불구하고 몇 가지 문제점이 있었는데, 그 중 가장 큰 문제는 실시간 강의를 들을 수 있는 인터넷 환경을 갖추지 못한 학생들이 있다는 점이다. 절반 이상의 학생이 인터넷 문제로 인해서 비디오카메라를 끄고 수업에 참여하였다. 교원 입장에서는 학생들의 반응을 볼 수가 없어서 어려움이 있었다. 인터넷 환경이 더 나쁜 학생들은 실시간 강의를 음성으로만 들을 수 있는 경우도 있었다. 이러한 상황 속에서 학교는 학생들 일부를 캠퍼스로 맞아들이는 결정을 하게 되었다. 2020년 3월부터 IIMB는 자체적으로 외부와 차단하며 학교를 운영해 왔다. 외부인의 학교 출입은 엄격하게 통제되었으며, 캠퍼스에 거주하는 교직원들도 가급적 캠퍼스 밖으로 이동을 삼갔다. 이러한 통제조치 덕에 캠퍼스 전체가 코로나19로부터 안전한 피난처가 되었다. 이런 상황에서 학생들이 캠퍼스에 들어와서 수시로 출입하게 되면 캠퍼스 내부 방역에 큰 어려움을 겪을 수밖에 없다. 따라서 학교 측에서는 전문 인력의 자문을 통해서 학생들의 캠퍼스 거주 프로세스를 수립하였다. 캠퍼스에 들어온 학생들은 코로나 검사를 받고 전원 학교 내 호스텔에서 2주간 격리하였다. 2주간 격리 후에 다시 코로나 검사를 받아서 음성 판정이 나면 자신들의 기숙사로 거처를 옮겼다. 이 단계를 거친 학생들은 강의동과 교직원 숙소를 제외한 나머지 캠퍼스 공간을 자유롭게 이용하였다. 캠퍼스에 들어온 학생들은 비교적 안정적인 교내 인터넷망을 통해서 비대면 강의를 어려움 없이 수강하게 되었다. 2020-21학년도의 마지막 학기인 제3학기에는 시범적으로 하이브리드 강의도 실시하였다. 100명가량을 수용할 수 있는 강의실에 20명까지 학생들을 받아들였다. 예를 들면 75명이 수강한 강좌의 경우 15명가량은 강의실에서 대면강의로 수업을 듣고 나머지 60명은 줌을 통해서 비대면 강의로 수강을 하였다.

① 강의실 가운데 설치한 대형 모니터. 강사들은 스크린 왼쪽에는 강의 슬라이드, 오른쪽에는 줌 화면을 띄우고 스크린을 바라보며 강의를 한다. 스크린 상단에는 움직임을 인식하는 카메라가 설치되어 있어 강사가 이동함에 따라서 카메라도 이동하게 된다. 이를 통해서 생생한 실시간 강의를 제공할 수 있다.

② 전자칠판: 전자칠판에 강의 슬라이드를 띄우면 그 슬라이드 위에 판서가 가능하다.

③ 줌을 이용한 시험 감독: 2020-21학년도 제1학기 시험은 시험감독을 위해서 줌을 사용하였다. 제3학기부터는 시험감독 기능이 있는 온라인 시험 플랫폼을 사용하여서 줌으로 시험감독을 하는 횟수가 줄었다.

④ 하이브리드 강의: 제3학기부터 학생 중 일부가 강의실에 들어와서 수강을 하게 되었다. 강사는 정면 하단에 놓인 대형 모니터와 학생들을 번갈아 보며 강의를 진행하였다.

2) Massive Open Online Courses(MOOCs): 고등교육 질적 향상을 모색

인도 고등교육의 문제점 중 하나는 강의의 질 측면에서 편차가 크다는 점이다. 경험이 많은 우수한 강사들이 있는 반면, 박사학위 없이 강의 경력이 짧은 강사들도 매우 많다. 이러한 문제를 해결하는 한 가지 방법으로 인도 정부가 도입한 것이 온라인공개수업이다.

온라인공개수업(Massive Open Online Courses, 이하 MOOCs)은 웹 서비스를 기반으로 이뤄지는 상호 참여적 거대규모의 교육을 의미한다. 비디오로 녹화된 강의를 중심으로 학습이 이뤄지며, 비디오 강의 수강뿐 아니라 과제 공지와 제출 및 시험 역시 온라인으로 이뤄진다. 대부분의 온라인공개수업은 학점을 인정하지 않으며 수업료를 지불하지 않는 형식이다. 온라인공개수업을 제공하는 플랫폼 중에는 영리로 운영되는 곳이 있지만, 이들 업체의 주된 수익원은 수료증 발급 수수료 혹은 부가 서비스 이용료이다. 대표적인 온라인공개수업 기업으로 Coursera와 UDACITY 등을 들 수 있다.

인도의 MOOCs는 여러 독립적인 기관들의 참여로 운영이 되고 있다. NPTEL이 공학계열 수업을 담당을 하고, Consortium for Educational Communication(CEC)이 학부과정 87개 전공 수업을 담당을 하며, IIMB가 경영학과정을 담당을 하는 방식이다. NPTEL은 National Programme on Technology Enhanced Learning의 약자로서, 2003년에 학부수준의 과학, 공학, 수학 등 강의를 온라인으로 제공하기 위해 인도교육부가 자금을 대면서 시작한 온라인 교육 플랫폼이다. 현재 7개의 IIT(Bombay, Delhi, Kanpur, Kharagpur, Madras, Guwahati, Roorkee)와 Indian Institute of Sciences(이하 IISc)가 NPTEL에 참여하고 있다. 이들 8개 대학 모두 2020년 인도교육부 대학평가 종합 순위 9위 이내에 들어있는 인도 최고의 대학교들이다.[4] 2014년부터 NPTEL은 온라인

---

4 인도교육부 2020년 대학평가에서 상위 9개 학교는 이들 8개 학교와 Jawaharlal Nehru University(JNU)이다. 이 중 JNU는 8위를 차지하였다.

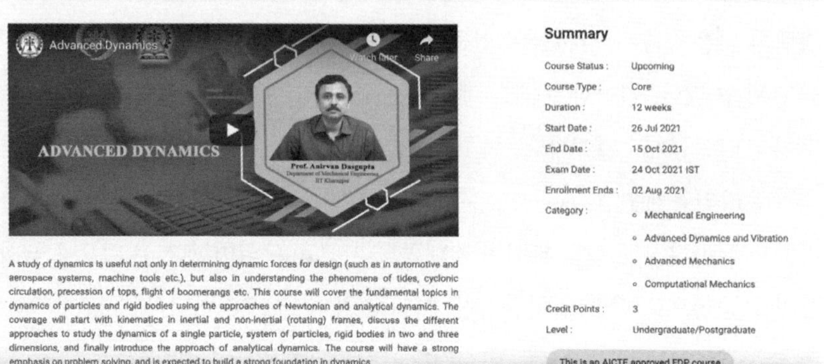

그림 9 MOOCs 강의 소개 - Advanced Dynamics
출처: SWAYAM

강좌를 제공하고 있으며, 강좌를 모두 다 들은 수강생들은 증명서를 받는다.

인도 MOOCs은 2009년 인도 정부가 정보통신기술을 통한 국가 교육 미션(National Mission on Education Through ICT, 이하 NMETICT)을 출범하면서 시작되었다. NMETICT의 목표는 정보통신기술을 활용하여 양질의 개인화되고 상호적인 교육을 무료로 학습자들에게 제공하는 것이다. 이와 함께 교원의 역량을 향상시키는 것도 주요 목적이다. 우선 정보통신 기반시설 강화를 위해서 392개의 대학교와 18,374개의 칼리지에 인터넷 회선을 설치하였으며, 콘텐츠 제공 측면에서는 양질의 온라인 강의를 제공하였다. 이 미션의 일환으로 SWAYAM(Study Web of Active Young Aspiring Minds)이라는 이름의 온라인 교육 플랫폼을 출시하였으며, 이 플랫폼을 이용하여 학습자들은 온라인으로 강의를 들을 수 있고, 과제를 제출할 수 있으며 시험에 응시할 수 있다.

학생들은 인도 MOOCs를 통해서 다양한 과정의 학습을 할 수 있다. 9학년부터 12학년에 이르는 중고등학교과정 수업, 각종 수료증과 증명서 과정뿐 아니라 학부과정 및 대학원과정 수업도 들을 수 있다. 인도 MOOCs의 가장 큰 특징은 온라인으로 고등교육 수준의 강의를 듣고 학점을 인정받을 수 있다는 점이다. 인도 교육부는 학점 인정을 위한 가이드라인을 수립하였다. 3학점 인정 강의의 경우 최소 40시간 학습을 해야 하며, 6학점 강의의 경우 최소 90시간 학습이 필요하다. 예를 들어서 대학원 강의의 경우 한 학기의 대면강의가 MOOCs에서는 4~6학점 강의에 해당하게 된다. 각 강좌는 35~40개의 모듈로 이루어져있으며, 각 모듈은 온라인 강의 노트, 온라인 강의, 자가 진단(self-assessment), 심화 학습을 위한 가이드라인 등 네 가지 요소를 포함하여야 한다. 이외에 해당 과목의 토론포럼 등의 기능을 추가할 수 있다.

그림 9에 MOOCs 강의 중 한 강의 소개 화면을 예시로 가지고 왔다. 강의명은 Advanced Dynamics이며 IIT Kharagpur의 Anirvan DasGupta 교수가 온라인으로 강의한다. IIT Kharagpur는 인도 최고 공과대학 중 하나이며 (인도 교육부 대학 평가 10 이내), Anirvan DasGupta 교수는 해당 교과목의 인도 최고 전문가 중 한 명이다. 해당 시점에서 수강신청자는 1,293명이다. 강의 소개 우측에 개강일, 종강일, 기말고사 날짜, 강의의 카테고리, 취득 학점 등 간략한 정보를 제공하고 있다. 개강일은 7월 26일, 수강신청마감일은 8월 2일이며, 기말고사는 10월 24일에 치른다. 이 강의를 들으면 학습자의 소속 대학에서 3학점 인정을 받을 수 있다. 왼쪽 상단에는 해당 강좌와 강사를 소개하는 짧은 영상을 볼 수 있다. 해당 영상은 YouTube에 올라가 있으며, YouTube로도 소개 영상을 볼 수가 있다.

인도 교육부는 온라인 강의 플랫폼인 MOOCs와 대면 강의를 효과적으로 결합하여 사용하는 방법도 장려하고 있다. 대면강의를 예를 들어서 생각해 보자. 대면강의의 강사는 본인의 강의 대신 MOOCs에 올라온 해당 교과목 국내 최고 권위자의 온라인 강의를 학생들에게 보여준다. 그리고 강의를 본 이후 학생들의 질문에 응답하고, 학생들 간의 토론을 이끌어 낼 수 있다. 또한 강의 내용을 바탕으로 시험을 출제할 수도 있다. 이러한 온라인-오프라인 결합 강의 방식은 대면강의 강사의 자율성을 축소하는 단점을 지니고 있다. 하지만 교원 간의 능력 편차가 큰 점을 감안하면, 인도 고등 교육을 질적으로 향상시킬 수 있는 장점을 가진 좋은 교육 방법으로 볼 수가 있다.

3) Byju's: 인도 스마트교육 사교육 시장의 성장

인도에서 가치가 가장 큰 스타트업은 무엇일까? 이견의 여지가 있겠지만, 2021년 6월 기준으로 Byju's(이하 바이주)가 인도에서 가장 가치가 높은 스타트업이다. 2021년 6월 UBS와 Zoom 설립자 에릭 유안이 미화 3억 5천 만 달러를 바이주에 투자함으로써 바이주 총 투자금액은 미화 4,900만 달러 수준이 되었다. 인도 스타트업 중에서 가장 가치가 큰 이 기업은 어떤 기업이며, 왜 이렇게 성장할 수 있었을까?

Omidyar-Redseer Report에 따르면 인도의 EdTech 시장 규모는 약 미화 7억 3,500만 달러이며, 이는 전체 사교육 시장의 1%미만이다. 2020-21년에는 그 규모가 미화 17억 이상을 달성할 것으로 예상이 되었다. 코로나19 팬데믹으로 인해서 실제 규모는 이 보다 더 클 수도 있다. Inc42의 보고서에 따르면 인도 EdTech 시장은 2025년까지 미화 100억 달러 수준을 넘어설 가능성도 있다. 이렇게 EdTech 시장이 급속하게 커지는 이유로는 공교육의 부실화, 소득의 양극화, 교육 투자 증가, 젊은 인구의 증가, 정보통신 기반시설의 확대 등을 꼽을 수 있다. 위에서 언급한 인도 교육 현황에서 분석하였듯이 인도 공교육은 부실화 되어 있으며, 경제적 여력이 있는 부모들은 자녀를 사립학교에 보내려고 한다. 이런 상황에서 비교적 저렴한 양질의 사교육은 부모들에게 매우 매력적인 대안이다. 코로나19로 인해서 평균적인 소득은 감소하였지만, 소득이 감소하지 않거나 오히려 증가한 사람의 숫자 역시 많은 것이 사실이다. 따라서 양질의 온라인 교육 구매력이 있는 인구의 숫자는 여전히 많다. 또한 교육을 통해서 경제적 계층 상승이 가능한 인도 상황에서 교육열이 점점 높아지고 있으며, 그 결과 각 가정에서 교육에 대한 투자도 늘고 있다. 교육의 대상이 되는 젊은 인구가 많다는 것 역시 이 시장의 장점이다. 또한 인터넷 보급량이 늘고 있어서 소도시 및 시골지역에도 인터넷 사용이 가능해지고 있는 점 역시 이 시장의 성장을

그림 10　바이주의 다양한 교육 프로그램

출처: Byju's 홈페이지

가속화하는 요인이다.

바이주는 2007년 MBA 입시를 위한 교육 서비스를 제공하면서 시작한 기업이다. 2009년부터 온라인 비디오 강의를 제공하기 시작하였으며, 2011년에 Think & Learn Pvt. Ltd라는 이름으로 법인이 설립되었다. 2015년 7월부터는 유치원부터 12학년(K - 12)을 대상으로 하는 스마트폰 어플리케이션을 출시하여 교육 콘텐츠를 제공하고 있다. 이 모바일 어플리케이션은 비디오와 상호작용 도구를 활용하여서 학생들에게 맞춤 교육을 제공하고 있다. 바이주 어플리케이션의 가장 큰 장점은 그래프, 애니매이션 등을 통한 시각자료를 통한 효율적인 학습에 있다. 이 어플리케이션은 교육 분야 앱뿐 아니라 앱 전체 시장에서 가장 인기가 있는 서비스로 자리매김했다. 현재에는 K - 12 시장뿐 아니라 대학과 대학원 입학시험을 대비하는 교육과정 및 각종 자격증 시험 대비 과정도 운영 중이다. 현재 바이주의 사용자는 약 4천만 명이며, 이 중 약 300만 명이 연간 회원권을 구매한 유료회원이다. 이 유료회원 중 85%가 연간 회원권을 갱신하고 있다. 이러한 교육 서비스의 특징은 서비스 제공을 위한 초기 고정비 투자액은 많을 수 있으나 사용자가 늘어나면서 추가적으로 발생하는 한계비용이 매우 낮다는 점이다. 즉 이용자가 많아질수록 고객 1명당 비용이 감소하게 된다. 바이주는 이러한 특성을 잘 이용해서 양질의 교육 콘텐츠를 다수의 고객에게 저렴한 가격으로 제공하고 있다.

바이주와 비슷한 서비스를 제공하는 경쟁자로 Unacademy와 Vedantu를 들 수 있다. Unacademy는 대입 시험 위주로 교육 서비스를 제공하고 있고, Vendantu는 학교 내신, 각종 올림피아드 대비, IIT 입학시험인 JEE 대비를 위한 교육 콘텐츠를 제공하고 있다. Unacademy의 코로나19 이전 기업가치는 미화 약 4억 달러이며 현재 기업 가치는 약 14억 5백 달러로 추정된다. Unacademy의 사용자 숫자는 약 5,700만 명, 유료서비스 가입자 숫자는 240만 명 수준이다. Vedantu의 코로나19 이전 기업가치는 2억 8,000만 달러 수준이었으며 최근의 기업가치는 약 6억 달러로 추산된다. Vednatu 이용자 숫자는 약 2,500만 명이며 유료 서비스 가입자의 숫자는 7만 5천 명 수준이다. 이 외에 Eruditus와 같이 틈새시장을 노리는 교육 기업도 있다. Eruditus는 사용자 숫자 약 50만 명, 유료회원 3만 2천 명을 보유하고 있으며, 7억 달러에 달하는 기업 가치를 지녔다. 주로 MBA 강의를 제공하며, 다른 기업에 비해 전체 이용자 대비 유료회원 숫자가 많아 가치가 높다.

인도에서 스마트 사교육 시장은 매우 빠른 속도로 증가하고 있으며, 코로나19 팬데믹을 거치면서 증가 속도는 더 빨라지고 있다. 시장이 빠르게 커지고 있지만 여전히 잠재 수요는 큰 것으로 예상이 된다. 이 시장은 소수의 거대 기업이 분할하고 있으며 플랫폼 사업의 특성상 신규 진입자보다 기존의 기업에게 더 유리하므로, 시장이 더 커지더라도 신규 기업이 이 시장에 진입하는 것은 어려운 것으로 보인다. 따라서 기존 기업의 매출이 증가하면서 시장이 더 커지거나, 기존 기업 중 일부가 사라지면서 남은 기업의 규모가 급속하게 팽창함에 따라 시장이 확대될 것으로 예상이 된다.

라. 인도 스마트시티와 스마트 교육

인도 정부는 2015년 6월, 국가스마트시티미션(National Smart Cities Mission) 계획을 발표하였다. 2023년 완공을 목표로 2019년부터 100개 스마트시티 도시 건설 프로젝트를 진행하고 있다. 이 중에 스마트교육을 포함하고 있는 대표적인 스마트시티 두 곳을 살펴보기로 한다.

1) 첸나이(Chennai)의 스마트 교실(smart classrooms)

첸나이는 벵골 만 연안에 위치한 항구도시이며, 인도 남동부에 위치한 타밀나두 주의 주도이다. 마드라스(Madras)라는 이름으로 불리다가 1996년 첸나이로 도시 이름을 변경하였다. 남인도의 경제, 문화, 교육의 중심 도시 중 하나이며, 2011년 인도 인구총조사 기준 인도에서 여섯 번 째로 큰 도시이다. 2011년 기

그림 11 첸나이 스마트 교실
출처: 첸나이 스마트 교실 홍보 영상 캡처

준 인구는 약 467만 명이며, World Population Review에 따르면 2021년 인구는 약 1,100만 명으로 추정이 된다. 인도에서 외국인이 가장 많이 방문하는 도시 중 하나이며, 외국인 거주자 수 기준으로 인도에서 세 번째로 큰 도시이다. 현대자동차를 중심으로 여러 한국 기업들이 첸나이에 진출해 있다.

첸나이 스마트시티는 스마트 모빌리티, 스마트 기술, 스마트 환경, 스마트 수자원, 스마트 에너지 다섯 가지를 주 사업영역으로 하는 스마트도시 프로젝트이다. 이 다섯 가지 사업 영역 중 스마트 기술 분야에는 스마트 교실, NAM-MA 첸나이 스마트 앱, 통합 명령 통제 시스템, 디지털 경험 센터, 지능형 교통 관리 시스템 등의 하위 프로젝트들이 있다.

첸나이의 스마트 교실 프로젝트는 스마트도시라는 새로운 환경에 잘 적응할 수 있는 스마트 시민 교육을 목표로 한다. 구체적으로는 학생과 교사의 학습 성과를 극대화할 수 있는, 기술에 바탕을 둔 스마트 학습 공간을 제공하는 프로젝트이다. 이 프로젝트는 삼성전자인도법인(Samsung India Electronics)의 기술 후원으로 28개 교실에 전기, 인터넷 네트워크, 스마트교실을 위한 가구 등을 설치했다. 이를 통해서 상호작용과 디지털 환경을 통한 양질의 교육을 학생들에게 제공하려 한다. 28개의 교실에는 삼성의 스마트 칠판, 삼성 테블릿 컴퓨터, 데스크톱 컴퓨터, 프린터, 디지털 학습 콘텐츠, 와이파이(Wi-Fi) 등이 제공된다. 이를 통해서 학습효과 증진, 학생의 동기부여 증가, 최신 정보통신 기술 활용 학습, 학생의 참여 증진 등 스마트교육의 질적 장점을 추구하는 것이 해당 프로젝트의 핵심 가치이다.

2) 자발푸르(Jabalpur)의 스마트 스쿨

자발푸르는 마디아프라데시 주에 위치한 도시로서 마디아프라데시 주에서 세 번 째로 큰 도시이다. 인구는 2011년 인구총조사 기준 약 127만 명이며, 2021년 현재 인구는 약 147만 명으로 추산이 된다. 마디아프라데시 주는 인도 중앙에 위치해 있으며 주민의 80% 이상이 농업에 종사하고 있다. 면적은 남한의 세

배 가량이며 인도의 주 중에서 면적이 두 번 째로 넓은 주이다. 마디아프라데시는 힌디어로 '가운데 땅'이라는 뜻이며, 인도 국토 정중앙이 바로 이 주에 속해 있다. 자발푸르는 이 마디아프라데시 주의 행정, 산업, 비즈니스의 중심 도시이다.

자발푸르 스마트도시 프로젝트는 현재 진행 중인 프로젝트 36건, 완료 프로젝트 23건, 준비 중인 프로젝트 8건 등 총 67개 프로젝트로 구성된다. 완료된 프로젝트로 공공 공유 자전거 설치, 지능형 교통 관리 시스템, 쓰레기를 활용한 에너지 생산, 스마트 학교 등이 있다.

자발푸르 스마트 스쿨은 자발푸르 공립학교 교육의 질을 높이기 위해서 시작되었다. 구체적으로는 기술을 활용하여 공립학교 교육의 질을 높이고, 정보통신을 활용하여 시골 지역 교육 시스템을 개선하고, 강의와 학습 툴을 제공함으로써 교육의 질을 향상시키고, 전문 강사 인력의 강의를 온라인을 통해 공립학교에 제공하는 것이 주요 목표다. 이를 위해서 상호작용 학습을 위한 스마트 칠판 도입, 학교 중앙 스마트 방송실 설치, 컴퓨터/모바일 기기 및 소프트웨어 설치, 프로젝터 녹음시설 등 오디오/비디오 설비, 교실 관리 시스템 등의 하드웨어와 소프트웨어를 공립학교에 보급하기로 하였다. 이 프로젝트의 혁신적

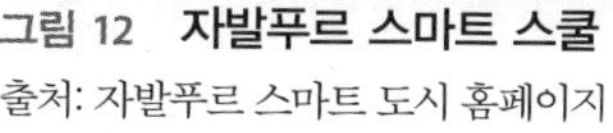

그림 12 자발푸르 스마트 스쿨
출처: 자발푸르 스마트 도시 홈페이지

인 성과는 학생 정보 관리 시스템 도입, 방문자 관리 시스템 도입, 학습 관리 시스템 도입, 도서관 관리 시스템 도입, 중앙 방송실, 스마트 교실 설치 등이 있다. 스마트 학교는 시범적으로 5개 학교에 도입되었으며, 이 5개 학교에 총합 20개의 스마트 교실이 설치가 되었다.

스마트 스쿨 프로젝트의 성과는 다음과 같다.

· 학생들의 집중도 및 집중 시간이 증가하였고, 이는 시험 성적 향상으로 이어졌다.
· 사회적 취약계층 학생들의 학업 성취도가 향상되었다.
· 공립학교와 사립학교의 디지털 기반 시설 격차가 줄어들었다.
· 학교 행정업무가 효율적으로 개선되었다.
· CCTV와 방문자 관리 시스템의 도입으로 학교가 안전한 곳이 되었다.

Ⅲ. 결론

기술의 발달은 도시, 교육 등 삶의 다양한 측면에 영향을 미친다. 특히 정보통신기술의 발달로 인해서 등장한 스마트 기기는 도시와 교육의 모습에 영향을 주었다. 이로 인해서 스마트 도시와 스마트 교육이 탄생한다. 교육은 스마트 도시를 사는 사람들에게 스마트 기기를 사용하는 방법을 알려주는 동시에, 스마트 도시의 시민으로서 어떻게 살아야 할지를 이해시키기 위해 꼭 필요하다. 제8장에서는 현대 인도라는 시공간적 맥락에서 '스마트 교육'이라는 개념을 중심으로 하여, 스마트 도시를 위한 교육은 어떠해야 하는지, 스마트 도시에서의 교육은 어떤 것인지를 논의하였다.

스마트 교육이란 발전된 첨단의 정보통신기술을 교육에 적용하여 개인화, 맞춤화, 동기부여, 높은 참여 등으로 대표되는 양질의 교육을 더 많은 사람에게 제공할 수 있는 교육이다. 스마트 교육의 전제는 기술의 발달과 적용이지만, 그 실행은 단순한 기술 활용 수준을 넘어서 기술 사용자인 학습자와 강의자 중심으로 이루어져야 한다.

스마트 교육을 인도에 적용하기 위해서 인도 교육 시스템에 대한 전반적인 그림을 소개하였다. 현재 인도 교육은 인도 국민의 보편적인 교육받을 권리를 보장하기 위해서 양적으로 매우 빨리 팽창하고 있다. 그 결과 학생 숫자, 학교 숫자, 취학률 등 양적인 교육 지표가 개선되었다. 또한 인도의 고질적인 문제 중 하나인 성별 불평등이 양적 지표상으로는 개선되고 있음을 알 수가 있다. 하지만 이는 인도 교육 시스템의 고질적 문제인 교육의 질 하락을 심화시키고 있다. 또한 현재의 인도 교육은 소득, 부모의 교육 수준, 주거지역 등에 따른 불평등을 개선하지 않고, 그 덩치만 키우고 있을지도 모른다. 또한 코로나19는 인도 교육의 이런 단점을 더욱 악화 시키고 있는 것으로 보인다. 스마트 교육은 이런 문제를 해결하기 위한 중요한 해결책이 될 가능성을 지니고 있다. 스마트 교육은 양질의 교육을 더 많은 학습자에게 제공할 수 있게 하기 때문이다.

이미 인도는 스마트 교육을 잘 적용할 수 있는 가능성을 가지고 있다. 코로나19로 인한 전면 비대면 강의에 잘 대응한 IIMB의 사례, 고등교육에서 양질의 교육을 더 많은 학습자들에게 제공한 인도 MOOCs 사례, 그리고 공공 영역에서 교육의 단점을 해결하기 위한 스마트 사교육 시장의 빠른 성장은 인도의 발전된 모습을 보여주는 동시에, 인도의 스마트 교육 도입 가능성을 긍정적으로 평가하게 한다. 또한 자발푸르 스마트 시티 프로젝트의 일환으로 진행된 자발푸르 스마트 학교 프로젝트의 성공은 인도 스마트 교육 도입 및 전면 확산이 높은 확률로 가능하다는 것을 보여 준다.

그럼에도 불구하고 아직 가야할 길이 멀다. 아직 인도와 선진국간의 교육의 질 격차는 크게 벌어져 있다. 특히 공공 영역에서 교육에 대한 투자를 확대하지 않으면 스마트 교육을 위한 가장 기초적인 기반시설 마저 갖출 수가 없다. 자발푸르, 첸나이 등의 스마트 시티 프로젝트에 스마트 학교, 스마트 교실이 들어

섰고, 앞으로 더 들어 설 것이지만, 어마어마하게 거대한 인도 전체의 공교육 규모에 비하면 이는 너무나 부족한 숫자이다. 공교육에 대한 교육 투자가 부족하면, 학습자와 학습자의 보호자들은 사교육에 더 많이 의존할 수밖에 없어지고, 이는 빈부의 격차뿐 아니라 빈부에 따른 교육의 격차마저 확대하는 결과를 초래할 것이다.

인도 정부는 GDP의 6% 수준까지 교육비 지출을 늘릴 계획을 발표했다. 하지만 이 6% 목표는 이미 수십 년 동안 달성되지 못했다. 과연 정부 예산만으로 이 6% 목표를 달성할 수 있을 것인가? 부족한 공공 분야 교육비 지출의 한계를 극복하기 위해서 인도 정부는 민간영역뿐 아니라 해외 자본 유입에도 의존할 것으로 예상된다. ODA나 해외 투자를 통한 인도 교육 투자 확대가 현재 인도 교육의 문제를 해결할 수 있는 좋은 답안 중 하나가 될 것이다. 이러한 점을 고려한다면, 한국 정부와 기업은 인도 교육 투자를 통해서 인도와 함께 동반성장을 추구할 수 있을 것이다.

참고문헌

〔한글출판본〕

임희석. 2012. 『스마트하게 가르쳐라: 스마트 교육』. 휴먼싸이언스

천세영·김진숙·계보영·정순원·정광훈. 2012. 『스마트 교육 혁명』. 21세기북스

〔영문출판본〕

ASER India. 2019. *Annual Status Education Report(Rural) 2018*. New Delhi: ASER Centre.

ASER India. 2021. *Annual Status Education Report(Rural) 2020 Wave 1*. New Delhi: ASER Centre.

Duraisamy, P. 2016. "Quantitative expansion of higher education in India." *India Higher Education Report 2015*, 91 – 122. Routledge India.

Gwak, D. 2010. "The meaning and predict of Smart Learning". Smart Learning Korea Proceeding. *Korean e – Learning Industry Association*.

Hwang, G. J. 2014. "Definition, framework and research issues of smart learning environments – a context – aware ubiquitous learning perspective." *Smart Learning Environments* 1(1), 1 – 14.

Kim, T., Cho, J. Y., and Lee, B. G. 2012(July). "Evolution to smart learning in public education: a case study of Korean public education." *IFIP WG 3.4 International Conference on Open and Social Technologies for Networked Learning*, 170 – 178. Berlin, Heidelberg: Springer.

Lee, J., Zo, H., and Lee, H. 2014. "Smart learning adoption in employees and HRD managers." *British Journal of educational technology* 45(6), 1082 – 1096.

Lee, M., and Soon, S. T. 2016. "Building and sustaining national ICT/education agencies: Lessons from Malaysia. World Bank Education." *Technology & Innovation*: *SABER – ICT Technical Paper Series* 04. Washington,

DC: The World Bank.

MHRD. 2020. *National Institutional Ranking Framework India Rankings 2020*. Department of Higher Education, Government of India.

MHRD. 2019. *All India Survey on Higher Education 2018 - 19*. Department of Higher Education, Government of India.

Ministry of Education. 2021. *All India Survey on Higher Education 2019 - 20*. Department of Higher Education, Government of India.

MHRD. 2020. *National Education Policy 2020*. Government of India

Ministry of Urban Development. 2015. *Smart City Mission Statement and Guidlines*. Government of India

New Education Forum. 2017. *Smart Education in Smart Cities and Smart Regions*. European Parliament.

NMEICT(National Mission on Education Through ICT) Mission Document. 2009. *National Mission on Education through ICT*. New Delhi: MHRD, GOI.

Rarh, V. 2018. "Developing e - Content for Massive Open Online Courses(MOOCs)." *India Higher Education Report 2017: Teaching, Learning and Quality in Higher Education*, 192 - 213. SAGE India.

Sanjay, B. P. 2016. "Distance education and technology - based education: an ICT framework." *India Higher Education Report 2015*, 254 - 274. Routledge India.

Scott, K., and Benlamri, R. 2010. "Context - aware services for smart learning spaces." *IEEE Transactions on Learning Technologies* 3(3), 214 - 227.

Thorat, S. 2016. "Higher education policy in India: emerging issues and approaches." *India Higher Education Report 2015*, 41 - 66. Routledge India.

Tilak, J. B. 2015. "A decade of ups and downs in public expenditure on higher education in India." *India Higher Education Report 2015*, 333 - 358. Routledge India.

Zhu, Z. T., Yu, M. H., and Riezebos, P. 2016. "A research framework of smart education." *Smart learning environments* 3(1), 1 - 17.

〔인터넷 자료〕

Business Line. 2021(Oct 21). Edtech marketin set to become latest unicorn in start - up space. 〈https://www.thehindubusinessline.com/info - tech/edtech - market - set - to - become - latest - unicorn - in - start - up - space/article31839084.ece〉

Chennai Smart City Limited. 2021(Oct 21). Smart classrooms. 〈https://cscl.co.in/smart - classrooms/〉

Jabalpur Smart City Limited. 2021(Oct 21). Smart Schools mission. 〈http://jsclja-balpur.org/smart - schools/〉

Linked In. 2021(Oct 21). Byju's page. 〈https://www.linkedin.com/company/byjus/?originalSubdomain =in〉

Ministry of Education, Government of India. 2021(July 18). *SWAYAM portal.* 〈https://swayam.gov.in/〉

Ministiry of Education, Government of India. 2021(July 5). *UDISE+ portal.* 〈https://udiseplus.gov.in/#/home.〉

Techcrunch. 2021(Oct 21). UBS investment makes Byju's the most valuable startup in India. 〈https://techcrunch.com/2021/06/12/ubs - invest-ment - makes - byjus - the - most - valuable - startup - in - india/〉

• • • •

제8장

인도 스마트시티미션의 가능성과 한계: 신흥중산층을 통해 본 사회·정치적 맥락***

강성용(서울대학교 아시아연구소 남아시아센터장)

I. 들어가는 말

인도 정부는 2015년 6월 초대형 국책사업으로 스마트시티미션(Smart Cities Mission: SCM)을 출범시켜 5년의 기간 동안 100개의 스마트시티를 조성하겠다는 계획을 발표했다. 이 사업이 계획되고 추진되어 오면서 수많은 논의와 논란이 있었고, 성과와 한계가 노정되었다. 이 글에서는 이 사업의 사회·정치적 맥락에 집중하여, 어떤 의도로 현재와 같은 사업추진의 구도를 가진 SCM이 추진되었는지를 살펴보고 이것을 통해 SCM이 지닌 특징적인 면모와 그 정치·경제적 이면을 드러내고자 한다. 사업추진의 맥락을 드러내기 위해 사회 기반시설 부

---

* 이 글은 "서울대학교 아시아저술지원사업"의 지원을 받은 연구임. 이 글에서 인용되는 모든 인터넷 게재 자료들은 2021년 9월 15일자에 확인된 자료들임을 밝혀 둔다.

** 본 장의 서술은 부분적으로 2021년 『아시아리뷰』 11권 23호에 발표한 논문, 「인도 스마트시티미션을 둘러싼 사회·경제적 맥락의 고찰: 경제와 정치의 악순환 구조를 매개하는 재정 문제를 통해 본 기반시설 조성 전략」의 내용을 담고 있음을 밝혀 둔다.

족이 초래한 제조업 기반 부재와 이에 따른 세수부족과 재정적자의 악순환 상황을 우선 설명하겠다. 그리고 나서는 내각제 정치체제가 야기한 법률의 과잉생산과, 동시에 행정조직의 실행력 부재로 인한 국가의 기초적 서비스 제공 실패의 양면을 모순된 국가의 모습으로 설명하고자 한다. 허가권통치(Licence Raj) 체제의 비효율성이 극대화된 역사적 배경에서 일상화된 부정부패가 사회적 의사결정의 고비용 구조를 고착시키고 있으며, 여기에 정치의 사법화까지 겹치고 있는 상황을 살펴보도록 하겠다. 이러한 정치·경제적 상황 아래에서 진행중인 도시화 및 그에 연계된 문제상황을 짚어 보면서 왜 스마트시티를 활용한 새로운 정책적 시도가 구상되었는지를 밝히게 될 것이다.

그리고 SCM이 가진 가능성과 한계를 이해하기 위해서 이 사업을 추동하는 정치적 세력이자 동시에 수혜자인 인도의 중산층이 지닌 정치적 지향성을 밝혀 보겠다. 이를 통해 현재의 집권세력으로 힌두근본주의와 자유시장경제의 효율성을 동시에 강조하는 인도국민당(Bharatiya Janata Party: BJP)이 어떻게 SCM을 통해 인도중산층의 요구를 반영하고 있는지 분명해질 것이다. 결국 신흥중산층의 생활영역 확장으로 이해할 수 있는 SCM의 정치적 성격을 규명하고 이를 통해 근저에 놓인 SCM의 추진 동력과 미래의 방향성을 가늠해 볼 수 있을 것이다. 이 사업의 가능성과 한계는 정확하게 인도 중산층의 이중성과 맞물려 드러나는 것임을 밝히고자 한다. 현재의 SCM은 사회적 고비용 구조와 예측불가능성으로 인해 외자유치에서 한계를 드러내고, 민자와 해외자본 유치를 통한 도시 기반시설구축의 전략이 기대만큼 성공적으로 추진되지 못하고 있다. 이러한 문제의 전형적인 예로 SCM의 핵심 장애요소라고 할 수 있는 토지수용의 문제를 분석해 보겠다. 인도의 중산층은 기반시설의 배타적 이용을 관철시켜 하층민과의 포용적 공존구조를 구축하는 데에 실패해 왔는데, 이것은 장기적으로 SCM의 사회적 지속가능성을 제약하는 핵심 요소가 될 것이다. 하지만 스마트시티 공간의 문화적 확장 가능성과, 부동산의 유동자산화를 통한 경제효과 및 수혜를 받는 중산층의 정치적 헤게모니에 근거해 SCM은 그 힘을 잃지 않고 지속적으로 추진될 가능성이 높아 보인다. 이러한 SCM이 가진 가능성과 한계가 공존하는 상황은 그 근저에서 인도 중산층이 가진 이중성과 맞물려 있으므로 상당한 기간 동안 변화 없이 유지될 것이라 보인다. 따라서 어느 한쪽에 쏠린 과 도한 낙관 혹은 비관은 사태에 대한 적절한 파악이 아니라고 생각된다.

Ⅱ. 스마트시티미션(SCM)의 맥락과 구상

1. "미션"사업의 맥락

우선 SCM이 "미션"(mission)이라는 형태를 채택하고 있는 맥락부터 명확하게 할 필요가 있다. 인도는 긴 식민통치 동안 영국식 국가운영 체제에 적응했고 그 영국식 제도 안에서의 전환을 통해 독립을 이루어 냈으므로, 인도에는 영국 식 행정조직 전통이 그대로 남아 있다. 이 전통에서는 특별한 국책사업을 진행 할 때 "위원회"(commission)를 구성하여서 사업 추진을 수월하게 한다. 위원회 는 행정부의 기능뿐 아니라 입법과 사법 기능까지를 갖춘 별도의 조직이다. 오 래된 예로는 1895년의 "왕립아편위원회"(Royal Commission on Opium)를 들 수 있고, 최근의 중요한 예로는 1979년의 "만달위원회"(Mandal Commission) 등을 들 수 있다. 현재의 맥락에서 주목할 만한 예는 바로 1948년 설립된 원자력위원 회(The Atomic Energy Commission of India)이다. 이 위원회가 1958년 정부 결의 를 통해 원자력에너지부(Department of Atomic Energy)를 관장하는 기관으로서 재정과 행정에서의 권한을 갖고 우여곡절 끝에 원자폭탄을 개발했고, 1974년 에 핵실험까지 단행하게 된다. 단일 사안에 집중해서 행정부에 권고안을 제시 하거나 혹은 관련 정책을 추진하기 위해 사용되는 위원회 체제는 정치적 이해 관계에 흔들리지 않는 활동을 위해 설치되는 것이 일반적이었다.[1] 이런 방식의

---

1 1962년에 설립된 인도국립우주연구위원회(The Indian National Committee for

사업 추진은 원자력과 우주탐사 분야에서는 성공적이었고, 일반적으로 특정한 인물을 중심으로 운영되었다. 그런데 전자기술 분야와 생명과학 분야에서 위원회 모델은 성공적이지 못했다. 해당 분야들은 신기술을 개발하는 것이 아니라 이미 존재하는 기술들을 결합시키고 여러 역량들을 조합해서 국가 단위의 체계를 세우는 사업들이었기 때문이다. 그래서 등장하는 것이 "미션" 사업모델이다.[2] 인디라 간디(Indira Gandhi) 2기 집권기(1980~1984) 후반에 시작되어 라집 간디(Rajiv Gandhi) 정부 시기(1984~1989)에 인도의 기술적 역량을 제고하기 위해 등장한 모델인데, 이 모델은 나중에 깨끗한 식수를 보편적으로 제공하기 위한 사업이나, 질병퇴치를 위한 예방접종사업 등에 적용되었다. 2014년 야외배변 종식과 쓰레기 수거체계 구축을 목표로 출범한 "청결인도미션"(Swachh Bharat Mission, Clean India Mission: SBM)이 좋은 예가 될 수 있겠다.[3] 청결인도미션의 1단계는 2019년 간디 탄생 150주년에 맞추어져 있었고, 2019년 행사에서 인도 정부는 큰 성과로 9천 2백만 개의 화장실을 지었다는 발표를 했다.[4] 실제 성과가 그만큼이 아니라는 비판이 많지만, 청결인도미션의 예에서 보듯 "미션"이라는 사업은 주어진 기술적 가능성을 사회 안에 구체적으로 활용할 수 있는 길을 찾는 것을 염두에 둔 국책사업이라는 것을 알 수 있다. 이 맥락에서 "스마트시티미

Space Research: INCOSPAR)가 1969년에 인도우주연구기구(Indian Space Research Organisation: ISRO)로 재편되고 1972년 우주위원회(Space Commission)와 우주부(Department of Space: DoS)를 만드는 모체가 된다.

2 국책사업에서 "미션"(mission)이라는 용어를 사용하게 되는 맥락에 대해서는 Abraham 2017을 보라.

3 이 사업은 2009년에 출범했는데, "무오점인도미션"(Nirmal Bharat Abhiyan)이라는 실패한 이전 사업의 후속사업이었다.

4 2단계는 2020 – 21회계년부터 2024 – 25회계년까지 진행되는 사업이다.

션"을 이해해야 한다.[5] 따라서 SCM이 기존의 관행들과는 다른 구조로 설계된 사업이며, 단지 기술 개발이나 적용의 문제를 넘어서 추진 과정에서의 다양한 사회적 문제를 해결하는 일까지 고려해야 하는 사업이라는 것이 분명해진다.

1980년대에 등장한 '미션' 형태의 국책사업이 가진 의미를 우리는 일반적으로 간과하고 있다고 필자는 생각한다. 그 가장 큰 이유는 인도의 경제자유화가 공식화된 1991년을 기점으로 나타난 변화에만 주로 주목하기 때문이다. 인도 경제가 1991년의 외환위기를 계기로 급격히 개방화되어서 효율성과 합리성을 추구하게 되었고, 이때 결정적으로 기존의 네루식 사회주의(Nehruvian Socialism)가 파기되면서 경제성장을 이루었다는 판단은 많은 부분 오해이다. 실제 구체적인 경제 데이터와 정책의 변화를 보면 상황전개의 현실은 상당히 다르다. 우선 인도 경제의 성장은 1980년대 초부터 시작되었고, 1991년 이후의 제조업 성장률이 이전과 큰 차이가 없으며, 그리고 인도의 지역별 경제성장 편차를 보면 인도의 국가단위 시장자유화가 일률적인 변화를 가져온 것이 아님을 알 수 있다(Kohli, 2006). 결국 단절적인 시장자유화조치가 아니라, 이전부터 지속되던 인도의 국가정책의 방향전환이 근저에 있다는 지적은 타당하다. 1980년대부터 인도의 국가정책은 자본친화적이며 성장우선주의로 전환되었고, 이 맥락에서 80년대부터 시작된 미션 모델이 국가의 국책사업 추진의 형식으로 자리잡았다고 보는 것이 옳다(Abraham, 2017: 679). 그런데 미션 모델이 SCM에서 특히

---

5 화장실을 세운다고 화장실이 작동되는 것은 아니다. 재래식이 아닌 수세식은 더욱 상황이 복잡하다. 이유는 상수도망이 부족한데다, 하루 중에 수돗물이 제공되는 시간은 인도 전국 평균이 3시간이다(Ravi et al., 2016: 47). SBM이 추진되고 나서 네 개 주에서 이루어진 조사를 보면 2018년 기준으로 여전히 시골지역 거주민의 44%가 야외에서 대소변을 보고 있다고 한다. 심지어 화장실을 갖춘 사람들의 23%가 야외에서 대소변을 보고 있는데 이 수치는 2014년부터 변화가 없다(Yadavar, 2019). 화장실의 설치와 화장실의 작동이 별개이듯, 화장실의 이용도 별개의 문제이다.

주목을 받게 되는 것은 그 규모나 진행속도가 아니라 SCM이 가진 생명정치적 (biopolitical) 성격과 기술적 모호성이 주는 정치적 수사에서의 활용 가능성이라고 필자는 생각한다. 이에 대해서는 앞으로 자세하게 논하겠다.

2.   경제와 재정의 악순환구조, 그리고 스마트시티

독립 이후에 네루(J. Nehru)를 중심으로 한 집권층은 명목상으로는 사회주의와 자본주의를 결합시킨 혼합경제(Mixed Economy) 노선을 천명했지만, 실제로는 사회주의 경제노선을 선택한 셈이었다. 양 쪽의 장점을 취하겠다는 의도였지만, 결과적으로는 단점만 결합시키게 되었다. 자국산업의 육성을 위해 높은 관세로 수입장벽을 세우고, 중화학공업 위주의 산업육성정책을 추진했고, 수입대체산업 육성을 강조하기는 했지만 성과는 부진했다. 특히 대다수 인도인들의 생존기반인 농업과 농촌을 위한 토지개혁을 제대로 추진하지 못했다는 실책이 컸다. 강력한 토지개혁이 불발되자, 농촌사회의 생존압력이 높아졌고 동시에 낙후된 농촌을 전근대적 씨족사회의 유산과 카스트 질서 안에 가두어 인도 사회의 저변을 전근대에 묶어 두고 말았다. 농촌의 생활안정화에 실패하자 생존을 위해 도시지역으로 유입된 과도한 노동예비군들은 한정된 일자리에 대한 저임금노동을 제공하는 경쟁에 뛰어들었다. 제조업을 운영하던 사업자들은 노동자들에게 정당한 임금을 지불할 필요가 없었고, 일상적 저임금 지불 관행이 불법인지라 공식적인 고용의 형태를 피하는 방식으로 사업을 영위했다. 사업주 입장에서는 그것이 세금과 노동법 면에서 유리한 선택이었고, 제조업이 영세 자영업 형태로 남아 규모의 경제나 생산성 향상을 추구하는 것이 불가능해졌다.[6] 1901

---

6   이러한 구조가 네루식 사회주의가 지배하던 시기에만 유지된 것이 아니라 1991년 경제자유화 이후로도 바뀌지 않는다는 것이 더욱 심각한 문제라고 할 수 있다. 경제 데이터는 이러한 상황을 확인시켜 주고 있다.

년부터 2020년까지 인도의 제조업이 GDP에서 차지하는 비중은 5%에서 17%까지 늘어났지만, 서비스업이 차지하는 비중은 25%에서 60%를 넘어서도록 늘어났다(RBI, 2020-21).[7] 제조업 분야 노동자들이 숙련노동자가 되어 생산성이 향상되고, 이것이 다시 높은 임금을 가능하게 하고 국가에게 조세수입의 근거가 되는 구조가 창출되지 못했다(Arun, 2020; Daniyal, 2019). 제조업 육성을 통한 일자리창출에 실패하자 세수부족이 일상화되었고, 무역적자가 겹친 쌍둥이적자가 상시화되었다(Roy, 2014), 이는 곧바로 재원부족으로 인한 기반시설 투자부족으로 이어졌다. 전기와 상하수도와 교통 등등의 기반시설이 부족하게 되자, 제조업 육성은 더욱 불가능해지는 악순환이 고착되었다(Ranade, 2016). 국가가 도시 기반시설에 투자할 재원이 없는데, 기반시설을 구축할 묘수를 찾아야 했고 여기에 제시된 해답이 SCM인 것이다.

상시적인 쌍둥이적자[8]에 시달리는 인도는 지금도 기반시설에 투자할 자본을 원활하게 마련하지 못하고 있다.[9] 재정적자가 이어지면서 2011-12회계년도 기준으로 인도 총 GDP의 10.8%만이 투자가능한 가용액이 된다는 계산이 나온다(Roy, 2014). 국가의 재정수입이 열악한 이유는 세금을 거두지 못하기 때

7　심지어 20세기 초 뭄바이와 콜카타에서는 제조업 노동자 비중이 상당했지만, 21세기 초에는 30% 미만으로 줄어들기도 했다(Tumbe, 2016: 4).

8　1978-79회계년도 이래로 인도는 재정적자를 기록하고 있다. 상황은 1986-87년 GDP 대비 0.1%에서 2001년 3.45%로 악화되었다가 2003-04년도 이후 나아지고 있으며, 특히 2008-09부터 지방정부재정은 균형을 맞추는 양상으로 나아지고 있다(Roy, 2014). 라틴 로이(Roy, 2014)의 분석에 따르면, 이러한 지방정부의 균형재정은 중앙정부 교부금에 의존하지 않는다고 하는데, 이런 면에서 보자면 SCM은 중앙과 지방의 재정을 동시에 동원하는 방식으로 발전적으로 기획된 사업이라고 할 수 있다.

9　이러한 상황의 한 원인은 민간분야 저축의 절반 이상이 자본시장과 무관한 현금 등의 현물로 쌓여 있어 금융분야의 효율화가 이루어지지 못하고 있다는 사실이다.

문인데, 이 상황이 오랫동안 고착되었다. 규정상 연소득이 50만 루피 이하인 경우 소득세 부과 대상이 아니어서, 대부분의 사람들은 원천징수의 대상이 되지도 않고 소득세를 내지 않는다. 2018 – 19년에 해당하는 소득 신고액이 50만 루피가 넘는 사람은 2020년 2월까지 통계로 보았을 때 1,460만 명에 불과하다.[10] 그래서 어림잡아 할 수 있는 표현이 "인도에서는 1%만이 소득세를 낸다."인 것이다.[11] 소득세와 함께 직접세의 한 축인 법인세도 절세를 넘어 탈세의 대상이 된 지 오래인데, 직접세의 비중 자체가 현저하게 낮다는 문제가 있어서 조세의 소득재분배 기능이 작동되지 못하고, 간접세 징수도 효율적으로 이루어지지 않는 것이 현실이다. 현재 상황을 보자면, 조세수입은 2020 – 21년 예산추정치의 42.1%이고 2019 – 20년 기준으로는 45.5%이다. 비조세수입은 2020 – 21년 예산추정치의 32.3%이고 2019 – 20년 예산 기준으로는 74.3%이다. 중앙정부와 지방정부가 거두는 세금 총액이 대략 GDP의 17%(중앙정부 13%) 정도 수준인데 이 수준은 부르키나파소(Burkina Faso)나 온두라스(Honduras) 정도의 수준이고 네팔(Nepal)보다도 낮다(Arun, 2020). 그리고 상황은 독립 이래로 나아져 본 적이 없다. 1950년 이후 60년 동안 중앙과 지방정부 징수 총 세금이 GDP 대비 6% 정도 높아졌을 뿐이다. 1990년 이후 경제성장기에도 별 변화가 없었다. 1991 – 92년 라오(Narasimha Rao) 정부가 경제개혁을 주도하던 시기에도 겨우 10%에 도달했을 뿐이다. 2018 – 19년에는 10.9%에 도달했던 기록도 있다.[12]

---

10   Samrat Sharma. 2020. "Only 1% of India pays income tax, govt shows proof; tax evasion still a major roadblock." Financial Express (September 21). 인도 하원의 질의에 대한 답변을 낸 재무부 당국자인 아누락 싱 타꾸르(Anurag Singh Thakur)의 답변을 인용해 보도한 내용이다.

11   간접세만 주로 부과하다 보니 2015 – 16회계년 기준 Economic Survey에 따르면 인도 유권자들 중에서 23%만 소득세를 낸다고 한다. 실제로 소득세를 내는 것은 이 기준으로도 4%에 불과하다.

12   PTI를 인용한 2021년 3월 31일자 Business Standard의 보도에 따르면, 인도 중

이러한 악순환 구조에서 탈출하기 위해 필요한 것이 무엇인지 인도 정부는 잘 알고 있다. 2020년 코로나19 팬데믹과 봉쇄의 이중고 속에서 이주노동자를 중심으로 한 하층민들이 생존을 위해 바둥거릴 때, 인도 정부는 코로나19 대응 재정부양책을 발표했는데, 그 내용은 제조업 육성정책의 재탕이었다. 인도의 집권층이 고민하는 문제가 무엇인지 명확하게 이해할 수 있는 대목이다. 2020년 5월 13일에 모디(Narendra Modi)정부는 코로나대응을 위한 재정부양책을 발표하면서 인도의 장기적 산업발전을 위한 경제전략을 "자립인도미션"(Atmanirbhar Bharat Abhiyan, Self-Reliant India Mission)이라는 이름으로 함께 발표했고 11월 12일에는 재무장관(Finance Minister) 씨타라만(Nirmala Sitharaman)이 구체적인 정책 내용을 발표한다. 그런데 코로나대응 정책으로 발표된 경기부양책의 내용은 사실 인도의 제조업분야 투자를 활성화하기 위한 인센티브를 제공하는 것을 핵심 내용으로 담고 있다. 다시 말해서 이미 실패한 것으로 합의가 모아지고 있는 인도제조업육성정책(Make in India)과 별 차이가 없는 내용들을 다시 담아 외국인 직접투자를 유치하기 위한 유인책을 묶어 국가경제발전 전략이자 코로나19 대응방안으로 발표한 것이다. 중점 육성 대상으로 상정된 분야들을 보면 최근 세계적인 미래산업으로 부각되는 2차전지, 바이오, 반도체 등등의 첨단산업들을 담고 있어서 방향성 자체가 잘못되었다고 하기는 어렵다. 하지만 문제는 구체적인 수행전략과 실현 가능성이 갖추어지지 못한 채로 실패한 정책을 다시 반복하고 있다는 점이고(강성용 외, 2021: 110f), 나아가 코로나19 팬데믹의 대응이 절실한 상황에서의 정책으로서 우선순위 설정이 적절했는지는 비판거리로 남는다.

자립인도미션이 지향하는 바는 분명한데 코로나대응책으로는 낯설게 보인다. 마찬가지로 SCM이 지향하는 바도 분명한데, 구체적으로 살펴보면 스

앙정부 재정지출 내용에 따른 2020-21회계년도 인도의 재정적자는 GDP의 9.3%이다(Daniyal, 2019).

마트기술을 어디에 어떻게 적용하겠다는 것인지 불분명한 경우가 많다. 결국 SCM의 핵심은 기술적 가능성이 아니라 재정 투입의 한계 안에서 기반시설구축을 가능하게 하는 묘수가 필요했다는 점이다. 많은 분석들은 스마트기술을 활용한 사업이 기존의 방식과 다르게 기반시설 구축의 비용을 낮추고 새로운 가능성을 확보할 수 있다는 면에 주목한다. 일면 타당하고, 실제로 공식 서류들에는 항상 이러한 면이 강조되고 있지만 이면의 핵심 내용은 다르다고 필자는 판단한다. 이러한 이면의 의도를 설명하기 위해 인도가 추진하는 SCM의 두 가지 특징을 지적하고자 한다. 첫째는 SCM이 물리적 기반시설을 확충하는 사업이라는 특징이다. 인도가 여러모로 시도해 왔던 도시 기반시설 구축사업의 연장이며, 물리적 토목사업의 면모가 강한 사업이라는 말이다.[13] 둘째는 스마트기술이 민자유치, 특히 해외자본 유치를 가능하게 하리라는 구도에서 기획된 사업이라는 점이다. 스마트시티 구축 이후 다양한 네트워크를 통해 사용자의 편의성과 활용도가 증가될 뿐만 아니라, 사용자에게 비용을 청구할 수 있는 기반과 기술이 확보된다는 사실이 중요하다. 이렇게 투입된 재정을(이익을 붙여서) 환수할 수 있는 사업구조가 스마트시티에서는 가능하다는 것이 중요하고, 이는 민간부분, 특히 해외자본의 유치를 가능하게 하는 핵심 기제가 된다. 이 말은 이러한 구상이 현실화되지 못할 경우, SCM의 사업추진이 어려움에 처할 것이라는 뜻이기도 하다.

3. 경제적 악순환 속의 도시화

기반시설에 대한 부족한 투자는 결국 도시의 생활환경 조성을 위한 투자도 절대적으로 부족하게 만들었고, 도시화와 결합된 다양한 문제들을 심화시켰다.

---

[13] 이미 SCM 사업 초창기부터 시멘트 생산업체들이 증산으로 대응하는 등(Burte, 2014: 22) 대규모 토목사업의 면모가 두드러졌다(Taraporevala, 2018: 4).

앞서 짧게 서술한 인도의 경제적 악순환 구조는 인도의 도시화가 갖는 특징들을 이해할 수 있는 토대가 된다. 윌킨슨(T. O. Wilkinson)이 1910년 한국의 해방 직후 상황을 서술하면서 했던 표현, 즉 도시의 성장은 "도시지역에서 기회가 늘어나기 때문에 '끌어당긴' 결과가 아니라 너무나 각박한 시골의 경제상황에 '떠밀린' 것"이라는 표현을 인용한 데이비스와 골든(Davis and Golden, 1954: 19)은 이런 일이 그리스에서는 이미 일어났고 미래에 인도에서도 같은 일이 일어날 것이라고 1954년에 이미 예견하고 있다(Davis and Golden, 1954: 19).[14] 즉 인도의 도시화는 도시의 확장이 아니라 시골 인구의 유출인 면이 크다. 그러다 보니 인도의 도시화는 중소도시가 아닌 거대도시, 특히 독립시기의 거점도시들, 캘커타(Calcutta), 봄베이(Bombay), 델리(Delhi), 마드라스(Madras)에 집중되었고, 공업화가 동반되지 않은 채, 경제적 기반이 없이 이루어졌다. 결국 슬럼과 빈곤과 실업과 환경오염 그리고 비참한 생활수준을 동반하는 도시화가 실현되었다(Jayasawal and Saha, 2014: 62). 그리고 사회적 압력은 다시 치안 악화와 사회적 불안정을 불러왔다.

인도의 도시화와 연관된 사회문제들은 심각하기만 한데, 통계에서 보이는 인도의 도시화는 무척 느린 것으로 나타난다. 인도의 도시화율은 19세기 말 10% 전후에서 2011년에 31%로 뛰어 올랐다(Tumbe, 2016: 4). 1971년부터 2011년 사이에 인도의 도시화율은 20%에서 31%로 뛰었는데,[15] 다른 나라들에 비해 많이 느린 속도이기는 마찬가지이다(Tumbe, 2016: 5). 실제로 인도의 도시화 속도는 느린가 따져보면 아닐 것이라는 근거가 있다. 이에 대한 설명으로 "도시"의 정의가 인도에서 다르게 적용되었다거나, 이주노동자의 귀향이 상시적으

---

14 Korean city growth "was more the result of the 'push' from a hard-pressed rural economy than of the 'pull' from expanding opportunities in urban areas."

15 인도의 도시화 현황에 대해서는 Jayasawal and Saha(2014)를 참조.

로 이루어진 사실이 있다거나 하는 부차적인 요인이 아닌, 인구통계적 요소를 고려한 설명이 있다. 즉 도시와 시골 간 출생률 격차가 큰데, 지난 40년 동안 도시의 출생률이 훨씬 낮은 상황이 지속되었고, 이것이 통계치 상으로 도시로의 인구집중을 낮게 보이도록 만드는 요인이 된다는 것이다(Tumbe, 2016: 7, 특히 30쪽 Figure 10). 결국 도시지역의 실제 생존압력은 다른 나라들에 비해서 결코 낮지 않은 것이다. 예를 들어 도시로 집중된 인구의 많은 수가 남성이고, 20세기 초 뭄바이와 콜카타는 성비가 남성 1,000명당 여성 500이 될 만큼 심한 남초지역이었다. 그러다가 성비가 좀 더 올라가게 된 것은 도시에서 출생한 인구가 많아지면서부터라고 할 수 있다(Tumbe, 2016: 4). 이러한 사정은 여성이 거주하기에 불가능에 가까운 도시의 열악한 거주환경이 상당한 원인이 된다고 할 수 있을 것이다. 남성위주의 이주 노동자들이 나이가 들면 고향으로 돌아가는 것이 일반적인데, 이러한 관행이 있다면 여성들이 무리해서 도시로 이주할 이유는 없는 것이다.

4. 사업의 구조 설계

SCM 사업의 구조가 가진 특징을 이해하기 위해서는 이와 직접 연관된 이전의 사업들과의 연관관계에 근거해서 그 차별성을 살펴보는 것이 좋겠다.[16] 인도의 기반시설 구축 사업, 그 중에서도 도시정비사업은 아주 짧게는 자와할랄네루–국가도시정비미션(Jawaharlal Nehru National Urban Renewal Mission: JNNURM)으로 거슬러 갈 수 있다. 이 사업은 2005년에 통일진보연합(United Progressive Alliance: UPA) 집권기에 도시기반시설과 상하수도, 쓰레기 수거, 도로와 교통

---

16 본 저서 제5장 박수진·박양호의 글 「인도의 도시화와 스마트시티미션의 구조 및 평가」에서 SCM의 구조와 추진 전략을 상세하게 다루고 있다. 따라서 여기에서는 정치적인 맥락을 중심으로 한 검토를 제시하고자 한다.

망 정비는 물론이고 무허가 주택단지 정비를 위해 기획된 사업이었다. 2014년에 BJP가 주도하는 국민민주동맹(National Democratic Alliance: NDA) 연정은 사업을 재구성하고자 했다. JNNURM의 내용은 대부분 도시재생 및 전환을 위한 아탈미션(Atal Mission for Rejuvenation and Urban Transformation: AMRUT)[17] 사업으로 재편되었고, SCM과 문화유산도시개발 및 연계망사업(The Heritage City Development and Augmentation Yojana: HRIDAY)[18]이 남은 일부 내용을 수용하고 확대되어 기획되었다. 현재의 SCM이 내용상 처음 언급된 것은 "녹지개발사업"으로 BJP가 2014년 선거공약집(Election Manifesto, 2014)에서 제시한 내용이었다. 내용은 최신의 기술과 기반시설을 갖춘 100개의 새로운 도시들을 만들어서 지속가능성과 특정 분야에서의 특장점을 확보하겠다는 것이었다(Bharatiya Janata Party, 2014: 18). 2014년에 BJP 주도의 연정이 구체화되고 정부는 녹지개발에서 스마트시티로 노선을 바꾸었다. 2015년에는 사업초안이 "현존 도시들에서의 사업 재조정과 녹지 및 위성도시들을 넘어서는" 사업(Bharatiya Janata Party, 2014; Hoelscher, 2016)에 집중하겠다는 내용을 담아 회람되었다. SCM에서 '100개'라는 숫자를 제외하면 그 내용은 NDA 정부가 새로 세운 정책은 아니고, 실제로 UPA정부의 구상을 지속해 가는 사업이었다. 예를 들어 이전부터 진행되고 있었던 델리 – 뭄바이 산업회랑(Delhi Mumbai Industrial Corridor)사업은 그

---

17 "aṭal"(흔들리지 않는)이라는 단어를 사용해서 "고집스럽게 추진되는"이라는 어감을 보태고 있지만, 구체적으로는 BJP 창당의 주역 중 한 명이고 세 번에 걸쳐 수상을 역임한 바 있는 아탈 비하리 바즈빠이(Atal Bihari Vajpayee, 1924 – 2018)를 기리면서 붙인 이름이라고 할 수 있다. 그리고 "AMRUT"이라는 조어는 쌍쓰끄리땀의 "죽지 않음" 혹은 "불사의 영약"을 의미하는 "amṛta"(甘露)를 연상시키는 단어이고, 힌두 전통에서 중요한 신화적인 맥락을 갖는 단어이다.

18 쌍쓰끄리땀의 "심장, 핵심, 정수"를 뜻하는 "hṛdaya"라는 단어를 연상시키는 조어를 사용해, 인도 전통의 보전에 대한 의미를 부여했다고 보인다.

안에 이미 스마트시티 구축을 늦어도 2011년부터 포함시키고 있었다.[19] 따라서 스마트시티 개념을 도입해서 도시 기반시설 구축을 기획한 사업이 SCM에서 처음 이루어졌다거나, 혁신적인 사업으로 새롭게 기획된 것은 아니었다. 다만 사업을 추진하는 구조를 설계하면서, 기존의 비효율적인 정부의 행정체계를 벗어나는 방식으로 설계되었다는 사실과 이를 통해 민자유치에 역점을 두었다는 점에 큰 차이가 있다고 보인다.

SCM은 크게 세 가지 지리적인 사업수행 형태를 상정하였는데 (1) 지역기반개발(area-based development), (2) 도시총괄개발(pan-city development), (3) 녹지개발(greenfield development)의 구분이 이루어졌다. 첫째 형태는 도시 내의 특정 지역에 집중하는 개발사업이고, 둘째 형태는 도시 전체를 포괄하여 진행시키는 사업이며, 셋째 형태는 기존의 도시가 확장되는 방식으로 새로운 지구단위를 개발하는 자본투여가 큰 사업이다. 경제성을 앞세운 투자 면에서 본다면 세 번째 형태는 자본투입의 규모가 커서, 시장의 호응이 적은 사업인데다 (Hoelscher, 2016) 토지수용의 규모가 크고 이와 연관된 문제가 불거질 확률이 높다. 결국 SCM은 주변부 도시들이나 배후지역을 광역으로 모두 아우르기보다는, 다시 말해서 '도시'를 만드는 사업이라기보다는 '상업지구', '주거지구', '공업지구'를 도시 내에 만드는 사업이 될 것이라는 것을 의미한다.[20] 실제 기반

---

19 UPA정부의 도시개발장관(Urban Development Minster)이었던 까말 낱(Kamal Nath)가 2012년에 이미 JNNURM의 2단계 실행계획이 스마트시티를 포함하고 있다고 발표한 적도 있다(Burte, 2014: 22).

20 결국 집적도가 높은 대도시의 제한된 영역 내의 토지들에 대해 용적률 상향이나 기타 방법을 통해 토지 활용도를 높여 주면 재정적으로 사업이 구현될 가능성도 높고 해당 지역의 도시기반시설 구축이 용이한 것도 사실이지만, 이것이 제한된 구역에서만 일어나는 변화이고 또 일회적일 수밖에 없다는 문제는 남는다. 부바네스와르(Bhubaneswar)의 경우나 델리(Delhi)의 경우 혹은 벨가움(Belgaum)의 경우 등 많은 스마트시티 사업에

시설의 수요는 중소도시에 훨씬 많은데도 기존의 JNNURM이 대도시 중심으로 흘러가는 문제가 있다(Khan, 2014)는 지적이 이미 있었지만, SCM은 이 부분에서 대도시로의 집중을 의도적으로 선택했다고 보인다. 여기에는 BJP의 집권 기반인 인도의 신흥중산층[21]에 대한 고려가 작동하고 있으며, 동시에 부동산의 자산 유동화를 실현하기에 적합한 선택을 한 것으로 보인다. 결국 인도의 SCM에 대해, 열악한 도시 생활기반시설을 구축하기 위해 ICT - 기술을 활용하여 구축과 관리의 비용을 최소화하고, 이를 통해 부동산 유동화가 만들어 내는 이윤 창출을 가능하게 한다는 목표 이상을 주장하는 것은, 정치적인 수사일 확률이 높다고 보인다.

그렇다면 SCM의 실현가능성에 대한 질문은 결국 ICT - 기술을 활용한 효율성의 극대화가 도시 기반시설 구축비용을 인도 정부의 재정적 여력이 감당할 수 있는 수준까지 낮출 수 있는지의 문제로 환원된다. 이 문제에 대해 포괄적이고 확정적인 답을 찾을 수는 없다. 하지만 SCM의 사업 설계 자체가 이에 대한 답을 주고 있다. 국가재정의 자본투입 분담 비중을 50%로 상정하고 있다는 사

해당된다(Dutta and Mohanty, 2016).

21 "신흥중산층"(neo - middle class, new middle class)이라는 용어는 대부분 1991년의 경제자유화조치 이후 등장한 도시 전문직종사자를 중심으로 한 상대적 부유층을 말한다. 따라서 기존 중산층에 편입되고자 하는 "하위중산층"이라는 함축을 갖기도 한다. 이와는 다르게 "중산층"이라는 용어는 내용상 국제 자본주의체제 안에서 소비자로서 자리잡을 수 있는 "부유층"을 의미하는 말로 종종 사용된다. 이 용어들이 이러한 의미를 담아 사용된다고 단언할 수는 없지만, 논의의 혼선을 줄이기 위해 이 글에서는 이상의 의미로 사용하도록 하겠다. "중산층"을 어떻게 정의할 것이며(소득기준 판단에 따른 기준만도 Kapur(2010: 145)에 11가지가 제시되어 있다) 그것이 무슨 의미가 있는지는 여기에서 논할 수 없지만, 스마트시티의 맥락에서는 Ghertner(2012: 1161f)를 참조하고 인도의 사회·정치적 맥락에 대해서는 Fernandes(2006), Kapur(2010), 정채성(2014)을 참조하라.

실에 답이 있다고 생각한다. 다시 말해서 부족한 자본을 국가재정 이외의 영역에서 확보하는 가능성을 열어주기로 기대되는 것이 스마트시티 기술이라는 뜻이다. 다시 말해서 스마트시티 기술이 어떻게 SCM 안에서 활용되면서 자본확보까지를 가능하게 하는 '기술'이 되는지 이해하는 것이 SCM을 사회·정치적으로 이해하기 위한 핵심 사안이 된다고 보인다. 이 질문에 대한 답을 구하자면 인도의 정치지형과 사회 구조적인 면에서 스마트시티 사업을 이해해야 하는 것은 당연하다.

이 맥락에서 우리가 주목해야 할 점은 SCM이 몇 가지 독특한 구조를 가진 채 설계되었다는 점이다. 사업의 공모와 선정 과정이 각 주 단위의 1차와 중앙의 2차에 걸친 경쟁 심사를 통해 이루어진다.[22] 그리고 각 주에서 매칭펀드의 개념으로 필요한 재정소요의 일부를 담당해야 한다. 또한 각 사업마다 별도의 특수목적회사(Special Purpose Vehicle: SPV)가 설립되어 사업 추진의 주체가된다. 그리고 프로젝트 관리를 자문할 프로젝트관리자문사(Project Management Consultants: PMC)를 선정할 수 있다. 물론 주정부에서 영향을 미칠 수 있는 구조를 갖추고 있기는 하지만, 근본적으로 사기업으로서의 자격을 갖추고 사기업법의 적용을 받는 주체가 사업을 추진하도록 설계되어 있는 것이다. 그리고 이 기업의 책임자는 당연히 최고경영자(CEO)가 된다. 이 모든 제도적인 설계가 바로민자 혹은 해외 직접투자 유치가 용이하도록 의도되어 있는 것이다. 프로젝트에 소요되는 자금으로 정부지원금 50%를 상정하고 나머지는 사업으로 50%를충당하는 것을 기본적인 틀로 하고 있다. 각 사업이 기획되어 평가를 받을 때, 어떻게 필요한 투자금의 50%를 충당하는지에 대한 답을 가지고 있는지가 선정

---

22 2016년 1월 20개 도시가 선정되었고 5월에는 신속처리 과정으로 13개 도시가 선발되었다. 2016년 9월 2차 공모에 27개 도시, 2017년 6월 3차 공모에서 30개 도시, 2018년 1월 4차 공모에서 9개 도시가 선정되었다. 2018년 6월에 메갈라야(Meghalaya) 주의 주수도 쉴롱(Shillong)이 100번째 선정도시로 추가되었다.

여부의 핵심이라고 할 수 있겠다. 토지개발을 통한 자금 확보, 사용자 요금 징수와 세수 확충 그리고 민관협력사업(Public Private Partnership: PPP) 등이 스마트시티 구축을 통한 자금확보의 구체적인 내용이 된다.

　이상과 같은 구조의 설계 하에서 진행된 사업의 현황을 2021년 7월 28일자 자료를 근거[23]로 살펴보면, 입찰 중인 사업이 6,130개, 진행중인 사업이 5,486개 그리고 완료된 사업이 2,898개이다. 예산집행의 면에서 현재 상황을 보자면 중앙정부와 지방정부가 분담하게 되어 있는 예산중에서 입찰공고가 난 예산의 총 23%만이 지출되었고, 이 지출된 예산 가운데 71% 정도가 집행되었다. 그리고 현재 상황에서 중앙정부와 지방정부의 예산 부담 비율은 48% 대 23% 정도이다(Aijaz, 2021: 10). 사업 진행의 진척도는 주 단위로 큰 편차를 보이고 있는데, 대부분 주 재정상황에 따라 약속한 예산을 확보할 수 있는지에 차이가 크기 때문이다. 결국 2021년의 사업 완료 기한을 상정한 사업들은 그 계획이 너무 이상적인 것이었다고 확인되는 셈이다. 이 사업의 계획과 진행에서 어떤 문제들이 있었는지에 대한 다양한 평가가 나오고 있지만(Gulati, 2021 참조), 결국 핵심은 재원확보의 문제가 기대만큼 쉽게 해결되지 못했고, 사업추진에서 다양한 어려움에 봉착하고 있다는 사실이 확인된다. 그러다 보니 선정되고 추진된 사업들이 시간이 흐를수록 투자금액을 줄여서 국가 재정의 한도 안에서 추진되어야 한다는 현실적인 상황에 맞추는 방식으로 사업이 변형되었다(Taraporevala, 2018: 4). 결국 민자 혹은 해외자본 유치에 크게 성공하고 있지 못한 셈이다. 그렇다면 SCM은 시간이 지나면서 추진 동력을 잃게 될 것인지 묻게 될 것인데, 필자는 그렇지 않다고 생각한다. 그 이유는 SCM의 재정적이고 경제적인 맥락 이상의 정치적인 맥락이 있기 때문이다.

23　주택도시부(Ministry of Housing and Urban Affairs)의 자료를 Aijaz(2021: 9)에서 재인용.

Ⅲ. 스마트시티미션(SCM)의 정치적 구도

1. 인도의 (신흥)중산층

'중산층'의 보편적 정의나 의미의 문제를 여기에서 다룰 수 없다. 인도의 경우
에는 산업화와 문화적·사회적 집단형성의 과정을 심하게 왜곡시키는 요인들이
많았기 때문에, 인도의 '중산층'을 정의하는 일은 더욱 어렵고 복잡한 일임이 분
명하다. 게다가 1991년 이후 구체화된 경제자유화 이후의 혜택을 누린 집단으
로 규정되는 '신흥중산층'의 등장은 고전적인 정의로 접근하기 어려운 인도 중
산층의 성격을 더욱 복잡하게 만들었다(Fernandes and Heller, 2008: 148). 그런데
도 인도의 정치지형과 사회적 변화의 흐름을 파악하기 위한 논의에서 중산층이
핵심적으로 등장하는 맥락은 바로 중산층이 그람시(Antonio Gramsci)가 제시한
바의 헤게모니(hegemony)를 지닌 집단이기 때문이다. 정치적 지향을 결정하는
중산층의 인구규모는 작을 수 있고,[24] 우리가 경제적으로 혹은 통계적으로 다
루는 중산층의 일부분만이 실제 헤게모니를 장악한 집단으로서 역할을 할 수는
있겠지만, 이들의 정치적 지향성이 다른 이들에게 막대한 영향을 끼친다는 면
에서, 그리고 이들의 정치적 지향이 식민시기 이래로 일관된 흐름을 형성하고
인도의 사회·정치적 지형을 결정해 온 맥락이 구체적인지라 인도에서 중산층
의 실체를 받아들이고 이들을 통해 인도 사회를 이해하는 것은 좋은 접근법이
될 것이다.[25] 따라서 인도의 '중산층'은 기존의 '부유층'과 동일시되고 실질적인

---

[24] 물론 최근의 몇몇 연구는 인구학적 분석에 기초해서 2014년 선거를 전후해서는 중
산층의 인구 규모 자체가 유권자 수의 면에서 달라졌다는 분석을 제시하기도 하지만, 역
사적 맥락에서 볼 때 유권자 규모가 중산층의 헤게모니를 만들어낸 결정적인 요인이라
고 하기는 어렵다.

[25] 이 사실 자체에 대해서는 여러 분석가들에게 이견이 없는 것 같다. Fernandes

헤게모니를 장악한 집단이며, '신흥중산층'은 '중산층'에 진입하고자 자녀들의 교육에 큰 투자를 지속하며 정치·사회적으로 중산층과 동일한 지향성을 갖는 집단이라고 단순화시켜 논의를 진행하고자 한다. 인도의 중산층을 규정하는 가장 일반적인 관행은 가구당 가용소득을 기준으로 중산층을 정의하는 방식이다. 어떤 정도의 소득이 중산층으로 인정받는 기준선인지에 대한 논의는 남겨두고, 현재 사회적 담론 안에서 '중산층'이 다루어지는 맥락은 바로 이들이 자본주의적 경제주체로서 구매력을 갖춘 소비자 집단을 구성한다는 측면에 집중되어 있음에 주목해야 한다. 그리고 이러한 관점에서의 분석이 갖는 유효성에 대해 그다지 논란의 여지가 없어 보인다.[26]

식민시기부터 산업화와 도시화와 맞물려 인도에는 중산층이 형성되어 오고 있었으며, 앞서 언급한 도시화의 거점도시들을 중심으로 19세기 초부터 인도 중산층의 규모는 커졌고[27] 새로 성장하는 이 집단들에 대해 "중산층"이라는 용어가 사용되기 시작했다. 이 도시들은 식민통치의 지역 거점들이었기 때문에 인도인들과는 분리된 영국인 관료와 군인 그리고 상인들을 위한 생활기반시설

---

and Heller(2008: 150), Ghertner(2012: 1161).

26 인도 중산층에게 소비는 합리적 경제활동일 뿐 아니라, 정체성이기도 하다는 분석 (Jodhka and Prakash 2016)은 타당한 면이 있다. 세계사적으로 귀족계급에 대응하는 부르조아지(bourgeoisie) 혹은 쁘띠 부르조아지(petite bourgeoisie)와는 다르게 인도의 중산층은 정치적 변혁의 주동세력이 아니라는 사실은 분명하다. 따라서 2021년 코로나 팬데믹의 2차 대유행의 맥락에서 중산층 문제가 다루어질 때에도 많은 경우 인도의 소비주체들이 받는 타격을 논하는 것이 일반적인 맥락이었다. 예로 Sayan Ghosh. 2021. "COVID-19 Shrank India's Burgeoning Middle Class." *The Diplomat*(August 17)에서도 중산층 확대를 통해 중국을 경제적으로 따라잡으려는 인도의 노력이 타격을 입었다는 점이 부각되고 있다.

27 이 도시들이 모두 이전에 존재하던 주거지였지만 신도시 수준으로 영국에 의해 개발된 도시라는 공통점에도 주목할 필요가 있다.

을 갖춘 폐쇄적인 거주지역을 포함하고 있었다. 그리고 독립 이후에 이러한 고급 거주지들이 인도의 토착 지배층의 거주지로 전환되었지만, 여타 열악한 상황에 놓인 인도의 대중들이 접근하기 어렵게 구성된 실질적인 구분선은 없어지지 않았다.[28] 인도의 중산층은 작동하지 않는 국가 행정체계 안에서 각자도생의 논리로 살아가는 길을 찾아야 했고, 그들은 자신들만의 주거지인 폐쇄형 주택단지(gated residence)를 구축하고 그 안에서 국가가 제공하지 못하는 기반시설과 서비스, 전기, 상하수도, 치안 등의 생활 여건을 확보한다.[29] 결국 식민시

---

[28] 대표적으로 델리에 구축된 계획적 신도시 뉴델리(New Delhi)와 기존의 구델리 (Old Delhi)를 예로 들 수 있는데, 전염병의 확산을 막기 위한 물리적 격리선으로 1821년 유럽에서 등장한 방역선(cordon sanitaire)의 물리적 구현체가 델리에 존재한다. 이는 역사적인 델리라고 할 수 있는 샤자하나받(Shahjahanabad)의 성곽을 따라 설치되었고 그 사회적 맥락은 아주 분명했다. 인도 사회의 일반적인 관행으로서의 거주지역 격리에 대해 Bharathi et al. 2021 참조

[29] 식민시기부터 다층적인 선거와 정치적 의사결정 과정에 참여하면서 인도의 집권 엘리트로 등장한 이들은 독립운동시기부터 자신들의 정치적 주장을 보편적인 '인도'를 위한 주장으로 설정하는 데에 성공하고 있었다. 식민시기 독립운동의 주도권을 물려받아 독립 인도를 이끌게 된 이들은 네루식 통치의 두 축을 그들의 정치적 정강으로 관철시켰다. 그 내용은 정치적 세속주의와 전문직 관료제를 통한 국가운영이었다. 카스트 단위의 정체성과 도덕성을 주장하는 전통과는 차별화된 보편성을 주장하며 사회적 헤게모니를 지닌 주체로서 인도의 집권 엘리트층이 지금의 중산층으로 확대되어 가는 과정이 진행되었다. 인도국민회의(Indian National Congress: INC) 주도의 정권은 합의와 타협을 원칙으로 하는 정권이었지만, 결국은 계급 혹은 집단들 간의 연합에 기초하는 정권이었고 이 연합의 주체가 되는 중산층, 지주, 부농, 전문가집단에 속하지 않는 이들을 소외시키게 되었으며(Chaplin, 1999: 146), 이러한 불안정한 구조는 불만제기가 가능한 집단을 향해 국가의 자원분배를 동원해서 요구를 들어 주고 필요한 정치적 지지를 얻는 것에 대해 보답하는 체제를 고착화시켰다. 국가의 보조금도 이러한 정치적 거래의 맥락에서 효율성에 대한 검토와 무관하게 유지되어 왔다. 그런데 이러한 보조금이 '약자에

기 영국인들이 차지했던 배타적인 지배집단의 위치에 자리잡은 집단이 된 것이다. 치안부재에 대한 공포와 공권력에 대한 불신이 개발업자의 이익과 맞물리면서 폐쇄형 주택단지는 인도 중산층의 일상으로 자리잡았는데, 이는 세계적인 흐름이며 사회·문화적인 문제를 증폭시키는 매개역할을 하는 것도 사실이다(경재웅, 2015).[30]

각자도생의 경쟁구도는 독립시기 인도 지배층들이 가장 우려했던 집단주의(communalism)를 강화시켰다. 독립시기에는 인도 독립을 이끌었던 인도국민회의(Indian National Congress: INC)를 중심으로 한 주도세력의 권위가 모든 것을 지배하는 상황이 당분간 유지될 수 있었다. 그런데 경제의 실패는 물론이고 만연한 부정부패의 체계적 안착을 낳은 INC의 실패는 유권자들에게 도덕적인 대의명분이 아니라 자신의 일상과 생존을 가능하게 하는 각자도생의 투표 성향이 현실화되도록 만들었다. 소선거구제이면서 최다득표자가 당선되는 방식의 선거제도가 유지되는 하에서 모든 선거구에서 각 선거구의 표를 결집시킬 수 있는 최선의 수단은 바로 현장의 선거구 내 다수를 차지하는 지배적 카스트(dominant caste) 집단을 표밭(vote bank)으로 일구어내는 것이었다. 이러한 흐름이 강화되면서 결국 사회·문화적 권위를 가진 집단이 아니라 가장 많은 표를 가진 집단이 득세하는 상황이 물밑으로 전개되었다. 1970년대에 들어서면서 INC는 심각한 도전에 직면하게 된다. 개별 선거구마다 다수를 차지하는 카스트

대한 배려'의 명목으로 집행되지만 실제 다중적인 경제적 효과를 고려하면 중산층이 그 수혜를 가장 많이 받은 집단이라고 할 수 있다.

30 그런데 중산층의 일상은 실제로 국제자본주의 체제 안에서의 소비력이 아니라 저임금 노동을 제공하는 도시하층민들의 가사노동을 통해 유지되고 있다(정채성, 2021). 세탁기보다 빨래 담당 가정부가 싸고, 비싼 부엌가구와 조리도구보다 요리 담당 가정부가 싸기 때문이다. 식민시기 영국 귀족이 하인을 거느리던 관행이 인도 중산층에서 차용된 것이다.

들을 기반으로 그들의 이익을 대변하는 카스트기반 지역정당들이 대두되고 이들이 선거에서 승리를 이어가는 상황이 벌어졌다. 이에 따라 INC를 고정축으로 두고, 각 지역 정당들이 중앙정당들과 연정을 구성하는 체제가 일상화되기 시작했다. 카스트의 정치화가 구체화된 것이다. INC나 BJP와 같은 중앙정당들은 이들 지역정당과의 연정을 통해 표밭을 관리하는 전략을 구사할 수밖에 없었다.

카스트기반 지역정당들의 토대가 될 수 있었던 것은 가장 많은 유권자를 보유하고서도 지배층의 권위에 눌려 자기 목소리를 내지 못했던 집단들이었는데 이들을 크게 포괄할 수 있는 이름을 "여타후진계층"(Other Backward Classes: OBC)이라고 할 수 있다.[31] 이들을 선동해서 동원하고 정치적 이해관계를 공유

---

31 이 용어는 인도 정부가 사용하는 공식 용어인데, 실제로 OBC는 "Other Backward Caste"(여타후진카스트)를 의미하는 것으로 사용된다. 이는 인도 대법원에서도 확인해 준 바이다. 흔히 "불가촉천민"(untouchable)이라고 불리는 천민들은 SC(Scheduled Caste)로 그리고 밀림지역 등에 원시부족의 형태로 거주하는 사람들은 ST(Scheduled Tribe)로 인도 헌법에서 보호된다. 전체 인구에서 SC는 16.6% 그리고 ST는 8.6%를 차지하는 것으로 2011년 센서스는 파악한다. SC와 ST는 할당제와 역차별 정책의 대상이었다. 그런데 SC와 ST가 아닌 사회적으로 차별을 받는 카스트들을 따로 분류해서 국가가 지원해야 한다는 주장이 제기되었고, 여기에 포함되는 사람들이 OBC를 구성한다. OBC의 총 규모가 인구의 52%에 달한다(Mandal Commission report, 1980)거나 41%라는 추정(National Sample Survey Organisation, 2006)이 있지만 정확하게 조사되고 파악된 적이 전혀 없다. 간디는 SC를 "Harijan"이라고 불렀고, 암벧까르는 "Dalit"이라고 불렀는데, SC는 힌두전통의 카스트 질서 안에 포함되지만, 바르나(Varṇa) 체계에서 최하층인 수드라(Śūdra)에도 포함되지 않는 사람들이다. OBC는 대부분 수드라에 해당한다고 생각할 수 있다. ST는 종종 "원주민/선주민"(Adivasi)이라고 부르는데, 힌두전통 사회체계에 편입되지 않은 사람들이다. 이 모든 그룹에 포함되지 않는 사람들은 그저 "일반"(general)이라고 한다. 따라서 일상적으로 할당제에 해당되는 입학이나 취업에서 "일반"이라는 말은 SC, ST, OBC가 아니어서 할당제 대상이 아니라는 말로 사용된다. 흔히 달리트(Dalit)이나 아디바씨(Adivasi)로 분류되는 최하층민들의 경우에는 일상

하는 집단으로 묶어내는 데에는 기존 정당의 의사결정 체계라거나 민주적 의사결정 구조가 경쟁력을 갖지 못하는 상황이 벌어졌고, 표를 가진 대중들에게 직접 '서민'임을 자부하며 호소하고 포퓰리즘에 입각한 구호와 정책을 제공하는, 개인으로서의 정치적 지도자의 개인 역량에 정치적 의사결정이 좌우되는 시대가 도래하였다. 그리고 이러한 지도자가 되기 위해서는 유권자와 같은 집단에 속하는 정체성을 강조하는 지도자가 되어야 했다. 이것이 정체성의 정치(identity politics)를 강화시켰으며 현재 인도의 정치를 지배하는 요소가 되었다. 이런 면에서 모디(N. Modi)는 대중매체를 활용한 상징정치를 가장 잘 활용하는 정치인으로서의 면모를 보이고 있다(Prabhu, 2020). 그 부작용은 공식 의사결정구조의 무력화 현상이다.

OBC는 어림잡아 인도 전체 인구의 절반을 차지하는 집단이다. 결국 이들이 원하기만 한다면 그 어떤 선거에서도 이들은 자신의 이익을 관철시킬 수 있는 상황에 들어섰다는 말이다.[32] 이러한 변화는 1990년에만 폭발적으로 일어난

생활 안에서 물리적인 접촉이 거부되거나, 쓰레기나 배설물 혹은 시체를 다루는 등 직업상 터부시 되는 일에 종사하는 경우가 많고, 거주지가 분리되어 있는 집단들이어서 다양한 사회적 종교적 차별이 일상에서 관찰가능하며, 규모가 작아 다른 집단들에 위협적인 존재로 인식된 적이 없었다. 그래서 달리트와 아디바씨를 대상으로 한 할당제가 정치적으로 문제된 예가 별로 없었다. 그런데 민주주의 정치제도에서 유권자 수로 압도적인 위치에 있는 OBC의 경우에는 다른 위상을 갖는다.

32　한국의 독자들은 많은 경우 네 계급으로 사회집단을 구분하는 종교적인 명목상의 구분인 바르나와 카스트를 동일시하는 경우가 많아서 OBC에 대한 오해를 갖는 경우가 많다. 바르나의 맨 하층에 있는 수드라를 "다른 상층 바르나들을 위해 일하는 계급"이라는 의미로 힌두고전에 따라 이해하고 "노예, 하인"이라고 번역하다 보니 한국에서는 "sūdra"를 노예무역시기의 흑인 노예나 한국 전통사회에서의 노비처럼 생각하는 경향이 있다. 실제로 어떤 집단이 수드라에 속하는지 자체가 고대부터 불분명했고, 대부분의 수드라에 속하는 카스트들은 농부와 수공업자들이다. 모두들 기피하는 전쟁에 동원

것이아니라, 이들의 정치세력화가 1990년 들어 표면화되었다고 보는 것이 타당하다. 그 말은 OBC들의 "소리 없는 혁명"(Jaffrelot, 2003)이 인도에서 이루어지고 있었고, 이 변화는 인도의 사회·정치지형을 결정하는 최대 변수가 되었다는 뜻이다. 선거제도 안에서는 OBC를 이길 수 없게 된 기존의 기득권 집단은 이제 OBC에 대한 상층 카스트가 아니라 '중산층'이라는 카스트와 무관한 모습으로 인도사회에서의 위치를 재설정하게 된다. 따라서 1990년대 이후 인도 정치의 큰 틀은 바로 자본주의 시장경제의 합리성과 보편성을 주장하는 (신흥)중산층과 OBC의 시소게임 안에서 이해되어야 한다. 신흥중산층이 '신흥'인 이유는 1991년 경제자유화조치와 맞물려 위상이 강화되었기 때문이기도 하지만, OBC에 대응하면서 새로 구축된 기존의 카스트 체제에 따른 권위가 아닌 보편적 타당성을 주장하는 권위로 무장한 기득권층이기 때문이기도 하다.

그런데 인도의 중산층은 자본주의의 시장경쟁이라는 보편적 논리를 주장하면서 '정의'가 아닌 '공정'을 주장하는 편파적인 보편성을 내세운다. 영어로 이루어지는 교육을 매개로 한 사회적 자본의 대물림을 고착시키면서도 실력에 따른 공정을 보편적 원리로 주장한다. 이 맥락에서 이들은 카스트의 전근대적이고 세습적인 우월성이 아닌 힌두로서의 보편성을 주장하면서 힌두근본주의(hindutva) 이데올로기를 종교적이고 사회 도덕적인 기반으로 채택한다. 이를

되는 수드라들도 많다 보니 전사로서의 전문성을 지닌 경우도 많아서, 고중세 인도에서는 건국을 하고 왕이 된 수드라 출신 왕도 흔했다(Sharma, 1980 참조). 독립 이후 부분적으로 진전된 토지개혁이나 녹색혁명 정책 혹은 국가의 보조금지급 정책의 수혜자들도 일부 있어서, 지주집단에 대한 일방적인 약자의 위치에서 벗어난 소규모 혹은 중규모 자영농의 위치까지 발전한 집단을 구성하는 경우들도 있다. 또한 이들 중의 일부는 카스트 질서가 느슨한 도시지역에서 자영업자로 성공하거나 혹은 전통사회에서 세습되던 직업을 기반으로 그 직업에 해당하는 분야에서 독점 공급자의 위치에 이르는 경우들도 많았다. 이러한 변화는 눈에 보이지 않지만 장기적으로 꾸준히 일어나고 있었으며 이들의 정치세력화가 사회적 논쟁거리로 공식화된 것은 1990년대에 들어서의 일이다.

통해 무슬림을 타자화하고 배제하는 정치적 논리가 차용되어, 힌두 진영 내부의 불만은 무슬림들에게 투사되는 정치적 구도가 고착화되기에 이른다. 자본주의적 합리성이 지닌 보편성과 합리성을 한 편에 주장하면서도, 힌두로서의 우월성을 주장하고 공정한 경쟁의 전제조건이라고 할 수 있는 공평한 출발점을 만드는 노력을 거부하는 이중성을 보인다. 만달위원회는 공무원직과 대입정원 일부를 OBC에게 할당할 것을 제안했는데,[33] 강력한 저항으로 이것을 막아내면서 정치화된 세력이 지금의 (신흥)중산층이라고 할 수 있다. 당시 국가주도의 비효율적 경제가 지배하는 사회에서 공무원직은 가장 선망의 대상이 되는 직업이었고, 변호사나 의사 등의 전문직에 진출해서 사회적 신분상승을 이루자면 반드시 필요한 것이 바로 대학입시의 관문을 통과하는 일이었다. 따라서 할당제 반대는 이들에게 절박한 사안이었는데, 1991년 이후 본격화된 민간부문 주도의 경제성장과 일자리 창출은 공무원직과 대입정원 할당의 중요성을 감소시켰고, 현재는 각 주 단위로 비율을 조절해 가면서 할당제가 시행되고 있다. 이 맥락에서 우리가 주목해야 할 점은 바로 중산층이 실제로는 국가에서 제공하는 다양한 지원사업의 가장 큰 수혜자였다는 사실이다. 연료나 비료부터 식료품에 이

---

33 1979년 1월 데싸이(Morarji Desai) 총리 집권기에, 카스트 차별 철폐를 목적으로 할당제시행 검토를 위해 후진성(backwardness) 여부를 정해진 11개 지표에 따라 검토하고 이를 바로잡기 위한 위원회를 출범시킨다. 이 위원회의 의장을 맡은 사람이 만달(B. P. Mandal)이어서 통상적으로 이 위원회를 "만달위원회"라고 부른다. 만달위원회는 1980년 12월 30일에 대통령에게 보고서를 제출하는데, 공무원직과 공립대학 정원의 27%를 OBC에게 할당할 것을 권장한다. 그렇게 한다면 기존의 SC와 ST에 대한 할당에 보태어 결국 공무원 정원과 공립대학 입학 정원의 49.5%가 할당되는 상황이 전개될 수 있었다. 1990년에 당시 수상이었던 씽(V. P. Singh)은 이 할당제를 제도화하려고 시도했는데, 엄청난 저항과 반대운동에 봉착했다. 할당제 반대 시위에서 고스와미(Rajiv Goswami)라는 델리대학 재학생이 9월 19일에 분신을 시도했다. 이 일은 많은 학생들이 인도 전역에서 분신 시위를 일으키는 계기가 되었다.

르는 다양한 항목들에 주어지는 국가보조금은 결과적으로 인도의 중산층에 대한 지원으로 환원되는 구조가 정착된지 오래되었다.[34] 다시 말해서 인도의 중산층은 자유시장경제의 효율성을 주장하지만, 동시에 가장 강력하게 국가의 지원사업과 보조금지원을 원하는 압력을 행사하는 집단이라는 사실이다. 인도의 중산층은 그들이 가장 심하게 폄하하는 네루식 사회주의의 수혜자들이어서 중산층이 된 집단이다. 이것이 인도 중산층의 또 다른 이중성이다.

자유시장경제의 논리를 외치지만 국가보조금의 확대를 선거 때마다 관철시키고 유지하는 데에 이의를 제기하지 않는다. 이들과 대척점에 서 있는 OBC들의 경우 국가보조금의 확대를 표 대결 구도에서 정치적으로 관철시켜 온 주체이자, 이러한 경험이 누적되어 온 집단들이다. 이러한 현실이 극적으로 확인된 계기가 역내포괄적경제동반자협정(Regional Comprehensive Economic Partnership: RCEP) 조인의 마지막 순간에 인도가 조인을 거부한 사건이었다. 세계 인구의 거의 1/3과 세계 GDP의 30% 정도를 차지하는 권역에 해당되는 세계 최대의 자유무역협정인 RCEP 조인을 거부한 것이다. 표면적으로는 원산지 관련 규정과 인도가 요구하는 몇 가지 조항들이 인도의 이익에 상응하지 않는다는 이유가 제시되었지만, 모디 총리는 마지막 순간에 BJP의 정치적 지지기반에서 제기된 강력한 반대의사에 따를 수밖에 없었던 것으로 알려져 있다. 기업인 단체부터 노조이며 농민들까지 좌익과 우익이 모두 다 RCEP 조인에 극렬 반대

---

[34] 교통, 연료, 식료품에서부터 주택과 저축과 연금에까지, 인도의 재정은 열악하지만 수많은 보조금들이 집행된다. 이들의 효율성은 물론이고 정책적으로 목표한 바를 달성하고 있는지에 대한 논쟁은 끊이지 않는다. 간단하게 2019-20회계년에 중산층이 대상이 된다고 보아야 할 세금감면을 통한 보조금 지급액은 7,200억 루피에 달했다. 수많은 보조금 지급의 재원이 인도 경제의 구조개혁에 사용될 방안은 이미 많이 논의되었지만, 결국 중산층의 정치적 저지에 막혀있다고 보아야 할 것이다(Lahiri, 2014 참조).

했던 것이 현실이다.[35] 몇몇 경제관련 기관들과 경제인 단체들이 RCEP 참여가 보다 나은 선택이라고 주장했지만, 이들은 정치적인 영향력을 행사할 만한 주체들은 아니었다. 인도가 RCEP에 참여하지 않은 결정이 옳은 것이었는지는 단언할 수 없다. 다만 분명한 것은 인도 정부가 천명하고 있고 한국 내의 상당수 인사들이 받아들이고 있는 "미래의 경제대국 인도"는 아직 국제무대에 설 준비가 되어 있지 않다고 스스로 자인하고 있다는 사실이다. 인도의 중산층은 국제시장에서 경쟁을 하고자 하지 않는다. 허가권통치를 되살리고 싶어 하지 않지만, 허가권통치 시기부터 관행화된 국가의 보조금과 분배정책의 지속을 강력하게 요구한다. 경쟁을 피하고 국가보조금을 받아내는 일은 계급과 계층과 카스트를 초월해서 모두를 단합시키는 계기를 만들어 낸다. 이것이 결국 인도가 아직도 지속적인 재정적자와 무역적자의 쌍둥이적자를 극복하지 못하는 정치적 맥락이다.[36] 스마트시티 구축을 통해 혜택을 받는 것을 요구하지만, 사용료나 세금을 내고 싶어 하지 않는 중산층의 태도가 인도에서 SCM의 진척이 느려지는 근본적인 이유 중 하나라고 필자는 생각한다. 그리고 이 태도는 SCM에 대해서만 나타난 최근의 경향성이 아니다. 사회 근저에서 이 태도를 해결하는 것은 스마트시티 구축보다 훨씬 더 어렵도 복잡한 과제가 될 것이다.

2. 스마트시티와 중산층의 헤게모니

인도에서 중산층은 언론을 장악한 전문가집단이기도 하지만, 언론시장 최대 소

---

[35] OpIndia. 2019. "Inputs from RSS and farmers association stopped Modi govt from being a part of RCEP, world's largest free trade agreement."(November 05)를 보라. 또 Pandita(2021) 참조

[36] 보다 정확하게 표현하자면 인도의 중산층은 자본가로 변신하는 과정에서 지대추구(rent-seeking)적 지향을 가진 국가의존적 경제주체가 되었다고 할 수 있다(Fernandes and Heller, 2008: 151).

비자이기도 하다. 중산층의 언론 장악력이 잘 드러난 극적인 사례는 2021년 코로나19의 2차 대유행이라고 할 수 있다. 2020년부터 확산되던 코로나 초기 국면에서, 사회적 거리두기가 불가능할 뿐만 아니라 매일의 생존을 위해 노력해야 하는 최하층민들이 주로 큰 피해를 입었다. 그런데 변이바이러스가 등장하고 방역에 실패하면서 코로나19는 2021년 3~6월에 대폭발의 국면을 맞았다. 이 국면의 피해를 언론이 적극 보도하면서 세계적으로 잘 알려지기도 했지만, 인도 언론은 이 위기를 "부자들의 코로나"로 맥락화해서 보도했다.[37] 다시 말해서 2020년의 1차 대유행에서는 폐쇄형 주거단지 안에서 개인적으로 방역조치를 취할 수 있었던 중산층까지 피해갈 수 없었던 2021년 2차 대유행의 피해를 중산층이 그들의 관점에서 보도한 것이다. 중산층이 문화와 정치적 헤게모니를 장악한 집단이며 현 집권세력인 BJP의 집권기반인 현재의 상황에서 중산층의 도시 생활기반시설 확충에 대한 요구는 무시할 수 없는 정치적 압력이었다. 그리고 실제 '부유층'인 '중산층'이 되지는 못했지만 중산층으로 진입하려는 도시의 수많은 하위 신흥중산층들은 이러한 요구를 더욱 강력하게 제기했다. 이 맥락에서 SCM이 추진된 정치적 동력을 이해해야 한다.

중산층 지향의 정책집행은 대중매체와 문화권력을 장악한 집단이 지지하고 주도하는 정책으로 자리잡을 확률이 높다. 따라서 다양한 매체와 전문적

---

37 Bloomberg. 2021. "How COVID second wave is hitting India's urban affluent." *The Mint*(April 24)는 "대부분의 (코로나) 감염이 슬럼이 아니라 (고가 주거지인) 빌딩이나 고층건물에서 발생하고 있다."는 뭄바이 행정부시장보(deputy municipal commissioner) 쑤레쉬 까까니(Suresh Kanani)의 발언을 인용하고 있다. Lata Mishra. 2021. "For middle class Indians COVID is hitting home and hitting hard." *The Times of India*(April 23)는 2차 대유행을 맞이한 인도인들 전반의 반응을 대변하고 있다. 해외 언론도 마찬가지 상황인식을 반영하고 있다: David Pierson, Parth M. N., Varsha Torgalkar. 2021. "No refuge for India's rich and middle class from second COVID - 19 wave." *Los Angeles Times*(May 07).

인 연구 그리고 기관들의 주도로 SCM은
인도를 변신시키고 새로운 미래를 열어
갈 사업으로 대중들에게 각인되고 있다.
SCM의 로고는 나비를 담고 있다. 이는 애
벌레와 번데기의 상황을 벗어나 한순간
나비로 도약해 내는 SCM의 마법이 인도
에서 실현될 것이라는 이미지를 형상화하
고 있다.

그림 1　인도 스마트시티미션의 로고

　　　　SCM이 중산층의 헤게모니를 반영
하면서 이루어지는 사업이라는 것은, 단지 경제적인 면에서만이 아니라 문화적
인 면에서도 관철된다. 좋은 예가 벵갈루루(Bangalore)의 신흥중산층이 보여주
는, 친환경 생활 실천에서의 우월한 정체성 확인의 방식이다. 지속가능한 스마
트시티를 구축하기 위해 자전거 이용 편의성을 향상시키자는 제안은 그 자체
로 도덕적 정당성과 자전거 이용자의 도덕적 우위를 주장하기에 적당한 이슈라
고 할 수 있다. 그런데 문제는 실제로 대중교통 인프라가 미비한 상황에서 빈곤
층들이 이미 폭넓게 자전거를 사용하고 있었는데, 자전거 도로의 정비는 사회
적으로 이러한 빈곤층들의 교통편의를 위한 사업이 아니라는 것을 확인시켜야
할 필요가 대두되는 상황이 벌어진 것이다. 전통적인 카스트를 중심으로 사회
적 계급을 확인시키는 것은 아니지만, 환경윤리를 준수하는지 여부에 따른 '훌
륭한' 시민의 지위를 확인시켜주는 문화적 도구들이 동원되어 결과적으로는 경
제적인 (대부분 카스트 구분과 일치되는) 약자들에 대한 타자화가 이루어지는 현상
이 나타났다. 고가의 자전거와 특별한 표식들을 동원해서, 빈곤층이 이용하는
자전거와는 사회적 맥락이 다르고, 자신들은 시민운동의 참여자로서 도덕적 우
위를 지닌 채 자전거를 타고 있다는 사실을 인지시킬 수 있는 문화적 장치들이
동원된다. 고급 외제 자전거를 타고 헬멧과 복장과 기타 식별 가능한 외양을 갖
추면서 환경윤리를 실천하는 "도덕적 우월성을 지닌" 사람이라는 사회적 정체

성이 구현되는 현상이 관찰된다(Anantharaman, 2015: 36ff). 같은 중산층이지만 차량 운전자들에 대한 도덕적 우월성을 드러내면서, 같은 자전거 이용자이지만 계급적인 입장이 다른 하층민들에 대한 차별성을 동시에 드러내는 것이다. 끊임없이 재설정되고 변화하는 사회적 집단간의 역학관계 안에서 신흥중산층의 우위는 다면적으로 확인되고 확보되어 가는 것이다. 이것은 인도의 중산층이 엘리트이면서도 동시에 "보통사람"임을 강조해야 하는 정치적 맥락을 잘 드러내 준다. OBC와는 다른 보편성을 주장하는 자기이해는 문화적 코드를 통해서 다시 일상 안에서 관철된다. 이러한 행태는 멀리 보자면 인도 독립시기의 집권 엘리트들이 취했던 태도와도 맞닿아 있다.[38] 독립시기 집권엘리트들은 세속주의와 전문관료체제를 근간으로 근대국가로서의 '인도'를 구성하는 데에는 성공했지만, 정치체제로서의 공화정을 넘어서는 하층민들과의 연계 속에서 지속가능한 사회체계를 구성하는 면에서는 실패했다(Fernandes and Heller, 2008: 151). 바로 이러한 실패가 SCM에서도 상당한 부분에서 반복되고 있다고 판단한다.

독립시기 집권엘리트들이 전문관료제를 근간으로 하는 국가운영을 당연한 것으로 여겼던 까닭에 인도에서는 한국의 해방이후 있었던 친일파청산과 같은 요구가 제대로 제기된 적이 없었다. 식민통치의 조력자들이었던 전문관료들은 자연스럽게 인도를 지탱하는 근간으로 자리잡았다. 이러한 상황에서 일부 새롭게 나타난 현상은 바로 전문관료집단으로 자리잡은 중산층들이 인도의 다층적인 권력구조 안에서 민주적인 통제를 벗어나 있는 틈새권력을 장악해 가는 현상이 구조적으로 나타난다는 사실이다. 이는 인도의 중산층이 문화적인 헤게모니가 아닌 행정력을 집행하는 권력기구를 장악하고, 민주적인 의사결정과 무관하게, 다시 말해서 표 대결에서의 우위를 요구받지 않는 방식으로 권력을 행사할 수 있는 입지를 구축했다는 사실을 함축한다. 이러한 사실이 현재 인도의 국가 자원배분의 문제에서 중산층이 지향하는 바가 현장에서 관철되도록 만드

---

[38] 앞선 각주 29를 보라.

는 핵심적인 기제가 되고 있다고 보인다. 이는 구체적으로 중앙정부와 주정부 그리고 현지의 하부 지방자치단체의 다층화된 행정체계 안에서 중앙정부의 관할권과 주정부의 관할권이 중첩되면서 민주적 통제와는 무관하게 구축된 의사결정 구조가 개입되고 있는 현실에서 가능한 일이다. 예로 교육과 건강관련 분야는 인도의 헌법에 따라 주정부가 관할하는 분야이다. 하지만 토지 관리와 관계되는 분야는 중앙정부의 관할권 분야이다. 델리개발청(Delhi Developement Authority: DDA)의 경우를 보자. DDA는 델리의 토지수용 및 개발과 관리와 증여 등을 담당하는 기관인데 중앙정부의 통제를 받아 지방정부의 의사결정과 무관한 위치에 있으며,[39] 현장의 관료조직으로서 이 조직은 지방의 요구를 반영하거나 중앙의 정책을 현장에서 관철시키는 그 어느 쪽에도 적합하지 못한 조직이 되고 있다. 그런데 그 어떤 기반시설이더라도 DDA로부터 토지를 구입하지 못하면, 지방정부는 그 시설을 구축할 수 없다.

중앙정부의 도시계획과 현장을 담당하는 관료 그리고 선출직 공무원들이 괴리되는 구조를 잘 보여주는 예를 하나 들어 보자. 1962년 이후 80년대까지 DDA는 많은 토지를 저소득층 주거문제 해결을 위한 목적으로 수용했다. 그런데 폭발적으로 늘어나는 도시 노동자들에게 주택을 공급하도록 토지를 개발하는 데에 실패했고, 이 토지들은 대부분 방치되었다. 결국 재정부족이 그 배후에 자리잡고 있었다. 그런데 델리 마스터플랜에서는 도시빈민층에게 도시의 거주용지 25%를 할당하게 되어 있었다. 그래서 1990년대 들어서서 노동자들

---

39   따라서 선출직 지방자치단체장은 도시개발이나 재정비 사업과 관련한 모든 토지 관련 결정을 DDA에 의존해야 한다. 중앙정부와 지방정부 그리고 현장의 관료조직이 괴리된 행정체계의 전형적인 예라고 할 수 있다. 이러한 예는 인도 지방행정조직의 전반에 걸쳐 나타난다. 예로 델리만 해도 주지사는 선출직이지만, 헌법상으로는 부지사(Lieutenant Governor)가 델리 주정부의 책임자인 상황이어서, 중앙정부가 부지사 등 대표자를 통해 시정에 개입을 한다는 비난과 논란이 항상 있었다.

이 비공식 내지는 불법적으로 미개발 부지에 정착하는 것을 정치인들과 공무원들이 묵인해 주게 되었다. 주정부에서 이 토지들을 90년대 말부터 민영화하려고 하자 3백만 명으로 추산되는 이 불법주거단지 거주민들이 이미 확고하게 고착된 현실이 된 주거단지를 철거하는 일에 강력하게 반발하였고, 이 문제는 정치적 해결이 불가능한 일이 되고 말았다. 결국 여기에서는 빈민들의 거주지에 대한 점유가 불법이며, 슬럼은 도시의 미래를 위해 제거되어야 한다는 상류층의 논리가 토지민영화를 위해 동원되는 상황에 이르게 되었지만(Ghertner, 2011: 509ff) 현실적인 해결은 요원한 상황이다. 이러한 권력단위의 중첩분야에 자리 잡은 중산층을 대표하는 기술관료, 전문관료의 입장과 이해가 현장에서 관철되는 상황에 주목할 필요가 있다.

인도의 중산층은 문화권력이나 사회자본의 독점이 아니라 권력관계의 회색지대 안에서 자신들의 이해관계를 관철시킬 수 있는 우회 통치체계를 확보하고 있다(Ghertner, 2011)는 점에 주의를 기울여야 한다. 이것은 인도의 기득권층에게 국가가 제공하는 기반시설의 혜택이 집중되는 상황을 현장에서 만들어 내는 역할을 해 왔다. 예로 소득 상위층들이 하수시설을 갖춘 주거시설에서 사는 비율이 높은 것은 국가가 보편적으로 제공해야하는 상하수도 시설을 특정집단에 대해 특권적으로 제공했다는 것을 의미한다(Chaplin, 1999: 152). 인도의 국가권력이 작동하는 별도의 우회로를 확보하고 있는 중산층에게는 자신들만을 위한 국가적 자원의 특권적 배분이 위생시설 확충을 위한 보편적 투자보다 훨씬 효율적이고 쉬운 해결책이 된다. 바로 이점에서 인도의 중산층이 유럽 근대사에서 보이듯 변화를 추동하는 주체로 자리매김할 수 없는 맥락이 잘 드러난다.[40] 앞서 설명한 비공식노동의 일반화는 공식 노동계약을 가진 사람들이 특권층화되는 상황을 낳았고, 따라서 노동조합에 가입할 수 있는 사람은 이미 기득권자이자 특권층이라는 현실을 만들어 낸다. 결국 인도에서 노동조합은 비공

---

[40] 앞선 각주 26 참조

식 노동에 종사하는 사람들이 자신들의 권리를 주장하는 상황을 위협으로 받아들이게 되는 것이다(Breman, 1996: 247). 이러한 현실은 SCM의 구축이 인도 사회의 변혁을 가속화시킬 요인이 되기는 어려울 것이라는 부정적인 전망을 뒷받침한다.

3. 사회적 고비용 구조의 문제

1947년 독립 이후 50~60년대의 태동기를 지나 인도의 제조업은 1965년부터 1980년대까지 허가권통치(Licence Raj/Permit Raj)[41]의 지배를 받았다. 산업 정책에서 허가권통치는 어떤 주체가 어떤 생산품을 1년 동안 얼마나 생산할지에 대해서 국가의 허가에 따르는 체제였다. 겉으로는 사기업이 생산 주체인 시장경제의 장점을 국가주도 계획경제와 융합시킨 것처럼 보이지만, 내용은 전혀 달랐다. 허가받은 양보다 더 많은 양을 생산하는 업체나 공장이 있다면 이는 국가 경제의 혼란을 야기한 것으로 간주되어 가혹한 처벌이 내려졌다. 그래서 생산 성향상이나 기술개발 혹은 경영합리화 같은 고민을 할 필요가 없어졌다. 성공 여부는 허가의 할당량을 더 많이 받아내는 일에 집중될 수밖에 없었고, 가장 합리적인 투자는 정치인과 관료에게 뇌물을 주고 더 많은 할당량을 받아내는 일이었다.

국가주도의 통제가 가진 비효율성을 따지는 것은 차치하고, 구조적으로 부정부패의 틀이 고착화되었고 일상화되었다. 모든 권력이 허가권자에게 집중되었고, 허가권은 곧 경제적 이득을 의미하는 것이어서 정책결정 주체들의 주

---

41 "British Raj"(영국통치)에 빗대어 라자고빨라차리(Chakravarti Rajagopalachari)가 널리 퍼뜨린 용어이다. 라자고빨라차리는 이 허가권통치에 반대해서 자치당(Swatantra Party)을 만들기도 했다.

도로 허가 취득의 과정은 점점 더 복잡하고 어려워지게 되었다.[42] 1947년부터 1990년까지 '힌두성장률'이 자리를 지킨 이유였다고 할 수 있다.[43] 실제로 이 불합리한 체제에 대한 수정은 80년대 중반부터 본격적으로 이루어졌는데, 허가권 통치의 관행에 공식적인 마지막 결정타를 날린 것은 바로 1991년 인도의 국가부도 사태였다.[44] 그 이후로 본격적인 자유경쟁 체제가 성립되었다. 경제 전반의 효율성과 발전의 성과는 달라졌지만, 구조적인 변화를 이끌어내지는 못한 면이 있었다. 예로 1979년부터 2014년까지 GDP에서 차지하는 제조업분야의 비중은 25%로 고정적이었다고 할 수 있다(Shukla et al., 2017: 3).[45] 악순환의 상

---

[42] 사기업이 무엇인가를 생산하기 위해서는 정부 부처 80군데에서 허가를 받아야 하는 상황까지 벌어지게 되었다.

[43] 1950년대부터 1980년대까지 1인당 GDP 성장률이 연간 1.3% 정도에 묶여 있는 상황을 조소하는 표현이 바로 "힌두성장률"(Hindu rate of growth)이다.

[44] 인디라 간디(Indira Gandhi)의 저격 때문에 동정표를 얻어 집권한 라집 간디(Rajiv Gandhi) 집권기(1984~89년)부터 사회주의 지향의 정책에 대한 변화의 흐름들이 있었지만, 나라씽하 라오(P. V. Narasimha Rao) 수상 집권기(1991~96년)에 이르러 허가권 통치가 공식적인 종말을 맞게 된다. 무역적자와 재정적자까지 누적시키던 인도의 비효율적인 사회주의 경제체제는 소련의 붕괴를 맞으면서 숨통이 막히는 상황에 직면했고, 1990년 말 인도의 외환보유고는 3개월 수입분 이상을 감당하지 못하는 상황과, 정부의 재정적자에 의한 디폴트를 선언해야 하는 상황에 치닫고 있었다. 결국 IMF의 긴급 자금 지원을 얻기 위해 국가의 금보유고를 영국과 스위스로 항공편을 통해 내보내야 했다. 세계은행(World Bank)이 대출을 지원하는 조건 중 하나가 인도경제의 자유화와 구조개혁이었고, 이에 따라 외국기업의 진출을 자유화하기에 이른다. 공공주도의 경제발전 전략이 시장주도로 공식 전환되는 시점을 1991년이라고 할 수 있다. 하지만 이렇게 구축된 개방경제에 대한 인도인들의 심정적인 반감은 지금도 일상 속에 남아 수많은 비공식적 장벽을 만들어 내고 있다.

[45] 근거는 재정부(Ministry of Finance) 2014 자료. 제조업 정체의 이유를 과도한 조

황이 바뀌지 않으니, 기반시설 구축에 투자할 재원이 없는 상황에도 변화가 없었다.

비효율적 경제체제 속에서 각자도생의 노력은 집단이기주의와 맞물려 내각제 정치체제에서 법률의 과잉생산을 불러왔다. 법률 규정으로만 보자면 국가는 일상의 모든 것에 개입하는 '강한 국가'로 자리잡았지만, 동시에 국가행정의 실행력의 부재는 아무것도 하지 못하는 '약한 국가'로서의 모순적인 상황을 만들어 냈다. 그리고 부정부패가 끼어들어 사회적 의사결정 과정은 더욱 더 왜곡되었다.[46] 결국 정치적 결정이 필요한 많은 사안이 사업부의 판단으로 회귀되었고, 그 자체로도 결코 효율적이지 않은 사법부 조직은 정치의 주체로 전면에 등장하면서 다시 사회적 갈등조정의 비용을 증가시켰다.

중산층에 편입되지 못한 대다수의 도시주거민들은 "비공식"(informal)이라고 쓰고 "무허가"라고 읽는 주택단지에서 부족한 전기와 상하수도 공급의 문제를 여러 통로를 통해 해결해 가면서 산다. 무허가 주택단지에도 여러 편차가 있다. 주거지역 외의 농지에 조성된 주택단지에 사는 사람들부터 국유지에 불법

세부담, 기반시설 미비, 자본조달의 어려움, 숙련노동의 부재, 연구개발 투자 부재 등등으로 꼽을 수 있지만 결국 이 모든 것은 함께 얽혀 있는 문제라는 사실이 사태를 심각하게 만든다.

46 예를 들어 인도의 노동법을 보자. 인도는 노동법으로서 중앙정부 권한 아래 있는 44개 법률과 주정부 권한 아래 있는 100개의 법률을 갖추고 있다. 하지만 이렇게나 많은 노동법들의 적용을 받는 노동자는 거의 7~8%에도 미치지 못한다. 왜냐하면 노동법의 적용을 받자면 공식적인 고용관계를 가진 노동자여야 하는데 92~93%의 노동자는 비공식노동에 종사하기 때문이다(Shukla et al., 2017: 5). 따라서 노동법이 부족한 것이 아니라 법률의 홍수와 맞물리는 집행력이 부족한 것이 현실이다. 일상적으로는 집행되지 못하는 노동법이지만, 필요한 경우라면 누구라도 강력한 노동법에 근거해서 자기 권리를 주장할 수 있기 때문에, 기업이 노동자들을 고용하고 해고하는 일은 쉽게 이루어지지 못한다. 외국기업이 인도에 생산시설을 구축하는 투자를 망설이게 되는 요인이 된다.

단지를 조성해서 사는 사람들이나 슬럼에 거주하는 사람들까지 그 형태는 무척 다양하다. 그래서 이들은 필요한 상하수도를 얻어 내거나, 정부의 철거결정을 피하거나 혹은 막아 내려고 나름의 조직과 정치적 대리인이 필요할 수밖에 없다.[47] 바로 이들의 이익을 대변해서 정치인에게 압력을 행사하고 뇌물을 제공하는 등의 일을 하는 사람들이 등장하게 되는데 이들은 상당한 조직과 자금과 영향력을 가진 이들로 성장했다. 이런 사람들에 의지해서 모든 문제를 해결해야 하는 사람들의 입장에서 이들은 사회운동가이고 서민의 대변인이며 지역사회의 유지인데, 다른 사람들의 입장에서 이들은 조직폭력배이고 범죄자에 불과하다. 이 두 가지 표현이 모두 맞다고 해야 한다. INC의 장기집권과 독주가 이어지던 시대에는 이들 지역유지들이 해당 지역구의 정치인에 결탁해서 끈끈한 보호자와 추종자(patron-client) 관계를 맺어, 부정부패의 체계적인 매개고리를 형성하면서 지역민들의 이익을 대변하는 역할을 수행하고 있었다. 그런데 카스트기반 지역정당들이 득세하면서 INC의 낡은 지배체제가 와해되기에 이르렀고, 각 정당들은 정치인들간의 협상을 통한 지분 나누기보다 대중에게 어필하는 한 지도자를 중심으로 재편되는 양상이 고착되었다. 전통적인 보호자와 추종자 관계가 와해되고 나서 새로 구축된 정치구도 안에서 이 범죄자 겸 지역유지들은 직접출마의 길을 택하는 경우가 많아졌다. 이들은 지역기반을 갖춘 이들이다 보니 당선의 가능성이 높은 것이 당연하고, 각 정당들이 이들을 공천하는 일도 늘어났다. 게다가 1991년 경제자유화 조치를 통해 정치권력을 분점할 수 있는 사람들은 국가가 독점하던 다양한 분야의 사업들(토지, 에너지, 미디어, 통신 관련 사업)에서 지분을 확대하고 막대한 이윤을 거둘 가능성이 늘어났다. 범죄자 그리고 중범죄자의 정치진출은 날로 늘어나고 있다는 것이 매번 선거마다 자료를 통해 확인되고 있다.[48] BJP의 정치기반인 민족자조봉사단(Rashtriya

---

47　앞서 서술한 델리의 DDA 사례가 대표적이다(Ghertner, 2012: 1163 참조).

48　2003년 대법원의 결정으로 국회와 주의회 출마자는 기소 중인 형사사건과 전과 기

Swayamsevak Sangh: RSS)가 실제로 장시간에 걸친 지역 현장의 사회사업과 사회활동을 수행한 풀뿌리 조직을 근거로 영향력을 키워왔다는 사실을 상기하면, 이러한 지역구 현장에서의 장악력을 가진 이들이 가진 잠재력은 결코 무시할 것이 아니다.[49] "정치의 범죄화"(criminalization of politics)로 불리는 일이 이제 인도 정치권의 일상이 되고 있다. 각자도생의 사회에서 불가피한 현상이라고 할 수 있을 것이다. 인도 중산층이 주도한 생활기반시설의 배타적 이용이 정치의 범죄화로 부메랑이 되어 돌아오고 있는 셈이다.

이러한 상황은 결국 모든 사회적 갈등을 해결하는 일에 긴 시간과 막대한 비용을 들여야 하는 고비용 구조를 고착시켰다. 이 고비용 구조가 국가의 기반시설 구축사업 추진에 부정적인 영향을 미치는 것은 당연하다. 그래서 SCM을 추진하기 위해 사업추진의 주체를 법률적으로는 사기업인 특수목적회사로 상정하고, 사업추진의 과정에서 벌어지는 다양한 문제들을 여러 우회로를 통해 해결해 가려는 시도가 벌어지고 있는 것이다. 하지만 모든 불이익을 당하는 주체들은 고비용 구조를 이용해서 사업추진 주체들에게 압력을 넣기에 충분한 입지를 확보하고 있다는 사실을 잊지 말아야 한다. 이것이 현재 SCM 추진이 더디게 된 큰 이유 중 하나이다.

4. 기술적 모호함이 주는 정치적 가능성

서구의 스마트시티는 빅데이터를 활용하여 도시 내 네트워크를 구축하는 일이라면 인도의 스마트시티는 가장 기본적인 기초인프라 구축을 주 내용으로 한다. 상수도, 하수도, 전기, 주택을 공급하는 일을 주요 내용으로 삼는 것이 주다(Datta, 2016). 물론 이러한 인프라 구축에 광통신망 구축이 포함되거나 하더라도 실

록을 포함한 정보를 선관위에 제출하고 이 정보가 공개되도록 제도화되었다.

49 RSS에 대해서는 Andersen and Damle(2019) 참조.

질적인 핵심 내용은 기초인프라 구축이라고 해야 한다(Smart City Guidelines, 2015: 5 -6 참조). 그런데도 인도 정부가 "스마트시티"라고 이 정책의 제목을 붙일 수 있는 이유는 '스마트시티'는 정의가 불가능한 개념이기 때문이다. 도시 내의 다양한 문제 해결을 위한 일정 정도의 패턴, 특히 효율성을 개선하기 위해 신기술을 도입하고 의사결정 과정에 공동체가 함께 참여하게 하는 등등의 패턴은 존재한다고 해도 스마트시티가 무엇인지에 대한 하나의 정의가 있지는 않다는 쪽으로 국제적인 합의가 모아져 있다(Taraporevala, 2018: 6; Vanolo, 2016). 다시 말해서 '스마트시티'는 내재적으로 기술적 모호함을 지닌 개념이고, 이 사실이 "스마트시티"의 정치적 활용가능성을 극대화시킨다(Burte, 2014: 22 -23). 각 지역이 구체적으로 요구하는 내용을 임의로 포함시킬 수 있고 여기에 혁신과 기업가정신이나 사업모델이 결합될 수 있다.

스마트시티를 통해 개발에 수반되는 위험들이라고 할 수 있는 것들인 범죄, 빈곤, 에너지 부족, 슬럼 등등은 개발사업의 고려 내용에 포함시키지 않을 수도 있다는 것이다. 기초인프라가 부족한데도 필요한 목표를 달성하겠다는 인도의 지름길 전략의 사회적 구현이라고 할 수 있겠다. 이 모호함은 기술적 아우라와 결합되면서 추진과정에 대한 예측가능성을 기술적 내용을 숙지한 전문가들의 영역으로 제한시켜 민주적 통제 가능성에 대한 요구를 차단하는 데에 적합한 개념이다(Ferguson, 1990/1996). 또한 '환경정의'라거나 '친환경 건설'처럼 정의가 불가능한 개념이지만 그것의 정치적 당위성은 논란의 대상이 되지 않는다는 인상을 만들어 낼 수 있어서 정치적 활용가능성이 극대화된다. '스마트시티'를 정의하지는 않지만, 추진되어야 할 당위로 정치적 아젠다를 설정하기에는 기술적 모호성이 좋은 도구가 된다. 그리고 추진되고 나서 '스마트시티'가 구현되었는지에 대한 판단을 기계적으로 내리는 것도 불가능한 것이 현실이다. 따라서 정치적 결정권자들은 SCM 사업 추진의 결과에 대한 정치적 책임을 져야 하는 상황을 우려할 필요가 적다. 이것이 기술적 모호함의 또다른 장점이라고 할 수 있다. SCM의 기획단계에서부터 스마트시티의 맥락을 결정하는 핵심

요소로 "변화와 개혁을 위한 의지, 도시 거주민들의 가용자원과 열망"(Smart City Guidelines, 2015: 5)이 제시되는 부분에서 우리가 읽어내야 하는 함축은 바로 SCM의 개별 사업의 성패를 결정하는 객관적인 지표가 부재할 수밖에 없는 구조로 사업이 기획되었다는 사실이다.

앞서 '미션'의 형태를 취한 사업이 갖는 정치적 맥락에 대해 설명했다. 이 맥락을 고려한다면, SCM은 중앙정부 주도의 사업이면서 이것이 중앙정부의 직접 개입과 책임이 덜한 형식을 취할 수 있는 사업인 셈이다. 거기에 보태어 '스마트시티'라는 새로운 표어를 채택하면서 지금 당면해서 해결해야 하는 현재의 모든 문제를 과거의 유산으로 환원시키는 정치적 효과가 있다. 로고로 나비가 채택되면서 환골탈태가 진행되는 사업이 SCM임을 대중들에게 각인시키고 있는 것은 이러한 맥락이다. 다른 면에서 보자면 역사적으로 그리고 제도적으로 지방정부의 결정권 안에 있는 도시개발과 연관된 사업 결정권을 중앙이 가져가는 것이 SCM인 셈인데, 실제 수행의 면에서 SCM에 직접 포함되지는 않더라도 연계된 많은 과제들이 지방정부에 의해 해결되어야만 한다. 이 구체적인 예를 토지수용을 통해 살펴보겠지만, 사업에 포함되는 과제의 구분선이 불분명한 가운데, 문제의 대두와 해결의 책임소재에 대한 논란이 제기될 소지가 다분하다고 할 수 있다. 이것은 사실 스마트시티가 SCM이 지향하는 바 목적으로서의 어떤 성취해야 할 상태인지, 혹은 다른 목적을 달성하기 위해 수단으로 사용되는 것인지도 불분명하다는 점에서 기인한다고 할 수 있다. 즉 스마트시티를 정치화시키면서 그것이 사실(fact)에 대한 서술인지 아니면 전략(strategy)에 대한 서술인지가 섞이면서 제시되는 것이 현실이다(Burte, 2014: 23).

Ⅳ. 스마트시티미션(SCM)의 셈법

1. 해외자본 유치

인도 정부는 부족한 기반시설 구축을 위한 해외자본 유치에 공을 들여왔다. 그런데 그 성과는 적었다.[50] 인도의 전력송전망 확충의 예를 들어 보자. 인도 내 전력부족은 상시적인데, 보태어 송전과정의 손실이 평균 20%에 달하는 현실의 문제를 해결해야 하는 급선무가 남아 있다. 그래서 인도 정부는 2021년 들어 지역 송전사업자들을 활성화하기 위해 3조루피를 사용하겠다고 했다. 안정적인 전력공급이 필요하며 발전과 송전사업자들의 건전성을 개선하겠다고 발표한 내용인데, 그 목표가 해외 투자자들이 관심을 가질만하게 만들기 위해서라고 한다(Singh and Chakraborty, 2021). 그런데 이러한 발표에 대해 언론에서 언급하고 있는 추가 사실은 이 프로그램이 2015년에도 이미 발표된 적이 있고, 공인된 실패 사례였다는 것이다. 그런데 갑자기 2021년에 똑같은 정책이 새롭게 성공할 수 있는 가능성을 보여주는 변화된 내용은 찾기 힘들다. 해외자본이 인도의 기반시설 투자에 쉽게 나서지 않는 이유로 첫째는 외국인의 직접투자에 대한 공식적 혹은 비공식적 장벽을 들 수 있다.

대표적으로 영국 통신회사 보다폰(Vodafone)의 경우를 들 수 있다. 보다폰은 2007년에 112억 달러짜리 거래로 인도의 허치슨 에사르(Hutchison Essar)의 지배권을 확보했는데 이 거래는 인도 외에서 이루어진 것이었다. 인도 국세청은 1억 1,218만 루피의 세금을 누락시켰다고 통보했고 벌금으로 7천 9백만 루피를 청구했다. 이에 보다폰은 소송을 강행했고 최종심에서 승소했다. 그러자

정부는 2012년에 조세법을 소급개정해서 이 사건에 개입했고, 결국 보다폰은 국제법을 찾아 상설중재법원으로 이 사건을 가져갔다. 다른 케른에너지(Cairn Energy)의 경우도 거의 비슷한 사건이었고, 관련 유사 사건으로 이 외에도 인도 내 자산을 취득한 15개 회사들이 연관된 줄소송이 있었다. 인도 내 자산을 지키기 위한 소급입법도 불사하는 정치적 관행이 해외 투자자들을 망설이게 만드는 것은 당연하다. 죽은 법률이 다시 살아나는 일이 인도에서는 얼마든지 가능하다는 말인데, 헤이그의 상설중재법원(The Permanent Court of Arbitration)은 명확하게 이런 방식의 소급입법이 자유무역협정에 따른 공정하고 공평한 대우의 기준(standard of equitable and fair treatment under a free trade treaty)을 침해한다고 판결을 했다. 조세를 소급해서 부과하는데, 여기에 소급입법을 수단으로 동원하는 인도의 관행은 심각한 문제를 안고 있었다. 그래서 전문가들이나 정치인들 모두 이 문제를 알고 있었지만 인도의 사법부도 인도의 수상한 정치적 의사결정 주체였던 셈이다. 2018년 당시 재무장관이던 자이뜰리(Arun Jaitley)는 보다폰(Vodafone)관련 징세 문제가 "잘못된 결정"(erroneous decision)이었다고 생각한다고 발언한 바 있는데, 2014년 7월 의회의 예산기조연설에서는 "소급 징세를 할 수 있는 권한은 국가의 주권사항"이라고 하면서 다만 조심스럽게 행사되어야 한다는 단서를 붙인다.[51] 합리적 제도 구축과 정치적 구호 사이에서 줄타기하는 모습이 적나라하게 연출된 것이다. 이러한 사실들이 인도가 외국자본의 투자를 실질적으로 불가능하게 만드는 시장과 제도의 불확실성을 스스로 증폭시키고 있음을 드러내 준다. 정치권과 사법부 모두가 불합리한 관행을 유지하는 일에서 정치적으로 각자의 몫을 하고 있었던 상황이라고 할 수 있는데, 인도가 처한 현실은 변화를 요구하고 있다. 최근 2021년 조세법(Taxation Law (Amendments) Act 2021)이 2021년 8월 13일 대통령의 재가를 받았고, 이 법안

---

51 The Economic Times. 2020. "Retrospective taxation: India loses Cairn Energy arbitration case but goes after Vodafone."(December 24).

의 내용에는 그간 꾸준하게 논쟁거리가 되고 문제가 되어 온 소급 징세의 대표
격 사안이었던 2012년 법률에서의 소급 징세를 이제야 무효화시키는 내용이 포
함되었다. 기나긴 보다폰 논쟁이 2021년에야 막을 내린 것이다.

세속주의에 기초한 전문기술관료가 주축이 되는 국가운영의 면에서 인도
의 중심세력인 전문기술관료의 성격에 대해 이해할 필요가 있다. 이들이 부패
한 집단이고 비효율성을 내재화한 집단이라는 비난은 타당한 면이 있지만, 피
상적인 비판에 그친다고 보인다. 더욱 핵심적인 측면은 바로 이들이 중산층의
주축을 이루는 집단이며 동시에 국가의 분배에 의존하는 집단이고 동시에 경쟁
회피적인 지향을 가진 집단이라는 점이다. 앞서 밝힌 바대로 인도 중산층은 국
제 자본주의 체제의 개방성과 합리성을 주장하지만, 일상에서의 기득권자로서
국가의 개입을 통한 특권의 유지에 훨씬 더 관심이 많은 집단이다. 이 점은 바로
외자유치가 현장의 개별 공무원들에게 긍정적인 반응을 얻어내지 못하는 뿌리
가 되고 있다고 필자는 판단한다. 따라서 SCM이 큰 틀에서 외자유치를 염두에
둔 사업 설계를 했다고 하지만, 현장에서의 실행에서는 개별 관료의 암묵적 저
항을 뚫기 어려운 것이 현실이다. 여기에는 개인적인 부정부패와 태만 이상의
동력이 작동하고 있는 것이다.

인도에서 SCM이 추진되면서 초기의 기획과는 다른 양상으로 전개되는 사
정들을 찾아볼 수 있는데, 우리가 주목할 만한 사실은 초창기의 제안과 기획들
은 대단위 예산을 상정하고 시장지향의 자금조달 계획을 세워 사업을 추진하는
것들이었는데, 시간이 지나면서 점차 사업의 내용들이 작은 예산으로 기존의
가능한 자금조달, 다시 말해서 국비와 지방예산을 통한 지원에 의존하는 형식
의 사업들이 주를 이룬다는 사실이다(Taraporevala, 2018: 2). 형식적인 목표 달성
률이 당초 계획에 못 미치는 현실에 대한 구체적 검토 없이도, 이러한 흐름이 분
명하게 말해주는 것은 바로 SCM이 원래 목표했던 바 핵심 사안이었던, 외자를
중심으로 한 민자유치에 실제로 성공적이지 못하다는 것이다. SCM의 핵심 목
표이자 내용은 바로 스마트시티를 통해 외자를 유치하는 일이었고, 다양한 해

외 정부나 기관 차원에서 SCM 자체에 대한 혹은 개별 사업에 대한 지원을 위한 논의가 이루어졌다. 여기에는 세계은행과 아시아개발은행, 미국 무역개발처(US Trade and Development Agency), 유럽연합, 유럽투자은행(European Investment Bank), 한국정부와 한국토지주택공사 같은 공공기관은 물론이고 다양한 사기업들도 포함되어 있었다.[52] 예를 들어 정부지원금 100억 루피를 상정한 도시가 신청서를 제출할 때에는 250~300억 루피의 총 사업자금을 상정한 계획서를 제출하고, 이를 근거로 심사를 받아 선정되는 구조가 사업의 요체인지라, 정부지원금 100억 루피는 결국 종자돈으로 작동하고 추가 자금은 시설사용료(주차비, 상하수도 요금, 쓰레기 수거비 등) 수입, 시설의 광고료, 은행 차입금, 해외 투자금 등등으로 채워 넣어야 하는 것이다(Gulati, 2021). 이것이 이루어지지 못하면 사업에 진전이 없는 것은 당연하다.

스마트시티 사업은 공급 측면에서 볼 때 생산품으로서의 도시공간을 창출한다. 이렇게 되면 부동산시장의 레버리지를 일으켜 기존의 도시공간을 유동화하고 자본화할 수 있다. 이를 통해 국제적인 자본이 새로운 비즈니스를 구상할 수 있게 해서 부족한 재정이 수행하지 못한 기초인프라 구축사업의 소요 자본을 조달하겠다는 인도 정부의 계산이 가능하다(Burte, 2014: 25). 그래서 인도정부의 기획에 호응해서 2014년 이후로 영국의 캐머런 총리, 미국의 오바마 대통령, 프랑스의 올랑드 대통령, 일본의 아베 총리 등이 인도를 방문했을 때마다 스마트시티를 매개로 인도를 향해 지식과 기술과 자금을 지원하겠다는 외교적 약속이 이어졌다. 2018년 인도를 방문한 한국의 문재인 대통령도 "스마트시티·전력·철도·도로·항만·재생에너지 등 인도의 대규모 인프라 사업에 우수한 경쟁력을 갖춘 한국 기업이 참여할 수 있도록 관심을 가지고 협력해 나가기로 했다."[53]고 발표했다.

---

52 구체적인 기관의 이름과 투자약정 액수에 대해서는 HLRN(2017: 27ff)을 보라.

53 이상헌. 2018. "문대통령 '한·인도 특별전략적동반자관계 실질화·격상 적기'." 연

　그런데 스마트시티 조성은 사회정치적 맥락과 무관하게 수행될 수 없는 것이고, 이를 구현하기 위한 제도정비 면에서 인도는 준비가 부족했으며, 결과적으로 해외 자본들에게 매력적인 투자시장으로 관심을 끄는 일에서 성공하지 못했다. 모디 총리가 사용한 "차단선이 아니라 붉은 카펫을 깔자"(lay a red carpet and not red tape)라는 수사와는 다르게 외국자본이 인도에 투자하거나 혹은 스마트시티 사업과 관련한 구체적인 계약을 맺는 일은 인도의 고질적인 관료적 비효율성과 현장 관료들의 반감이라는 벽에 막혀 좌절되는 일이 드물지 않다. 외국자본이 요구하는 최소한의 제도적인 확실성이 담보되기 어려운 것도 현실이었다(Datta, 2016). 그리고 이 과정에서 중요한 요인이 된 것은 각 해당 지방정부의 입장에서 볼 때에는 중앙정부의 결정권 아래서 외국자본이 도시개발 분야의 영향력을 빼앗아 가는 것을 용납하고 싶지 않은 면이 있다는 사실이다. 결국 사회적 의사결정의 악순환구조를 해결하지 못한 채, 재정부족과 기반시설 미비라는 악순환구조를 외자유치를 통해 끊겠다는 시도가 갖는 한계가 노정된 것이라고 할 수 있다. 이데올로기에 입각한 것으로 보이는 일방적인 비판은 차치하고라도,[54] 경제적 이윤을 창출하는 것을 궁극적인 목적으로 삼는 민자유치의 규모를 늘려가면서 기초인프라를 구축하겠다는 구상은 이윤창출이 가능한 분야에 한정해서 투자가 이루어질 수밖에 없도록 만든다. 결국 이러한 투자는 생활을 위한 기초인프라 구축에서의 경로의존성을 만들어낼 위험이 있고, 궁극적으로 왜 스마트시티를 구축해야 하는지에 대한 목표설정 자체를 무력화시킬 위험을 안고 있기도 하다(Taraporevala, 2018: 4).

합뉴스(7월 10일).

[54]　외자유치를 위한 중앙정부의 노력은 구체적으로 외국의 어떤 자본이 인도의 어느 도시에 투자할 것인지를 구체적인 외자유치의 성과로 발표하는 일들로 이어졌는데, 전통적인 "제국주의적 수탈"(imperialist loot)(Pali, 2016)이라는 투의 다분히 이데올로기적인 비판을 맞기도 했다.

2. 토지수용, 문제들의 교차점

토지수용 문제는 SCM을 추진하면서 불거진 문제가 아니라, 인도의 빠른 도시화 과정 속에서 벌어진 다양한 문제들이 토지사용의 효율성과 공정성을 두고 만나게 되는 문제들의 교차점이라고 할 수 있다. 다시 말해서 SCM 추진을 위해 토지문제 해결이 중차대한데, SCM을 계기로 이미 심각해진 문제를 해결해야 하는 것이 현실이고 기존의 많은 문제들을 야기한 핵심 사안이 바로 토지수용을 포함한 토지활용의 난맥상이다(Mohanty and Dutta, 2014). SCM을 추진하기 위해서는 당연히 부분적으로 혹은 계획된 사업 전체가 새로운 토지의 수용을 필요로 하는 경우가 많으니 문제를 피할 수 없고, 게다가 원래 수용지역으로 예상된 것 이외의 토지가 실질적으로 사업의 추진을 위해 필요한 경우가 발생하면 상황은 더욱 심각해진다.[55] 그리고 잊지 말아야 할 것은 토지수용은 연쇄작용을 낳는다는 사실이다. 한 지역의 토지수용이 수용만으로 끝나지 않는다. 도시공간은 그 공간에서 거주하는 사람들의 생존 및 일상과 직접 연관되기 때문이다.[56]

---

[55] 예로 망갈루르 스마트시티 유한회사(Mangaluru Smart City Limited)가 추진 중인 사업을 위해 스마트시티를 관통해서 NH-66 고속도로와 도시를 연결하는 도로를 건설해야 하는데, 도로건설에 필요한 토지를 수용하지 못하고 있다. 제도적으로 사업주체인 유한회사는 중앙정부 지침에 따라 직접 토지수용을 할 수 없게 되어 있고, 따라서 관할 지자체(Mangaluru City Corporation)가 토지를 수용해야 하는데 스마트시티 미션의 예산에 포함되어 있지 않은 토지는 보상금 부족으로 수용이 불가해지는 것이다. The Times of India. 2020. "Short of funds, MCC struggles to acquire land for Smart City road."(October 20).

[56] 2017년에 뜨리치(Trichy)는 SCM에 선정되었고 이미 과밀화된 도심의 재래시장인 간디시장(Gandhi Market) 재개발은 SCM에 포함되어 있었다. 기존 재래시장을 철거하고 복합상가를 조성해서 공간을 확보하고 도심재개발을 하겠다고 계획했다. 지자

　　SCM 추진 과정에서 토지수용 문제가 심각해지는 이유는 긴 역사적 경험들이 강력하게 부정적인 경험들을 누적시켜 왔기 때문이다. 인도 독립이후부터 2004년까지 총 6천만 명이 토지수용으로 강제이주되었고, 그 중에 최소 40%가 부족민(tribals)이고 20%가 달리트(Dalit)이라고 한다(Saxena, 2012: 437a). 1990년까지의 강제 토지수용은 대부분 국가에서 수자원 확보를 위해 댐을 건설하면서 발생한 수몰지구 이주민들이었는데, 1947~2000년 사이에 4천만 명이 수

체 소유의 부지이지만 필요한 사전조사를 행하고 재개발을 위한 컨설턴트까지 고용을 하고 형식적인 조치를 다 취했지만 상인들은 철거의 전제조건인 이주를 거부했다. 상인들은 부분철거와 재개발을 순차적으로 진행해야 한다고 요구하고 있다. 상인들은 원래 자리로 복귀되지 않는 재개발은 의미가 없다고 반발한다. 하지만 도시 전체의 상습적인 교통정체에 대응하기 위해서는 간디시장 철거를 강행해야 한다는 목소리도 상존한다. 간디시장 내 도매상들을 시 외곽의 새로 조성된 시장 부지로 2020년 4월에 이주시키기로 추진된 사업은, 이전을 거부하는 상인들의 저항으로 진전을 보이지 못하고 있고, 7억 7천만 루피가 투입된 새로운 시장시설(Kallikudi Central Market for Vegetables, Fruits and Flowers)은 기능을 못하고 있는 것뿐 아니라 구 시장터가 도심재개발 사업을 막고 있는 문제가 지속되고 있다(S. Ganesan. 2021. "Civic Projects: More Misses than Hits." *The Hindu*(January 01)). 최근 보도(TNN. 2021. "Highways Dept Begins Work to Relay Roads in Gandhi Market." *The Times of India*(January 23))에서 간디시장 구역에서 도로공사를 다시 시작한다는 주 고속도로부(state highway department)의 발표가 있었지만, 이것은 다분히 정치적인 발표이고 현실과는 괴리가 있어 보인다. 2020년 초에 상인들은 이주를 거부했고 코로나 사태가 터지면서 결국 사업 진척은 없던 일이 되었다(Deepak Karthik. 2020. "Gandhi Market Revival Plan Back to Square One." *The Times of India*(February 17)). 그런데 2차 대유행을 겪고 있던 2021년 4월의 보도(TNN. 2021. "Vegetable Traders Still Divided over Shifting to G Corner." *The Time of India*(April 12))에서 상인들 중의 야채 도매상들은 이전하겠다는 입장인데, 이들에게서 상품을 공급받는 소매상들은 이전에 반대하는 상황이 이어지고 있다고 한다. 다양한 이해당사자의 이해관계 조정이 쉽지 않은 것은 아마도 당연한 일이다.

개발사업종류	총 이주민수	%	재정착 완료자 수	%	재정착 대기자수	%
댐	16.4	77.0	4.10	25.0	12.3	75.0
광산	2.55	12.0	0.63	24.7	1.92	75.3
산업시설	1.25	5.9	0.375	30.0	0.875	70.0
자연보호	0.6	2.8	0.125	20.8	0.475	79.2
기타	0.56	2.3	0.15	30.0	0.35	70.0
총합	21.30	100	5.38	25.0	15.92	75.0

자원관리시설 건설에서 발생한 이주민들이었고 이중 2천 5백만 명이 이주민(displaced by land acquisition)이었고 1천 5백만 명이 물리적인 이주 없이 토지 등의 생계수단을 박탈당한 경우라고 한다(Fernandes, 2004: 1192b). 그런데 1990년까지의 댐 건설 강제이주민 중 24.9%만이 재정착했고, 75.1%가 2002년에도 기약 없이 보상과 정착이 이루어지기를 기다리고 있다(Kumar and Mishra, 2018: 26)는 자료도 있다. 표 1을 보면 1991년 경제자유화조치 이전 어떤 개발사업들이 토지수용의 이유였고 이주민들 중에 재정착이 이루어진 경우가 얼마나 드문지를 잘 보여주고 있다.

약자들을 상대로 한 이러한 가혹한 토지수용의 관행은 토지수용 과정의 합리적인 이해관계 조정과 타협을 불가능하게 만드는 사회적 원인이 되고 있다. 여기에서 동시에 고려해야 할 것은 10명의 이주민이 발생할 때 6명의 비율로 생계박탈피해자가 발생한다는 사실이다(Fernandes, 2004: 1192b). 이주민은 공식적으로 주거지를 옮겨 달라 요구할 권리를 갖는 사람들이지만, 개발사업으로 그 생계대책이 없어지는 토지 소유권이 없는 사람들은 이러한 위치도 차지하지 못하는 사람들이다.

---

[57]   Kumar and Mishra(2018: 27)를 일부 발췌. 원 출처는 Walter Fernandes and V. Paranjpye. 1997. *Rehabilitation Policy and Law in India: A Right to Livelihood.*

이러한 상황이 고착화된 것은 식민시기 이래의 낡은 제도가 정비되지 못한 채, 국가의 재정난을 사회적 약자에게 전가하는 관행이 일상화되면서 벌어진 일이다. 원래 1894년 토지수용법(Land Acquisition Act, 1894)에서는 공익을 위한 토지수용에 사적 기업의 토지사용이 포함되지 않았다. 그런데 정부는 물론이고 대법원까지 공익을 위한 토지수용에 대한 해석을 사기업이 포함되는 것으로 확대해 주면서 이러한 법률규정의 내용은 무의미해졌다. 그런데 원칙상 모든 공익을 위한 토지수용은 국가재정이 지출되어야 하는 것이고, 실제로 자본을 가진 기업이 토지를 사용하는 경우에도 부족한 국가재정과 집행력이 결여된 행정기관과 이를 악용하는 범죄자들과 부정부패까지 결합되면서 토지수용의 원활한 집행은 현실적으로 불가능한 일이 되었다. 이러한 상황전개는 피해당사자의 강한 반발과 게릴라전투를 포함한 무장봉기의 출현 같은 극단적 저항을 일상화 시켰다. 문제는 이런 사회경제적 비용이 제대로 시장가격을 반영한 토지보상비를 지급하는 것보다 적은 비용을 요구하는지에 심각한 의심이 든다는 점이다. 근본적으로는 정부에 대한 신뢰가 거의 전무한 것이 문제인데, 사기업이 추진 주체가 되는 SCM의 틀 안에서 갑자기 모든 문제를 해결할 수가 없는 것은 당연하다. 표 1에서 보이듯 사람들이 오랜 기간에 걸쳐 겪은 현실은 재정착에 대한 정부의 약속을 결코 믿어서는 안 된다는 것이다. 그리고 대부분의 경우 실제로 보상비를 받는 사람들은 그 땅에서 살지 않는 토지소유주들이거나 중간에서 이득을 취하는 사람들이다.

그런데 2009년의 토지수용법(Land Acquisiton Bill, 2009)에서는 상당히 심대한 변화가 있었다. 내용은 사적인 이해관계 주체이더라도 해당 토지의 70% 이상을 합법적 계약(lawful contract)을 통해 매입했다면, 나머지 30%는 토지수용의 대상이 된다는 것이다.[58] 결국 문맹률이 높고 소유관계 개념이 희박한 부

New Delhi: Indian Social Institute.

[58]   (iii) the provision of land for any other purpose useful to the general pub-

족민(tribals) 거주지역에서 범죄조직과 결탁된 범법정치인(goonda)들이 활약할 수 있는 장이 마련된 셈이다. 폭력과 불법과 서류조작등의 다양한 방법을 통해 합법적인 것으로 포장이 가능한 토지매입이 70%를 넘기게 되면, 해당 토지를 자산화해서 막대한 부를 얻을 수 있는 길이 열리는 것이다. 이런 맥락에서 이들이 활동할 수 있게 해 주는 아주 좋은 토대는 바로 인도의 토지대장이 절망적일만큼 케케묵은 것(hopelessly out of date, Saxena, 2012: 438a)이라는 사실이다. 돌레라(Dholera) 사업[59]에서 구체적인 토지대장 문제의 사례가 잘 드러난다. 예로 헤밧푸르(Haibatpur)마을에 사는 38세의 볼리야(Faljibhai Nagjibhai Bauliya)라는 농부는 96에이커의 농지를 소유했다고 하는데, 지금 전산화된 농지 기록에는 그 절반도 나타나지 않고 있다(Kohli, 2016). 1968년에 토지개혁의 일환으로 국가에서 받은 농지가 아직도 공식 기록에 반영되지 않고 있는 것이다. 이 농지에 대해 내야 하는 불하대금 납부가 완료되기 전에는 농지대장에 기록해 주지 않고 있는 것이 현장 조세징수기관의 관행이다. 수많은 농지개혁 법안들과 유사정책들(Land Ceiling Act, State Tenancy Law, Santhani Scheme)이 시행되었지만, 실제로 농지를 갖지 못하고 문맹이었던 농민들의 권리관계가 공식 서류에 반영되지 않은 경우가 허다하다. 문맹 문제와 맞물려 토지가 세월이 지나면서 지속적으로 분할된 과정을 겪었고 해당 공무원이 부패한 경우가 많았기 때문에 이러한 문제는 계속 악화되어 왔다.

토지수용 문제에서 탈출구가 되리라 많은 기대를 얻은 것은 바로 토지출

---

lic, for which land has been purchased by a person under lawful contract or is having the land to the extent of 70 per cent, but the remaining 30 per cent of the total area of land required for the project is yet to be acquired.

Explanation: The word 'person' shall include any company or association or body of individuals, whether incorporated or not.

59   아래에서 설명할 DSIR 사업.

자(land pooling) 방식이었다. 토지출자의 경우 토지소유자가 미개발 토지를 자발적으로 넘겨주고 대신 개발된 이후의 토지 중 일부를 보상으로 받는 방식을 사용한다. 이상적인 경우라면 사업추진의 장애물이 될 수 있는 높은 토지보상금[60]을 아낄 수 있는 개발주체와 개발 이후 가치가 증대된 토지를 받는 피수용자 모두 이득을 얻을 수 있다. 우선 토지소유주가 아닌 생계박탈피해자를 위한 대책은 되지 못한다는 한계[61]는 차치해 두고 이 가능성의 의미와 맥락을 검토해 보자. 토지출자 방식 해결책의 맥락과 의미를 역사적으로 검토하자면 우선 구자라트(Gujarat)주의 돌레라특별투자구역(Dholera Special Investment Region: DSIR)이나 구자라트국제금융기술도시(Gujarat International Finance Tec-City: GIFT)와 같은 개발사업을 검토해 보아야 한다. 2007년 발표된 DSIR 사업은 "국

60　비다디 스마트시티(Bidadi Smart City) 프로젝트 추진을 준비하고 있는 벵갈루루대도시권개발청(Bangalore Metropolitan Regional Development Authority) 공무원이 토지보상비가 "폭탄"이 될 수 있다는 표현을 언론 인터뷰에 사용했을 만큼 토지보상비는 스마트시티 사업추진에서 부담이 되는 것이 현실이다. The Times of India. 2016. "BMRDA to try landpooling for Bidadi Smart City project."(December 01). 그래서 뿌두체리(Puducherry)의 경우처럼 특별경제구역(Special Economic Zone) 조성을 위해 수용된 토지를 스마트시티 프로젝트를 위해 전용하는 예들도 있다. The Economic Times, 2016. "Land acquired for SEZ to be used for Smart City project in Puducherry."(June 23).

61　예로 안드라프라데시(Andhra Pradesh) 주의 아마라바티(Amaravathi)의 경우만 보더라도 현실적으로 모두가 이익을 얻는 것은 결코 아니었다(HLRN, 2017: 23; 70, fn.88). 대다수 달리트(Dalit)에 속하는 토지가 없는 일용직 노동자들은 2,500루피만을 보상으로 받고 직업이 없어졌으며 일자리를 찾아 매일 50km를 이동해야 하는 상황이 벌어졌다. 이러한 아마라바티에서의 토지출자 문제에 대해 몬포트사회연구소(Montfort Social Institute)가 전하고 있는 동영상이 있다: http://www.youtube.com/watch?v=bdaBCuBFlnc.

제적인 생산과 유통의 허브"로서 스마트시티와 국제공항까지를 갖춘 지역발전의 비전을 제시했다. 이 사업은 실제로 델리 – 뭄바이 산업회랑의 일부로 24개의 사업거점들 중 하나에 해당하는 사업이었고, 당시 구자라트 주지사였던 모디가 이 사업을 발표했던 당사자였는데, 이제는 모디가 총리가 되었고 그래서 2015년에 중앙정부에서 278억 4천만 루피의 자금지원이 이루어지면서 구체적으로 추진되기 시작한 사업이다. 그런데 이 사업이 더욱 중요해진 이유는 바로 탈이 많았던 토지수용에서 벗어나 토지출자 모델을 도입했다는 사실이다. 그런데 이런 모델이 필요해진 직접적인 이유는 바로 2013년의 '토지수용 및 이주정착에 대한 공정한 보상과 투명성 제고를 위한 법'(Right to Fair Compensation and Transparency in Land Acquisition, Rehabilitation and Resettlement Act, 2013: LARR)이 제정되었기 때문이다. 이 법을 통해 토지수용으로 생계대책을 잃게 되는 사람들의 권리침해에 대한 사회적 영향을 고려하고 이주와 재정착에 대한 권리를 신중하게 고려해야 하는 상황이 벌어졌다.[62] 그런데 현실적으로는 이 법을 통해 많은 상황이 개선되기보다는 토지주들과 수용주체들 간의 힘겨루기가 더욱 심해지고 사업 진행은 더욱 더뎌지고 사법부 의존이 강화되는 경향이 나타났다. 이러한 상황을 타개할 묘안으로 정책 전문가들 사이에서 제안되고 선호되던 해결책이 토지출자 방식이었는데, 이 해결책도 현재로는 큰 희망이 되고 있지 못하다.

DSIR 사업에서의 토지출자 모델은 토지소유주가 토지를 유동화시켜 자본

62　LARR 2013은 정부사업의 경우 동의가 필요하지 않게, 공공 – 민간 합작사업은 70% 토지주의 동의를, 그리고 민간사업은 80% 토지주의 동의를 얻도록 규정했다. 추가로 사회적영향평가(Social Impact Assessment)를 의무화했고 관개사업의 경우라면 환경영향평가(Environmental Impact Assessment)도 시행하도록 했다. 그리고 관개된 다중곡물영농지(irrigated multi – cropped land)는 주정부가 정하는 상한선 이상으로 수용되지 못하게 했다.

이 커질 때 수익을 나누는 투자자 역할을 하라는 것인데, 문제는 현장의 농민들에게 당장 먹거리를 확보할 대체 농토가 제대로 주어지지 않는다는 것이었다. "돈을 먹을 수는 없잖아요?"라는 구호가 모든 것을 말해준다. 우선 구자랏 주에서 특별투자구역법(Special Investment Region Act, 2009)에 따라 정부는 농부들의 땅 50%를 아무런 보상 없이 수용할 수 있다. 왜냐하면 나중에 개발이 완료되고 나서 저가의 농토 대신 받게 될 비싼 땅이 크기가 절반이라고 해도, 원래 농토 전체보다 훨씬 가치가 큰 땅이 될 것이기 때문이다. 추진 과정에서 수용자들은 논리적으로 대상 토지가 그저 황무지(barren land)라고 전제하고 현실 상황에 주목하지 않았다. 그런데 농부들은 아주 비옥한 옥토이고 밀과 목화를 경작하고 야채들도 자라는 좋은 땅이며, 국가에서 약속한 관개시설이 갖추어지면 더욱 가치 있는 땅이 될 것이라고 한다. 따라서 이들에게 대체지로 주어질 진짜 황무지에서 이들은 보상으로 받을 토지를 유동화할 때까지 생계대책이 없게 된다(Kohli, 2016). 또한 새로 이주하게 되는 대체농지가 있다고 해도 그곳에서 농업을 위한 시설을 갖추자면 투자금을 확보해야 하고 관공서의 허가를 새로 받아야 하는데, 이것은 엄두가 나지 않는 과제가 되고 만다. 그리고 개발이 끝난 고가의 토지를 받는다고 해도 그 토지는 용도가 IT, 여가시설, 스포츠 등으로 구역에 따라 제한된다. 따라서 그 땅에서는 다른 활동을 할 수가 없게 된다. 또 토지소유자인 농부들의 경우 자발적으로 농지를 제공하고자 하지 않는 경우이더라도 주변의 토지들이 수용되고 나면 영농이 불가능해서 농지를 포기해야 하는 경우가 많다(HLRN, 2017: 23).

　　LARR이 토지수용의 현장에서 실제로 관철되었는지는 별도의 질문으로 남겨 두더라도, 몇몇 주 단위(Tamil Nadu, Maharashtra and Karnataka)에서는 식민시기 법률(Land Acquisition Act, 1894)을 동원해서 토지수용을 강행하기 위한 편법을 도입했다. 예로 LARR이 발효된 직후 타밀나두주에서는 LARR이 주 내부에서 적용될 때에는 동시에 적용되도록 첨가조항을 제시해서 LARR의 예외 3가지를 만들어 2015년 1월부터 시행하게 했다. 이에 따른 소송전이 이어지고 있고 여러 주의 개별 사정들이 복잡한 전개 양상을 낳고 있지만, 분명하게 LARR에 대한 중앙정부와 정치권에서의 회피시도는 여전히 살아 있는 양상이다. 마드라스고등법원(Madras High Court)이 2019년 7월 3일 타밀나두주의 토지수용법이 LARR로 무효가 되었다고 판결했다. 따라서 토지가 이미 개발 완료되어 사용이 시작된 경우가 아니라면 2014년 이후 주법률에 따라 이루어진 토지수용을 모두 무효화했다(Gokhale, 2019). 그런데 타밀나두 주의회는 딱 두 주 만에 이 판결에 대응해서 고안된 새로운 법률(Tamil Nadu Land Acquisition Laws (Revival of Operation, Amendment and Validation) Act, 2019)을 통과시켰다. 이 법에서 기존의 법률 규정들이 다시 효력을 갖는다고(revived) 명기했다. 이렇게 되자 결국 최종 판단은 대법원에 맡겨졌고 인도대법원이 2021년 6월 29일에 이에 대한 판결을 내렸다.[63] 핵심 사안은 세 가지였는데, 첫째는 소급의 유효성이었다. 2019년 타밀나두의 법이 기존 법률을 소급해서 유효하게 만들었다는 것인데, 기존 법률이 2013년 9월 26일자(LARR이 대통령의 인가를 받은 날)로 유효하게 되었다고 규정한 것이다. 6년을 소급해서 유효성을 규정한 것인데 대법원은 의회가 소급해서 법률의 유효성을 규정할 권한이 있다고 인정했다.[64] 결국 편

---

[63] Supreme Court of India. Bandhua Mukti Morcha vs Union of India & Ors. on 29 June, 2021.

[64] 두 번째 쟁점은 법률이 참조(referential)방식일 수 있느냐 하는 것이었는데, 내용은 지난 법률의 유효성을 인정하는 의회 의결 과정에서 대상이 된 세 법률의 이름만 언급이 되었고, 실제 법률의 규정 내용이 의회에서 통과된 것은 아니었다는 것이다. 대법원은 이런 방식의 '참조' 내용이 분명한 경우여서 문제가 없다고 했다. 셋째 쟁점은 법원 판결을 의회가 무력화할 수 있냐 하는 것이었다. 마드라스 고등법원 판결을 의회가 무력화시키는 것에 대해 2019년 법률이 이전의 법들을 유효하게 만든다고 명시했기 때문에 고등법원판결을 준수하는 것이라고 했다. 다시 말해서 판결을 무효화한다는 것이 아니고 고등법원 판결의 사유가 된 근거를 제거했기 때문에 문제가 없다는 것이다. 고등법원의 판결이 해당 법률에 대해 새롭게 의결되고 유효성을 검증받아야 한다고 했는데 문제

법을 사용해서 LARR이 무력화되는 일이 사법부의 지원으로 가능하게 되었다.

이 판결의 파장은 결코 만만하지 않다. 수많은 주정부들은 LARR의 토지수용 관련 제한을 우회하기 위한 여러 방법을 동원해 오고 있었는데, 타밀나두의 판례를 통해 이제 주의회에서 소급적용으로 LARR 이전 법률이나 혹은 법적 분쟁이 있기 이전의 법률을 부활시킬 길이 열렸기 때문이다. 이는 앞으로 토지수용과 관련된 복잡한 갈등의 현장에서 또 다른 변화를 불러일으킬 것이다. 이미 수용한 토지의 수용을 무효화시키는 판결에 대응할 정치권의 우위가 분명해지는 상황이다. 이것만 문제가 아니다. 더욱 크게 주목할 부분은 바로 소급적용 법률의 유효성이 확인되었다는 점이다. 인도 헌법은 형법의 소급적용을 금지한다. 하지만 대법원은 의회가 다른 분야, 예로 조세징수에 대한 법률의 소급입법권을 가지는 것은 대부분 인정해 왔다. 그런데 문제는 토지수용의 참여 주체가 외국자본이고 국제소송의 가능성을 고려한다면 간단한 문제가 아니다.

SCM은 본질적으로 공간 확보가 절대적으로 필요한 사업이어서, 이 사업의 진척이 어떻게 이루어질지에 대한 절대적인 선결 조건으로서 토지수용의 문제를 피해갈 수 없다. 토지수용은 바로 인도가 안고 있는 '사회적 고비용 구조'라는 근본적인 문제를 드러내고 있다. 토지수용이 어려워진 핵심적인 이유는 바로 시장가격을 전혀 반영하지 못하는 공시가를 기준으로 보상비가 산정되기 때문이다.[65] 몇 개 지역을 표본으로 이루어진 30년간의 등록 완료된 토지거래

를 해결했다는 것이다.

[65] 규정상 "circle rate"이라고 불리는 방식이 적용되는데, 그 의미는 부동산이 그 이하의 가격으로는 거래가 불가능한 최저가를 산정하는 방식을 말한다. 각 지자체(district)가 거래가격의 평균가에 기초해서 평균 지가를 결정하는데, 이 공시지가에서 평균가를 벗어나는 가격들은 무시된다. 따라서 세금을 아끼기 위해 매도자가 실거래가를 낮추어 신고하는 일이 일상인 현실을 전혀 반영하지 못하는 체계가 유지되고 있다(Mohanty and Dutta, 2014). LARR에서는 이렇게 설정된 기준가격에 승수(multiplier)를

70만 건을 분석한 결과는, 공시가 산정방식이 시장가격을 전혀 반영하지 못하고 있다는 것을 보여준다(Mohanty and Dutta, 2014). SCM의 가이드라인에서부터 토지수용의 문제에 대해 그리고 토지수용과 연관되어 발생할 다양한 문제들에 대해서 처리방식이나 파급효과를 평가하는 구조를 설계하지 않은 문제가 있다. 하지만 오래된 토지수용의 문제를 SCM에서 해결되기를 바라는 것은 무리한 일이다. 근본적으로 국가의 재정난을 사회적 약자들에게 전가하는, 저가 강제 토지수용이 관철되고 있는 상황이 지속되고, 이를 위해 소급입법과 사법부의 정치도 함께 거들고 있는 상황이 개선되지 않는 한 문제의 해결은 어려워 보인다.

3.　중산층의 이중성과 스마트시티의 이중성

스마트시티는 폐쇄형 주거단지를 넘어서는 규모와 기술적 편리성을 갖춘 분리되고 안전하게 관리되는 (신흥)중산층을 위한 살 만한 도시환경을 조성하는 사업이다. 그리고 이러한 사실을 재무장관이 예산설명 연설에서 분명하게 밝히고 있다(Burte, 2014: 24). 스마트시티 사업은 1990년대 들어 본격적으로 등장한 신흥중산층의 정치세력화와 맞물려 있다고 할 수 있다. 중산층이 되기를 지향하지만, 폐쇄형 주거단지에 진입할 상황이 되지 못하는 신흥중산층에게 도시공간의 재정비 혹은 정화사업은 그들의 일상을 위해 필요한 상황이었고 이러한 희망사항의 관철을 위해서 필요한 것은 다수의 표를 동원한, OBC와 빈곤층을 중심으로 한 저항이 무력화될 수 있는 정치적 의사결정구조였다고 할 수 있다(Ghertner, 2011). 바로 이러한 의사결정의 구조, 즉 민주주의의 다수결 원칙을 통한 통제를 우회하는 시장의 논리와 효율성과 합리성을 주장하는 일상생활의 공간

곱하는 것을 인정하는데, 도시지역은 1이 승수이고 시골지역은 1~2사이의 수를 곱하는 방식이다. 그리고 나서 위자료(solatium)로 동일한 액수를 상정하고 가산한다. 하지만 LARR이 근본적인 가격책정의 방식 자체를 손보지는 못하고 있다.

재구성 사업의 구조를 SCM이 구현하고 있다고 할 수 있다. 그래서 모든 SCM은 특수목적회사의 주도 하에 이루어진다. 물론 중앙과 지방 정부의 통제가 이루어지는 구조가 없는 것은 아니지만, 현실적인 의사결정의 과정은 신흥중산층의 필요와 그 논리에 부합하게 설정되어 있다.

이러한 정치지형이 단지 SCM에서만 결정적인 것은 아니지만, SCM의 지향점이 보여주는 도시환경 재정비가 신흥중산층의 요구에 부응하는 슬럼재정비 혹은 슬럼철거와 같은 도시환경재정비 사업과 맞물려 있다는 것은 누구나 쉽게 볼 수 있다(Ghertner, 2012: 1161 - 1162). 스마트시티의 기술적 아우라를 동원하면서 공공정책이 문제 해결(problem solving)로 치환되고 이해당사자나 계급이 이해관계자(stakeholders)로 대체되며, 법률이 가이드라인으로 대체되고 규제(regulation)가 간소화(facilitation)로 대체되는 생명정치의 장이 전개되고 있는 셈이다(Brown, 2015: 128f). 이 신자유주의 정치체제의 관철이 기술이라는 매개를 통해 이루어질 때, 인도의 중산층들은 그 직접적 수혜자이자 이데올로기적인 옹호자들이 될 수 있는 구조가 있다. 그렇다면 인도의 중산층들이 힌두근본주의를 관철시켜 나가듯, SCM이 일사불란하게 진행되어 나가야 당연하다고 보이는데, 그 진척이 더딘 이유는 무엇인지 물어야 한다.

우선 부족한 국가적 자원을 도시의 일부 지역이나 외곽지역의 폐쇄적인 경제특구(gated economic zones)에 투여하고 그곳에만 상당한 정도의 기반시설을 구축한다는 것은 결국 중산층의 폐쇄형 주거단지의 사회적 확대라고 할 수 있을 것이다. 그리고 용적률 상향을 동반하는 도심재생사업의 경우에도 항상 기존 사회와 경제구조를 뒤흔드는 엘리트 위주의 도심 재구성 사업이라고 할 수 있다.[66] 다양한 기술적·제도적 문제들에 대한 논란을 떠나, 현재의 SCM

---

[66] 이는 인도 콜카타의 경우에도 예외가 아니어서 국제적인 개방경제의 보편성을 향유하는 상류층과 중산층에게 수혜가 주어지는 불투명한 사업이 될 수밖에 없었다 (Ghosh and Arora, 2019: 19).

의 진척 상황이 가진 혁신성과 추동력 부재의 양면성은 바로 그 주된 추진세력이자 수혜자 집단인 인도 중산층의 양면성에서 기인한다고 필자는 판단한다. SCM이 효율적으로 수행되자면 그 재원조달의 문제에 대한 사회적 합의가 필요하지만, SCM을 통해 구축된 사회적 서비스에 대해 그 수혜자들이 새롭게 발생하는 비용을 지불하겠다는 합의가 부재하다는 것이 핵심적인 이유라고 생각한다. 다시 말해서 SCM이 투자를 통해 사회인프라를 구축한다면, 그 수혜자는 거기에 합당한 비용을 지불해야 하지만, SCM을 단지 기술적인 프로젝트로 포장하고 효율화를 목표로 한다는 선전을 하는 주체들은 "투자"는 반드시 "이익 환수"가 뒤따른다는 것을 설명하지 않는다. 그리고 그 수혜자들은 사업 완료 이후 새롭게 혹은 더욱 높게 발생하게 될 서비스 이용의 비용에 대해 의식하고 논의하지 않는다. 그렇다면 이렇게 환수될 이익에 대한 사회적 합의가 부족한 사업에 자본을 투자하려는 사람은 없을 것이다. 그래서 SCM은 해외자본을 포함한 민자유치에 상당부분 실패하고 있는 것이고, 이것은 결국 인도 중산층의 이중성에서 비롯된다고 보아야 한다.

현란한 정치적 수사와 함께 시작된 SCM이 용두사미의 현실을 드러내고 있다고 매도하거나, 이 사업이 좌초될 것이라고 전망하는 것은 또 다른 오판이 될 확률이 높다. 자신의 생활환경에 직접 개입하는 생명정치의 한 형태로 기획된 SCM이 인도 신흥중산층의 이해관계와 요구에 부응하는 한 결코 추진동력을 상실하지 않을 것이다. 다만 신흥중산층이 감당하기 어려운 이용료가 돌아오는 현실을 피하기 위해 사업의 합리적 재조정은 이루어질 것이라고 보인다. 또한 정치적으로 소외되는 OBC보다는 최하층 약자들이며 신흥중산층과 정치적 표 대결의 대립관계에 있지 않는 SC 혹은 ST들을 포용하는 포용적 발전구도를 새롭게 강화하는 방향으로 SCM이 구체화되리라 필자는 판단한다. 그 이유는 부족한 사회인프라 안에서 폐쇄된 일상의 영역을 구축한 중산층은 최하층민들의 저렴한 서비스 노동을 항상 필요로 하기 때문이다.

참고문헌

〔한글출판본〕

강성용·이명무·김윤호·남은영·이상건. 2021. "COVID-19가 인도 노동시장에 미친 영향: 노동격차 확대와 디지털화를 중심으로." *Journal of Appropriate Technology* 7(1), 102-114.

경재웅. 2015. "폐쇄형 주택단지의 문제점과 정책적 대안." 『집합건물법학』 16, 147-166.

정채성. 2014. "인도 신중간계급의 사회경제적 성격 및 기타후진카스트 집단과의 관계 연구." 『인도연구』 19(1), 69-108.

정채성. 2021. "인도의 코로나19 전면봉쇄와 집안하인 문제." 한국외국어대학교 인도연구소 남아시아이슈페이퍼 07.

〔영문출판본〕

Pandita, Kashi. 2021. "역내포괄적경제동반자협정(RCEP): 인도의 입장과 해당 지역에서의 영향." 대외경제정책연구원 EMERICs 전문가오피니언.

Aijaz, Rumi. 2021(August). *India's Smart Cities Mission, 2015-2021: A Stocktaking. ORF Special Report No. 155, August 2021*. New Delhi: Observer Research Foundation.

Abraham, Itty. 2017. "From the Commission to the Mission Model." *The Journal of Asian Studies* 76(3), 675-696.

Anantharaman, Manisha. 2015. *Re-Cycling Class: The Cultural and Environmental Politics of the New Middle Classes of Bangalore, India*. Dissertation, University of California, Berkeley.

Andersen, Walter and Shridhar D. Damle. 2019. *Messengers of Hindu Nationalism How the RSS Reshaped India*. London: Hurst and Co.

Arun, T. K. 2020(January 22). "How India Can Fix Its Problem of Not Collecting Enough Taxes[EconomyPolicy]." *The Economic Times*.

Bharathi, Naveen. Deepak Malgahn and Andaleeb Rahman. 2021. "A permanent cordon sanitaire: intra-village spatial segregation and social distance in India." *Contemporary South Asia* 29(2), 212-219.

Bharatiya Janata Party. 2014. "Election Manifesto 2014." ⟨http://www.bjp.org/images/pdf_2014/full_manifesto_english_07.04.2014.pdf.⟩

Breman, Jan. 1996. *Footloose Labour: Working in India's Informal Economy.* Cambridge: Cambridge University Press.

Brown, Wendy. 2015. *Undoing the Demos: Neoliberalism's Stealth Revolution.* New York: Zone Books.

Burte, Himanshu. 2014(November 15). "The 'Smart City' Card." *Economic and Political Weekly* 49(46), 22-25.

Chaplin, Susan E. 1999. "Cities, Sewers and Poverty: India's Politics of Sanitation." *Environment and Urbanization* 11(1), 145-158.

Daniyal, Shoaib. 2019(December 2). "Hard Times. It's Not Only You-Falling Tax Revenues Mean Modi Government Is Feeling the Slowdown Pinch Too." *Scroll.in.*

Datta, Ayona. 2016(January 28). "Will India's Experiment with Smart Cities Tackle Poverty-Or Make It Worse?." *The Conversation.*

Davis, Kingsley and Hilda Hertz Golden. 1954. "Urbanization and the Development of Pre-Industrial Areas." *Economic Development and Cultural Change* 3(1), 6-26.

Dutta, Kaushik and Prasanna Mohanty. 2016, January 4). "Land Challenges In Smart Cities." ⟨https://geographyandyou.com/land-challenges-in-smart-cities⟩.

Ferguson, James. 1990/1996. *The Anti-Politics Machine: 'Development', Depoliticization and Bureaucratic Power in Lesotho.* 3rd printing. Minneapolis/London: University of Minnesota Press[최초 발행 1990, Cambridge: Cambridge University Press].

Fernandes, Leela. 2006. *India's New Middle Class: Democratic Politics in an Era of Economic Reform*. Minneapolis/London: University of Minnesota Press.

Fernandes, Walter. 2004(March). "Rehabilitation Policy for the Displaced." *Economic and Political Weekly* 39(12), 1191–1193.

Fernandes, Leela and Patrick Heller. 2008. "Hegemonic Aspirations: New Middle Class Politics and India's Democracy in Comparative Perspective." Ronald J. Herring and Rina Agarwala eds. *Whatever Happened to Class? Reflections from South Asia*. London and New York: Routledge, 146–184.

Ghertner, D. Asher. 2011. "Gentrifying the State, Gentrifying Participation: Elite Governance Programs in Delhi." *International Journal of Urban and Regional Research* 35(3), 504–532.

Ghertner, D. Asher. 2012. "Nuisance Talk and the Propriety of Property Middle Class Discourses of a Slum–Free Delh." *Antipode* 44(4), 1161–1187.

Ghosh, Bipashyee and Saurabh Arora. 2019. "Smart as Democratically Transformative? An Analysis of 'Smart City' Sociotechnical Imaginary in India." *STEPS Working Paper 109*.

Gulati, Priyanka. 2021(July 04). "49% of Over 5,000 Projects for Smart Cities Unfinished as Deadline Nears." *Business Standard*.

HLRN. 2017. *India's Smart Cities Mission: Smart for Whom? Cities for Whom?* New Delhi: Housing and Land Rights Network.

Hoelscher, Kristian. 2016. "The evolution of the smart cities agenda in India." *International Area Studies Review* 19(1), 28–44.

Jaffrelot, Christophe. 2003. *India's Silent Revolution: The Rise of the Low Castes in North Indian Politics*. Delhi: Permanent Black[original: London: Hurst and Co. 2003].

Jodhka, Surinder S. and Aseem Prakash. 2016. *The Indian Middle Class*. New Delhi: Oxford University Press.

Kapur, Devesh. 2010. "The Middle Class in India: A Social Formation or Political

Actor?" *Political Power and Social Thoery* 21, 143－169.

Khan, Sama. 2014(December). *The Other JNNURM: What Does It Mean for Small Towns in India? CPR Urban Working Paper 4, December 2014.* New Delhi: Center for Policy Research.

Jayasawal, Neelmani and Sudeshna Saha. 2014. "Urbanization in India: An Impact Assessment." *International Journal of Applied Sociology* 4(2), 60－65.

Kohli, Atul. 2006. "Politics of Economic Growth in India, 1980－2005: PartI: The 1980s." *Economic and Political Weekly* 41(14), 1251－1259.

Kohli, Namita. 2016(January 21). "Land Pooling Looks Fertile, But Dholera Farmers Not Reaping Benefits." *The Hindustan Times.*

Kumar, Sudesh and Anindya J. Mishra. 2018. "Development－Induced Displacement in India: An Indigenous Perspective." *Journal of Management & Public Policy* 10(1), 25－36.

Lahiri, Ashok K. 2014. "The Middle Class and Economic Reforms." *Economic and Political Weekly* 49(11), 37－44.

Ministry of Urban Development. 2015. *Smart Cities Mission Guidelines.* New Delhi: Government of India. 〈https://smartnet.niua.org/sites/default/files/resources/smartcityguidelines.pdf〉

Mohanty, Prasanna and Kaushik Dutta. 2014(September 19). "Buying Land for India's Smart Cities." *The Mint.*

'Pali', Sachinderpal. 2016(March 24). "People's Resistance against the Smart City Project." *Utopian Cities Project.* 〈https://utopiancities.wordpress.com/2016/03/24/peoples－resistance－against－the－smart－city－project－by－sachinderpal－pali/〉.

Prabhu, Magesh. 2020. *Middle Class, Media and Modi: The Making of a New Electoral Politics.* New Delhi: Sage.

Ranade, Ajit. 2016(July 13). "Stagnant Manufacturing, Raising the Share of Manufacturing in GDP: This Is a Hard Nut to Crack, But Crack It We

Must." *Mint.*

Ravi, Shamika. Adie Tomer. Ankit Bhatia and Joseph Kane. 2016. *Building Smart Cities in India Allahabad Ajmer and Visakhapatnam.* Washington D.C.: Brookings India and Brookings Institution.

Reserve Bank of India, *Handbook of Statistics on the Indian Economy 2020 - 21.* ⟨https://dbie.rbi.org.in/DBIE/dbie.rbi?site=publications#!2⟩

Roy, Rathin. 2014(May). "Twin - Twin Deficit." *National Institute of Public Finance and Policy(NIPFP) One Pager.*

Saxena. N. C. 2012. "Land Acquisition for Industry." Kaushik Basu and Annemie Maertens eds. *The New Oxford Companion to Economics in India.* Oxford: Oxford University Press, 436 - 442.

Sharma, Ram Sharan. 1980. Śūdras in Ancient India: A Social History of the Lower Order down to circa A.D. 600. Delhi/Varanasi/Patna: Motilal Banarsidass.

Shukla, Kinjal. Maitreyi Purohit and Shubhra P. Gaur. 2017. "Studying '*Make in India*' from the Lens of Labour Reforms." *Management and Labour Studies* 42(1), 1 - 19.

Singh, S. and D. Chakraborty. 2021(January 27). "Government Plans $41 Billion Reform to Revive Ailing Power Utilities." *Economic Times.*

Taraporevala, Persis. 2018(August 10). "Demystifying the Indian Smart City An Empirical Reading of the Smart Cities Mission." *Center for Policy Research Working Paper.*

Tumbe, Chinmay. 2016. *Urbanization, Demographic Transition and the Growth of Cities in India, 1870 - 2020. International Growth Center Working Paper(C - 35205 - INC - 1).*

Vanolo, Alberto. 2016. "Is There Anybody Out There? The Place and Role of Citizens in Tomorrow's Smart Cities." *Futures* 82, 26 - 36.

Yadavar, Swagata. 2019(January 07). "After 4 Years Of Swachh Bharat, Open Defecation Down 26 Percentage Points, But Toilet Use Does Not

Match Construction Spree." *IndiaSpend*. 〈https://www.indiaspend.com/after-4-years-of-swachh-bharat-open-defecation-down-26-percentage-points-but-toilet-use-does-not-match-construction-spree-false-claims-evident/〉

• • • •

제9장

인도의 교통 및 기초인프라와 스마트시티 전략

이상건(국토연구원 글로벌개발협력센터 소장)

I. 서론

1. 인도의 스마트시티

2014년 출범하여 최근 제2기 집권에 성공한 인도의 모디 정부는 개혁개방정책을 바탕으로 제조업 육성과 인프라 개발이라는 양대 수레바퀴를 돌려, 지속가능하고 안정적인 경제성장을 향해 박차를 가하고 있다. 1960년대 초 한국과 함께 가장 가난한 나라그룹에 속해 있던 인도는 그동안 13차에 걸친 경제개발 5개년 계획을 따라 인프라를 개발해 왔다.

주지하다시피 한 나라의 인프라는 국가경제 발전과 국민생활의 질을 좌우하는 '사회간접자본(Social Overhead Capital: SOC)'이다. 한국은 지난 60여 년간 꾸준하게 도로와 철도 그리고 항만과 공항과 같은 교통인프라를 확충하여 성공적으로 선진국에 진입할 수 있었으나, 인도는 인프라의 부족으로 여전히 많은 어려움을 겪고 있다. 모디 총리가 집권하자마자 전국적으로 100개의 스마트시티를 만들고 델리, 콜카타, 첸나이, 뭄바이를 연결하는 마름모 형태의 산업회랑

을 만들고자 했던 것도 열악한 인도의 도시 및 산업인프라를 획기적으로 개선하기 위한 전략과제였다.

특히, 스마트시티 개발사업은 2020년까지 약 5년간 5천억 달러를 투입하여 신도시형, 도시재생형 등 다양한 사업유형을 적용함으로써 궁극적으로 4억 명에 달하는 도시민의 삶을 향상시키기 위한 야심찬 계획이었다. 이후 28개의 주별로 두세개의 스마트시티를 공평하게 선정하고 개발주체로서 SPV(Special Purpose Vehicle)를 설립하는 등 다각적인 노력을 통해 교통, 환경, 범죄 등의 도시문제를 해결하고 있다.

그러나 2021년 4월 KOTRA의 보고에 따르면, 2020년을 목표로 하여 계획된 3,700여 건의 사업중 26% 정도인 959개의 프로젝트만이 완료되었고 예산집행율도 11.2%에 머무르고 있다. 물론 인도가 2020년초부터 유행한 코로나19 팬데믹의 가장 큰 피해국가 중의 하나라는 사실이 저조한 목표 달성률에 영향을 미쳤을지도 모른다. 하지만 사업추진초기 강력한 인도정부의 실천의지를 감안했을 때 실적이 예상만큼 높지 않은 것은 사실이다. 무엇보다도 교통부문을 비롯한 상하수도, 쓰레기처리 등의 전반적 기초인프라 현황이 매우 열악하다는 점이, 스마트시티로의 도약에 걸림돌로 작용하고 있다고 많은 전문가들이 보고 있다. 다시 말해, 궁극적으로 현재의 열악한 도시인프라를 개선하지 않는다면 인도 스마트시티사업의 원활한 추진에 차질이 생길 수 있다.

2. 한국의 스마트시티추진배경과 도시인프라의 중요성

21세기 가장 뚜렷한 글로벌 트렌드는 도시화라 할 수 있다. 급격하게 몰려드는 도시이주민들로 인해 현재 세계의 도시들은 교통, 환경, 물, 폐기물 등의 문제로 골치를 앓고 있다. 이는 무엇보다도 도로와 상하수도, 그리고 폐기물 시설 등의 도시기반시설이 폭증하는 도시인구를 감당하기에는 턱없이 부족하여 의식주교와 같은 도시민의 가장 기본적이면서도, 지속가능한 삶을 보장하지 못하고 있기 때문이다. 그동안 이를 해결하기 위해 천문학적인 예산과 토지수용을 통해 도시인프라를 공급하고 있으나 역부족이다.

한국의 경우 이 문제를 해결하기 위해 대도시 주변에 신도시를 개발하고 기존도시에는 도시재생사업을 활발하게 추진함으로써, 어느 정도 해결의 실마리를 잡을 수 있었다. 그러나 도시화 추세가 지속되다 보면, 인프라의 물리적 확충만으로는 한계에 봉착할 수밖에 없다. 따라서 한국 정부는 1990년대 이후로 발달된 정보통신 기술을 활용하여 기존 시설이용의 극대화를 꾀하기 시작했다. 대표적인 사례가 지능형교통시스템(Intelligent Transportation Systems: ITS)이다. 1997년 지능형교통시스템 국가기본계획을 수립하면서 본격적으로 ITS 구축사업을 펼쳤고, 그 결과 고속도로는 물론 국도와 지방도 그리고 도시 내에서 신신호시스템, 가변정보판, 차량항법장치의 보편화 등을 이루었다. ITS구축사업은 대중교통시스템과 자율주행으로 확대되는 중이다.

지능형교통시스템의 성공적 정착을 바탕으로 점차 경찰이나, 군, 그리고 소방관청 등이 이러한 정보 공유의 필요성을 인지하게 되었다. 교통 정보 공유에 대한 필요성은 U-City 사업을 비롯한 스마트시티 사업으로 이어졌다. 결국 스마트시티 사업은 첨단 정보통신기술을 활용하여 기존인프라 이용율의 극대화를 위한 것이다. 다시 말해 정보가 부족하여 제대로 활용할 수 없는 기존 인프라를 소프트웨어적인 해결방법을 적용하여 최대한 활용하는 것이다. 역으로 말하면, 활용 가능한 도시인프라가 없다면 이러한 시스템은 무용지물이 된다. 실례로 아무리 첨단 검지기와 제어기술을 활용하여 적응형 신신호시스템을 교차로에 설치한다 해도 접근교통량이 포화상태인 상황에서는 차라리 고정식 신호제어가 혼선을 방지하고 더 유용할 수 있다.

본 장에서는 인도 스마트시티의 성공적 추진을 위해 우선 대표적인 도시인프라인 교통과 상하수도 그리고 고형폐기물인프라의 구축현황을 살펴볼 것이다. 이를 바탕으로 스마트시티 사업 추진의 한계점을 진단해 보고, 성공적인 추진 전략 또한 제시할 것이다. 그리고 논의한 한계점과 전략에 기반하여, 한국 - 인도 스마트시티 협력방안도 함께 제시하고자 한다.

Ⅱ. 인도 도시인프라의 구축현황과 이슈

1. 인도의 전반적 인프라투자 개관

인도의 도시화는 2000년대 들어서면서부터 서서히 가속화되었기에, 이전의 인프라투자는 주로 농촌지역의 관개시설개발이 중심이었고, 교통, 통신, 전력 등에 대한 투자는 상대적으로 미약했다. 우리가 지난 50여 년간 지속적으로 경부고속도로, 인천공항, KTX, 신항만 등의 핵심적인 교통인프라 사업을 추진하면서 경제성장의 돌파구를 찾았듯이, 국가 인프라 구축사업과 경제성장은 특히 개발도상국에 있어서는 상호 선순환구조적인 메카니즘이 작동한다.

인도 역시 10차 경제개발5개년계획(2002~2007)부터 본격적으로 인프라개발이 시작되어 최근에는 GDP의 8% 정도 수준까지 투자규모를 증가시키고 있다. 그러나 아직까지도 사업이 중단되고 지연되는 상황이 자주 발생하고 있으며 특히 민간투자사업의 중단사태가 공공사업보다 3~4배 많다. 실제 2015년 시행된 총 738개의 인프라 관련 프로젝트 중에서 약 40%의 프로젝트가 당초계획보다 지연되고 있었으며 이중 30%가 도로 및 고속도로 관련 사업이었다고 한다. 이 조사에 의하면 최대 11년까지 지연된 사업도 있었으며 비용이 20배이상 증가한 사업도 존재했다고 한다. 이러한 사업지연사태는 외국자본 의존도가 상대적으로 높은 인프라개발 사업의 원활한 추진에 부정적인 영향을 미치고 있다.

그림 1은 2015년 당시 인도의 8대 대도시중의 하나인 푸네시에 중단되어 방치된 BRT(Bus Rapid Transit) 사업상황을 담은 것이다. 도시 간선도로 한가운데를 차지한 BRT 노선은 공사가 재개될 때까지 상당한 기간 동안 부족한 도로

그림 1   인도 푸네시의 중단된 BRT 정류장과 노선상황(2015)

의 용량을 더욱 감소시켜 교통혼잡을 가중시키고 있다. 인도 정부에서 2015년 약 600개의 민간투자사업의 중단원인을 조사한 결과에 따르면, 시장상황의 불안정성과 추진기관의 관심부족, 공사관련 인허가의 복잡성 등이 문제로 지적되었으며, 공공부문의 경우 토지매입과 자본의 부족을 가장 큰 원인으로 파악되었다. 우리나라도 과거 서울외곽순환도로의 북부 사패선 터널구간 공사가 2년 이상 지연되어 약 1조 5천억 원의 사회적비용을 감수해야 했고 KTX의 경우 천성산 도롱뇽 관련 환경피해 문제로 6개월이상 공사가 지연되어 수억원의 피해를 입은 사례가 있다. 이렇듯 대부분의 대규모 인프라 구축사업은 필연적으로 환경단체의 반대와 투자비 부족, 기술력 부족 등의 다양한 이유로 위협을 받고 있으며 이를 현명하게 극복할 수 있는 위기관리능력이야 말로 사업의 성공적 추진을 위한 최우선 전제조건이다.

2. 인도의 도시교통인프라

가. 도시교통의 문제점

인도 도시는 크게 두 가지 문제에 봉착해 있다. 하나는 늘어나는 도시 교통수요를 감당하기 위한 새 도로시설을 확충해야 한다는 것이다. 더욱 심각한 문제는 기존 도로의 낙후성이다. 기존 도로들은 오랜 기간 유지관리가 제대로 시행되지 않아 보도와 차도 구분이 모호하다. 자전거를 위한 차선이 없을 뿐만 아니라

도로변 상가들의 무단 도로 점용으로 인한 통행방해가 빈번히 발생한다. 게다가 노점상들과 불법주차가 차량소통을 방해하지만 제대로 단속하지 않는다. 이륜차에서부터 중차량트럭에 이르기 까지 다양한 종류의 차량들이 혼합되어 도로를 사용하기에 오전 오후 첨두시간 할 것 없이 하루 종일 혼잡하다. 이처럼 심각한 교통 상황을 악화시키는 것은 평균 22%밖에 되지 않는 낮은 대중교통 이용율이다. 질낮은 서비스 때문에 사람들은 공영버스 등의 대중교통을 이용하지 않는다. 개개인이 수많은 차량을 이용함에 따라 자연히 교통이 혼잡해지고, 시민들은 많은 시간을 꽉 막힌 도로에서 보내며 나쁜 공기를 마시고 있다. 물론 최근에 델리에서 개통한 메트로 서비스와 아메다바드시의 BRT 서비스 등과 같이 몇몇 획기적인 대중교통 개선프로젝트가 성공적으로 운영되고 있다. 하지만 대다수의 시민들이 이륜차를 운행하는데 드는 비용이 대중교통요금보다 상대적으로 저렴하기 때문에 시민들을 대중교통으로 유인하는 것이 쉽지 않을 전망이다.

인도 도시교통의 가장 큰 특징은 도시크기에 비해 시민들의 평균통행거리가 짧다는 것이다. 80% 이상의 시민들이 평균 10km에 못 미치는 거리를 이동한다. 이는 아직까지 1인당 국민소득이 2019년 기준 2,130달러 수준으로 낮은

그림 2   인도의 전형적 도시 교통혼잡과 혼잡교통류 상황

편이고, 뭄바이 같은 도시는 절반이상의 시민이 슬럼가에 살고 있어, 차량보유는 물론 대중교통요금조차 버거운 상황이기 때문이다. 상당한 비율의 시민들이 자전거 혹은 도보와 같은 비동력 교통수단에 의존하고 있다. 물론 수도 델리와 같이 인구 오백만이 넘는 대도시에는 버스나 메트로와 같은 대중교통수단의 분담비율이 40%선을 넘고 있지만, 그 이하의 도시에서는 60~70%의 통행량이 선택의 여지없이 비동력 교통수단으로 이루어지고 있다.

이러한 상황에서 가장 심각한 도시교통문제는 도로의 안전성이다. 2017년에만도 총 46만여 건의 교통사고가 있었으며, 14만 8천 명의 사고사망자와 47만여 명의 부상자가 발생했다. 여기서 주목해야 할 사항은 이 중 절반정도의 사고가 이륜차나 릭샤, 비동력 교통수단에 의한 것이라는 사실이다. 반면 2020년도 한국에서는 전체 교통사고건수의 오직 13.2%만이 이륜차나 비동력 교통수단에 의해 일어났다. 더욱이, 일부 인도의 중소규모 도시에서는 전체 교통사고 사망자의 60~90%가 모토바이크와 같은 동력이륜차나 자전거 탑승자, 또는 보행자인 것으로 추정된다. 특히, 모토바이크의 위험성이 매우 크다는 점에 주목할 필요가 있다. 전체 사고 사망자 4명 중 한명이 모토바이크 이용자일 정도며, 많은 오염물질을 방출하여 CO_2 증가의 주범이기도 하다. 그리고 20~40% 정도의 사망사고들은 도로상에서 저속의 비동력 교통수단 이용자와 차량이 충돌하여 발생하였다. 또한 새롭게 도로인프라나 교통시설을 개설한 지역이나, 동력 교통수단 보유비율이 증가한 지역에서 교통사고가 많이 증가하는 현상도 나타났다. 그리고 주간보다는 야간이 훨씬 교통사고에 취약한 것으로 나타났고, 이는 화물차의 난폭운전, 고속도로에서의 역주행 등이 주요한 교통사고의 원인으로 분석된다.

나. 도시교통의 근본적 원인분석

인도는 폭증하는 교통수요와 이를 수용하기 위한 교통인프라의 태부족으로 인해 엄청난 교통혼잡과 사고, 그리고 환경오염문제로 골치를 앓아 온지 오래다.

이를 해결하기 위해 인도 정부는 세계은행으로부터 대규모의 차관을 받아 교통인프라 구축 프로젝트를 시행하고 있다. 또 다른 해결책으로, 선진국 주요도시에서 시행 중인 도심 혼잡통행료제도, 승용차 이부제, 그리고 도시계획적 교통체계 및 수요 관리시스템도 고려하고 있다.

전문가들은 이러한 전통적인 교통공학적 해법이 과연 효과가 있을 것인가에 대해 회의적이다. 그 이유를 알기 위해서는, 인도의 도시교통모빌리티의 근본적인 특성을 이해해야 한다. 인도의 대도시인 첸나이는 교통체계관리기법(TSM)을 적용하여 뉴욕시와 같이 일방통행인 도로가 많다. 그러나 뉴욕시와 같은 전통적 교통공학의 해결법으로는 첸나이의 교통 문제를 해결할 수 없다. 왜냐하면 두 도시의 교통혼잡의 원인이 다르기 때문이다. 교통공학적으로 교통혼잡은 자동차의 밀도가 높을 때와 통행속도가 낮을 때 발생한다. 전자의 경우는 주로 선진국의 대도시에서 아침저녁으로 통근통학을 위한 교통수요가 집중하면서 자동차의 밀도가 증가하여 발생한다.

그러나 최근 빅데이터 분석에 의하면 인도의 대도시 교통혼잡은 오전 오후 피크 현상이 두드러지게 나타나지 않는다고 한다. 다시 말해, 인도의 도시곳곳에서 수시로 발생하는 교통혼잡은 전반적인 평균통행속도가 높지 않기 때문에 발생한다는 걸 알 수 있다. 이는 통행속도가 현저하게 다른 다양한 교통수단이 한데 혼합되어 있어 가장 속도가 낮은 수단에 의해 전체 통행속도가 묶이기 때문이다. 즉, 시속 100km 이상을 달릴 수 있는 승용차와 모토바이크, 시속 70km의 화물차와 밴, 시속 50km의 오토 릭샤(일명, 툭툭)와 같은 동력수단은 물론, 시속 10km의 우마차, 자전거, 보행자, 그리고 심지어 아무도 범접할 수 없는 소와 같은 비동력 교통수단(Non-Motorized Transport: NMT)까지 함께 도로를 공유하고 있다. 이러한 현상은 비단 인도뿐만이 아니고 동남아시아의 도시 가로망에서 흔하게 볼 수 있다. 이들 도시에서는 도로라는 공간이 이동기능 외에 상업공간, 놀이공간의 역할도 함께 수행해야 하는 딜레마가 있다. 이와 같은 문제는 근본적으로 교통수단 특성에 맞은 도류화(Channelization)와 전용차선제,

그리고 접근제어(Access Control) 등의 조치를 취하지 않고는 그 어떤 지능형교통시스템과 같은 스마트시티 솔루션을 적용한다 해도 해결할 수 없다.

그림 3은 유명한 IT 대도시 벵갈루루와 호수르라는 작은 도시를 연결하는 유료도로에 스마트시티 구축사업으로 설치된 자동요금징수시스템이다. 최좌측 차선이 자동요금징수를 위한 전용차선이지만 한국에서 설치된 자동요금징수 차선과는 달리 오히려 더 막히고 있다. 원인은 일반승용차는 물론 오토바이도 함께 자동으로 요금을 징수하고 있고 자동요금징수 전용차선에 대한 별도 시설 설치가 되어 있지 않기 때문이다. 여기서 우리가 반드시 짚고 넘어가야 할 점은 지능형교통시스템을 비롯한 모든 스마트시티 서비스의 구축효과를 극대화하기 위해서는 무엇보다도 실시간 운영정보를 통해 시설활용도를 최대화할 수 있는 여분의 인프라가 반드시 존재해야 한다는 것이다. 다시 말해, 절대적인 인프라의 부족상태라면, 아무리 최첨단 정보시스템으로 무장한 스마트시티 시스템을 설치해도 제대로 효과를 보기가 어렵다. 실시간 교통정보를 통해 안내해 줄 수 있는 우회도로가 있으며 최소한 한차선 정도는 자동요금징수를 위해 따로 운용할 수 있어야 스마트시티 시스템이 도로에서 제 기능을 할 수 있다. 비슷한 경우로, 스마트 물관리시스템을 설치하여 누수중인 상수도관을 파악하는 것만으로는 문제 해결이 되지 않는다. 이를 바로 교체할 수 있는 예산적 여유가 있어야 비로소 스마트시티 시스템이 의미를 가진다.

한편, 인도의 스마트시티 사업은 기존도시의 재생차원에서 추진하는 브라

그림 3   인도와 한국의 지능형교통시스템 비교

그림 4   스마트시티 사업의 도시환경의 양극화 가능성(IT Park 내와 주변 상황)

운필드사업과 기존 농촌지역의 토지를 구입해서 신시가지를 조성하는 그린필드사업으로 크게 구분해 볼 수 있다. 브라운 필드사업의 경우 앞에서도 언급했듯이 기존 인프라의 열악성이 걸림돌이 되고 있고, 그린필드사업의 경우 농민들의 토지를 수용하는 과정에서 많은 갈등이 일어나 사업추진이 더디다. 사실 인도는 그동안 IT 산업육성을 위해 막대한 외국자본을 도입했고 이러한 과정에서 구축된 IT Park는 기존도시의 인프라와는 비교가 되지 않을 정도로 차이가 커서 도시내 양극화를 초래해 왔다. 그린필드 형 스마트시티 구축사업 역시 신시가지 위치에 따라 기존도시와의 도시인프라는 물론 환경적 측면에서 큰 격차가 어쩔 수 없이 벌어지게 되어 조화로운 도시발전을 기대하기 어려울 것으로 본다(그림 4 참조).

다. 도시교통인프라 부족으로 인한 사회적 이슈

도시경제의 효율성과 도시민의 삶의 질은 그 도시물류와 시민들이 얼마만큼 효과적으로 이동하고 있는가를 나타내는 교통시스템의 효율성에 달려있다. 인도의 도시들이 선진국 도시들에 비해 자동차보유율이 높지 않음에도 교통혼잡과 지체, 공기오염과 사고등으로 고통받는 이유는 교통인프라의 절대적 부족과 비효율적인 운용, 그리고 교통수단의 불균형에서 찾아 볼 수 있다. 지난 수십년 동안 대중교통수단은 늘어나는 도시인구로 인한 교통수요를 감당할 수 없어 수송분담율이 계속 감소하고 있다. 오히려 개인용 교통수단인 이륜차와 승용차가 지속적으로 증가하여 하이데라바드나 벵갈루루와 같은 경우 전체 차량등록대수의 70%에 육박하고 버스는 0.7%에 불과하다. 이렇게 증가하는 개인교통수단으로 인해 뭄바이와 같은 대도시의 출근시간 평균 속도는 시속 5km로서 보행속도와 큰 차이가 없는 것으로 조사되고 있다.

도시 대부분의 교차로마다 신호를 받기 위해 대기하고 있는 차량들의 대기운전으로 인해 엄청난 양의 배기가스가 뿜어져 나오고 이는 인도 도시 공기오염의 70~80%를 일으키는 주범이 된다. 열악한 도시교통인프라 탓도 있지만, 차량의 노후화와 낮은 품질의 연료소모에서도 대기오염의 원인을 찾아볼 수 있다. 인도 도시의 공기오염은 점점 심각해져서, 2018년 WHO가 발표한 '15개의 세계 오염도시 순위'안에 델리를 포함한 14개의 인도의 도시들이 포함될 지경에 이르렀다. 더욱 심각한 문제는 매년 교통사고건수가 증가한다는 것이다. 앞에서도 언급했지만, 2017년 단 한 해에만도 총 46만여 건의 사고가 발생하여 14만 8천 명이 사망하고 47만 1천 명이 부상당했다. 그리고 이 사고건수의 40% 이상이 이륜차와 오토 릭샤에 의한 것이었다.

도시교통인프라의 부실로 인한 혼잡 때문에, 벵갈루루만해도 매년 6억 시간이 낭비되고 있으며, 여기에 연료낭비, 환경비용 등을 화폐가치로 환산한 교통혼잡비용을 추정하면 표 1과 같다. 즉 뭄바이가 약 5조 원으로 교통혼잡 문제가 가장 심하고 콜카타와 첸나이 등이 뒤를 잇는다. 한때 우리나라에서도 매년 20여조 원의 교통혼잡비용이 발생하여 당시 경제발전에 큰 걸림돌로 작용한 경험이 있다. 만약 인도가 도시교통시설확충과 운영 효율화를 달성하여 교통혼잡

표 1 인도 대도시들의 대중교통시스템 부실로 인한 연간 손해액

구분	연간 손해액(십만 US$)					
	뭄바이	델리	콜카타	첸나이	아메다바드	푸네
시간비용	16401	5737	8873	6122	2335	1242
운행 및 연료비용	12111	4012	8388	4828	1906	1656
환경비용	1310	394	945	503	199	205
기타비용	1066	289	671	339	130	133

비용을 크게 줄일 수 있다면 국가경제발전은 물론 해외직접투자(FDI)를 늘리고 국민 삶의 질을 크게 향상시킬 수 있을 것이다. 여기서 발생하는 딜레마는 인프라를 확충하기 위해서는 FDI를 적극 유치해야 하나 이를 위해서는 인프라가 잘 갖추어져야 한다는 것이다. 이런 악순환의 과정을 어떻게 극복하고 선순환구조로 전환하느냐가 향후 인도 발전의 관건이 될 것이다.

3. 인도의 도시기초인프라

현재 인도 도시들에서 발생하는 문제는 무수히 많다. 교통혼잡은 물론이고 홍수와 가뭄, 도로변에 방치된 쓰레기와 이로 인한 악취, 자동차와 동력이륜차 배기가스로 인한 공기오염과 미세먼지, 그리고 모자라는 식수를 공급받기 위해 길게 늘어선 줄과 이동물탱크 트럭에 무질서하게 둘러선 시민들의 모습을 인도 대부분의 도시에서 어렵지 않게 발견할 수 있다. 더욱 심각한 것은 최근 인도의 팬데믹 사태에서 볼 수 있듯이 열악한 도시 기초 인프라로 인해 코로나19와 같은 전염병 창궐 시 그 피해가 더욱 크다는 것이다. 이는 인도 GDP의 상당량을 차지하는 도시지역의 성장잠재력을 갉아 먹고, 절대다수의 도시서민을 빈곤으로부터 탈피시키는 데 큰 걸림돌이 되고 있다. 무엇보다도 가장 시급한 것은 정확한 사태파악을 위한 데이터와 정보가 턱없이 부족하고 일관성을 확보하지 못해 이를 통한 효과적인 도시인프라 공급정책을 펼쳐 나가기 어렵다는 사실이다. 스마트시티사업 추진의 명분이 바로 여기에 있다. 이제 2011년 HPEC(High Powered Expert Committee)에서 발간한 'Report on Indian Urban Infrastructure and Services'를 중심으로 인도의 도시인프라 현황을 살펴보고자 한다.

가. 상수도 인프라

세계자원기구(World Resourse Institute)에 의하면 인도국민의 54%인 6억 명이 극심하거나 높은 단계의 물스트레스에 놓여있다고 한다. 특히 도시지역의 경우, 물 공급이 수시로 끊기고 공급지역이 제한되며, 낮은 수압과 수질오염에 시달리는 등, 악화일로의 상황에 있다. 특히 급속한 도시화로 인한 팽창(Urban Sprawl)으로 2001년 당시 64%의 시민들만이 상수도에 의한 물공급이 가능한 실정이다. 이마저도 상시공급이 아닌 1~6시간 정도의 제한급수가 되고 있고 계량시설이 부족하고 불량이어서, 70% 이상의 수도공급이 추적 불가능하다(그림 5 참조). 결국 전체 물공급량의 20%에서만 사용료를 징수할 수 있는 상황이어서 원활한 물공급 유지관리가 어렵다. 이는 인도보다 국민소득수준이 낮은 방글라데시가 64%의 유지관리비용을 수도시설에서 충당한다는 사실과도 크게 비교된다. 더욱이 갈수록 고갈되는 수원을 찾아서 수송거리를 50~200km까지 늘림에 따라, 물공급 비용증가는 물론 도중에 누수될 확률도 높아지고 있다. 그리고 단수시간이 길어지다 보면, 파이프라인의 오염물질이 증가될 수 있고 주변의

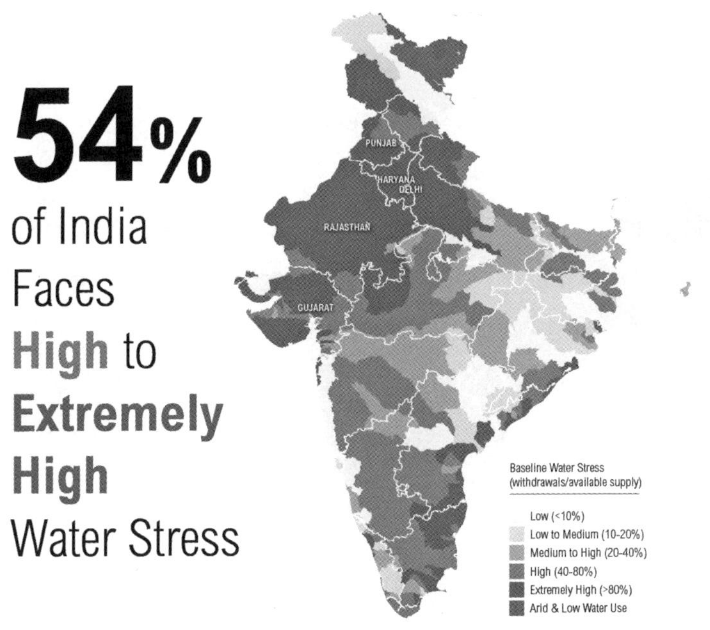

그림 5   인도의 물문제의 심각성 관련 자료
출처: 세계자원기구 등

일일 수도 총생산량 (100%) 164 mld	허가된 소비 (30%) 50 mld	공식 청구가능 소비 (26%) 42 mld	계량가능 청구소비 (4%) 6 mld	환수가능비용 (26%) 42 mld	실제환수비용 (22%) 33mld
			계량 불가 청구소비 (5%) 8 mld		
		비청구 소비	공공수도 (5%) 8mld		
	미추적 소비로 인한 누수 (70%) 114 mld	인적 손실	절도	환수불가비용 (74%) 122mld	총손실비용 (78%) 131mld
			불량계량손실, 불량데이터손실		
		누수로 인한 손실	저장고 누수		
			파이프 누수		
			서비스 연계누수		

mld: 백만리터/일

출처: ASCI(2010)

하수도나 도로로부터 이물질이 침투할 수도 있어서, 수질을 악화시키는 근본적인 원인이 되고 있다. 일부 부유층에서 워터펌프와 대형물탱크, 그리고 정수시설을 추가로 설치하는 이유도 여기에 있다.

한편, 정상적인 수도공급이 닿지 않는 서민들은 훨씬 비싼 돈을 지불하고 종일 줄을 서서 물탱크트럭이 오는 날 간헐적인 물공급을 받아야 하는 실정이다. 최근 이러한 문제를 해결하기 위해서 카르나타카 주의 일부도시에서는 민자유치사업을 추진하여 상시(24시간×7일) 수도공급 시범서비스를 성공적으로 추진하였다. 그러나 다른 주에서는 같은 시도가 실패로 끝난 사례도 있다.

나. 하수도 인프라

인도도시들의 하수도 인프라 역시 매우 열악한 실정이다. 하수관개시설이 빈약하여 매일같이 5천만 명 이상의 인도 도시빈민들이 야외에서 일을 본다. 5천 개가 넘는 인도 도시중 94%가 하수도망이 갖추어져 있지 않고, 80%이상의 도로에 우수관개시설이 없으며, 21%의 생활하수만이 처리되고 있다. 이러한 비위생

적인 환경 속에서 2018년 현재 매년 150만 명의 영아가 사망하고, 이로 인한 수
인성 전염병의 방역비용만도 매년 150억 달러가 소요되는 것으로 추정된다. 최
근 인도 정부는 갠지스 강 주변도시로부터 매일같이 무단 방류되는 82억 리터
의 하수처리를 위해 약 2천 500억 원을 투입하여 배수시설과 하수처리공장등을
개보수할 계획이다. 그러나 2,500km에 이르는 강 주변의 4억 인구가 쏟아내는
하수를 제대로 처리하기엔 역부족으로 보인다. 그나마 최근에 민자유치를 통해
일부도시에서 하수도망 구축사업이 성공적으로 진행된 사례는 있으나, 보다 궁
극적인 국가적 차원의 하수도 인프라 구축정책 없이는 해결이 요원하다.

다. 고형폐기물 인프라

인도 도시 곳곳에 방치된 쓰레기더미를 쉽게 볼 수 있는 것은 아직까지 쓰레기
가 100% 수거되고 있지 않기 때문이다. 대도시지역은 그나마 70~90%를 수거
하고 있지만 중소도시지역은 50%밖에 수거되지 않고 있다. 그리고 아직까지도
음식물 쓰레기와 같이 재사용이 가능한 폐기물에 대한 분리수거 · 처리의 필요
성이 제대로 인식되고 있지 않아 30%만 분리수거되고 있다. 더욱이 폐기물 수
거가 불규칙적이고 2000년에 제정된 쓰레기처리규칙도 제대로 단속하지 않아
갈수록 위반사례가 늘고 있다. 인도 에너지자원연구소(The Energy and Resource
Institute)가 추정한 자료에 따르면 2006년 현재 매년 5천만 톤의 폐기물이 배출
되는데, 이 폐기물의 양이 2047년이면 5배로 늘어나 매년 2억 6천만 톤의 쓰레
기가 방출될 것으로 예상했다. 한가지 특기할 만한 사항은 배출되는 쓰레기의
60% 이상이 생분해성(Biodegradable)이라서 이를 잘 관리한다면 재생에너지로
활용이 가능하겠지만 현재와 같이 무단 폐기된다면 비위생적인 침출수 발생과
이로 인한 공기오염 등으로 심각한 사회문제를 야기할 수 있다.

이 문제를 해결하기 위해 대부분의 지방정부(Urban Local Body: ULB)는 전
체예산의 20~50%까지 고형폐기물관리비용으로 지출한다. 하지만 전체 유지관
리비용의 50% 정도만 회수하고 있는 실정이다. 이러한 비용지출의 악순환 구

그림 6　　갠지즈 강의 빨래터

출처: depositphotos.com(ⒸByelikova)

조로 인해 대부분의 예산이 쓰레기 수거와 운송비용으로 사용되고, 친환경적이면서 과학적인 리사이클링을 위한 시설투자사업추진은 소수의 지방도시를 제외하고는 시도되지 않고 있다.

4.　인도의 도시인프라 구축의 한계점

인도 도시인프라의 부실은 무엇보다도 주정부의 도시공공서비스 제공에 대한 소홀함이 오랜 기간 누적된 데서 기인한다. 그리고 도시인프라 투자를 위한 예산이 대부분 주정부로부터 내려오기 때문에, 열악한 도시 인프라를 제때 유지보수하기에는 예산이 충분하지 않다. 지방정부 예산 중 평균 54%는 인건비로 지출되어야 하므로, 인프라 유지보수 비용이 턱없이 적고 도시공공서비스 사용료 또한 적절히 부과되지 않아서 인프라 비용으로 충당하기 어렵다.

　한편 인도의 지방정부 조직은 매우 분절되고 행정구역별로 중복되어 있어서 낮은 공공서비스에 대한 책임소재를 밝히기가 어렵다. 또한 주정부가 만든 개발청이나 공공기관에 지방정부가 관여하기가 어려운 상황이다. 이러한 기관들은 서비스 운영권을 독점하고 있으므로, 시민들의 요구조건에 무관심하고 경쟁력을 상실했으며 서비스수준 제고에 대한 스트레스도 느끼지 않는다. 이러한 상황에서 민자유치사업이 차별화된 서비스를 합리적인 비용으로 제공한다면 크게 성공할 여지가 있다. 또 한가지 중요한 요소는 부족한 인력문제이다. 제대로 교육받지 못한 공무원들이 너무 많고 숙련된 공무원은 너무 적다. 이들은 전통적으로 주정부에서 내려 주는 교부금이나 대부금을 전통적인 방식으로 집행하는 것에는 익숙하나 스마트시티와 같은 혁신적이면서 도전적인 업무를 수행할 만한 능력과 의지가 부족한 실정이다. 공무원이 새로운 업무나 프로젝트를 계획하여 집행하고 운영할 수 있는 능력을 개발하고 함양하는 것이 가장 큰 관건이다.

Ⅲ. 인도 스마트시티 사업의 성공적 추진을 위한 과제

인도의 스마트시티 구축사업을 성공적으로 구축하기 위해서는 무엇보다도 각 도시별 인프라 구축현황에 대한 실질적인 진단과 이를 토대로 한 맞춤형 시스템 설계가 무엇보다 절실하게 필요하다. 그림 7은 이를 위한 5단계 과정과 부수적으로 필요한 사항에 대해 설명한 것이다. 그중에서도 특히 1단계인 도시문제 현황파악이 가장 중요한 관건이라고 본다. 29개 주마다 인프라 투자 현황이 천

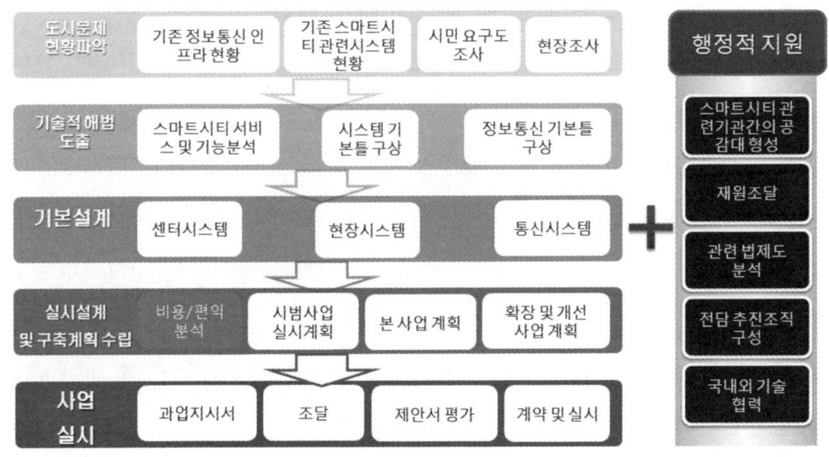

그림 7   맞춤형 스마트시티 설계를 위한 흐름도

차만별이고 스마트시티 서비스가 필요한 부문도 도시마다 다를 것이기 때문에 시민요구도 조사, 현장조사, 기존 스마트시티 관련시스템 현황과 ICT 인프라 구축 현황 등에 대해 면밀하게 조사분석 할 필요가 있다. 아울러, 앞에서도 밝혔듯이 복잡하게 얽혀 있는 스마트시티 사업추진관련 거버넌스 체계에 대한 이해를 통해 중앙정부, 주정부, 그리고 지방정부는 물론 SPV와 관련 공공기관들과의 사업추진에 대한 공감대와 거버넌스 형성에 대한 이해가 공고히 구축되어야 한다.

1.　세계은행－국토연구원의 인도스마트시티 맞춤형 설계 사례

2015년 세계은행은 모디 총리의 스마트시티 사업추진 공표 직후에 국토연구원에 의뢰하여 인도 남부의 타밀나두주에 있는 3개 도시를 대상으로 스마트시티 사업의 예비타당성을 조사한 바 있다. 타밀나두주의 수도인 첸나이를 비롯해서 벨로르, 이로드, 호수르 등의 인구 약 50만 정도의 중규모도시를 직접 현지 조사하여, 각 도시별 스마트시티 서비스구축 우선순위를 도출하고 세부적인 스마트시티 솔루션을 프로젝트 상세리포트(Detailed Project Report: DPR)를 통해 제출하였다. 모디 총리의 선언 직후여서 도시마다 분위기가 고조되어 있었고 본 컨설팅을 통해 한국형 스마트시티 개발경험을 공유할 수 있었다.

가.　예비타당성 조사 과정

전체적인 설계과정은 우선 각 도시별로 시급한 스마트시티 서비스 우선순위를 도출하는 단계와 이를 해결하기 위한 최적의 솔루션을 선정하는 단계로 구분해 볼 수 있다. 전자를 위해서 우선 스마트시티 서비스 영역을 크게 10가지로 분류하고 이를 대상으로 관련된 사회경제지표와 설문조사 그리고 시장을 비롯한 관련공무원들의 의견 등을 종합하여 시범사업 대상을 선정하였다. 그 결과 벨로르시의 경우 환경오염과 쓰레기 처리문제가 가장 시급하였고 이로드시의 경우

그림 8　　WB – KRIHS 타밀나두 스마트시티 예비타당성 현장조사 및 회의 현황

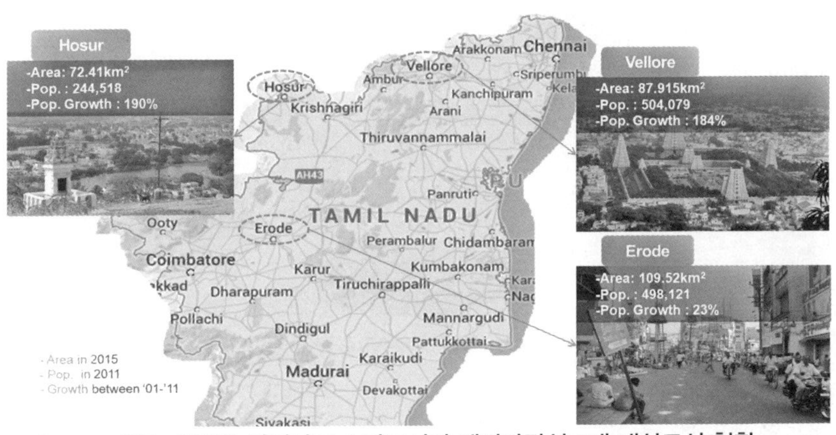

그림 9　　WB – KRIHS 타밀나두 스마트시티 예비타당성 3개 대상도시 현황

상하수도문제가 가장 심각했으며 대도시 벵갈루루의 베드타운 역할을 하고 있는 호수르시의 경우 교통문제를 최우선 해결과제로 꼽았다. 이를 해결하기 위한 최적의 스마트시티 솔루션을 도출하기 위해 우선 한국을 비롯한 선진도시들의 성공적 구축사례를 토대로 솔루션 풀(Pool)을 만들었으며, 가성비와 시급성,

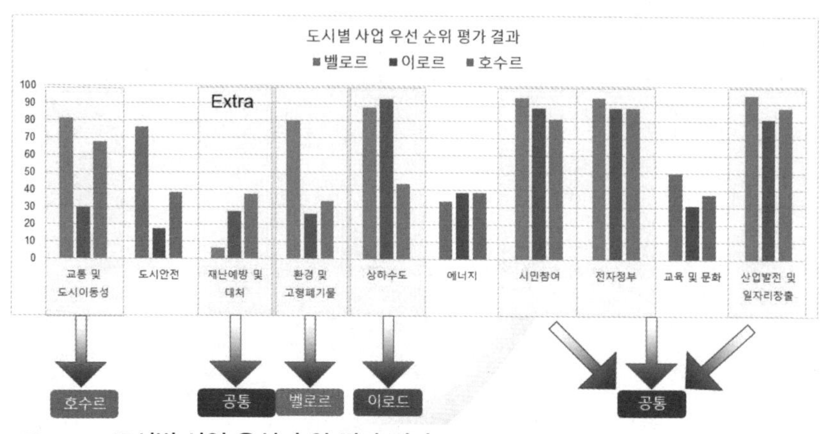

그림 10 　　도시별 사업 우선 순위 평가 결과

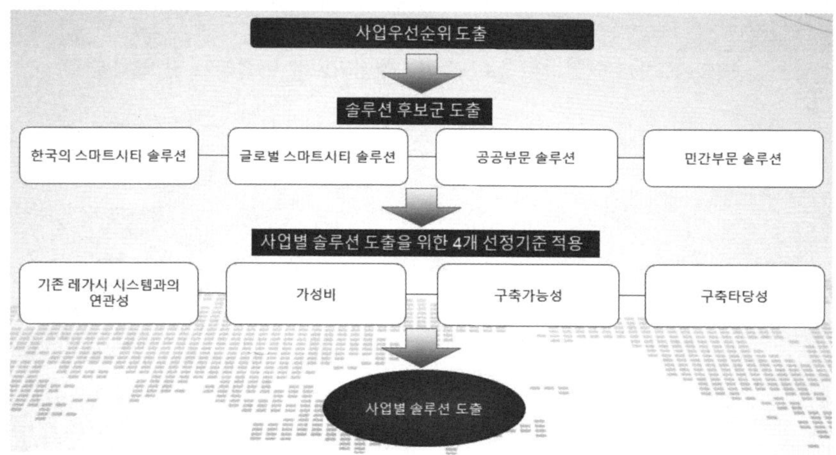

그림 11 　　인도 스마트시티 서비스 도출 과정(자료 출처, 국토연구원)

구축타당성과 기존시스템 등을 기준으로 최종 솔루션 대안을 제시하였다(그림 11 참조).

나. 서비스의 호환성과 시스템아키텍쳐 및 예산 제시

스마트시티와 같은 정보시스템을 설계하기 위해서는 무엇보다도 시스템과 서비스간의 호환성과 상호운용성을 확보하는 것이 필수적이다. 이를 위해 한국은

1998년 스마트시티사업의 전신인 지능형교통시스템을 계획하면서 사전에 시스템아키텍쳐와 표준화 추진계획을 수립한 바 있다. 대표적인 사례가 자동요금 징수시스템으로서, 전국 대부분의 유료도로 이용시 하나의 '하이패스' 단말기로 통합정산이 가능한 것도 바로 이러한 설계 덕분이다. 그렇지 않은 경우 도로건설주체나 운영주체에 따라 제각각 단말기를 설치해야 해서 이용자로 하여금 많은 불편을 초래했을 것이다. 버스정보시스템의 경우도 인접해 있는 도시를 운행하는 경우 상호 정보교환표준을 준수하도록 하여 행정구역에 상관없이 무봉의(Seamless) 정보서비스를 받을 수 있다.

그림 12에 나타나 있듯이 타밀나두 스마트시티 시스템 설계 목표를 보다 구득가능(Affordable)하고, 사용하기 쉬우며, 일자리 창출과 부문간 상호작용은 물론 녹색성장을 유도하는 것으로 설정하여 센터시스템과 노변장치, 그리고 차량장치와 스마트폰과 같은 노매딕 장치 등의 4가지 핵심구성요소간의 정보교환 인터페이스를 설계하여 솔루션을 제시하였다. 또한 사업추진의 일관된 추진을 위하여 솔루션별 구체적인 템플레이트를 만들어 제시하였으며 개괄적인 솔루션별 예산과 종합적인 시범사업예산도 함께 산출하였다.

그 중 인도 대부분의 도시에서 가장 어려움을 많이 겪고 있는 상수도 문제

그림 12 인도의 스마트시티 시스템 기본 구조

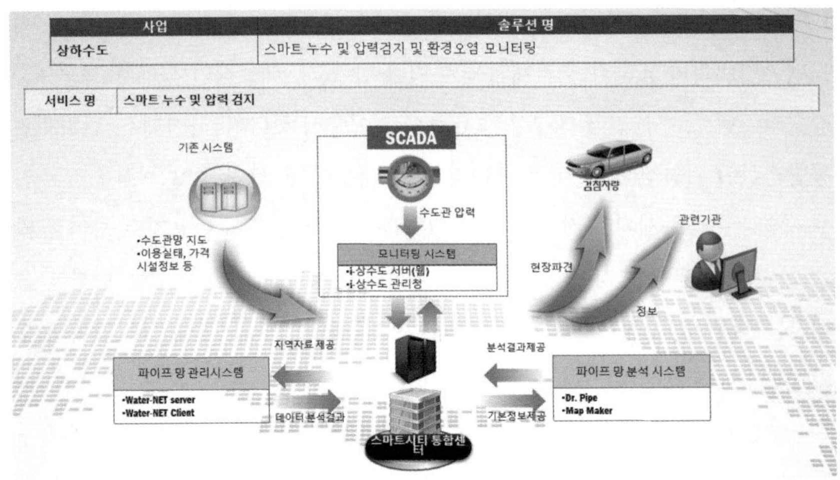

그림 13　　　스마트 물관리 시스템 아키텍쳐

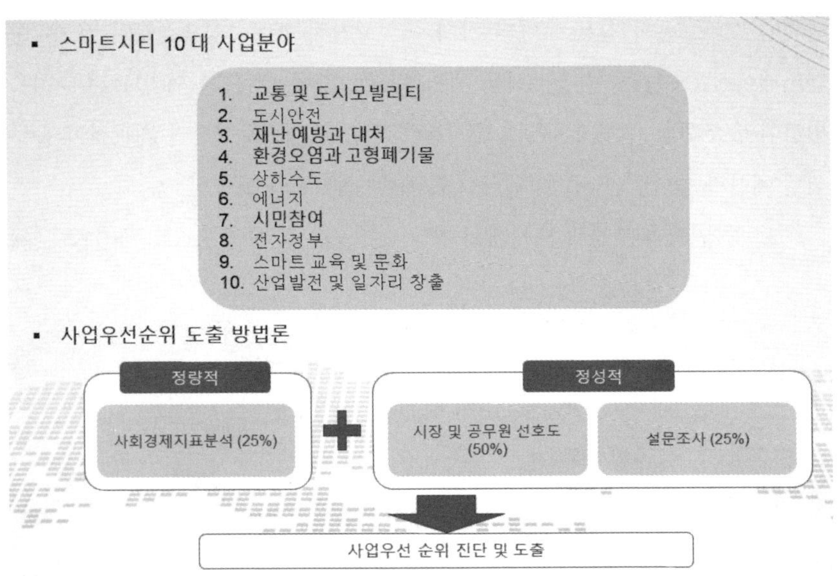

그림 14　　　스마트시티 10대 사업분야와 사업우선순위 도출 방법론

를 해결하기 위한 스마트 솔루션을 제시한 것이 그림 13이다. SCADA 시스템을 이용하여 현재 상수도망의 누수여부와 위치를 실시간으로 파악하고, 통합정보

센터에서 누수 장소에 바로 수선차량을 파견하여 해결하는 시스템이다.

아울러 상수도 오염여부를 파악할 수 있는 IoT 센터를 설치하여 한계치 이상의 오염발생시 바로 조치할 수 있도록 권고했다. 위의 그림은 해당 시스템의 세부 시스템아키텍쳐를 나타낸 것이다. 최종적으로 7개 스마트시티 영역에 10개의 솔루션에 대한 시범사업 추진방안을 제시하였고 이러한 시범사업추진에 소요되는 하드웨어 장비와 소프트웨어, 그리고 직접경비 등을 총괄적으로 주정부에 제시하였다(그림 14 참조).

2.　기후위기시대의 인도 스마트시티 사업 협력

전 세계 국가들은 두 개의 글로벌 메가트렌드에 직면해 있다. 첫 번째는 신기후체제 이행에 따른 친환경·에너지 전환에 관한 것이며, 두 번째는 4차 산업혁명이다. 개발시대를 지나오며 무분별한 에너지 소비와 온실가스 배출을 하였고, 이제 그 결과로 심각한 기후변화 문제가 대두되고 있다. 우리나라는 최근 영국 언론으로부터 '세계 4대 기후악당'이라 불릴 정도로 이 부문에서 낙제점을 받았다.

현재 세계의 도시는 지구의 3%의 면적에 불과하지만, 60~80%의 에너지를 소비하고 있으며, 탄소배출량은 75%이상이다. 아무리 4차 산업혁명기술을 잘 활용하여 스마트시티 사업을 추진한다고 해도 친환경적이지 못하면 지속가능성을 상실한다. 선택의 여지없이, 도시에서 소모하는 에너지와 배출하는 온실가스를 최대한 줄여야 하며, 2015년 파리기후협약에서 선언한 2050 탄소중립시대를 실현해야 한다.

2000년대 들어서면서부터 유럽의 선진도시들은 스마트시티 사업에서 친환경성을 가장 우선적인 가치로 설정하고, 시민들의 적극적인 동참에 힘입어 지속가능한 스마트시티 사업, 즉 '에코스마트시티 사업'을 활발하게 추진하고 있다. 다시 말해, 똑똑하기만 한 도시가 아니라 기후위기시대에 현명한 도시를 추구하는 것이다. 대표적으로 스위스의 취리히는 '2000 - Watt Society'라는 캐

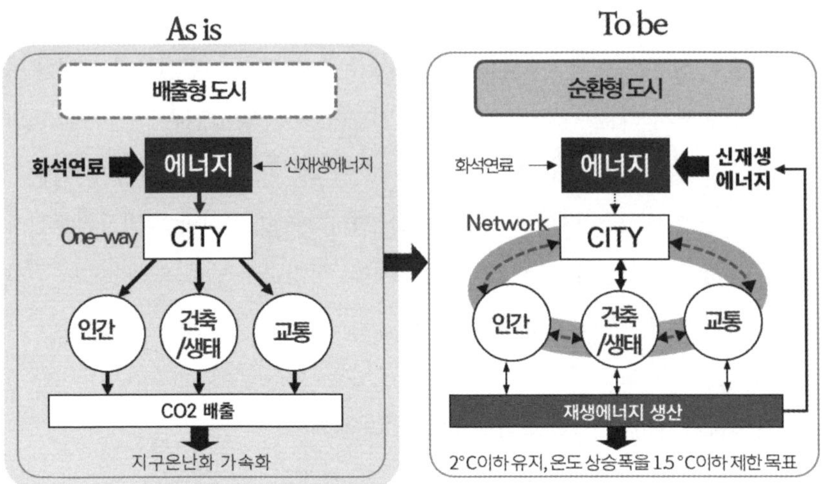

그림 15　　기존 배출형 도시에서 순환형도시로의 패러다임 전환

그림 16　　'6C Free to 6SFull' 에코스마트시티사업의 기본개념

치프레이즈를 내걸고 2008년 당시의 3분의 1 수준으로 일인당 온실가스 배출량을 줄이기 위해 녹색·스마트 기술을 도시공공서비스 전반에 걸쳐 적용하고 있다.

최근 한국 정부는 2050년 탄소중립시대를 열기위해 디지털 뉴딜과 그린 뉴딜사업을 적극 추진하고 있다. 이 같은 정부정책을 뒷받침하기 위해, 경제인문사회 연구원들이 주체가 되어 '에코스마트시티 사업추진방안'을 제시하였다. '에코스마트시티' 사업의 목적은 건강한 환경 속에서 행복한 도시민의 커뮤니티를 구현하는 것이다. 우선 우리가 행복해 지려면 삶을 불행하게 하는 6개의 C(CO_2, Causalty, Crime, Congestion, Contagion(COVID), and Complain)를 없애기 위한 사업을 먼저 추진해야 한다. 이를 기반으로 우리의 삶을 풍요롭게 하는 6개의 S(Sustainable, Safe, Sante, Solidity, Smart and Satisfactory)를 추구할 수 있으며, 6S의 실현을 위한 25개의 사업을 구체적으로 제시하였다. 이를 통해 기존의 배출형 도시에서 궁극적으로 네트제로를 추구하는 순환형 도시로 탈바꿈이 가능해진다.

2021년 현재 인도는 미국, 중국에 이어 세계 3위의 온실가스 배출국이다. 그러나 인도는 경제개발을 통한 자국민의 빈곤탈피가 최우선 과제라는 명분하에 아직까지 탄소중립에 대한 명확한 목표시점을 발표하지 않고 있다. 현재 추세라면 오히려 폭증하는 에너지 수요로 인해 석탄과 같은 화석에너지 사용량이 계속 늘어날 것이다. 게다가 현재의 비환경적인 도시인프라 상황을 감안했을 때, 2030년이면 미국보다 많은 온실가스를 배출할 것으로 전문가들은 예측한다. 물론 인도는 2030년까지 2005년 기준으로 35%의 온실가스를 감축할 것을 COP21에서 약속했다. 단 선진국들이 친환경 기술을 공유하고 이를 위한 재정을 지원하는 것이 전제이다. 한국의 에코스마트시티 사업에 대한 국제협력의 필요성이 여기에 있다.

Ⅳ. **결론**

2019년 5월 총선에서 인도국민당이 압승을 거둠으로서 '인도의 성장과 발전가 능성'을 내포한 '모디노믹스'가 다시 탄력을 받기 시작했다. 이에 따라 모디노 믹스의 플래그쉽 이니셔티브인 스마트시티 개발정책도 가속화 될 것이며 그동 안 정부가 추진해 온 신남방정책의 연속성도 확보될 수 있을 것이다. 미국과 일 본, 프랑스 스페인 등의 스마트시티 선진국 들은 그동안 활발한 인도와의 협업 을 통해 도시인프라는 물론, 산업회랑 구축사업에 이미 상당부분 진출하였다. 2018년 한·인도 정상회담에서 모디 총리는 스마트시티 개발 사업에 한국의 적 극적 참여를 요청한 바 있다.

인도와의 국제협력 사업에는 많은 위험이 도사리고 있다. 지방정부의 열 악한 재정상태와 안정적인 협력 거버넌스의 형성이 쉽지 않다. 또한 사업제안 에서부터 시공에 이르기 까지 험난한 여정이 기다리고 있으며 단계 단계별 많 은 시간이 필요하다. 더욱 심각한 것은 다른 개도국보다 공사중단과 지연사태 가 더 공공연히 발생한다는 것이다. 한편, 2013년 개정된 토지수용법은 토지수 용절차를 명확히 하긴 했으나 토지소유주의 권리보호를 위한 비용과 수용기간 이 과다하게 소요되어 또 하나의 걸림돌이 되고 있다. 그리고 주마다 상황이 다 르기는 하지만 구자라트, 안드라 프라데시, 마하라슈트라 주를 제외하고는 민 자유치사업에 대한 성공가능성이 현저하게 낮은 형편이다.

본장에서 제시하였듯이 인도의 스마트시티 사업의 가장 큰 걸림돌은 무엇 보다도 기본적인 인프라의 부족이다. 스마트사업의 본질이 기존 인프라 활용의 극대화에 있다면 절대적으로 인프라의 수준이 열악한 인도의 스마트도시 건설 사업은 난관에 처할 수밖에 없다. 아무리 유용하고 정확한 정보를 제공한다 해 도 활용할 수 있는 인프라가 부족하다면 개선될 여지가 없기 때문이다. 따라서 기본적인 인프라 확충사업은 물론 현재 혼돈 속에서 운영되고 있는 기존 인프 라를 효율적으로 사용하기 위한 시스템관리차원의 정책과 대책이 절실하다. 다시 말해 스마트시티 사업추진을 통한 정보통합 플랫폼을 구축함과 동시에 기존 인프라의 물리적 관리기법의 고도화도 함께 추구하는 하이브리드 형의 스마트시티 사업추진 전략이 적극 고려되어야 한다.

이를 위해서는 지난 50여 년간 한국의 도시들이 교통문제를 해결하기 위해서 다양한 시행착오를 겪으며 발전시켜온 교통인프라의 공급전략, 수요관리전략에 대한 인도의 벤치마킹이 필요하다. 한국 도시들의 검증된 소프트웨어, 하드웨어 시스템을 현재 추진 중인 인도의 스마트시티 사업에 접목한다면 매우 큰 효과를 볼 수 있을 것으로 기대한다.

향후 인도가 13억 인구를 바탕으로 현재와 같은 매년 7% 수준의 경제발전을 거듭한다면, 인도는 머지않아 G3 국가가 될 잠재력이 있다. 따라서 이 모든 어려움을 극복하고 선택과 집중전략을 통해 인도 내에 한국형 'Make in Inida' 스마트시티 벤치마킹도시를 탄생시키면 그 파급효과가 엄청날 것이다. 특히 인도정부가 현재 고민하고 있는 온실가스 감축 문제를 우리 친환경기술과 도시개발기술 그리고 스마트시티 기술을 통해 통합적으로 해결하면 한국형 스마트시티의 성공가능성이 크게 제고될 것이다.

참고문헌

〔한글출판본〕

LH 토지주택연구원. 2018. 『해외개발 Preview Vol. 1. 인도편』. 한국토지주택공사.

이상건 외. 2020. 『글로벌 기후변호에 대응하기 위한 에코스마트시티 사업추진 및 해외 진출방안』.

국토연구원외 10개 경제인문사회연구회 연구원.

이상건, 권희서. 2016. *Detailed Project Report of Smart City Solution for Tamil Naduu Model Cities*, World Bank.

글로벌 미래연구센터. 2016. 『세계와 도시』. 서울특별시.

조충제 외. 2015. 『인도 모디정부의 경제개발정책과 한·인도 협력방안』. 대외경제정책 연구원.

조충제 외. 2017. 『인도의 도시화와 한·인도 협력방안』. 대외경제정책연구원.

노춘회 외. 2017. 『도시미래와 재생』. 형설출판사.

〔영문출판본〕

Geetam Tiwari, Key Mobility Challenges in Indian Cities, International Transport Forum, OECD

High Powered Expert Committee. 2011. *Report on Indian Urban Infrastructure and Services*. Ministry of Urban Development, India.

KPMG. 2021. *Road to Sustainable Smart Cities – Challenges, opportunityes and emerging trends*. KPMG.

Smart Cities Mission. 2021. *Making a City Smart – Leaning from the Smart Cities Mission, Minitry of Housing and Urban Affairs*. India.

제10장

인도의 공간정보와 스마트시티

사공호상(국토지리정보원장)

I. 스마트시티에 대한 이해

1. 스마트시티의 개념

스마트시티는 목적과 의도에 따라 다양하게 정의되고 있지만, 공통으로 정보통신 기술 등 첨단기술을 이용하여 도시문제를 해결하고 나아가 도시의 경쟁력과 삶의 질 향상에 목적으로 두고 있다. 다양한 스마트시티의 의미를 단순하게 말하면 "똑똑한 도시"로 이해할 수 있다. 똑똑한 도시는 그렇지 않은 도시에 비해, 더욱 편리하고 안전하며 쾌적할 뿐 아니라 경영에도 시민들의 참여와 의지를 반영할 수 있는 도시로 생각할 수 있다. 전 세계적으로 도시화율이 높아지고 규모도 커짐에 따라 도시는 점점 복잡하고 다양한 문제에 직면하고 있다. 이에 따라 전 세계의 도시들은 교통, 안전, 재난재해 등과 같은 당면한 문제를 해결하고, 보다 안전하고 생산적인 도시를 만들기 위해 스마트시티를 적극적으로 추진하고 있다.

'스마트'라는 용어는 통상 사람한테 사용해 왔다. 그런데 언제부터인가 도

시, 공장, 주택, 자동차 등과 같은 대상에 '스마트'라는 용어를 사용하고 있다. 예를 들면 스마트폰, 스마트시티, 스마트 팩토리, 스마트 홈, 스마트 모빌리티 등이다. 이들이 '스마트하다'는 뜻은 사람처럼 똑똑해지고 있다는 의미다. 사물이나 객체가 사람처럼 똑똑하려면 사람과 같거나 유사한 구조가 되어야 한다. 사람은 시각, 청각, 후각, 미각, 촉각 등 오감을 통해서 정보를 수집한다. 수집된 정보는 신경망을 통해 뇌에 전달되고, 뇌는 모든 정보를 종합적이고 입체적으로 분석하여 판단한다. 이와 같은 메커니즘에 기반하여 스마트시티가 갖추어야 할 조건을 생각해 보면, 첫째 스마트한 도시는 사람의 오감과 같이 다양한 소스로 빅데이터를 수집할 수 있어야 한다. 둘째, 사람의 신경망과 같이 수집한 데이터를 중앙처리장치로 신속하게 전달해야 한다. 셋째, 수집한 데이터를 체계적이고 종합적으로 분석할 수 있는 능력이 있어야 한다. 더 나아가 분석한 결과를 기반으로 의사를 결정하고 행동하거나 제어하는 능력이 있어야 한다.

2.　스마트시티의 주요 기술 인프라

가.　오감을 대신하는 센서기술

스마트홈에는 온도, 습도, 진도, 소음, 접촉, 터치, 압력, 마이크로폰, 카메라, 조도, 색감 등을 감지하는 센서가 활용된다. 이러한 센서는 대상을 감지하고 데이터 처리를 통해 사물이 반응하게끔 한다는 점에서 '지능형 센서'로 불린다. 센서는 제작비용이 점차 낮아지고 전력 소모를 최소화하는 기술이 개발되면서 그 수가 급격히 늘어나고 있다. 지금은 사람들의 모든 일상이 센싱되고 있다고 해도 과언이 아니다. CCTV가 도시의 구석구석을 비추고 도로에 설치된 교통 센서는 자동차의 모든 것을 기록한다. 지금은 고정된 센서가 대부분을 차지하지만, 앞으로는 자율주행차 등에 장착된 움직이는 센서가 도시의 모든 정보를 수집하는 시대가 올 것으로 예상된다.

나. 신경망 같은 네트워크 기술

1980년대 초 인터넷이 출현한 이후 네트워크 기술은 눈부신 발전을 계속해 오고 있다. 네트워크 기술은 점차 유선보다는 무선을 기반으로 발전을 지속하고 있으며, 5G는 이전 세대의 LTE보다 무려 20배 빠른 속도로 데이터를 전송한다. 와이파이(Wi‑Fi)는 가게나 도서관뿐 아니라 공원이나 심지어 도시 전체를 대상으로 서비스를 하는 추세다. 이외에도 블루투스(Bluetooth), 비콘(Beecon), RFID, NFC, 지그비(ZigBee), LoRaWAN(Long Range Wide Area Network) 등과 같은 무선 네트워크가 우리 주변에 촘촘하게 설치되고 있어, 어떤 곳에서도 데이터를 빠르게 전송할 수 있는 환경이 되었다.

다. 사람의 뇌와 같은 인공지능

사람은 오감(五感)에 의식적 감각을 더하고, 여기에 축적된 지식과 노하우, 경험 등을 기반으로 상황을 판단한다. 이러한 사람의 뇌와 같은 기능을 인공지능이 담당하는 시대가 다가오고 있다. 인공지능은 인간의 인지, 학습, 추론 등 지적 능력을 기계적으로 구현하는 기술로써 사람의 뇌와 같은 역할을 한다. 인공지능은 기존 자료를 이용하여 학습을 하는 머신러닝(Machine Learning) 단계를 넘

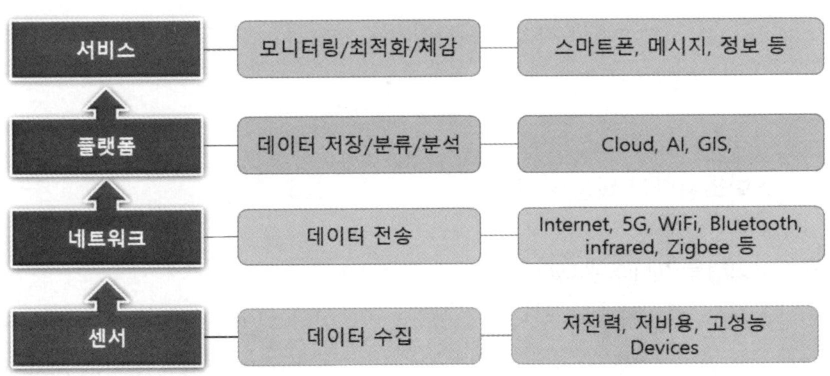

그림 1　스마트의 구성요소
출처: 저자

어 사람의 뇌처럼 스스로 학습하는 딥러닝(Deep Learning) 단계로 발전하고 있다. 인공지능 기술은 사회적 영향에 대한 찬반 논란이 가중되는 가운데서도 빠르게 발전하고 있다. 스마트 스피커 등과 같은 일상생활 도구와 자율주행차, 운송, 통신에 이르기까지 다양한 산업과 기기에 적용되어 다양한 서비스에 활용되고 있다. 앞으로 인공지능은 풍부한 데이터와 더 강력한 알고리즘이 결합하고, 로봇 등의 기기에 장착되면서 인간의 생활과 산업에 전례 없이 광범위하게 활용될 것으로 예상된다.

라. 입체적 · 직관적 상황분석기술

사람은 매 순간 끊임없이 상황을 분석하고 판단을 한다. 예를 들어, 운전할 때 우리는 끊임없이 주변을 살피고 가능한 모든 정보를 수집해서 분석하고, 이를 기반으로 최적의 운행상태를 유지한다. 이처럼 상황을 직관적으로 판단할 수도 있지만, 도시는 대체로 입체적이고 논리적인 분석을 통해 상황을 파악한다. 도시는 교통, 안전, 재난재해, 전력, 상하수도 등 매우 다양한 요소가 존재하고, 이들이 서로 연계되어 있어서 복잡하다. 복잡한 도시의 상황을 모니터링하고 문제를 신속하게 발견 · 대응하기 위해서는 체계적인 분석기술이 필요하다. 범지구위치결정시스템(GIS)은 데이터를 체계적으로 수집 · 저장 · 가공 · 분석하고, 분석한 결과를 시각화해서 신속한 의사결정을 지원하는 공간분석 수단으로 활용되고 있다.

3. 스마트시티의 핵심 키워드

가. 사이버물리시스템(Cyber – Physical System)

스마트시티 관련 사업은 도시의 구성요소만큼이나 다양하다. 스마트 교통, 스마트 인프라, 스마트 전력, 스마트 물류, 스마트 안전 등 사업은 목적과 대상에 따라 매우 다양하지만, 이들 사업을 관통하는 핵심 논리는 '사이버물리시스템'이다. 사이버물리시스템은 실제의 물리적 환경과 가상의 사이버 환경을 긴밀하게 연결하는 것을 말한다. 여기서 물리적 환경은 시설물이나 빌딩, 설비와 같은 자산을 말하며, 사이버 환경은 데이터나 모델로 구현되는 컴퓨터 환경을 말한다. 사이버물리시스템은 2016년 다보스 포럼에서 4차 산업혁명의 핵심으로 제기된 이후로 전 세계의 주목을 받고 있다. 가장 대표적인 예는 지능형공장(Smart Factory)다. 스마트팩토리는 생산현장에 다양한 정보통신기술을 결합하여 설비와 공정을 지능화하여 네트워크로 연결한다. 이렇게 연결된 설비들은 모든 정보를 실시간으로 공유 · 활용함으로써 제품을 효율적으로 생산하고 공정을 자율적으로 운영한다.

물리환경과 사이버환경이 데이터로 연결되는 논리 구조가 모든 스마트시티 사업에 적용되고 있다. 스마트 교통은 각종 센서로부터 들어오는 데이터를 분석하여 실제 현장의 교통을 제어함으로써 최적화한다. 스마트홈은 스마트폰으로 집안의 가전제품과 온도, 습도 등의 환경을 모니터링하고 필요시 작동하거나 제어한다. 스마트 그리드(Smart Grid)는 전기의 생산에서 분배, 사용에 이르는 모든 과정의 데이터를 수집 · 분석하여 가장 효과적이고 경제적인 방법으로 전력을 관리한다. 이와 같은 스마트 관리나 서비스의 원리를 종합해 보면, 실제 환경에서 일어나는 모든 상황 관련 데이터를 수집 · 저장 · 가공 · 처리 · 분석하고, 이를 통해서 얻은 정보를 활용하여 실제 환경을 최적화하거나 제어하는 것으로 정리할 수 있다.

나.   디지털 트윈(Digital Twin)

디지털 트윈은 '디지털 쌍둥이'를 말한다. 즉 실제와 똑같은 형태를 가진 객체나 자산, 프로세스 등을 컴퓨터의 가상공간에 구현하는 것이다. 디지털 트윈은 산업분야에서 처음 활용되었으나 점차 시설물 관리나 서비스 분야로 확대되고 있다. 처음에는 비행기 엔진이나 발전소 등과 같은 복잡한 구조물을 효과적으로 모니터링하거나 생산성을 향상하는데 활용했다. 그러나 최근에는 스마트시티 사업에 적극 활용되고 있다. 도시에 디지털 트윈이 필요한 이유는 ▲ 빅데이터의 증가, ▲ 데이터 분석을 위한 도시 브레인의 필요, ▲ 데이터에 기반한 도시 운영, ▲ 데이터 모델의 증가, ▲ 도시 운영을 위한 플랫폼 필요, ▲ 센서의 증가에 의한 인지혁명 등이다. 디지털 트윈을 이용하면 도시계획가와 행정가가 도시의 각종 상황을 효과적으로 인식할 수 있고, 문제발생 시 신속하게 파악하여 대응할 수 있다. 또한 시뮬레이션을 통해서 문제를 해결하거나 미연에 방지할 수 있다. 예를 들어 스마트 상수도 관리의 경우, 컴퓨터상에 실제의 상수도 관로 및 시설을 똑같이 모델링하고 센서를 통해서 얻은 유량과 유속 등의 데이터를 연계한다. 관리자는 지하에 매설된 시설물의 운용상황을 가상공간에서 효과적으로 감시할 수 있을 뿐 아니라 관로가 파손되거나 누수가 발생하면 즉각 대처할 수 있다.

사이버물리시스템과 디지털 트윈은 목적이나 개념적인 면에서 매우 유사하다. 그러나 사이버물리시스템은 정보화를 통한 산업발전의 패러다임 변화를 제시하는 데 비해 디지털 트윈은 공학적, 실용적 영역이라고 할 수 있다. 따라서 디지털 트윈은 사이버물리시스템의 가장 완전한 형태라고 볼 수 있다.

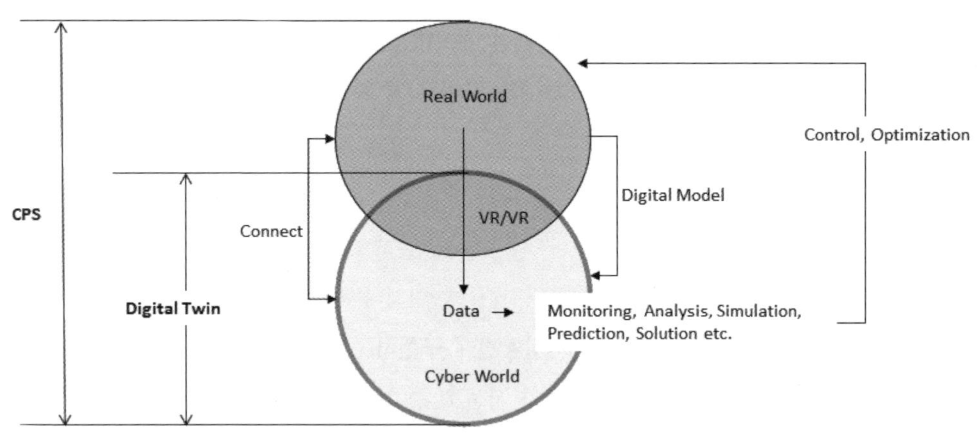

그림 2　　사이버물리시스템과 디지털 트윈의 개념도
출처: 저자

　남아시아의 스마트시티 - 구조와 방향

4. 스마트시티 사업의 특성

도시는 사람들이 많이 모여 살기 때문에 살아가는데 필요한 생활 인프라와 서비스가 집중되어 있고 관공서, 기업 등과 같은 건물과 시설이 밀집된 곳이다. 스마트시티는 교통, 환경, 인프라, 의료, 전력 등 도시를 구성하는 모든 분야가 지능적으로 운영되어야 하므로 사업의 종류도 매우 다양하다.

도시별로 추진하고 있는 스마트시티 사업의 특징을 보면, 주로 해당 도시에서 가장 심각하게 겪고 있는 문제를 개선하거나 해결하는 데 우선순위를 두고 있다. 성남시는 심각한 주차 문제를 해결하기 위해서 '스마트파킹 성남'을 개발하고 있다. 해당 서비스 앱은 성남시 주차장에 대한 정보는 물론 인근의 시내버스나 시외버스 그리고 지하철 등의 환승 교통정보를 제공한다. 세종시는 도시 내 모든 병원이 네트워크로 연결되어 진료 가능 시간, 전문의료진 상황, 예상 대기시간 등을 관리하는 '병원정보 통합플랫폼'을 개발하고 있다. 이 외에도 범죄 발생을 예방하고 효과적으로 대응하기 위한 방범용 CCTV 설치, 상하수도의 누수를 방지하고 파손에 효과적으로 대응하기 위한 상하수도 종합관리시스템 구축, 쓰레기통에 센서를 부착하여 효율적으로 수거하는 사업, 가로등에 센서를 부착하여 조도, 점등, 소등을 관리하는 사업 등 매우 다양하다.

한편, 국가 차원에서도 종합적이고 포괄적인 스마트시티 시범사업을 추진하고 있다. 세종 5 - 1 생활권 시범도시의 경우 건강관리, 행정관리, 문화쇼핑, 교통, 교육, 에너지 등 도시의 모든 부문을 포함하는 스마트사업을 추진하고 있다. 세종 시범단지는 공유 자동차와 자율주행 버스 등을 도입하여 대중교통 중심의 단지를 조성하고 있다. 또한, 인공지능을 활용한 교통시스템을 도입하여 교통을 안전하게 관리 및 제어하고 전기차, 수소차 등 미래형 자동차들의 실험·실증 장소로 활용된다. 부산 에코델타 시범도시는 물환경, 에너지, 교통, 안전, 생활환경 부문에 대한 스마트 시범사업을 추진하고 있다. 특히 스마트 정수처리 시스템을 도입하여 맑은 물을 제공하고 물의 재이용률을 높이며, 물속의 미세먼지를 줄일 수 있는 스마트한 물 관리를 시도한다.

5.   인도의 스마트시티

인도의 인구는 2020년 기준 13억 9천만 명으로 중국에 이어 세계 두 번째로 많다. 인도의 도시화율은 1961년 18%에서 2019년에 34.5%로 증가하여, 인구증가와 함께 도시화가 빠르게 진행되고 있다. 인도의 스마트시티에 대한 평가는 아직 미흡하다. 주된 이유는 주정부의 열악한 재정과 국내외 투자 부진, 주민과의 토지이용 갈등 등이다(박양호, 2021).

지난 수년간 인도는 도시화에 따른 각종 문제에 직면해 오고 있다. 도시문제를 해결하기 위해 인도 정부는 2015년에 스마트시티 미션(SCM)을 발표하고 전국에 100개의 대상 도시를 선정하였다. 스마트시티 미션의 주된 목적은 각 도시의 일부 지역을 집중적으로 개발함으로써 그 효과를 인근지역까지 확산하는 것이다. 중앙정부는 각 주당 최소 하나의 도시를 스마트시티로 지정하도록 하였으며, 웨스트벵골주를 제외한 인도 전체의 지방정부가 참여하였다. 지정된 도시는 중앙정부와 지방정부의 재정지원을 받아 2017부터 2022년까지 각종 개발사업을 추진하고 2022년 이후에 성과를 도출하기로 했다. 스마트시티로 지정된 각 도시는 개발공사 역할을 하는 '특수목적회사(SPC)'를 설립하여 사업을 수행하기로 했다.

인도 스마트시티 사업의 초기 단계에는 스마트시티의 개념에 대한 혼란이 많이 발생했다. 이에 대한 해결책으로 인도는 스마트시티 개념을 하나로 정립하는 대신 각 도시의 개발수준, 가용자원, 시민들의 희망사항 등을 고려하여 특성에 맞는 사업을 정하기로 했다. 인도 정부는 어떤 특정 모델을 스마트시티에 적용하도록 지침을 마련하지 않고 각각의 도시가 현지 실정에 맞게 스스로 비전, 미션, 계획 등을 마련하도록 했다. 이에 따라 도시별 투자규모와 추진방식도 각기 달랐다.

인도의 스마트시티 개발사업 중 가장 큰 비중을 차지하는 것은 교통시설을 정비하는 것으로 전체 예산규모가 무려 48억 5,000만 달러에 달한다. 그 밖에 용수 공급, 하수처리, 배수시설 사업 등이 비교적 큰 규모로 추진되었다. 스마트시티 프로젝트 사례를 보면, 뉴델리 근처 파리다바드시는 실시간 교통통제 서비스를 주로 제공하는 첨단 통합교통통제센터를 설치하여 도심지역의 교통 정체를 최소화하고자 하였다. 구자라트주의 아메다바드시는 주차공간을 찾는 데 많은 시간이 소비되고, 이것이 교통체증을 발생한다는 사실에 따라 운전자들에게 주차공간에 대한 정보를 제공하는 서비스를 개발하였다. 푸네시는 공해 없는 도시를 만들기 위해 자전거 공유시스템을 계획하였다. 아우랑가바드시는 50개의 디지털 옥외전광판을 설치하고, 이를 통해 도시의 문화유산, 관광, 교통 상황, 공기오염도, 버스시간 등 정보를 제공하고 있다. 콜카타시의 뉴타운은 태양광을 이용한 가로등, CCTV, 인터넷 핫스팟 등을 스마트거리에 설치하였다. 이 외에도 드론을 이용하여 코로나 감염이 심한 지역에 세정제를 살포하는 등 다양한 스마트시티 사업이 추진되었다(박영선, 2021).

이상과 같은 사례로 볼 때, 인도의 스마트시티 프로젝트는 각 도시의 실정에 맞게 매우 다양한 분야에 다양한 기술을 적용하여 추진되고 있음을 알 수 있다. 이러한 특성은 우리나라와도 크게 다르지 않으며, 세계적으로도 스마트시티 사업은 도시별로 직면한 다양한 문제를 해결하는데 중점을 두고 있다.

Ⅱ. 스마트시티와 공간정보

1. 공간정보와 공간정보기술

공간정보(Spatial Information)란 공간상의 특정 위치나 지리적 영역을 직접 또는 간접적으로 참고하는 모든 데이터를 말한다. 공간데이터는 종종 지리공간데이터(Geospatial Data) 또는 지리정보(Geographic Information) 라고 한다. 처음에는 주로 경위도 좌표 값을 갖는 지리정보에 국한되었으나 점차 건물, 시설물 등과

그림 3   공간정보의 예시

출처: 국토지리정보원

같은 시설공간 등으로 확장되고 있다. 「국가공간정보기본법」에서 정하고 있는 공간정보는 "지상·지하·수상·수중 등 공간상에 존재하는 자연적 또는 인공적인 객체에 대한 위치정보 및 이와 관련된 공간적 인지 및 의사결정에 필요한 정보"를 말한다. 공간정보의 예를 보면, 점의 위치를 나타내는 측량기준점, 지형지물의 위치, 크기, 형상, 속성 등을 기호로 표기한 지도, 항공사진, 위성영상, 실내지도, 지하시설물도 등으로 매우 다양하다.

한편, 공간정보기술은 공간데이터를 수집하거나 제작하는 기술, 공간데이터를 저장, 가공, 갱신하는 기술, 공간데이터를 분석하고 시각화하는 기술 등을 포함한다. GIS는 공간정보기술의 대부분을 차지하는 중요한 요소를 포함하고 있다. 그래서 GIS를 이용한다고 하면, 데이터를 수집하여 저장·갱신·가공하고 정보를 얻기 위한 분석과 분석결과를 시각화하는 모든 것을 포함한다. 공간정보는 데이터 그 자체가 정보인 경우도 있지만 엄밀히 말하면 데이터를 가공하거나 분석해서 얻는 것을 말한다.

2. 공간정보의 특성과 기능

가. 공간정보와 정보통신 기술의 융합

공간정보가 보편적으로 활용된 데는 정보통신기술의 영향이 매우 크다고 할 수 있다. 아날로그 시대에 정보통신과 공간정보 기술은 서로 무관하게 발전하였다. 그러나 디지털 환경에서 두 기술은 매우 긴밀한 관계로 발전되었다. 특히 센서나 모바일 기기가 수집한 공간데이터를 신속하게 전송하거나 서버로부터 공간데이터를 끊김없이 수신하는 것이 매우 중요하다. 예를 들면 우리는 스마트폰을 이용하여 수집한 데이터를 실시간으로 전송하고 서버가 제공하는 지도기반 서비스를 이용한다. 이처럼 공간정보와 정보통신기술의 결합으로 공간정보 활용환경이 획기적으로 개선되었다. 그림 4에서 보는 바와 같이 정보통신기술과 공간정보기술은 점차 융합되는 과정으로 발전하고 있다. 특히 센서, 모바일, 네트워크를 기반으로 하는 사물인터넷 관련 기술은 스마트시티에 결정적인 영향을 미친다.

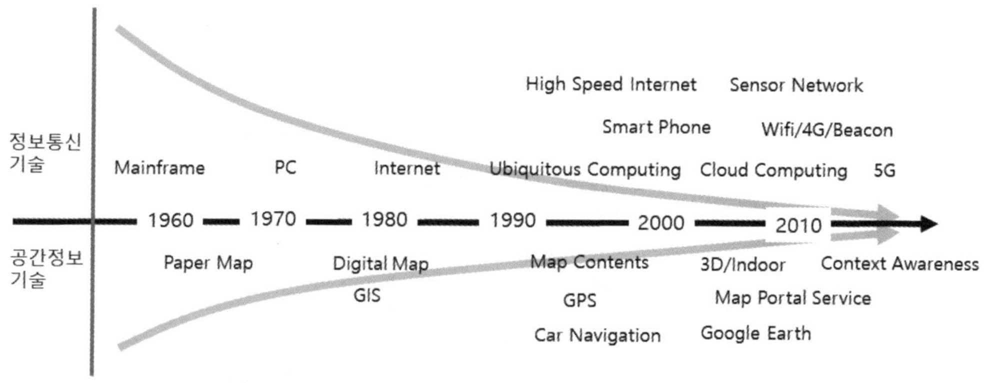

그림 4   정보통신기술과 공간정보기술의 발전과정

출처: 사공호상 외(2016)

나. 빅데이터의 융합 · 분석 · 가시화

공간정보의 또 다른 특성 중 중요한 하나는 데이터의 융합기능이다. 데이터를 수집하는 센서와 모바일 기기가 급격히 늘어나고 통신기능이 장착된 모든 기기가 네트워크에 연결됨으로써 초연결 · 빅데이터 시대가 시작되었다. 데이터는 많을수록 좋지만 의미 있는 정보를 도출할 수 있는 수단과 방법이 있어야 의미가 있다. 도시에는 행정데이터, 통계데이터, 센싱데이터, 소셜데이터(SNS) 등의 데이터가 실시간으로 생성된다. 공간정보기술은 출처와 형태가 다른 빅데이터를 위치로 통합한 후 공간분석을 통해서 의미 있는 정보를 추출할 수 있다. 행정데이터와 통계데이터는 대부분 주소를 기반으로 생산된다. 센싱데이터는 측정위치가 결정되어 있거나 센싱할 때 위치 값을 포함한다. 예를 들면 스마트폰으로 촬영한 사진은 위치를 나타내는 경위도 좌표를 포함하고 있다. 소셜데이터도 위치 값을 가지고 있거나 위치나 장소를 알 수 있는 단어가 포함되는 경우가 많아서 공간정보로서 유용성이 매우 크다. 이러한 데이터는 지오태깅이나 지오코딩을 거쳐 위치 값을 갖게 되고, 위치 값을 갖게 되면 지도에 매핑할 수 있다.

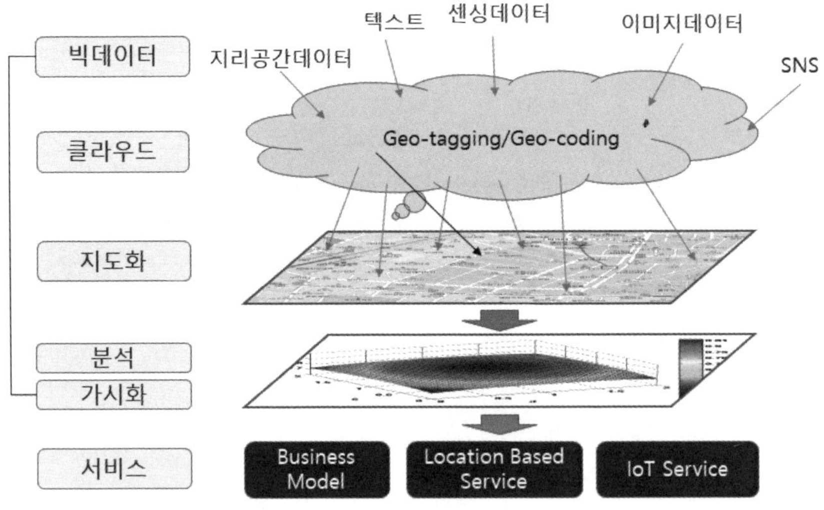

그림 5   공간정보의 융합기능과 역할 개념도
출처: 사공호상 외(2016)

지도에 매핑된 데이터는 패턴분석, 핫스팟분석, 버퍼링 분석, 중첩분석, 네트워크 분석 등을 통해서 의미 있는 정보를 얻을 수 있다. 이와 같이 공간정보 기술은 위치를 기반으로 다양한 데이터를 통합하고, 이를 분석하여 가시화함으로써 의사결정을 지원하거나 서비스에 활용된다.

3.　스마트시티를 위한 공간정보 활용

스마트시티는 도시의 운영과 관리 현황을 체계적으로 파악할 수 있어야 한다. 그래야 문제 발생 시 빠르게 대응하고 이해 관계자가 쉽게 협업할 수 있다. 이를 위해서는 데이터 그 자체나 분석을 통해서 얻은 정보를 공간적으로 표출하는 것이 매우 중요하다. GIS는 이와 같은 기능을 제공함으로써 스마트시티를 성공적으로 구현할 수 있는 강력한 수단이자 도구다.

도시의 각 부서는 업무를 수행하는 과정에서 많은 양의 데이터를 생산하고 있다. 그러나 모든 데이터가 공간적 통찰력을 제공하기에 적합한 상태는 아니다. 일반적인 행정데이터는 주소나 통계수치로 표기되기 때문에 정확한 위치나 주변 지역 또는 객체와의 관계를 이해하기 어렵다. 공간정보 기술은 데이터를 실제 공간과 연결하여 도시의 운영 상태를 측정하고 모니터링 할 수 있는 방법을 제공한다.

스마트시티를 성공적으로 운영하려면 사용자 친화적인 환경에서 데이터를 관리하고 시각화를 통해 쉽게 이해할 수 있는 시스템을 개발할 필요가 있다. 시각화를 통한 공간적 직관력을 제고하면 기존의 '칸막이식' 도시 관리를 벗어나 이해 관계자가 참여하는 '공유된 시스템'으로 전환할 수 있다.

Isam Shahrour는 **그림 6**과 같은 스마트시티 구현 단계를 제시하였다. 그는 도시의 물리적 시스템을 디지털 모델링으로 구현하고 센싱 데이터를 통합한 후 공간분석을 실시하고, 그 결과를 시각화하는 한편 물리적 도시환경을 제어하는 단계를 제시하였다.

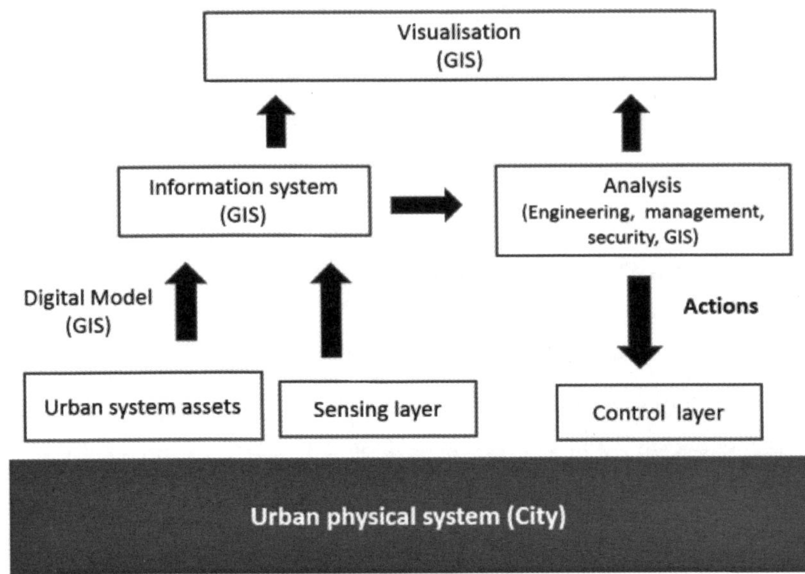

그림 6   GIS를 활용한 스마트시티 구현단계

출처: Isam Shahrour(2018)

첫 단계는 도시의 자연 및 인공적인 구성요소를 디지털 모델링한다. 도시의 구성요소를 디지털 모델링하면 객체의 특성과 지리적 위치 그리고 속성을 이해할 수 있다. GIS는 도시의 지형과 하천, 자연환경과 같은 '수평적 구성요소'를 모델링하는데 활용된다. 이에 비해 빌딩정보모델링(BIM)은 건물, 시설물 등과 같은 '수직적 구성요소'를 모델링하는데 활용된다. 따라서 GIS와 BIM을 결합하면 도시의 다양한 공간객체를 모델링할 수 있고, 사용자는 이러한 환경에서 데이터를 효과적으로 시각화할 수 있다.

두 번째는 도시의 운영에 관한 각종 정보를 정보시스템으로 전송하는 센싱 레이어를 구축하는 단계다. 이 단계는 데이터를 수집하는 각종 센서와 네트워크를 포함한다. 수집되는 데이터는 디지털 신호뿐 아니라 이미지, 비디오, 오디오 등으로 매우 다양하다. GIS는 다양한 센서의 특성과 상태뿐만 아니라 모니터링 시스템 전체를 시각화 할 수 있다. 또한 지도를 기반으로 현재와 과거의 데이터를 시계열적으로 시각화하는데 활용된다.

세 번째는 도시의 운영에 필요한 정보를 도출하는 분석환경을 개발하는 단계다. 분석환경에는 인공지능과 같은 첨단기술뿐 아니라 도시운영 시스템에 필요한 엔지니어링과 소프트웨어를 포함한다. GIS는 스마트시티에 필요한 지형공간 분석, 시공간 분석, 공간통계 분석, 지표면의 형태 및 흐름, 위치 등을 분석한다.

네 번째는 시각화 단계다. 웹 응용프로그램을 이용한 대화형 데이터 시각화는 도시의 구성요소를 쉽게 이해하도록 도우므로, 이해 관계자와의 상호 소통에 활용된다. 대화형 GIS 그래픽 환경에서는 도시의 구성요소와 센서의 위치 등을 효과적으로 시각화 할 수 있다. 이 맵을 활용하면 사용자와 관리자는 도시 운영에 관한 정적인 데이터와 동적인 데이터에 접근할 수 있을 뿐만 아니라 데이터를 업데이트 할 수 있다.

마지막 단계는 이력 데이터와 실시간 데이터를 이용하여 분석한 결과를 통해 도시의 최적화와 안전관리를 위한 조치를 시행하는 과정이다. 예를 들면, 수도나 가스의 밸브를 차단하고, 그로 인한 영향지역을 시각화하는 등이다. 이 상에서 보는 바와 같이 GIS는 데이터를 효과적으로 수집·저장·관리·갱신·분석하고 시각화하는 강력한 수단으로서 스마트시티 구현을 위한 핵심역량이 되고 있다.

4. 국가공간정보인프라

지형, 도로, 철도, 하천, 건물 등과 같은 기본적인 공간정보는 국민 누구나 사용하기 때문에 국가가 제공하는 것이 일반적이다. 우리나라는 수치지도, 항공사진, 정사영상 등과 같은 기본적인 공간데이터를 국토지리정보원이 제공하고 있다. 또한 정부는 각 지자체나 공공기관 등이 생산하는 데이터를 손쉽게 공유하고 융합·활용할 수 있도록 국가 공간정보 정책을 마련하고 있다. 국가공간정보인프라(National Spatial Data Infrastructure: NSDI)는 사회의 모든 수준에서 다양한 결정을 지원하기 위해 공간데이터의 생산과 접근, 활용 등에 관해 국가 차원에서 정한 정책이다. NSDI의 목표는 공간 데이터의 생산 및 유지 · 관리의 중복과 관리비용을 줄이고 공간데이터에 대한 접근을 개선하며 데이터의 정확도를 높이는 데 있다. NSDI의 구성요소는 국가별 특성에 따라 다르지만 대략 법제도, 정책, 데이터, 표준, 유통, 인력양성, 파트너십 등으로 구성된다. 전 세계 대부분의 국가는 국가의 공간정보에 대한 정책을 수립하고, 이를 기반으로 국가 차원에서 가장 효율적인 방식으로 공간정보를 관리하고 있다.

우리나라는 1995년에 '국가GIS' 정책을 처음 수립한 후 지금까지 공간정보 구축사업을 추진해 오고 있다. 국토교통(국토정보정책관)가 국가 공간정보에 관한 법과 정책을 총괄하고 있으며, 국토지리정보원이 국가 공간정보 인프라의 구축 · 관리 · 서비스를 담당하고 있다. 국토지리정보원은 위치의 기준이 되는 측량기준점을 설치 · 관리하고 국기기본도와 항공영상, 정사영상, 수치표고모형(DEM) 등 기본적인 데이터 인프라를 제작 · 제공하고 있다. 최근에는 자율주행자동차에 필요한 정밀도로지도를 제작하고 있으며, 전 지구의 공간해상도 50cm 지리정보를 획득할 수 있는 '국토위성'도 운용하고 있다. 이 외에도 지적도 등 지적에 관한 데이터는 한국국토정보공사가 담당하고 있으며 해저지형 등 해양에 관한 데이터는 국립해양조사원이 담당하고 있다.

5. 한국의 공간정보 최근 동향

공간정보는 도시의 안전, 방재, 전력, 소방, 시설물 및 자산 관리 등 모든 분야에서 활용되고 있다. 특히 자율주행차, 드론과 같은 정밀한 이동수단이 주목을 받으면서 더욱 정밀하고 정확한 공간데이터의 수요가 늘어나고 있다. 예를 들면 자율주행차를 위한 정밀도로지도는 도로의 선형뿐 아니라 각종 도로시설물과 표지, 차선 등에 관한 정보를 필요로 한다. 또한 차선을 구분하기 위해서는

25cm 이하의 정확도가 요구된다. 드론은 자율주행자와는 또 다른 종류의 공간 데이터를 필요로 하는데, 무인 비행을 위한 3차원 공간데이터가 그 예이다. 또한 드론이 건물이나 시설물에 부딪히지 않고 비행하기 위해서는 객체 사이의 비어 있는 공간에 대한 정보도 필요하다.

또 다른 변화는 공간의 디지털 트윈이다. 사이버물리시스템을 구현하는 가상환경으로서 디지털 트윈이 주목받으면서 '디지털 트윈 국토' 사업이 본격적으로 추진되고 있다. 디지털 트윈 국토는 국토의 지형뿐만 아니라 건물, 시설물, 수목 등과 같은 인공지물을 모델링하여 가상의 국토를 만드는 것으로 스마트시티의 플랫폼으로 주목을 받고 있다. 디지털 트윈 국토는 공간상의 지형지물은 3차원으로 정밀하게 사실적 구현한다. 사람은 기본적으로 사물이나 공간을 3차원으로 인지하기 때문에 2차원보다는 3차원으로 구현되는 공간정보를 선호한다. 다만 3차원은 2차원에 비해서 데이터를 구축하는 비용이 많이 들고, 데이터의 량이 크기 때문에 저장이나 운용하는데 제약을 많이 받는다. 그러나 데이터를 취득하는 센서 장비와 대용량의 데이터를 처리하는 기술과 함께 데이터를 전송하는 네트워크 기술 등이 비약적으로 발전하면서 3차원 공간데이터에 대한 수요가 급증하고 있다. 예를 들면 싱가포르는 국가 전체를 3차원으로 가상화 한

그림 7   **디지털 트윈 국토의 예시**

출처: 국토지리정보원

'버추얼 싱가포르'사업을 추진하고 있다. 3차원으로 구현된 싱가포르는 또 하나
의 국토이자 디지털 플랫폼으로 기능하고 있다. 실제의 모습을 가상의 공간에
서 보고, 문제를 해결하는가 하면 서로 다른 부서가 하나의 플랫폼에서 서로 협
력하면서 일하고 있다.

Ⅲ. 인도의 공간정보

1. 인도 공간정보의 동향과 특징

가. 인도 공간정보 정책의 변화

인도 정부는 2021년 2월 공간정보에 대한 새로운 정책을 발표했는데, 지금까
지 정부의 승인을 받던 공간정보의 취득과 활용을 자유롭게 개방하였다. 공간
정보 활용 여건의 개선으로 인도 내 모든 기관과 기업은 지도를 포함한 공간데
이터를 자유롭게 획득, 수집, 생성, 배포, 저장, 공유, 업데이트, 디지털화 및 가
공할 수 있게 되었다. 이 정책은 정부 기관은 물론 자치단체, 학술 및 연구기관,
민간기관, 비정부기관, 개인 등을 대상으로 하며, 이들이 제공하는 공간데이터,
지도, 제품, 솔루션 및 서비스에 적용된다. 이 지침에 따르면 구체적으로 규정된
경우를 제외한 모든 공간데이터의 수집과 활용에 대해서 사전승인, 보안허가,
라이센스 등의 제한이 없다. 접근이 제한되는 객체속성의 취득이나 사용에 대
해서는 목록을 작성해서 홈페이지에 공개하고 정기적으로 업데이트 하되, 제한
을 최소화하도록 주의를 기울이고 있다. 제한시설의 목록과 해당 속성의 관리
를 위해서 관련 부서의 대표들로 위원회를 구성하고, 이 위원회에서 제한 여부
를 심의하게 된다.

　　인도 공간정보 정책의 개선은 공간정보산업에 엄청난 기회를 열어주는 것
으로, 여러 면에서 주목을 받고 있다. 인도 정부의 혁신적인 조치는 신생기업,
민간부문, 공공부문 및 연구기관에 엄청난 기회를 창출함으로써 국가의 경제발

전에 크게 기여할 것으로 기대하고 있다 또한 고용을 창출하고 경제성장을 촉진할 것으로 예상된다. 지난 2016년, 인도는 모든 종류의 공간데이터 이용에 정부 당국의 허가를 요구했고, 이 매우 엄격한 정책으로 인해 불법으로 공간정보를 취득하거나 배포하는 일이 성행했었다. 이번의 조치는 단순히 공간정보 산업에만 영향을 미치는 것이 아니다. 정확하고 정밀한 공간정보는 스마트시티, 고속도로나 철도의 현대화, 수로의 상호 연결 또는 디지털 인도 이니셔티브와 같은 국가적 미션 프로젝트를 성공적으로 추진하는 데 큰 도움이 되고 있다. 최근 허용된 지도제작 기술과 공간데이터의 자유로운 활용은 모디 총리가 선언한 "자립인도(AtmaNirbhar Bharatt)와 5조 달러의 경제비전을 달성하는 데도 매우 중요하다.

나. 인도 공간정보의 특징

공간정보는 국가의 발전과 매우 깊은 관계가 있다. 대부분의 선진국들은 공간정보를 잘 정비하여 활용하고 있다. GEOBIZ가 발표한 2019년 국가별 공간정보준비지수(CGRI)를 보면, 미국, 영국, 독일, 싱가포르, 네덜란드는 상위 10위 안에 들어 있다. 인도는 25위에 머무르고 있어, 국가 차원의 종합적인 접근이 부족하고 사업적인 활용기회를 충분히 얻지 못한 것 등이 개선할 사항으로 지적되고 있다. 디지털화 역시 다른 선진국과 마찬가지로 인도가 신속한 경제발전을 이루는 데 매우 중요하다. IoT, 인공지능, 클라우드, 무선 및 광대역 네트워크, 빅데이터와 같은 새로운 정보통신 기술은 공간정보를 기존의 비즈니스 프로세스에 통합할 수 있도록 지원하고 있다. 공간정보를 활용한 데이터 분석은 날로 경쟁이 치열해지고 있는 글로벌 경제에서 성공적인 의사결정을 위한 중요한 핵심 전략이 되고 있다. 인도는 낮은 임금과 높은 역량, 뛰어난 소통기술 등을 갖춘 유능한 인재가 많아, 정보통신 기술과 연구개발의 아웃소싱 천국이다. 인도 정부의 공간정보 활용 촉진 정책은 글로벌 산업을 위한 저비용 서비스와 솔루션의 혁신에 중요한 역할을 할 수 있을 것으로 기대하고 있다.

2019년 인도 하이데라바드에서 개최된 GeoSmart India 2019 컨퍼런스에서 발표된 내용을 보면, 인도는 신뢰할 수 있는 기본데이터가 부족한 것으로 나타났다. 국가의 경제발전을 혁신할 수 있는 기본 데이터를 민간부문에 제공하려면 다양한 기관에서 생산하고 있는 모든 데이터를 효과적으로 공유할 수 있어야 한다. 또한 기관과 부문별로 흩어져 있는 공간정보 관련 정책을 유기적으로 연계한 통합적 공간정보 정책이 필요하다. 인도 정부는 이러한 문제를 인식하고 공간정보에 대한 새로운 정책을 제시한다면 인도의 행정, 산업, 비즈니스 등 다양한 부문에서 공간정보의 활용이 촉진될 것으로 전망된다.

2. 인도 공간정보 법제도 및 조직

가. 공간정보 정책 및 법제도

인도는 6개 부처와 국(局)이 15개의 공간정보 관련 국가정책, 법, 규칙을 가지고 있으며, 이들이 공간정보의 공유 및 이용을 담당하고 있다. 공간정보의 수집, 활

표 1　　인도의 공간정보 조직과 주요 정책

	부처/담당국	정책
1	과학기술부	· 국가지도정책(2005) · 국가 데이터 공유 및 접근 정책(2012) 　국가 공간정책(초안 2016)
2	재정부	· 1/250K 및 그 이상 축척 지도의 해외반출 금지규정(2005) · 택배 수입 및 수출(통관) 수정 규정(2010)
3	국방부	· 지도의 판매, 출판 및 배포 규정(2017) · 지형도의 디지털 데이터 정책(1967) · 항공사진측량 및 항공 원격탐사 정책(2006)
4	우주국	· 원격탐사 데이터 정책
5	내무부	· 형법 개정법, 1961, No.23
6	민간항공부	· 민간항공요건(자동차)(2012) · 무인항공교통 회람 328, 2016 · 민간 원격조종 항공기 시스템(RPA) 운영조건(안, 2017)

출처: India Country Report(2020)

용 및 배포는 상호 배타적인 여러 정책에 의해 관리되고 있다. 지형정보 관련 데이터의 수집, 사용 및 배포는 과학기술부의 국가지도정책에 따라 관리되며, 국립원격탐사기관은 원격탐사 데이터 정책을 담당하고 있다. 한편, 항공기와 드론에 관한 사항은 민간항공부가 관할한다. 인도의 공간정보 담당 조직과 주요 정책은 표 1에서 보는 바와 같다.

나. 공간정보 거버넌스와 조직

인도는 공간정보의 생산과 활용을 담당하는 조직을 갖추고 있다. 1961년도에 설립한 과학기술부 과학기술국(Department of Science and Technology)은 인도의 측량과 지도 및 주제도 제작, NSDI 및 국가 GIS를 촉진하는 기능을 담당한다. 과학기술국은 인도 정부의 모든 공간정보 및 지도의 제작 활동을 담당한다. 과학기술국에 속한 조직으로는 인도측량원(Survey of India), 국가 지도 및 주제도 제작기관(National Atlas and Thematic Mapping Organization), 국가공간데이터 인프라(National Spatial Data Infrastructure: NSDI)가 있다.

한편, 우주국(Department of Space)은 정부 직속 기관으로 인도의 원격탐사에 관한 모든 업무와 활용을 담당한다. 우주국은 인도의 공간정보 체계에서 가장 중요한 조직 중 하나다. 우주부 산하 인도우주연구원(Indian Space Research Organization: ISRO)은 우주센터, 액체추진시스템센터, 위성센터, 우주응용센터, 국가원격탐사센터(National Remote Sensing Center) 등으로 구성된다. 또한 우주국에는 우주기술원(Indian Institute of Space Technology)과 원격탐사기관(Indian Institute of Remote Sensing)이 있는데, 최고의 교육기관으로 알려져 있다.

1) 인도측량원(Survey of India: SOI)

SOI는 국토조사 및 지도를 제작하는 중요한 기관으로, 가장 오래된 조직 중 하나다. SOI의 기능은 측지기준(수직 및 수평), 측지 및 지구물리 측량, 지형높이(Topographical Control), 기본측량과 지도제작, 지형도와 항공차트의 생산, 개발

계획 측량, 산림측량, 대축척 도시측량, 가이드맵, 지적측량, 특별측량 및 지도 제작 등이다. NSDI의 국가기본공간데이터(National Foundation Spatial Data) 이니셔티브의 일환으로, 국가와 주정부가 함께 마을 단위에서 필지 단위에 이르는 상세한 행정경계 데이터를 만들고 있다. 공간데이터의 올바른 활용을 위해 여러 주(State)의 공간데이터 활용센터와 함께 교육과정도 만들었다. 수년에 걸쳐 SOI는 국가 차원에서 중요하고 다양한 공간정보 사업과 서비스를 수행하였다. 그 예로, 측량기준점(Ground Control Point) 정비, 수준점 네트워크 정비, 높이 기준 재정립, 해안 위험지역 매핑, 국가 수문 프로젝트 및 웹GIS 서비스 등이다. 또한 SOI는 지오허브 포털을 통해 공공과 민간에게 GIS 데이터 및 서비스를 제공함으로써 물, 지표 및 지하수, 산림 등의 관리를 효과적으로 지원하고 있다.

2) 국가지도집 및 주제도 제작기관(National Atlas and Thematic Mapping Organization: NATMO)

NATMO는 행정 공무원, 도시계획가, 정치인, 학생, 일반인들의 다양한 욕구를 충족시키기 위해 국가의 지도와 주제도를 제공하고 있다. 국가지도집은 국가의 생리학, 수문학, 기후, 행정, 정치, 사회, 농업, 산업, 문화 및 경제 시나리오와 시공간적 변화를 포함하고 있다. 이 조직의 주요 제품과 서비스는 ▲ 다양한 사용자를 위한 국가지도집과 주제도, ▲ 주제도 제작에 필요한 중앙 및 주정부의 조직 간 협력, ▲ 원격탐사, GIS, GPS 및 수치지도 제작에 관한 교육훈련 제공 등이다.

3) 인도우주연구원(ISRO)

ISRO는 1988년 이후부터 다양한 원격탐사 프로그램을 운용하고 있다. 지구탐사를 위해 광학, 마이크로웨이브, 하이퍼스펙트럴을 탑재하여 국내외의 다양한 공간 및 시간 해상도 수요에 대응하고 있다. 일반적인 지구관측 이외에도 천연

자원 모니터링, 해양 및 대기 연구, 지도제작과 같은 특정 임무 수행에 필요한 위성시리즈를 운용하고 있다. 이름하여 (i) 토지/수자원 활용(RESOURCESAT series and RIST series), (ii) 해양/대기 연구(OCEANSAT series, INSAT-VHRR, INSAT-3D, Megha-Trpiques and SARAL), (iii) 대축척 지도제작(CARTOSAT series) 등이다. 현재 하이퍼스펙트럴 센서를 포함하여 전자기 스펙트럼의 가시광선, 적외선, 열 및 극초단파 영역에서 자료수집 능력을 갖춘 인도의 지구관측 위성들은 국가의 중요한 임무를 수행하는 데 도움을 주고 있다. 위성영상의 공간해상도는 1km에서 1m 이상이며, 22일부터 매 15분마다 반복 관측이 가능하고 방사 영역은 7~12비트까지다. 이와 같은 다양한 위성정보는 국가의 업무에 중요한 역할을 담당하고 있다.

4) 국립원격탐사센터(National Remote Sensing Center)

국립원격탐사센터는 인도의 우주개발에 관한 대부분의 업무를 수행하는 기관이다. 이 센터에서는 IRS-1A와 SAR 영상 수집을 시작으로 13개의 IRS위성으

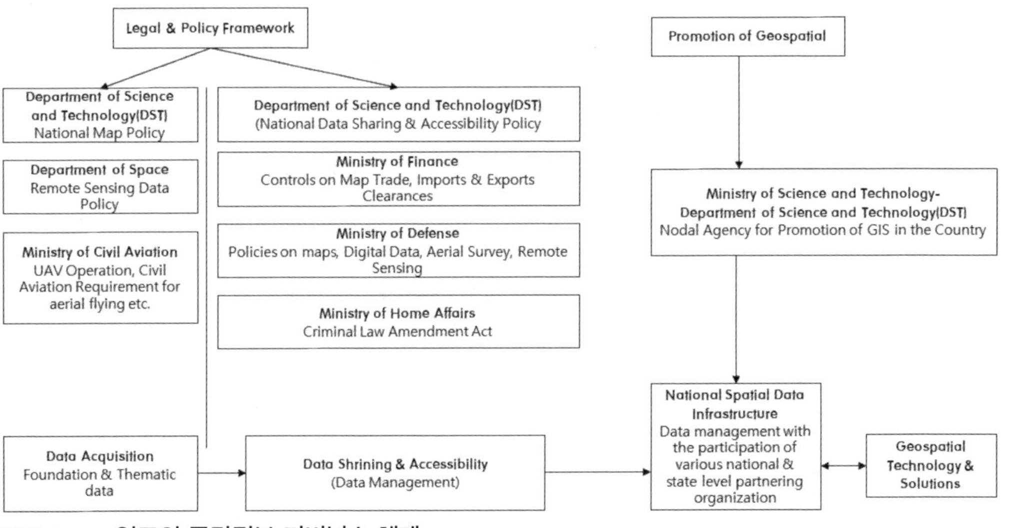

그림 8   인도의 공간정보 거버넌스 체계

출처: India Country Report(2020)

로 데이터를 생산하고 있다. 또한 재난과 영상보정 등 다양한 연구 등을 위해 전 지구의 데이터를 수집·저장하고 있다. IRS 센서로 수집하는 준 실시간 기상데 이터는 전 지구의 기상 모델링을 위해 제공된다. 이 기관은 기하 및 정사 보정 된 데이터를 Geotiff, HDF와 같은 표준 포맷으로 제공하고 있다. 국립원격탐사 의 한 부문인 항공데이터 서비스 및 디지털 매핑(Aerial Services and Digital Mapping: ASDM) 프로젝트는 항공원격탐사와 항공사진 촬영, 디지털지도 제작, 인프 라 계획, 스캐너 측량, 항공자기 측량, 대축적 기본도 제작, 지형도 및 지적도 제 작 등과 같은 다양한 축척의 자료생산과 솔루션에 제공하고 있다. ASDM은 대 축척 지형도와 고해상도 수치지형데이터(Digital Terrain Model: DTM), 도시지역 의 2, 3차원 지도, 인프라 계획 등에 활용된다.

3. 인도의 공간데이터

가. 데이터 취득: 기반데이터 및 인프라

국가의 기본공간데이터 세트 및 인프라를 제공하는 기관은 인도측량원(SOI), 국 가공간정보인프라, 국가원격탐사센터, 국가정보센터 및 국가지리정보센터다. SOI는 인도의 지도기관 중에서 시의 적절하게 데이터를 갱신하고 저렴한 비용 으로 정확한 지형데이터베이스를 구축·제공하는 임무를 수행하고 있다. SOI 는 국가의 안보에 위협을 주지 않으면서 사용자들이 자유롭게 공간데이터를 사 용할 수 있도록 지원하고 있다.

나. 주제도 데이터

주제도 데이터는 표 2에서 보는 바와 같이 여러 기관이 생산하고 있다. 국가지도 집 및 주제도제작기관은 철도지도, 도시지도 등을 만든다. 국가원격탐사센터는 위성영상을 생산하고 있다. 인도산림측량원은 산림지도를 생산한다. 인도측량 원은 지질도, 광산도, 지형지도, 지진지도, 지진 및 산사태 위험 지도 등을 제작

	주제별 데이터 제작기관	주제/부문
1	National Atlas and Thematic Mapping Organization(NATMO)	Roadmaps, Rail Maps, City Maps, Health Map etc.
2	National Remote Sensing Center(NRSC)	Satellite Images
3	Forest Survey of India	Forest Maps
4	Geological Survey of India	Geology Maps, Mining Maps, Geomorphology Maps, Seismotectonic Maps, Seismic Hazard and Landslide Zonation Maps, ete.
5	Centre Water Commission	River Basins and Catchment Maps
6	Central Ground Water Control Board	Ground Water Maps
7	National Bureau of Soil Survey Land Use Planning; Soil and Land use Survey	Soil and Land use Maps
8	Town and Country Planning Organization	Master Plan of the Cities
9	National Hydrographic Organization	Hydrographic Maps
10	Central Pollution Control Board	Environment Zonation Maps

출처: India Country Report(2020)

하고 있다. 이 외에도 각 기관에서 하천지도, 지하수지도, 지질 및 토지이용 지도, 도시기본계획, 수문지도, 환경지도 등을 제작하고 있다.

4.　인도 공간정보의 활용분야

① 도시계획

공간정보는 도시지역의 각종 지도 제작, 스마트시티, 도시시설 인프라 개발 등에 활용되고 있다. 사례로 ▲ 도시 재생 및 개발을 위해 GIS를 기반으로 기본계획(축척 1/4,000)을 수립, ▲ 도시 혁신사업을 추진하기 위한 GIS 인프라 구축과 시민과 도시의 이해 관계자를 통합하는 스마트시티 사업 추진, ▲ GIS기반 마스터플랜 수립 및 상수도 지도화를 통한 도시계획의 디지털화 등이 있다.

② 농업

농업은 인도 정부에서 추진하는 최우선 과제다. GIS를 포함하는 다양한 전자정부 사업에는 관계수로, 토질, 수자원 보전 등을 위한 유역기반의 개발 등이 포함되어 있다. 세부적으로는 ▲ 통합 유역관리 계획, ▲ 관계수로 개발 사업의 촉진, ▲ 지리정보를 이용한 원예 평가 및 관리 등이 있다. 농민들이 홍수, 가뭄 등으로 농작물 피해를 당하였을 때 공간정보는 보험회사가 작물 피해를 평가하고 보험료를 더 빠르고 정확하게 처리하는 데 도움을 주고 있다.

③ 물관리

GIS는 수원에서 가정의 수돗물까지의 네트워크를 계획하는 데 쓰이며, 수자원 및 용수 관리에도 효과적으로 활용되고 있어 수자원 분야 사업에서 필수적이다. 주(State) 단위에서 물 관리를 위해 GIS기반의 데이터 센터를 설립하고 유역관리, 대수층 매핑, 지표수 및 지하수 관리를 하고 있다.

④ 기후변화 및 재해 관리

인도 정부는 환경변화의 이해, 전략적 의사결정, 기후변화 모니터링, 재해 위험의 잠재력 확인 등을 위해 공간정보기술을 도입했다. 공간정보는 홍수, 산사태, 지진 등과 같은 재난에 대비하기 위한 계획수립, 피해분석, 사전대비 등을 효과적으로 수행할 수 있어, 인도의 국가재난관리청(National Disaster Management Authority)은 공간정보 기술을 적극 활용하고 있다. GIS는 2019년에 발생한 사이클론 '파니(Fani)'의 비상대비에 광범위하게 사용된 바 있다.

⑤ 교통

교통인프라는 GIS를 활용하는 사업 중에서도 가장 앞서 있다. 인도 정부는 국가 자산인 철도와 도로의 효과적인 관리를 위해서 GIS를 활용하고 있다. 인프라와 자산의 평가, 도로의 확장, 건설사업 모니터링, 새로운 연결사업 계획수립, 광역교통도로 건설, 항구의 현대화 사업, 토지 자산관리 및 수익사업 등을 위해 드론으로 측량을 하고 GIS를 활용한다.

⑥ 농촌개발

농촌개발을 위한 정부의 사업에 GIS가 광범위하게 사용되고 있다. 농촌개발 사업은 인도 농촌지역의 인프라 및 자산을 모니터링하고 편의시설 서비스를 제공함으로써 해당 지역의 고용 및 사회 경제적 발전을 창출하는 것이 목표다. 이를 위해 인도 정부는 ▲ 농촌개발 프로그램 모니터링 개발, ▲ 분산형 지역계획을 위한 공간정보 지원, ▲ 부족(Tribal) 개발 프로그램 등을 추진하고 있다.

⑦ 안보

토지는 사회경제의 발전을 위해서 매우 중요한 요소이기 때문에 잘 관리되어야 한다. 이를 위해 지리정보, 정보통신기술, 우주기술 등을 활용하여 산업개발과 정교한 보상을 위해 웹GIS 기반 Odisha Land Bank를 만들었다. 여기에는 고해상도 정사영상과 기하보정된 지적 데이터베이스 등이 이용된다. 이 시스템은 국가의 의사결정권자에게 매우 유용하며 산업계나 학계 및 일반 국민과 함께 주정부 공무원들이 광범위하게 활용하고 있다.

⑧ 건강

GIS는 인도 정부가 추진하고 있는 건강 관련 다양한 프로그램을 지원하고 있다. 예를 들면, 보건 및 건강 센터 설립을 위해 취약지역의 위치와 범위 등을 파악할 때 활용한다. 또한 뎅기열 및 말라리아와 같은 모기에 의한 질병을 억제하기 위한 아동 예방 접종 및 관리, 통제, 예방조치와 같은 다양한 사업을 추진하는 데 GIS를 활용하고 있다.

⑨ 기타

최근 인도는 '디지털 인도'와 '디지털 경제'를 추진함에 따라 위성 인터넷 서비스 수요가 급증하고 있다. 디지털 사업의 추진에 따라 나타나고 있는 지역 간 소득의 격차를 줄이고 각종 서비스를 개선하는 데 공간정보를 활용한다. 예를 들면 철도 건널목 자동경보, 철도 승차권의 디지털화, 우편을 위한 공간정보 목록 등이다. 이 외에도 인도의 많은 주 정부는 빠르고 효과적인 범죄 수사를 위해 웹 GIS 기반 어플리케이션을 개발했다. 이러한 도구는 범죄 수사시스템이라는 단일 플랫폼에 통합되어 있다.

5. 인도의 공간정보 산업

2018년 India Habitat Center에서 개최된 Geospatial Autha Summit에서 발표된 바에 의하면, 인도의 국내 공간정보 시장은 7,679백만 루피(이중 정부부문은 6,218백만 루피), 서비스 수출액은 6,659백만 루피, 국가 공간정보국에 대한 정부의 지출은 6,291백만 루피다. Adepto Geo Informatic에 따르면, 인도의 공간정보 경제의 가치는 20,629백만 루피(30억 7천만 달러)이며, 전국적으로 250,000명이 넘는 사람들을 고용하고 있습니다. 인도 공간정보 시장은 2018년 이후부터 2021년 사이에 약 14% 성장할 것으로 전망되었다.

인도 공간정보 시장의 주요 성장동력은 강력한 물리적 인프라, 디지털 경제 이니셔티브, 효과적인 거버넌스, 도시 및 농촌 개발 통합프로그램 등과 같은 중앙 및 주 정부의 프로그램과 추진력이다. 공간 데이터를 구축하고 이들을 광범위하게 활용하게 된 데는 인도의 정보통신기술 발전에 힘입은 바 크다.

사용자 또는 응용분야의 측면에서 보면 인도의 공간정보 시장은 인프라, 도시개발, 시설관리가 가장 크다. 세 분야는 2017~18년 사이에 각각 22.1%, 13.9%, 15.7%의 시장 점유율을 기록했으며, 이것은 인도 전체 공간정보시장의 절반에 해당한다. 서비스 부문은 2017~18년도에 74.4%의 시장을 점유하여 인도 공간정보 시장에서 가장 큰 부분을 차지하고 있다. 주요 서비스 분야는 토지측량(GNSS 및 광학기술), GIS/공간분석, LiDAR 및 3D 스캐닝, 항공 및 위성데이터, 이미지 처리, 컨설팅 및 R&D이다.

업계는 인도 공간정보 시장의 총 가치가 2029~30년까지 거의 100만 달러

규모로 성장할 것으로 추정하고 있다. 인도 정부는 공간정보 사업의 용이성을 위해 공정한 경쟁의 장을 제공하고 학계와 연구, 민간 부문은 고용 창출과 국가 경제의 기여를 위해서 공간정보 영역에 적극적으로 참여하고 있다. 인도 정부는 공간기술의 혁신을 촉진하고 공간정보 산업의 발전을 지원하기 위해 적극적인 조치를 취할 계획이다.

인도에서는 측량, 지도의 디지털화, 콘텐츠 개발, API개발, 데이터 분석 등과 같은 서비스 부문에 고용 창출의 기회가 많이 있다. 그러나 인도 공간정보 산업계에는 숙련된 전문인력이 부족한 실정이다. 그 이유는 기술을 배우는 여건보다 기술의 발전이 너무 빨라서 새로운 기술과 도구를 활용할 준비가 턱없이 부족하기 때문이다. 현재 인도의 공간정보 기술 인력은 인공지능이나 머신러닝과 같은 신기술을 배울만한 장비나 환경을 갖추지 못하고 있다. 공간정보 및 서비스에 대한 규제가 완화되고 정책의 틀이 갖추어지면서 공간정보 기술 인력에 대한 수요가 많이 증가할 것으로 예상된다. 그리고 숙련된 인적 자원의 공급은 시장의 힘으로 확장될 것이며 자격을 갖춘 전문가의 활용과 업계의 고용이 급증할 것으로 예상된다.

인도는 공간정보 산업에 필요한 하드웨어와 소프트웨어의 해외 의존도가 매우 높다. 인도 정부는 공간정보 산업에 대한 투자를 장려하기 위해 생산연계 인센티브(Production Linked Incentive: PLI) 같은 혁신적인 제도를 도입할 계획이다. 또한 2021년도에 개선된 공간정보 정책에 따라 정부는 물론 모든 기관과 개인은 그들이 획득한 데이터를 자유롭게 처리하고 관련 응용시스템을 구축할 수 있다. 또한 솔루션을 개발하고, 이를 판매, 배포, 공유, 교환하는 것도 가능하다. 인도 정부는 기업들이 공간정보를 활용하는 허용기준을 규정할 때 사업수행의 용이성에 지장을 주지 않도록 유의하고 있다.

앞으로 인도 정부는 인도의 사회적 인프라 수준을 개선하기 위해서 공간정보 기술의 적극적인 활용을 촉진할 예정이다. 정부는 산업, 학계 및 연구 기관과 협력하여 기술개발사업과 혁신적인 기업을 지원하기 위해 공간정보 창업을 촉진할 계획이다. 인도 공간정보 산업과 시장의 활성화를 촉진하기 위한 통합 공간정보 개발 프레임워크는 제도적, 정책적 환경을 개선하여 공간정보 시장의 기회를 더욱 확장하는데 기여하게 될 것으로 전망된다.

Ⅳ. 결론

'스마트시티'는 최신 기술을 융복합 활용하여 사람처럼 똑똑한 도시를 만들어 가는 전 세계적 도시발전의 패러다임이다. 스마트시티는 교통, 물류, 안전, 에너지 등과 같은 도시의 각 부문을 스마트화하고 나아가 이들을 서로 연계함으로써 도시 전체를 지능적으로 만들어 간다. 스마트시티는 각종 도시문제를 효과적으로 해결하는 데 목적을 두고 있지만, 첨단기술이 집약된 스마트시티 개발을 통해서 국가의 기술경쟁력을 높이려는 의도로 추진되기도 한다. 어떤 의도이든 정보통신기술, 데이터기술, 네트워크기술, 인공지능기술 등과 같은 첨단기술을 개발하고 세계적 우위를 확보하는 것이 중요하다.

공간정보기술은 스마트시티를 만들어 가는 데 있어서 없어서는 안 될 핵심 기술이다. 지자체 행정업무의 80%는 공간정보와 관련이 있고, 스마트폰 응용프로그램의 약 70%가 위치 또는 지도를 기반으로 운용되고 있다. 지금은 사진 한 장을 찍어도 위치(경위도 좌표)가 저장되고 자동차 시동을 걸면 지도가 자동으로 부팅된다. 모든 일은 어느 곳에선가 일어나고 모든 사물은 위치와 크기, 속성을 갖고 주변과 관계를 맺고 있다. 공간정보 기술은 위치와 객체 및 속성 등 공간 관련 데이터를 수집, 저장, 가공, 분석, 가시화하는 기술로, 통상 범지구위치결정시스템(GIS)로 불린다. 공간데이터는 행정과 산업 그리고 생활에 필수적으로 활용되는 공공재이기 때문에 국가가 체계적으로 구축하여 지속적이고 안정적으로 제공하고 있다. 그래서 선진국일수록 '국가공간데이터인프라(National Spatial Data Infrastructure)' 관련 조직과 거버넌스 체계를 갖추고 많은 예산을 투입하고 있다.

　인도는 공간정보 관련 조직과 거버넌스를 비교적 잘 갖추고 있다. 특히 중앙정부와 주 정부 간 협력체계를 유지하고 있으며, 자체 위성을 개발하여 광범위한 지역의 공간데이터를 효과적으로 수집하고 있다. 그러나 새로운 기술을 습득하여 활용할 수 있는 기술환경과 인적 인프라가 약하고, 공간정보에 투자할 경제적 여력이 부족한 실정이다. 공간데이터를 먼저 구축하고, 이를 이용하여 스마트시티 사업을 추진하는 것이 가장 이상적이지만 예산상의 어려움이 있다면, 사업을 추진하는 과정에서 생산한 공간데이터를 잘 공유하는 것이 효과적이다. 이 경우 국가가 공간데이터의 생산과 공유를 위한 표준과 기술기준 등을 마련·제시함으로써 데이터의 중복구축을 방지하고 효과적인 공유를 지원해야 한다. 스마트시티 운영의 기반이 되는 디지털 플랫폼은 반드시 공간정보를 기반으로 구축해야 한다. 버추얼싱가포르의 사례에서 보았듯이, 이 플랫폼을 이용하면 다양한 데이터를 통합·분석하고, 여러 서비스 부문을 연계하거나 통합하는 것도 가능하다. 또한 도시의 여러 부서가 하나의 플랫폼 위에서 효과적으로 소통하고 협업할 수 있다.

　최근 인도는 공간정보의 구축과 활용에 관한 정책을 획기적으로 개선하였다. 정부의 허락을 받아야 가능했던 공간정보의 구축과 활용이 완전히 개방됨으로써 정부의 통제에서 민간과 활용 중심으로 정책이 전환되었다. 이러한 인도 정부의 노력으로 공간정보 산업은 새로운 전기를 맞을 것으로 기대된다. 공간정보 산업이 발전하면 공간정보의 활용도 많이 늘어날 것이다. 공간정보의 활용이 늘어나면 데이터 수요, 기술수요 등으로 인해 새로운 일자리가 늘어나고 시장도 커지게 될 것이다. 인도 정부의 공간정보에 대한 인식 전환을 계기로, 공간정보를 기반으로 한 '스마트시티'가 인도에 하루빨리 구축되기를 기대한다.

참고문헌

〔한글출판본〕

박양호. 2021. "남아시아의 스마트시티는 어디쯤 와 있을까?." 『다양성+Asia』 13. SNU-
AC.

박영선. 2021(4.1). "인도 스마트시티 현황 및 사례." 『해외시장뉴스』. 코트라.

사공호상·박종택·김미정·박관동·이기준. 2016. 『초연결 시대에 대응한 공간정보 정책
방향 연구』. 안양: 국토연구원.

사공호상·임시영·성혜정. 2017. 『지능정보사회에 대응한 차세대 국가공간정보 전략 연
구』. 안양: 국토연구원.

임시영·사공호상·오창화. 2018. 『초연결 스마트시티 구현을 위한 공간정보 전략 연구』.
안양: 국토연구원.

〔영문출판본〕

The Department of Science & Technology Government of India. 2020(Septem-
ber. *India Country Report Submitted to the United Nation Committee
of Expert on Global Geospatial Information Management GIM.*

Isam Shahrour. 2018. "Use of GIS in Smart Sity Project." GIM – International.
〈https://www.gim – international.com/content/article/use – of – gis –
in – smart – city – projects〉

https://issuu.com/geospatialworld/docs/20190329 – geobuiz – report – 2019 –
freeve

https://adeptogeoit.com/industries

• • • •

제11장

인도의 '지속가능한 스마트시티' 패러다임과
한국·인도 파트너십

박양호(전 국토연구원장, 서울대학교 아시아연구소 객원연구원)

I. 서론

인도에서 스마트시티를 100개 개발하겠다는 야심찬 국가정책인 스마트시티 미션을 시작한 2015년에, 마침 유엔에서는 지구촌 모든 국가를 향해 빈곤 극복, 기후변화대응, 경제성장, 포용적 도시발전 등 통합적 관점에서 일련의 '지속가능한 개발목표'(Sustainable Development Goals: SDGs)를 제시했다. 그런데 지속가능한 개발 수준을 나타내는 동시에 총체적 삶의 질 수준을 보여주는 SDG지수의 2020년 국가 간 비교결과, 인도는 165개국 중에서 120위로 아주 낮은 수준에 계속 머물러 있다.[1] 더구나 인도는 1인당 GDP가 2020년 현재 1,900달

---

1   Sachs, Jeffrey et al. 2021(6.14). 제프리 삭스 등 연구팀이 2021년 6월에 발표한 유엔의 지속가능한 개발목표(SDGs) 달성정도를 나타내는 SDG 지수(Index Score)의 국가별 순위(2021년)를 보면, 인도는 165개국 중 2020년에 이어 계속 120위에 머물고 있다. 한국은 28위, 중국은 57위, 케냐가 118위, 잠비아가 123위이다. 1위부터 3위는 핀란

러 수준으로 아직은 저소득 개도국이다. 따라서 인도는 또 하나의 국가적 과제인 지속가능한 개발을 촉진하면서 스마트시티 개발이 추구하는 경제성장과 삶의 질 향상을 도모할 수 있는 선순환 발전시스템이 필요하게 되었다. 그 대안으로 인도의 스마트시티 개발과 유엔의 지속가능한 개발목표를 통합하는 패러다임을 모색할 수 있을 것이다. 이는 인도의 스마트시티 전략이 유엔의 지속가능한 개발목표의 달성에 긍정적으로 기여할 수 있는 '지속가능한 스마트시티'(Sustainable Smart Cities in India: SSCI) 패러다임이다. 그러나 이 패러다임이 성공하기 위해서는, 인도의 경제사회적 여건 속에서 성립 가능성을 탐색해야 하고, 새로운 정책모델도 요구되며 유엔이 강조하는 국제적 협력과 지원이 뒤따라야 한다.

Ⅱ. UN SDGs와 '지속가능한 스마트시티'의 접근

1. 유엔의 지속가능한 개발목표(SDGs)

새천년이 시작되는 2001년에 세계은행, IMF, UN, OECD 등의 국제기구와 일부 선진국이 모인 회의에서 새천년개발목표(Millennium Development Goals: MDGs)가 제시되었다. MDGs는 빈곤과 기아퇴치, 유아사망율 감소, 산모건강, 지속가능한 환경 등 8개 부문에 걸쳐 개도국 등 상대적 저소득 국가가 실천해야하는 2015년까지의 개발목표를 담고 있다. MDGs에서의 지속가능성은 주로 환경부문에 치우쳐있다. MDGs종료 시간이 다가오자 2015년 유엔총회에서 UN은 **그림 1**과 같이 전 인류의 빈곤 퇴치 등 2030년까지 달성해야하는 17개 부문 목표와 169개의 세부목표를 담은 '지속가능한 개발목표'를 제시했다. MDGs

---

드, 스웨덴, 덴마크 순이다. 일본은 18위이다.

그림 1   유엔의 지속가능한 개발목표(SDGs)

출처: United Nations(2020)

의 부분적인 접근과는 달리 UN의 SDGs는 경제개발·사회발전·환경공생·제도혁신 등을 포괄하는 통합적 지속가능한 개발에 초점을 맞추었다.

2015년에 발표된 UN SDGs는 2030년까지 15년간 지속가능한 개발목표 달성을 위한 실천지침 역할을 하게 되며, SDG의 17개 항목은 다음과 같다. ① 빈곤극복, ② 기아종식, ③ 건강·웰빙, ④ 양질의 교육, ⑤ 성평등, ⑥ 깨끗한 물·위생, ⑦ 클린 에너지, ⑧ 양질의 일자리·경제성장, ⑨ 산업·혁신·인프라, ⑩ 불균형감소, ⑪ 지속가능한 도시·커뮤니티, ⑫ 책임지는 소비·생산, ⑬ 기후대응, ⑭ 해양생태계, ⑮ 육상생태계, ⑯ 평화·정의·강한 제도(참여제도), ⑰ 목표를 위한 글로벌 파트너십 등이다(그림 1 참조). 특히 UN SDGs에서는 도시부문(SDG 11)이 새롭게 추가되면서 강조되고 있다. UN은 SDG를 통해 향후 포용적이며, 안전하고, 재해로부터 회복력이 강한 지속가능한 도시로의 변화가 인류의 삶의 질을 개선(Betterment)하기 위해 중요하다는 메시지를 던지고 있다. 오늘날 대부분의 국가별, 지자체별로 유엔의 지속가능한 개발 목표를 향한 정책적 노력이 이뤄지고 있다. 또한 국가별, 지역별 SDG 지수를 평가하고 국가별 순위 등에 대한 정보도 공유하고 있다(Sachs, J. et al., 2021; SDGs in India).

2. SDGs와 스마트시티의 통합: 인도의 '지속가능한 스마트시티' 패러다임

오늘날 지속가능한 개발목표의 달성과 그 이행은 지구촌의 삶의 질을 향상시키는 글로벌 과제이다. 유엔은 이러한 글로벌 과제를 각 국가와 지구촌이 협력해 해결해야 함을 강조하고 있다. 일련의 SDGs 달성 수준에 대한 2020년 글로벌 평가결과를 **그림 2**와 **그림 3**에서 볼 수 있다. 인도의 SDG 지수는 지난 20년간 미세하게나마 점차 상승하는 추이를 보이고 있으나, 2020년의 수준은 세계 평균치(65.5)보다 낮은 60.07로, 165개국 중에서 120위를 차지하고 있다(NITI, 2021; Sachs et al., 2021).[2] 이는 인도의 지속가능한 개발과 총체적 삶의 질이 아직 상대적으로 낙후되어 있음을 알려준다. 그리고 인도에서는 SDG 지수의 항목 간, 지역 간 격차가 뚜렷하게 관찰되고 있다(NITI Aayog, 2020).

이에 따라 인도는 또 하나의 국가적 과제인 지속가능한 개발을 촉진하면서 스마트시티개발이 추구하는 경제성장과 삶의 질 향상을 도모할 수 있는 새로운 발전시스템이 필요하게 되었다. 새로운 발전시스템으로서 유엔 SDGs 시스템과 인도의 스마트시티 구도를 통합한, 즉 인도의 스마트시티전략을 유엔의 지속가능한 개발목표와 결합한 인도의 '지속가능한 스마트시티'(Sustainable

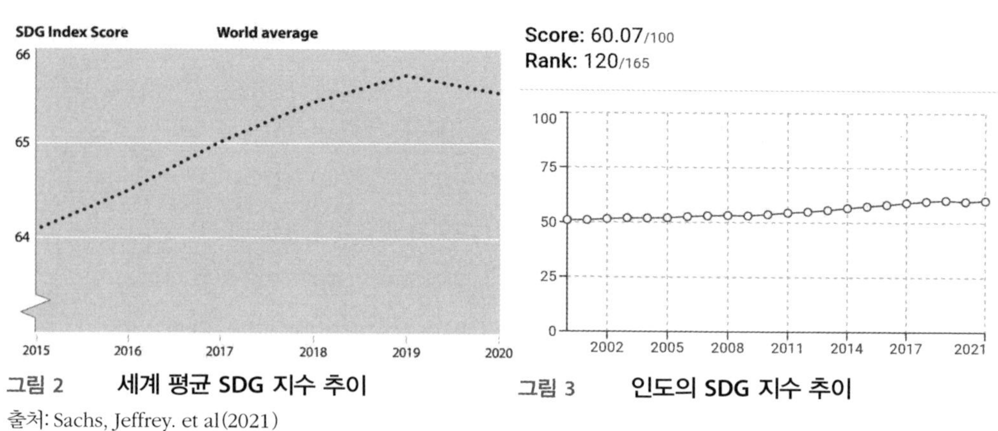

그림 2   **세계 평균 SDG 지수 추이**   **그림 3**   **인도의 SDG 지수 추이**

출처: Sachs, Jeffrey. et al(2021)

---

2   NITI Aayog(2021); Sachs et al.(2021)

Smart Cities in India: SSCI)패러다임을 제시할 수 있을 것이다. 이 패러다임으로부터 지속가능한 스마트시티의 정의가 도출될 수 있다. 즉 "지속가능한 스마트시티란 IT 등 스마트 기술을 도시생활환경에 접목함으로써 경제·사회·환경·제도혁신을 포괄하는 지속가능한 개발을 이루고, 그 결과로 총체적 삶의 질이 향상되는 살기 좋은 도시(Livable City)"를 의미한다.

이 패러다임을 인도의 다양한 스마트시티개발의 현장에 적용하면, 지속가능한 개발과 스마트시티정책이 연동해 운용됨으로써 양 정책 프레임 간에 연동효과가 발생하는 선순환(Virtuous Cycle) 메카니즘이 작동할 수 있을 것이다. 즉, 스마트시티 개발을 통해 UN SDGs이행 수준을 높일 수 있고, 또한 SDGs 이행을 통해 스마트시티개발 성과도 높일 수 있는 메커니즘이다. 유엔의 SDGs 17개 항목 중에서 인도의 스마트시티개발과 상대적으로 관련성이 높은 12개 항목을 선별해, 인도의 '지속가능한 스마트시티 패러다임을 그림 4와 같이 가시화할 수 있다.

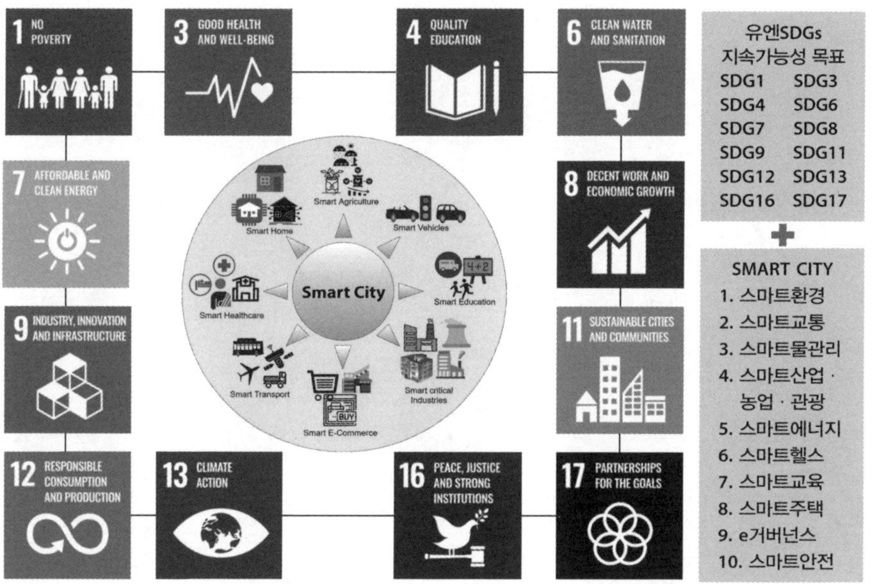

그림 4   인도의 '지속가능한 스마트시티' 패러다임: SDGs와 스마트시티의 통합

출처: UN(2020)의 SDGs에서 선별 및 Poongodi, M. et al.(2021)의 스마트시티 그림을 결합하여 재작성.

Ⅲ. 인도의 지속가능한 스마트시티의 가능성

1. 가능성 탐색을 위한 SDG항목의 선정

인도의 지속가능한 스마트시티 패러다임이 현실 속에서 가능한지를 살펴보자. 이를 위해 먼저 유엔 SDGs에 제시된 17개 항목 중 인도의 도시화 과정에서 나타난 여러 도시문제와 직접적으로 연관성이 크다고 판단되는 항목인 빈곤 SDG 1, 도시 SDG 11등을 포함해 12개 항목을 우선 선별한다. 이어 선별한 SDGs 12개 각각의 항목별 이행과 목표 달성을 위해 인도의 스마트시티 정책추진이 긍정적으로 작용할 수 있을 것인지, 그 가능성을 탐색해보기로 한다. 선별된 12개 SDG 항목별 2020년 인도의 SDG지수는 그림 5와 같이 항목 간에 그 수준의 차이가 크게 나타난다.[3] 이는 인도의 스마트시티 정책을 포함한 향후 국가정책개발의 우선순위와 국제적 차원의 지원협력 노력 등과 관련해 시사하는 바가 크다.

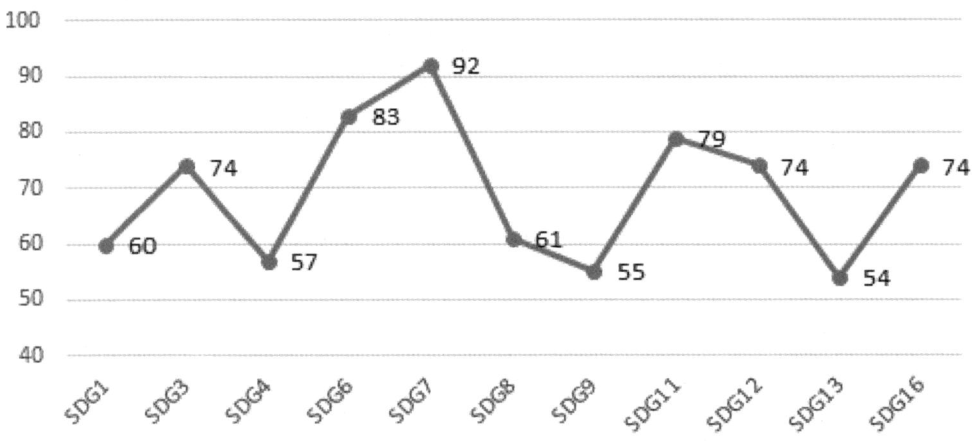

그림 5   인도의 스마트시티 관련 SDG 12개 항목별 지수(2020년)
자료: NITI Aayog(2021).

3　NITI Aayog(2021)는 인도전체의 유엔 SDG항목별 지수와 주지역별 SDG 지수를 보여주고 있어 SDG항목 간, 지역 간 격차를 2020년도를 기준으로 확인 할 수 있다.

2. SDG항목별 스마트시티의 가능성 탐색

가. SDG 1(빈곤 극복): 모두를 위한 인도의 포용적 스마트시티

유엔의 지속가능한 개발 목표 SDG 1은 '빈곤 극복'(No Poverty)이다. 이와 관련해 유엔은 모든 곳에서 모든 형태의 빈곤 종식을 위해 전 연령층의 빈곤인구 비율을 최소한 절반으로 줄이며, 빈곤퇴치활동에 대한 투자증대가 이루어지도록 빈곤층 친화적인 개발전략을 추진한다는 목표를 제시하고 있다. 인도에서의 2020년 SDG 1의 지수는 **그림 5**에서 보듯이 100을 기준할 때 60에 머물고 있어 빈곤극복을 위한 정책을 강화할 필요가 있다. 인도에서 빈곤은 대표적인 사회문제이다. 인도의 1인당 GDP는 2,241달러(2020)이다. 빈곤선 이하 인구가 차츰 줄어들고 있지만 2020년 현재 빈곤인구는 인도전체 인구의 약 21.9%이고 지역 간에 빈곤율 격차가 큰 편이다(NITI Aayog, 2020).

스마트시티정책에서는 슬럼지역문제 등 전반적인 빈곤문제를 외면하지 않고 효과적인 대처를 할 필요가 있다(Kumar, 2018.12.25). 인도에서 스마트시티 정책을 펼칠 때, 빈곤극복은 우선 두 가지 측면에서 접근 할 수 있다. 첫째는 일자리 측면, 둘째는 슬럼지역의 주거측면이다. 먼저 일자리 측면에서 보면, 도시에서의 일자리 정책을 통해 늘어난 일자리 기회가 비공식 빈곤선에 머물고 있는 취약한 도시민들에게 주어져야 한다. 이를 위해서는 스마트시티에서 취약계층에 대한 취업훈련과 기술교육이 필수적이다(Ghosh and Sharma, 2020.10). 우선빈곤인구를 포함한 비공식 취약계층을 위해서, 포용적 '스마트취업교육' 프로그램을 도시여건에 맞춰 온오프라인 방식으로 추진할 수 있을 것이다. 민간기업과 기술교육기관, 중앙정부 및 지자체가 스마트취업교육에 대한 협업 거버넌스를 추진할 수 있다.

다음으로 빈곤문제의 극복을 위해서는 슬럼지역의 주거문제를 해결해야 한다. 현재 인도 도시인구의 23% 내외가 슬럼지역에 거주하고 있다. 스마트시티의 경우 슬럼지역 인구는 평균 18%정도이다. 따라서 스마트시티 사업이 도시빈곤층이 거주하는 비공식적 슬럼문제를 해결하는데 기여할 수 있을 것이다. 인도 정부의 스마트시티 미션에서는 신도시를 개발하는 경우 총 공급되는 주택 수의 15%이상이 저렴한 주택으로 공급되어야 함을 강조하고 있다. 스마트시티에서의 공식적 도시계획제도 속에서, 슬럼지역의 재개발 등 다양한 주택공급 방식을 활용한 적정관리로 스마트시티가 추구하는 포용성을 확장해 갈 수 있다. 특히 슬럼지역을 스마트시티의 도시계획 속에 포함시켜 제도화할 필요가 있으며(Euklidiadas, 2021.6.14), 범지구위치결정시스템, 즉 GPS(Global Positioning System)를 이용한 슬럼지역의 공식적 공간정보데이터를 취합해야 할 것이다(Godjo and Emmanuelle, 2019). 이처럼 온라인 스마트 취업교육, 포용적인 주택공급사업 등 비롯해 슬럼지역의 빈곤층을 위한 도시 계획을 추진하는 인도의 스마트시티정책은, 유엔이 제시한 지속가능한 개발목표 중 첫 번째인 SDG 1(빈곤 극복)의 이행과 목표달성에 기여할 수 있을 것이다.

나. SDG 3(건강과 웰빙): 인도 스마트시티와 스마트 헬스케어

지속가능한 개발 목표 SDG 3은 '양호한 건강과 웰빙'(Good health and well-being)이다. 이와 관련해 유엔은 모든 연령층을 위한 건강한 삶 보장과 웰빙 증진을 위해 보편적인 양질의 보건서비스에 대한 접근을 보장해야 한다는 목표를 제시하고 있다. 인도에서의 2020년 SDG 3의 지수는 앞의 **그림 5**에서 보듯이 100을 기준으로 할 때 74수준으로 건강증진 관련 정책의 강화가 필요하다. 인도의 헬스케어 시장규모는 GDP의 4.2%를 차지하고 있다(김지영, 2016.5.11). 인도에서의 전반적인 의료 인프라는 열악하다. 물 환경 등 위생상태가 열악해 각종 전염병이 빈번히 발생하고 확산된다. 특히 2020년부터 극심해진 코로나19 바이러스 확산으로 큰 인명피해를 입었다. 인도에서는 대도시일수록 감염비율이 높았다. 따라서 대도시의 전염병 재난관리 인프라 확충과 경보체제의 개발을 통해 더욱 회복력 있는 도시체제를 만들어 나갈 국가적 필요가 있다.

　인도의 경우 국민 의료인프라 환경이 극히 취약하므로 공공보건소와 스마트 의료보건인프라 구축이 필수적이고 시급하며, 이를 위해 ICT를 활용한 원격 의료 등 스마트 헬스케어 환경시스템이 좋은 효과를 낼 수 있다(그림 6 참조).

특히 2020년 세계를 강타한 코로나19에 대응해 인도의 벵갈루루, 푸네, 바라나시 시 및 수라트 시 등의 스마트시티에서는 ICT기술을 활용해 전염병관리를 효율적으로 강화했다. 이들 도시에서는 코로나19 핫스팟 모니터링을 위한 통합 대시 보드가 효율적인 의사결정에 도움을 주고 있다. 특히 통합 대시보드는 코로나19 핫스팟 관리, 의료 서비스, 상품 및 서비스 이동 및 폐쇄 작업 모니터링, 환자 치료 및 의료품 보급 등에 기여했다(유동길, 2021.6.17). 그리고 환자 추적을 통한 웹 기반. 모바일 애플리케이션을 활용해 코로나 확진자를 관리하고 모니터링하고 있다. 또한 원격 의료 통합 통제 센터는 상담 및 환자 치료를 위한 전용 원격진료 라인을 활용하여, 환자와 의료진의 양방향 상호작용에 도움을 주고 있다. 그리고 코로나19 창궐 시에 스마트시티의 드론 활용 기술은 도시의 폐쇄를 효과적으로 관리하고 공공 공간에서 사회적 거리를 더 효과적으로 모니터링할 수 있도록 했다. 이러한 사례는 스마트시티가 시민건강 등에 기여

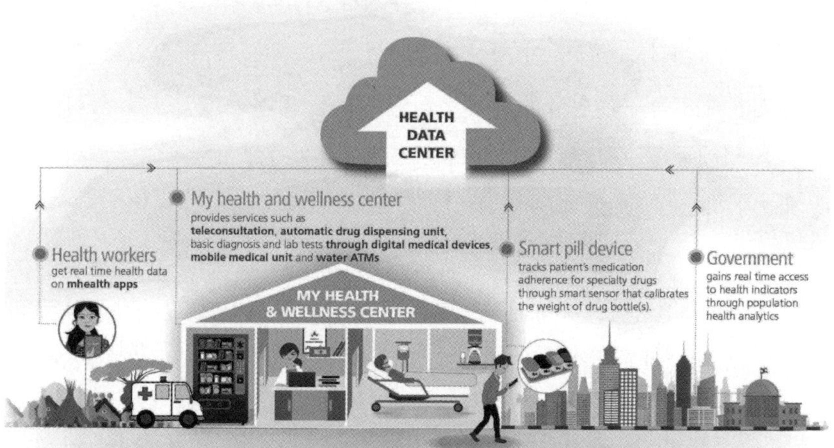

그림 6　　　스마트시티와 스마트헬스 케어시스템

출처: https://www.optum.in/thought-leadership/library/internet-healthcare-things.html

하고 있음을 실증하고 있어, 인도의 스마트시티정책이 유엔의 지속가능한 개발
목표 SDG 2(건강과 웰빙) 이행과 목표달성에 기여할 수 있음을 알려준다.

다. SDG 4(양질의 교육): 인도의 스마트시티와 스마트 교육

유엔의 지속가능한 개발 목표 SDG 4는 '양질의 교육'(Quality Education)이다.
유엔은 포용적이고 공평한 양질의 교육보장과 평생학습 기회 증진, 무상 초등
교육과 중등교육 이수의 보장을 목표로 제시하고 있다. 또한 모든 여성과 남성
에게 적정 비용의 양질의 기술교육, 직업교육 및 대학을 포함한 고등교육에 대
한 평등한 접근을 보장할 것을 목표로 하고 있다. 인도에서의 2020년 SDG 4의
지수는 앞서 본 **그림 5**에서 나타나듯이 100을 기준으로 할 때 57수준으로 매우
낮은 편이다. 따라서 양질의 교육기회를 제공하기 위한 공공정책의 강화가 특
히 요구된다. 인도의 성인 문맹률은 30%에 달하고 전반적인 교육환경도 열악
한 편이다. 특히 도시의 슬럼지역의 교육환경은 불모지대에 가깝다.

인도에서는 최근 스마트폰, 컴퓨터, 인터넷의 보급에 따라 그동안 대도시
에만 한정됐던 수준 높은 온라인 교육이 중소도시의 학생들에게도 가능하게 됐
다. 인도 정부는 '디지털 인디아' 정책을 추진하고 있어, 인터넷 연결망 등 온라
인 인프라를 개선해 국민들이 최신기술로 쉽게 접근하도록 하고 있다. 또 정부
는 국민들의 교육수준 향상을 위해 온라인 교육을 장려하고 있는데, 특히 스마
트 교육 플랫폼 등 스마트 교육시스템이 교육소외계층에 새로운 교육기회를 제
공하고 있다(**그림 7 참조**). 디지털 인디아 전략과 연계해 추진되는 100개 스마트
시티 개발의 효과가 가시화되면, 스마트시티를 거점 플랫폼으로 해서 스마트
교육시스템이 전국적으로 효과적으로 확산될 것으로 보인다. OECD국가를 대
상으로 평가한 인공지능(AI) 기술보급률 순위에서 인도가 2016~20년까지 최
근 5년 연속 1위를 차지했다(정윤아, 2021.7). 스마트시티개발 사업은 AI 등 IT신
기술에 대한 스마트 전문화 교육사업을 정규교육 및 신산업기술 창업활동과 연
계시키고 있으므로, 스마트시티 개발 사업이 더 강화된다면 스마트 교육이 인

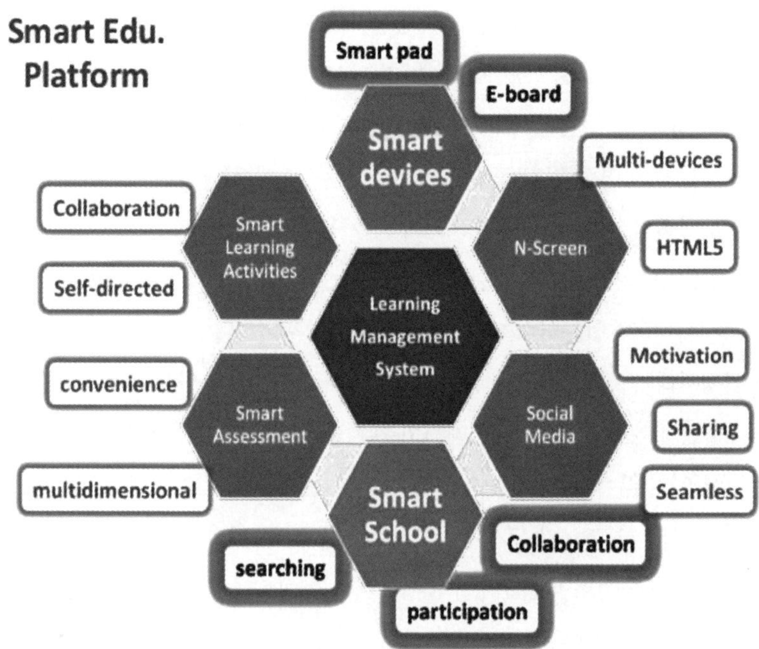

그림 7   스마트시티와 스마트 에듀케이션 플랫폼

출처: Pallavi, P. et al.(2017)

도의 스마트시티를 더욱 진화, 활성화시킬 것이다. 스마트시티 또한 스마트 교육기회를 늘리고 활성화함으로써 인도의 스마트 교육기반을 강화시킬 수 있어, 양자는 선순환을 하게 된다(Pallavi and Madhurank, 2017; 박영선, 2020). 인도의 스마트시티와 스마트교육 간의 선순환 시스템은 유엔 SDG 4가 추구하는 교육을 통한 지속가능개발 목표의 이행과 달성에 인도의 스마트시티가 기여하게 할 것이다.

라. SDG 6(물과 위생): 인도의 클린 스마트시티

유엔의 지속가능한 개발 목표 SDG 6은 '깨끗한 물과 위생'(Clean Water and Sanitation)이다. 유엔은 안전한 식수에 대한 보편적이고 공평한 접근을 달성하고, 공중 및 개인위생관리, 미처리 폐수비율의 반감, 물의 재활용, 수질개선, 물사용 효율의 증가, 물부족 문제의 극복 등을 목표로 하고 있다. 인도에서의 2020 년 SDG 6의 지수는 그림 5에서 보는 바와 같이 100을 기준할 때 83수준으로 다른 지표에 비해 다소 높은 수준을 나타내고 있지만 물과 위생 관련 도시문제의 해결은 인도가 당면한 가장 중요한 도시화 이슈 중의 하나이다. 인도에서는 계속되는 도시화와 여름철의 빈번한 홍수와 가뭄 등으로, 2030년경이 되면 인도 인구 1억 6천만 명이 물로 인한 고통을 받을 것으로 예상된다(Vishwanath and Akash, 2020). 특히 최근의 코로나19 팬데믹과 기후변화 등으로 인해, 보다 나은 물과 위생관리가 인도에서는 더욱 중요시되고 있다. 물과 위생 관련 목표는 쓰레기 배출문제와도 직결된다. 쓰레기와 폐기물처리 등에 관련된 도시기반이 제대로 되어 있지 않아, 방치된 폐기물이 주민의 건강을 해치고 있다. 뭄바이의 경우 전체 가구의 약 77%가 도시수질악화로 고통 받고 있다. 주로 오염된 물속에 포함되어 있는 독성화학물질의 수준이 안전한계보다 높아지면서 콜레라 등의 수인성 질환을 야기한다. 그러므로 인도에서는 보다 세심한 물관련 인프라와 쓰레기 관리시스템의 확충 및 스마트 기술의 응용이 요구된다.

인도의 스마트시티 개발에서 도시의 물문제 해결은 도시의 미래를 위해 중요한 이슈이다. 인도의 스마트시티 미션 가이던스에는 적정한 물공급과 고형 폐기물 처리를 포함한 위생관리를 핵심 사업으로 강조하고 있다. 물관련 인프라와 관련해 시급한 과제중의 하나는 하루 24시간 내내, 그리고 일주일 7일 내내 계속해서 깨끗한 수질의 물공급이 이뤄지는 '24×7상수도 물공급'시스템의 구축이다. 인도 정부는 스마트시티에서의 물관리를 위해서 스마트미터링, 누수탐지시스템, 수질모니터링 등의 스마트솔루션을 강조하고 있다. 또한 쓰레기 관리에 관련해서 쓰레기를 에너지와 퇴비로 활용하기, 리사이클링, 하수관리, 악성 폐기물감소 등의 스마트솔루션을 중시하고 있다(그림 8 참조). 그리고 전천후 물공급과 수질개선, 쓰레기오염관리 등과 관련해, 주요 하천을 따라 발달한 스마트시티의 경우는 하천변지역의 개보수와 함께 스마트 하천관리(Smart River Management) 시스템도 중요하다. 물과 위생과 관련해 인도의 스마트시티는 '클

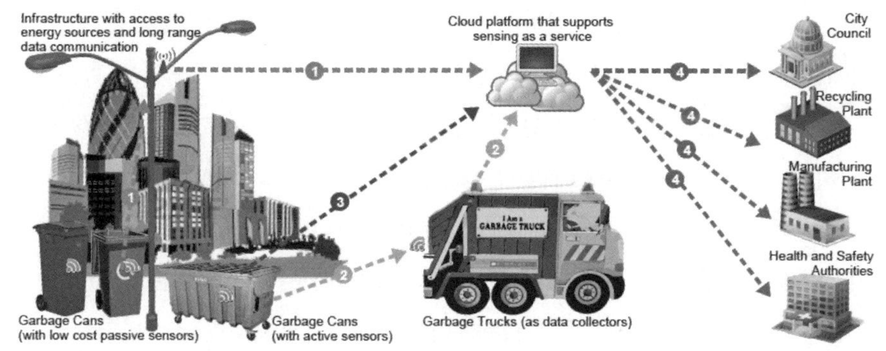

그림 8   스마트시티에서의 쓰레기 관리 스마트 시스템

출처: Perera, C. et al.(2017.3)

린인디아' 비전과 맞물려 있다. 인도정부에서 제시한 스마트시티미션의 가이드라인에 따라 다수의 스마트시티에서는 스마트솔루션 응용을 통해 24×7(1주일 24시간) 물공급 및 수질개선 사업 및 폐기물관리 등의 프로젝트를 추진하고 있다. 이러한 노력은 유엔의 SDG 6, 물과 위생부문의 목표이행을 위해 인도의 스마트시티 개발정책이 기여할 수 있다는 것을 알려준다.

마. SDG 7(에너지): 인도의 스마트 그리드와 신재생에너지

유엔의 지속가능한 개발 목표 SDG 7은 '적절한 클린 에너지'(Affordable and Clean Energy)이다. 이와 관련해 유엔은 적정가격의 신뢰할 수 있는 현대적이고 지속가능한 에너지서비스를 공급하기 위해서, 기반시설을 확대하고 재생에너지 비율을 증대한다는 목표를 제시하고 있다. 인도에서의 2020년 SDG 7의 이행지수는 그림 5에서 보듯이 100을 기준으로 할 때 92수준으로 다른 항목보다는 양호한 수준이지만, 100수준을 달성하기 위해 적정한 가격의 클린에너지 사용을 확대하여야 할 것이다. 세계보건오염연맹(GAHP)에 따르면 2017년 한해에 인도에서 대기오염 등 환경오염 때문에 조기사망한 사람이 232만 명이 넘어, 그 숫자가 세계 1위에 달했다. 델리는 세계의 수도 중에서 대기오염 1위 도시이다. 또한 인도에서는 약 4억 명의 인구가 아직도 제대로 전기 공급을 받지 못하

고 있는 실정이다(신시열, 2019). 따라서 보편적인 전력 인프라에 대한 접근을 향
상시키는 것에 더해, 적정한 가격의 신재생에너지 기반을 만들 필요가 있다.

인도의 스마트시티 개발정책은 신재생에너지 개발 등 스마트에너지 시스
템을 지향한다. 이에는 스마트그리드, 신재생에너지, 폐기물시스템, 대기환경
모니터링 등이 포함된다. 전반적으로 스마트시티에서의 지속가능한 에너지 사
용이 강조된다. 인도의 스마트시티 가이드라인에서 도시재개발 유형과 신도시
개발유형의 경우는, 건축되는 빌딩의 80% 이상은 에너지 효율적인 그린 빌딩으
로 건설해야 함을 강조하고 있다. 그리고 전력공급량의 최소 10%는 태양광 전
력으로 하도록 하고 있어, 인도의 스마트시티가 에너지를 절감하는 저탄소 친
환경도시를 지향한다는 것을 알 수 있다. 또한 스마트솔루션으로는 스마트 미
터링과 스마트 그리드 등을 중시하고 있다. 이를 통해 스마트 에너지사용과 스
마트기반 운영 등의 성과를 스마트시티에서 창출할 수 있다. 동시에 스마트시
티에서의 스마트에너지 모델이 다른 도시와 농촌으로 전파·확산될 수 있다. 이
는 인도의 스마트시티 사업이 원활히 추진되면 유엔의 SDG 7의 에너지항목 이
행과 목표달성에 기여할 수 있음을 의미한다.

바. SDG 8(경제성장): 인도의 스마트시티와 新산업

유엔의 지속가능한 개발 목표 SDG 8은 '양질의 일자리와 경제성장'(Decent
Work and Economic Growth)이다. 유엔은 포용적·지속가능한 경제성장, 완전
하고 생산적인 고용과 양질의 일자리를 증진하기 위해 고부가가치 산업 및 노
동집약적 산업의 육성에 초점을 맞춘 목표를 제시하고 있다. 이를 위한 방법으
로 기술발전 및 혁신을 통한 생산성 향상 등을 제시하고 있다. 인도에서 2020년
SDG 8의 이행지수는 앞에서 본 **그림 5**에서 보는 바와 같이 100을 기준으로 할
때 61수준으로 아주 낮다. 향후 인도의 도시화가 지속될 것인 바, 도시에서 다
양한 일자리를 확충하고 산업구조를 고부가가치로 개편하여 높은 경제성장율
을 달성하는 것이 국가적 최대 과제가 되었다.

　　인도의 경제성장은 세계경제와 맞물려 있다. 세계경제는 산업혁명이후 장기순환을 하고 있다. 지금은 산업혁명 이후 5번째의 큰 세계경제 사이클 속에 위치하고 있다. 세계경제의 변곡점이 될 2020년 이후, 세계경제를 지배할 신산업은 INBEC신산업이다. IT, 나노와 신소재, 바이오, 에너지, 문화기술을 중심으로 한 INBEC신산업이 향후의 세계경제를 움직이는 'Next Big Thing'으로서의 위력을 발휘할 전망이다(**그림 9 참조**). 따라서 향후 4차 산업혁명형 신산업경쟁이 국가 간, 지역 간, 도시 간에 치열하게 전개될 것이다.

　　인도의 스마트시티 정책은 세계경제 사이클에 대응하기 위한 전략이라고 할 수 있다. 이는 궁극적으로 인도의 지속적 경제성장과 삶의 질 향상을 목표로 하고 있으며, 동시에 스마트기술혁신이 결합되는 지속가능한 스마트도시화를 겨냥하고 있다. 인도의 경제는 빠르게 성장이 지속되어, 2030년 전후에 중국, 미국에 이은 경제규모 세계 3위로 올라설 전망이다(CEBR, 2021). 따라서 인도에서 신산업의 제조업에 대한 투자가 시급한데, 스마트시티에서의 스마트 인프라 투자가 그 중요한 추동력이 될 수 있다. 인도의 스마트시티 개발은 모두를 위한 포용적 경제성장의 이행에도 영향을 미칠 것으로 보인다. 스마트 시티를 일부지역에만 선정하지 않고 전체 주지역에 골고루 선정해, 정부·민간투자를 유

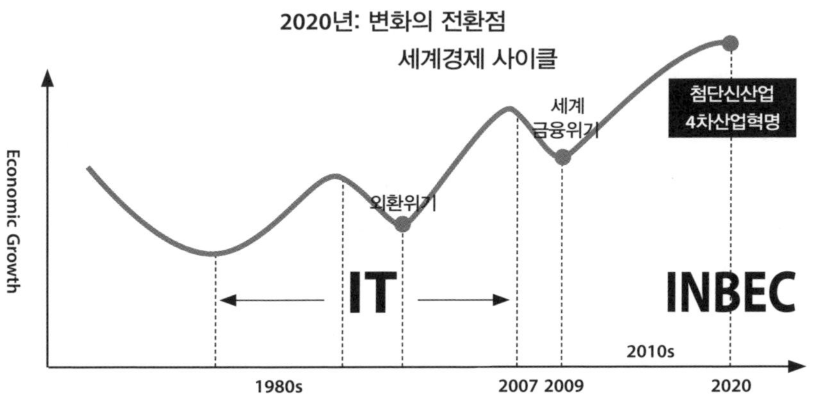

그림 9　　세계경제순환과 'Next Big Thing', 'INBEC' 신산업
출처: 박양호(2015)

도하는 포용적 경제 성장 정책을 펴고 있기 때문이다. 인도의 스마트시티 전략이 도시공간의 일부구역을 대상으로 하는 구역기반개발 접근을 넘어 해당도시 전역에 적용 가능한 스마트 솔루션(Pan-City Initiative)을 필수로 하고 있는 이유도, 인도 정부가 포용적 광역성장 접근을 중요시 하고 있기 때문이다.

특히 인도의 100개 스마트시티 개발 사업에 5년 동안 지원되는 예산만 해도 중앙과 지방 정부를 통틀어 1조 루피(150억 달러)이상이 될 것이다. 또한 국내외 민간자본이 유입되는 스마트시티 개발투자를 통해 양질의 일자리가 많이 창출되고 경제성장과 IT 등 신산업 성장이 가시화될 것으로 전망된다. 동시에 건설투자가 이뤄져 여기서 다양한 일자리가 창출될 것이다. 따라서 인도의 스마트시티 개발 정책이 세계경제 변화와 궤도를 같이하면서 고부가가치 산업을 활성화하고 지속적 경제성장과 기술혁신을 촉진하며, 나아가 유엔의 SDG 8인 양질의 일자리 창출과 경제성장 목표를 인도에서 달성하는 데 기여할 수 있다.

사. SDG 9(산업·혁신·인프라): 인도의 스마트 인프라시스템

유엔의 지속가능한 개발 목표 SDG 9은 '산업·혁신·인프라'(Industry, Innovation, Infrastructure)이다. 유엔은 회복력 있는 인프라 시설 구축, 포용적이고 지속가능한 산업화와 혁신의 도모, 경제발전과 웰빙의 지원, 양질의 지속가능하며 회복력 있는 사회기반시설의 구축, 특히 정보통신기술과 적정가격의 보편적인 인터넷에 대한 접근을 제공한다는 목표를 세웠다. 인도에서의 2020년 SDG 9의 지수는 **그림 5**에서 보듯이 100을 기준할 때 55수준으로 아주 낮아, 이 목표를 달성하기 위해 다양한 국가적 노력이 요구된다. 오늘날 인도에서 역점을 두고 있는 'Make in India'와 '디지털 인디아' 등의 국가전략이 SDG 9목표와 긴밀히 연관된다. 스마트시티 개발을 위해 5년 동안, 중앙정부와 지자체로부터 총 1조 루피(150억 달러)의 예산지원이 이뤄지고, 이를 토대로 수반될 국내외 민간투자를 통해 인도의 제조업, 건설산업 등 다양한 산업발전과 일자리 창출효과가 발생할 것으로 보인다.

또한 스마트시티 개발투자는 인도의 다양한 기술혁신을 유발할 것이다. 스마트시티에서는 도로, 철도 등 혁신적 교통망 투자가 이뤄진다. 강을 따라 2만km의 물길이 조성되는가하면 보행자 도로와 자전거 도로가 개발되며 시민들의 참여를 위한 온라인 거버넌스와 디지털 모니터링, 응급 및 방범시스템이 구축된다. 또한 자동화, 보안, 감시 시스템기술이 접목되는 스마트주택이 건설되며, 태양광과 풍력 등 신재생에너지 등 친환경 기술투자가 증가된다. 이러한 투자가 기술혁신을 유발할 것이다(Moneycontrol, 2019). 이는 모두 인도의 스마트시티 가이드라인에서 제시하는 코어 인프라개발 관련 투자사업이다. 즉, 스마트시티의 구역기반개발(ABD)사업과 스마트 솔루션의 범도시 적용(Pan-City Initiative)사업과 관련된 인프라, 물과 전력공급 인프라, 폐기물 처리와 위생시설, 스마트 교통인프라, 주거시설, 정보통신망과 디지털인프라, 보건 및 교육인프라, E-거버넌스 시스템, 환경보전 및 안전 인프라 사업 등이다. 이들 코어 인프라의 건설투자와 스마트 솔루션 투자 등으로 인해 기술혁신, 연구개발, 스타트 업투자 등이 동반될 것으로 전망된다. 이처럼 스마트시티개발을 위한 핵심 인프라 투자 → 산업발전 → 기술혁신이 3위 일체화된 승수효과로 인도의 스마트시티 프로젝트는 유엔의 SDG 9, 산업·혁신·인프라의 이행과 목표 달성에 직접 기여하게 될 것으로 보인다.

아. SDG 11(도시): 인도의 ISRS형 스마트시티

유엔의 지속가능한 개발 목표 SDG 11은 '지속가능한 도시와 커뮤니티'(Sustainable Cities and Community) 그리고 '건강과 웰빙'(Good health and well-being)이다. 이와 관련해 유엔은 포용적(Inclusive)이고 안전하며(Safe), 회복력 있고(Resilience), 지속가능한(Sustainable) 도시와 커뮤니티의 조성을 주된 목표로 하고 있다. 이를 위해 적정가격의 주택, 안전한 대중교통, 참여적 관리 강화, 문화유산과 자연유산 보호, 홍수 등 재난위험관리, 폐기물 관리, 녹지공간에의 접근 등을 강조하고 있다. 그리고 지역계획의 강화를 통해 도시, 도시근교(peri-urban) 및 농촌 지역

간 경제·사회·환경 연결의 지원 등의 목표를 제시하고 있다. 인도에서의 2020년 SDG 11의 지수는 앞의 **그림 5**에서 보듯이 100을 기준으로 할 때 79수준으로 도시개발 정책의 강화가 필요한 바, 스마트시티 개발 정책은 그 이행과 목표달성에 기여할 수 있을 것이다.

인도의 스마트시티 미션 가이드라인에서는 주택, 교통, 물, 쓰레기 처리, 위생, 교육, 건강, 안전 등과 관련한 기초 생활인프라를 스마트시티에서 우선적으로 확충할 것을 권고하고 있으며, 시민참여를 위한 E - 거버넌스 시스템의 운영 등 적절한 스마트 솔루션을 접목시키는 사업에 투자할 것을 강조하고 있다. 또한 앞에서 살펴봤듯이 인도의 스마트시티 개발은 전반적으로 취약계층과 낙후지역을 포함하는 포용적 성장과 시민친화적이며 친환경적인 개발을 지향하고 있다. 이러한 사실은 인도에서의 스마트시티가 ISRS(Inclusive, Safe, Resilience, Sustainable)형 도시적 생활구조를 중시하고 있음을 알려준다(그림 10 참조). 또한 인도의 스마트시티는 유엔의 지속가능한 개발의 비전인 경제성장, 사회발전, 환경공생, 그리고 제도적 혁신을 포괄하고 있음도 알 수 있다. 이를 종합하

그림 10 **유엔 지속가능개발 목표 'SDG 11'의 4가지 중심축**
출처: Diaz - Sarachaga, Jose Manuel(2020.9)

면 인도의 스마트시티정책은 지속가능한 도시와 커뮤니티를 지향하는 유엔의 SDG 11와 부합된다(Mishra, 2020).

자. SDG 12(소비와 생산): 인도 스마트시티의 관광과 농업

유엔의 지속가능한 개발 목표 SDG 12는 '책임있는 소비와 생산'(Responsible Consumption & Production)이다. 유엔에서는 지속가능한 소비·생산을 지향하는 과학적·기술적 역량의 강화, 일자리의 창출, 지역 문화와 특산품을 알리는 지속가능한 관광개발 등의 이행을 목표로 제시하고 있다. 인도에서의 2020년 SDG 12의 이행지수는 앞서 본 **그림 5**에서 보듯이 100을 기준으로 할 때 74수준으로 이와 관련한 정책실천의 강화가 요구된다. 인도의 스마트시티정책은 쓰레기관리와 신재생에너지의 사용, 스마트 미터링을 통한 전력소비의 감소와 비용의 절감, 환경오염방지와 위생적인 생활 등 지속가능한 소비를 강조하고 있다. 그리고 도시지역에서 필요로 하는 적정한 일자리를 창출하고 경제성장을 촉진해 삶의 질을 제고함에 주된 목적을 두고 있기 때문에 따라서 인도의 스마트시티가 추구하는 기초생활인프라 확충과 스마트 서비스를 통해 유엔의 SDG 12가 강조하는 지속가능한 소비와 생산양식을 실현할 수 있을 것이다.

유엔 SDG 12에서는 지역문화와 특산품을 알리는 지속가능한 관광을 강조하는데, 이 분야에서도 스마트시티의 역할이 기대된다. 최근 한 설문조사결과에 의하면 코로나 팬데믹이후 지속가능한 관광을 원하는 사람들이 가장 많은 나라는 베트남과 인도로 조사되었다(이희상, 2021.6.16). 이 조사에 의하면 문화유적지등 유명 관광지에서의 쓰레기 줄이기, 에어컨 절전이나 조명소등, 도보나 자전거 등 친환경 교통수단이용 등이 지속가능한 관광을 위한 실천이 될 수 있다. 이는 인도의 스마트시티 사업으로 강조되는 쓰레기 처리와 스마트 그리드, 스마트 가로등의 설치를 통한 전력소비 감소, 도보와 자전거도로확충 사업과도 관련된다.

또한 인도의 경우 전체 노동인구의 47%가 농업에 종사하지만 국내총생산에 차지하는 비율은 17%에 불과하다. 대부분의 농민은 영세해 연평균 소득은 1천 달러를 조금 넘는 실정이다. 이러한 상황에서 인도에서는 스마트 농업(Smart Farming, Smart Agriculture)의 중요성이 대두되고 있다. 스마트시티 내외에서 IT 등 정보통신기술을 활용해 농업수익을 올리는 스마트 농업은 환경을 보전하는 농업방식인 동시에 기후변화 대응 스마트 농업(Climate-Smart Agriculture)이다. 인도의 경우, 농촌지역에서의 스마트폰 보급 확대가 스마트 농업관련 스타트업이 증가하는데 큰 영향을 미치고 있다. 인도 통신규제국(TRAI)에 따르면 2020년 3월 기준 인도내의 모바일 이동통신 가입자수는 11억 5천 8백만 명에 이르고 도시지역보다 농촌지역의 모바일 폰 가입자수 증가속도가 더 빠른 편이다(글로벌리더, 2021.4.12). 이는 스마트시티가 상대적으로 높은 IT기술력을 통해 스마트 농업발전에도 기여할 수 있음을 알려준다.

스마트시티 행정구역내에서 스마트농업 경영이 가능할 것이며, 스마트시티 인근 배후지에서도 가능할 것이다. 특히 스마트시티 인근 농촌, 농업지역을 하나의 도농 스마트 광역권(Urban-Rural Smart Region)으로 설정하고 스마트시티가 광역권내의 농촌에서 필요로 하는 정보통신기술을 지원함으로써, 스마트시티는 인근지역에서의 스마트 농업을 위한 적정기술 플랫폼 역할을 할 수 있을 것이다. 이렇게 되면 광역권내에서 농촌과 스마트시티가 협력해서 과학적 기술역량을 통한 식량생산에 긍정적 효과를 거둘 것이다(그림 11 참조). 이처럼 스마트시티는 유엔의 SDG 12 목표인 지속가능한 소비와 생산을 위한 혁신에 기여할 수가 있다.[4]

---

[4] 스마트농업을 통한 식량증산은 UN의 지속가능한 개발목표 SDG 2항목인 '기아종식'(Zero Hunger)에도 긍정적 영향을 미칠 것이다. 지속가능한 식량생산체제를 확보하고 기후변화, 극심한 기상현상, 가뭄, 홍수 및 기타 재난에 대한 회복력 있는 농업을 이행하여 식량 증산을 도모하는 SDG 2와 관련되기 때문이다.

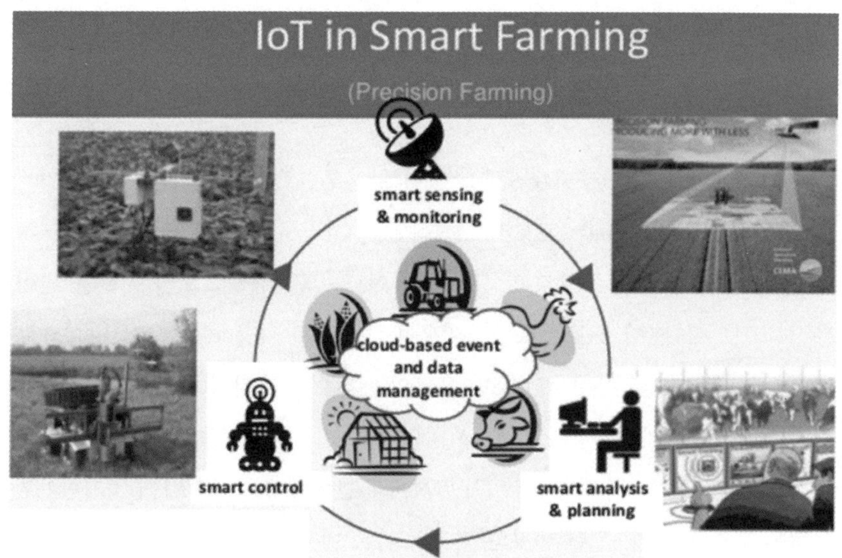

그림 11   도농 스마트 광역권에서의 스마트 농업

출처: ARC Advisory Group(2018.2.13)

차. SDG 13(기후대응): 인도의 '기후스마트시티'

유엔의 지속가능한 개발 목표 SDG 13은 '기후행동'(Climate Action)이다. 이와 관련해 유엔에서는 기후변화와 그 영향에 긴급 대응하기 위해 기후 관련 위험과 자연재해에 대한 회복력과 적응력을 강화한다는 목표를 제시하고 있다. 인도에서의 2020년 SDG 12의 이행지수는 앞에서 살펴 본 그림 5에서 보는바와 같이 100을 기준으로 할 때 54 수준으로 최하위에 머물고 있어, 기후변화와 관련된 다양한 정책강화의 추진이 필수적이다. 인도의 스마트시티 정책은 유엔의 기후변화목표인 SDG 13의 실천을 위한 의미 있는 국가도시정책이다. 인도는 온실가스 세계 방출량(GHGs)의 6.5%를 차지한다(WRUI INDIA, 2018) 그 절반은 인도의 도시에서 발생하는데, 이는 주로 산업체, 교통수단, 빌딩, 쓰레기 등으로부터 발생한다. 이는 대기오염 등의 주된 요인이 되고 있다. 2014년의 파리기후협정에 따라 인도정부는 2030년까지 2005년 대비 온실가스 양을 33~35%감소시켜 나갈 것을 선언했다. 그러나 이 목표달성은 인도의 향후 도시화 추이와 도시에서의 대량의 인구증가 규모를 전망할 때 결코 쉽지 않을 것으로 예상된다. 인도의 100개 스마트시티 개발 프로젝트가 이 목표의 달성에 도움이 될 것으로 기대된다.

최근 인도정부는 도시개발성 주도하에 기후변화와 직결되는 '기후스마트시티'(Climate Smart Cities) 프로젝트를 독일의 GIZ(Gesellshaft fur Internationale Zusammenarbeit)와 공동으로 도시화관련 인도-독일워킹그룹의 지원을 받아 추진하기로 했다. 이 프로젝트는 기후친화적(Climate-friendly)솔루션방식으로, 2018년부터 2022년 까지 4.76백만 유로의 재정으로 추진될 예정이다. 먼저 독일과 공동으로 3개의 기후스마트 시범도시(Bhubaneshwar, Coimbatore, Kochi)를 지정하고, 이들 3개시가 기후관련 인프라 건설과 스마트시티 구역기반개발 유형을 추진할 시에, 그린 테크의 적용과 같은 기후친화적 스마트 조치를 취해 온실가스 감축의 효과를 모니터링하기로 했다. 그 성과에 따라 기후스마트시티 사업을 다른 도시로 확대해 나갈 계획이다(GIZ, 2019).

이를 계기로 인도의 스마트시티 정책은 기후변화에 대응한 스마트 그린시스템을 지속적으로 강조하고 있다. 나아가 인도 정부는 기후변화와 관련해 '기후스마트시티' 평가프로그램을 강화하는 중이다. 인도의 100개 스마트시티 중 43개 도시에서 대기오염이 심각한 수준인 것으로 나타나고 있어, 인도는 유엔이 제시한 지속가능한 개발 목표에 충실히 따르기 위해 2019년 6월, 도시개발성과 국가도시개발 싱크탱크인 NIUA(National Institute of Urban Affairs)와 공동으로 평가 프로그램을 가동하고 있다. 구체적으로 평가는 다음과 같이 이뤄진다. 스마트시티로 지정된 100개 도시 전부를 대상으로 이들 도시들이 기후변화에 영향을 어떻게 받고 있는 지를 **그림 12**에서와 같이 5개 부문(에너지·그린빌딩/도시계획·녹지·생물다양성/교통·대기의 질/쓰레기관리/물관리), 28개 지표로 평가하고 그 정보를 상호공유하기 위한 "기후스마트시티 평가프레임워크(ClimateSmart Cities Assessment Framework: CCAF)"를 시행한다. 이는 인도의 스마트시티들이 기후변화에 대응하기 위한 정책과 로드맵을 수립하는 데 가이드라인이 된다.

그림 12 인도의 기후스마트시티 평가프레임워크(5개 부문)

출처: NIUA 〈https://www.niua.org/csc〉

또한 NIUA는 도시를 위한 기후센터인 C-CUBE(Climate Centre for Cities)를 운영, 도시별 기후대응 도시계획 및 실천사항을 모니터링하고 가이드하는 동시에 26개의 국내외 관련기관으로 구성된 기후스마트시티연합(Climate Smart Cities Allience)의 기관 간 협력을 주도하고 있다(IKI, 2021). 이렇게 인도 정부가 최근 들어 더욱 강화하고 있는 기후스마트시티(Climate Smart Cities)관련 정책실천 노력은 인도에서 달성지수 최하위를 기록한 SDG 13지수의 개선에 긍정적 영향을 미치게 될 것으로 보인다.

카. SDG 16(참여제도): 인도의 e-거버넌스의 스마트시티

유엔의 지속가능한 개발 목표 SDG 16은 '평화·정의·강력한 제도'(Peace, Justice, and Strong Institutions)이다. 이와 관련해 유엔에서는 지속가능발전을 위한 평화롭고 포용적인 사회 증진을 위해, 효과적이고 책임성 있으며 포용적인 제도 구축과 부패의 감소를 목표로 제시하고 있다. 특히 효과적이고 책임성 있으며 투명한 제도를 모든 단계의 기관에 구축하며, 호응성, 포용성, 참여성, 그리고 대표성 있는 의사결정을 모든 단계에서 보장함을 목표로 하고 있다. 인도에서의 2020년 SDG 12의 이행지수는 앞에서 살펴 본 **그림 5**에서와 같이 100을 기준으로 할 때 74수준으로 이와 관련한 정책실천의 강화가 요구된다. 인도는 인구가 14억 명에 이르고 발달수준과 계층이 매우 다양한 사회가 존재하기 때문에, 정책결정과정에서 민주적 주민참여와 지역 간 경쟁과 협력을 중시하고 그 실천을 위한 제도 구축에 노력을 기울일 필요가 있다.

인도의 스마트 시티와 관련해 강조되는 개념 중의 하나는 스마트 e거버넌스이다. 이는 민관거버넌스의 성공과 도시혁신을 위해 시민들의 적극적인 참여가 필요하기 때문이다. 이는 의례적인 과정과는 다르다. 시민들은 해당도시의 스마트시티의 개념정립에 참여하고 스마트솔루션의 채택에 개입하며, 디지털 수단을 활용해 도시혁신의 집행, 집행과정, 후속 정책디자인 과정에 다양한 방식으로 편리하게 참여할 수 있다. 스마트시티 가이드라인에서 강조하는 스마트 리더십의 운영과 스마트 피플의 참여는 ICT의 활용과 특히 모바일 수단을 통해 효과적으로 가능하다. 이와 함께 다양한 내외부의 이해관계자가 참여하는 통로를 구축해 활발한 의견수렴과 정책 참여를 독려하고 있다. 또한 도시별 스마트 시티 계획서(SCP) 작성과 실천과정에서 시민참여와 스마트 컨설팅그룹의 중요성을 강조하고 있다.

그러나 이와 관련해 향후 해결해야 할 과제가 있다. 인도의 100개 스마트 시티에서는 지방정부차원의 웹사이트와 e-Budget를 운영하고 있으나 실질적인 주민의 협력과 긴밀한 참여정도가 낮고 주민들 간에도 정보통신격차가 심한 편이다. 향후 더욱 효과적이고 포용적이며 책임성 있는 주민밀착 정부운영을 위해서, 협력적 스마트 거버넌스(Collaborative Smart Governance)의 구축과 운영이 요구된다. 이러한 시민참여형 e-거버넌스에 대한 스마트시티에서의 정책적 노력 강화와 함께 시민들의 정보통신기술에 대한 보편적 접근성을 높여나가는 노력 등이 병행되면, 인도의 스마트시티는 정의와 강력한 제도를 강조하는 SDG 16 목표의 이행에 기여할 것으로 보인다.

타. SDG 17(국제 파트너십): 인도의 글로벌 협업형 스마트시티

유엔의 지속가능한 개발 목표 SDG 17은 '목표달성을 위한 파트너십'(partnership

for Goals)이다. 이와 관련해 유엔에서는 지속가능발전을 위한 글로벌 파트너십의 활성화를 통해 개도국에 대한 국제적 지원 등을 강화하고, 선진국은 공적개발원조(ODA) 규모를 확대함을 목표로 하고 있다. 또한 과학, 기술 및 혁신에 대한 국제적 협력의 강화, 개도국의 국가계획에 대한 국제적 지원강화를 위해 지식, 전문성, 기술 및 재원동원, 다주체 글로벌 파트너십의 강화 등을 주요 목표로 제시하고 있다. 인도에서는 SDG 17항목의 특수성 때문에 SDG지수평가는 별도로 하지 않고 있다.

인도의 스마트시티개발사업의 성공적 추진을 위해서는 자금, 지식, 기술, 혁신, 정책개발 및 계획 수립 등과 관련해 국제적 지원과 교류협력이 필수적이다. 인도 정부는 스마트시티 개발을 위해 정부와 지자체로부터의 예산지원 외에 관민 파트너십(PPP)을 통한 민간투자와 외국과 세계은행 등 국제기구로부터의 자금·지식과 개발경험·기술·계획수립 등의 지원과 교류협력을 강조하고 있다. 특히 지방정부 차원에서의 스마트시티 계획과 운영에 국제적인 컨설팅의 필요성을 강조하고 있어, 세계은행, 아시아개발은행, OECD, 아세안스마트시티 네트워크(ASCN) 등 국제적 전문가 네트워크(Global Experts Networks)의 참여를 유도하고 있다. 이에 따라 인도의 스마트시티 사업은 국제적 협력이 활발한 편이다. 인도 정부는 미국, 영국, 독일, 프랑스, 일본 등과 스마트시티 사업 지원 교류협력을 위해 국가차원의 MOU협정을 추진하였다. 이를 통해 전문지식과 기술지원, 스마트 도시 맞춤형 프로젝트 발굴 및 집행과정에 대한 지원 등 다각적인 국제파트너십이 이뤄지고 있다. 일본의 경우, 2009년 인도 정부와 공동 추진하는 델리－뭄바이 산업회랑(DMIC)사업에 진출하여 산업회랑인근의 스마트시티 개발에 일본기업으로 구성된 컨소시엄이 참여하고 있다(조충제, 2015).

또한 인도 정부는 2015년 5월, 한국과 한국－인도 포괄적경제동반자협정(CEPA) 체결하고, 인도 대형 인프라사업에 참여하는 한국기업 지원을 위해 총 100억 달러 규모의 금융패키지에 합의했다. 한국토지주택공사(LH)는 인도 국가건설공사(NBCC)와 MOU를 체결, 스마트시티 개발을 위한 제도, 기술, 경험을 교류하고 협력 사업을 발굴하기로 했다. 그리고 마하라슈트라 주정부와 푸네(Pune)시와 MOU를 체결하고 스마트시티사업에 적극 참여키로 했다. 그러나 스마트시티 사업의 성공적인 추진을 위해서는 국제파트너십의 전반적 효과를 증진시켜야 할 것인바, 이를 위해 인도 정부는 규제완화, 인센티브제공 등 국가 차원에서의 제도개선도 적극 실천해 가야한다. 이러한 국제협업과 교류협력 및 상생에 기초해 인도 스마트시티 개발정책은 유엔이 제시한 SDG 17(국제파트너십)관련 목표의 이행과 달성에 기여 할 것으로 보인다.

3.   통합가능성의 종합 및 과제

유엔의 지속가능한 개발목표에서 드러났듯이 오늘날의 '지속가능한 개발'은 종래의 환경적 측면의 지속가능성을 뛰어 넘는 종합적 개념을 내포하고 있다. '지속가능'은 경제성장·사회발전·환경공생·제도혁신 등을 모두 포함하는 종합적이고 통합적 관점에서의 지속이다(Euklidiadas. 2021.6.14). 이는 '지속가능한 개발 2.0'이라고 할 수 있다. 인도의 국가 및 도시 발전을 위해서는 유엔의 지속가능한 개발목표와 인도의 스마트시티가 통합되는, 인도의 '지속가능한 스마트시티' 패러다임이 필요할 것이다. 이 스마트시티 패러다임을 토대로 선별된 12개 SDG 항목을 앞서 살펴보았다. 이를 통해 인도의 스마트시티 개발이 직간접적으로 유엔의 SDGs이행과 달성에 도움이 된다는 것을 알 수 있다. 이는 인도에서 추진 중인 100개의 스마트시티개발 정책이 유엔의 SDGs와 더욱 더 밀접하게 결합할수록 인도의 실정에 부합하는 국가도시정책으로 업그레이드 될 수 있음을 의미한다. 지속가능한 스마트시티 전략은 쌍방향의 선순환성을 보유한다. 인도의 스마트시티는 SDGs의 이행에 긍정적인 영향을 미칠 수 있으며, 역으로 SDGs가 인도의 스마트시티가 추구하는 비전의 구현에 긍정적인 영향을 줄 수 있을 것이다. 나아가 이러한 지속가능한 스마트시티 패러다임 속에서 인도 실정에 맞는 구체적인 적정모델의 도출이 향후 중요

한 과제이다. 그러나 지속가능한 스마트시티의 모델개발에 관한 연구는 아직
은 희소하다.[5] 이와 관련한 적정모델연구의 시도가 향후의 과제 중 하나이다.

IV. 인도의 '지속가능한 스마트시티' 적정모델의 모색

1. 모델 양대 중심축과 결합: 'Sustainability' + 'Smartness'

지속가능한 스마트시티 패러다임을 바탕으로, '인도의 지속가능한 스마트시
티 적정모델'을 그림 13에서와 같은 기본 틀을 중심으로 모색해 보고자 한다. 이
적정모델은 인도의 다양한 도시현장 속에서의 현실성을 고려한 적정한 메커
니즘이라고 할 수 있다. 먼저 적정모델의 구조적 기본 틀은 2개의 중심축(Cen-
tral Axes)이 핵심골격을 이룬다. 한 가지 축은 UN의 지속가능한 개발목표인
SDGs를 반영한 '지속가능성'(Sustainability) 축이며, 다른 한 가지 축은 도시생
활에 필요한 생활인프라 등에 IT와 같은 스마트 기술을 접목시키는 '스마트니
스'(Smartness) 축이다. 이 양대 중심축을 기반으로, 주요 핵심 요소들 간의 상호
작용을 나타낸 메커니즘이 지속가능한 인도 스마트시티 모델의 기본 틀이다.

앞의 그림 1에서 보는 바와 같이 유엔 SDGs 축은 지속가능한 개발의 핵심
목표인 빈곤종식과 국제 파트너십에 이르기까지 모두 17개 분야로 구성되어 있
는 바, 이를 크게 구분하면 경제성장, 사회발전, 환경공생, 그리고 제도혁신 등
4대 어젠다로 나뉜다. 이러한 17개 분야와 4대 어젠다가 서로 밀접하게 연관되
어 통합되고 포용적으로 작용할 때 '지속가능한 개발'(Sustainable Development)

---

5 Diaz－Sarachaga(2020) "Research on the development of smart sustainable
cities model is still scarce. The integration of sustainability and smart cities no-
tions in urban planning is another pending issue to be arranged."

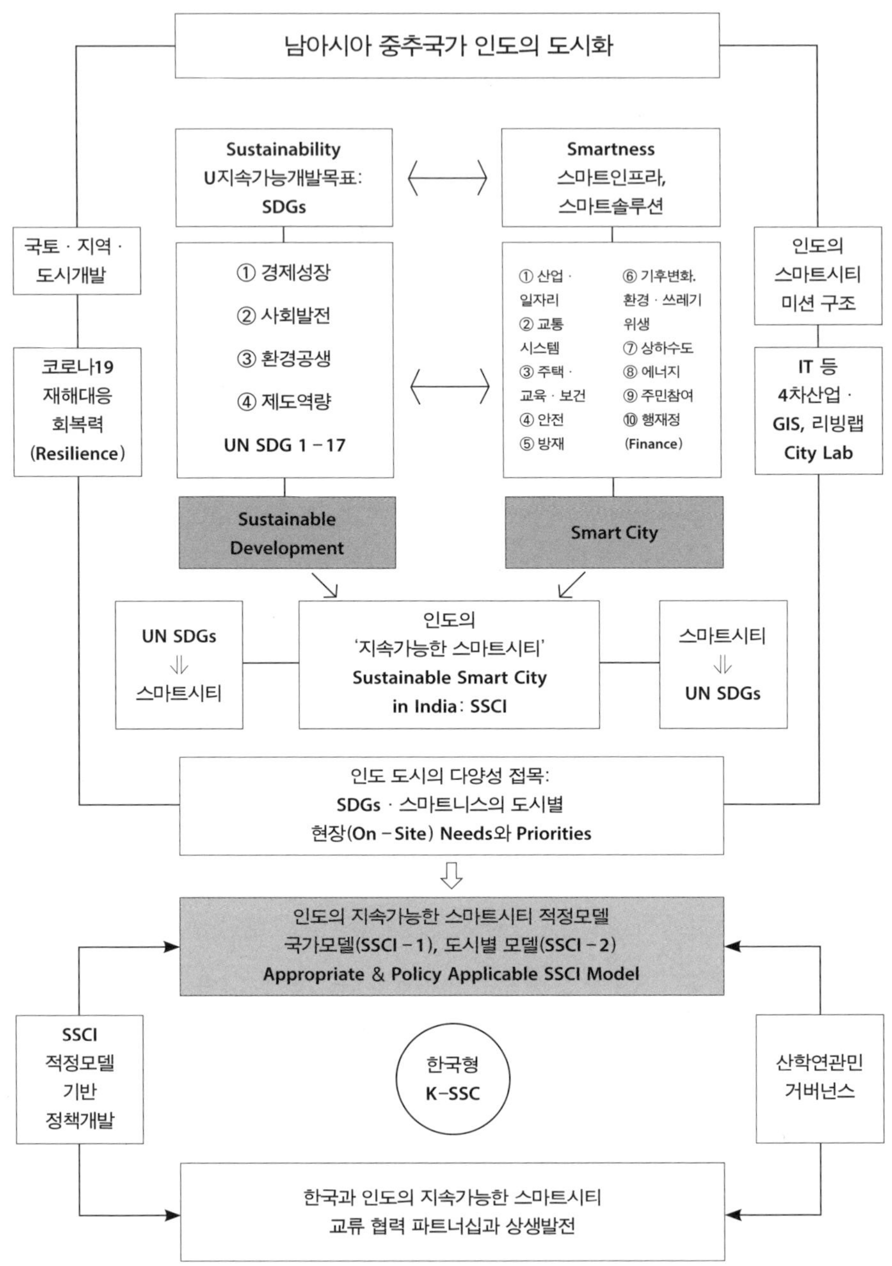

그림 13　인도의 지속가능한 스마트시티 적정모델의 기본 틀

이 성립된다. 또 다른 하나의 핵심 축은 '스마트니스' 축으로서 스마트기술, 스마트인프라, 스마트 콘텐츠를 도시발전에 접목한 스마트솔루션과 직결된다. 스마트시스템은 대체로 10대 분야로 나타난다. 이는 ① 산업과 일자리, ② 교통시스템, ③ 주택 보건 교육, ④ 안전, ⑤ 방재, ⑥ 기후변화와 관련된 환경 및 쓰레기 위생, ⑦ 상하수도, ⑧ 에너지, ⑨ 주민참여(리빙랩, City Lab 포함), ⑩ 행재정(특히 재정)을 포함한다. 이들 10대 핵심요소가 스마트 기술 등과 결합해 혁신적으로 도시 삶의 질을 변혁시킬 때, 이 도시는 '스마트시티'가 된다.

스마트시티에 작용하는 10대 핵심요소를 성격에 따라 나누어 보면, 첫 번째 축인 UN SDGs 상의 경제성장·사회발전·환경공생·제도혁신과 그대로 매칭된다. 이처럼 두 개의 축에서 발생되는 '지속가능한 개발'과 '스마트시티'가 융복합되면, 유엔 SDGs가 인도의 스마트시티에 영향을 미치고, 역으로 인도의 스마트시티가 유엔 SDGs에 영향을 미치는 '인도의 지속가능한 스마트시티'의 실체가 드러나게 된다. 이는 도시를 포용적으로 살기 좋게 하고, 시민참여를 활성화시키며, 혁신적 도시관리를 가능하게 한다.

2. 관계요소(Relation Elements)와의 상호작용

인도의 지속가능한 스마트시티(SSCI)의 실체가 도출됨에 따라 SSCI 적정모델의 기본틀의 중심판이 구성되었다. 다음으로는 SSCI에 작용하는 주요 관계요소(Relation Elements)를 파악해 상호연결함으로써 SSCI모델의 기본 틀 전체 구조를 정립한다. SSCI에 관련되는 관계요소는 매우 다양하다. 먼저 도시화 현상과 특징 등의 요소가 중요하고, 이 도시화와 관련되는 크고 작은 도시의 규모 및 분포 등과 같은 도시체계적 특성에 주목해야 하며, 국가와 도시별 삶의 질(QOL) 실태가 핵심 관계요소로 작용한다. 그리고 SSCI는 인도의 도시화 특성에 대응한 국토·지역·도시개발정책과 'Make in India', '클린 인디아', '디지털 인디아' 등 주요 국가전략 등과도 직결된다. 특히 SSCI 적정모델은 오늘날 역점을 두는 인도의 100개 스마트시티개발정책의 근간이 되는 스마트시티미션의 구조 및 특성 등을 포함하고, 나아가 인도의 스마트 도시화정책에 영향을 미치게 된다. 또한 스마트 인프라에 직접 작용하는 ICT산업 등 인도의 4차 산업혁명관련 신산업의 발달과 관련되며, 과학적인 도시계획과 교통계획 등에 반드시 필요한 공간정보산업과 범지구위치결정시스템(GIS) 기술의 발달과도 관련된다. 그리고 주민참여형 City Lab과 리빙랩, 인도의 국가와 도시실정에 적용될 수 있는 적정기술도 SSCI의 관계요소로 작용한다. 특히 다양한 도시들의 생활기초수요(Basic Demands)에 관련한 희망사항, 우선순위 등이 '지속가능한 스마트도시'를 위한 중요한 관계요소로서 SSCI 모델의 기본 틀에 반영된다.

3. 현장중심의 적정모델과 정책개발

가. 현장중심의 'City Lab'

인도의 국가 및 도시별 특성과 국민들의 필요 및 우선순위, 행재정능력, 관계요소들의 특성과 상호작용 등을 현장조사하고 비교분석하여, 프로젝트의 우선순위와 전략 로드맵 등을 도출할 수 있다. 이를 지속가능한 스마트시티(SSCI)의 기본 틀 속에 대입, 반영하면 구체적인 적정모델이 정립된다. 이를 위해서는 도시현장의 시민과 이해당사자의 참여와 의견수렴을 위한 City Lab방식을 통한 접근이 유효할 것이다. 인도의 스마트시티를 대상으로 추진한 City Lab으로서는, 독일의 프라운호퍼연구소가 주관하여 코치(Kochi)와 코임바토르(Coimbatore)에 적용한 'Morgenstadt City Lab'(MCL)이 있다. 그림 14에서 보는 바와 같이 MCL은 기본적으로 4단계의 과정을 거친다. MCL의 1단계는 기존데이터 수집 및 분석단계로서 대상 도시의 기존 데이터와 관련 자료를 검토 분석하는 단계이다. 2단계는 현장평가(On-Site Assessment)단계이다. City Lab을 구성하는 전문가들을 중심으로 현장 실태를 일련의 평가지표 등 체계적 평가프레임에 따라 조사 분석하고 시민과 이해당사자들과의 인터뷰 등을 통해 시민의 니즈와 희망사항

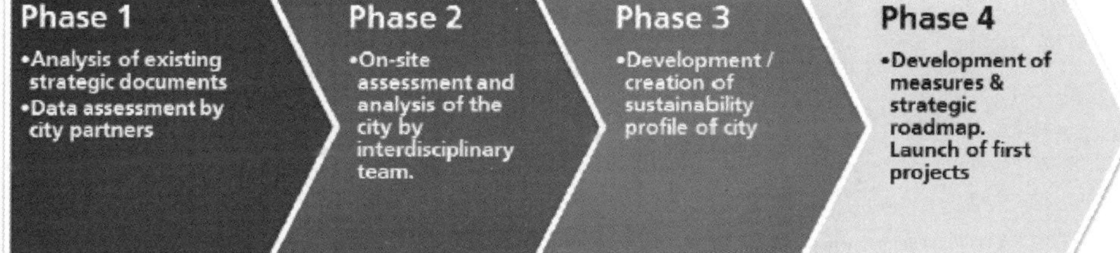

그림 14   'Morgenstdat City Lab' 4단계 진행

출처: Radecki, A. von Morgenstadt City Labs

4.1. STRATEGY ROADMAP FOR SUSTAINABLE DEVELOPMENT OF KOCHI

PROJECT IDEAS (FIG.5)

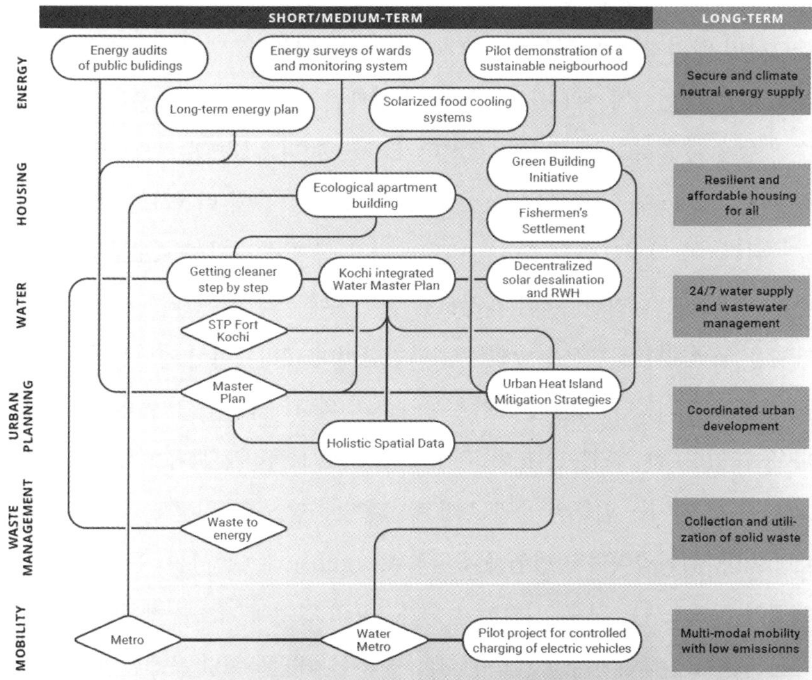

그림 15   인도 스마트시티 'Kochi City Lab'에 의한 전략로드맵 사례

출처: Mohr, Marius Mohr(2020)

을 통합 분석하는 단계이다. 3단계는 도시프로필(City Profile) 작성단계이다. 지속가능한 개발에 관련해 도시의 실태와 요인, 정책수요와 과제 등을 종합하여

체계적 도시프로필을 주요 항목별로 작성하는 단계이다. 마지막 4단계는 정책디자인 단계로서 분석과 데이터를 종합해 예비타당성과 구체적인 정책제안 및 전략로드맵을 작성, 시정부에 제출하고 후속조치를 취하는 단계이다. 독일의 프라운호퍼연구소는 협력기관(예: 독일의 슈트트가르트 대학 등)과 함께 인도의 스마트시티 코치를 대상으로 현장중심의 City Lab을 거쳐 **그림 15**와 같은 코치 맞춤형 전략로드맵을 만들어 지원하고 있다.

나. 적정모델과 현장맞춤형 정책개발

1) 국가모델과 도시모델

종합하면 앞의 **그림 13**과 같은 지속가능한 스마트시티 모델의 기본 틀을 토대로 해서 다양한 현실여건과 관계요소 들의 실태를 반영해 필요한 분야 간의 우선순위 등을 추출하고, 개별 스마트시티가 추진할 기본전략과 로드맵 등을 구체적으로 도출할 수 있다. 이 내용 등을 모델의 기본 틀에 반영하면, 적정모델이 구축된다. 이 적정모델은 스마트시티별 현장 상황이 각기 다르므로 도시 간에 다른 내용으로 나타난다. 이 적정모델은 인도에서의 '지속가능한 스마트시티' 개발을 구현해나가는 길을 알려주는 나침반이며 내비게이션 역할을 할 수 있을 것이다. 인도의 지속가능한 스마트시티(SSCI)와 관련해 두 가지의 적정모델이 나올 수 있다. 한 가지는 인도의 국가 맞춤형 SSCI 적정모델(SSCI - 1: 국가모델)이고 다른 한 가지는 인도의 개별 스마트시티 맞춤형 SSCI 적정모델(SSCI - 2: 도시모델)이다. 시민참여형 리빙랩과 독일의 Morgenstsdt City Lab 등을 이용한 구체적인 실태조사를 하고, 시민과 전문가그룹의 참여에 기초한 생활인프라의 우선순위를 고려해야한다. 또한 유엔의 지속가능개발목표별 우선순위도 고려해야한다. 국가모델과 도시모델을 토대로 지속가능한 스마트시티 전략과 정책을 개발해 추진하면 정책 효과를 높일 수 있어 경제성장과 총체적 삶의 질 향상에 기여하게 된다.

2) 지속가능한 스마트시티 평가프레임워크

또한 인도의 지속가능한 스마트시티 평가프레임워크도 필요하다. 인도의 100
개 스마트시티를 대상으로 유엔의 17개 SDGs 중 선별된 항목(예: 본 연구에서 스
마트시티와 관련해 선별한 12개 항목)별로 SDG지수를 계산해 그 수준을 평가하고,
스마트시티를 SDG항목별로 비교할 수 있다. 그리고 스마트시티별 SDG종합지
수도 만들어 연도별로 그 추이를 객관적으로 분석하고, 관련 후속대책을 추진
하는 등 전반적인 모니터링 시스템이 필요할 것이다. 이렇게 지속가능한 스마
트시티 모니터링 결과에 관한 정보는 관련 플랫폼을 통해 국내외적으로 공유되
어야 할 것이다.

3) 적정모델에 근거한 사업 추진과 교류협력

한국이 인도의 스마트시티사업을 지원하기 위해서는, 인도의 다양한 도시여건
을 감안해 한국이 '인도형 지속가능한 스마트시티모델'을 연구 개발해 디자인하
고, 이 인도형 모델을 현지의 도시생활인프라와 복합도시개발사업 등에 접목해
야 할 것이다. 이 경우, 먼저 한국형 지속가능한 스마트시티(K-SSC) 사례를 발
굴하여서, 한국의 기술과 경험을 인도의 SSCI 적정모델에 적절히 응용할 수 있
을 것이다. 나아가 한국이 디자인한 인도형 SSCI적정모델에 근거해, 수익성과
프로젝트의 실천타당성을 높일 수 있는 인도형 지속가능한 스마트시티의 '비즈
니스사업' 모델도 창조할 수 있을 것이다.

　　이러한 과학적이고 실용적 방법을 통해 한국과 인도는 지속가능한 스마트
시티에 관련한 교류협력 기회를 넓힐 수 있고, 한국 - 인도의 상생발전과 관련
해 새로운 모멘텀을 만들 수 있을 것이다. 그 과정에서 두 국가의 관련 공기업
체와 민간기업체, 대학과 연구소, 중앙정부와 지자체, 그리고 시민단체 들과의
'산학연관민' 거버넌스를 활용하여 교류와 협력을 함으로써 전문성과 실천력 및
현장성을 더욱 높일 수 있을 것이다(그림 13 참조). 남아시아 중추국가 인도에서
의 이러한 지원 경험과 성공사례는 남아시아와 다른 국가(방글라데시, 스리랑카, 파

키스탄, 아프가니스탄, 부탄 등)들과의 지속가능한 스마트시티 개발 관련 교류·협력의 폭을 넓히는 데 도움이 될 것이다.

V. 한국·인도 지속가능한 스마트시티 개발 상생협력방안

1. 인도의 스마트시티와 국제파트너십의 패턴 및 특징

가. 다양한 국제파트너십 활동

인도 정부의 야심찬 스마트시티 미션이 공식 출범한 2015년 6월 25일 전후로 주요 국가들은 인도의 스마트시티 개발을 지원하기 위한 교류협력 파트너십 구축에 매우 적극적이다. 특히 프랑스, 일본, 미국, 영국, 독일 등이 인도와의 스마트시티 협력파트너십을 중시하고 있으며 중국, 싱가포르, 네덜란드 등도 참여하고 있다. 이는 인도의 도시화에 따른 문제 해결과 유엔의 지속가능한 개발목표의 이행과 관련해, 개도국 지원을 위한 글로벌 행동과도 연계되어 있다. 동시에 인도의 스마트시티 개발, 'Make in India' 등 인도의 대규모 경제성장투자로 형성되는 인도시장, 그리고 인도의 지정학적, 지경학적 잠재력이 부각됨에 따라 글로벌 경제체계에서 더욱 중요시되고 있는 인도 메가경제권으로 선도적으로 진출하기 위한 의도 등이 복합적으로 작용하고 있다. 인도의 스마트시티 개발관련 국제파트너십 내용을 표 1을 통해 관찰해보면 몇 가지 공통패턴이 드러나며, 일부 국가의 경우 그 패턴에 더해 고유한 특징이 나타나고 있다.

나. 공통 패턴

먼저 인도 스마트시티 지원을 위한 인도와 주요국가 간 파트너십을 관찰하면 몇 가지 공통적인 패턴이 나타나고 있다.

표 1 인도의 스마트시티 관련 국제파트너십 사례

국가	인도의 스마트시티개발 지원 관련 인도와 주요 국가와의 파트너십 내용
프랑스	- 인도의 3개 스마트시티 지원: Chandigarh, Nagpur, Puducherry - 인도의 모디 총리와 프랑스 올랑드 총리 참석하에, 인도의 3개 주정부와 프랑스의 AFD(French Development Agency)간에 스마트시티개발 지원 MOU 체결(2016) - 12개 도시의 프로젝트지원.협력: Amritsar, Dehradun, Habballi – Dharwad, Agratala, Bhubaneswar, Ujjain, Surat, Amaravati, Visakhaptnam, Chennai, Puducherry, Kochi - 인도와 프랑스 파트너십인 CITIIS(Cities Investment To Innovate, Integrate and Sustain) 프로그램 운영(2018.7출범): 인도의 도시를 통합적, 혁신기반, 지속가능한 도시개발을 위한 인프라지원 프로그램, 지속가능한 교통, e – 거버넌스, ICT, 오픈스페이스, 저소득층 주거개선 등 - CITIIS 성숙프로그램(Maturation Program)운영: 프로젝트 시작부터 종료까지 24단계 상세지원. 체계적 계획수립 · 실천 · 모니터링지원/자금 및 기술지원(6개국 14명의 전문가, 도시별 3년간 지원) - 인도 도시개발성과 NIUA(National Institute of Urban Affairs)의 PMU에서 주관 협력, 프랑스의 AFD와 EU가 자금 등 지원 - 프랑스 마크롱 대통령과 인도 모디 총리간 인도 스마트시티 개발 사업에 대한 자금지원합의(2018.3) - ‘Make in India’, ‘디지털 인디아’와 관련해 Crouzet, Gemalto, Safran 등 민간기업체 진출
일본	- 인도의 3개 스마트시티 지원: Chennai, Varanasi, Ahmedabad - 일본 주인도 대사와 인도 도시개발성 장관 간에 인도 스마트시티 지원 파트너십 체결(2017) - 일본 연구소와 인도 연구소간의 인도스마트시티 지속가능개발을 연구협력 MOU체결(2016) - 도시간의 교류협력체결: 일본의 교토시와 인도의 Varanasi간 문화관광협력(2014) - 2021년 4월 World Economic Forum에서 G20 Global Smart Cities Alliance(2019.6출범) 연계, 인도 스마트시티 중심의 남아시아 스마트시티 네트워크 설립 ※ 일본은 인도 델리 – 뭄바이 산업회랑(DMIC)의 인프라 및 스마트시티 건설에 중점투자 – . 민간기업투자 활발(민간기업체, 도시바, NEC, 미쓰비시, 스미모토사 등 진출)
미국	- 인도의 3개 스마트시티 지원: Visakhapatnam, Ajmer, Allhabad - 미국 오바마 대통령과 인도정부 간에 프로젝트 계획수립, 타당성조사, 인프라개발 등 지원 MOU체결 - USTAD(United States Trade Development Agency)주관, 세계은행과 협력, 타당성조사 자금지원 - IBM, Siemens 등 스마트솔루션기업 진출
영국	- 인도의 3개 스마트시티 지원: Pune, Amaravati, Indore - 인도 모디 총리의 영국 방문시에 카메룬 총리와 3개 스마트시티개발 파트너십 체결(2015) – JETCO(India – UK Joint Economic and Trade Committee)에서 주관 - 인도 스마트시티개발 4기둥(Pillars: physical, social, institutional, economic infrastructure) 프레임을 적극 반영한 지원: 마스터 플랜 및 집행방안 수립지원. 대중교통개선, 물공급, 폐기물관리, 시가지개발, 교육여건 개선 등 지원/도시특성의 차별화를 반영한 프로젝트 선정원칙 - 영국의 20개 인프라기업이 스마트시티에 공동투자 계획

독일	– 인도의 3개 스마트시티 지원: Bhubaneswar, Coimbatore, Kochi – 독일 메르켈 총리와 인도의 모디 총리 간에 스마트시티 전략적 파트너십 합의(2015) – 국제협력공사, GIZ(Deutsche Gesellshaft fur Internationale Zusammenarbeit)가 주관 – 인도·독일 6인 공동위원회, 민관합동PPP구성, 수처리, 폐기물관리, 신재생에너지 분야 등 지원 – 독일의 프라운호퍼연구소(Fraunhofer Institute)MGI주관, 인도 스마트시티개발사업 지원: 'City Lab'방식으로 인도 스마트시티 Coimbatore과 Kochi 지원(2017) ※ 'Morgenstadt Global Smart Cities Initiative(MGI)'는 '독일형 스마트시티 국제파트너십 프로그램, 지속가능한 스마트시티개발 "City Lab" 적용: 도시현장평가(On–Site Assessment), 전략로드맵 지원
한국	– 한.인도 포괄적경제동반자협정(CEPA)(2015.5). 한-인도 CEPA조기성과 합의(2018.7) – 한국토지주택공사(LH) 주도, 인도의 스마트시티 지원MOU: 인도 국가건설공사(NBCC)(2015.8), PUNE(2016.10), 마하슈트라 주정부(2016.10) 등 추진 – LH와 마하슈트라 주의 칼리안 돔비블리 kmDC사업MOU(2017.3). 뭄바이 반드라 공공지구 재개발사업 타당성 용역수행(2017.3 - 12). 한국의 대외경제협력기금(Economic Development Co-operation Fund: EDCF)활용, 공적개발지원 MP용역계약(2019.3) – 삼성전자, LG전자, 현대자동차, 두산중공업 등 인도 대도시 진출

① 패턴 1: 국가 정상 간의 구체적 목표 및 실용성 지향 파트너십

국가의 정상 간에 인도 스마트시티지원 MOU를 통한 교류협력방식을 추진하고 있다. 프랑스(마크롱 대통령, 올랑드 수상), 독일(메르켈 수상), 미국(오바마 대통령), 영국 (카메론 수상)과 인도 모디 총리 간에는 인도 스마트시티를 지원하는 구체적 목표를 전제로 한 '목표지향형' 파트너십을 체결하는 경향을 보이고 있다. 명분과 외교적 의례를 탈피해, 국가적 중심과제의 차원에서 인도의 스마트시티정책 지원을 다룸으로써, 국가적 차원의 '실용적 파트너십'을 중시하는 패턴을 볼 수 있다.

② 패턴 2: 국가별 '3개' 인도 스마트시티 선정, 시범적 · 모델케이스 지원

또 다른 패턴으로, 각 국가는 인도의 스마트시티 중에서 3개씩을 선정해, 이들 도시를 대상으로 시범적이며 집중적 지원을 하고 있다. 프랑스의 경우 3개 스마트시티로서 찬디가르(Chandigarh), 나그푸르(Nagpur), 푸두체리(Puducherry)를 선정했다. 일본은 첸나이(Chennai), 바라나시(Varanasi), 아메다바드(Ahmed-abad) 3개 도시를, 미국은 비샤카파트남(Visakhapatnam), 아즈메르(Ajmer), 알라

하바드(Allahabad) 3개 도시를 선정해 지원하고 있다. 영국도 3개 도시인 푸네(Pune), 아마라바티(Amaravati), 인도르(Indore)을, 독일의 경우도 부바네스와르(Bhubaneswar), 코임바토르(Coimbatore), 코치(Kochi)를 선정하였다. 이처럼 여러 나라가 인도의 3개 스마트시티를 시범적 모델케이스로 삼아 기술, 자금 등을 집중해서 지원하고 있다.

③ 패턴 3: 인도의 다양한 도시여건과 지속가능개발 트렌드 반영

인도의 도시별 발전수준, 인프라구축 수준 등이 매우 다양한 실정을 반영한다. 동시에 지속가능한 개발과 스마트시티 관련 프로젝트의 발굴과 추진에 초점을 맞춘 지원방식을 택하고 있다. 도시별 시급성을 고려하여, 슬럼지역의 주택여건 개선, 스마트 교통관리, 쓰레기 처리 등 환경관리, 물공급, e - 거버넌스 시스템, 그린 시티인프라 구축 등을 위한 지원을 추진하고 있다.

④ 패턴 4: 인도 스마트시티 지원을 담당하는 국별 주관조직 운영

인도의 스마트시티의 지원을 담당하는 주관기관을 국가별로 선정하여, 이 조직을 중심으로 교류협력의 책임을 지고, 통합적으로 범정부차원에서 지원하는 방식을 취하고 있다. 인도의 경우 중앙정부의 도시개발성과 NIUA(National Institute of Urban Affairs)가 교류협력을 전담한다. 인도 주관조직의 상대 기관으로는 프랑스의 경우 AFD(French Development Agency), 미국은 USTAD(United States Trade Development Agency), 영국은 JETCO(India - UK Joint Economic and Trade Committee), UK - India Business Council(UKIBC)가 있다. 그리고 독일의 경우는 국제협력공사인 GIZ(Gesellshaft fur Internationale Zusammenarbeit) 등이 인도 스마트시티 지원을 담당한다.

⑤ 패턴 5: 민간기업의 인도 스마트시티사업 진출

인도의 인프라 건설, 도시개발, 스마트시티 지원을 위해 정부차원의 노력과 함께 민간기업체의 투자와 기술지원 등이 동반되고 있다. 프랑스의 경우, 인도의 스마트시티정책과 연계되는 'Make in India', '디지털 인디아' 국가정책과 연관해 Crouzet, Gemalto, Safran, ST Microelectronics 등 많은 기업체들이 이미 인도에 진출해 있다. 일본의 경우는 도시바, NEC, 미쓰비시, 스미모토사 등이 진출해 있으며, 미국의 경우는 스마트플랫폼 글로벌 기업인 IBM, Simens가 대표기업으로 진출해 있다. 영국의 경우, 20개 인프라기업이 공동으로 코치의 스마트시티에 투자할 계획이며 독일은 인도의 3개 스마트시티개발 지원을 위한 민간기업체를 포함한 민관파트너십(PPP)을 구성했다.

다. 주요 국가별 특징

국가 간 공통패턴과 함께 국가별 주요 특징이 인도 스마트시티 개발지원과 관련해 나타나고 있다.

① 특징 1: 전문가 참여형 'CITIIS'프로그램(프랑스)

인도와 프랑스의 스마트시티 지원 파트너십에 기반해 추진 중인 CITIIS(Cities Investment To Innovate, Integrate and Sustain)프로그램은 인도 중앙부처의 도시개발성과 국가도시개발연구기관인 NIUA와 프랑스의 AFD가 공동으로 운영하는 프로그램으로 2018년 출범했다. 이 프로그램은 인도 스마트시티의 지속가능한 개발을 위한 도시 인프라 지원 프로그램으로서 인도 – 프랑스 스마트시티 교류 지원 협력 플랫폼 역할을 한다.

현재 인도 12개 도시를 선정하여 자금(총 2.1억 달러) 및 기술을 지원하며, 지속가능한 교통, 도시 e – 거버넌스, ICT, 공공오픈스페이스, 저소득층 주거개선을 위한 혁신 등과 관련해 도시프로젝트별로 **그림 16**과 같은 성숙프로그램(Maturation Program)을 운영하고 있다. 성숙프로그램은 프로젝트별로 24단계에 걸쳐 시행된다. 이 프로그램은 주로 사업별 구조 계획과 리스크 분석, 재정투입 대안 찾기, 커뮤니티 참여 등을 통해, 프로젝트의 환경적, 사회적, 재정적 지속

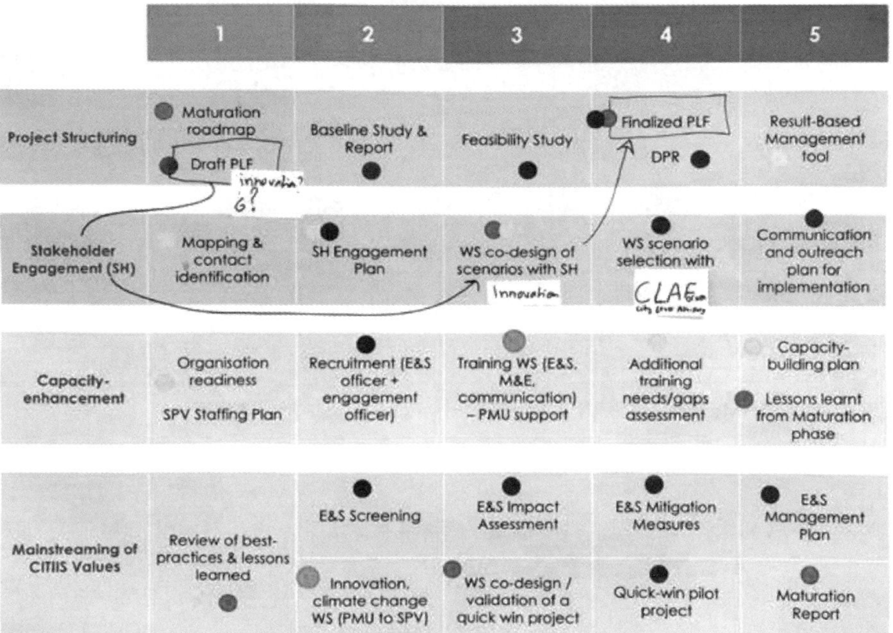

그림 16　프랑스 개발기구(AFD)의 CITIIS: 성숙단계(Matutation Phases) 사례
출처: CITIIS(2019)

가능성을 높임으로써 사업 추진의 성공도를 높인다. 6개국으로부터 14명의 국제적 전문가가 참여하여, 지원 대상 스마트시티별로 3년간 현장을 밀착 지원하는 프로그램이다.

② 특징 2: 세계적 연구소의 'Morgenstadt City Lab' 프로그램(독일)

주요 국가의 스마트시티 연구를 지속해온 독일의 프라운호퍼연구소(Fraunhofer Institute)는, 'Morgenstadt Global Smart Cities Initiative(MGI)'의 일환으로 주민과 이해당사자가 적극 참여하는 'City Lab'을 통해 인도 스마트시티인 코치시와 코임바토르시를 지원하고 있다(그림 17 참조). 주로 스마트기술 공유 플랫폼

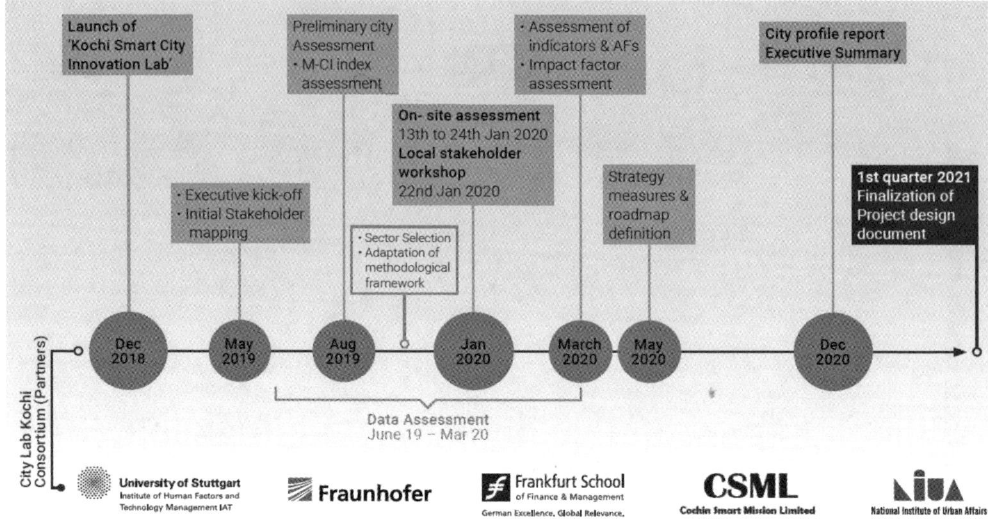

그림 17 독일 "Morgenstadt City Lab Kochi, India" 사례: 단계별 활동

출처: MGI(2020)

운영, 과학적 데이터 수집 및 교통 등 도시문제대응 솔루션개발, 기술 및 자금 등을 지원하고 있으며 주택, 환경보전, 에너지 효율성, 재난관리, 전기교통수단 (전기보트 포함) 등 5대 분야를 지원한다. 이 프로그램은 독일의 주요 대학과 협력하며, 인도 측의 스마트시티 전담개발기구와 도시개발성의 도시개발연구기관 (NIUA) 등과도 협조하고 있다. "Morgenstadt City Lab" 프로그램은 도시 맞춤형 개발수요 파악을 위해서 데이터분석과 주민과 이해당사자들과의 인터뷰 등을 활용하며, 이를 통해 도시별 현장(On - Site) 평가, 도시별 장단점 등 도시프로파일 도출, 전략로드맵 생성 등을 지원한다.

③ 특징 3: 국제기구와의 협력형 파트너십(프랑스, 미국, 일본)

프랑스의 AFD는 EU와 공동으로 인도의 스마트시티 12개 도시에 자금 등을 지원하고 있다. 미국의 USTAD는 세계은행과의 협력을 통해 인도의 스마트시티개발 관련 타당성조사를 위한 자금을 지원한다. 일본은 2021년 4월 World Economic Forum에서 G20 Global Smart Cities Alliance(2019.6 출범)와 연계해 스마트시티성장 관련 2개의 지역네트워크(남미 네트워크와 남아시아 네트워크)를 구축했다. 이 남아시아 지역네트워크의 창립도시로서 인도의 스마트시티인 벵갈루루(Bengaluru), 보팔(Bhopal), 파리다바드(Faridabad), 하이데라바드(Hyderabad), 인도르(Indore), 코히마(Kohima), 망갈루루(Mangaluru), 라이푸르(Raipur), 실롱(Shillong), 타네(Thane)가 참여를 하고 있다.

④ 특징 4: 연구소 간의 연구협력을 통한 교류협력(일본)

일본의 경우 일본 연구소와 인도 연구소가 공동으로 인도스마트시티 지속가능 개발 연구협력을 하고 있다. 일본의 NSRI(Nikken Sekkei Research Institute)와 인도의 IIT‒K(The Indian Institute of Technology‒Kharagpur)는 스마트교통인프라, 스마트농업, 문화유산보존, 인도사회 등에 관한 연구교류협정을 체결해 교류협력하고 있다.

⑤ 특징 5: 지방정부간의 협약을 통한 교류협력(일본)

지방정부간의 교류협력체결의 경우는, 일본의 교토시와 인도의 스마트시티 바라나시 시 간에 이루어진 합의가 있다. 두 도시는 2014년도에 문화관광지식교류 협력에 대한 합의를 하고, 도시 간 문화교류협력 활동을 진행하고 있다.

⑥ 특징 6: 공기업 주도형 교류협력(한국)

한국의 경우, 공기업인 한국토지주택공사(LH)주도로 인도 스마트시티지원을 위한 일련의 MOU를 체결했다. 한국은 인도 국가건설공사(NBCC)(2015.8), PUNE(2016.10), 마하슈트라 주정부(2016.10)와 스마트시티 개발에 대한 지원을 합의했다. 또한 LH와 마하슈트라 주는 칼리안 돔비블리 kmDC사업에 대한 MOU(2017.3)를 체결하였고, 이후 현지사무소개설(2018.7), 개발계획안의 주정부제출(2019.12)이 이뤄졌다. 또한 LH는 뭄바이 반드라 공공지구 재개발사업 타당성 용역(2017.3~12)을 수행한 바 있다.

라. 시사점

주요 선진국의 인도 스마트시장 개발 지원은 공통되는 점도 있고 차별화되는 점도 있다. 이는 향후 한국과 인도간의 지속가능한 스마트시티 관련 상생발전 협력을 위해 몇 가지의 중요한 시사점을 제시하고 있다. 첫째, 인도의 지속가능한 스마트시티 관련 교류협력지원을 국가적 중점과제의 위상으로 실행해나가야 한다. 둘째, 지원할 스마트시티를 구체적으로 선정해 협력모델을 정립하고 한국 – 인도 파트너십의 성과를 높여 나가야 한다. 셋째, 창의성과 실용성 및 현장성에 파트너십의 초점을 맞추고, 도시발전의 세계적 트렌드와 유엔의 지속가능한 개발목표를 반영해 선도적 파트너십이 될 수 있도록 해야 한다. 이를 위해 '인도 맞춤형 지속가능한 스마트시티 적정모델'(SSCI)을 국가적 차원(SSCI – 1: 국가모델)과 지원 대상 스마트시티 차원(SSCI – 2: 도시모델)에서 정립해 체계적 지원을 해나가야 한다. 넷째, 정부차원의 지원을 하는 동시에, 다양한 민학연관의 채널을 구축해 인도와의 지속가능한 스마트시티 관련 다각적 교류협력을 통한 파트너십의 지속성과 효율성을 높여 나가는 것이 바람직하다. 다섯째로, 한국 – 인도 지속가능한 스마트시티 파트너십 관련 정보를 전 세계가 공유할 수 있도록 함으로써, 창의적 파트너십 모델의 글로벌 확산 기회를 앞장서 제공해야 한다.

2. '지속가능한 스마트시티'를 위한 한국 – 인도 파트너십 발전방안

가. 남아시아 중추국가 인도와 한국의 새로운 파트너십

남아시아 중추국가인 인도는 지정학적으로나 지경학적으로 글로벌 중심지체계에서 중요한 역할을 하고 있다. 인도의 경제규모는 2022년 전 세계 6위이며 2030년 중국과 미국에 이어 세계 제3위로 올라서게 될 전망이다.[6] 인구는 2025

---

6   CEBR(2021)에서는 세계각국의 경제규모에 따른 국가간 순위의 추이와 전망을 보여준다.

년 전후로 14.5억 명을 초과하게 되어 중국을 앞지를 것이라 예상된다. '경제 대국'인 동시에 '인구 대국'인 인도와의 국제교류는 여러 측면에서 한국과 인도의 상생발전에 크게 기여하게 될 것이다. 그 중에서도 인도의 100개 스마트시티 개발정책은 인도 모디 정부의 핵심국정과제로서 향후 더욱 업그레이드된 국가 미션으로 계속 확대, 추진될 것이다. 특히 유엔의 지속가능한 개발목표(SDGs)와 인도의 스마트시티정책을 결합한 '지속가능한 스마트시티' 정책이 향후 요구될 것이다. 따라서 한국이 인도에서 지속가능한 스마트시티 정책을 추진할 경우, SDG 17번째 항목인 '국제파트너십'을 통한 지원과 교류협력이 가능하다. 이와 관련해 한국과 인도의 교류·협력은, 지속가능한 스마트시티를 중심으로 이루어질 필요가 있다. 이 경우 인도의 스마트시티를 지원하고 있는 선진국의 일부 사례를 반영하여, 한국 – 인도 파트너십의 새로운 지평을 열어나가야 한다. 다음과 같은 한국 – 인도 파트너십 방안의 추진이 우선 가능할 것이다.

나. 한국 – 인도 지속가능한 스마트시티 파트너십 추진 방안

① 한국 – 인도 '지속가능한 스마트시티' 파트너십의 국가중점과제

현재, 한국과 인도는 전략적 동반자로서의 포괄적 협정에 기반한 파트너십에 주로 의존하고 있다. 외교적 동반자로서의 선언적 관계 유지에서 더 나아가, 후속조치를 위한 구체성과 책임성을 강화할 필요가 있다. 향후 인도의 역점시책인 스마트시티개발의 지원에 초점을 맞추되, 지속가능한 도시발전과 연계한 구체적이고 목표지향적인 파트너십을 위해 양국 정상 간에 MOU의 체결이 필요하다. 이를 통해 한국 – 인도 '지속가능한 스마트시티' 개념하의 교류협력지원이 국가중점과제로서의 위상을 지닐 수 있어, 그 실행력을 강화하고 상생발전의 가시화를 촉진할 수 있다. 국가정상간의 목표지향적 한 – 인MOU체결을 통해, 한국은 유엔의 지속가능한 개발 목표(SDGs) 이행에 기여하고, 또 인도의 총체적 삶의 질 향상과 경제성장 및 한국과의 공동번영에 기여할 수 있다. 인도의 지속가능한 스마트도시 발전을 지원함으로써, 한국은 인도와의 관계를 돈독히 할

수 있으며, 지원국으로써의 책임감 있는 모습을 지구촌에 보여줄 수 있을 것이다.

② 시범지원 대상 3개 스마트시티 선정 및 성과창출

우선 한국이 중점적으로 지원할 인도의 스마트시티를 소수 선정해 시범사례로 사업을 추진하고 성과를 가시적으로 창출해나가는 것이 중요하다. 프랑스, 독일, 일본, 미국의 경우는 각각 3개씩 인도의 스마트시티를 선정하였다. 우리도 이들 국가와 마찬가지로 3개 정도의 스마트시티를 선정하여, 협력 모델 케이스를 만드는 전략적 추진이 바람직할 것이다. 시범도시 선정기준으로 우선 도시 인구규모를 고려할 수 있다. 인도에서 최종 선정된 100개 스마트시티를 인구규모별로 보면, 인구 100만 명 규모를 넘는 도시가 35개소, 10~100만 명 규모는 58개소, 10만 명 규모이하는 나머지 7개 도시이다(토지주택연구원, 2018). 각각의 인구 규모그룹에서 해당 도시여건 등 여러 요소를 반영해 1개소씩 선정할 경우, 모두 3개 도시를 선정할 수 있을 것이다. 이 경우 고려사항으로는 스마트시티별 구역기반개발 유형(도시개선, 도시재개발, 신도시)과 Pan - City 스마트솔루션의 방식 등이 있다. 또한 한국의 민간기업과 공기업이 이미 진출한 도시의 고려 대상이 될 수 있다. 한국의 민간기업이 많이 진출한 도시는 델리, 첸나이, 뭄바이, 벵갈루루 지역이며, 공기업인 LH가 협약 맺은 사업지구는 뭄바이 인근이다. 또한 다른 국가가 이미 지원 대상도시로 선정한 도시인지도 생각해 보아야 한다. 이를 종합해 한국이 중점 지원할 인도의 스마트시티 3개소 정도를 선정한다면, 이 도시들에 집중하여 시범적으로 지원할 수 있을 것이다.

③ 인도 맞춤형 '지속가능한 스마트시티' 적정모델의 선도적 구축 및 적용

한국이 인도의 스마트시티개발에 대한 협력과 지원을 효율적으로 추진하고 성과를 높여 나가기 위해서는 인도실정에 맞는 지속가능한 스마트시티(SSCI) 적정모델의 구축이 필요하다. 이 적정모델은 인도의 스마트시티 지원을 위한 나침반 역할을 할 수 있다. 이 적정모델은 크게 2개의 유형이 필요한 바, 한 가지는

인도국가를 대상으로 한 국가모델(SSCI - 1)이며, 다른 한 가지는 인도의 개별 스마트시티의 개발에 적용되는 도시모델(SSCI - 2)이다. 국가모델의 큰 프레임 속에서 개별 스마트시티의 특성을 반영한 도시모델을 구축함으로써 국가 모델과 도시모델은 하나의 시스템으로 상호작용할 수 있다. 앞의 **그림 13**에서 보았듯이 인도의 지속가능한 스마트시티 적정모델을 위한 기본 틀은, 유엔의 지속가능한 개발 목표(SDGs)축과 스마트시티에 적용되는 스마트기술을 인프라 등에 접목하는 스마트니스(Smartness)축으로 구성된다. 그리고 이 양대 중심축에 관련되는 도시화, 도시체계, 삶의 질, IT발달수준 등 다양한 관계요소로 구성된다. 특히 인도의 도시특성과 여건 등 인도 도시의 다양성을 반영해 국가모델이 만들어 질 수 있다. 그리고 이 국가모델을 반영해 도시별 유엔 지속가능한 개발목표의 우선순위, 도시별 스마트인프라 수요의 우선순위 등에 대한 시민들의 의견을 수렴해야한다. 또한 스마트시티별 유엔의 SDG항목 평가프레임워크를 개발해 객관적으로 지속가능목표 달성도의 평가를 반영해야 한다. 그 외에 도시별 관계요소(예: 도시화, 도시체계, 삶의 질 실태 등)을 분석해 반영하면 도시모델이 만들어 질 수 있다.

한국이 지원하기로 선정한 스마트시티를 대상으로 국가모델과 도시모델을 나침반으로 삼아 잘 활용하면 인도와의 파트너십 성과와 현지 호응도 및 만족도를 높일 수 있을 것이다. 이는 한국에서의 스마트시티개발 모형과 사례를 일방적으로 인도에 적용하는 이른바 한국형 스마트시티 모델과는 차별화된다. 인도형 적정모델을 자체적으로 구축해 활용한다면, 한국은 인도 스마트시티개발의 지속가능성을 제고하고 성과를 높여갈 수 있을 것이다. 동시에 한국은 유엔의 지속가능개발 목표 달성에 기여할 수 있는 인도의 스마트시티 정책지원을 위한 글로벌 선도 사례를 만들고 세계와 공유할 수 있을 것이다.

④ 한국형 Morgenstadt City Lab(K-CLSSC) 프로그램 개발과 지원

독일과 인도의 스마트시티 파트너십의 핵심은 Morgenstadt City Lab프로그

램이다. 이 프로그램은 독일의 세계적 연구소인 프라운호퍼연구소의 전문 인력을 활용, 독일이 지원하기로 선정한 스마트시티(코치, 코임바토르 등 3개 도시)의 현장평가(On-Site Assessment)를 통한 전략로드맵을 도출한다. 특히 주민과 이해당사자를 참여시켜 그들의 의견을 수렴해 도시 인프라 수요를 파악하고 지속가능한 도시프로젝트와 전략로드맵을 도출하는 것이 특징이다. 독일의 경우 인도 스마트시티별로 연구팀과 City Lab을 운영한다. 연구팀은 독일의 프라운호퍼연구소를 중심으로 대학과 연계하고 있다(예: Kochi City Lab, Coimbatore Mobility City Lab). 한국의 경우, 독일의 City Lab을 벤치마킹해 '한국형 City Lab'프로그램(Korean City Lab for Sustainable Smart Cities: K-CLSSC)을 만들어 적용할 수 있을 것이다. 독일의 프로그램에 더해 프랑스의 CITIIS의 다단계 성숙프로그램(Maturation Program)도 벤치마킹 할 수 있을 것이다. 프로젝트별로 리스크 최소화, 집행방안, 타당성, 커뮤니티 의견취합 등을 수행하는 프랑스의 프로그램은 인도 스마트시티의 지속적이고 효율적인 발전에 도움이 될 것이다.

우리나라는 주요 국가의 스마트시티를 전문적으로 연구하는 국토연구원, 교통연구원, 환경정책연구원, 국토교통과학기술진흥원 등의 국가연구기관을 비롯해 서울대학교 아시아연구소 등 대학연구소, 그리고 민간연구소 및 공기업 연구소(예: LH의 토지주택연구원) 등과 컨소시움 형태의 일단의 전문가그룹을 만들어 지원할 수 있을 것이다. 동 프로그램 운영비용은 한국의 ODA사업을 총괄하는 KOICA의 자금지원을 받아 상당 부분 충당할 수 있을 것이다. K-CLSSC는 인도의 지속가능한 스마트시티를 위한 한국과 인도의 창의적 파트너십에 효과적으로 기여할 것이다.

⑤ 인도 현지맞춤형 '지속가능한 스마트시티' 프로젝트 발굴

한국-인도 파트너십을 체결해 지원할 스마트시티가 선정되면 무엇보다도 그 도시에 적절한 프로젝트를 발굴하는 일이 중요하다. 특히 지속가능한 스마트시티로의 변화를 촉진할 프로젝트이므로, 유엔의 지속가능한 개발목표와도 부합

되고 인도의 스마트시티 미션이 겨냥한 경제성장과 삶의 질 개선에 기여할 수 있는 프로젝트라야 한다. 인도 스마트미션 가이드라인에 나타난 구역기반개발 유형에 따르면, 도시재개발 형과 신도시 개발형은 주거단지사업, 교통망개발 사업, 복합적 토지개발사업 등, 사업비가 많이 드는 대규모 개발을 수반하는 프로젝트가 많이 포함된다. 그리고 Pan - City 스마트솔루션은 교통, 쓰레기처리, 방범 등의 생활인프라에 결합되는 스마트솔루션 사업이다. 현지 도시에서 가장 필요로 하는 생활 스마트솔루션의 경우, City Lab을 활용해 전문가 분석과 주민 참여 등을 수행한다면, 현지 상황을 효과적으로 파악하고 한국에서 축적된 스마트기술을 적용할 수 있을 것이다. 그리고 현장 여건에 따라 기초생활 인프라 구축, 기존 노후 인프라의 현대화 및 스마트화가 적절히 배합되어야 한다.

인도의 스마트시티개발 사업을 부문별로 보면, 대체로 교통부문, 지역개발, 경제개발, 에너지, IT/솔루션, 주택, 물공급, 하수처리 등이 큰 비중을 차지하고 있는 것으로 나타나고 있다. 따라서 한국의 경우 ITS 기반의 교통 및 버스 관리, 스마트신호, 환승시설, 교차로, BRT 등이 지원 유망분야가 될 수 있을 것이다. 그리고 하수처리 시스템과, 지하 전선망(wiring) 및 유틸리티 망 설비도 지원이 필요하며, 쓰레기의 에너지화 및 신재생에너지 개발과 같은 에너지분야 사업도 유망한 지원 대상이다(조충제, 2017). 이러한 추세를 고려함과 동시에, 구체적 프로젝트는 현장맞춤형(Locally Tailored)으로 진행되어서 현지에서 지속가능한 방식으로 이루어져야 한다. 현장평가와 주민참여형 City Lab, 그리고 다단계 상세분석을 위한 Maturation Program 등을 통해 현장맞춤형 프로젝트를 추진할 수 있을 것이다.

⑥ 세계은행 등 국제기구와의 공동파트너십과 'SASSCN'의 구축

한국과 인도간에 지속가능한 스마트시티 개발 협력을 위한 파트너십을 실천할 때, 지식과 경험 및 다양한 네트워크 자산을 보유한 국제기구와 협력해 공동 파트너십을 운영할 수 있을 것이다. 그럴 경우, 한국 - 인도 파트너십은 한층 더 신

뢰성과 안정성이 확보할 수 있으며, 영향력 있는 글로벌 파트너십으로 업그레이드 될 수 있다. 미국이 세계은행과 자주 협력하고 프랑스가 EU와 협력해 활동하는 경향이 있는 것도 그러한 의도일 것이다. 한국이 파트너십으로 협력할 수 있는 국제기구로서는 UN관련기구를 포함, 한국의 인천시에 사무소를 운영하고 있는 세계은행, UN 해비타트, 유엔 비정부기구인 아시아태평양 개발기구(EAROPH), 아시아개발은행 등 한국과 관계가 깊은 여러 국제기구가 있다. 국제기구의 참여를 통한 다자 간 공동 파트너십은 더욱 높아진 신뢰성과 안정성으로 인도 현지에서의 행정적 제약극복과 재원의 다각화에 기여할 것이다.

나아가 가까운 장래에 현재의 아세안 스마트시티 네트워크(ASCN)와 유사하지만 유엔의 지속가능개발 목표를 더욱 강조하는 새로운 남아시아 국제네트워크를 창설함에 있어, 한국과 인도의 파트너십이 기여할 수 있을 것이다. 즉, 남아시아 8개 국가들 간에 지속가능한 스마트시티 개발관련 지식과 정보를 공유하고 국가별 시범사업의 지원을 추진하기 위한 남아시아 지속가능한 스마트시티 네트워크(South Asia Sustainable Smart Cities Network: SASSCN)가 구축될 수 있으며, 그 네트워크 창설에 한국과 인도가 가교역할을 할 수 있을 것이다. 향후 SASSCN이 구성되면 한국 - 인도 지속가능한 스마트시티 개발관련 협력과 지원 사례 등을 회원국들과 공유할 수 있고, 한국 - 인도 파트너십에 SASSCN도 참여하게 될 것이다. 따라서 보다 신뢰성 있고, 남아시아 현장을 잘 반영하며, 협력의 폭이 확장된 국제적 파트너십을 운영해 갈 수 있을 것이다.

⑦ 인도와의 다각적 교류채널 개발

인도와의 지속가능한 스마트시티 개발 파트너십은 프랑스, 일본, 미국, 영국, 그리고 독일의 경우 정부 간의 MOU체결이 공통적 패턴이다. 그러나 미국과 프랑스, 일본의 경우는 정부차원의 파트너십 외에 국제기구를 참여시키고 있으며, 일본과 독일에서는 연구기관과 협력해 파트너십의 다양화를 실천해가고 있다. 그리고 일본의 경우, 일본과 인도의 연구소가 스마트시티 연구를 함께하고 있으며, 양국 지자체간 공동관심사에 대한 교류협력을 하고 있다. 마찬가지로 한국과 인도가 지속적인 스마트시티를 핵심 테마로 한 다각적인 교류채널을 개발해 협력한다면, 관련 지식, 경험과 기술 및 아이디어 공유의 다원화가 가능할 것이다. 이는 양국의 지속가능한 스마트시티 발전을 촉진할 수 있다.

가령, 한국과 인도의 국책연구소 간, 대학 간, 공기업 간, 상공회의소 간, 무역협회 간, 민간기업 간, 그리고 환경단체 등 시민단체 간에 지속가능한 스마트시티에 대한 기술, 정책지식과 경험의 공유와 인적 교류가 이뤄지는 다각적 네트워크 구축이 가능하다. 특히 한국과 인도는 자치분권화가 잘 이루어진 국가이고 인도에서 지자체의 자율적 권한이 중시되므로, 한국과 인도 간 지방자치단체간의 교류협력이 성과를 발휘할 수 있을 것이다. 이처럼 중첩적이고 다원화된 교류채널의 구축은 한국 - 인도의 파트너십을 더욱 튼튼하고 실용적인 단계로 업그레이드할 것이며, 양국의 상생발전에 더욱 기여할 것이다.

⑧ 인도의 지속가능한 스마트시티 연계, 인도의 국토 및 지역개발사업 진출

스마트시티개발과 연계되는 5대 산업회랑건설 사업은 인도의 도시화 정책추진에 있어 중요한 위상을 차지하고 있다. 델리 - 뭄바이 - 벵갈루루 - 첸나이 - 콜카타 - 암리차르에 이르는 5대 산업회랑건설사업은 고속철도, 고속도로, 산업단지, 도시건설 등에 모두 4,500억 달러 내외의 투자가 예상되는 인도의 메가 국토·지역개발프로젝트이다. 일본의 경우, 델리 - 뭄바이산업회랑(DMIC)에 민간기업들이 컨소시엄으로 일찍부터 참여하고 있다. 향후 5대 산업회랑에 대한 투자가 더욱 확대되고 산업회랑 인근의 스마트시티의 개발도 속도를 낼 것으로 전망된다. 한국의 경우 인도정부가 국정과제로 중시하고 있는 5대 산업회랑 건설에, 한국 기업이 컨소시엄 형태로 적극 참여할 필요가 있다. 이를 통해 교통인프라, 산업단지, 뉴타운, 복합도시개발 프로젝트 등에 체계적으로 투자하고 또한 인근의 스마트시티의 지속가능한 개발을 지원함으로써 인도의 경제성장 및 삶의 질 향상과 한국과의 상생발전을 도모할 수 있다.

⑨ 인도의 지속가능한 스마트시티사업 진출 PPP사업 활성화

한국과 인도의 지속가능한 스마트시티를 위한 파트너십이 실천되자면 결국은 민간기업에 의한 투자가 관건이다. 일본, 미국, 독일, 프랑스의 경우 인도에서의 인프라와 스마트 기술투자와 관련해 해당 국가를 대표하는 글로벌 기업들이 인도에 진출해 있다. 영국은 20개 기업이 인도의 스마트시티에 공동투자 지원할 계획이다. 한국의 경우 이미 대기업들이 델리, 첸나이, 뭄바이, 벵갈루루 등 인도의 대도시지역에 진출해 있다. 삼성전자, LG전자, 현대자동차, 두산중공업, 롯데건설, 현대중공업 등이 포함된다. 향후 기 진출 대기업 외에도, LH, 한국전력, 도로공사, 철도공사, 수자원 공사 등 주요 공기업이 인도의 스마트시티 개발에 진출할 예정이며, 특히 민간기업 합동투자방식, 또는 민간기업 컨소시엄 형태로 진출해야 할 것이다. 신재생에너지, 스마트 전력, 스마트 교통시스템 등 기후변화 관련 인프라 투자, 재난에 대응하기 위한 스마트 경보시스템 등 회복력을 중시하는 공공서비스, 슬럼지역 문제의 해결을 위한 주거단지건설 등의 포용적 개발사업, 그리고 방범, 테러방지 등 안전인프라 사업에 대한 투자가 가능할 것이다. 이를 위해 민관 파트너십(PPP)이 다양한 형태로 구축·이행되어져야 하는 바, PPP형태의 인도 진출을 위한 비즈니스모델을 민관합동으로 구축해 실용적인 접근을 해야 한다.

⑩ 한국－인도 지속가능한 스마트시티 '공무원 교육프로그램' 개발

인도의 100개의 스마트시티 개발 프로젝트는 '지역주도, 중앙정부 지원'형태로 추진되고 있다. 프로젝트 지원예산도 50 : 50의 매칭방식으로 국가와 지자체가 절반씩 부담하고 있다. 그러므로 스마트시티 미션 성공을 위해서는, 중앙정부와 지자체 모두에서 스마트시티 정책관련 지식과 기술력, 그리고 행재정 능력과 자율적 행정을 갖추어야 한다. 특히 인도에서는 지자체의 자치분권화 확대가 이뤄지고 있어, 지자체 공무원들의 스마트시티 관련 지식, 기술, 정책경험 등의 축적이 아주 중요하다. 공무원들이 계획수립, 정책입안, 집행, 모니터링, 주

그림 18　**인도 중앙부처 도시개발성 공무원 교육(국토연구원 GDPC주최)**
출처: 국토연구원 GDPC(Global Development Partnership Center) 제공(2013)

민참여 E – 거버넌스 등에 다방면으로 숙달될 필요가 있기 때문이다. 그러나 인도의 지자체 관련 분야 공무원의 능력이 스마트시티 정책수립 경험과 지식 및 기술 측면에서 취약한 실정이므로, 한국이 인도의 중앙정부와 지자체 공무원을 대상으로 여러 교류협력기반을 구축해, 지속가능한 스마트시티에 관련한 도시개발 교육, 아카데미 프로그램을 시행하면 효과적일 것이다.

스마트시티연구의 전문성을 확보하고 있는 한국의 여러 기관들, 국토연구원, 한국교통연구원, 서울연구원, 서울대학교 아시아연구소, LH, 도로공사 등이, 해외ODA사업 주관기관인 KOICA의 지원을 받아 공동으로 이 교육훈련 프로그램을 추진할 수 있을 것이다. 인도 중앙부처인 도시개발성 공무원과 100개 스마트시티 지자체와 관련 주정부 공무원을 대상으로 한국의 스마트시티 개발과 관련된 특정연수프로그램을 제공할 수 있을 것이다. 연수프로그램에는 한국의 스마트시티 개발과 도시정책, 인프라 개발, 국토 및 지역정책의 경험과 성공사례, 현장답사 등을 포함할 수 있다. 특히 인도의 지속가능한 스마트시티 개발과 관련된 독창적 교육훈련프로그램이 바람직할 것이라 생각되며, 그 예로 '한국 – 인도 지속가능한 스마트시티 공무원교육프로그램' 브랜드의 운영이 가능할 것이다. 나아가 교육프로그램이 세계은행, UN 해비타트 등 관련 국제기구와 다양한 형태로 협력하도록 하면, 이 프로그램의 신뢰성과 효율성은 더 높아질 것이다.[7]

7　예를 들면 세계은행은 한국의 국토 및 도시개발정책을 연구하는 국책연구기관인 국

⑪ 한국-인도 '스마트 한류프로그램' 개발

스마트시티개발 지원을 위한 한국-인도 파트너십의 실천 효율성을 높이기 위해서는, 한국이 지원하기로 선정한 인도 스마트시티의 시민들과 교류하며 우호적 분위기를 쌓을 필요가 있다. 한국의 다양한 기관에 의한 인도의 스마트시티 지원 사업이 주민과의 우호적 교류와 친밀감 속에서 추진되면 그 성과와 만족도가 월등히 높아질 것이다. 이를 위해서는 스마트시티와 문화가 연동되어 해당 도시에 안착되는 프로그램이 유효할 것이다. 그러자면 최근 인도에서 높게 인식되고 큰 인기를 끌고 있는 한국 영화와 드라마, K-POP 등의 한류문화(K-Culture)를 스마트시티사업과 접목시키는 문화적 접근이 요구된다. 한국이 지원하는 인도의 스마트시티에서 한류 문화행사를 정기적으로 개최해, 그 스마트시티에서 한국에 대한 우호적 분위기를 만들어가는 방법도 있다. 또한 스마

그림 19　(왼쪽) 인도의 K-POP 2020 경연대회, (오른쪽) 인도의 스마트시티미션 로고
출처: 한국문화원, India(2020.9.10) / Government of India(2015)

토연구원을 개도국의 도시화와 정책에 대한 교육을 담당하는 'Urbanization Knowledge Platform(UKP) 및 Academy로 지정하는 MOU를 2012년에 국토연구원과 체결했다. 이를 계기로 국토연구원은 세계은행의 협조를 받아 인도 등의 공무원을 한국으로 초청해 도시개발과 관리에 대한 교육을 추진하고 있다.

트시티와 관련 주지역의 주민을 대상으로 K-POP 등 한류 챌린저를 개최, 입상한 주민들을 한국으로 초청해 한국의 스마트시티와 한류 유명 셀러브리티 및 메타버스 등 최신 한류문화를 직접 체험하는 프로그램의 추진도 가능할 것이다. 이를 종합한 프로그램을 '한국-인도 스마트 한류프로그램'이라고 할 수 있을 것이며, 동 프로그램은 다른 나라에서 볼 수 없는 독창적 브랜드가 될 수 있다. 한국의 국토교통부와 문화관광부의 후원으로 한류 문화의 글로벌 확산을 담당하는 한국국제교류재단 등과 서울대학교 아시아연구소를 포함, 스마트도시 관련 공공기관 등에 의한 일련의 협력적 활동, 즉 공동주관-공동프로그램-공동출범-공동추진이 바람직하다.

⑫ 한국-인도 지속가능한 스마트시티 '파트너십 지식플랫폼' 구축

한국-인도 간 스마트시티 파트너십의 구축과 이행 동향 및 성과 등에 대해 실시간으로 지식을 공유할 필요가 있다. 이를 통해 파트너십의 모니터링을 통한 지식을 얻을 수 있으므로, 파트너십이 더욱 창의적이며 안정되고 실천적으로 시행될 수 있기 때문이다. 이를 위해서는 이 파트너십의 기획과 현황 및 미래에 대한 정보를 통합하고 확산하는 역할을 담당할 수 있는 지식 플랫폼이 필요하다. 즉 '한국-인도 지속가능한 스마트시티 파트너십 지식플랫폼'(Partnership Knowledge Platform: PKP)의 구축·운영을 그림 20과 같이 구상해볼 수 있다.

PKP는 관련 지식정보를 통합해 누구나 쉽게 접근할 수 있는 플랫폼으로서 허브 앤 스포크(Hub & Spokes) 네트워크와 대시보드(Dashboard)로 구성될 수 있다. 먼저 플랫폼의 중심은 파트너십 관련 지식을 상호 협력해 통합·생산·전달 역할을 하는 3개 기관으로 구성될 수 있다. 이는 아시아에 대한 종합연구기관인 서울대학교 아시아연구소(SNUAC), 한국의 국토지역도시개발 연구와 글로벌 협력 활동을 하는 국책연구기관인 국토연구원(KRIHS, GDPC), 그리고 인도 측의 도시개발 종합 싱크탱크인 인도의 도시개발연구원(NIUA) 등으로 구성할 수 있을 것이다. 그리고 이 3개 플랫폼 중심기관의 후원기관은 파트너십 주관

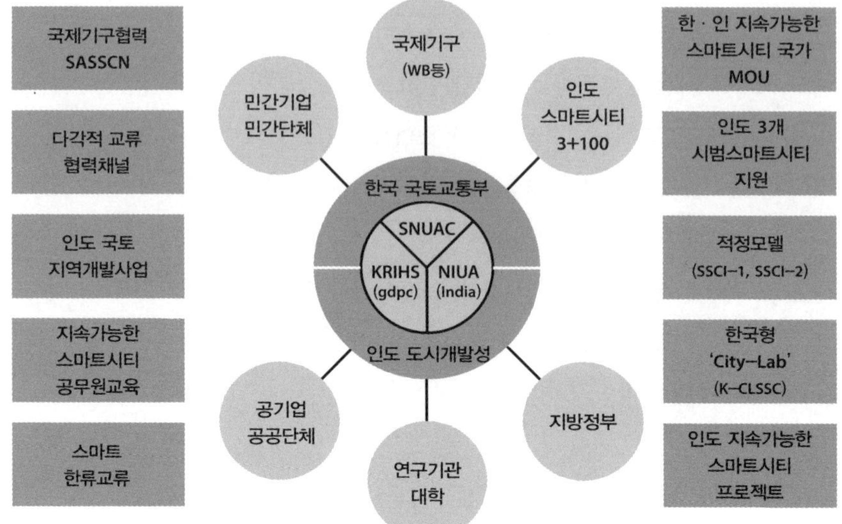

그림 20   한국 – 인도 지속가능한 스마트시티 '파트너십 지식플랫폼'

중앙부처인 한국의 국토교통부와 인도의 도시개발성이 담당할 수 있다.

플랫폼의 중심부와 연결되는 주요 기관그룹은 ① 세계은행 등 국제기구, ② 인도의 스마트시티 우선 지원대상이 될 3개 도시를 포함한 100개 스마트시티(3+100), ③ 한국과 인도의 관련 지방정부, ④ 연구기관·대학, ⑤ 공기업·공공단체, ⑥ 민간기업·민간단체로 구성되어 허브 앤 스포크 형태의 구도가 형성된다. 그리고 PKP를 통해 이행 프로그램 등에 대한 지식을 핵심 부문별로 접근할 수 있도록 해야 한다. 핵심부문은 대체로 앞에서 서술한 다음과 같은 10가지 부문으로 구성될 수 있다. 즉 ① 한국 – 인도 지속가능한 스마트시티 국가 간 MOU, ② 인도의 시범 3개 스마트시티 선정 및 우선 교류, ③ 인도 맞춤형 지속가능한 스마트시티 적정모델(국가모델 SSCI – 1과 도시모델 SSCI – 2), ④ 한국형 'City Lab'(K – CLSSC), ⑤ 지속가능한 스마트시티 프로젝트, ⑥ 국제기구협력 및 SASSCN(남아시아 지속가능한 스마트시티 네트워크), ⑦ 다각적 교류협력채널, ⑧ 인도의 국토지역개발사업, ⑨ 지속가능한 스마트시티 관련 인도 공무원 교육, ⑩

스마트 한류교류 프로그램 등이다.

　　이러한 구도를 종합하면 **그림 20**을 토대로 온라인 대시보드 플랫폼을 만들 수 있다. 대시보드 각 파트를 클릭하면 한국과 인도 간의 지속가능한 스마트시티 파트너십과 관련한 최신의 지식과 활동 등을 전세계적으로 공유할 수 있다. 이 정보의 공유를 토대로 인도와 한국 간 상생발전의 파트너십을 더욱 내실 있게 추진할 수 있을 것이다.

Ⅵ.　**결론**

1.　본 연구의 의의

본 연구에서는 인도의 지속가능한 스마트시티 패러다임의 정립을 시도했다. 인도의 1인당 GDP는 2020년에 약 2,200달러 정도로 아직 저소득 개도국에 머물러 있다. 또한 최근 발표된 유엔의 지속가능한 개발 목표(SDGs) 달성 관련 지표인 SDG지수를 보면 인도는 165개국 중 120위에 머물고 있다. 인도의 총체적 삶의 질 수준이 전반적으로 상당히 낮은 실정임을 알 수 있다. 인도는 스마트시티 정책을 추진하면서 유엔이 제시한 지속가능한 개발목표의 달성을 향한 노력을 통해 경제·사회·환경이 조화롭게 발전하는 국가 및 도시혁신궤도를 만들어야 하는 과제를 안고 있다. 그 과제를 풀기 위해서는 UN이 제시한 지속가능한 개발 목표인 SDGs시스템과 스마트시티 구도를 통합한 인도의 '지속가능한 스마트시티' 패러다임이 유효할 것이다. 이는 산업화 측면의 산업적 도시화와 환경적 측면의 그린 도시화를 넘어, 경제·사회·환경·제도·기술혁신을 아우르는 총체적 삶의 질 측면의 '지속가능한 스마트 도시화'(Sustainable & Smart Urbanization)로의 구조적 진화를 동반하는 개념으로, 향후 세계은행과 UN을 포함한 국제기구에서 이 개념의 공유와 확산이 기대된다.

이러한 맥락에서 본 연구에서는 '지속가능한 스마트시티' 패러다임의 가시화를 시도했다. 그리고 이 패러다임을 인도의 현실에 적용해본 결과 인도의 스마트시티 개발은 전반적으로 UN에서 제기한 지속가능한 개발목표를 향해 긍정적으로 작용할 수 있음을 알 수 있다. 또한 본 연구는 이를 토대로 인도의 지속가능한 스마트시티 적정모델의 구조적인 기본 틀을 제시했으며 이는 경제성장과 사회발전, 환경공생과 제도혁신이 함께하는 통합적 발전궤도이다. 지속가능한 스마트시티 패러다임과 적정모델 연구가 국내외적으로 아주 취약한 실정을 고려할 때, 관련 패러다임과 적정모델의 기본 틀 및 적정모델을 탐색한 본 연구의 시도는, 연구의 창의성 및 정책개발과 관련해 나름대로 의의를 찾을 수 있을 것이다. 나아가 인도의 지속가능한 스마트시티를 중심으로 한국 – 인도 간 실용적 파트너십의 추진 방안을 제시한 시도 또한 글로벌 중심지 체계에서 날로 그 중요성을 더해가는 인도와의 공동번영을 개척하는 과정에 기여할 수 있을 것이다.

2. 향후의 과제

향후 인도의 지속가능한 스마트시티 적정모델의 기본 틀에 인도의 실정과 스마트시티별 현장여건을 반영해 스마트시티별 실용적 적정모델을 정립해야 한다. 인도현장의 특수성을 고려하기 위해서, 시민과 전문가 참여형 City Lab 프로그램을 실행하여 다각적인 도시현장의 실태를 조사한다면, 사업의 우선순위와 전략 로드맵을 도출하여 기본 틀에 반영할 수 있다. 이를 통해 도시별 '지속가능한 스마트시티 적정모델'을 구체적으로 정립할 수 있을 것이다. 이 적정모델에 근거한 정책과 프로젝트의 추진은 인도에서의 지속가능한 스마트시티 정책 효과를 배가시켜 경제성장과 함께 총체적 삶의 질 향상을 촉진할 수 있을 것이다. 나아가 지속가능한 스마트시티 모니터링 프레임도 만들어야 한다. 인도의 스마트시티개발이 인도의 지속가능한 개발에 어느 정도, 어떤 경로를 거쳐 기여하는지, 그리고 일반도시와의 비교 등에 대한 현지 조사와 관련 평가지수개발을 통한 실증연구와 정책분석도 뒤따라야 할 것이다.

이 같은 인도의 지속가능한 스마트시티 발전을 위해서는 국제 파트너십을 활용해 자금, 지식, 기술 등의 지원을 포함한 교류협력 활동이 동반되어야 한다. 본 연구에서 강조했듯이, 앞으로 한국은 인도와 국가차원의 교류위상을 강화하고 지속가능한 스마트시티 '파트너십 지식플랫폼'(PKP)을 구축하는 등, 인도와의 상생발전을 새롭게 모색해 나가야 한다. 글로벌 인구대국이자 경제대국으로 더욱 확장되어 갈 인도와 한국과의 공동번영을 향한 새로운 파트너십의 지평을 지금부터(NOW), 다른 방식으로(Differently), 함께(Together) 열어가야 한다.

참고문헌

[한글출판본]

글로벌리더. 2021.4.12. "농업대국 인도, 인터넷보급으로 '스마트팜' 날개단다.".

김나연. 2018. "인도의 스마트시티개발 동향."『동향』30(7). 정보통신정책연구원.

김용학. 2020.『스마트시티 세계: 기획과 조성』. 기문당.

김윤호. 2018.『팹랩과 팹시티』. 한국학술정보

뉴욕포스터. 2021.3.16. "스위스의 대기질 분석기관인 아이큐에어(IQAir)의 '2020 세계 대기 질 보고서'." 뉴욕포스터.

박양호. 2015. "스마트도시와 스마트도시환경." 권용우 · 박양호 외.『도시와 환경』. 파주: 박영사.

박영선. 2020.12.16. "디지털로 변화하는 인도의 교육산업."『해외시장뉴스』. 인도 콜카타무역관. KOTRA.

신시열. 2019.『코끼리에 올라타라』. 이큰.

신시열. 2021. "인도 경제와 비즈니스의 이해." 서울대학교 아시아연구소 남아시아센터 콜로키움.

이명무 외. 2021.6. "남아시아 시장 진출을 위한 전략적 선택에 관한 연구."『국제경영리뷰』25(2).

이상건. 2020.『기후변화에 대비한 에코스마트시티 사업 및 해외진출방안』. 경제인문사회연구회.

이희상. 2021.6.16. "베트남인 88%, 코로나 이후 지속가능한 관광 원해…인도와 공동 1위."『Inside VINA』.

정윤아. 2021.7. "세계 속 AI⑤ 인도, OECD국가 AI기술보급률 5년 연속 1위." Ai타임스

최희선 외. 2020.『스마트도시계획 진단을 통한 '스마트 지속가능도시'로의 전환 방향』, 한국환경정책평가연구원.

토지주택연구원. 2018. "인도 India."『해외개발Review』1. LH 토지주택연구원.

한국국제문화교류진흥원. 2020.『2020해외한류실태조사』.

한국문화원 · India. 2020.9.10. "Final Round of K – POP India Contest 2020."

〔영문출판본〕

Ahvenniemi, H. et al. 2017. "What are differences between sustainable and smart cities?." *Cities* 60.

ARC Advisory Group. 2018.2.13. "IoT Steps Up Smart Farming and Precision Agriculture."

Business Standard. 2016.7. "France will partner India to build three 'smart'cities.".

Business Standard. 2018.9. "Smart City's CITIIS prog strong platform for India, France to Achieve Their shared vision: Envoy." *CITIIS Brochure.*

CEBR. 2021.12. "World Economic League Table 2022." cebr.com.

CITIIS. 2019. "System Reboot, Creating Dialogues through People, Processes, and Technology." *Provisional Population Totals Urban Agglomerations and Cities.* GOI.

CITIIS. 2019. "CITIIS *Brouchure.*" India.

DECCAN Chronicle. 2018.12. "Kochi: German leg‒up for Smart City projects.".

Diaz‒Sarachaga, Jose Manuel. 2020.9. "The Contribution of Smart Cities to the Achievements of the Sustainable Development Goal #11 〈Sustainable Cities and Communities〉." Intn'l Greencities Congress XI(2020.10.1)

Dwivedi, Manish et al. 2015.6. "New Horizons in Planning Smart Cities using LiDAR Technology." *IJARSGIS* 2.

Embassy of Japan in India. 2017. "Japan to cooperate on 'Smart City' initiative in Chennai." Ahmedabad.

Estevez, Elsa et al. 2016. *Smart Sustainable Cities‒Reconnaissance Study.* UN University

Forney. 2018.10. "Opportunities for French Investment in India." India.

G&A. 2016.2. "Japan to help develop smart cities in India.".

GIZ. 2019. *Climate Smart Cities.*

Government of India. 2015. *Smart Cities: Missioin Statement & Guidelines*, Ministry of Urban Development.

Holst, Anne. 2020.4. "Spending on Smart City Projects Worldwide from 2019 to

2025." *Statista*.

IKI. 2021. *Climate Smart Cities*.

KPMG. 2021. "Road to Sustainable Smart Cities: Challenges, Opportunities and Emerging Trends." INDIA.

Laartz, Jurgen and Stefan Luif. 2016. "Partnering to Build Smart Cities." *GDNT*.

Laurinda Godjo and Emmanuelle, S. 2019. "Smart Cities and Slum Resilience." *Urnanet*.

Light Castle Analytics Wing. 2020. "Smart Urbanization: Is Bangladesh on the Right Track?"

Marius Mohr. 2020. "City Lab Kochi, India: Executive Summary 2020." *MGI*. Fraunhofer.

MGI. 2020. *City Lab Kochi,* India.

Mishra, Nand Lal. 2020.8. "What COVID‒19 can mean for SDG‒11, sustainable cities and communities in India." *Down To Earth*.

Mohr, Marius. 2020. "City Lab Kochi, India: Executive Summary." MGI.

Mondal. D. 2016.10. "Germany partners India in Smart City projects.".

Moneycontrol. 2019. "11 innovations that are driving smart cities in India."

Nandan Vaishali. 2019. "Climate Smart Cities." GIZ.

NIUA. 2020. *National Institute of Urban Affairs*, NIUA. India(www.niua.org).

NIUA. 2019. *National Urban Innovation Stack*: *Strategy and Approach*.

NITI Aayog. 2020. *SDG India, Index & Dashboard 2020‒21 Partnerships in Decade of Action, India*.

Padilla, Marielisa et al. 2019. *Mobility City Lab Coimbatore*, Fraunhofer, India.

Pallavi, P. and Madhurank, k. 2017.9. "Smart Education Leads to a Smart City." *Int'l Journal of Advance Research in Science and Engineering* 6.

Perera, C. et al. 2017.3. "Fog Computing for Sustainable Smart Cities: A Survey." *ACM Computing Surveys*.

Poongodi, M. et al. 2021. "Smart health care in smart cities: wireless patient monitoring system using IoT." *The Journal of Supercomputing* 77.

Radecki, A. von. 2014. "Morgenstadt City Labs: Accelerating the Sustainable Development of Cities." Fraunhofer.

Radecki, A. von. et al. 2016. "Morgenstadt City Index." Fraunhofer.

Sachs, Jeffrey et al. 2021. *Sustainable Development Report 2021*. Cambridge Univ. Press.

Sharma, Poonam and Swati Rajput. 2017. *Sustainable Smart Cities in India: Challenges and Future Perspectives*. Spinger.

Singh, Binti, and Manoi Parmar. 2020. *Smart City in India: Urban Laboratory, Paradidm or Trajectory?*. Routledge.

Tiwari, D. 2016.12. "US help in development of India's smart cities to go on under Donald Trump.".

UKTI. 2015. "India's Smart Cities Programme, The UK offer to build together.".

UN Habitat. 2012. *Sustainable Urbanization in Asia*.

United Nations. 2020. Sustainable Development Goals, Department of Global Communications.

USTDA. 2020.10. "USTDA Supports Smart City Platforms in India.".

Vaidya, H. and T. Chatterji. 2020. "SDG 11 and the New Urban Agenda: Global Sustainability Frameworks for Local Action.".

Vishwanath, Ambika and Akash Sahu. 2020.8.29. "We must make water security a cornerstone of future Indian smart cities." *The WIRE*.

Wendt, Willi et al. 2016. "City Lab Lisbon – Executive Summary." *Morgenstadt city of the Future*.

WRUI INDIA. 2018. "Clamate Smart Cities." ROSS CENTER.

〔인터넷 자료〕

https://www.morgenstadt.de/content/dam/morgenstadt/de/documents/projects/CityLab_Kochi_Executive_summary.pdf

https://iussp2009.princeton.edu/papers/91026

https://www.intelligentcio.com/latam/2021/04/13/regional – city – networks –

launch-in-latin-america-and-south-asia/

https://www.india-briefing.com/news/opportunities-french-investment-india-17850.html/

https://ralphphall.files.wordpress.com

https://www.international-climate-initiative.com/en/details/project/climate-smart-cities-18_I_267-2940

https://www.morgenstadt.de/content/dam/morgenstadt/en/documents/Morgenstadt_CityLab.pdf

https://www.morgenstadt.de/content/dam/morgenstadt/de/documents/projects/CityLab_Kochi_Executive_summary.pdf

• • • • •

에필로그

스마트시티란 IT, 환경기술(ET), 인공지능(AI), 빅데이터 기술 등 첨단스마트기술이 인간의 기본 생활 수요에 접목된 도시이다. 스마트시티는 도시를 더욱 편리하고 친환경적으로 변모시킨다. 전 세계적으로 스마트시티 개발은 오늘날의 글로벌 도시 트렌드로 부각되고 있다.

글로벌 스마트시티 시장규모는 2019년의 6,083억 달러에서 2025년에는 1.12조 달러로 증가할 것으로 전망된다(Holst, Anne, 2020.4). 인도를 비롯한 남아시아에서도 스마트시티 개발을 통해 도시화에 따른 각종 도시문제를 해결하고 경제성장과 삶의 질 향상을 도모하고 있다. 한국은 지정학적으로 또한 지경학적으로 중요시되는 인도를 비롯한 남아시아 국가에 대한 스마트시티 개발지원 등을 통한 교류증진으로 국익을 도모하고 국가 간 상생번영을 향한 새로운 지평을 열어야한다. 그러나 남아시아의 스마트시티 관련 저술은 국내외에서 희소한 편이다. 인도를 포함한 남아시아의 스마트시티 개발에 대한 정책 등의 구조와 방향을 주제로 한 본 저서는 여러 가지 기대효과를 예상하고 있다.

인도 등 남아시아의 스마트시티에 관한 정부출연 연구기관, 민간 연구소, 대학부설 연구소 등에서의 관련 연구 실적이 미진한 상태에서 본 저서는 다양한 독자층을 구성할 것으로 예상하며 기획되었다. 먼저, 남아시아의 스마트시티 정책 정보가 필요한 국토교통부 등 중앙정부 공무원, 광역 및 지자체와 시의회 공직자, LH 등 공기업 임직원, 스마트시티사업을 추진 중인 민간기업의 임직원, 스마트시티 해외사례를 포함하는 대학교재로서의 관련 교수와 학생, 스마트시티에 관련한 시민단체 종사자 등도 독자층을 이룰 것이다. 나아가 스마트시티개발을 통한 스마트도시화를 강조하는 세계은행(WB)과 UN을 비롯한 국제기구와 인도 등 남아시아 스마트시티 지원과 진출을 도모하고자 하는 외국기업 종사자도 독자가 될 수 있으며, 동시에 국내의 KOICA 및 국토연구원의 GDPC(Global Development Partnership Center)등 글로벌개발 협력기관에서의 전문가들이 독자층을 형성할 수 있을 것이다.

본 저술에서는 남아시아라는 지역학적 특성을 바탕으로 스마트시티를 중심축으로 융복합적 연구를 시도함으로써 인문학과 사회과학 및 공학이 통합된 학제 간 연구의 새로운 방향성을 제시할 수 있을 것으로 기대된다. 그리고 인도 등 남아시아의 스마트시티에 관한 통합적인 자료를 구축하고 다양한 공공 및 민간기관별로 유용하게 활용될 수 있을 것으로 기대된다. 특히 남아시아 중추 국가인 인도 맞춤형 지속가능한 스마트시티 모델과 도시 사례 분석을 시도함으로써 인도 현지 경제와 생활환경 및 문화 실정을 고려한 교류 협력활동에도 기여할 수 있을 것이다. 또한 남아시아의 스마트시티 정책 정보를 중앙정부, 지자체, 공기업, 민간기업, 대학, 시민단체 등과 공유하여 남아시아 국가 맞춤형 스마트시티 발전 지원과 경협모델 정립에도 기여할 수 있을 것이다. 나아가 이 책이 세계은행, UN, EU 등 국제기구와 국내의 KOICA, 국토연구원의 GDPC를 포함한 다양한 국제교류협력기관에서의 인도 등 남아시아 지속가능한 스마트도시화(Sustainable Smart Urbanization)를 위한 국제적 지원과 교류사업, 맞춤형 교육 및 지식플랫폼 구축 등을 위해서도 활용되길 바란다.

또한 향후 국제개발 협력수요가 더욱 증가할 것으로 전망되는 남아시아 스마트시티와 관련한 국내외 후속 연구가 지속되길 바라며, 이 책이 그 후속 연구와 저술을 위한 기초자료 역할을 할 수 있기를 바란다. 특히 오늘날 급속히 부상하고 있는 메타버스 디지털 기술을 활용해 향후 '메타스마트시티' 구상 관련 연구도 활발히 전개되어 지구촌 주요 스마트시티 개발 현장에서 응용되어 스마트시티사업의 미래 성공모델로 확산되어야 할 것이다. 메타스마트시티 패러다임의 새로운 지평을 서울대학교 아시아연구소가 선도해 열어나가길 기대한다.

그리고 스마트시티 자체에 대한 긍정적 측면에 더해 다른 한편에서는 스마트시티의 문제점도 다양하게 제기되고 있는 실정이다. 특히 인터넷과 무선센서 등으로 고도로 연결된 스마트시티에서 개인행위의 일상적 노출에 따른 프라이버시 침해문제가 발생할 수 있다. 또한 스마트시티를 대상으로 하는 사이버 공격에 취약할 수 있으며, 스마트시티 개발에 적용된 스마트기술의 수명주기도 짧아지고 있어 더욱 고도의 기술과 비용이 추가로 발생하는 단점이 있다. 그리고 IOT 등 스마트 기술의 접근성에 대한 개인 간, 계층 간 도시 간, 국가 간 격차가 심한 상태에서 스마트시티 개발에 점차 소외되는 '스마트시티 디바이드' 현상도 나타날 수 있다. 이러한 스마트시티 관련 여러 문제점을 해결하기 위해 법적인 측면을 포함한 제도적 장치와 기술개발 등을 위한 국가간 경쟁도 치열하게 전개될 전망이다. 스마트시티 개발에 역점을 두는 국가와 도시들은 이러한 스마트시티 자체의 문제점의 해결을 고민하면서도 스마트시티가 제공하는 편리성과 친환경적 이득을 더욱 중시하는 경향을 지닌다. 인도 등 남아시아의 스마트시티 개발정책에서도 이러한 낙관적 경향을 보인다. 향후 스마트시티의 한계성을 극복할 수 있는 더욱 실용적이고 진전된 스마트시티 관련 정보의 글로벌 공유가 요구되며, 나아가 관련 국내외 후속연구도 이어져야 할 것으로 사료된다.

감사의 말씀을 드리고자한다. 먼저, 본 저서가 이처럼 발간되기까지 아시아 연구 저술지원과제로서 남아시아의 스마트시티에 관한 학제 간 연구 사업을 승인하고 행재정적 지원을 해주신 서울대학교 아시아연구소 박수진 소장님께 감사드린다. 그리고 본 저술의 연구책임을 맡아 남다른 성의와 열정을 보여주신 손정렬 서울대학교 지리학과 교수님께 감사드린다. 또한 본 기획연구의 제안서를 심의하신 위원님들께도 감사드린다. 특히 코로나19 팬데믹의 어려움 속에서도 일련의 콜로키움과 줌회의 등에 참여, 협력마인드를 지속적으로 발휘하고 원고의 집필을 응락, 창의적 내용을 담아주신 집필진 모든 분들께 감사드린다. 나아가 시작부터 출간되기까지 행정지원을 잘 해주신 서울대학교 아시아연구소의 담당 파트너 여러분께 감사드리며, 편집 등의 도움을 준 서울대학교 박효진 조교와 조백경 조교에게도 감사드린다. 특히 본 저서가 출간되기까지 자상한 수고를 아끼지 않으신 출판사의 여러분께 감사드린다.

2022년 5월
집필진을 대표하여, 박양호
(전 국토연구원장, 서울대학교 아시아연구소 객원연구원)

이 책을 쓴 분들(가나다 순)

강성용

서울대학교 인문학연구원 부교수로 재직 중이며 현재 서울대학교 아시아연구소 남아시아센터장을 맡고 있다. 서울대학교 철학과를 졸업하고 독일 Hamburg대학에서 인도학 전공으로 석사와 박사 학위를 취득했다. 주 관심분야는 인도고전학과 인도철학이며, 최근 현대 남아시아 각국의 사회·정치적 역동성에 대한 연구로 관심분야를 확장시키고 있다. 『Die Debatte im alten Indien』과 『빠니니 읽기』 등의 저서를 포함한 글을 발표해 왔다.

김용학

현재 부산도시공사 사장으로 재직 중이다. 한국토지주택공사(LH)에서 상임이사(택지사업본부장) 등 다양한 직책을 수행했으며, 인천도시공사 사장, 경기주택도시공사 사장을 역임했다. 영남대학교 경제학과, 서울대학교 환경대학원 환경계획학과를 졸업하고 서울시립대학교에서 도시공학박사학위를 취득했다. 중앙대학교, 가천대학교, 인천대학교 등에서 겸임교수 활동을 했다. '2020년 도시계획명예의 전당'(대한국토도시계획학회)에 헌액되었으며, 『스마트시티 세계: 기획과 조성』 등의 저서를 비롯해 30여 편의 논문을 발표했다.

김윤호

서울대학교 아시아연구소 남아시아센터의 객원연구원을 거쳐 현재 선임연구원 겸 아시아브리프 편집위원으로 활동하고 있다. 한국외국어대학교에서 경영학 석사와 박사학위를 취득하였으며, 우송대학교 글로벌경영학부 초빙교수를 역임하고, 주로 아시아의 저소득층 비즈니스, 팹랩(Fab Lab), 리빙랩 관련 연구를 수행 중이다. 『팹랩과 팹시티』, 『팹 라이프』, 『글로벌 저소득층 비즈니스』 등 다수의 저·역서와 논문을 발표했다.

맹현철

현재 인도 Indian Institute of Management Bangalore(IIMB)에서 마케팅 조교수로 재직 중이다. 서울대학교 경영학과를 졸업 후 LG 화학에서 근무했다. 이후 동 대학원에서 경영학석사, 홍콩과기대학(香港科技大學)에서 마케팅 박사학위를 취득했다. 현재 인도에서 MBA 과정 강의와 게임이론 및 의사결정이론을 활용한 마케팅 분야 연구에 주력하고 있다. 2019년부터 한국과학기술연구원(KIST)의 벵갈루루 분원 의뢰로 인도 고등교육시스템 조사 연구 과제를 수행 중에 있다.

박수진

서울대학교 지리학과 교수로 재직중이다. 2017년부터 서울대학교 아시아연구소 소장을 맡고 있으며 인문한국플러스 메가아시아연구사업단 단장으로도 활동하고 있다. 서울대학교 사회대 지리학과를 졸업하고, 영국 Oxford 대학의 지리환경학부에서 박사학위를 취득하였다. 이후 미국 위스콘신 대학, 독일 발전문제연구소(ZEF, Bonn), 세계식량정책연구소(IFPRI) 등에서 아프리카와 아시아의 국제개발협력과 환경문제 부분에 대한 연구를 수행하였다. 현재는 토지이용과 공간 구조에 대한 이론적 연구와 지역별 전통지식을 결부시키는 연구에 관심을 가지고 있다. 『북한지리백서』, 『2020 대한민국 국가지도집』 등 다수의 저서와 논문을 발표했다.

박양호

국토연구원장을 역임하고 현재는 서울대학교 아시아연구소 객원연구원으로 활동하고 있다. 서울대학교 문리과대학 지리학과를 졸업하고 서울대학교 환경대학원에서 도시계획학 석사, 미국 UC. Berkeley에서 도시 및 지역계획학 박사학위를 취득했다. 유비쿼터스 도시위원회 위원, 아시아태평양개발기구(EA-ROPH) 회장, 창원시정연구원 초대원장, 한국지역학회 회장, 홍익대 스마트도시과학경영대학원 교수 등을 역임했다. 『도시와 환경』, "스마트도시와 스마트환경" 등 다수의 저서와 논문을 발표했다.

사공호상

공간정보 정책을 30여 년간 국토연구원에서 전문적으로 연구하고, 현재는 국토교통부 국토지리정보원장으로 재임하고 있다. 영남대학교 토목과를 졸업하고 서울대학교 환경대학원에서 도시계획학 석사, 서울시립대학교에서 도시공학 박사학위를 취득했다. 한국지리정보학회장, 국가공간정보위원회 위원, 중앙지적위원회 위원, 중앙건설기술심의위원회 위원 등을 역임했다. 『초연결 시대에 대응한 공간정보 정책 방향』 등 스마트도시와 공간정보관련 다수의 저서와 논문을 발표했다.

손정렬

서울대학교 지리학과 교수로 2006년부터 재직하고 있다. 서울대학교 사회대 지리학과를 졸업하고 동 대학원에서 석사학위를, 미국 University of Illinois 지리학과에서 박사학위를 취득했다. 미국 University of Maryland 스마트성장연구소 연구원, University of Memphis 지구과학과 교수로 재직했으며 영국 University of Cambridge와 뉴질랜드 University of Auckland의 방문교수를 역임했다. 『네트워크로 바라본 아시아: 사회과학적 관점에서』 등 여러 저서, 편서, 역서와 논문을 발표했다.

이명무

현재 서울대학교 아시아연구소 HK연구교수로 재직 중이다. 한국외국어대학교 인도어과에서 학사학위를 마치고 경영학과에서 경영학 석사와 박사학위를 취득하였다. 한국외국어대학교에서 인도 IT산업 관련 강의를 오랜 기간 수행 했으며, 한양사이버대학교 교수, 홍익대학교 교수 등을 역임했다. 인도 IT산업, BoP(Bottom of the Pyramid), 제도적 공백(Institutional Voids), 프런티어 경영, 기술경영 등의 분야에 약 50여 편의 논문을 발표하였으며, 인도 BoP 및 적정기술, 팹랩(Fab lab) 등과 관련한 주제로 다수의 연구 과제를 수행 중이다.

이상건

국토연구원의 글로벌개발협력센터(GDPC) 소장으로 재직 중이며, 세종시 스마트시티 추진본부장도 맡고 있다. 연세대학교 건축공학과를 졸업, 동 대학원에서 도시계획석사, 미국 버지니아텍에서 교통공학 박사학위를 취득했다. 국토연구원에 근무하면서 도로계획, 지능형교통시스템, 스마트시티 관련 연구를 수행했다. 세계은행과 함께 인도 타밀나두주의 스마트시티 타당성조사를 했으며, 브라질 고이아니아 등 중남미 주요 도시에 대한 스마트시티 기본계획을 수립한 바 있다. 에코스마트시티 연구를 수행하고 있으며 UN을 비롯한 세계은행, 중남미개발은행 등과 국제컨설팅을 지속적으로 전개하고 있다. 『스마트시티 담론과 도시재생』 등 다수의 저서와 논문을 발표했다.

이재용

국토연구원에서 스마트공간연구센터장으로 재직 중이다. 고려대학교 지리교육과를 졸업하고 미국 Texas A&M Univ.에서 지역 및 도시계획 석사, 오하이오주립대에서 지리학 박사학위를 취득했다. 대통령직속 4차산업혁명위원회 위원, 국가과학기술자문회의 및 공공데이터전략위원회 전문위원, 국가스마트도시위원회 위원 등 스마트시티 등과 관련해 다수의 정부위원으로 활동했으며,

『Smart City Emergence: Cases from around the world』(2019, Elsevier) 등 40여 편의 저서와 논문을 발표했다.